KB063939

중국 동북지역 독립운동사

중국 동북지역 독립운동사

초판1쇄 인쇄 2021년 5월 20일
초판1쇄 발행 2021년 5월 31일

저 자 장세윤

발행인 윤관백
발행처 도서출판 선인

영 업 김현주

등 록 제5-77호(1998.11.4)
주 소 서울시 마포구 마포동 324-1 곶마루 B/D 1층
전 화 02)718-6252/6257
팩 스 02)718-6253
E-mail sunin72@chol.com

정 가 40,000원
ISBN 979-11-6068-481-0 93910

중국 동북지역 독립운동사

장 세 윤

책을 내면서

우리가 보통 '만주(滿洲)'라고 불렀던 중국 동북지역은 일제강점기, 아니 독립전쟁기에 우리 민족이 가장 활발한 독립운동을 전개한 곳이었다. 때문에 지금까지 한국학계에서는 그 중요성을 주목하여 상당히 많은 연구를 진행하였다. 이제 중국 동북지역 독립운동사의 기본적 사실과 의미, 관련 주요 인물과 조직, 단체, 사건, 자료 등에 대한 정리가 어느 정도 체계화하였다고 할 수 있다.

'만주'라는 명칭은 청(淸) 태조 누르하치가 1616년 후금 정권을 세우면서 자신을 '만주 칸(汗)'이라 하고, 1635년 청 태종(홍타이지)이 기존의 여진인을 대신해서 '만주인'으로 공식 채택한 데서 비롯되었다. 이후 지명으로서의 만주는 처음에 요서(遼西)·요동(遼東) 지방을 가리켰지만, 곧 현재 중국 동북지방 전역을 가리키게 되었다. 20세기 초에는 '동삼성(東三省)'으로도 불렸다. 현재 중국에서는 '만주' 대신에 '동북(지방)', 또는 '동삼성' 등으로 부르고 있다. 주로 요녕·길림·흑룡강성 등 동북의 3성지역을 지칭하고 있다. 20세기 전반기 이 지역은 '만주'로도 불렸지만, 그 배경에는 일본의 침략적 의도가 배어있었고, 괴뢰 '만주국'이 수립되면서 '만주'는 사실상 금기어가 되고 말았다. 현재 국제학계에서도 '중국 동북지방'이라는 용어가 널리 쓰이고 있다. 따라서 이 책에서는 '중국 동북지역'을 주로 사용하지만, 경우에 따라 만주라는 용어도 사용키로 한다.

2000년대 초·중반 이른 바 '동북공정'으로 알려진 중국의 일련의 연구작업이 진행되면서 중국 동북지역 한민족과 관련된 자료와 유물, 유적, 유적지 등에 대한 접근이 어려워지고, 한국계 중국 동북 이주민의 후예인 '조선족' 문제가 한·중 양국의 현안으로 부각되면서 이 지역 관련 독립운동사 연구가 오히려 더 어려워지는 기현상이 벌어지고 있다. 더욱이 근래 신진 연구인력의 양성이 어려워지면서 이 지역 독립운동사 연구가 위축되는 경향도 있다.

최근 중국 당국은 항일전쟁이나 항일무장투쟁, 동북항일연군(東北抗日聯軍) 관련 연구를 강화하고 있는데, 20세기 전반기 중국에서 활동한 한국인들의 독립운동을 '중국내 소수민족의 활동'으로, 특히 '중국 조선족'의 활동으로 간주하는 시각을 드러내고 있다. 이에 따르면 중국 동북지역에서 전개한 한민족의 독립운동은 '중국 조선족의 반일투쟁', 또는 '중국 조선족의 혁명투쟁'으로 평가되는 것이다. 중국 당국이나 연변 당국, 학계 입장에서는 중국 동북(만주) 지역사나 소수민족 역사, 중국현대사의 일부로 간주하는 시각이 당연하지 않느냐고 반문할 지도 모른다.

그러나 이제 우리가 이 시기 중국 동북지역에서 전개한 우리의 자랑스런 독립운동사, 민족해방운동사, 험난했던 이주사 등에 대한 연구와 교육을 소홀히 한다면, 한국사나 한국근현대사, 독립운동사, '한인 디아스포라(Diaspora)'가 아닌 '중국 조선족'의 반일투쟁사나 이주사, 중국혁명사로 변형 정착될 우려마저 있는 상황인 것이다.

독립운동이란 식민지 상태로 전락한(또는 그럴 상황·위기에 처한) 식민지(준

[準]식민지) 피압박 약소민족이 근대적 자주국가 수립과 자립경제 실현을 위해 제국주의 종주국의 지배와 침략상태를 전복하기 위해 노력·투쟁하는 근대의 총체적 민족저항운동을 말한다. 민족해방운동, 민족운동 등의 용어와 개념상의 차이가 있지만, 이 책에서는 일단 거의 동일한 개념으로 사용했다. 독립운동은 피압박·피지배 약소민족이 현실에서 모순되고 있는 식민지 종주국의 지배와 침략, 수탈 상태에서 벗어나기 위해 전개하는 다양한 형태의 종속해방운동, 저항운동을 총칭하는 개념이다. 따라서 기본적으로 모순에 찬 현실을 변혁하기 위한 현실변혁운동으로서의 조직적 무력투쟁은 물론, 여러가지 사회(주의)운동이나 농민·노동·문화운동 등 다양한 대중운동이나 조직운동의 형태로 전개되기도 한다. 특히 무장투쟁(독립전쟁)은 가장 어려우면서도 가장 효과적인 독립운동의 방법(론)이라고 할 수 있다.

일찍이 '인문'이란 용어는 공자의 『주역(周易)』의 한 괘에 대한 해석에서 비롯되었다. 공자는 "사람의 무늬(문장 등 표출된 형식)를 관찰해서 천하를 교화하여 이루어나간다(觀乎人文, 以化成天下)"라고 해석했다. 인문학적 글쓰기가 매우 중요한 임무와 기능을 담당한 것을 가리키고 있다. 이렇게 본다면 책을 내는 일이 결코 가벼운 일이 아니라는 사실을 알 수 있다.

서양 역사학의 아버지라 불리는 헤로도토스의 『역사』는 무려 2,500여 년 전 그리스인들의 자유를 향한 투쟁의 역사, 곧 페르시아전쟁사를 매우 자랑스럽게 서술하였다. 하지만 한국사회는 우리의 독립운동사에 대한 이해나 관심이 그리 높지 않은 듯 하다. 물론 여기에는 여러 가지 요인이 있을 것이다. 이제 지은이는 부끄러움을 무릅쓰고 우리 선각자들이 떨쳐나섰던 중국

동북지역 독립운동사를 서술코자 한다.

이 책은 주로 20세기 전반 중국 동북지역, 즉 '만주'로도 알려졌던 지역에서 전개되었던 한인들의 일본제국주의 세력에 대한 다양한 형태의 독립운동을 중요한 고찰 대상으로 삼았다. 지은이가 최근 10여년 동안 발표했던 논문과 일부 저서 내용, 학술회의 발표문 등을 수정·보완하여 수록하였다.

중국 동북지역에서 전개된 한인들의 독립운동, 민족(해방)운동은 기본적으로 종속과 굴종에서 벗어나기 위한 자유의 획득과 정의롭고 평등한 사회의 실현, 특히 만민이 평등한 법체계 속에서 여러 민족이 서로 평화롭게 어울려 잘 사는 사회와 체제(공화)를 지향했고, 그러한 이념과 사회를 이룩하기 위한 매우 어려운 투쟁의 과정이었다고 평가할 수 있다. 이런 입장에서 이 책의 제목을 『중국 동북지역 독립운동사』라고 정했지만, 부제를 붙인다면 "자유와 정의, 공화를 향한 험난한 여정"이라고 할 수 있을 것이다. 바로 20세기 전반 '파멸의 시대'에 온갖 곤경을 무릅쓰고 자신들의 신념과 새로운 가치체계를 실현하고자 했던 '창조적 소수자'들의 고난의 기록이다.

먼저 서설에서는 일본의 한국 식민지 통치와 한민족 독립운동의 의의를 간략히 검토하였다. 여기에서는 일본의 한국 강점과 식민지 지배의 문제점, 이에 대한 한국인들의 저항을 개관하였다. 그리고 한민족 독립운동 연구의 의의와 독립운동의 성격, 중국 동북지역 독립운동의 특징과 의의, 독립운동의 세계사적 성격 등을 정리해 보았다.

제1부 '중국 동북지역 독립군 기지 개척과 독립군의 형성'에서는 1910년대 남만주 독립군 기지 건설과 신흥무관학교 관련 내용을 이상룡·김동삼 등

안동 유림의 남만주 이주와 활동을 중심으로 검토하고, 1910년대 중국 동북지역 독립운동 세력의 공화주의·공화제 수용 양상과 이 지역에서의 한인 독립운동 조직의 발전, 중국공산당계 항일유격대의 형성과 유형 등을 살펴보았다.

제2부 '1920년대 초 독립전쟁과 1930년 전후 민족운동 세력의 동향'에서는 「홍범도일지」 재검토를 통해서 1920년의 봉오동전투와 청산리독립전쟁의 실상을 재검토해 보았다. 또 우리가 잘 몰랐던 대한민국임시정부 직할 참의부 독립군 관련 자료를 검토하고, 광주학생독립운동의 중국 동북(만주)지역 확산과 한국인 학생, 여러 민족운동 단체들의 호응 상황을 살펴보았다. 그리고 1930년 7월 초 발발하여 한·중·일 3국에 큰 영향을 끼쳤던 '만보산사건' 전후 시기 우리 독립운동 세력의 움직임과 그 이후 민족운동의 흐름을 정리해 보았다.

제3부 '일본의 중국 동북지방 침략과 한·중 연대 공동항전'에서는 1931년 9월 일본의 중국 동북지방 침략사건인 '9·18사변(만주사변)'이후 한·중 양민족의 연대가 강화되어 1945년 8월 일제의 패망시까지 공동항전을 전개한 양상을 개관해 보았다. 끝부분의 '해방 전후시기 만주지역 조선의용군과 동북항일연군의 동향'은 한국현대사는 물론, 중국현대사에서도 중요한 역할을 했던 조선의용군과 동북항일연군 내 한인들의 활동을 중국 동북지역과 연변지역을 중심으로 비교 고찰하여 두 세력이 끼친 영향을 검토하였다.

1920년대 초 일련의 독립전쟁을 거치며 한민족 독립운동 세력이 장차 세울 근대적 국민국가의 전형으로 군주제가 아닌, 공화주의 이념과 공화제 정체를 지향한 것은 중요한 의미가 있다. 또 한인 교민들을 기반으로 한 여러 독립운동 단체들은 거의 이를 실천함으로써 근대 국민국가 건설의 기초를 세웠다고 볼 수 있다. 독립운동 과정이 바로 주체적 근대화, 복국(復國)과 건국의 바른 길이었음을 보여준다.

이 책은 학위논문처럼 기획 주제를 의식하고 저술한 저서가 아니기때문에 각 장의 연계성이 부족하거나, 일부 중복된 내용이 있을 수 있다. 그러나 나름대로 이 지역 독립운동의 주요 흐름을 망라하고자 하였다. 다만 아직도 '목적론적인 서사(敍事)' 수준에 머물고, 독립운동 흐름의 내면이나 주요 인물들의 사상과 이념, 의식이나 생활사, 사건이나 현상의 전후 맥락이나 국제관계 등 심층적 흐름을 설득력있게 제시하지 못하고 있다는 자괴감도 든다. 독자 제현의 해량을 바랄 뿐이다.

이 책을 내기까지 주위의 많은 사람들로부터 큰 도움을 받았다. 먼저 박영석·신용하·윤병석·조동걸 선생님 등 제1세대 학자들께 깊이 감사드린다. 또 지은이가 재직한 독립기념관, 성균관대학교, 고구려연구재단과 동북아역사재단 등에 소장된 귀중한 자료와 도서도 큰 힘이 되었다. 일일이 밝힐 수는 없지만, 위 기관과 국내외 학회, 연구소, 대학 등에서 만난 선배 학자와 동료, 후배 학자들과의 교류와 도움 역시 큰 힘이 되었다.

거의 20여 년간 꾸준히 담소와 답사 모임을 이끌면서 역사학도로서의 정체성과 사회적 책임을 자각케 한 은사 고 성대경 선생님과 박진태·임경석 교수를 비롯한 '밥팀' 연구자들께 감사드린다. 그리고 항상 밝은 얼굴로 맞이해주는 선인의 윤관백 사장과 이동언 선인역사문화연구소장, 선인 가족들께도 감사드린다.

자식노릇을 제대로 해보지도 못한 사이에 어느덧 고인이 되신 부모님, 월남한 이후 통일을 보지 못하고 서거하신 장인 어른, 그리고 장모님께도 진정한 감사말씀을 드리고 싶다. 동북아역사재단 김도형 전 이사장 등 임직원께도 감사드린다.

끝으로 32년 동안 지은이와 함께 고락을 같이해 온 아내 맹경숙, 어느새 건강하게 자라 제 할 일을 다하고 있는 두딸 혜승·현승에게도 고맙다는 말을 전하고 싶다.

2021년 5월

수하재(樹下齋)에서 북한산 비봉과 보현봉을 바라보면서

지은이 삼가 씀

차례

서론

일본의 한국 식민지 통치와 한국인의 대응

1. 일본의 대한제국(한국) 강점과 식민지 지배, 한국인들의 저항
2. 일본의 '조선' 식민지 지배에 대한 평가와 그 의미
3. 독립운동 연구의 의의 및 한국독립운동의 성격
4. 중국 동북지역 독립운동의 특징과 의의
5. 중국 동북지역 독립운동의 시사점과 교훈
6. 한민족 독립운동과 대한민국임시정부
7. 한국독립운동의 세계사적 성격과 의의

서론
일본의 한국 식민지 통치와 한국인의 대응

1. 일본의 대한제국(한국) 강점과 식민지 지배, 한국인들의 저항

일본제국주의의 첫단계가 영국과 미국(프랑스·독일·러시아) 등 서구(제국주의) 열강에 종속된 '종속적 제국주의', 그리고 두번째 단계가 독일의 사례와 유사하게 유럽제국주의의 형식을 매우 근접하게 따라가는 것이 가장 두드러진 특징이라는 지적이 있다.[1] 즉 초기 단계에서는 다른 유럽(혹은 미국) 강대국들의 제국주의에 종속되고 의존하는 모습을 보였다는 점이 주목된다. 그러나 주지하듯이 일본제국주의 세력의 고도화와 팽창에 따라 1930년대 이후에는 오히려 영국·미국 등과 대립하게 되는 것이 또한 역설적이다. 왜냐하면 그로 인해 일본제국주의는 결국 패망의 길을 걷고, 한국은 식민지 체제에서 벗어나 독립할 수 있었기 때문이다.

일본의 식민지 '조선' 통치방침은 한국인들의 일체의 자치나 자율을 허락하지 않는 직접 통치, 한민족 말살, 일본인으로의 동화(同化)방침이었다. 즉 식민지 통치기구인 '조선총독부'를 설치하여 육군이나 해군 장성 출신의 조선총독을 임명하여 일본 정부당국의 식민지 수탈과 전쟁 동원을 위해 한국

---

1 W.G.Beasley, *Japanese Imperialism* 1894~1945, Oxford Univresity Press, 1987; 정영진 옮김, 『일본제국주의 1894~1945』, 한국외국어대학교 출판부, 2013, 9·316쪽.

인들의 저항과 독립운동을 무자비하게 탄압하였던 것이다. 군이나 경찰 등 군사력이나 공권력이 식민지 통치를 뒷받침하였다. 1910년 8월 29일부터 1945년 8월 15일까지 만 35년에 이르는 일본의 '조선' 통치는 대체로 4단계로 구분될 수 있다. 일본은 식민지 통치기간 구 대한제국의 영토였던 한반도를 구 조선왕조의 이름대로 '조선(朝鮮)'으로 호칭하였다.

이하 일제강점기 일본제국주의 주도 세력(조선총독부와 일본 정부 등)의 식민지 '조선' 통치와 한국인의 독립운동 등 일련의 저항과 대응 등을 간단히 정리해보기로 한다.

1) 1910년대 : 폭압적 무단통치와 식민지 지배체제의 구축

1910년대 일본의 한국 지배는 무력 수단을 동원한 폭압적 무단통치 방식이었다. 한민족의 구국운동인 의병전쟁(1895~1910)을 무력으로 진압하는데 성공한 일본 당국은 강점 직전인 1910년 8월 25일 「집회 취체(取締)에 관한 건」을 공포하며 한민족의 기본권을 완전히 부정하였다. 뿐만 아니라 일본의 식민지 '조선' 통치기관인 조선총독부는 한국인들에 대한 동화정책을 관철시키기 위해 식민지 교육에 주력하였다. 조선총독부는 1911년의 「제1차 조선교육령」을 통해 '충량한 국민을 육성한다'고 하였고, 1911년의 「사립학교규칙」과 1918년의 「서당규칙」을 통해 한인 민족교육을 차단하였다.[2]

무단통치 시기 일제의 식민지 지배정책을 대표하는 것은 토지조사사업이었다. 이는 단순한 경제수탈정책이 아니라, 한국을 식민지 지배체제로 전환시키기 위해 1912년의 「토지조사령」 발포로 본격화하여 1918년 말까지 계속된 일본 당국의 총력적 침략정책이었다. 이 사업의 결과 조선총독부가

2 이하 1)~4)절의 주요 내용은 최유리, 「일제 식민지 통치의 실상」, 『한국독립운동사 강의』, 한울 아카데미, 2007, 30~55쪽 및 박맹수, 「일제강점기 통치의 성격과 특징」, 『새롭게 쓴 한국독립운동사 강의』, 한울 아카데미, 2020, 27~49쪽 등을 참조하였다.

최대의 지주가 되어 식민지 지주제로 전환되었고, 농민층의 계층 분화와 몰락을 초래하였다. 반면 조선총독부와 일본 당국은 조세 수입의 증가로 식민지 통치 자금을 확보할 수 있게 되었다. 또한 일본은 「회사령」 등의 식민지 악법을 통해 한인 민족산업을 억압하고 일본 자본의 한국 진출을 적극 지원하였다.

한편 1910년 12월 이른바 '안악(安岳)사건'과, 1911년 1월 '데라우치(寺內) 조선총독 암살 미수사건' 등을 조작하며 한민족의 독립운동을 탄압하였다. 그러나 이러한 폭압적 무단통치에도 불구하고 국내외에서 한민족의 독립운동은 계속되어 독립운동의 체제정비와 만주(중국동북지방)와 러시아 극동 연해주(沿海州) 등 해외 독립군기지 개척운동이 전개되었고, 일본 식민지 시기 최대의 항일독립운동인 3·1독립운동으로 결실을 맺었다. 또 중국 상해에 대한민국임시정부가 세워졌다.

그런데 1917년 러시아 사회주의혁명과 제1차 세계대전의 종결로 과거 제정(帝政) 러시아 영역에서 핀란드, 에스토니아, 리투아니아, 라트비아, 폴란드 등 신생국가가 탄생하였다. 특히 러시아에 볼셰비키 정권의 등장은 매우 주목되는 역사적 사건이었다.

더구나 레닌(V.I.Lenin)의 볼셰비키(Bolsheviki) 정권은 혁명 직후인 1917년 11월에 이른바 '평화선언(평화에 관한 법령)'을 발표하였다. 여기서 "병합이 없는 (즉 외국 영토의 점령, 외국 국민의 강제적인 합병) 그리고 배상이 없는 즉각적인 평화"를 제창하였다. 병합이란 유럽이나 세계 어디에서나 주민의 의사에 반하여 강대한 국가에 통합된 것을 의미하며 '정의와 민주주의'에 따라 폐지되어야 한다고 역설하고 있다. 비록 '민족자결원칙'이란 용어는 사용하고 있지 않지만, 이 원칙의 구체적 내용을 강조하였다. '평화선언'은 이어서 비밀외교의 타파와 공개외교 원칙을 천명하였다. '레닌의 계기(Lenin's moment)'라고 볼 수 있는데, 제1차 세계대전이 종식되면서 세계에 큰 충격을 준 사건이었다.

1918년 1월 8일 윌슨이 '14개 항목'을 내용으로 한 연두교서(年頭敎書)를 발표하게 된 직접적인 계기는 바로 이 소비에트 정권의 '평화선언'이었다. 연두교서의 긴 서두(序頭) 부분은 '평화선언'에 대한 격찬으로 분식되어 있다. 윌슨은 이 평화선언에 기초해서 유럽의 일반적인 평화 원칙을 천명했는데, 사실 윌슨은 소비에트 정권의 선전을 과대평가한 것이었다.[3] 그러나 이 두사건은 폴란드와 한국의 독립에 지대한 영향을 미치게 되었다.

1920년 경의 대한민국임시정부 청사(중국 상해, 출처: 『독립기념관 전시품 도록』, 1995, 151쪽)

---

3 김용구, 「베르사유 체제의 역사적 의의와 한반도」, 『3·1운동과 1919년의 세계사적 의의』, 동북아역사재단, 2010, 213~214쪽.

2) 1920년대 : 소위 '문화정치'와 탄압·수탈의 가중

한민족의 거족적 독립운동인 1919년 3·1운동으로 무단통치의 한계를 절감한 일본=조선총독부는 식민지 지배방식을 수정하지 않으면 안되었다. 일제는 이른바 '문화정치'로 전환하였다. 그러나 이는 표면적으로는 강압을 완화한 것 같으나, 사실은 한민족의 분열을 유도하고 경제수탈을 강화한 기만적인 통치술책이었다.

조선총독부는 소위 '문화정치'를 시행하며 언론·출판·집회의 자유를 표방하였다. 그 결과 신문과 잡지가 창간되고 사회단체가 결성될 수 있었다. 그러나 일본 당국은 이러한 제한된 자유를 허용하며 한국인의 사상 동향을 더욱 용이하게 감시할 수 있었다. 또한 1922년 「제2차 조선교육령」을 공포하여 민족교육을 차단하고 군국주의 사상을 주입하는데 주력하였다. 이와 함께 일본은 '조선사편수회'와 경성제국대학(京城帝國大學)을 통하여 한국의 역사를 왜곡하여 식민지 통치 이데올로기를 만들어 냈다. 이러한 과정을 통해 일본이 의도한 것은 친일 세력의 육성을 통한 민족분열이었다.

1920년대 일본의 경제수탈 정책을 대표하는 것은 산미증식계획(産米增殖計劃)이었다. 이 계획은 겉으로는 '조선 농민을 구원', '조선의 사회발전에 기여', '반도(半島) 부력(富力)의 신장' 등을 표방하였다. 그러나 사실은 일본의 부족한 쌀 문제를 해결하기 위하여 한국을 일제의 식량공급기지로 만들려는 것이었다. 1930년대 전반기까지 실시된 이 계획은 쌀의 생산량이 증가한 대신 일본으로의 반출이 급증함으로써 식민지의 종속성을 잘 보여준다. 그 결과 한인들의 생활은 더욱 어려워졌고 대부분의 소작 농민층은 몰락하게 되었다.

1920년대 일본 식민지 통치는 한민족의 계층 분화를 촉진하고 민족 내부의 갈등을 증폭시켰다. 그러나 사회주의 사상이 수용되고, 계급적 각성을 한 노동자·농민들이 민족해방운동의 주체로 등장하는 계기가 되었다. 이로써 다양한 이념과 방법론 하에서 독립운동의 대중적 전선확대와 적극적 대일항쟁이 전개되었다. 한편 1920년대 중반부터는 민족주의자와 사회주의자 사이에 협동전선 구축을 위한 노력들이 나타났는데, 민족유일당운동과 신간회(新幹會)운동이 그 사례이다. 1929년 11월에는 전국적 항일운동인 광주학생독립운동이 발발하였다.

3) 1930년대 전반기 : 세계대공황 피해의 전가와 전시체제로의 전환

일본 당국은 1934년 산미증식계획을 중단하였다. 이는 1929년에 시작된 경제공황과 1930년의 대풍작으로 일본내의 쌀값이 폭락하여 일본 농민들의 이해관계와 상충하였기 때문이다. 그 결과 공황의 피해를 식민지 '조선'에 전가함으로써 피폐한 한국 농민들은 더욱 위기에 몰리게 되었다. 이에 반발하는 농민운동이 격화되자 일제는 1933년부터 이른바 '농촌진흥운동'을 표방하며 농민의 구제와 농가경제의 갱생을 내세웠다.

그러나 이는 제국주의의 착취구조를 은폐하고, 식민지 농정 실패의 책임을 한국 농민에게 떠넘기고, 피해까지도 전담케 하기 위한 것이었다. 또한 '농촌진흥운동'은 지금까지 지주 위주로 진행되어 오던 식민지 농정의 방향을 일반 농민들까지 체제 내로 포섭하려는 의도로 추진되었다.

일본은 1931년 9월 만주(중국동북지방)를 침략하여 괴뢰국(허수아비 국가)인 '만주국'을 수립하였다. 이로써 일본의 중국 대륙침략이 본격화하였다. 일제는 침략전쟁의 수행을 위해 지금까지 소홀했던 공업정책을 이른바 '농공병진(農工竝進)'이란 미명하에 추진하였다. 이제 식민지 '조선'은 경제공황을 극복하기 위한 일제 독점자본의 새로운 투자지로서 주목되었다. 따라서 조선북부지방에서 일부 공업화정책이 추진되었는데, 이는 결국 조선총독부의 적극적인 보호와 장려하에 일본 독점자본이 주체가 되어 한국인의 의지와는 무관하게 진행된 또 하나의 침략정책이라 할 수 있다. 즉, 한반도는 이제 일제의 중국 침략전쟁 수행을 위한 '병참기지'로 전락한 것이다. 그 결과 각 공업 부문은 상호 유기적으로 조화를 이루지 못하는 파행성을 보였고, 한반도 북부와 북서부 지방이 중심이 되는 지역적 편중성을 보이게 되었다. 이 과정에서 극소수의 한인 예속 자본가를 제외하고 대부분의 한국인 자본은 몰락할 수밖에 없었다.[4]

1930년대 일본 당국의 식민지 통치방식의 변화, 즉 군국주의적 지배의 강화와 중국동북지방 침략은 한국인들의 독립운동에도 큰 영향을 미쳤다. 일제의 만주 침략으로 이 지역에서 한국인들이 중국인들과 함께 힘을 합쳐 일본의 침략에 항거하게 되었다. 민족주의 계열의 한국독립군과 조선혁명군, 중국공산당 계열의 동북항일연합군(東北抗日聯合軍) 내 한인들의 활동이 바로 대표적 사례이다,

하지만 1930년대 중반 중국동북지방에서도 일제 당국의 탄압이 강화되면서 이곳에서 활동하던 한국 독립운동가들이 중국 본토(關內지방, mainland)로 이동하게 되었다. 또한 1932년의 상해(上海)에서의 윤봉길(尹奉吉) 의거는 침체된 중국 본토(관내)지방 독립운동을 활성화하는 계기가 되었으나, 일본의 극심한 탄압으로 대한민국임시정부는 고난의 유랑 길에 오를 수 밖에 없었다. 조선 국내에서는 신간회 해체 이후 독립운동의 중심이 학생운동과 노동자·농민운동으로 계승되었으며, 특히 민족주의 사학자들의 역사연구 등 한국학 연구가 심화되었다.

4 이 시기 산업화 문제는 한국의 근대화와 자본주의의 기원 문제와 관련하여 국내외 학계에서 일부 논쟁이 되고 있다.

4) 1930년대 후반~1945년 8월까지: 총동원체제의 강화와 한민족 말살의 획책

1937년 중일전쟁을 도발한 일본은 1938년 「국가총동원법」을 통과시키며 전시동원체제로 돌입하고, 전시수탈을 강화하였다. 거국일치·견인지구(堅引持久)·진충보국(盡忠報國)·내선일체(內鮮一體)라는 4대 슬로건을 내걸고 시작된 1938년의 '국민정신총동원운동'과, 이를 확대 개편하여 1940년부터 실시된 '국민총력운동'은 전 한국인을 전쟁에 동원하기 위한 수탈정책의 일환이었다.

이와 함께 조선총독부는 이른바 황민화(皇民化) 정책을 통한 한민족 말살과 일본인으로의 동화를 획책하였다. 『동아일보』와 『조선일보』를 폐간 조치함으로써 한국인들의 사상과 정보, 소통을 통제하였다. 또한 일련의 식민지 교육 악법(1938년의 제3차 「조선교육령」, 1941년의 「초등학교 규정」, 1943년의 「제4차 조선교육령」)을 통하여 한국의 역사와 언어를 말살하고 한민족을 일본의 침략정책에 순응하는 신민(臣民)으로 만들고자 하였다. 특히 1940년 2월부터 실시된 '창씨개명' 방침은 한국인의 전통적 혈통과 가족 관념을 파괴하는 것이었다. 이와 함께 일본 전래의 신사(神社)를 한국 주요지역에 세우고 한국인들의 참배를 강요하여 한국인 고유의 정신세계를 파괴하였다. 이러한 황민화 정책은 1944년 징병제 실시 이후 그 절정에 달하였다. 징병제는 1941년 12월 태평양전쟁을 도발한 일본이 한국인 청년들을 전장에 내몰기 위해 실시한 것이었다.

이 시기 이러한 일본 당국의 전쟁동원과 극심한 억압으로 한국인들은 매우 어려운 고통을 감내해야 했으며, 고유의 전통과 정신문화를 철저하게 유린당하였다. 그러나 이런 상황에서도 한민족은 중국과 러시아 연해주, 미주지역 등에서 독립운동을 끈질기게 지속하여 결국 제2차 세계대전 종전 및 일본의 패망과 함께 독립을 되찾을 수 있었다. 이 무렵 활동했던 주요 독립운동 세력은 중국 본토(관내)의 대한민국임시정부와 한국광복군, 중국공산당과 함께 활동했던 화북조선독립동맹(華北朝鮮獨立同盟), 러시아 연해주의 동북항일연군 교도려(教導旅, 소련 적군 제88여단, 코민테른[Comintern]과 중국공산당 통제) 내 한인들, 국내의 조선건국동맹(朝鮮建國同盟) 등이 있었는데, 이들 조직은 나름대로 일제의 패망을 예견하고 한민족의 독립과 근대적 민족국가 수립을 구상하고 있었다.

한국광복군 창립기념식(1940. 9. 17)

2. 일본의 '조선' 식민지 지배에 대한 평가와 그 의미

우리가 잘 알고 있는 것처럼 올해는 일본의 대한제국 '병탄'또는 강제병합 112년이 되는 해이다. 우리 선열들은 일찍이 이러한 미증유의 국망사태를 '경술국치(庚戌國恥)'라고 표현하며 국권회복을 위해 절치부심하였다. 1910년 8월 29일부터 1945년 8월 15일까지, 거의 35년에 이르렀던 일본 강점기

간은 어떤 의미로 우리에게 다가올까?

일본의 35년 동안의 식민지 '조선' 지배는 냉정하게 따져 본다면 일부의 긍정적 유산과 많은 부정적 유산이 있다고 평가할 수 있을 것이다. 흔히 철도와 도로, 항만 등 기본 사회시설, 학교와 교육, 보건위생 등을 '개발'로 인정해야 하지 않느냐는 견해가 있다. 그러나 이들은 거의 일본 식민지 통치 당국이나 관련기관, 단체, 일본인들이 설치·이용하거나 과실을 독점하였고, 대부분의 식민지 민중-한국인-들은 주체에서 배제되거나 소외되었다. 한국인들에게 차별과 억압, 동원과 수탈은 기본 흐름이었다. 강제동원과 징용·징병, 근로정신대와 위안부, 창씨개명 등이 이러한 사실을 증명하고 있지 않은가? 육체적·정신적·물적 피해는 가늠할 수조차 없을 것이다.

유구한 우리 역사에서 일제 강점 35년은 짧은 시간이라고 생각할 수 있다. 물론 이제 우리도 냉정한 자세로 이 시기의 공과를 따져볼 때가 되었다는 견해도 있다. 그러나 역사적 진실은 명백하다.

일본의 식민지 지배가 없었더라면 우리 스스로 개혁하고 자주적으로 발전할 수 있었다고 본다. 해방 이후 지금까지 우리나라가 거쳐온 발전과정을 되돌아보면 이 문제는 자명해진다. '독립'과 '자주'의 진정한 가치는 바로 여기에 있다. 우리 스스로가 주인이 되어 우리에게 닥친 문제를 우리의 안목으로 해결할 때 문제가 해결되고 발전할 수 있었던 것이다.

1) 일제 통치 식민지 '조선' 사회에 대한 평가

일본이 지배한 식민지 '조선' 사회를 평가하는 시각은 최근 다양하고 폭넓은 방향에서 비교적 활발한 논의가 이루어지고 있다.

재미한인 학자인 신기욱은 한국학자들의 근대사 관련 연구성과를 대체로 편협한 '민족주의 역사학'으로 치부하여 평가절하하는 한편, 민족주의와 식민주의, 근대성이라는 3자를 유기적으로 연계하여 새로운 시각으로 한국사를 연구할 것을 제안하였다. 신기욱 등은 소위 '내재적(內在的) 발전론'과 '식민지 근대화론' 등을 넘어서기 위해서는 식민지시기 한국에 대한 탈민족주의적 접근방식이 필요함을 강조하고 있다.[5] 이러한 주장은 김진균·정근식 등의 주장과 함께 1990년대에 새로운 연구시각을 제기한 획기적 성과로 평가되었다. 한편 미국에서 활동하다가 최근 영국으로 건너간 한 소장 교포학자는 한국사 연구자들의 국제적 안목과 국제교류의 중요성을 강조하며 한국사의 외연을 확대해야 한다고 주장하였다.[6]

1990년대부터 본격화한 한국근대의 식민지 기원설을 주장하는 외국학자들의 연구성과는 상당한 논쟁거리가 되었다.[7] 그동안 식민지시기 연구에서 일상생활의 영역은 민족이나 계급, 국가 등의 거대담론과 정치체제나 경제구조 중심의 연구경향에 밀려 별다른 주목을 받지 못하였다. 그러나 이제 식민지시기 보통사람들의 일상생활과 대중문화를 다룬 연구성과들이 잇달아 발표되면서 하나의 흐름을 형성하기에 이르렀다 그러나 이에 구애받지 않는 다수의 역사학자들은 일부 경제사학자들이 주장하는 소위 '식민지근대화론'에 대한 비판작업을 지속하고 있다.

한편 한국·대만·싱가포르 등 동아시아 국가들의 경제발전은 동남아 여러 나라와 비교해볼 때 식민주의로부터의 지속적 영향이 아니라, 오히려 식민

---

5 Gi - Wook Shin and Michael Robinson ed., *Colonial Modernity in Korea*, Harvard Univ. Asia Center, 1999; 도면회 옮김, 『한국의 식민지 근대성 - 내재적 발전론과 식민지 근대화론을 넘어서』, 삼인, 2006.

6 Michael Shin, *Korean History in the US: The Past Decade and Prospects for the Future*, 『21세기 한국의 진로모색』, 서울대학교 규장각주최 국제학술회의, 2006.

7 대표적으로 DENNIS L. McNAMARA, *The colonial origins of Korean enterprise*, 1910 - 1945, Cambridge · NewYork · Port Chester · Melbourne · Sydney : CAMBRIDGE UNIYERSITY PRESS. 1990; Carter J. Eckert, *OFFSPRING OF EMPIRE - The Koch'ang Kims and Colonial Origins of Korean Capitalism, 1876~1945*, Seattle andLondon : University of Washington Press. 1991; 주익종 역, 『제국의 후예 - 고창 김씨가와 한국자본주의의 식민지기원, 1876~1945』, 푸른역사, 2008 등을 들 수 있다.

지 유산의 급속한 파괴 때문에 가능했다는 주장이 나오고 있다. 즉 소득불균형을 야기한 식민지 대지주제와 같은 식민지 유산을 떨쳐버리고, 독립 후에 급진적으로 실시한 토지개혁과 같은 과감한 개혁조치가 오히려 소득의 증대와 균등화를 가져왔다는 주장인 것이다.[8] 우리는 이러한 새로운 연구성과를 주목해야 할 것이다.

최근 한국학계의 식민지 '조선'의 사회와 경제를 보는 시각은 크게 보면 식민지수탈론, 식민지근대화론, 비판적 식민지근대성론, 탈근대주의적 식민지근대성론 등 네부류로 분류되고 있다. 그런데 최근 식민지시기 조선사회는 일본인과 한국인으로 대별되어 차별되고 있었다는 것을 골자로 한 '식민지 이중사회론'이 제기되었다.[9] 다수의 일본인들이 이주한 결과 식민지 조선사회는 점차 '이중사회(dual society)'로 변모해 갔다. 이러한 이중사회의 형성은 경제적 측면에서의 부자와 빈민 등 양극화 현상, 그리고 한국인과 일본인 사이의 일상생활상의 분리, 즉 거주지·교육·의료 등의 차별에 의해 점차 심화되었다고 한다. 결국 식민지 '조선' 사회는 민족문제와 계급문제가 복잡하게 얽혀있는 '중층적 이중사회'로 변모해가고 있었던 것이다.

예를 들어보면 조선총독부나 일본 정부 당국은 식민지 '조선'에도 경성제국대학을 세워 고등교육을 실시하고 있다고 선전했다. 그러나 경성제국대학은 한국인이 아니라 일본과 일본인, 조선총독부를 위해 설립되고 운영된 식민지 대학이었다. 입학생과 졸업생들의 2/3는 일본인이었고, 한국인은 1/3에 불과했던 것이다. 또 이 대학에 한국인 교수나 직원은 거의 없었다. 경성제국대학 부속병원이나 조선총독부 설립 병원 역시 일본인을 위해 설

8 WONIK KIM, *Rethinking Colonialism and the Origins of the Developmental State in East Asia*, Journal of Contemporary Asia, Vol.39, No.3(2009.8), 382~399쪽.

9 박찬승, 「식민지 조선의 사회·경제에 대한 인식과 쟁점」, 『강제병합 100년, 한일과거사 극복의 과제와 전망』(민족문제연구소 주최 학술회의 발표자료집), 2010년 7월 30일, 서울 프레스 센터, 38~52쪽.

립되고 운영되었다. 경성제국대학이나 총독부에서는 약간의 한국인들에게 무료 의료혜택을 주면서 이를 크게 선전하였다. 그러나 기본적으로 주요 의료시설이나 공공기관은 주로 일본인을 위해 설립, 운영되었다.[10]

철도나 도로, 항만, 은행, 학교, 의료기관 등 각종 공공시설과 기관의 주요 이용자들도 거의 대부분 일본인이었다. 이들 철도와 도로, 항만 등 사회간접자본의 도입과 설치는 일본이나 조선총독부 주도로 이루어진 경우가 많았다. 때문에 일본 정부 당국이나 조선총독부 등에서는 식민지 '조선'을 개발했다고 크게 선전하기도 했다. 그러나 기본적으로 이들 인프라 스트럭쳐와 공공기관 등의 이용은 거의 일본의 침략과 수탈을 뒷받침하는 데 집중되었고, 한국인들을 동원하여 완성된 경우가 많았다. 그 혜택도 거의 일본인이나 식민지 통치 당국 및 관련기관이나 단체에서 독점하였다. 말하자면 식민지의 한국인 민중들은 이용과 혜택에서 소외되었던 것이다.

근대문명은 두 얼굴을 가진 것이었다. 편리함과 신속함, 깨끗함, 쾌적함을 주었지만, 또 한편으로는 식민지의 수탈과 억압을 상징하는 기제로 작용하기도 했다. 식민지 '조선'사회는 이중사회였다. 소수의 지배자인 일본인과 다수의 피지배자인 한국인, 이 두민족 사회가 거의 유리된 채 따로 존재했던 것이다.

적극적 친일 협력자로 평가되는 윤치호(尹致昊) 조차 일본의 식민지 '조선' 통치가 일본인을 위한 것이었음을 지적하고 있다. 그는 영문일기에서 다음과 같이 기록했던 것이다. 그의 일기를 통해 일제의 식민지 통치에 대한 인식의 한 단면을 검토해 볼 수 있다.

10 상세한 내용은 장세윤, 「일제의 경성제국대학 설립과 운영」, 『한국독립운동사연구』 제6집, 독립기념관 한국독립운동사연구소, 1992 참조.

"오후 늦게 모리와키(森脇) 개성경찰서장을 방문했다. 그는 헌병이 '범법자'를 찾는다는 미명하에 사람들을 닥치는대로 체포하고 폭행을 가해서 가난하고 무지한 농민들을 괴롭히고 있다고 유감의 뜻을 표했다.[11]

"대체 어떤 조선인이 대중 앞에서 뻔뻔하게 총독부를 옹호하거나 찬양해 조선인들의 표적이 되려 하겠는가? 세금이 온갖 명목을 가지고-조선인들의 경제력을 뛰어 넘어-천정부지(天井不知)로 치솟으면서, 도시에서나 시골에서나 반일감정이 더욱더 확산, 심화되고 있다. 조선인이 친일연설을 한다고 하더라도 득이 되기보다는 실이 될 것이다."[12]

조선인들 입장에서는 총독은-어느 누구든-다 똑같다. 총독이 군인이든 민간인이든 간에, 철두철미하게 일본인들 이익만을 추구하는 정책을 펴나갈 것이다.[13]

오전 9시부터 오후 6시까지 총독이 소집한 경제협의회에 참석했다. 초청인사 44명중 조선인은 겨우 9명에 불과했다. 조선인들의 의견은 좋든 나쁘든, 총독부가 이미 확정해놓은 정책에 아무런 영향을 끼칠 수가 없었다. 따라서 조선인들은 꿔다 놓은 보릿자루에 불과했다".[14]

윤치호는 적극적 부일협력자로 평가되는 인물이다. 그러나 위에서 볼 수 있는 것처럼 그는 일기에서 조선총독부의 조선 지배 실태와 그에 대한 인식을 숨김없이 기록, 비판하고 있어 식민지시대 실태 파악에 한 단면을 제공하고 있다. 외면적으로는 체제순응적 태도를 취하고 있지만, 심정적으로는 비판적 자세를 취하고 있는 것이다. 면종복배(面從腹背)인 것이다.

한편 마쓰모토 다케노리(松本武祝) 동경대 교수는 한·일 양국의 교과서 서술에서 일상생활 서술의 필요성을 강조하였는데, 최근 한국교과서는 그러한 흐름을 부분적으로 반영하고 있다. 또 그는 "과연 일본의 식민지배는 조

---

11 김상태 편역, 『윤치호 일기 : 1916~1943 - 한 지식인의 내면세계를 통해 본 식민지 시기』, 역사비평사, 2001, 1919년 4월 27일(일요일), 107쪽.

12 『윤치호 일기』, 1921년 4월 17일(일요일), 222~223쪽.

13 『윤치호 일기』, 1931년 6월 20일(토요일), 274쪽.

14 『윤치호 일기』, 1933년 5월 13일(토요일), 311쪽.

선을 잘살게 했나? 라는 질문에 대하여 오히려 조선으로부터의 자금유출액이 훨씬 많았을 것으로 추정하며, 그러한 주장을 반박하여 주목을 끌었다.[15] 일부 일본인들의 그릇된 인식을 바로잡는 서술을 통해 한일 양국의 진정한 상호이해에 기여하고 있는 것이다

2) 일제 식민지 통치의 시기구분과 최근 연구 동향

일반적으로 일본의 식민지 '조선' 통치를 개관할 때 1910년대는 폭압적 '무단통치'와 식민지 지배체제의 형성기로 특징지어진다. 이른 바 무단통치 시기 조선총독부의 식민지 지배정책을 대표하는 것은 토지조사사업이라 할 수 있다. 이는 구래의 한국을 일본제국의 일부인 '조선'이란 지역으로 재편하는 등 식민지 지배체제로 재편하기 위한 대규모 사업으로 토지측량 등의 단순한 경제수탈정책이 아니었다.

1920년대는 잘 알려진 대로 소위 '문화정치'와 탄압·수탈의 심화로 규정할 수 있다. 총독부는 통치방식을 이른바 '문화정치'로 전환하였다. 그러나 겉으로는 강압을 완화한 척 했지만, 사실은 민족분열을 유도하고 경제수탈을 강화하려는 '민족분열통치'의 한 방법이었다. 1930년대 전반기는 세계대공황 피해의 전가와 전시체제로의 전환으로 볼 수 있다. 1937년 중일전쟁 도발 이후의 시기는 전시 총동원체제의 강화와 한민족 말살정책 추진기로 분류할 수 있다.

일본의 한국 지배와 수탈의 기본성격은 명확하다. 즉 식량 및 원료·값싼 노동력의 공급지, 상품 판매시장, 과잉인구의 배출지, 그리고 1930년대 이후의 경우 잉여자본의 투기지와 군수공업 기지로서 역할하며 대륙침

---

15 「식민지배는 조선을 잘살게 했나?」, 『한국과 일본의 새로운 시작』, 다나카 히로시(田中宏)·이타가키 류타(坂垣龍太), 한국학중앙연구원 한국문화교류센터 옮김, 2007, 49~58쪽.

략의 교두보와 일본 방위의 전초기지로 활용하는 것이었다. 주목되는 사실은 일제강점 말기에 한국인들을 강제로 전쟁에 동원하는 인적 수탈을 대규모로 강행하였다는 점이다. 총독부는 1938년 4월 '국가총동원법'을 공포하고 이듬해 7월 '국민징용법'을 발표했다. 또 1939년에 '노무동원계획'을 발표했는데, 이것은 한국인 노동자를 일본 등지의 탄광·광산노동·토목 공사 등 매우 위험한 육체노동이 요구되는 중요 산업 부문에 배치 할 것을 규정하였다. 이때부터 한국인의 강제연행이 시작되었다. 그리하여 1939년부터 1945년까지 72만 5천여 명을 강제연행하였다. 또 1938년 8월부터 '육군특별지원병령', 1944년부터 '징병령'을 실시하였다. 1953년 5월 일본 후생성이 조사한 바로는 약 22만 5천여 명의 한국인이 군인이나 군속으로 동원되었다. 그러나 실제로는 이보다 훨씬 많았다고 추정된다.[16]

징용·징병·학병·근로정신대·일본군 위안부 등으로 끌려간 한국인들의 정확한 숫자는 제대로 파악되지 못하고 있다. 그런데 1965년 한일협정 때 한국정부는 103만 2684명에 대한 청구권 자금으로 총 3억 6400만 달러의 배상을 일본에 요구한 것으로 밝혀졌다. 이는 최대 400여 만명에 달할 것으로 추산되는 강제동원 피해자 숫자에 비하면 훨씬 적은 것이다.[17]

그런데 한국인의 인권유린이나 탄압, 일제의 강제연행이나 동원, 위안부 등의 징발에 상당수의 한국인이 개입된 사실이 밝혀지고 있다. 그러나 아직까지 양심선언이나 자기비판 등의 형식으로 이러한 사실을 솔직히 고백하고 용서를 구한 경우는 거의 없다. 따라서 추후 이들을 추적하여 가능한 방식으로 정리하는 작업도 필요하다. 일제의 한국강점이 끼친 유형·무형의

16 이 부분은 기본적으로 朴慶植, 『日本帝國主義の朝鮮支配』, 東京: 青木書店, 1973; 한영우, 『다시찾는 우리 역사』, 경세원, 1997; 김운태, 『일본제국주의의 한국통치』, 박영사, 1998 등에 의거하였다.

17 장세윤, 「일제의 대한제국 '합병' 부당성 - 황제 서명도 없는 그들만의 조약」, 『국민일보』, 2005년 2월 7일자, 8쪽.

부정적 유산은 매우 많다. 그 가운데서도 가장 큰 부정적 유산은 남북 분단 문제를 들 수 있다. 아직도 우리는 통일을 이루지 못하고 있는 것이다.

1910년대 무단통치기 조선총독부 교육정책 수립의 실무자였던 구마모토 시게키치(隅本繁吉)는 류쿠(琉球, 오키나와)나 대만(臺灣)과 달리 '조선인'의 철저한 동화는 불가능하다고 보고 우선 차선책으로 '조선민족의 순량화(順良化)'를 주장하였다. 그는 한민족의 동화의 개념을 "일본민족의 언어·풍속·습관 등을 채용 모방시키고, 더 나아가서 일본민족의 충군애국의 정신을 체득시키는 것"으로 정의하였다.[18] 그러나 시일이 흐르면서 이러한 동화불가능론의 논리도 변화하여 다양한 식민지 동화정책이 추진되었고, 식민지 '조선'의 조선인들은 결국 국어(=일본어) 상용은 물론 '창씨개명'까지 강요받기에 이르렀던 것이다.

식민지 조선의 실질적 통치자이자 우두머리인 조선총독은 일본 천황이 직접 임명하는 친임관으로서 육·해군 대장 가운데서 선임되었으며 일본 천황에만 직속하는 존재였는데, 절대적 권한을 가졌다. 일본 헌법에 직접 속박되지 않는 총독은 조선 주둔 육해군에 대한 통솔권, 본국의 법률에 대신하는 제령(총독의 명령)을 발할 권한, 행정일반에 대한 정무통리권(政務統理權), 사법부를 포함한 하급관청에 대한 지휘감독권 등을 가졌다. 이는 일본의 내각 수상조차 미치지 못하는 권한으로 '소천황'으로 불릴정도로 막강한 권한을 가졌다. 실제로 역대 총독들은 수상 후보급의 유력자가 임명되고, 총독을 거쳐 일본정부의 수상을 지낸 자도 3명이나 되었다.[19]

물론 조선총독(부)의 이러한 막강한 권한에 대해 일본 본국 정부의 견제와

---

18 東京 한국문화연구원, 「(秘)教化意見書」, 『韓』 vol 3, no 10(1974.10), 123쪽; 김승태, 「일제의 식민지배와 식민통치 이데올로기」, 『근대 열강의 식민지 통치와 국민통합』, 동북아역사재단, 2010, 204쪽에서 재인용.

19 朝鮮史研究會 編, 『新版 朝鮮の歷史』, 三省堂, 1995, 257쪽.

지원예산을 둘러싼 팽팽한 줄다리기도 있었지만, 조선총독부 당국은 '조선특수사정론'을 내세우며 대체로 그들의 입장을 고수하였다. 특히 1918년 9월 성립한 하라 다카시(原敬) 내각은 조선총독의 입법·행정·사법에 걸친 '종합적 행정권'을 부정하면서 일본의 제도·법률·관습 등을 그대로 조선에 적용하는 소위 '내지(内地) 연장주의' 방침을 조선총독부 수뇌부 인사의 총교체에 의한 방식으로 진행하려고 하였다. 이에 대해 '무단총독' 아래에서 독자성이 강한 관료의식을 기르고 있던 '붙박이' 총독부 관료들은 '조선특수사정론'을 내세우며 하라내각에 의한 일방적인 통치정책에 반대하면서 식민지 현실을 직시한 통치정책을 구상하기 시작했다고 한다. 제도나 법률의 개정을 주로 하며 지속적으로 추진되었던 이른 바 그들의 '식민지개혁'은 이와 같은 두가지 흐름의 대립 가운데서 이루어진 절충과 타협의 산물이라고 평가되고 있다.[20] 그동안 일제 강점기 조선의 식민지 지배정책에 대한 연구는 주로 일본측의 통치정책과 그에 대응한 한민족의 민족해방운동을 중심으로 전개되는 경향을 보였다. 그러나 최근에는 표면에 잘 드러나지 않은 조선총독부 등 식민지 관료의 역할을 주목하는 연구도 나오고 있다. 즉 식민지 관료나 관료제가 어떻게 다양한 변화를 거쳤는가, 그리고 그들의 행동이나 의식이 어떻게 변용되고, 그것이 식민지통치정책에 어떻게 반영되었는가 하는 문제의식을 갖고 소위 '문화통치' 초기 조선총독부 관료의 통치구상을 검토한 연구도 나왔다.

식민지 통치를 현지에서 담당하였던 식민지 관료들의 시선은 식민지와 일본 본국의 정치·경제·사회적 변동은 물론, 세계적인 식민지 통치의 동향에도 향해 있었다. 식민지 관료가 보면 한국인들의 민족운동은 정책 입안상의

20 李炯植, 「'文化統治'初期における朝鮮總督府官僚の統治構想」, 『史學雜誌』 第115編 4號, 東京大学史学会, 2006, 69쪽.

큰 규정요인이었던 것은 틀림없으나, 그것이 지배정책 결정의 전부를 규정했다고 볼 수는 없다고 한다. 이러한 견해는 식민지배에 대한 한국인의 대응을 다소 평가절하하는 시각으로 간주할 수 있지만 조선총독부 관료들 나름의 '공공성(公共性)'과 '식민지개혁'을 일정하게 평기했다는 점에서 추후 한국학계의 검토가 중요하다.

상당수의 식민지 통치 관료들은 일본으로 귀환한 뒤 녹음기록이나 수기, 회고록 등을 남겨 자신들의 식민지 통치가 나름대로 정당했고, '선정'을 위해 노력했다는 식의 서술을 많이 남겼다. 그러나 이에 대해서는 철저한 검증과 비판이 필요하다고 본다.

한편 니시오 간지(西尾幹二) 등 일본의 일부 우익인사들은 일본의 한국 강점을 완전히 합법적이고 당연한 조치라고 인식하고 있는데, 이러한 논리는 이른 바 '합법·유효·정당론'으로 평가되고 있다.[21] 심지어 니시오 간지는 "나쁜 일을 했다, 그러나 부분적으로 일본은 좋은 일도 했다 라는 것과 같은 고식적(姑息的)인 말투를 그만두자. 우리들은 아무 것도 나쁜 일을 하지 않았다."[22]라고 강변하고 있는 실정이다. 이러한 인식은 당시 한일관계를 객관적으로 본 것이라고 할 수 없다.

한국에서 일본의 식민지 지배에 대한 연구시각은 기본적으로 일본의 식민지-한국 -통치가 매우 부정적 영향을 끼친 것으로 본다. 대체로 식민지 수탈론의 입장에 선 연구라고 할 수 있다.

---

21 鄭在貞, 「日本帝國의 '한국강점'을 어떻게 볼 것인가?」, 『한국병합사 연구』, 운노 후쿠쥬(海野福壽), 정재정 옮김, 논형, 2008, 529쪽

22 西尾幹二, 『國民の歷史』, 東京: 産經新聞ニュ－スサ－ビス, 1999, 720쪽; 鄭在貞, 「일본제국의 '한국강점'을 어떻게 볼 것인가?」, 『한국병합사 연구』, 529쪽에서 재인용.

3) 조선총독부의 분열 통치와 부일세력(친일파)의 등장

조선총독부는 3·1운동 이후 조선인에게도 일부 관리등용의 길을 열어 조선인들을 회유하는 한편, 사회적 영향력을 지닌 지도급 인사들을 친일세력으로 육성하여 민중을 동원하고 민족운동을 분열시키고자 하였다. 이에 따라 다수의 친일세력이 형성되어 사법당국(판사·검사)이나 군대, 경찰 등 조선총독부의 기구나 언론, 교육, 문화 등 사회 각 분야로 확산되었다. 이들 가운데는 식민지 통치 당국의 압력을 견디지 못하고 마지못해 이름만 내건 사람도 있었지만, 자발적으로 친일활동에 앞장서는 사람도 있았다. 특히 이들은 일제의 패망 이후에도 여전히 한국사회의 지도급 인사들로 활동하여 한국현대사의 전개과정에서 부정적 역할을 하는 경우가 많았다. 적극적 친일(대일협력)의 사례로 여류시인 노천명의 시 '싱가폴 함락'의 경우를 살펴보기로 한다.

> "아시아의 세기적인 여 명은 왔다.
> 영미(英米)의 독아(毒牙)에서 일본군은 마침내 신가파(新加波; 싱가폴—필자)를 뺏어내고야 말았다.
> ……
> 얼마나 기다렸던 아침이냐
> 동아민족(東亞民族)은 다같이 고대했던 날이냐
> 오랜 압제 우리들의 쓰라린 추억이 다시 새롭다.
> 일본의 태양이 한번 밝게 비치니
> 죄악의 몸뚱이를 어둠의 그늘 속으로
> 끌고 들어가며 신음하는 저 영미를 웃어줘라."[23]

친일 여류문인으로 알려진 노천명의 시를 통해 당시 분위기를 짐작해볼

23 친일인명사전편찬위원회, 『친일인명사전』 1, 민족문제연구소, 2010, 766~767쪽.

수 있다.

일제 강점기 35년동안 한국인들은 비교적 다양한 반응을 보였다. 물론 이를 크게 나누면 '저항(항일, 배일; 적극적 또는 소극적 등)과 굴종(자발적, 비자발적)', 또는 '저항과 순응(적극적 또는 자발적, 소극적 또는 비자발적)'이란 두가지 양상으로 나눌 수 있다고 본다. 물론 어떤 학자는 저항과 순응(대일협력)이란 양분법을 거부하고 대다수의 식민지 민중들이 '식민지의 회색지대'에서 이념에 좌우되지 않고 일상생활을 영위했을 뿐이라고 주장하였다.

개항 이후 서울은 달라졌다. 외국인들이 들어오고, 새로운 물품들이 들어왔다. 거리에는 그런 상품을 파는 상점들이 점차 늘어나고, 도로에는 전차가 달리게 되었다. 상점 건물들은 점점 높아져 가고 '쇼윈도'라는 진열장도 생겼다. 1920년대 말에 전기가 보급되자 서울의 밤거리도 달라졌다. 네온사인이 등장하여 거리를 밝히고 사람들을 유혹하였다. 그리고 네온으로 치장한 도시의 상점 진열장은 새로운 유행을 전파하기도 하였다.[24] 그러나 이런 풍경 뒤에는 일본인과 한국인, 부자와 빈민, 도시와 농촌이라는 장벽이 있었고, 여기에서 연유하는 갈등과 격차, 분노와 한숨, 그리고 일제하 서민들의 고통스런 생활이 숨겨져 있었다

일제 강점기 우리사회는 많은 부분이 변해갔다. 도시화가 진전됨에 따라 사람들은 도시로 몰려들었고, 일본을 비롯한 외국문물이 소개되고, 수용되었다. 서울을 비롯하여 부산과 대구, 평양, 인천, 대전, 목포, 군산, 원산, 진남포 등 여러 항구를 비롯한 도시들의 외형적인 모습도 달라졌다. 철도와 도로, 항만 등이 일본이나 조선총독부 주도로 건설되면서 초래된 이러한 변화는 일본인들이 대거 진입하면서 한층 촉진되었다. 하지만 이러한 변화 모두가 긍정적으로 받아들여지지 않았으며, 식민지 '조선' 사회 여러 지역에서

24 김한종 외, 『고등학교 한국근·현대사』, 금성출판사, 2010, 224쪽.

동시에 진행되지도 않았다. 이러한 변화의 배경에는 알게 모르게 수탈당하고 차별당하는 식민지 민중의 슬픔과 아픔, 그리고 분노가 배어 있었다.

일제 강점기 말기(1940년대 전반) 식민지 조선 민중의 동향을 검토한 근래의 연구에 따르면 일반적 예상과 달리 조선인들은 다양한 형태로 끊임없이 저항했으며, 식민지 통치당국은 이들의 동향에 예민하게 반응하며 탄압의 강도를 높여갔다고 한다.

4) 일제 식민지 통치의 평가와 한국인의 대응 유형

일본의 1910년 8월 29일 대한제국 폐멸과 이후 35년간의 식민지 지배는 논자에 따라 다양한 해석과 평가가 가능할 것이다. 그러나 일본제국주의의 식민지 '조선' 지배의 기본 기조는 "침략과 수탈, 전쟁체제로의 동원"이라고 본다. 일부 학자들이 논하는 '침략과 개발'에 따른 부분적 발전과 자기 개발, 상당 정도의 역동성을 인정할 수 있다고 해도 그 의미는 1937년 이후 전시동원체제가 본격적으로 가동함에 따라 빛을 잃었다고 할 수 있다.

일본제국주의의 식민지 '조선'지배는 기본적으로 '침략을 위한 동원', 일본인 위주 정책실시와 그에 따른 과실의 일본인 독점으로 요약할 수 있다. 또한 전시동원을 위한 개발과 그러한 개발을 위한 '수탈'의 과정이었고, '황국신민화'와 '내선일체'를 내세웠는데, 오히려 동화를 내세운 차별을 드러냈고, 황민화 정책을 강요하였다.

일본의 식민지 지배에 대한 한국인의 대응은 크게보면 두가지 경향으로 파악할 수 있다. 즉 단순화하면 체제저항형과 체제순응형으로 나눌 수 있다는 것이다. 하지만 이를 더 세분하면 네가지 유형으로 구분할 수 있을 것이다. ①치열한 저항(무장투쟁·일부 격렬한 노동·농민운동 등 직접 행동을 수반한 지속적 독립운동 등), ②소극적(온건한 형태의) 저항(비무장투쟁 항일운동, 사상·문화·

종교운동 등 독립운동 투신, 혹은 직업적 독립운동가 유형), ③적극적(자발적) 친일(대일협력, 순응)－일본에 경도(압도)된 자, 문명·개화론자 등 명망가, 혹은 지역유지, 저명문인, 신념가 등의 유형이다. ④소극적(비자발적) 친일 혹은 소극적 순응－대부분의 식민지 민중, 생계에 전전긍긍하는 일반인 유형이라 할 수 있다.

물론 식민지 통치 당국은 한민족을 적절히 '분열통치'하였는데, 나름대로 효율적인 식민지 경영과 '개발'을 위해, 또 세수(稅收) 증대를 위해 식민지 조선 민중의 생활수준 및 소득 '향상'을 도모하려고 노력한 면도 있었을 것이다.

이와 관련해서 한국의 일부 경제사학자들은 주로 1920년대와 1930년대를 집중적으로 분석하고 있는데, 일시적이며 부수적으로 나타난 '생산성 향상'을 주목하며, 이를 한국인들의 역동적 다양성과 개방성을 상징하는 것이라고 하여 그 의미를 평가한다. 그러나 1937년 중일전쟁의 발발과 1941년 12월 태평양전쟁의 발발 이후 극대화된 전쟁동원 체제와 이에 따른 병참기지화정책의 추진, 그 결과 수백만에 달하는 한국인들의 징용·징병·지원병, 또한 근로정신대·일본군 위안부 등으로 동원된 한국인들의 피해상에 대해서는 무관심한 상황이다. 역사적 진실은 명백하다. 일본인과 한인의 구별과 차별은 명백했다.

일본의 한국 지배와 '수탈'은 한민족의 자주적이며 독자적인 발전과 세계 및 인류평화 공헌의 기회를 상실케 하였다.

1910년 '망국'의 주요 원인은 기본적으로 한국인 자신에게 있다고 볼 수 있다. 대한제국 멸망 이후 112년이 되는 시점에서 한국인들도 이제 '한풀이'식의 일본에 대한 증오나 막연한 반일감정에서 벗어나야 한다고 본다. 이제 우리는 나름대로 한국과 중국·일본 등 동아시아 3국의 상호이해와 역사인식의 공유는 물론, 세계평화와 인류공영에 기여할 의무를 다해야 할 것이다. 아직은 요원하지만, 우호적이며 지속가능한 한일관계 구축을 위해 한일 양국 모두가 절실히 노력할 필요가 있다.

3. 독립운동 연구의 의의 및 한국독립운동의 성격

1) 독립운동사의 개념

한국학계에서 독립운동사의 개념은 일반적으로 민족운동사와 구분되지 않고 혼용되고 있다. 그러나 민족운동사라는 용어는 크게 세가지의 운동 형태, 즉 ①삼남(三南)지역의 민란 이래 동학농민운동까지의 반봉건(反封建) 민족근대화운동, ②식민지 해방운동과 종속해방운동을 포함하는 반제국주의 민족해방투쟁, ③1945년 8월 해방과 분단 이후의 민족통일운동이 포함된 광의의 개념이라 할 수 있다.

이 가운데에 독립운동사는 반(反)제국주의 민족해방투쟁 가운데 식민지 해방투쟁에 한정된 것으로 볼 수 있다. 개항 이래 일본과 서구 열강의 침략이 계속되었고, 1904년 경부터는 사실상 일본의 반식민지(半植民地) 상태가 되었기 때문에 종속해방투쟁도 독립운동의 범주로 간주될 수 있다고 본다.[25]

2) 독립운동 연구사 개괄

독립운동사 연구의 고전적 저작으로 1919년 임시정부가 편찬한 『한일관계사료집』, 박은식의 『한국독립운동지혈사』(1920)를 들 수 있다. 그러나 독립운동사 연구는 1950년대 중반부터 뜻있는 학자와 '애국동지원호회'와 같

---

25 조동걸, 『한국독립운동의 이념과 방략』, 독립기념관 한국독립운동사연구소, 2007 참조

은 관련단체에 의해 시작되었다. 1960년대는 1960년 4·19학생혁명을 거친 후 민족주의를 자각하게 되고 그러한 시대적 분위기와 시대정신으로 인해 더욱 활발해졌다. 이 무렵의 대표적 업적으로 『한국독립운동사』(국사편찬위원회)와 『독립운동사』(독립운동사편찬위원회)를 꼽을 수 있다. 1980년대 이후 소위 현실문제와 연관된 '민중사학'의 등장, 소장 연구자의 증가와 관련 연구기관의 설립(독립기념관 한국독립운동사연구소 등), 각종 학회의 증가 및 활발한 연구활동을 통해 독립운동사의 다양한 실상이 대체로 규명되었다.

특히 독립기념관 한국독립운동사연구소에서 2007년부터 2009년까지 3년 동안 『한국독립운동의 역사』 60권을 간행한 것은 기념비적 의미가 있다고 본다. 특히 종래 일제의 식민지 통치기를 대체로 무단통치기(헌병경찰통치), '문화정치기'(민족분열통치), 병참기지화정책 시기(민족말살통치) 등으로 구분하던 방식에서[26] 벗어나 무단통치, 민족분열통치, 민족분열통치의 강화,'중일전쟁 이후 전시체제와 수탈' 등으로 구분한 점이 주목된다. 수탈론의 강화라고 평가할 수 있다.[27] 이 거질의 발간작업을 통해 독립운동의 구체적 실상이 체계적으로 규명되었다고 판단된다. 그러나 아직도 사회주의운동과 노동·농민운동 등 대중운동과 사회운동 등에 대한 심층적 연구와 올바른 평가 등 미해결의 과제가 남아있다.

3) 독립운동의 기점과 하한

일반적으로 1895년 9월 충청도 유성(儒城)에서 봉기한 문석봉(文錫鳳) 의

26 김운태, 『일본제국주의의 한국통치』, 박영사, 1998; 김한종 외, 『고등학교 한국근·현대사』, 금성출판사, 2010, 150쪽.

27 ①한국독립운동의 이념과 방략(조동걸), ②개항이후 일제의 침략(河元鎬), ③통감부 설치와 한국 식민지화(이상찬), ④1910년대 일제의 무단통치(서민교), ⑤1920년대 일제의 민족분열통치(이명화), ⑥1930년대 일제의 민족분열통치 강화(김영희), ⑦중일전쟁 이후 전시체제와 수탈(金承台), ⑧일제의 친일파 육성과 반민족 세력(박수현·이용창·허종)

병이 독립운동(의병)의 기점으로 알려져 왔다. 그런데 근래에는 1894년 일본군의 경복궁 침범사건인 갑오왜란(甲午倭亂)으로 인한 의병의 봉기를 새로운 기점으로 평가하고 있다. 독립운동의 하한선은 일반적으로 근대사의 하한으로도 평가되는 1945년 8월 일본제국주의의 패망과 광복으로 보고 있다. 그런데 남북 분단상태를 극복하고 한민족의 통일을 완수하는 시점으로 보아야 한다는 견해도 있다.[28] 그럴 경우 독립운동보다는 민족운동의 개념이 적합하다고 생각된다.

4) 독립운동 주도세력의 존재 형태

한국의 독립운동은 반봉건운동(反封建運動)이 성공적으로 완결되지 못한 채 반제투쟁(反帝鬪爭)과 동시에 전개되었다. 19세기 말~20세기 초 봉건적 신분질서는 무너졌으나, 양반과 평민 등 신분의 구별은 남아있었다. 한국근대사에서 민족운동 주도세력을 시민과 민중으로 구분하는 시각이 있다. 시민은 개화사상을 갖고 독립협회운동과 그 이후의 애국계몽운동 등에 참여한 그룹, 민중은 동학농민운동과 의병전쟁에 참여한 세력으로 이해되고 있다.

그런데 이 양 세력은 주·객관적 시대상황 등 역사적 조건에 따라 운동주체로서의 존재양태가 달랐다. 이들은 3·1운동 때 일시 합류하는 양상을 보이다가 다시 전자는 물산장려운동·조선민립대학 설립운동 등 온건한 형태의 운동노선으로, 후자는 노농운동 등의 강경한 대중적 노선을 선택함으로써 각각 다른 형태로 존재하였다. 그러나 전자가 1920년대 후반 이후 점차 친일적(대일협력적) 태도를 보이며 '개량화·타협화'한 것은 주지의 사실이다. 이는 조선총독부의 식민지 지배와 탄압 구조에서 민족운동 주체들이 처했던 상황과 사회경제적 모순, 혹은 계급·계층별로 민족모순에 대한 인식에

---

28 대표적으로 강만길, 『분단시대의 역사인식』, 창작과비평사, 1978을 들 수 있다.

차이가 있었기 때문으로 해석된다.

중국·러시아를 무대로 한 해외 독립운동의 경우, 중국의 신해혁명(1911)과 러시아혁명(1917) 등 한인들이 거주하던 국가의 정치적 변혁이 현지 한인 독립운동의 객관적 조건과 운동방법론, 지도이념을 크게 변화시키는 계기가 되기도 하였다. 재외한인의 경우 일본영사관원들은 '영사재판권(領事裁判權)'을 내세워 한인문제에 간섭하고 중국 침략의 빌미로 활용하는 경우가 많았다.[29] 이에 따라 중국, 러시아(소련)에서 활동하는 한인 지도자들은 현지 국적을 취득하여 일본측의 탄압을 피하기도 하였다.

5) 독립운동의 이념과 추세

한국 독립운동사에서 운동주체 혹은 지도급 인사들이 지녔던 이념은 운동의 방법론을 결정하는 중요한 요소라 할 수 있다. 19세기 말에 수용된 사회진화론은 계몽주의자들에게 대폭 수용되었다. 그러나 사회진화의 주체를 민족으로 인식하였던 사람과, 국가로 인식했던 사람이 향후 다른 행로를 보인 것은 추진주체의 이념이 운동방법론을 결정한 사례라고 할 것이다.

경술국치(대한제국 멸망) 직후인 1910년대의 정치적 이념은 ①전제군주주의(復辟主義), ②입헌군주주의(保皇主義), ③공화주의로 구분된다. 이 중 복벽주의와 보황주의는 3·1운동 이후 정치이념으로서의 기능이 쇠퇴하지만, 기독교·불교·천도교 등 종교 지도자들이 주로 3·1운동을 계획했는데, 이를 공화주의와 바로 연결하는 것은 무리라고 할 수 있다.[30] 다만 대한민국 임시정부 수립 이후의 정체론(政體論)은 공화주의가 대세를 이루었다고 평가

29 이에 대해서는 荻野富士夫,『外務省警察史 - 在留民保護取締と特高警察機能』, 校倉書房, 2005의 방대한 연구성과를 참조.

30 조동걸,「8·15직전의 독립운동과 그 시련」,『한국근현대사의 이해와 논리』, 지식산업사, 1998, 179~184쪽.

되고 있다.

3·1운동은 일제 강점기 최대의 독립운동이자 일제의 통치에 대한 총체적 저항운동이었다. 3·1운동은 중국 동북지방 등 해외에서도 전개되었는데, 이후 총독부는 '문화정치'를 표방하지 않을 수 없었다. 이 운동을 '독립운동의 호수', '민족운동의 분수령'이라고 평가하는 것은 1910년대 일제의 통치에 대한 한인들의 불복종과 독립의지를 전세계에 분명히 과시하였고, 종교 지도자들은 물론 시민과 학생, 노동자·농민·여성 등 수많은 대중들이 참가하여 적극적 투쟁양상을 보였기 때문이다.[31]

3·1운동은 민족의식의 고양, 독립운동 방법론과 이념 다양화의 계기가 되었는데, 이후 무정부주의와 사회주의 이론이 수용·확산되고 그에 따른 '진보적' 민족운동이 전개되었다. 그 배경에는 당시 한민족이 처해 있던 사회경제적 조건-소작농의 확산과 토지소유 관계의 모순 심화 등-특히 생활 여건의 악화 등이 크게 작용한 것으로 파악된다.

6) 한민족 독립운동의 특징과 의의

한민족(한국) 독립운동의 특징은 다음과 같이 요약, 정리할 수 있다.[32]

첫째, 시간적으로 지구성을 보였다. 즉, 일본의 침략과 지배를 받는 기간 동안 지속적으로 일본의 식민지 통치를 인정하지 않고 독립을 쟁취하기 위해 끝까지 투쟁하였다는 점이다. 독립운동은 1894년의 '갑오왜란'에 분노하여 봉기한 의병항쟁에서 시작되어 1945년 광복을 되찾을 때까지 지속되었다. 특히 대한민국임시정부는 1919년에 수립되어 27년간 존속한 독립

31 독립기념관에서 최근에 발간한『독립운동의 역사』60권중 5권(제18~22권)이 3·1운동 관련 내용으로 되어있다(3·1운동의 배경과 독립선언, 국내 3·1운동 - 중부·북부, 국내3·1운동 - 남부, 국외 3·1운동, 3·1운동 직후 무장투쟁과 외교활동).

32 조동걸, 「한국독립운동의 특징과 의의」,『한국근현대사의 이해와 논리』, 지식산업사, 1998, 14~25쪽.

운동의 상징적 존재로 매우 어려운 조건에서 독립운동을 주도하였다.[33]

둘째, 독립운동의 공간이 국내외 지역을 망라하여 세계적 범위에서 전개되었다. 독립운동은 국내는 물론·중국·노령(露嶺) 연해주(沿海州)·일본·미주(美洲) 등 한인이 거주하는 곳이면 어디에서든지 전개되었다. 이는 직접적으로 일제에 충격을 주는 효과가 있었으나, 온세계에 한인의 독립의지를 알리는 효과가 적지 않았다. 한국독립운동의 세계적 전개가 가능했던 것은 조선말 이래 중국(만주)과 노령 연해주, 미주 등지에 일찍이 한인들이 집단적으로 이주하여 이들이 거주하는 한인마을이 형성되어 있었고, 재외한인들의 조국독립과 민족해방에 대한 열망이 강했기 때문이다.

조선총독부 경무국 당국은 연해주에서 활동하던 강우규(姜宇奎)의 사이토(齋藤實) 총독 폭탄투척 사건과 대한민국임시정부의 국내 진입활동 등을 인상적인 저항운동으로 기억하고 있었다.[34] 소위 '문화정치' 초기의 경찰간부진이 가장 경계했던 사건들은 거의 예외없이 재외 한인이나, 구미열강과 관련되어 있었다. 특히 조선총독부 경찰에게 '위협'은 항상 '조선 국외'에서 오는 것이라고 인식하고 있었던 것이다.[35]

셋째, 독립운동의 방법론이 다양했다. 독립운동의 방법론은 무장투쟁론·교육과 산업 우선론·무정부주의론·의열투쟁론·외교론 등 총체적인 것이었다. 이는 독립과 해방을 쟁취하기 위한 강한 의지를 반영했을 뿐 아니라, 독립운동이 다양한 이념에 따라 전개된 것을 의미한다.

---

33 임시정부에 대해서는 김희곤, 『대한민국임시정부 연구』, 지식산업사, 2004 참조.

34 마쓰다 토시히코(松田利彦), 「1920년대 초 총독부 경찰의 독립운동 인식 - 대한민국임시정부를 중심으로(1920年代初における總督府警察の獨立運動認識: 大韓民國臨時政府を中心に)」, 『대한민국임시정부의 현대사적 성찰』(대한민국임시정부 수립 90주년기념 동아시아학술회의 발표논문집), 2009. 4. 8, 이화여자대학교 이화학술원 주최, 192쪽.

35 마쓰다 토시히코, 위의 글, 193쪽. 총독부의 독립운동 세력 관련 동향에 대해서는 한지헌, 「1920년대 초반 조선총독부의 대한민국임시정부에 대한 인식과 정책」, 『한국근현대사연구』 30, 2004 참조.

1931년 '만주사변(9·18사변)'이후 한민족의 독립운동은 중국(인)과 연대하여 공동투쟁하는 양상을 보였다. 중국동북에서 활동하던 한국독립당(한국독립군)·조선혁명당(조선혁명군)은 중국 국민정부(또는 중국의용군) 계열과 연계되었고, 사회주의 계열의 한인들 다수는 중국공산당에 가입하여 동북항일연합군의 일원으로 일본 침략세력과 투쟁하기도 하였다.[36] 중국관내의 대한민국임시정부(한국광복군) 역시 중국 국민정부의 지원을 받았고, 화북조선독립동맹(조선의용군)은 중국공산당의 지원을 받았다. 말하자면 국제연대를 통해 제국주의에 대항했던 것이다. 국내의 조선건국동맹 등은 일제의 패전이 임박함에 따라 이들 해외 민족운동 세력과 상호 연계를 도모하며 최후의 독립전쟁에 대비하고 있었다는 점도 주목된다.

넷째, 독립운동 단체들이 분산성과 분열상을 보였으면서도 꾸준히 통합을 시도하였다는 사실을 들 수 있다. 어려운 조건에서는 흩어질 수 밖에 없다. 해외 독립운동 단체들 사이에 알력을 빚기도 했지만, 국내의 신간회운동이나 중국에서 시도된 민족유일당운동처럼 독립운동 단체들이 통합을 모색하기도 하였다.

다섯째, 독립운동의 주체가 점차 확산되어 남녀노소·직업·신분·종교 등 여러 상황과 조건을 초월하여 거족적으로 전개되었다. 대표적으로 3·1운동이 이에 해당한다. 한국인들의 독립운동이 이처럼 전민족적으로 전개된 것은 세계 피압박민족 해방투쟁사에서 이례적인 사례로 평가할 수 있을 것이다.

마지막으로, 한민족의 독립운동은 당시 세계 인류의 거의 3/4에 달했던 피압박 약소민족의 반제투쟁에 일정하게 영향을 준 세계사적 의의를 지니

---

36 1936·7년 경 중국인과 한국인이 연합한 東北抗日聯軍은 東·南·北滿洲 등 각지에서 큰 세력을 이루고 치열한 접전을 벌이고 있었다. 물론 全光(吳成崙)·金日成·崔庸健·許亨植·金策 등 재만한인들도 여기에 대거 참가하여 많은 활약을 하고 있었다. 이 무렵의 주요 한인간부 현황에 대해서는 신주백, 「만주지역 한인의 민족운동 연구(1925~40)」, 성균관대 박사학위논문, 1996, 392쪽 및 장세윤, 『중국 동북지역 민족운동과 한국현대사』, 명지사, 2005 참조.

고 있다고 평가된다. 3·1운동을 대표적 사례로 꼽을 수 있다. 3·1운동은 중국의 5·4운동과 인도·필리핀·이집트 등의 민족운동에도 상당한 시사점을 준 것으로 본다.[37] 또한 독립운동 양상의 격렬성과 민중주도성 등을 들기도 한다.[38]

1940년대 전반 한민족은 일본 정부 당국과 조선총독부 당국의 가혹한 탄압으로 민족말살의 위기라는 엄중한 상황에 처하였다. 그러나 한국인들은 일제의 지배에 '굴종과 협력'의 자세를 보이기도 하였지만, 치열한 저항을 줄기차게 전개하기도 하였다. 한민족 전체가 일본제국주의 세력의 위력에 굴복하여 피동적으로 '순종'과 '협력'만 했다면 근대 국민국가 수립과 민족의 독립(해방)에 대한 희망을 가질 수 없었을 것이다.

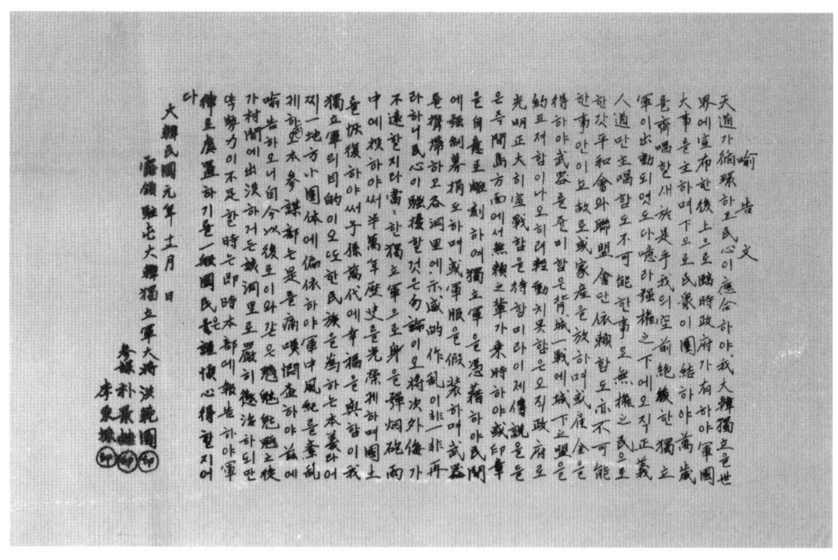
喩告文

天道가循環하고民心이應合하야我大韓獨立을世界에宣布한後上으로臨時政府가有하야軍國大事를主하며下으로民衆이團結하야萬歲를齊唱할새於是乎我의空前絶後한獨立軍이出動되엿도다噫라强權之下에오직正義人道만主唱함도不可能한事오無權之民으로한갓平和會와聯盟會만依賴함도亦不可能한事안이요故로或家産을放하며或庭金을得하야武器를준비함은背城一戰에城下之盟을約코저함이나오히려輕動치못함은오직政府로光明正大히宣戰함을待함이라이제傳說을들은즉間島方面에서無賴之輩가乘時하야或印章을自意로雕刻하여獨立軍을憑藉하야民間에强制募捐도하며或軍服을假裝하며武器를携帶하고各洞里에亦盛히作亂이非一非再라하니民心이騷擾할것은勿論이오將次外侮가不遠할지라當、한獨立軍으로身을彈烟砲雨中에投하야써半萬年歷史를光榮케하며國土를恢復하야써子孫萬代에幸福을與함이我獨立軍의目的이오또한民族을爲하는本義라어찌一地方小團体에偏依하야軍中風紀를紊亂케할가本參謀部는是를痛嘆悶歪하야玆에喩告하오니自今以後로이와갓은魑魅魍魎之徒가村閭에出沒하거든該洞里로嚴히懲治하되만약勢力이不足할時는即時本部에報告하야軍律로處置하기를一般國民은謹愼心得할지어다

大韓民國元年十二月 日

[illegible] 駐屯大韓獨立軍大將 洪範圖

參謀 朴景[illegible] 李[illegible]

1920년대 초 중국 연변(북간도) 지역에서 활동한 대한독립군의 유고문(喩告文). 독립기념관 소장(사본)

37 이상 주요 내용은 조동걸, 『한국독립운동의 이념과 방략』, 독립기념관, 2004 및 『한국독립운동사 총설』, 역사공간, 2010을 참고.

38 상세한 내용은 조동걸, 『한국독립운동의 이념과 방략』 참조.

다양하게 전개된 독립운동은 한민족의 국제적 위상을 높이고 민족의식과 민주주의, 민족주의의 발전에 크게 기여하였다. 이러한 독립운동의 결과 한국인들은 결국 독립을 외세의 힘을 빌어서나마 쟁취할 수 있었다. 독립운동은 한국인도 할 수 있다는 자신감을 불어넣어 일본 통치세력의 주입으로 부지불식간에 퍼져있던 열등감이나 허무주의, 패배주의를 극복할 수 있는 원동력이 되었다.

4. 중국 동북지역 독립운동의 특징과 의의

중국 동북지역(만주) 및 노령지역 독립운동의 특징을 일찍이 박영석 교수(전 건국대)는 다음과 같이 정리한 바 있다. ①이 지역의 독립운동은 재만(노령) 동포들의 광범한 지지하에 대중적 기반을 갖고 이루어졌다. ②홍범도·김좌진·오동진·전덕원·이범석·김규식·오광선·이청천·이상룡·김동삼 등 많은 뛰어난 독립운동가들의 활동에 의해 효과적 대일투쟁을 전개할 수 있었다. ③현재 대한민국이 채택한 공화주의이념이 이미 정의부 등 만주지역 독립운동 단체들에 의해 이미 시행되었다. ④투쟁노선에서 교육·산업우선주의와 함께 무장투쟁노선을 전개하였다. ⑤일본제국주의에 효과적으로 대항하기 위해 독립운동가들은 당·연합회·정부 등 다양한 조직을 구상하였다. ⑥1930년대 중반 이후 일제의 탄압으로 다수의 독립운동가들이 중국 본토로 이동하여 대한민국임시정부 광복군의 근간이 되었다. ⑦독립운동 단체들은 학연·지연·혈연·종교 등을 중심으로 뭉치는 경향이 있었다. ⑧민족주의 계열의 독립운동자들은 이념적인 측면이 약했기 때문에 험난한 독립운동의 중도에서 포기하거나, 친일파로 전향한 자가 적지 않았다. ⑨독립운동가들은 독립전쟁을 통해 일본제국주의의 대륙침략정책이 장차 중일전쟁,

미일전쟁까지 몰고 올 것이라고 하는 높은 정치의식을 갖고 있었다. 그러나 현실적으로 수많은 어려움 때문에 실질적인 대일저항력(對日抵抗力)의 강도(強度)에서는 어느 정도 한계성을 나타냈다고 한다.[39]

조동걸 교수(전 국민대)는 재만독립운동의 특징을 다음과 같이 정리하였다. ①독립전쟁의 역사. ②재만 독립군은 먼저 망명촌과 민족사회라는 경제적·문화적 독립운동기지 또는 근거지를 기반으로 구축. ③독립군은 망명촌을 기반으로 편성되었으므로 망명촌 주민과 함께 독립전쟁을 수행했는데, 이같은 지도층과 민중의 연대가 청산리전쟁에서 승리하는 기본 이유가 되었다. ④독립군 단체는 동포사회를 관할하는 민정(民政)과 독립전쟁을 관할하는 군정(軍政)의 이원조직을 갖고 있었다. 다만 만주 동포사회에 사회주의 사조가 확산되면서 민정의 기반이 변질되기 시작했다. ⑤재만동포 사회에 소작농민이 많았고, 이회영·이상룡·김동삼 등 양반지주 출신자도 망명 후에 소작농으로 전락한 경우가 적지 않았는데, 이들은 유교 대동주의에 무정부주의나 사회주의(공산주의)를 접목시킨 경우가 많았다. ⑥1931년 9·18사변('만주사변') 이후 일본 주구(走狗)단체인 조선인민회에 가담하여 '만주국'의 '2등국민'으로 살아가는 사람이 많아졌다. ⑦한간(漢奸, 중국인 밀정)과 (한인) 주구배도 독립운동을 가장한 경우가 많았다. ⑧어려운 가운데서도 꾸준히 통일전선을 추구했다. ⑨통일전선 형성시 표방한 강령(조국광복회, 임시정부 건국강령 등)이 중요한 역사적 의미를 남겼다. ⑩1940년부터 동북항일연군(김일성·최용건 등)까지 러시아로 이동하여 만주는 독립운동 공백 상태에 놓이게 되었다. ⑪해방과 더불어 만주에는 조선의용군이 개선, 진주하였다. ⑫한국독립운동은 국내 독립운동과 재만(在滿) 독립운동, 재중(在中) 독립운동의 3대 지역운

39 박영석, 『만주·노령지역의 독립운동』, 독립기념관 한국독립운동사연구소, 1989, 183~184쪽 및 박영석, 「중국 동북지역(만주)의 항일민족독립운동」, 『한국독립운동사연구』 제7집, 독립기념관 한국독립운동사연구소, 1993, 450~452쪽.

동으로 구성되었다.[40]

한편 중국연변대 김춘선(金春善) 교수는 최근 열린 학술회의에서 '중국 동북지역 민족해방운동의 특징과 의의'를 발표했는데, 이 지역 '민족해방운동'의 특징과 의의를 다음과 같이 정리하였다.

①장기성과 지구성, ②이념과 방략의 다원성, ③독립기지·유격근거지·군사밀영 등은 항일무장투쟁의 주요한 형식, ④한인공산주의자들은 '이중사명'을 충실히 수행, ⑤자치운동의 다양성, ⑥열악한 사회·자연환경에서 항일무장투쟁을 견지, ⑦동북항일연군은 항일민족전선 및 세계반파쑈 인민전선의 성격을 지닌 한중연합부대라고 주장하였다.[41] 물론 이러한 주장 가운데 일부 의견, 예를 들면 한인공산주의자들의 '이중사명'을 부정하고 이들은 오로지 '중국혁명'의 목적을 실현하기 위한 것으로서, 중국혁명을 하면서 조선독립을 위한 조선혁명도 하는 '이중사명'은 지니지 않는다고 반론을 제기하는 중국측 저술도 있다.[42]

또 김춘선은 중국 동북지역 민족해방운동의 한계로 다음과 같은 의견을 개진하였다.

①1920년대 반일단체들의 지향한 이념과 투쟁방략의 객관성과 현실성이 결여된 점, ②지연·학연·혈연·종교 등의 파벌투쟁, ③이념차이로 인하여 복벽세력과 공화세력 사이, 민족주의 진영과 사회주의 진영 사이에서 모순과 충돌이 심했다. ④'좌'적 노선의 영향 하에 유격근거지 내에서 설립한 소

40 조동걸, 「만주에서 전개된 한국 독립운동의 의의」, 『한국근현대사의 이상과 형상』, 푸른역사, 2001, 375~380쪽.

41 김춘선, 「중국 동북지역 민족해방운동의 특징과 의의」, 『중국 동북지역 한민족 항일투쟁의 역사적 의의』, 연변대학교 민족연구원·독립기념관 한국독립운동사연구소 공동주최 학술회의(2015년 6월 18일) 발표문, 23~31쪽.

42 양소전·차철구·김춘선·김철수·안화춘 저, 김춘선·김철수·안화춘 등 역, 『중국조선족혁명투쟁사』, 연변인민출판사, 2009, 5쪽.

비에트정부와 토지개혁의 문제점, ⑤'반민생단(反民生團) 투쟁'은 민족통일전선을 붕괴시켰고, 당 조직과 무장부대의 혁명역량을 대폭 약화시켰다.[43]

그러나 이 가운데 1920년대 초 민족주의 계열 독립운동 단체들(소위 반일단체들)의 지향 이념과 투쟁 방략의 객관성과 현실성이 결여되었다는 지적은 과도한 비판이 아닌가 한다. 왜냐하면 이들 단체들의 지향 이념과 투쟁 방략은 나름대로 그 당시의 주관·객관적 상황과 시대적 흐름, 현지의 지역적 특성을 반영한 고민과 수요의 산물이라고 보기 때문이다.

한편 김영범 교수(대구대)는 1930년대 독립운동의 특성을 항일전선에서의 한중연합이 실현되어 군사적·재정적 부문의 합작과 지원이 이루어졌다는 점, 그리고 독립운동의 이념이 민족혁명(절대 독립)으로 모아졌고, '건국사상'에서는 민주사회주의적·중도적 지향이 강했다고 보았다. 특히 이 시기 독립운동 진영에서의 문제의 진정한 근원은 민족주의 노선과 좌익 국제주의 노선의 갈등에 있었는데, 후기로 가면서 국제주의자들의 민족주의 민족혁명 노선으로의 복귀현상이 두드러졌다고 보았다.[44] 이러한 현상은 중국동북지역 독립운동의 특성이라고 할 수도 있다.

또 그는 중국 동북지역에서의 항일 의열투쟁의 특성으로 ①의열투쟁의 주체는 비교적 큰 규모의 무장독립운동 단체들인 독립군 조직과, 그보다 훨씬 작은 비밀결사형 특종(特種)단체들이었다. ②의열투쟁의 참여층도 독립군 대원이나 특종단체원 등의 전업 독립운동자들이 대부분. ③중국 동북지역에서의 의열투쟁은 1920년대 전반기와 중반 무렵에 가장 활발. ④의열투쟁의 공간은 남·북만주 전역에 분포. ⑤의열투쟁의 표적은 비교적 다양. ⑥의열

43 김춘선, 앞의 논문, 32~34쪽.

44 김영범, 「1930년대 독립운동의 특성」, 『한국독립운동사연구』 제8집, 1994; 독립기념관 한국독립운동사연구소, 『한국독립운동의 이해와 평가 - 광복 50주년기념 4개년 학술대회 논문집』, 1995, 292쪽.

투쟁의 성과와 효과는 쉽게 단정하고 평가하기가 어렵다. ⑦이 지역에서의 의열투쟁은 현지 독립운동의 주·객관적 조건의 특성과 맞물려 독립군 조직체들의 무장투쟁과 긴밀히 연동되어 있었다.[45]

그에 따르면 중국 동북지역 항일 의열투쟁의 의의는 ①일제의 침략과 강점, 식민통치와 기만적 지배정책에 대한 강력한 규탄 경고와 응징의 의미를 띠고 수행됨. ②절대독립을 추구하는 한민족의 열망과 의지를 전세계에 알리고 인식시킴에 있어 비가시적(非可視的) 효과를 낳으면서 크게 기여. ③제국주의 지배에 맞서 민족자존의 전통과 민족동질성을 되살리고 수호하려는 대열의 최선봉에 섬으로써, 민족정기 보전 및 재확립에 결정적으로 기여할 중요 인자(因子)가 되었다. ④이 지역은 한국적 의열투쟁의 발원지,발화점을 이루었는데, 이는 안중근 의거와 의열단 창립의 현장이라는 점에서 특히 의미가 있다. ⑤이곳에서의 의열투쟁은 독립군의 무장투쟁을 보조하고 견인도 하면서 어깨를 나란히 하는 관계로서, 독립운동 역량 축적의 밑거름이 되었다. ⑥중국동북의 독립운동 단체들은 현지 거사만이 아니라, 국내진입 의열투쟁을 부단히 전개하여 전투적 독립운동이 계속해서 진행되고 있음을 국내동포들이 알게하고, 그럼으로써 항일의식과 독립의지를 고취시켰다. ⑦현지 독립운동가들도 의열투쟁 참여를 통해, 또한 의열투쟁의 가시적 성과를 견문함으로써 독립전쟁의 지속과 최후승리를 믿고 기약해갈 수 있었다. ⑧중국동북 한인 의열투쟁의 주체들은 그 지역의 정치적·군사적 지배자이던 친일 군벌정권의 불시탄압과 배척, 홀대, 방해를 받는 경우가 적지 않았고, 인신구속이나 근거지 침탈을 당하는 사례도 상당히 있었다. 그러나 한인 독립운동 지도자들은 중국 경내에서 활동하고 있다는 사실에 유의하여 직접대

45 김영범, 「중국 동북지역에서의 항일 의열투쟁의 특성과 의의 - '의열항전'론을 제기하며」, 『중국 동북지역에서의 한·중 항일투쟁』, 한국민족운동사학회·하얼빈시 조선민족예술관 공동주최 학술회의(2015년 10월 23일) 발표문, 51~53쪽.

응이나 충돌을 가급적 피했는데, 그러한 태도가 장기적으로는 재만한인들에 대한 중국인들의 기본적 신뢰와 한국독립운동에 대한 도움과 지원을 가져오는 경우도 있었다. 이러한 배경에서 1931년 '9·18사변' 직후부터 한중연합 항일의용군, 그리고 항일유격대와 동북인민혁명군, 동북항일연합군의 결성 등 한중연대(韓中連帶)가 조성될 수 있었다고 한다.[46]

5. 중국 동북지역 독립운동의 시사점과 교훈

1945년 11월 하순 중국에서 개인자격으로 귀국한 대한민국임시정부 주석 백범 김구는 이 해 12월 23일 서울운동장에서 열린 환영대회에서 순국선열을 위한 '선열기도추념문(先烈紀悼追念文)'을 봉독하였다. 이 제문은 명문으로 널리 알려졌는데, 정인보가 기초하여 대독하였다.[47]

굳이 이 사실을 언급하는 것은 중국 동북지방에서 독립운동, 나아가 항일무장투쟁에 투신했다가 이름조차 남기지 못하고 희생·산화한 애국지사와 무명용사들, 그리고 일본군의 야만적인 학살만행과 탄압·폭행 등으로 비참하게 목숨을 잃은 다수의 무고한 한인들의 넋을 달래고, 진지하게 조사·연구하지 않을 수 없기 때문이다.

1863년 11월 미국 남북전쟁의 현장 게티즈버그(Gettysburg)를 찾은 미국의 링컨(Abraham Lincoln) 대통령은 희생된 군인들을 위한 추모사에서 역사에 길이 남은 명언을 남겼다. 이 가운데 한국의 독립을 위한 독립전쟁과 항일무장투쟁에 헌신하여 일본군과 싸우다가 전사한 순국선열, 애국지사를 위한 추모사로 대치할 만한 부분이 있다고 평가하고 싶다.[48] 이 유명한 문장은

---

46 김영범, ,위의 논문, 53~54쪽.

47 전문은 김구 지음·도진순 엮고보탬, 『백범어록』, 돌베개, 2007, 401~402쪽 참조.

48 "세계는 지금 우리가 말하는 것을 별로 마음에 새기지 않을 것이며, 오래 기억하지도 않을 것입니다. 그러나 세계는 여기서 쓰러진 용사들이 바로 이곳에서 한 일을 결코 잊지 않을 것입니다(The

150여년 전 미국의 남북전쟁시 희생된 군인들을 추모하는 내용을 담고 있다. 하지만 한국 독립운동의 현장, 특히 중국 동북지방(만주)과 러시아 연해주(沿海州) 지방에서 일본 침략세력과 싸우다 희생, 순국한 애국지사들, 나아가 이들을 헌신적으로 후원·성원한 애국적 한인 교포와 민중을 잊지 않고, 기억·기념하고 그 의미를 오늘에 어떻게 되살려야 하는지 교훈을 주는 부분으로 연계 해석할 수 있다고 본다.

'역사의 주체는 민중이다'라는 입장에서 민중의 자기해방을 향한 역정을 그려내는 것이 '민중사학'이라 한다면,[49] 중국 동북지역의 독립운동사도 이러한 관점과 일맥상통한다고 본다. 왜냐하면 민중은 당대의 민족모순과 계급모순에 맞서 투쟁하는 주체이면서, 동시에 일상적 삶을 영위하는 다양한 생활의 주체이기도 하기 때문이다.

민중은 특정한 계급연합으로 실체화되는 단일한 주체가 아니라, 다양한 구성과 정체성, 복합성, 중층성(重層性)을 내포한 다성적(多聲的) 주체이며, 외부의 권력에 의해 일방적으로 억압되거나 규정받고 그에 항상적으로 저항하는 존재가 아니라, 지배와 저항 또는 종속성과 자율성을 동시에 담지하고 있는 모순적 주체라 할 수 있다. 또한 민중은 일국(一國) 단위만의 변혁을 수행하는 주체가 아니라 국가와 민족의 경계를 넘나들고, 때로는 그러한 한계를 극복하는 초국가적(超國家的; 트랜스내셔널) 주체이기도 하다. 일반적으로 민중은 가난하고 소외된 사람들, 사회적 약자를 가리키는 개념이기 때문에

---

world will little note, nor long remember what we say here, but it can never forget what they did here).여기서 싸운 사람들이 지금까지 그토록 훌륭히 추진한 미완의 사업에 몸을 바쳐야 할 사람들은 이제 우리 살아있는 사람들입니다. (중략) 이 나라를 (하느님의 뜻으로) 새로운 자유의 나라로 탄생시키는 것, 그리고 인민의, 인민에 의한, 인민을 위한 정부가 지상에서 사라지지 않도록 하는 것입니다(The government of the people, by the people, for the people, shall not perish from the earth)". 출처 : 한국미국사학회 편, 「링컨 대통령의 게티즈버그 연설」, 『사료로 읽는 미국사』, 궁리출판, 2006, 173~174쪽.

49 역사문제연구소 민중사반, 『민중사를 다시 말한다』, 역사비평사, 2013, 10쪽.

사회적 소수자(마이너리티)를 포함하기 마련이다.[50]

이러한 관점에서 본다면 20세기 전반기 중국 동북지방으로 이주하여 정말 어렵게 생활하며 겨우 입에 풀칠이나 하던 대다수의 이주 한인들, 혹은 천신만고 끝에 현지에 정착하여 비교적 안정된 삶을 살 수 있었던 소수의 한인들을 막론하고, 조국과 민족의 독립·해방, 혹은 정의와 인도 실현이라는 대의명분, 자기들 생활공동체나 지역사회의 안녕과 생존을 위하여 독립운동을 위한 자금과 식량, 정보, 인적 자원 등을 스스럼없이 제공하고 성원하며, 특히 1930년대에는 민족을 초월하여 중국 항일세력과 연대해서 항일민족통일전선을 실현한 재만한인(在滿韓人)들의 투쟁과 헌신은 일종의 '민중운동사' 관점에서 해석할 수 있다고 본다. 중국 동북지방에서의 한인들의 독립운동은 세계사적으로 볼 때도 매우 자랑할 만한 식민지 약소민족의 민족해방운동이자, 반(反)제국주의투쟁, 복국(復國)운동이라 할 수 있으며, 길이 상찬(賞讚)할만 하다고 하지 않을 수 없다. 물론 위에서 여러 석학들이 규명했듯이, 적지 않은 한계와 문제점도 있었다.

중국 동북지방 독립운동의 특징은 신민회 등의 조직적 독립군기지 개척운동과 그에 따른 국내 명망가들의 만주 이주와 개척, 각종 학교 설립과 운영을 통한 인재 양성과 무장독립운동, 그리고 농업을 영위하며 매우 어렵게 살아가면서도 헌신적 성원과 협력을 아끼지 않았던 재만동포(在滿同胞)들과 독립운동 지도자·단체의 유기적 연계, 또한 1930년대 초 일제의 중국 동북지방 침략 이후 강화된 한중연대와 '반만항일(反滿抗日)'의 공동항전, 1920년대 후반부터 사회주의운동 고조에 따른 한인 대중들의 중국공산당 입당과 항일유격대 참가, 1930년대 중반 이후 강화된 항일민족통일전선과 그에 따른 대중조직의 결성, 만주·조선 국내·연해주, 중국 관내 등 해외 독립운동 세

50 위의 책, 13~21쪽.

력의 연합과 연대를 위한 모색 등이 특징적 현상이라고 할 수 있다.

하지만 필자는 참으로 파란만장하고 우여곡절도 많았던 이 곳에서의 한인(한국) 독립운동은 대국적으로 바라본다면 나름대로의 특수성도 있지만, 세계 다른 지역에서의 식민지 종속해방운동과 기본적으로 전개형태와 이념, 투쟁방식이 크게 다르지 않다고 본다.

6. 한민족 독립운동과 대한민국임시정부

한국 독립운동사의 금자탑인 거족적 3·1운동의 전개, 그 성과로 세워진 대한민국임시정부를 주목할 필요가 있다. 특히 상당한 수준의 민주공화제를 구현함으로써 초기 단계의 근대 민주주의와 3권 분립의 실현, 시민단체·시민사회의 등장, 자유와 평등을 토대로 한 인간의 존엄성과 인권의 구현 등이 어느 정도 가능하였다. 독립운동의 과정에서 근대화를 추구하고 상당한 수준까지 구현했다는 점에서 그 의미를 깊이 반추할 필요가 있다. 이를 '독립운동 근대화론'이라고 정립할 수 있다. 식민지 민족이 민족해방투쟁을 벌이는 과정에서 근대사회를 달성한 것을 지칭하며, 한국 독립운동사를 대표하는 3·1운동과 대한민국임시정부의 활동을 대표적 사례로 꼽을 수 있는 것이다.[51] 1943년 11월 말의 카이로 회담은 제2차 세계대전 종전후 한국의 진로에 중대한 영향을 끼친 열강 수뇌들의 모임이었다. 미·영·중 3국 정상이 참가한 결과, 1943년 12월 1일 공식발표된 카이로 선언에서 한국 문제는 다음과 같이 언급되었다.

"일본은 또한 폭력과 탐욕으로 탈취한 모든 지역에서 축출될 것이다. 앞의

---

51 김희곤, 「3·1운동과 대한민국임시정부의 세계사적 의의」, 『3·1운동과 1919년의 세계사적 의의』, 동북아역사재단, 2010 참조.

세 열강은 한국인들이 노예상태에 있음을 유의하여 적절한 절차에 따라(적당한 시기에) 한국을 자유롭게 독립시킬 것을 결의한다."(밑줄은 필자, 이하 같음)[52]

"Japan will also be expelled from all territories which taken by violence and greed. The aforesaid Three Great Powers, mindful of the enslavement of the pepple ofKorea, are determined that in due course Korea shall become free and independent."

The New York Times.
G OF JAPAN MAPPED AT CAIRO PARLEY;
WILL BE STRIPPED TO PRE-1895 STATUS;
Y DRIVES ON; U.S. FLIERS AGAIN HIT REICH
ALL-OUT WAR SET
Allies Plan to Retake Manchuria, Formosa and Seized Islands
PLEDGE FREE KOREA
Will Relinquish Own Claims and Help Rebuild China

한국독립 약속을 보도한 뉴욕타임스 기사 (1943년 12월)

미·영·중 세 열강이 한국인들이 "노예상태"에 있다고 지적한 부분이 매우 주목된다. 카이로 선언의 이 조항은 한국과 한국인들에게는 정말 운명적인 문구가 되었다. 이 선언 당시 100여 개의 약소민족이 식민지나 반(半)식민지 상태에 있었지만, 열강들에게 이처럼 독립을 보장받은 민족은 한국이 유일하였다. 그리고 이 선언은 1945년 7월 26일의 포츠담선언(Potsdam Declaration)에도 계승되었다. 때문에 일찍이 인도의 독립영웅이자

52 카이로선언의 한국어 번역문은 美洲 한인들이 발행하던 신문인 『신한민보 별보』, 1943년 12월 2일자에 최초로 게재되었다.

유명한 정치가인 자와하랄 네루(JaWaharlal Nehru)는 그의 저서 『세계사편력(Glimpses of World History)』에서 아시아 식민지국가 가운데 열강들에게서 독립을 보장받은 유일한 나라가 한국이라며 부러워하였던 것이다.[53]

따라서 1919년 4월 성립 이후부터 활동해온 '가장 오래된 망명정부'를 이끌고[54] 어려움에도 불구하고 오랫동안 독립을 쟁취하기 위해 투쟁해온 김구·조소앙 등 임시정부 지도자들의 노력은 높이 평가되어야 할 것이다. 결국 카이로선언에서의 한국독립 명시는 3·1운동과 그 결정체인 대한민국임시정부, 그리고 중국 동북지방과 러시아 연해주지역, 중국 관내 항일무장투쟁의 맥을 계승한 한국 독립운동가들의 오랜 숙원의 반영이자 꾸준한 독립운동의 귀중한 결실이라고 할 수 있다.

7. 한국독립운동의 세계사적 성격과 의의

일본제국주의의 모진 식민지 통치와 탄압, '전시체제 강요'와 강제동원 등은 우리민족 개인의 인권과 민주주의, 보편적 가치관, 인간에 대한 존엄, 정의와 평화에 대한 가치를 인식하지 못하게 했고, 세계평화와 인류공영에 기여할 수 있는 기회를 빼앗았다.

1910년 8월 일본의 대한제국 강제 병합에 따라 한국은 국권을 상실하였고, 한반도는 일본의 식민지 통치를 받게 되었다. 1919년 국권회복을 위한 3·1 독립운동을 계기로 국내외에 임시정부가 수립되었으며, 1920년대

53 자와하랄 네루(JaWaharlal Nehru), 노명식 옮김, 『세계사편력(Glimpses of World History)』, 삼성문고, 1974, 272~273쪽.

54 미국의 New York Times는 1944년 2월 29일자 보도에서 "Koreans Seek to Join Allied Ranks in War;'Oldest Government in Exile' to Mark 25th Year Tomorrow"라고 표현하였다[고정휴, 「대한민국임시정부에 대한 미국 언론의 보도기사 분석」, 『한국독립운동사연구』 42집, 2012, 232쪽에서 재인용].

초 중국 동북지방(만주)과 러시아 연해주 등에서는 독립군과 항일의용군 등의 독립전쟁과 항일 국제전이 전개되었다. 또 한민족의 독립의지와 역량을 결집하여 1919년 4월 중국 상해에 '대한민국임시정부'가 수립되었다.

20세기 전반기 한국의 독립운동은 세계사적 보편성과 독자적 특수성을 함께 갖고 있으며, 다른 식민지 민족해방운동과 비교할 경우 동질성과 이질성을 동시에 내포하고 있다. 한국 독립운동이 갖는 특성을 올바로 파악하기 위해서는 시기와 단계, 활동지역, 이념과 방략, 그리고 세계사적 관점에서 논의할 필요가 있다. 한국 독립운동의 세계사적 성격과 의의를 나름대로 해석한다면 다음과 같이 정리할 수 있다.

첫째, 한국의 독립운동은 세계 식민지해방운동사에서 선구적인 역할을 하였다. 둘째, 일본의 침략과 통치정책이 한민족 말살 정책이었음에도 불구하고 자신의 고유문화를 지켜낸 특성을 보였다. 셋째, 한국 독립운동의 무대가 유럽(프랑스 등)·미주(북미·중미)·중국(만주와 關內지역 등)·러시아·일본 등 한인이 거주하던 모든 지역에 걸쳐 폭넓게 형성되었다. 넷째, 해외지역에서 활동하던 인물과 독립운동 세력은 그 지역이나 국가의 정치적 특성에 부응하여 다양한 활동을 전개하였다. 다섯째, 한국 독립운동은 중국·러시아(연해주, 시베리아 등) 해당 활동지역의 반제국주의 투쟁이나 피압박·약소민족 해방투쟁과 연대하여 공동투쟁을 전개하였다. 여섯째, 한국 독립운동은 대한민국임시정부가 조직되어 초·중반기에는 상당한 어려움과 문제점이 있었지만, 이 조직이 차츰 상징적이며, 중심적인 역할을 수행하였다.[55] 어려운 조건에도 굴하지 않고 해외에서 독립운동을 27년간이나 지속한 대한민국임시정부 등 한국인들이 전개한 민족해방운동의 역사는 세계사적으로

55 김희곤, 「한국 독립운동의 세계사적 성격과 위상」, 『국학연구』 제7집, 한국국학진흥원, 2005, 221~244쪽.

볼 때도 중요한 의미가 있다고 하지 않을 수 없다.

특히 1932년 4월 29일 상해 홍구(虹口)공원에서 전개된 윤봉길의사의 '특공 작전'에 의한 일본 침략군 수뇌부 응징과 격살은 만주 독립전쟁과 함께 중국 지도층 및 세계 각국인들에게 한국인들의 무장 독립전쟁의 흐름과 기개를 잘 보여준 역사적 사건이었다.[56] 이를 발판으로 대한민국임시정부 요인 등 노력의 결과로 결국 1943년 11월 카이로 회담에서 한국의 독립을 약속받을 수 있었던 것이다.

이제 우리는 국치 112년의 어두운 과거를 떨쳐버리고 새로운 100년, 아니 새로운 천년, 만년의 역사발전을 위해 진지한 반성과 성찰, 그리고 끊임없는 노력을 지속해야 할 것이다. 지금 남북한을 둘러싼 국제정세는 110여 년 전의 상황과 거의 유사하다는 평가가 많다. 우리 자신이 늘 각성하면서 냉철한 이성을 갖고 국제정세를 주시하면서 스스로의 실력과 안목을 기를 때이다. 우리 스스로의 통절한 반성과 새로운 각오도 절실하다.

---

56 일본 당국은 윤봉길의 행위가 '테러'가 아닌 한국인들의 독립전쟁의 일환인 군사작전의 결과였음을 스스로 인정하였다. 이에 대해서는 「시라카와[白川] 대장 戰傷死 판정 이유(장세윤 해제)」, 『임시의정원 개원 100주년 기념 해제집』, 국회도서관 국회기록보존소, 2019, 66~81쪽 참조.

제1부

중국 동북지역 독립군 기지 개척과 독립군의 형성

제1장
1910년대 남만주 독립군 기지 건설과 신흥무관학교
—안동 유림의 남만주 이주와 이상룡·김동삼의 활동을 중심으로—

1. 안동 유림과 신흥무관학교

19세기 후반에서 20세기 전반기 중국 동북지역(만주)으로 이주한 우리 선조들은 매우 어려운 조건에서 억척스럽게 살아가면서도 조국과 민족을 위한 희생과 고통을 감내하면서 치열한 독립운동을 전개하였다. 특히 우리에게 잘 알려진 신흥무관학교(신흥강습소, 신흥학교 등)와[1] 북간도(중국 연변)의 북로군정서 사관연성소, 동림(東林)무관학교(일명 나자구(羅子溝)사관학교) 등을 통한 인재양성, 서로군정서와 대한통의부, 간도국민회와 대한독립군, 정의부·참의부·신민부 등 민족자치 및 독립운동을 총괄하는 여러 기관의 활동 등은 매우 유명하다. 1920년대 초반 봉오동전투와 청산리전투 등은 일본 정규군을 상대로 거둔 독립군의 승전으로 잘 알려져 있다. 이 과정에서 신흥무관학교와 김대락(金大洛, 1845~1914)·이상룡(李相龍, 1858~1932)·김동삼(金東三, 1878~1937) 등 안동 출신 주요 인사들의 역할을 주목할 필요가 있다.

1 일반적으로 '신흥무관학교'로 널리 알려져 있지만, 설립 당시 명칭은 '신흥학교(新興塾)'였으며, '신흥강습소', '신흥중학', 또 일부 자료에는 大東중학교, 養成중학교로 불리기도 했다. 사실 일본 당국의 감시와 중국 지방정권 당국의 견제로 신흥무관학교라는 명칭은 공식적으로 사용하지는 못했다. 다만 여기서는 '신흥강습소'와 '신흥학교'를 사용하되, 관례적으로 사용된 '신흥무관학교'도 쓰기로 한다.

중국 동북지역(만주) 독립운동에서 신흥무관학교의 위상과 역할은 지대하였으므로 최근 많은 연구가 이루어지고 있다. 그러나 1910~1920년대 만주 독립운동에 크게 기여한 일송(一松) 김동삼에 대한 연구는 최근에야 주목을 받고 있는 듯 하다. 1993년 발표된 이동언의 논문 이후 연구성과가 거의 없다가 근래에야 김희곤[2], 김병기[3] 등에 의해 김동삼에 대한 단행본이 출간되었다.[4] 하지만 좀더 심층적 연구와 자료수집, 현지 조사 연구 등이 필요하다고 생각된다. 최근 안동대학(김희곤 교수)과 안동독립운동기념관, 안동시 당국에 의해 안동시(군)나 안동출신 인사들의 독립운동에 대한 연구가 집중적으로 이루어지고 있는 현상은 매우 바람직하다고 본다.[5] 또 최근 안동출신 유림 김대락·이상룡 등 명망가의 문집과 일기가 번역되어 연구에 큰 도움을 주고 있다.[6] 그러나 한국독립운동 영역에서 나아가 좀더 다양한 시각에서의 연구와 자료정리, 폭넓은 관점에서의 분석도 필요하다고 본다. 이러한 시각에서 조동걸의 안동유림 도만(渡滿)경위와 의성 김씨 문중 독립운동 사례연구는 시사하는 바가 크다.[7]

본고에서 간단히 검토하려는 이상룡·김동삼 등 안동 혁신유림계 인사들

---

2 김희곤, 『만주벌 호랑이 김동삼』, 지식산업사, 2009.

3 김병기, 『만주지역 독립운동의 주역 김동삼』, 역사공간, 2012.

4 이동언, 「一松 金東三 硏究 - 국내와 망명 초기의 활동을 중심으로」, 『한국독립운동사연구』 7, 독립기념관 한국독립운동사연구소, 1993 참조.

5 김희곤, 『안동의 독립운동사』, 1999; 김희곤, 『안동 독립운동가 700인』, 2001; 김희곤, 『안동 사람들의 항일투쟁』, 지식산업사, 2007; 한국국학진흥원 편, 『안동문화의 수월성과 종합성』, 2007; 김희곤, 『안동사람들이 만주에서 펼친 항일투쟁』, 지식산업사, 2011; 김희곤, 『안동 독립운동 인물사전』, 선인, 2011; 안동대학교 안동문화연구소·안동독립운동기념관 편, 『경북독립운동사』 4(국외지역 항일투쟁), 2013; 강윤정, 『사적(史蹟)에서 만나는 안동독립운동』, 지식산업사, 2013 등을 찾아볼 수 있다.

6 안동독립운동기념관 편, 『國譯 石洲遺稿』 상·하, 경인문화사, 2008; 안동독립운동기념관 편, 『국역 백하일기』, 경인문화사, 2011.

7 조동걸, 「安東儒林의 渡滿經緯와 독립운동 상의 성향」, 『한국민족주의의 성립과 독립운동사연구』, 지식산업사, 1989; 조동걸, 「전통명가의 근대적 변용과 독립운동 사례 — 안동 川前문중의 경우」, 『대동문화연구』 36, 성균관대 대동문화연구원, 2000.

의 만주(중국동북)지역 독립운동, 특히 신흥무관학교 관련 연구는 일찍이 이현희, 박환, 서중석 등에 의해 집중적으로 이루어졌다.[8] 또 2011년 신흥무관학교 설립 100주년을 계기로 기념학술회의가 매년 열리고, 학술지의 특집논문도 발표되어 주목을 끌었다.[9] 최근 대한민국 육군과 육군사관학교의 전사(前史)를 새롭게 검토해야 한다는 논의가 활발히 제기되면서 '신흥무관학교'는 더욱 주목을 받는 주제가 되고 있다.[10] 최근 신흥무관학교와 경북 안동출신 인사들의 활동을 조명한 논고도 발표되어 이 학교 설립과 운영주체의 한 축인 안동 유림계열의 활동이 규명되었다.[11] 한편 안동출신 김동삼이 크게 활약한 대한통의부 관련 연구는 박걸순의 연구가 거의 유일한 실정이다.[12] 앞으로도 두 단체에 대한 연구는 더욱 심화되어야 하겠다. 추후 중국측 자료를 발굴, 수집하고 현지 활동지역을 정밀하게 답사하면서 종합적으로 검토할 필요가 있다고 본다.

---

8 이현희, 「신흥무관학교 연구」, 『동양학』 19, 단국대 동양학연구소, 1989; 박환, 「만주지역의 신흥무관학교」, 『만주한인 민족운동사 연구』, 일조각, 1991; 박환, 「신흥무관학교에 대한 새로운 사료와 졸업생들의 민족운동」, 『만주지역 한인민족운동의 재발견』, 국학자료원, 2014; 서중석, 「청산리전쟁 독립군의 배경 : 신흥무관학교와 백서농장에서의 독립군 양성」, 『한국사연구』 111, 한국사연구회, 2000; 서중석, 「후기 新興武官學校」, 『역사학보』 169, 역사학회, 2001; 서중석, 『신흥무관학교와 망명자들』, 역사비평사, 2001; 서중석, 「이회영의 교육운동과 독립군 양성」, 『나라사랑』 104, 외솔회, 2002 등이 있다. 학교 당사자의 회고록으로는 元秉常, 「신흥무관학교」, 『독립운동사자료집』 10, 독립운동사편찬위원회, 1976가 중요하다.

9 『신흥무관학교와 항일무장독립운동』(신흥무관학교 100주년기념 학술회의 발표자료집), 신흥무관학교 100주년기념사업회, 2011; 『신흥무관학교, 어떤 인물들이 참여했나』, 2012; 『성재 이시영선생 60주기 추모 학술회의』, 2013; 『신흥무관학교와 독립군』(2014); 『신흥무관학교와 대한민국임시정부』, 2015 등의 학술회의가 개최되었다. 학술지 특집논문으로 독립기념관 한국독립운동사연구소 발간 『한국독립운동사연구』 40, 2011. 12에 김주용, 「≪신흥교우보≫를 통해 본 신흥무관학교」; 김태국, 「신흥무관학교와 서간도 한인사회의 지원과 역할」; 한시준, 「신흥무관학교와 한국독립운동」이 게재되었다.

10 최근 연구성과로 장세윤, 「新興校友團의 기관지 ≪新興校友報≫(자료소개)」, 『한국독립운동사연구』 36집, 독립기념관 한국독립운동사연구소, 2010; 한시준, 「신흥무관학교와 尹琦燮」, 『한국근현대사연구』 67집, 한국근현대사학회, 2013; 박성순, 「1910년대 신흥무관학교 학생모집의 경로와 거점」, 『한국근현대사연구』 82, 2017 등 참조. 특히 육군사관학교는 2017년 12월 11일 「독립군·광복군의 독립전쟁과 육군의 역사」라는 특별학술대회를 개최하여 관심을 끌었다.

11 강윤정, 「신흥무관학교와 안동인」, 『신흥무관학교, 어떤 인물들이 참여했나』(신흥무관학교 101주년 기념 학술회의 발표자료집), 신흥무관학교기념사업회, 2012.

12 박걸순, 「大韓統義府 硏究」, 『한국독립운동사연구』 4, 1990.

다만 심층적 연구는 후일을 기약하면서 기존 연구성과와 일부 새로운 자료를 활용하여 신민회(新民會)와 안창호(安昌浩)의 독립군기지 건설 및 인재양성 방략과 신흥무관학교와의 관계, 그에 따른 안동 지역 출신 지도자들의 신흥무관학교를 중심으로 한 단체들의 활동을 간략히 검토, 분석하고자 한다. 이를 통해 '신흥무관학교기념사업회'가 결성된 이후 이시영·이회영 등 경주 이씨 가문과 기호지역 관련인물의 기여와 활동 내용은 비교적 널리 조명된 반면, 경북(안동)출신 인사들의 관련 활동은 상대적으로 조명되지 못하고 있는 현실을 나름대로 극복해보고자 한다.

2. 신민회의 독립군기지 건설과 안동 유림의 남만주 이주

신민회는 1907년 4월 경 안창호의 주창으로 양기탁(梁起鐸)·전덕기(全德基)·이동휘·이동녕·이갑(李甲)·유동열(柳東說)·안창호 등 7인이 창건위원이 되고, 노백린(盧伯麟)·이승훈(李昇薰)·안태국(安泰國)·이시영(李始榮)·이회영·이상재·윤치호(尹致昊)·이강(李剛)·조성환(曺成煥)·김구·신채호·이종호(李鍾浩)·주진수(朱鎭洙) 등이 중심이 되어 창립되었다. 신민회는 당시로서는 획기적인 공화주의 이념을 지향하는 비밀조직이었는데, 일본의 침략이 본격화되는 위기상황에서 교육구국운동, 애국계몽 강연·학회활동, 출판운동, 민족산업 진흥운동, 청년운동 등을 전개하여 기울어가는 국권을 회복하려 하였다.[13]

특히 신민회는 일본 침략세력이 대한제국의 군대해산을 강행한 직후인 1907년 8월 해외 독립군 기지 개척과 독립군 창건 문제를 최초로 검토하

13 신용하, 「신민회의 창건과 그 국권회복운동」, 『한국민족 독립운동사연구』, 을유문화사, 1985, 17~24쪽. 다만 윤경로는 신민회 창건 시기를 1907년 10월부터 1908년 1월경으로 파악하고 있다(윤경로, 『105인사건과 신민회 연구』(개정증보판), 한성대학교 출판부, 2012, 307쪽). 윤경로는 공화주의를 표방한 신민회에 이동휘 등 현직 관료가 참석할 수 있었는지에 대해 회의적 견해를 피력하고 있다.

였다. 이후 신민회가 이러한 방침을 본격적으로 논의한 시기는 의병전쟁이 쇠퇴기에 접어든 1909년 봄이었다. 이때 신민회는 서울의 양기탁(梁起鐸) 집에서 전국 간부회의를 열고 만주·연해주 등 해외에 적당한 후보지를 골라 무관학교를 세우고 독립군 기지를 건설하여 강력한 독립군을 양성하기로 했다. 하지만 이 사업이 실천되기 전에 일본 침략의 전초 한국통감부는 1909년 10월 말 안중근의 이토 히로부미(伊藤博文) 처단 직후에 안창호·이동휘·유동열·이종호·김희선(金羲善) 등 다수의 신민회 간부들을 구속하였다가 이듬해 2월에 석방하였다. 이에 신민회는 1910년 3월 긴급 간부회의를 열어 '독립전쟁 전략'을 채택하고, 해외에 무관학교 설립과 독립군기지 창건 운동을 본격적으로 추진하였다.[14] 주목되는 사실은 일제 당국이 1911년 7월 이후부터 신민회를 '무장암살단체'로 규정하여 매우 위험시하게 된 것이다.[15]

'독립전쟁론'은 1900년대 초의 구국계몽운동 및 항일 의병전쟁의 이념과 논리가 합치하여 발전한 새로운 독립운동 방략과 논리였다. 즉 일본 침략세력으로부터 민족해방과 조국독립을 달성하기 위한 최선의 방법은 적당한 시기에 일본 침략세력과 독립전쟁을 결행하는 것이라는 독립운동의 이론체계였다. 독립전쟁론의 첫 실천방안이 바로 국외에 독립군 기지를 건설하는 일이었다. 이에 따라 주요 명망가들을 중심으로 집단적 이주가 구상되어 실천되었다.[16]

---

14 최근 윤경로는 국내학계의 기존 신민회 연구성과가 다소 과장되어 있다는 비판적 입장을 개진하는 저서를 간행하여 주목된다. 그는 신민회 창건 시기를 1907년으로 볼 수 있지만, 정확히 특정할 수 없고 전체 회원도 300명을 넘지 않았으며, 신민회의 조직체계와 규모, 활동 내용도 일제 당국에 의해 부풀려 졌다고 주장하였다. 그는 일제가 과장왜곡한 '만들어진 신민회'와 '실제 신민회' 사이에는 상당한 차이가 있다고 주장하였다(윤경로, 위의 책, 2012, 473~481쪽 참조).

15 윤경로, 위의 책

16 신용하, 앞의 논문, 1985, 100~106쪽 및 윤병석, 『독립군사』, 지식산업사, 1990 참조.

1910~1911년의 '안악사건(일명 安明根 사건)'과 '데라우치(寺內正毅) 조선총독 암살음모사건(일명 105인사건)' 등 조선총독부 당국의 탄압에도 불구하고 신민회 계열 주요 인사들은 1911년 봄 남만주 유하현(柳河縣) 삼원보(三源堡)에 자치조직인 경학사(耕學社)와 신한민촌(新韓民村)을 건설하고 6월에 추가가(鄒家街)에서 '신흥강습소(新興講習所)'를 세우는 데 성공하였다. 이곳에서 이시영·이석영·이회영 일가와 이동녕·양기탁, 이상룡·허위·김대락 일가 등이 가산을 정리하고 집단으로 이주하여 한인(韓人) 마을과 독립군 기지를 개척, 건설하였다. 신흥강습소는 뒤에 '신흥무관학교'로 널리 알려지게 되었다. 이 학교는 많은 독립운동 인재를 배출하여 1920~1930년대 독립운동의 기반을 다졌다.[17] 이처럼 1910년대 독립군기지 개척운동의 성과를 바탕으로 1920년대 봉오동·청산리전투 등의 독립전쟁, 나아가 1920~1930년대 항일무장투쟁이 전개되었다.

안동 유림의 남만주(서간도) 이주 역시 이같은 신민회 등의 일련의 동향과 밀접하게 관련이 있었다. 김대락과 이상룡 등 안동지역 유지들은 김동삼(본명 金肯植)과 김만식(金萬植) 등을 사전에 현지에 파견하여 답사케 한 뒤, 이주를 추진한 것으로 파악되고 있다.[18] 안동 지역사회의 리더 이상룡은 주진수(朱鎭洙)·유인식(柳寅植)·이관직(李觀稙) 등을 통해 신민회의 위와 같은 계획을 알게 되었다. 이에 따라 1910년 12월 경 협동학교(協東學校) 임원들은 만주로 망명한다는 계획을 구체화하고, 김동삼과 김형식(金衡植, 김대락의 아들), 이원일(李源一)을 선발대로 파견하였다.[19] 이 때 주진수·황만영(黃萬英, 울진 출신)이 이상룡을 찾아가 동의를 받았다. 이상룡·김대락 등 안동유림 문중의 만

17 신용하, 위의 논문, 100~119쪽.

18 김희곤, 『안동 사람들의 항일투쟁』, 지식산업사, 2007, 512쪽.

19 김희곤, 위의 책, 513쪽.

주 이주과정에서 이들이 큰 역할을 한 사실을 알 수 있다.[20] 이러한 배경에서 김동삼은 이상룡과 김대락의 지도와 후원을 바탕으로 줄곧 만주지역 민족운동의 선두에 서서 독립운동과 이주민들의 자치, 행정, 교육운동 등을 주도하였던 것이다.

특히 백하(白下) 김대락은 중국(만주) 이주와 망명에 대하여 확고한 신념을 가지고 있었던 것으로 보인다. 그것은 만삭의 임부인 손부와 손녀를 대동한 것을 보아도 알 수 있다. 경술국치로 조국이 '적국' 일본의 식민지가 되었으므로, 분만할 신생아가 일본 백성으로 태어나는 것에 대하여 강한 거부감을 갖고 있었던 것이다. 그렇지 않으면 그렇게 다급히 떠날 이유를 찾기 어렵다.[21] 다만 김대락의 이주·망명 동기는 혁신유림계인 이상룡과는 다소 차이가 있는 것으로 파악된다. 즉 그의 이주는 서간도지역이 우리민족의 고토(故土)라는 민족의식과 함께 일본이라는 '적국'의 압제를 피해 그곳으로 간다는 자정(自靖)과 은둔의 성격이 짙었던 것이다.[22] 이처럼 안동의 혁신유림 계열 인사와 그 관련 인물들이 남만주, 특히 서간도 지역을 이주·망명 대상지역으로 선정한 것은 '만주'에 대한 특유의 역사·민족의식이 있었고, 전국적 조직인 신민회의 독립군기지 건설과 독립전쟁 방략에 적절히 부응한 요인, 이곳이 행정·치안 공백지대가 많았다는 점, 그리고 경북 북부지역의 사회·경제적 요인 등이 크게 작용했다고 볼 수 있다.[23]

---

20 조동걸, 앞의 논문, 1989, 249~250쪽.

21 조동걸, 「白下 金大洛의 망명일기(1911~1913)」, 『한국근현대사의 이상과 형상』, 지식산업사, 2001, 197~202쪽.

22 강윤정, 「백하 김대락의 현실인식과 민족운동」, 『백범과 민족운동 연구』 7, 백범학술원, 2009 참조.

23 강윤정, 「신흥무관학교와 안동인」, 2012, 44쪽 및 조동걸, 앞의 논문, 1989, 248~249쪽.

3. 남만주 신흥강습소의 건립과 안동 유림

1) 안창호의 독립운동 방략과 이상룡·김동삼 등의 실현

한국독립운동사에서 불멸의 자취를 남긴 신흥무관학교는 대외적으로(공식적으로는) '신흥무관학교'라는 명칭을 사용하기는 어려웠지만, 사실상 군사학교적 성격을 띠는 무관학교라는 점은 이론의 여지가 없다.[24] 학계에서는 1911년 5월(양력 6월) 남만주(서간도) 유하현 추가가에 '신흥강습소'를 설립하고, 1912년 6월 통화현 합니하(哈泥河)로 이전하여 '신흥중학'으로 개칭했으며, 1919년 5월 3일(음력, 양력 5월 31일) 유하현 고산자(孤山子) 대두자(大肚子)로 이전하여 다시 '신흥무관학교'로 개칭한 것으로 알려져 있다.[25] 물론 이밖에도 신흥학교, 신흥숙(新興塾), 대동중학교(大東中學校), 양성중학교(養成中學校), 신흥군관학교 등의 이칭이 알려져 있다.[26] 이같은 다양한 명칭의 혼재는 외국 땅, 그것도 일본과 중국 당국의 감시와 견제를 받으면서 오지(奧地)라는 매우 험난한 지역여건에서 비밀리에 설립되고 운영되어야 했던 이 학교의 비극적 운명을 시사하고 있는 듯 하다. 또한 관련 자료의 인멸과 관계 인물들의 기록 미흡 등으로 진상이 아직 규명되지 못하고 있는 현실을 반영한 것이 아닌가 한다.

하여간 초창기, 즉 1911년 남만주 신흥강습소의 설립과 운영과정을 검토해 볼 때 신민회 창건의 주역이었던 안창호가 후일 중국 상해에서 열린 안태국(安

24 이회영은 통화현 합니하에 세운 학교를 '신흥무관학교'라고 했으며, 부인 이은숙 역시 '무관학교'로 회고하였다(박성순, 앞의 논문, 2017, 157쪽).

25 조동걸, 앞의 논문, 2001, 210쪽 및 박영석, 『만주·노령지역의 독립운동』, 독립기념관 한국독립운동사연구소, 1989, 30·31·63쪽 및 채근식, 『무장독립운동 秘史』, 대한민국 공보처, 1949, 52쪽. 학계에서는 채근식의 저술을 근거로 1919년 5월 3일 '신흥무관학교'로 개칭했다고 하지만, 사실 정확한 논거, 즉 신뢰할 만한 1차 사료를 제시하기는 어려운 실정이다.

26 대동중학교와 양성중학교에 대해서는 박환, 「신흥무관학교에 대한 새로운 사료와 졸업생들의 민족운동」, 2014 참조. 李觀稙은 '신흥군관학교'라고 불렀다(이관직, 「우당 이회영 實記」, 『우당 이회영전』, 을유문화사, 1985, 175쪽; 박성순, 앞의 논문, 2017, 157쪽에서 재인용).

泰國) 서거 1주기 추도식에서 신민회에 관해 언급한 부분이 매우 주목된다.

즉 안창호는 1921년 4월 11일 개최된 안태국 1주기 추도식에서 장문의 추도사를 했는데, 이 때 신민회의 종지(宗旨)를 첫째 단결력, 둘째 인재력(人才力), 셋째 금전력(金錢力) 등 세가지로 밝혔고, 신민회의 조직과 운영을 위해서도 역시 위의 세가지 사항을 중시했다고 밝혔던 것이다.[27] 짐작할 수 있는 바와 같이 단결력은 조직과 조직운영의 필수요소이며, 인재력은 교육을 통한 인재양성과 그를 통한 실천 주체의 결집, 금전력은 자금확보와 그것을 위한 일련의 노력이라 할 수 있다. 그런데 안창호는 금전력은 재산가들의 협박이나 유인 수단이 아닌 실업 양성, 재원(財源)의 토대를 굳건히 하여 대사(大事)를 성취할 만한 자본력을 준비한다는 것을 의미한다고 했다.[28]

특히 안창호의 술회에 따르면 신민회의 인재양성 방안은 다음과 같은 내용으로 추진되었다.

> "인재는 어떻게 양성하려 하였는고. 곧 단결한 동지가 국내 각 구역을 분담하여 일반 국민에게 교육의 정신을 고취하여 학교의 설립을 장려케 하며, 특별히 각 요지(要地)에 중학교를 설립하고 보통의 학과(學科)를 교수(教授)하는 이외에 군인(軍人)의 정신으로 훈련하여 유사지시(有事之時)에는 곧 전선(戰線)에 나아가 민군(民軍)을 지휘할 만한 자격자를 양성하려 하였으니, 곧 중학교로서 정신상 군영(軍營)을 작(作)하려 하였소. 그 외에는 유지(有志)한 청년을 망라하여 무실역행(務實力行)의 정신으로 수양(修養)을 동맹(同盟)하여 건전한 인격을 작성케 하려고 국내에 유지한 인사들과 합동(合同)하여 기관을 설립하고 진행하여 왔소."[29]

---

27 「故東吾安泰國先生追悼式(안창호선생이 추도사를 述하여)」, 『獨立新聞』 1921.4.21자(3쪽) 및 윤경로, 앞의 책, 2012, 295~297쪽.

28 위의 「故東吾安泰國先生追悼式(안창호선생이 추도사를 述하여)」 및 윤경로, 위의 책, 298쪽.

29 「故東吾安泰國先生追悼式(안창호선생이 추도사를 述하여)」, 『獨立新聞』 1921.4.21자(3쪽)(문장은 현대어법에 맞게 필자가 수정함).

안창호의 이같은 구상은 신흥강습소의 설립과 운영에 큰 영향을 미친 것으로 판단된다. 물론 신민회의 주역들은 이미 국내에서 교육구국운동의 일환으로 신식학교를 세우고 운영한 경험이 있는 경우가 많았다고 할 수 있다. 따라서 전적으로 안창호의 역할만 강조할 수는 없을 것이다. 그러나 안창호와 신민회의 이러한 방침에 따라 신흥강습소가 설립 초기부터 소학과 중학교 과정으로 운영되면서 군사교육을 매우 중시하였고, 그 결과 많은 독립군 장교 등 인재를 양성했다고 평가할 수 있다고 본다.

물론 신민회와 안창호의 이러한 방략은 김대락과 이상룡, 김동삼, 허혁 등 경북(안동) 출신 인사들의 이주와 실천으로 구체화될 수 있었다. 왜냐하면 안동 일대에서 거의 1백여 호(戶)에 이르는 많은 사람들이 이주하였고, 1911년 일제 당국의 검거사건(안악사건, 105인 사건 등)으로 평안도·황해도·경기지역 신민회원과 유지인사들은 큰 타격을 입었기 때문이다.[30] 또 혁신유림적 성격을 띠는 이들은 이미 안동지역에서 협동학교(協東學校) 등을 운영한 경험과 실천력, 그리고 중장기적 전망이 있었기 때문이다.[31] 특히 이상룡은 대한협회 안동지회장을 지내면서 교육구국 방략과 함께 무력투쟁 방략을 강구하고 있었다. 대한협회 안동지회는 계몽운동 단체로서는 매우 특이하게도 군사력 양성을 지향했으며, 지회 자체가 군사단체로서의 성격을 띠고 있었다. 이상룡의 대한협회 안동지회 결성은 두차례의 의병항쟁 이후 결성한 보다 발전된 형태의 국권회복운동 방법론이었던 것이다.[32] 또한

30 조동걸, 앞의 논문, 1989, 252·260쪽.

31 조동걸은 柳寅植·김동삼·이상룡·김대락 등을 革新儒林으로 간주하고 있는데, 이들은 위정척사운동에 대한 성찰을 통해 그 한계를 절감하고, 교육과 산업진흥, 실력양성 등을 통한 준비론과 구국(애국)계몽운동을 지향하는 혁신적 면모를 보여주었다고 한다(상세한 내용은 조동걸, 위의 논문, 1989, 238~243쪽 참조).

32 강윤정, 「신흥무관학교와 안동인」, 2012, 42~43쪽 참조. 조동걸은 金道鉉 의병장의 패전 이후 사상적 변화가 있었던 것으로 보았다(조동걸, 앞의 논문, 1989, 241쪽).

협동학교는 3년제 중등학교 과정으로 알려졌다. 김대락과 이상룡, 김동삼, 김형식 등 협동학교 설립과 운영에 관계했던 이들이 서간도로 이주하여 신흥강습소와 신흥중학의 설립과 운영에 기여했던 것이다.

안동 유림의 거두로 많은 문중인사를 거느리고 서간도 지역으로의 이주를 주도하였던 김대락은 막상 현지에 도착하여 수많은 난관에 봉착하면서 크게 고민하며 어떻게 살아갈 것인가, 그리고 어떻게 당초의 굳은 구국의지와 결심을 실천할 것인지 노심초사하지 않을 수 없었다. 그는 1911년 4월 유하현 삼원보로 이주 후 오랫동안 고국을 그리워하며 많은 번민의 과정을 겪고 있었지만, 이 신흥학교의 건립과정에 참여하고 그 터를 직접 가서 보며 큰 위안을 얻었다.

이상룡은 김대락의 매부였는데, 역시 이 학교의 설립과 운영에 크게 기여하였다. 김대락의 일기에 그의 행적이 무려 51회나 언급되고 있다. 특히 1911년 11월 21일자 일기(西征錄)에서 이상룡이 "학교 모임을 운영하는데, 사람을 모으려고 애썼으나 채우지 못하게 되자 또 장차 학교 곁으로 들어가 지낼거라고 한다"[33]라고 기록하여 그러한 사실을 알려주고 있다.

김대락은 1912년 3월 2일 일기에서 합니하 신흥강습소 학교 설립작업에 참여한 과정과 그 소회를 다음과 같이 기록하였다.

"나는 아침 먹은 뒤에 합니하로 가서 김영근(金永根) 집에서 점심을 먹고, 여러 사람과 함께 학교 터를 영건하였다. 강산이 밝으면서 수려하고 지세가 평탄하고도 넓어서 정녕 유자(儒者) 학도들이 들어앉아 수양할 곳으로 합당하다. 이로 하여 마음 속 회포가 상쾌해졌는데, 이는 이 경내에 들어와 차음 느끼는 것이다(吾則飯後去哈泥河 午饒于金永根家 與諸員等營建校基 江山明麗 地勢

33 "相龍爲校會 敦速名, 不得遞 而又將入居學宮之傍云耳"(안동독립운동기념관 편, 『국역 백하일기』, 2011, 175~176쪽).

平衍 政合儒紳粧修之所 襟期爽豁 盖入此境 初見也).”[34]

이처럼 김대락의 이 학교에 대한 기대와 애착은 실로 대단한 것이었다. 그 때문인지 설립 초기 이 학교의 교장으로 김대락이 추대되었지만, 그는 고령과 명분을 내세워 정중히 사양하였다.[35] 대신 초대 교장은 그와 막역한 사이였던 이상룡이 맡은 것으로 판단된다.[36]

김대락 등 안동 천전(川前)문중은 1912년 6월 신흥강습소 합니하 분교의 낙성식을 전후하여 합니하로 이사하였다.[37] 따라서 김대락의 집안 조카이자 실무총책인 김동삼은 직접 간접으로 이 학교의 설립과 운영에 관여하지 않을 수 없었다. 왜냐하면 그는 이미 1916년 결성된 부민단의 부단장, 부민단이 확대개편된 부민회의 의사부장을 맡아 서간도지역 민족운동과 교민들의 자치운동에 크게 기여하고 있었기 때문이다.[38] 특히 부민단은 가장 중요한 사업으로 신흥강습소의 개편을 통해 문무겸전의 인재를 양성하는 일과 한인 동포들이 산재하는 곳곳에 학교를 세워 민족교육을 실시하는 일을 추진하고 있었기 때문이다.[39] 더욱이 부민단의 본부가 합니하에 있었기 때문에[40] 신흥강습소의 합니하 개교와 운영에 김동삼이 관여하는 것은 너무도 당연한 일이었다.

그는 특히 신흥강습소의 졸업생들이 이 학교를 졸업한 뒤에 결성한 신흥

---

34 안동독립운동기념관 편, 위의 책, 2011, 227쪽.

35 김형식, 「辭學校長書」·「再辭學校長書」, 『先考遺稿』(김형식 사위 李泰衡 소장 원고본), 92 ~94쪽; 조동걸, 2001, 앞의 논문, 198쪽에서 재인용.

36 강윤정, 앞의 논문, 2012, 48쪽.

37 안동대학교 안동문화연구소·안동독립운동기념관 편, 『경북독립운동사』 4, 2013, 110~111쪽.

38 조동걸은 경학사가 해체되고 부민단이 결성된 시기를 1916년 경으로 파악하였다(조동걸, 앞의 논문, 2000, 424쪽).

39 안동대학교 안동문화연구소·안동독립운동기념관 편, 『경북독립운동사』 4, 2013, 107·109쪽.

40 안동대학교 안동문화연구소·안동독립운동기념관 편, 위의 책, 109~110쪽.

학우단에도 참여하여 이 학교 졸업생들의 진로지도에도 영향을 끼치지 않을 수 없었다. 특히 김승학(金承學)은 신흥학우단의 초대 간부진 가운데 김동삼(金東三)이 총무부장을 맡았다고 하였는데, 아쉽게도 신흥학우단에서 발간한『신흥교우(학우)보』에는 이름이 나오지 않는다.[41] 그러나 후일 신흥학우단이 중심이 된 백서농장의 장주가 김동삼이었기 때문에 연계가능성이 크다고 본다. 김대락은 합니하 신흥강습소의 낙성식에 관한 생생한 기록을 남겼다. 그는 1912년 6월 7일자 일기에서 그때의 장면을 다음과 같이 기록하였다.

> "이 날은 바로 새 학교 건물이 낙성하는 날이다. 모인 사람이 100여인이고, 학생으로 졸업하는 사람이 7인이었는데, 모두 상품을 받았다. 취지서와 축사를 연설하고 창가(唱歌)하고 만세를 불렀다. 이는 그 회의 일 중에서 진화(進化)한 절차였다. 구경한 청나라 사람(淸人)이 또한 수십인이었는데, 모두 부러워하며 탄복하는 기색이 있었다. 저녁이 다 가도록 질탕하게 보내니, 한번 통쾌하게 적적함을 깨뜨린 자리였다."[42]

또 1910년대 초 경학사와 신흥강습소 설립, 운영의 주체였던 석주 이상룡은 후일 신흥강습소와 관련된 여러 편의 시문을 남겼다. 그는「만주에서 겪은 일(滿洲紀事)」이라는 제목의 시에서 '신흥숙'을 언급하였다. 여기에서 이 학교의 기숙학교적 성격과 졸업생 숫자(養得貔貅過半千, 과반 1천명), 그리고 학교에 대한 큰 관심과 자부심을 표현했다. 특히 이 시의 끝에 "신해년(1911년) 여름 경학사를 결성하고 신흥강습소를 열어 군사(군대)·학술과목으로 청년들을 교련하였다(辛亥夏 結耕學社 設新興講習所 以軍師學術 敎鍊靑年)"라고 설명하고 있는 것으로 보아 당초부터 이 학교가 군사학교적 성격을 띤 것을 확인

41 안동대학교 안동문화연구소·안동독립운동기념관 편, 위의 책, 115쪽.
42 안동독립운동기념관 편,『국역 백하일기』, 2011, 256쪽.

할 수 있다.[43] 또 '신흥강습소에게 주다(與新興講習所)-기미년(1919년)'이라는 글은 1919년 3월에 작성된 것으로 보이는데, 여기에서 이상룡은 여전히 '신흥강습소'라고 부르고 있어 당시 명칭을 알 수 있다.[44]

이상룡은 또한 「유하현 지사에게 바치는 정문(呈柳河縣知事文)」에서 "신흥학교로 말씀드리자면 이는 저희들의 중등학당입니다. (중략) 전대(前代) 청나라 선통년간(宣統年間)에 이 학교를 제1구의 추가가에 설립하였고, 2년 후에 통화현 합니하로 이전하였다가, 올(1919년-필자) 봄에 위치가 적절하지 않다는 이유로 제3구의 고산자(孤山子)로 옮겨 왔습니다."라고 했다. 이는 이 학교가 중학교 과정으로 설립·운영되었던 사실을 나타낸다.[45]

한편, 이상룡은 "처음으로 추가가에 소학당을 설립하였다. 또 합니하가의 깊숙한 구역 하나를 점거하여 중학교를 설립하고 군사과를 부설하여 일본 병서를 몰래 구하다가 가르쳤다."[46]라고 기록하고 있다. 따라서 당시 일반적으로 '신흥무관학교'로 불렀던 것처럼 이 학교가 군사과목을 교육하는 군사학교적 성격을 띤 것은 확실하다.[47]

1919년 3·1운동 직후 입학생이 증가하여 봉천성(奉天省) 유하현 고산자 대두자(大肚子)에 신축된 후기 신흥학교에 대한 기록은 최근 자료집으로 발간된 김경천의 회고형식의 일기 『경천아일록(擎天兒日錄)』을 통해 그 실상의 일단을 잘 파악할 수 있다.

---

43 안동독립운동기념관 편, 『국역 석주유고』 상, 경인문화사, 2008, 215~216쪽.

44 안동독립운동기념관 편, 위의 책, 368~369쪽.

45 안동독립운동기념관 편, 위의 책, 555쪽.

46 안동독립운동기념관 편, 「先府君 遺事」, 『국역 석주유고』(하), 2008, 603쪽.

47 "만주에 주재하던 한인들이 일제히 유하현의 孤山子에 모여서 血戰준비를 의논하고, 南廷燮과 宋鍾根을 公에게 보내어서 이 일에 대해 아뢰었다(안동독립운동기념관 편, 「(이상룡) 행장」, 『국역 석주유고』(하), 2008, 158쪽)" 라는 내용은 '무관학교'임을 시사한다.

2) 양기탁 편지를 통해 본 독립군 기지와 한인 사회의 한 단면

1916년 남만주 유하현 고산자와 통화현 합니하 일대 독립군 기지 개척운동과 독립운동 현장을 두루 둘러본 양기탁(1871~1938)은 안창호(1878~1938)에게 보낸 편지에서 그곳의 분위기를 다음과 같이 전하고 있다. 그는 남만주 서간도 일대를 독립운동기지의 모범적 사례로 간주하며, 이 지역을 기반으로 더욱 활기찬 독립운동을 전개하려는 구상을 미국 샌프란시스코에 있던 안창호와 협의하고 있는 것이다.

특히 이 편지는 1916년에 남만주 유하현 고산자(후기 신흥무관학교 소재지)에 머물고 있던 우탁(禹卓, 본명 양기탁)이 장차 남만주 유하·통화 일대 한인들의 거주지에 독립군기지를 더욱 강화하고, 한인 교민들의 산업진흥을 통해서 일련의 구국운동을 전개할 필요가 있다는 현지의 사정을 미주지역의 대한인국민회 회장 안창호에게 알리는 내용이다. 이해를 돕기 위해 주요 내용을 소개하고자 한다. 독자들의 편의를 위해 원문 내용에 손상이 가지 않는 범위 안에서 일부 어투와 문장을 수정하고 용어 해설을 괄호속에 넣었다.

> "去年(작년) 11월(至月)에 北京에서 數字로 修侯(편지를 써서 안부를 물음-필자)하압고 이곳으로 온 후……(중략) 此處 情形은 歷訪周察(두루 살펴봄) 하온 즉 특지 모험자와 정신 純一者와 보통유지자를 收撥하오면 가위 이백사오십인 가량이오 義兵團 백여인 가량이오 북간도에 의병단이 사오백인 가량이오 此地 人民은 순순하야 圭角(말이나 행동이 남과 맞지 않음) 별로 없어 扶民團이 작년 겨울에 성립하야 목적은 자치통일하려 하나 원수의 외세가 날로 핍박하야 進軌의 道가 부족하얍고 정신단결은 渡此(이곳으로 건너옴) 후 각기 勢氣相應하야 혹 이십여인 혹 기십명 혹 오륙명이 되난대 두령자난 불과 십여인만 단합이 되온 즉 가위 綱擧目張(사물의 핵심을 파악하면 그밖의 것은 이에 따라 해결됨)이라 점점 단결되야 前頭의 희망이 多大하오. 아므려나 일이 잘 되게 하랴면 재정이 좀 있어야 하겠고, 此地는 본래 개간농작 뿐이오 勞動業 할 것

도 없고 다만 山峽에 화치(火田) 力農하야 年豊하면 가족생활이 되나 흉렴에는 遊離死亡이 比比有之(흔히 있는 일)하더니 다행히 수년전부터 水田種稻가 시작되야 土人은 생소하야 경영치 않고 吾民族이 특별업으로 점점 平地로 와서 이익을 봅니다. 저 정신단이나 有志者는 그 정신·사상·經略이 선진자나 저명한 애국지사네들만 못한 배 없으나, 現今에 착수할 사업이 無하여 방황 주저자 태반인데, 혹은 총이나 혹은 폭탄 생각이 간절하여 견딜 수 없어 흔히 정신병이 발생하압나이다.

학교난 李沰·呂準 두 형님이 주장하야 오늘까지 支保하압난대 재정정갈의 곤란은 말삼할 것 없삽고 일변으로난 (일본) 領事分館이라 巡査 파출소라 巡行偵探라 처처 봉기하야 안심하고 있기도 難하외다. 비밀단결의 일부분으로 深峽중에 範模농장(명칭 백서농장)이 수년전부터 설립되어 수십인이 모여 실지 정신상의 사업준비를 하압나이다."[48]

주목되는 사실은 양기탁이 1916년 경 서간도 일대에서 굳은 의지를 갖고 독립운동을 전개하는 인물들을 약 250명으로 파악하고 있으며, '의병단', 즉 무장한 독립군세력을 100여 명, 그리고 북간도 지역(현재 중국 연변지역)에서 활동하고 있는 독립군의 규모를 500여 명으로 파악하고 있다는 점이다. 또 '총이나 폭탄 생각'이 간절하여 정신병이 날 지경이라는 현지 분위기 보고는 신흥강습소 등 서간도 일대 독립운동 세력의 강한 항일무장투쟁 의지를 여실히 보여주는 대목이라고 하겠다.

이 편지는 유하·통화현 일대 서간도 지역 독립운동 세력이 북간도(연변)나 '아령(俄領, 러시아 연해주지역)'처럼 당쟁(분파싸움)도 없고 단합이 잘되며 장교(사관) 출신과 의병계열 무장투쟁 세력이 많아 독립운동에 유리하다는 점을 강조하고 있다. 실제로 이 무렵 이 지역에서 경학사와 부민단, 신흥강습소

---

48 이 편지는 洋紙에 양면으로 묵서 되어있다. 安昌浩선생 미망인 수잔 안여사가 독립기념관에 기증한 島山자료 속에 포함되어 있다. 상세한 내용은「독립군기지 설립에 관한 편지(자료소개)」,『월간 독립기념관』 1990년 1월호, 16쪽 참조. 이 편지는 현재 독립기념관 제5전시관에 전시되고 있다(독립기념관 한국독립운동사 정보시스템, 2017년 8월 15일 검색).

등을 주도하였던 이상룡은 초대 부민단장을 지낸 동지 성산(性山) 허혁(許爀, 본명 許蒹, 1851~1940)에게 1914년에 보낸 편지에서 "〈당파〉라는 두 글자에 이르러서는 오직 입에서 내지 않을 뿐만 아니라, 곧 모름지기 마음에 두지도 말아야 합니다."라고 하며 화합과 '대동단합'을 적극 주장하고 있는 사실을 확인할 수 있다.[49]

또 중국인이 하지 못하는 벼농사가 잘되어 농장경영과 농업관련 실업 진흥에 유리하니 미주동포들을 이주시키거나 토지를 매입하여 실업경영 혹은 농장경영을 추진할 것을 제의하고 있다. 1910년대 후반 서간도 지역[특히 압록강의 중국쪽 지류인 혼강(渾江)과 송화강(松花江) 상류, 요하(遼河) 상류 일대] 독립군기지 개척, 건설운동과 무장독립운동, 실업경영 등에 대한 낙관적 전망을 보이고 있다는 점에서 귀중한 현장 보고서라고 할 수 있다. 다만 현지 농업경영의 실상이나 중국 관헌(官憲), 현지 중국인들과의 관계 등 여러 가지 어려움을 세밀하게 고찰하지 않고, 지나치게 긍정적으로 보고있다는 문제점을 지적할 수 있다. 그러나 관련 주요 내용을 아래에 제시해 본다.

> "一. 此地 형편은 일하기 어렵기도 하고, 하기 쉽기도 하고 또 북간도나 俄領처럼 당쟁도 업삽고 단합도 잘될 모양이오. 인물도 구비하여 士官출신도 만코 義兵패도 만코 비밀종교도 만어셔 잘 될 희망은 만사오나 金錢이 제일 걱정되난 문제올시다.(밑줄은 필자)
>
> 二. 벼농사난 淸人은 도저히 못하고 我人만 잘 하니 농장경영도 좋고 기타 실업은 開浦採木, 매곡, 삼포, 소주와(燒酒窩)등 업이 최대한 이익인대 우리 민족은 착수가 鮮少하압고,
>
> 三. 교회형편은 처처 잘 되나 교인의 성질을 융화하야 軍國民이 될 가망은 쾌히 업사오나 이왕부터 苦誠으로 일 보시든 安長老 동식씨가 정신을 발휘하온 즉 차차 잘 되겠삽고.

49 안동독립운동기념관 편, 「허성산 혁에게 답하다(答許性山爀)」, 『국역 석주유고』 상, 2008, 320쪽.

四. 吾濟(우리네) 경략상으로 추측컨대 사만리 해외에서 군사나 군기나 있다기로 소니 전투선에 능히 도달하야 한 가지 臨陣충돌할 수 업사오니 美洲에 잇난 동포의 몸이 되어 생각컨댄 此地로 이주하거나 혹 不來 하드래도 實業 혹 農場을 此地에 설립함이 可하외다. 아모던지 此處에 몇 곳 농토를 永買혹 權買하게되면 자득이익의 반분 혹 삼분 일을 의무로 공익에 보조하얏스면 조켓삽나이다.

거기서 이왕에 俄領 蜂密山의 농작을 경영한 것 실패되고, 그 후에도 勸業同盟團이 內地의 경영도 잘못된줄 已知하오나 이곳은 田土一耕에 稻作하면 보통 15석(내지 일인 斗의 배됨)이나 되오니 농장경기가 萬無 실패하겠삽나이다.

(하략)음력 丙辰 시월 십칠일 禹弟 지금 사용하는 이름 禹卓 배상 中華 奉天省 柳河縣 孤山子街 廣增德寶號內 鄭武處"[50]

당시 중국 등 국내외에서 활약하던 독립운동가들은 일본 경찰의 감시를 피하기 위해 가명을 많이 사용했다. 자기 신분이 노출되거나 노출될 우려가 있으면 다른 이름으로 바꾸는 경우가 흔했다. 이 편지의 발신인 성명은 우탁(禹卓)으로 되어있으나, 본명은 양기탁이었다. 잘 알려진 것처럼 이 편지가 발송된 유하현 고산자에는 1919년에 신흥학교(신흥무관학교)가 세워져 많은 독립군을 양성, 배출하였다. 당시 분위기를 생생하게 느낄 수 있는 귀중한 자료가 아닐 수 없다.

3) 신흥무관학교 생도 모집과 중국인 동지의 남만주 한인 독립운동 인식

신흥무관학교의 생도모집은 대개 세가지 경로로 이루어졌다. 즉 ① 현지 서간도지역 한인 청년 모집, ② 안동현(安東縣) 거점 경유 모집(孟輔淳, 張世淡[일명 張炯] 등 활동), ③ 국내 청년의 입교 등이다.[51] 그런데 주목되는 사실

50 「독립군기지 설립에 관한 편지(자료소개)」, 『월간 독립기념관』, 1990년 1월호, 17쪽.

51 박성순, 앞의 논문, 2017, 158~173쪽.

은 ②, ③의 경우에 경북(안동)출신 인사들이 후원 연락거점이나 연락기관으로 다수 연계되고 있다는 점이다. 일제 당국의 정보에 따르면 안동출신으로는 이승화(李承和, 동후면)·배승환(裵昇煥, 풍산면)·권재수(權在壽, 풍서면)·김두칠(金斗七, 안동군, 사실은 경북 청도) 등이 파악된다.[52]

특히 청도군 출신인 김두칠(본명 金哲濟)은 1911년, 불과 19세 때 안동 이상룡 가문의 남만주 이주시 함께 망명하였다. 그가 이상룡과 어떤 연고가 있는지 확인할 수는 없다. 그는 통화현 합니하 신흥무관학교를 졸업하고, 중국 요녕성 환인현(桓仁縣) 남황구(南荒溝)에 거주하며 한인 대중을 상대로 항일독립운동과 계몽운동을 주도하였다.[53] 그는 1920년 전후 시기에 대한민국임시정부 세력과 연계하여 경북 안동 등지를 왕래하며 한인 청년들을 모집하였다.[54] 이들을 신흥학교에 입교시켜 군사교육을 실시한 뒤, 국내외에 파견하여 군자금 모집과 각종 독립운동을 도모하는 등 1920년 전후 시기에 국내외에서 무장독립전쟁을 실현하기 위해 분투했던 것이다.[55]

김두칠의 신흥무관학교 생도 모집 관련 사실은 1920년 일본 경찰이 적발했던 소위 '무관학교 학생모집 사건'을 통해 알 수 있다. 김두칠은 경북 선산군 해평면이 본적지인 최재화(崔載華)와 함께 김종엽(金鍾燁, 본적 경남 동래군 기장면, 서울 거주)에게 무관학교 입교를 권유하여 삼원포 소재 군정부(서로군정서) 산하 무관학교인 신흥학교 제4기생으로 입교시키는 데 성공하였다. 특히 김종엽은 동지 권원하(權元河)와 함께 신의주를 건너 중국 안동현으로 간 뒤, 다시 신흥학교로 갔다. 그는 1919년 8월 제4기생으로 입학하여 이

52 박성순, 위의 논문, 2017, 178~179쪽.

53 김양, 『압록강 유역의 조선민족과 반일투쟁』, 료녕민족출판사, 2001, 579쪽.

54 경상북도 경찰부(류시중·박병원·김희곤 역주), 「무관학교 학생 모집사건」, 『국역 고등경찰요사』, 선인, 2010(원본은 1934), 368~370쪽.

55 위와 같음.

듬해 1월 하순 이 학교를 졸업하고 1920년 2월 서울로 돌아갔다. 그뒤 김종엽은 상해로 건너가 대동단(大同團) 총재로서 이 조직을 이끌고 있던 김가진(金嘉鎭)이 발행한 독립운동 자금 모집 수령증을 소지하여 동지들을 포섭하고, 독립운동 자금 모집에 앞장서던 중 1920년 9월 경 일본 경찰에 체포되고 말았다.[56]

중요한 사실은 일경의 조사에 따르면 최재화·김종엽·권원하 등은 '조선독립전쟁'이 있게되면 이에 참가할 준비로 실제 군사교육을 받았다는 점이다.[57] 이상룡 등 안동 출신인사들의 인맥이 신흥무관학교 생도모집 등으로 연결되고, 실제로 독립전쟁에 대비하는 일련의 작업이 진행되고 있었던 사실을 확인할 수 있다.

이러한 배경과 저력을 바탕으로 1918년 말에서 이듬해 초에 이시영·이상룡·김동삼·허혁 등 만주독립운동 지도자들이 중심이 된 '대한독립선언서(일명 戊午독립선언서)'가 발표되고, 남만주 유하현 삼원보와 통화현 금두화락(金斗伙洛) 한인 거주지역에서 만주 최초의 3·1운동이 1919년 3월 12일 전개될 수 있었다.[58] 중국 연변지역(북간도)의 용정(龍井)에서 3·1운동이 일어난 것은 하루 뒤인 3월 13일이었다. 때문에 연변지역에서는 이를 용정 '3·13반일(시위)운동'으로 부르며 매우 자랑스러워하고 있다. 일제 치하의 식민지 조선 서울과 평양에서 3월 1일 3·1운동의 첫 봉화가 일어났지만, 3·1운동이 전국 각지로 전파·확산된 것이 대부분 3월 하순부터 4월에 이르는 시기였던 사실을 감안하면 남만주 서간도 지역의 3·1운동 확산은 실

56 위와 같음.

57 류시중·박병원·김희곤 역주, 위의 책, 369쪽. 김두칠의 신흥무관학교 생도모집 등에 대해서는 장세윤, 「조선혁명군정부 외교부장 金斗七 1주기 제문」, 『한국근현대사연구』 76, 한국근현대사학회, 2016 참조.

58 오세창, 「만주 한인의 3·1독립운동」, 『박영석교수 화갑기념 한민족독립운동사논총』, 탐구당, 1992, 546쪽. 만주지역 3·1운동에 대해서는 오세창의 위 논문 참조.

로 놀라운 일이 아닐 수 없다.[59]

한편 1932~1933년 남만주에서 조선혁명군 독립군과 연대하여 공동으로 항일전쟁을 전개하였던 요녕민중자위군(遼寧民衆自衛軍) 사령관 왕동헌(王彤軒, 중국인)은 1910~20년대 남만주 지역에서 매우 활기차게 독립전쟁을 준비하고 적극적으로 앞장섰던 이세영·김동삼 등 신흥학교·백서농장(白西農庄) 등 관련 인물들의 활동을 다음과 같이 매우 감동적으로 서술하여 주목된다.

> "당시에 본 한국인들은 열악한 환경에도 불구하고 낙심하는 일 없이, 줄곧 일본을 멸망시키고 조국을 되찾겠다는 굳은 신념에 불타 있었다. 앞에 가는 사람이 넘어지면 뒤따르던 사람이 앞으로 나가서, 조금도 뒤로 물러서지 않는 자세로, 목숨을 바쳐서 싸우고 용감하게 매진하며, 조국광복의 대계를 확립시키고 추진했다. 실로 東亞大陸에 있어 민족운동의 선봉이었다.
>
> 돌이켜 보건대 한국민족은 일찍부터 세계대세를 살펴서 나라의 형세가 위태로워질 것으로 예상하고 준비를 게을리 하지 않았다. 李天民(본명 이세영, 신흥무관학교 교장 역임-필자)·김창환(신흥 교관-필자)·柳東說·李靑天(신흥 교관-필자)·金一松(김동삼-필자)·李敦化·李鍾乾(신흥 졸업생-필자)·申八均(신흥 교관-필자)·玄益哲(신흥 졸업생-필자)·梁荷山·梁世鳳·金學奎(신흥 졸업생-필자)·高爾(而)虛 등 수많은 동지들이 中韓 두 나라를 다시 일으켜 세우기 위해 많은 계획을 세우고 실행에 옮겼다. 비록 三矢協定의 체결로 활동에 많은 제약과 속박이 따랐지만, 중한의 민중은 일치단결해서 산업을 권장하고 교육을 진흥시키며, 삼민주의를 주의로 삼고 한국독립을 목표로 삼아 분투하였다."[60]

---

59 유하·통화현의 이웃인 桓仁縣에서는 국내 3·1운동 소식을 전해들은 한인 교민 1천여 명이 환인현 각지의 한인 마을을 중심으로, 3월 23일부터 4월 10일까지 항일시위운동 등 대규모 집회를 거행하였다. 특히 최대규모 시위가 夾皮溝에서 전개되었는데, 단장 黃永瑞와 신흥학교 출신인 김두칠 등의 주도로 500여 명의 남녀노소 한인들이 결집하여 항일구호를 제창하며 시위행진을 벌였다(桓仁縣民族事務委員會 朝鮮族志編纂小組 編, 『桓仁縣朝鮮族志』(내부자료), 本溪, 1988, 38쪽 및 김양, 『압록강 유역의 조선민족과 반일투쟁』, 2001, 579~580쪽, 환인현 등 남만주지역 3·1운동에 대해서는 오세창, 앞의 논문, 1992 참조).

60 王彤軒, 「소중한 편지 한 통」, 『韓民』 제1권 5기(1941.6); 『대한민국임시정부 자료집』 별책4(94권), 국사편찬위원회 한국사 데이터베이스(검색일: 2017년 11월 3일).

위의 편지에서 김동삼 외에 신흥무관학교 관계자를 7명이나 언급하고 있는 점은 이 학교의 만주 무장독립운동사에서의 위상을 잘 보여준다고 하겠다.

4. 신흥무관학교에 대한 졸업생·교관·김구·일제의 인식

1) 졸업생 김학규의 회고

신흥무관학교 출신으로서 동명학교(東明學校) 등 남만주 여러 학교의 교사를 거쳐 1930년대 전반기 조선혁명군 참모장의 중책을 맡았으며, 이후 한국광복군 제3지대장을 역임한 김학규(金學奎)는 '신흥학교'에 대하여 다음과 같이 자랑스럽게 회고하였다.[61]

> "경학사는 일면 밭을 갈고(一面耕) 일면 공부하여(一面學), 인재를 배양하고 실력을 양성하는 것을 주요업무로 하였다. 경학사는 이것을 본 뜻(宗旨)으로 하여 '군관학교'를 개설하였으니, 이름을 '신흥학교'라 하였다. 국내의 우수 청년과 동북(만주) 韓僑의 英俊子弟들을 모집하여 군사인재를 가르치고 길러냈으니, 이것이 바로 (중국)동북 韓人무장운동의 기초사업이었다.[62] 韓族會는 3·1운동 이전, 한국인이 조직한 동북의 유일한 혁명단체였다. 3·1운동 발발 시, 한족회의 지위와 임무는 보다 중요해 졌다. 3·1운동 발발 후, 한족회는 정치적 역량을 발휘해야 할 뿐만 아니라 군사활동도 전개해야 했다. 이에 따라 한족회는 하나의 군사기구를 설립하고, 大韓西路軍政署라 명명하였다. 산하에 2개 聯隊를 설치하고 연대 아래 6개의 大隊를 설치하였다. 군정서의 중요간부는 모두 구한국정부 군대의 고급군관 및 외국군관학교 출신의 韓民이었으며, 초급간부는 모두 신흥학우단 단원 혹은 다른 군사학교를 졸업한 국민이었다. 그리고 군정서의 병사들은 모두 18세 이상 40세 이하의 현지 한국교민으로서 3개월 이상 室外에서 군사훈련을 받았다. 신흥학교는 본교와 분교 4곳에 모두 2,000여

61 김학규는 후일 대한민국으로 귀환하여 安斗熙의 김구 암살에 연루되었다는 의혹을 받아 큰 고초를 겪었는데, 그는 후일 제출한 이력서에서 '1919년 만주 신흥학교 졸업'이라고 기록하였다(金炳基 소장).

62 金學奎, 「三十年來韓國革命運動在中國東北」, 『光復』 제1권 2기(1941년 3월 발행, 독립기념관 한국독립운동사연구소 1987년 영인본), 19쪽.

명의 학생이 있었는데, 이들은 군정서의 간부후보였다. 한국 韓僑가 거주하는 마을에서는 밤낮 없이 군사교련을 실시하여 긴장감이 감돌았고, 마치 大戰 前夜와 같은 분위기였다."[63]

이처럼 김학규는 신흥학교의 학생들이 전성기 때인 1919년 3·1운동 직후에는 본교와 분교 4곳을 합쳐 모두 2,000여 명에 달했다고 회고하였다. 또 이들이 서로군정서의 간부후보였으며, 학교와 부근의 한인 마을들이 매우 사기도 높고, 마치큰 독립전쟁 전야와 같은 팽팽한 긴장감이 감돌았다고 높이 평가하였다.

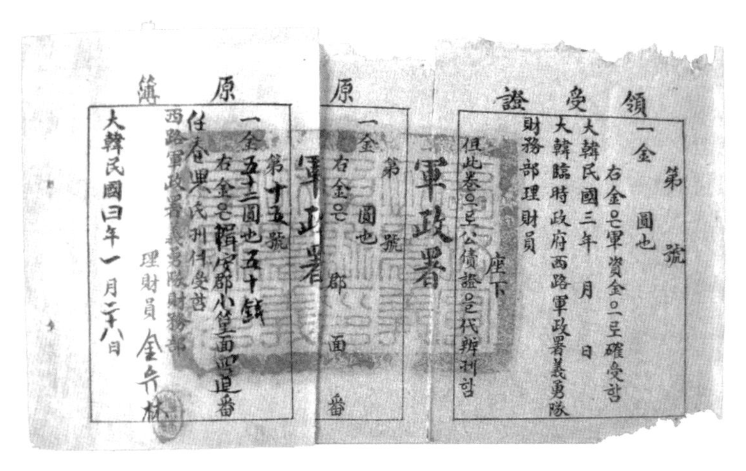
領受證
第　號
一金　圓也
右金은軍資金으로確受함
大韓民國三年　月　日
大韓臨時政府西路軍政署義勇隊
財務部理財員
座下
但此券으로公債證을代辦케함

軍政署
原
第　號
一金　圓也
右金은　郡　面　番

原簿
軍政署
第十五號
一金五十二圓也五十錢
右金은輯安郡　面　番
西路軍政署義勇隊財務部
理財員 金　林
大韓民國四年一月二十八日

이상룡·김동삼 등이 활약한 서로군정서의 군자금 모집 영수증(1921. 1. 26, 독립기념관 소장)

2) 교관 김경천의 신흥무관학교와 이상룡·김동삼에 대한 인식

1919년 6월 독립운동의 큰 뜻을 품고 서간도로 이주, 망명하여 그해 7월부터 신흥학교의 교관으로 활동했던 김경천(金擎天, 본명 金光瑞)은 자신이 일

63 金學奎, 「三十年來韓國革命運動在中國東北(續)」, 『光復』 제1권 3기(1941년 5월 발행, 독립기념관 1987년 영인본), 21~22쪽.

본 육사출신으로서 엘리트라는 강한 자부심을 품고 있었던 사람이었다. 따라서 그가 보기에 당시 서간도지역이나 만주, 연해주 지역에서 활동한 다수의 독립운동 지도자들이나 독립운동가들의 수준이나 사고방식, 독립운동의 자세, 일반 한인동포들의 생활 및 의식수준 등은 매우 미흡한 것이었다.[64] 특히 신흥무관학교에서 여러 가지 업무를 담당했지만, 학교 관계자들에 대한 인식이나 평가도 그리 좋지 않았다. 그러나 그는 한족회의 간부인 이상룡과 김동삼, 남일호(南一湖) 등은 그래도 더불어 일을 상의할 만 한 인물들이라고 평가하였다. 특히 이상룡에 대해서는 나이가 60세이지만 우매하지 않고 사람들의 우두머리가 될 만 하다고 평가하였다.[65]

김경천은 당시 이 학교를 '서간도 무관학교', '고산자무관학교', 혹은 그냥 '무관학교'라고 불렀다. 그의 관찰에 따르면 이 학교가 1919년 3월까지, 즉 국내에서 3·1운동 소식이 전해지기 전까지는 보통교육을 실시하고 있었으나, '독립선언' 이후로 보통교육을 전면폐지하고, 군사학 교육을 시작했다고 한다.[66] 하지만 이는 자신의 역할을 과대평가하고 싶은 심정의 소산이라고 할 수 있다. 그 이전부터 이 학교가 군사교육을 강조하고 있었던 사실은 명백하다. 어쨌든 당시 세계 최강이라고 평가되고 있던 일본군의 장교로 복무했던 그로서는 당시 신흥학교의 열악한 시설과 낙후된 장비, 그리고 부족한 물자와 교육 기자재, 상대적으로 느슨한 운영 및 조직체계와 분파적 행태를 보이는 주변인들을 목격하며 상당히 실망하기도 하였다.[67]

당시 고산자무관학교는 중국인의 건물을 임대하여 교사로 사용하고 있었고, 3·1운동 이후 국내외에서 몰려드는 청년들을 더 수용하기 위해 교사를

64 김경천,『擎天兒日錄 - 연해주지역 항일독립운동가 김경천장군의 일기』, 학고재, 2012, 74~76쪽.
65 김경천, 위의 책, 79~80쪽.
66 김경천, 위의 책, 76쪽.
67 위와 같음.

신축하였다고 한다. 특히 국내에서 독립선언을 한 이래 일본인의 압박 때문에 국경을 넘어오는 청년들과 서간도나 만주 지역에서 입학한 학생들을 대폭 수용하였는데, 1919년 7월 경 학생 숫자는 200여 명에 달했다고 한다.[68] 이들의 드높은 기상과 의지는 가상하다고 할 만 했지만, 세계 강국의 하나인 일본을 대적하는 데는 너무도 수가 적다고 할 수 밖에 없었다. 또 남만주 지역 한인 동포들의 경제적 여건이 매우 어려웠으므로 이들에게 무리한 요구를 할 수도 없었다. 때문에 당초 웅대한 포부를 갖고 이 학교 교관으로 왔던 김경천은 "남만주에 있는 우리 힘이 원래 약하다. 그러므로 여기서 더 대대적으로 일을 벌이는 것은 불가능하다."[69] 하고 현실적 한계를 인정하기에 이르렀다.

재정부족과 물자, 인력, 정보부족 등 여러 가지 어려운 여건에서 이 학교 구성원들의 원대한 목적, 즉 조국의 '독립'을 달성하기 위한 독립전쟁의 전개는 당장 실현하기 어려웠다. 여기에 더하여 중국 마적의 습격 등 현지 토비(土匪) 세력의 약탈과 납치 등은 어려움을 더욱 가중시켰다. 1919년 여름에만 두차례나 마적들이 밤중에 학교를 습격하여 학생과 교사 몇명을 납치해가 큰 문제가 되었던 것이다. 일부 학생들은 마적과 싸우다가 부상을 당하여 어려움을 겪기도 하였다. 이러한 여러 가지 사정으로 군사교육은 계획보다 충실히 이루어질 수 없었다고 한다.[70] 또한 중국 지방정부 당국의 신흥무관학교 등 한인단체들의 군사양성과 군대 동원, 이를 통한 군사활동 동향에 대한 감시와 견제도 어려움을 초래했다. 예를 들면 유하현 당국은 1919년 한인들이 사는 마을과 이 학교에 관리를 파견하여 수색활동을 벌이는 등 군사교육 및 그와 관련된 군사활동을 전개하지나 않나 하고 감시하였던 것이다.[71]

68 위와 같음.
69 위와 같음.
70 김경천, 위의 책, 77쪽.
71 안동독립운동기념관 편, 『국역 석주유고』 상, 2008, 554~555쪽.

그러나 이러한 어려운 상황에서도 신흥무관학교에 참가하여 활동하고 있던 '신흥인'들의 독립전쟁에 대한 투지와 열정은 막을 수 없었다. 1919년 가을 무렵 이 학교의 여러 유지들은 "나뭇잎이 떨어지면 군사행동을 하기가 불리하니 어서 무기를 준비하여 가지고 압록강을 한번 넘는 것이 소원"이라는 강한 의지를 불태웠다.[72] 하지만 결정적으로 아쉬운 것은 일본군경을 상대로 싸울 무기가 별로 없다는 점이었다. 이 때문에 신흥무관학교에서는 김경천과 신팔균(申八均) 양인을 무기구입 위원으로 선정하여 러시아 니콜리스크로 파견, 무기를 구입하여 운반토록 하였다.[73] 그러나 아쉽게도 이들은 러시아와 연해주, 남·북만주의 복잡한 정세와 사정으로 인하여 끝ㅌ내 무기를 구입하여 복귀할 수는 없었다.

신흥무관학교는 이처럼 어려운 여건에서도 독립전쟁론에 입각한 항일무장투쟁의 기간인재를 배출하는 요람의 역할을 훌륭히 수행하였다. 항일무장투쟁은 이러한 군사인재의 양성이 매우 중요하였다. 줄기차게 독립운동의 기간요원을 양성하던 이 학교는 결국 1920년 7월 경 한인 독립운동 세력 말살을 목적으로 북상한 일본 관동군(關東軍)의 침입과 탄압으로 다수의 교관과 학생들이 북상하여 북간도(중국 연변)지역이나 북만주로 옮겨갈 수 밖에 없었다. 사실상 이 학교가 폐교된 것이다. 하지만 이후 남북만주 여러 지역에서 유사한 군사학교 기능을 수행하는 여러 종류의 무관학교가 설립되어 군사인재 양성 기능을 수행하게 되었다.

3) 대한민국임시정부 주석 김구와 일제 탄압당국의 인식

대한민국임시정부 주석을 지낸 김구는 후일 『백범일지』에서 '신흥학교'에

72 김경천, 앞의 책, 79쪽.

73 위와 같음.

대해 다음과 같이 간단히 회고하였다.

> "정세로 말하면 동북(東北) 3성 방면에 우리 독립군이 벌써 자취를 감추었을 터이나, 신흥학교 시절 이후 30여년이 지난 오늘까지 오히려 김일성(金一聲 : 북한 김일성을 지칭) 등 무장부대가 의연히 산악지대에 의거하여 엄존하고 있다. (중략) 이렇게 현상유지를 하는 정세라, 관내 임시정부 방면과의 연락은 극히 곤란하게 되었다."[74]

만주지역에서 독립군의 활동 등 항일무장투쟁이 시작된 것은 '신흥학교'부터라고 인식하고 있는 사실을 확인할 수 있다. 이는 임시정부 계열 인사들 역시 이 학교를 만주 무장투쟁의 핵심적 기관으로 인식하고 있었다는 사실을 시사한다.

한편 조선총독부 경무국은 이 학교에 대해 "대정(大正)3년(1914년-필자) 봉천성(奉天省) 통화현 합니하에 배일선인(排日鮮人)이 의병(義兵) 교양의 목적으로 설립한 신흥학교"로 파악하고 있어 흥미를 끈다.[75] 이 내용은 이순신 장군의 13대 종손(宗孫) 이종옥(李鍾玉)이 신흥학교에 입학한 사실을 추적한 것을 반영한 것인데, '의병교양'을 목적으로 지목한 것은 이 학교가 군사학교라는 사실을 정확히 간파한 것이라고 해석할 수 있다.[76] 한편 경상북도 경찰부는 이 학교를 신흥무관학교, 무관학교, 신흥학교 등으로 파악한 사실을 확인할 수 있다.[77]

---

74 김구(도진순 주해), 『백범일지』, 돌베개출판사, 1998, 315쪽.

75 조선총독부 경무국, 『國外ニ於ケル容疑朝鮮人名簿』, 1934, 283쪽.

76 이순신가의 독립운동에 대해서는 이정현, 「'충무공 종부'가 증언하는 항일역사」, 『월간 조선』 435호, 2016. 6, 305~315쪽 참조.

77 경상북도 경찰부(류시중·박병원·김희곤 역주), 앞의 책, 402·408·409·457쪽.

5. 신흥무관학교와 김대락·이상룡·김동삼의 활동

1) 김대락 일기를 통해본 김동삼과 신흥강습소

신흥강습소(신흥학교)는 1911년 5월 14일(양력 6월 22일) 중국 길림성 휴하현 추가가 마을의 창고에서 개교식을 가졌다.[78] 당초 '신흥학교'로 설립되었다가, 1912년 6월 7일(양력 7월20일) 통화현 합니하로 확장 이전하였다.[79] '신흥강습소(독립군 양성 무관학교)'로 불리기도 하였다. 수년전『신흥교우보』의 발굴을 통해 기존의 통설을 수정할 만한 새로운 사실을 확인할 수 있게 되었다.

이 학교의 교장에 이천민(윤기섭 등), 교성대장에 지청천, 교관에 오광선·신팔균·이범석·김경천 등이 임명되어 활약하였고, 1920년 8월까지 2천여 명의 졸업생을 배출하였다.[80] 매일 14시간의 훈련을 실시하였다. 본과 장교 교육과정은 3년제였지만, 단기의 속성과정이 있었다. 하사관반은 3개월, 장교반은 6개월, 특별반은 1개월로 기한을 정하고 학과교육 1할, 교련 2할, 민족정신 5할, 건설 2할의 비율로 훈련을 배정하였다.[81] 정신교육에 큰 비중을 두었음을 알 수 있다. 이들 졸업생은 후에 신흥학우단을 조직하여 독립운동에 크게 기여하였다.

김동삼의 원래 이름은 김긍식 또는 종식(宗植)이라고 했다. 호는 일송(一松). 하지만 1913년 3월부터 이름을 중국의 동북 3성 또는 동삼성을 의미

78 안동독립운동기념관 편,『국역 백하일기』, 2011, 85~86쪽; 한시준,「신흥무관학교와 독립운동」,『한국독립운동사연구』40, 2011, 8쪽.

79 안동독립운동기념관 편, 위의 책, 2011, 256쪽.

80 박환,「신흥무관학교」,『한국독립운동사사전(운동·단체편)』5, 독립기념관, 2004, 358~361쪽. 이 학교 출신으로 교관을 지낸 元秉常은 졸업생이 약 10년간 3,500여 명에 달했다고 회고했다(원병상,「신흥무관학교」,『독립운동사자료집』10집, 고려서림, 1984, 32쪽).

81 서중석,『신흥무관학교와 망명자들』, 2001, 116쪽.

하는 '동삼(東三)'으로 개명하였다.[82] 그의 아우 찬식(纘植) 역시 '동만(東滿)'으로 개명하였다. 중국동북(만주) 지방에서 새로운 삶을 살아가겠다는 의지를 개명으로 표현한 것이었다.

1912~1913년 사이 김동삼이 유하현 삼원보 일대를 드나들며 분주히 독립운동에 매진하는 모습은 그의 족숙(族叔) 김대락의 일기에 산견(散見)되고 있다. 그 내용을 간추려보면 다음과 같다.

> 1912년 5월 27일 김대락의 집에서 金宇植·金宇衡·金衡八과 함께 자다.[83]
>
> 7월 10일 북쪽 산골짜기로부터 수백리를 돌아서 김대락의 집에 감(유하현 삼원보?). 산과 강의 형승에 대해 김대락에게 설명하니, 김대락은 큰 호기심을 보이며 가서 보고 옮겨살고 싶은 심경을 토로하였다.[84]
>
> 11월 10일 김대락의 종손 金成魯, 족친 金世林, 李純·이원일과 함께 김대락의 집에서 자다. 이들과 함께 당시 있었던 통화현 감옥 죄수들의 폭동에 관한 이야기를 하다.[85]
>
> 1913년 1월 3일 김대락의 집에 문안차 가다.[86]
>
> 3월 9일 崔基定·白龍憲·金容升·金東壎 등 黃潤사람들과 함께 김대락의 집에서 점심을 먹다.[87]
>
> 3월 19일 주진수·황만영과 함께 김대락의 집에서 점심을 먹다.[88]
>
> 5월 19일 김대락의 집에서 저녁식사를 하고 떠나다.[89]

---

82 김희곤, 『안동 독립운동 인물사전』, 2011, 82쪽

83 안동독립운동기념관 편, 앞의 책, 253~254쪽.

84 안동독립운동기념관 편, 위의 책, 266쪽. 이때 김동삼이 유하현 삼원보(남산촌)를 둘러보고 나서 김대락에게 설명한 듯 하다. 당시 김대락은 통화현 합니하에 거주하고 있었는데, 김대락은 1913년 2월 19일에 유하현 삼원보 남산촌으로 이사하여 원로로서 각종 민족운동 및 생활문제에 관한 자문 등에 응하고 있었다(강윤정, 「백하 김대락의 생애와 『백하일기』」, 『국역 백하일기』, 2011, 7~8쪽).

85 안동독립운동기념관 편, 『국역 백하일기』, 300쪽.

86 안동독립운동기념관 편, 위의 책, 337쪽.

87 위의 책, 374쪽.

88 위의 책, 377쪽.

89 위의 책, 398쪽.

8월 23일 김대락의 집에서 점심을 먹다.[90]

9월 5일황만영과 함께 김대락의 집에 가다.[91]

11월 2일 김대락의 조카 金圭植과 함께 김대락의 집에 가서 김대락의 조모 제사에 동참하다.[92]

12월 6일 懷仁縣(현재 桓仁縣)에서 김대락의 집에 들러 이원일과 함께 점심을 먹고 떠났다.[93]

12월 28일 김대락의 집에서 자다.[94]

12월 29일 鄭寅建과 함께 김대락의 집에서 점심을 먹다.[95]

신흥강습소는 비록 유하현 삼원보 추가가와 통화현 합니하 산골짜기에 있었지만, 이 학교 구성원들은 세계 각지의 한인 민족운동세력과 긴밀히 연계를 취하고 있었다. 그러한 사례로는 1913년 발간된『신흥교우보』제2호의 해외 전파로 확인할 수 있다. 즉 재미(하와이) 교포들이 1907년 창간하여 발행하던『신한국보』의 개명 신문『국민보』는 1913년 10월 22일자에 '신흥교우보의 출세(出世)' 기사를 상세히 보도했던 것이다.[96]

조동걸은 추가가에 있던 학교가 합니하로 이전한 것이 아니라, 합니하에 중등과정의 학교를 신설한 것으로 해석하였다.[97] 앞으로 좀더 연구해봐야 하겠지만, 설득력이 있다고 본다. 통상 현재까지 '신흥무관학교'로 많이 알

---

90 위의 책, 457쪽.

91 위의 책, 460쪽.

92 위의 책, 470쪽.

93 위의 책, 462쪽.

94 위의 책, 487쪽.

95 위의 책, 488쪽.

96 이에 대해서는 장세윤,「新興校友團의 기관지《新興校友報》(자료소개)」,『한국독립운동사연구』36, 2010 참조.

97 김대락의 일기(백하일기)에 따르면 합니하에 새로운 학교를 세워 개교하였지만, 추가가의 학교는 그대로 건재하여 김대락의 손자 正魯가 종전대로 기숙사 생활을 했다고 한다. 따라서 합니하 교사의 신축에도 불구하고 상당기간 추가가 소재 신흥학교가 운영되고 있었음을 알 수 있다(조동걸, 앞의 논문, 2000, 423~424쪽).

려져 왔으나, 주로 '신흥강습소'로 불렸던 사실이 『석주유고』를 통해 확인되었다.

2) 1910년대~1920년대 초 이상룡·김동삼의 관계와 만주 독립운동의 독자성 문제

이상룡과 김동삼 관계의 일단을 검토하기 위해 이상룡의 『석주유고』에 실린 김동삼 관련 한시를 소개하면 다음과 같다.

"제석에 일송의 편지를 보다(除夕見一松書)"
서쪽 성 제야 전등 밝은데(西城除夜電燈明)
종이 축포 소리에 오만가지 잡념(紙石駮聲中萬念横)
한번 뒤흔들어 마구니 세상 깨뜨리기 어렵고(一震難壞魔世界)
천번 외침에도 잠든 정신 깨우지 못하누나(千呼不起睡神精)
죽고 삶이 또한 크니 백성이 무슨 죄냐(死生亦大民奚罪)
안팎이 연합하면 당(黨) 이룰 수 있는 것을(內外相聯黨可成)
우편관리 와서 전한 동지의 편지(郵吏來傳同志信)
화반(樺磐)에 일이 있으니 속히 회정(回程)하라네(樺磐有事速回程)[98]

제석은 한 해의 마지막 날인 섣달 그믐날을 말한다. 일명 '제야(除夜)'라고도 한다. 사람들은 대체로 연말연시는 주변을 정리하고 조용히 보내는 것이 보통이다. 그런데 이상룡은 한해의 마지막 날에도 여전히 분주하다, 남만주지역 독립운동을 위해 자신을 부르는 곳이면 불철주야, 가릴 여유가 없다.

아마도 1920년 전후 시기에 김동삼이 화전(樺甸), 반석현(磐石縣)에서 화급한 일이 있어 급히 이상룡에게 와달라는 편지를 보낸 것 같다. 틀림없이 남만주 지역 독립운동이나 교민들의 생활 등에 관련된 일이었을 것이다.

98 안동독립운동기념관 편, 『국역 석주유고』 상, 2008, 244쪽.

김동삼은 1921년 이상룡의 초청으로 중국 연변(延邊)지역의 연길(延吉)을 방문하여 여러 동지들과 함께 독립운동의 방략에 대해 의논하였다. 이 모임에서는 "상해에서 벗어나자고 결의"하는 것이 핵심적 내용이었다. 이는 결국 대한민국임시정부의 외교노선을 비판하고, 무장투쟁 노선에 입각한 독립운동 방법을 결의한 것을 의미한다.[99] 특히 이 무렵 이상룡은 박용만(朴容萬)에게 보내는 글에서 "우리가 하는 일은 반드시 먼저 얼마간이라도 내적 역량이 있고 난 뒤에 외교를 해야 좋은 결과를 얻을 수 있는 것이지, 만일 내적 역량이 텅 비어 아무것도 없으면서 오로지 외교에만 의지한다면 아마 일이 뜻대로 되지 않아서, 한갓 쓸데없는 생각으로 허비할 것이라고 봅니다."[100]라고 하며 이승만(李承晩) 등 대한민국임시정부 일각의 외교론을 비판하였다.

1921년 상해에서 열리는 국민대표회의에 참가하기 위해 김동삼은 동분서주했다. 그러한 상황을 이상룡의 『석주유고』를 통해 추적해 볼 수 있다. 즉 1921년 2월 9일 북경으로 가기 위해 길림을 출발하여 장춘으로 향하였으나, 차로가 불편하여 며칠 뒤에 다시 길림으로 돌아갔다.[101] 같은 해 3월 하순 북경의 이상룡에게 대한민국임시정부의 진로 등 시국에 관한 내용을 담은 편지를 보냈으며,[102] 또한 상해에서 열린 국민대표회의에 서로군정서의 이진산(李震山)·김형식(金衡植)·배천택(裵天澤)·김철(金鐵) 등과 함께 참가하여 임시정부의 진로에 대해 논하였다.[103]

봉오동·청산리전투와 관련하여 이상룡의 행장에는 이청천이 다섯개 단체의 병력을 통솔하여 적과 청산리에서 만나 적의 장교 수백명을 죽였고, 다시 봉

99 안동독립운동기념관 편, 「이상룡이 박용만에게 보내는 글」, 위의 책, 424쪽.
100 위와 같음.
101 안동독립운동기념관 편, 『국역 석주유고』 하, 66~67쪽.
102 위의 책, 90쪽.
103 위의 책, 160쪽.

오동에서 접전하여 왜적을 살상함이 심히 많았다고 쓰여있다. 이에 따라 중국인들 사이에서는 "일병(日兵) 한 사람이 중국병 열사람을 당해낼 수 있고, 한인(韓人) 군사 한명이 일병 열명을 당해낼 수 있다"는 말이 떠돌았다고 한다.[104] 물론 이는 과장된 언설(言說)이라고 할 수 있지만, 1920년 6월과 10월의 봉오동·청산리전투에서의 승전 사실이 만주지역 곳곳에 전파되면서 여러 사람들에게 전해들은 이야기를 기록했다는 점에서 당시 현지 동포사회의 분위기와 한민족 독립전쟁의 실상을 확인할 수 있다.

1920년 겨울 김동삼은 길림에 체류하고 있는 이상룡과 협의하여 액목(額穆)에 독립군 부대를 주둔하는 방안을 논의하였다. 이를 위해 김동삼은 동지 이탁(李沰)과 함께 영안(寧安)으로 가서 독립군 병사들이 주둔할 수 있는 장소를 찾아보았다.[105] 이 해 겨울 러시아로 북상했다가 천신만고 끝에 이듬해 중반에 다시 만주로 돌아온 독립군 병사들은 서로군정서가 액목(額穆)으로 이동하였다는 소식을 듣고 영안현(寧安縣)으로부터 조금씩 병영으로 돌아왔다. 서로군정서에서는 이들을 모두 농병(農兵, 둔전병)으로 편입하고 黃學秀에게 군사교련업무를 맡게 하였다.[106]

1920년 여름부터 일본군(관동군)이 남만주지역에 대거 출동하여 독립운동 세력을 대대적으로 탄압하자 독립군 장병들은 이를 피해 북상하는 등 큰 시련을 겪었다. 이러한 엄중한 사태 이후 사방으로 흩어졌던 독립군 장병들은 여준(呂準)·이탁(李沰) 등이 수십명의 청년들을 거느리고 액목현의 둔장(屯庄)에 머물고 있다는 소식을 듣고 이곳에 모여들었던 것이다. 특히 이상룡은 남상복(南相復)·최명수(崔明洙) 등을 시켜 남만주 각지 한인동포들이 살고

104 위의 책, 159쪽.
105 위의 책, 159쪽.
106 위의 책, 160쪽.

있는 지역을 돌아다니며 효유하도록 한 결과 상당수의 청장년들이 모여들게 되었다.[107] 이에 따라 1921년 겨울 이상룡 등은 액목현 황강(黃崗)에 들어가서 군정(軍政)조직을 개설하고, 주요 간부의 결원을 선출하며 보임(補任)하는 일을 의논하였다. 서로군정서는 이후 농업경영 등을 통해 한인교민들의 생활안정과 독립운동 기지 구축, 독립군 장병들의 모집과 군사조련 등의 업무를 담당하여 상당한 성과를 거두게 되었다.[108]

한편, 1923년 1월의 『독립신문』은 1920년대 초반 김동삼이 대한민국임시정부나 통의부의 중요직임(職任)으로 추천되었으나, 취임하지 않고 거부했다고 보도하였다.[109] 물론 이 때는 상해에서 국민대표회의가 추진되고 있었기 때문에 대한민국임시정부와 만주 독립운동 주도층 사이의 미묘한 견제와 비판, 그리고 협력이라는 다층적 논리를 고려해서였겠지만, 땅이 넓고 교통이 불편하며 치안상태도 좋지 않은 만주(중국동북)지역에서 종횡무진 활약하기는 쉽지 않았다는 현실적 여건을 고려할 필요가 있다. 특히 만주 독립운동 세력은 1920년대 중반 이후 대한민국임시정부의 권위가 추락하면서 이제 한민족 독립운동의 중심지는 중국 동북지역(만주)이고, 주도권도 이 지역 단체와 관련 인물들이 장악해야 한다는 인식을 갖게 되었다.

특히 김동삼은 이시영·이회영 등 기호지역 출신 인사들은 물론, 김대락·이상룡·허혁 등 경북지역 (혁신)유림 인사 및 서간도지역 한인 이주민들과 고락을 함께 하며 한인 자치 및 독립운동에 매진하였다. 일찍이 경학사·부민단·신흥학교·백서농장·한족회·서로군정서·대한통의부 등 1910년대와 1920년

107 위의 책, 608쪽.

108 위의 책, 608쪽. 이상룡은 1921년 黃崗에서 군정서를 조직했다고 하나, 학계에서는 1919년 11월 기존의 '군정부'를 '서로군정서'로 개칭했다고 보고 있다(박환, 「서로군정서」, 『한국독립운동사사전(운동·단체편)』 5, 독립기념관, 2004, 82쪽).

109 「民情을 소개코져 軍政署 대표 金東三氏談」, 『독립신문』 1923년 1월 17일자 기사.

대 초 남만주 서간도지역의 독립군기지 개척과 건설, 독립운동 단체와 조직을 통한 무장독립운동 준비와 실천에 크게 기여했던 것이다. 따라서 그는 이 무렵의 임시정부를 바라보는 시각은 남다를 수 밖에 없었다고 추정된다. 그러나 이 문제는 향후 별도로 고찰하기로 한다.

3) 김동삼의 사상적 경향과 대종교

(1) '김동삼의 사상분류 계보'

전라북도 경찰부가 1923년 작성한 국외 독립운동단체 및 주요 인물을 사상별로 분류한 도표를 보면, 이 도표는 독립운동가들을 '순독립파'·'공산파'·'온건파' 등으로 분류하고, 소련·중국 지역의 독립운동단체의 이름과 주요 인물들을 수록하였다. 순독립파는 상해의 임시정부(노백린), 서간도의 대한통의부(김동삼), 공산파로는 북경의 의열단(김원봉), 상해(上海)의 고려공산당(여운형), 영안의 적기단(赤旗團, 최웅렬), 시베리아 이만의 고려혁명군(이중집), 연해주 블라디보스토크의 혁명위원회(김하석), 온건파로는 북경의 군사통일회(박용만), 상해의 고려공산당(왕삼덕), 블라디보스토크의 상해파 고려공산당(이동휘) 등을 들고 있다.[110]

물론 이러한 분류는 민족운동 탄압 당국의 자의적인 판단에 의한 것이므로 절대적 기준이 될 수 없다. 다만 이 분류에 따른다면 김동삼은 '순독립파', 즉 강경한 민족주의계열 이념의 독립운동가로 평가할 수 있다고 하겠다.

(2) 1910년대 이상룡·김동삼과 대종교

일제 당국의 대종교에 대한 철저한 감시·통제로 인한 기록의 인멸에도 불구하고, 수많은 독립운동가들이 단군 숭배와 대종교 정신을 배경으로 활동

110 「在外 독립운동가 사상분류도」, 전라북도 경찰부, 1923(日文, 독립기념관 소장); 독립기념관의 '독립운동사정보시스템' 검색(검색일: 2014년 5월 18일).

했다. 특히 경상도 출신 독립운동가들 가운데 대표적 인물이 밀양의 윤세복·윤세용 형제, 울산의 남형우와 최현배, 부산의 김두봉과 김갑(金甲)을 들 수 있다. 또한 의령의 안희제와 이극로, 함안의 이중건과 이연건, 김서종·김두종 형제를 비롯하여, 김천의 정열모 등이 모두 '단군정신'으로 독립운동 전선에서 활동했다고 해도 될 정도였다.[111]

더구나 안동 지역 독립운동가들에게 단군의 의미는 남달랐다. 이상룡이나 김동삼, 이동하나 유인식·김동택 등이 대표적이다. 특히 이상룡은 『대동역사(大東歷史)』(1913년) 등 역사관련 저술에서 강한 민족주의 및 대종교 성향을 드러낸 바 있는데, 이 책은 신흥무관학교의 교재로 사용되었다고 한다.[112] 퇴계(退溪) 이황(李滉)의 후손인 이원태(李源台)의 저술 『배달족 형세강역도(倍達族形勢疆域圖)』 역시 이 학교의 교재로 사용되었다는 주장이 있다.[113] 또 김정식이나 김정익은 물론 사회주의자인 권오설과 권오상, 안기성 등도 대종교와 관련하여 독립운동에 헌신한 인물들이라고 할 수 있다.[114] 이상룡이나 허혁, 김동삼 등이 만주에서 1919년 3월 초순(일설에는 1918년 말)에 발표된 '대한독립선언서(속칭 戊午독립선언서)'에 대표자 이름으로 나오는 것도 이러한 맥락에서 이해되어야 할 것이다.

김동삼은 일본이 중국 동북지방(만주)을 침략한 '9·18사변(일명 만주사변)' 직후 모종의 협의를 진행하기 위해 하얼빈에 잠입했다가 한인 밀정의 밀고로 1931년 10월 12일 일본영사관 경찰에 체포되어 국내에 압송되었다.[115]

---

111 김동환, 「단군을 배경으로 한 독립운동가 - 경상도, 안동 지역을 중심으로」, 『仙道文化』 11, 국제뇌교육종합대학원대학교 국학연구원, 2011, 131~165쪽.

112 서중석, 『신흥무관학교와 망명자들』, 2001, 214쪽.

113 상세한 내용은 박걸순, 「李源台의 생애와 역사인식」, 『한국근현대사연구』 26, 한국근현대사학회, 2003 참조.

114 김동환, 앞의 논문, 160~165쪽 및 김희곤, 『만주벌 호랑이 김동삼』, 지식산업사, 2009, 138쪽.

115 국사편찬위원회, 「한국사 연표」, 『한국사 데이터베이스』(인터넷, 검색일: 2017년 11월 3일).

그가 경성형무소에 투옥되었을 때 일제 당국이 감시를 위해 촬영한 사진을 보면 그의 고초와 고뇌를 어느 정도 짐작할 수 있다. 3년 사이에 혹독한 옥고를 치르면서 급격히 노쇠한 모습은 보는 이들을 안타깝게 하기에 충분하다(아래 사진 참조).

〈사진 2〉 김동삼 : 1933년 3월 경성(마포)형무소

〈사진 3〉 김동삼: 1936년 1월 경성형무소

(출처: 국사편찬위원회, 「일제감시대상 인물카드」, 『한국사 데이터베이스』)

6. 남만주 독립군 기지 건설과 신흥무관학교의 의미

그동안 학계와 국민 일반이 잘 알지 못했던 『독립신문』 기사를 통해 신민회를 주도했던 안창호의 주도적 기획과 인재양성 전략 방침이 신흥강습소(신흥학교, 신흥무관학교) 설립, 운영에 중요한 영향을 끼친 사실을 알 수 있다. 여기에 이상룡·김동삼 등 안동출신 혁신유림계 인사들의 안동지역에서의 대한협회와 협동학교 운영방침 및 경험 등이 구체적 실천으로 결합되어 1910년대 서간도지역의 독립군기지 건설과 무관학교 운영으로 결실을 맺은 사실을 새롭게 확인하였다. 그리고 양기탁이 안창호에게 보낸 편지를 통해 1916년 경 이 학교와 주변지역 한인 독립운동 세력의 희망찬 모습과 독립군기지 건설, 독립전쟁의 구체적 실천 과정을 검토할 수 있었다. 또 최근 번역 발간된 김대락·이상룡의 일기와 유고를 통해 1910년대 남만주 서간도 지역으로 이주하여 신흥강습소와 관련 단체를 이끌며 고군부투하던 안동출신 유림계열 인사들의 활기찬 활동모습을 간취할 수 있었다. 이상룡·김동삼 등과 관련된 주변인물들, 특히 경북(안동) 출신 주도자들이 다양한 경로를 거쳐 국내외를 연계하며 신흥무관학교 생도를 모집한 사례도 파악할 수 있었다. 이를 통해 이 학교의 교육생 충원과정과 1910년대 한인 이주사, 한중관계의 한 단면도 이해할 수 있다.

한편 신흥무관학교 졸업생인 김학규와 교관 김경천(金擎天, 본명 金光瑞), 대한민국임시정부를 영도하였던 김구 주석·조선총독부 탄압당국의 신흥학교에 대한 인식을 검토한 결과 이 학교가 1919년 전성기 때에는 4곳에 본교와 분교를 두어 2,000여 명의 학생이 있었으며, '독립전쟁'에 적극 대비하고 있었다는 사실을 파악하였다. 이제 신흥무관학교와 여러 관련 단체, 한인들의 민족운동을 중국동북지역, 즉 만주 지역사의 차원에서도 다각적 관점에서 파악할 필요가 있다고 본다. 중국·일본·한국과 러시아, 미국·영국 등 열강과 국제관계의 교차점으로서의 중국 동북지역-남만주-서간도라는 복합적, 학제적 관점에서의 심층적 연구가 절실한 것이다.

김대락·이상룡·김동삼 등 안동 혁신유림계 인사들의 신흥무관학교와 백서농장 등에서의 활동은 생각보다 깊이 연구가 되어있지 않은 실정이다. 물론 기본적 사실은 어느 정도 파악, 정리되어 있지만, 실제로 이들이 구체적으로 언제, 어디서 어떤 생각으로 어떤 활동을 전개했는지 상세히 조사하고 그 의미를 해명할 필요가 있다. 특히 1920년대 중·후반의 통군부나 통의부, 정의부 등에서의 활동과 연계하여 사실을 규명할 필요가 있다. 또 실제로 구체적 활동이 어떻게 이루어졌는지 충분한 검토, 분석이 있어야 하겠다.

김대락·이상룡·김동삼 등 의성 김씨와 고성 이씨 일족, 안동 일대 집단이주민들의 신흥무관학교와 서로군정서, 대한통의부 등 남만주 독립운동 주도단체들에 대한 헌신과 기여는 높이 평가되고 길이 기억, 기념되어야 할 가치가 있다. 신흥무관학교는 물론 아직 규명되지 않은 중국 동북지역 각지의 많은 군사학교와 교육기관에 대해 우리가 지속적으로 관심을 갖고 연구하며 교육하고, 후세에 전할 수 있는 아름다운 이야기로 정리할 필요가 있다. 신흥강습소, 신흥중학교, 신흥무관학교 등 이 학교의 설립 초기부터 폐교되기까지의 일련의 과정을 보면 내외적으로 매우 어려운 여건에서 현지 및 국내 자제, 유지인재(有志人才)의 교육과 항일투쟁을 위한 군사인재의 양성 등 그만한 성과를 낸 것도 대단한 것이었다. 하지만 학교 운영이나 구성원들의 활동, 교육내용, 그 성과와 지원체계 등에 아쉬운 점이 없지 않았다. 한계와 문제점도 있었다. 좀더 엄밀한 분석과 평가가 필요한 시점이기도 하다.

한편 김동삼은 2005년 6월에야 국가보훈처와 독립기념관이 선정하는 '이달의 독립운동가'로 국민들에게 널리 알려질 수 있었다. 독립운동사상의 위상이나 명성에 비해늦은 경우였다. 그는 직접 총칼을 들고 항일무장투쟁의 최전선에 뛰어들지는 않았다. 그러나 그는 직접, 간접적으로 독립운동에 기여하였음은 물론, 만주 이주 한인들의 생활안정과 교육, 자치와 이주행정 등 민정분야에 다방면으로 공헌하였으며, 분열된 독립운동계의 통합과 혁신을 위해 분골쇄신하였다. 그는 확실히 '만주벌의 호랑이'로 상징, 은유될 만한 위인이라고 할 수 있다. 1900년대 초부터 1937년 감옥에서 옥사할 때까지 30여년간 초지일관한 고투와 헌신의 민족운동가의 삶을 살았던 것이다. 그는 1910년대에 서간도지역 주요 단체의 구성원으로서 직접·간접으로 신흥무관학교 설립과 운영에 관여하였다. 그리고 1920년대 이후에는 대한통의부, 정의부, 한국독립당 등에도 주요 간부로 참여하여 남만주 지역 한인 민족운동과 교민들의 자치행정에도 기여하였으며, 독립운동단체들의 분열을 수습하기 위해 적극 노력하였다.

다만 학계에서 대한민국임시정부측과 비교하여 신흥무관학교 주도세력의 만주 독립운동에 대한 인식이나 독자성 문제 등에 대한 연구가 미진한 부분은 향후 극복되어야 할 과제라고 본다. 추후 학계의 활발한 연구와 자료발굴, 연구 및 현창을 통해 1910년대 남만주지역 독립군기지 건설과 각종 단체, 관련 인물들에 대한 새로운 사실과 해석, 그 의미의 반추, 대중화 및 교육 확산 노력이 필요하다. 차제에 안동 및 구미지역, 서울·경기지역(이회영 일가 등) 집단 이주민들의 동향과 관련한 신흥무관학교 및 그와 관련된 단체, 주도 인물들에 대한 비교연구와 학제적 연구도 필요하다.

1920년대 만주지역 무장투쟁은 물론, 1930년대 남만주 지역에서 크게 활동한 조선혁명당과 조선혁명군, 국민부(國民府)의 핵심 간부였던 현익철과 김학규, 이종건 등이 신흥무관학교 출신이었던 점은 시사하는 바 크다. 또 이 학교 교관을 지냈고 1930년대 초 북만주의 한국독립군을 이끌었던 지청천이 대한민국임시정부 산하 한국광복군에 합류하여 총사령관을 맡고, 이범석, 김학규 등이 제2·3지대장을 맡은 사실은 이 학교의 독립운동사상의 의미를 반추하게 한다.

추후 신흥무관학교나 안동 유림의 활동과 관련하여 중국 당안관(檔案館)에 소장된 기록을 발굴, 활용할 수 있다면 새로운 연구가 더욱 촉진될 수 있을 것이다. 최근 중국 당국이 일본 지도층의 우경화 행보와 관련하여 일제침략사 관련 자료나 기록을 공개하기 시작했다는 점은 이 분야 연구에 한층 밝은 전망을 가능케 하고 있다. 앞으로 중국 학계나 국가 기관, 대학, 연구소 등과의 공동연구나 현지 답사, 자료집 발간 등을 추진할 필요가 있다.

제2장
1910년대 중국 동북지역 독립운동 세력의 공화주의·공화제 수용 양상

1. '공화'의 개념과 공화주의 수용

1910~1920년대 초 중국 동북지역(만주)에서 활동한 독립운동 단체들은 상당한 어려움이 있는 상황속에서도 공화주의 이념을 수용하고 공화제에 기반한 근대적 국민국가를 세우려 하였다. 이에 이 지역에 산재한 여러 독립운동 단체들의 조직이념과 규정(규칙), 선언문·선언서, 활동 내용을 분석하여 사회진화론이 영향을 미친 독립전쟁론과 공화주의·공화제에 대한 인식과 수용 양상을 개략적으로 분석, 정리코자 한다.[1]

동아시아에서 '공화(共和)'라는 말은 『사기(史記)』 주(周) 본기(本紀)에 처음 나온다.[2] 중국 주나라의 여왕(厲王)이 기원전 841년 체(彘) 땅으로 달아나 왕이 없는 상황에서 주공(周公)과 소공(召公)이 14년간 협화하여 정치를 잘했다는 의미로 '공화'라는 용어가 쓰였던 것이다.[3] 이 무렵 '공화'는 왕이 없는 때 신하들이 국가를 다스린 것이었기 때문에, 왕정 하에서 '공화'를 말하는

---

1 이 시기 주요 단체는 다음과 같다. ① 남만주(西間島) 지역: 耕學社·新興武官學校·扶民團·西路軍政署·大韓獨立團·大韓獨立軍備團 · 대한국민단 · 통군부 · 통의부 ② 중국 연변(北間島) 지역: 重光團·正義團·北路軍政署·間島國民會·大韓正義軍政司·대한독립군 · 義軍府·新民團·義軍團

2 박찬승, 「공화, 신국가 건설의 등불」, 『한국의 근현대, 개념으로 읽다』, 이경구·박찬승 외, 푸른역사, 2016, 118쪽.

3 위와 같음.

것은 불경 또는 반역의 의미로 받아들여질 수 있는 위험한 용어라고 할 수 있었다. 조선왕조의 광해군 때 이이첨(李爾瞻)이 남이공(南以恭)과 김신국(金藎國) 등과 자신이 서로 협동하고 화합하고 있다면서, 이를 '공화'라고 표현했는데, 이것이 반대파 정적들의 표적이 된 적이 있었다고 한다.[4] '공화'가 전제군주제 체제하에서는 불온한 개념으로 인식되고 있었음을 보여주는 사례라고 하겠다.

한국(조선)에서 서구의 '공화제'라는 용어가 처음 소개된 것은 개항 이후 『한성순보(漢城旬報)』를 통해서였던 것으로 파악된다. 이 신문의 「구미입헌정체(歐美立憲政體)」 기사는 '합중공화(合衆共和)'의 경우에는 군주국처럼 왕위의 세습이 없고, 대통령이 이를 대신하며, 임기에 연한(年限)이 있다고 설명하였다. 또 이 기사는 행정부·입법부·사법부의 3권 분립, 상하 양원의 입법부 등을 소개했다.[5]

한편, 한국사회에서 국가의 정체에 관한 논의는 1905년 이후 입헌군주제론이 대세를 이루었지만, 1910년대 이후에는 '공화대의제론'이 강력히 대두하여 3·1운동 당시에는 공화제론으로 사실상 귀일되었다고 보았다.[6] 특히 나경석이 1924년 3월 『개벽』에 실은 글은 구한말이래 1919년까지의 '공화제'로의 귀일을 잘 보여준다고 할 수 있다.[7] 그는 "조선의 사상계는 3·1운동을 기회삼아 일대 전환했다. (중략) 근대정치의 최고 이상이 공화대의제(共和代議制)인줄 사유한 까닭에 소위 지사들이 국내외에 분주할 때에 지방 열병에 전신이 마비되면서도, 장래 조선의 정체(政體)의 이상에 관하여는

4 박현모, 「일제시대 공화주의와 복벽주의의 대립 - 3·1운동 전후의 왕정복고운동을 중심으로」, 『한국정신문화연구』 106호, 한국정신문화연구원, 2007, 60~61쪽 : 박찬승, 위의 글, 118쪽에서 재인용.

5 박찬승, 위의 글, 118~119쪽.

6 박찬승, 위의 글, 150~151쪽.

7 상세한 내용은 나공민, 「사상의 귀추와 운동의 방향」, 『개벽』 45호(1924년 3월), 개벽사, 41~42쪽 참조.

거의 이론없이 이에 귀일했음으로"[8]라고 하여 3·1운동 이후 공화제가 사실상 주류를 이루게 된 사실을 지적하였다.

따라서 이 글에서는 공화주의나 공화제의 개념을 이러한 범주와 흐름에 맞추어 검토하기로 한다.[9]

2. 신민회의 설립과 명망가들의 남만주 이주

신민회는 1907년 초 미국 캘리포니아주 로스앤젤레스시 남쪽 리버사이드(Riverside)시에서 활동하던 안창호의 발기로 구상되었는데,[10] 「대한신민회 통용장정(大韓新民會通用章程)」은 제2장 1절에서 신민회의 목적을 다음과 같이 규정하고 있다.

> "本會의 목적은 我韓의 부패한 사상과 습관을 혁신하야 국민을 維新케 하며, 衰頹한 發育과 산업을 개량하야 사업을 유신케 하며, 유신한 국민이 통일연합하야 유신한 자유문명국을 성립케 함."[11]

신용하 교수(전 서울대)는 위의 규정과 신민회의 구성, 양기탁의 진술 등을 근거로 이 단체의 궁극적 목적은 국권을 회복하여 자유국가, 자유독립국을 세우고 그 정치체제는 '공화정체'로 하는 것이었다고 해석하였다.[12]

안동의 혁신유림 계열 인사와 그 관련 인물들이 남만주, 특히 서간도 지

---

8 박찬승, 앞의 글, 150~151쪽.

9 1940년대 임시정부의 민주공화주의 등에 대해서는 서희경, 「대한민국임시정부와 민주공화주의: 조소앙의 '균등'이념을 중심으로」, 『대한민국임시정부의 현대사적 성찰』(이화학술원·화정평화재단 21세기평화연구소 공동주최학술회의발표논문집), 2009 참조.

10 이명화, 『중국에서의 안창호의 독립운동 연구(1919 - 1932)』, 홍익대학교 박사학위 논문, 2000, 269쪽. 발기 당시 명칭은 '대한인신민회'였다고 한다(이명화, 269쪽).

11 국사편찬위원회 편, 『한국독립운동사』 1(자료편), 1965, 1028쪽.

12 신용하, 「신민회의 창건과 그 국권회복운동」, 『한국민족 독립운동사연구』, 을유문화사, 1985, 27쪽.

역을 이주·망명 대상지역으로 선정한 것은 '만주'에 대한 특유의 역사·민족의식이 있었고, 전국적 조직인 신민회의 독립군기지 건설과 독립전쟁 방략에 적절히 부응한 요인, 그리고 경북 북부지역의 사회·경제적 요인 등이 크게 작용했다고 볼 수 있다.[13]

특히 주목되는 사실은 1910년대 중국 남만주(서간도) 지역에서 활동한 경학사나 부민단, 신흥강습소, 그리고 이들 단체의 맥을 계승한 서로군정서, 대한독립단, 대한독립군비단, 국민단 등은 이미 공화주의 이념을 지향하고 그러한 방향의 독립운동 기지개척과 독립운동을 추진하고 있었다는 점에서 공화주의 이념을 수용한 대한민국임시정부와 연계될 수 있었다.

아래의 서신은 대한민국임시정부 국무총리로 취임한 이동휘가 1919년 11월 29일에 미국에 있던 임시정부 대통령 이승만에게 보낸 서신이다. 이동휘는 1920년 전후 시기 독립전쟁 주창자로 매우 유명하다. 이 서신을 통해 대통령과 국무총리 등 성립 초기 임시정부 요인들의 정부나 내각, 이념, 임시정부의 통합과 승인을 둘러싼 여러 가지 논의나 갈등 양상을 극복하기 위한 일련의 고민과 당시 상황을 생생하게 파악할 수 있다. 다 아는 바와 같이 임시정부는 '민주공화제'를 표방했지만, 그것을 실천하는 과정은 험난한 것이었다.

또 임시정부는 1920년을 '독립전쟁의 원년'으로 선포하고, 강력한 독립전쟁을 전개하고자 하였다. 임시정부의 이 방침에 적극 호응하여 만주에서 독립군의 '봉오동전투'와 '청산리독립전쟁'이 전개되었다. 적극적 독립전쟁론자 이동휘의 편지를 통해 그 실상의 일부를 검토해 본다. 이동휘는 〈서신2〉 내용에서 독립전쟁론의 소신을 밝히고, 이에 대한 이승만의 입장을 묻고 있다.

① 서신 1

각하(閣下; 여기서는 임시정부 대통령 이승만을 가리킴)여, 나는 각하와 상

13 강윤정, 「신흥무관학교와 안동인」, 2012, 44쪽.

별(相別)하온지 일월(日月; 세월)이 많이 지났나이다. 경앙(敬仰)하는 마음이야 어느 날인들 그칠 수 있으리요마는 태평양이 우리 사이를 간(間)하여 동시에 10년을 해외에 있어 편지로나 대면으로나 모두 막혔었더이다. 상천(上天)이 우리 민족을 도우사 3월 1일이 우리 민족계에 빛나게 됨은 그 감격과 기쁜 생각 어찌다 형언하며 그 흥분하는 직성 어찌 다 춤추며 뛰리이까. 2천만이 모의한 바 없이 이와 같이 철저하게 동일한 독립심은 나는 그 민의(民意) 뿐아니라 그 반드시 천의(天意)인가 하나이다. (중략)

나는 본래 해외에 나온동안 생명을 구차히 보전하기에 일상 국축하여 혹 시베리아 혹 남만주뜰에 방황하여 오직 단순한 결심은 금수강산 옛 형적을 밟으리라 하다가 재주없는 이몸이[不才無似漢]어지러이 허명(虛名)이 세상에 가득하여, 어디서 조직한 정부에는 무슨 별명, 또 어디서 된 기관에는 무슨 명의(名義)라는 밑에, 부재(不才)와 부적(不適)을 자각하고 굳이 사양하다가 천재일회(千載一會)의 이날에 제(弟; 이동휘)의 힘이라도 내지 않는 것 보다는 내어서 희생함이 가하다는 스스로의 결단으로 금일 이 자리에 나와서 시동처럼 자리를 지킵니다.

각하여 나의 시국관은 다 말하려면 가슴이 막히는 점이 한 둘에 그치지 않지마는 그 중에 가장 괴롭고 근심스러워 해결하기 어려운 일은 소위 한성정부(漢城政府)를 승인하느니 또한 개조하느니 이 한 문제 올시다. 승인이라 함은 한성 국민대회에서 조직된 집정관 (執政官) 이하 각원(閣員) 그대로 우리 인민은 봉대(奉戴)하자 함이요, 개조라 함은 그동안 상해에 이미 세웠던 정부에서 내외지 인심 통일을 뜻하여 한성정부 그대로 봉대는 할지라도 형식에는 이미 정부에서 그 각원(閣員)대로 개조하는 모양과 격식을 취함이라 합니다.(밑줄은 필자) [14]

② 서신 2

나는 이 양론에 대하여 집정관 이하 각원이 그 사람이 곧 그 사람인 바에는 격식이 다르다. 이론할 마음은 조금도 없지마는 세상은 요란하고 인문(人文)이 이상하게 진보된 셈인지 이 한 문제에 여간한 논변이 아니 올시다. 나는 이에 다소 고려하다가 만일 나의 취임이 이 문제로 길게 끌면 필경은 결렬되고말 비관(悲觀)이 있겠기에 나는 그만 용감히 결단하고 나왔나이다. 나왔으니 이제부

14 「서신」, 『성재 이동휘 전서』 상, 윤병석 편, 독립기념관 한국독립운동사연구소, 1998년 영인본, 38~41쪽.

터는 책임 소재에 현 정부 면목대로 아름답게 진취하였으면 가장 바라는 바이언마는 아직도 일찍이 승인을 주장하던 일부분은 그냥 불평한다 합니다. 여하간 일이 이미 이에 이른 바에는 우리는 대한민국임시정부의 현행 헌법 하에서 나아갈 뿐이오니, 각하여 혹칭 집정관 혹칭 대통령이라는 한결같지 않은 명의(名義)를 다시는 대통령으로 확정하시고 헌법을 존중히 알으시고 공식상 문서 편지에도 적확한 명의를 표현하시어야 큰 기강이 서며 시정(施政)이 순조로이 행해지리라 사유하나이다.(밑줄은 필자) 인민이야 혹 일부분에서 여하한 원망하는 감정이 있다 할지라도 정부는 체면과 체통을 엄수하여야 명령이 시행되리니, 각하여 이점에 대하여 하루 바삐 확답하시옵소서.

그 다음에 이를 말씀은 우리 정부는 확립한 대정방침(大政方針)이 있어야 되겠나이다. 요사이 대정 방침 안으로 내각 회의를 비롯하여 토의 중인 바 물론 결재되는 대로 각하에게 고하려니와 각하여 각하는 우리 독립이 국제연맹에 대한 요구에 있다 하시나이까, 아니면 최후의 철혈주의(鐵血主義)로 해결되리라 하시나이까. 현명하신 각하여 우리 만대 자손 계획을 위하시어 물론 고견이 계시겠지요마는 나는 아직도 세상이 야심판이요, 더군다나 왜노(倭奴;일본)의 독종이 그리 고맙게 양심대로 우리 독립을 순하게 승인하리라 믿지 아니하므로 어느 때든지 우리는 최후의 일인(一人)이 죽기까지 견고하고 확실한 마음으로 나아가야 독립할 날이 있을까 하나이다.(후략)

대한민국 원년 11월 29일

제(弟) 이 동 휘 배계[15]

〈서신2〉의 밑줄 부분을 보면 이동휘는 이승만의 헌법 준수와 독립운동 방법론(철혈주의–독립전쟁론–와 국제연맹 요구)의 구체화를 요구하고 있는 것을 알 수 있다.

15 위의 책, 41~44쪽. 이 편지는 중국 上海의 대한민국임시정부 국무총리로 취임한 李東輝가 임시정부 대통령으로 피선되고도 미국에서 활약 중이던 李承晩에게 보낸 것이다. 國漢文을 혼용하여 임시정부 공문 용지에 붓으로 쓴 이 편지는 이승만 대통령의 유품과 함께 李仁秀 교수(전 명지대)가 소장하고 있다. 독자의 이해를 돕기 위해서 원고의 내용을 해치지 않는 범위에서 필자가 쉬운 표현으로 바꾸었다.

3. 1910년대 주요 선언서류의 검토

1) '대동단결의 선언' 발표와 그 의미

'대동단결의 선언'은 1917년 7월 해외에서 활약하던 신규식(申圭植)·박용만(朴容萬)·조소앙(趙素昻) 등 14명의 독립운동가들이 중국 상해(上海)에서 모여 임시정부 수립을 제안한 선언서이다.

신규식·조소앙 등 해외에서 활동하던 독립운동가들은 국내외 각지에 산재한 여러 독립운동 단체들을 통합한 최고기구의 조직과 국민주권설에 입각한 통치 필요성을 절감하고, 이를 위한 민족대회의 소집을 제안하는 '대동단결의 선언'과 그러한 대회 소집의 찬동여부를 묻는 '찬동통지서'를 국내외 각지에 발송하였다. 독립운동의 최고 통합조직으로 '임시정부'를 설립코자 한 것인데, 이 선언은 그러한 명분과 논리적 근거를 제시하고 있다.

이 '선언'의 요지는 주권불멸론에 의한 국민주권설의 제창, 주권을 상속받아 국가적 행동을 실천하기 위한 재정·인물·신용 분야 방안 제시, 국가적 행동을 성취하기 위한 통일기관·통일국가·원만한 국가의 달성이라는 3단계 독립론을 제창하고 있는 점이 특징이다.[16]

이 선언의 계획이 당장 실현되지는 못했지만, 『신한민보(新韓民報)』 등을 통해 해외동포 사회에 전파되면서 임시정부 수립의 이론적 토대를 제공하게 되었다. 1919년 3·1운동의 결과, 같은 해 4월 중국 상해에서 대한민국임시정부가 수립되었는데, 이 선언문은 3·1운동이 윌슨의 민족자결주의나 러시아 10월혁명의 영향을 받기에 앞서 우리민족 스스로 대동단결과 최고 통치기구의 설립을 제의한 사실을 증명하고 있다는 점에서 매우 중요한

16 이 선언의 전문은 국민대학교 한국학연구소, 『韓國學論叢』 9, 1987, 153~172쪽 참조. 주요내용은 권태억 외 편, 『자료모음 근현대 한국탐사』, 역사비평사, 1994, 140~144쪽 참조.

가치가 있다.[17]

본 선언문 원본은 도산(島山) 안창호(安昌浩) 소장 유물의 일부로서 미국에 거주하던 안수산 여사(안창호 딸)가 독립기념관에 일괄 기증한 유품의 하나이다. 1917년 1985년 경 발표된 선언서 유형의 문서로서 해외 독립운동 세력의 단결과 임시정부 수립을 제안하고 있다는 점에서 매우 중요한 역사적 가치가 있다.

2) 대한독립선언서 검토

(1) 대한독립선언서 주요 내용 및 특징

대한독립선언서는 1919년 2월(혹은 3월 初) 주로 만주 등 해외에서 활동하고 있던 김교헌(金敎獻) 등 39명의 독립운동 지도자 명의로 중국 길림(吉林)에서 발표된 독립선언서이다.

모필(毛筆, 붓)로 쓴 것을 석판으로 약 4,000부 인쇄했는데, 미주지역의 하와이에서 활동하던 박용만(朴容萬) 등 주로 해외 독립운동가들에게 배포되었다. 이 문서는 미주지역에서 독립기념관에 기증한 것으로, 현재 남아있는 원본문서는 독립기념관 소장 자료 외에는 거의 없을 것으로 추정된다.

이 문서 작성의 주체는 '대한독립의군부(大韓獨立義軍府)'로 파악되는데, 만주지역에서 활동하던 잠정적 항일무장투쟁 단체이다. 다만 조소앙(趙素昻, 본명 趙鏞殷)은 회고록에서 1919년 2월 자신이 이 선언서를 기초했다고 밝혔다.

이 선언서는 제목, 본문, 발표날짜, 서명자 등 네부분으로 구성되어 있다. 본문은 35행으로, 모두 1,273자이다. 주요 내용을 보면 ①내외에 독

17 조동걸, 「임시정부 수립을 위한 1917년의 '대동단결선언'」, 『한국학논총』 9, 국민대학교 한국학연구소, 1987참조.

립 선언, ②일본의 죄악 규탄, ③독립의 역사적 의의를 규정, ④독립운동의 방침 또는 방법 천명 등으로 이루어졌다.

특히 주목되는 내용은 "일체의 방편[一切方便]으로 군국전제(君國專制)를 삭제하여 민족 평등을 세계에 널리 베풀[普施]지니 이는 우리 독립의 제일의 뜻[第逸意]이요"라고 밝히고 있는 부분이다. 바로 공화주의 이념을 주창하고 있는 것이라고 해석할 수 있다.

이 선언서는 소위 '한일합병'의 무효를 선언하고, 일본을 응징해야 할 적으로 규정하고 있으며, 독립군의 총궐기와 한민족 전체의 '육탄혈전(肉彈血戰)'을 촉구하고 있다는 점이 특징이다. 또 본문의 끝 문단 첫부분에서 '단군대황조(檀君大皇祖)'라고 밝히고 있는 사실을 보면, 이 선언서 작성의 주체들은 대종교와 깊은 관련을 맺고 있던 것으로 판단된다.이 선언서는 1919년 2월 말~3월 초 국외 독립운동 지도자들의 사고와 정서가 잘 반영된 중요문서라 할 수 있다. 또 3·1운동 시기에 발표된 여러 독립선언서 가운데 해외 무장독립운동 세력의 입장을 대변하고 있다는 점에서 중요한 역사적 가치가 있다.[18] 특히 본 선언서는 1919년 3·1운동 전후시기에 발표된 독립선언서 유형의 문서로서 만주(중국동북지역) 무장독립운동 세력의 '독립전쟁론' 입장을 강력히 대변하고 있다는 점에서 중요한 가치가 있다.

이 선언서는 1919년 3·1운동 시기에 발표되었다는 점, 항일무장투쟁의 사상적·인적 배경으로 대종교와 그 계열 인사들이 크게 작용한 점[19], 이른바 혈전주의'를 내세운 점, 일본 동경(東京)의 2·8독립선언이나 국내 3·1

---

18 송우혜, 「대한독립선언서(세칭 무오독립선언서)의 실체 : 발표시기의 규명과 내용 분석」, 『역사비평』 창간호, 1988; 김기승, 「대한독립선언서의 사상적 구조」, 『한국민족운동사연구』 22, 1999 참조.

19 최근 신운용과 이숙화는 이 선언서가 1919년 2월 말, 늦어도 3월 2일까지는 발표되었다는 주장을 제기하였다. 따라서 '무오독립선언서'라는 명칭은 부적합하다고 보았다. 상세한 내용은 신운용, 「'대한독립선언서'의 발표시기와 서명자에 대한 분석」, 『국학연구』 22, 국학연구소, 2018; 이숙화, 「대한독립선언서 쟁점의 재론과 대종교와의 관련성」, 『단군학연구』 41, 단군학회, 2019 참조.

독립선언 등과 관련이 있다는 점 등에서 매우 큰 의미가 있다 하겠다.

(2) 선언서의 주요 내용

이 선언서의 주요 내용을 간략히 검토하기로 한다. 특히 밑줄친 부분은 독립의 제1목표가 공화제 정체의 수립이라고 해석할 수 있는 부분이라고 판단된다.

> 우리 대한 동족 남매와 온 세계 우방 동포여!
>
> 우리 대한은 완전한 자주독립과 신성한 평등복리로 우리 자손 여민(黎民: 백성)에 대대로 전하게 하기 위하여, 여기 이민족 전제의 학대와 억압을 해탈하고 대한 민주의 자립을 선포하노라.(중략)
>
> 십년 무력과 재앙의 작란(作亂)이 여기서 극에 이르므로 하늘이 그들의 더러운 덕을 꺼리시어 우리에게 좋은 기회를 주실 새, 우리들은 하늘에 순종하고 인도에 응하여 대한독립을 선포하는 동시에 그들의 합병하던 죄악을 선포하고 징계하니,
>
> 1. 일본의 합방 동기는 그들의 소위 범(汎)일본주의를 아시아에서 실행함이니, 이는 동아시 아의 적이요,
>
> 2. 일본의 합방 수단은 사기강박과 불법무도와 무력폭행을 구비하였으니, 이는 국제법규의 악마이며,
>
> 3. 일본의 합병 결과는 군경의 야만적 힘과 경제의 압박으로 종족을 마멸하며, 종교를 억 압하고 핍박하며, 교육을 제한하여 세계 문화를 저지하고 장애하였으니 이는 인류의 적 이라,
>
> 그러므로 하늘의 뜻과 사람의 도리[天意人道]와 정의법리(正義法理)에 비추어 만국의 입증으로 합방 무효를 선포하며, 그들의 죄악을 응징하며 우리의 권리를 회복하노라. (중략)
>
> 아 우리 대중이여, 공의로 독립한 자는 공의로써 진행할지라, 일체의 방편[一切方便]으로 군국전제를 삭제하여 민족 평등을 세계에 널리 베풀[普施]지니 이는 우리 독립의 제일의 뜻[第逸意]이요, 무력 겸병(武力兼併)을 근절하여 평등한 천하[平均天下]의 공도(公道)로 진행할지니 이는 우리 독립의 본령이요, 밀약사전(密約私戰)을 엄금하고 대동평화를 선전(宣傳)할지니 이는 우리 복국

의 사명이요, 동등한 권리와 부[同權同富]를 모든 동포[一切同胞]에게 베풀며 남녀빈부를 고르게 다스리며, 등현등수(等賢等壽)로 지우노유(知愚老幼)에게 균등[均]하게 하여 사해인류(四海人類)를 포용[度]할 것이니(밑줄은 필자) 이것이 우리 건국[立國]의 기치(旗幟)요, 나아가 국제불의(國際不義)를 감독하고 우주의 진선미를 체현(體現)할 것이니 이는 우리 대한민족의 시세에 응하고 부활[應時復活]하는 궁극의 의의[究竟義]니라.(중략)

아 우리 마음이 같고 도덕이 같은 2천만 형제자매여! 국민본령(國民本領)을 자각한 독립임을 기억할 것이며, 동양평화를 보장하고 인류평등을 실시하기 위한 자립인 것을 명심할 것이며, 황천의 명령을 크게 받들어(祇奉) 일절(一切) 사망(邪網)에서 해탈하는 건국인 것을 확신하여, 육탄혈전(肉彈血戰)으로 독립을 완성할지어다.

건국기원 4252년 2월 일

金敎獻·金奎植·金東三·金躍淵·金佐鎭·金學滿·呂準·柳東說·李光·李大爲·李東寧·李東輝·李範允·李奉雨·李相龍·李世永·李承晩·李始榮·李鍾倬·李拓·文昌範·朴性泰·朴容萬·朴殷植·朴贊翼·孫一民·申檉·申采浩·安定根·安昌浩·任邦·尹世復·趙鏞殷·曺煜·鄭在寬·崔炳學·韓興·許爀·黃尙奎[20]

(3) 용정 3·13운동과 '독립선언포고문'

3.1운동은 국내에서만 전개된 것이 아니라, 다수의 한인 동포들이 거주하고 있던 중국 동북지역까지 확산되었다. 특히 1919년 3월 13일 북간도(현재의 중국 연변지역) 용정(龍井)에서 벌어진 만세 시위운동에는 2만여 명의 많은 동포들이 참여하여 조국의 독립과 민족의 해방을 위한 항일투쟁을 전개하였다. 이 과정에서 일제의 사주를 받은 중국 지방관헌들이 발포로 13명이 사망하고 30여 명이 부상하는 큰 희생을 치렀다. 현재 연변 학계에서는 이를 "3·13반일시위운동" 또는 '3·13반일군중운동'이라 부르고 있다.

연변 3·13 운동 당시 김약연 등 17명의 '재남북만주(在南北滿洲) 조선민족

20 국사편찬위원회, 『한국독립운동사』 3, 1968, 562~564쪽; 이종범·최원규 편, 『자료 한국근현대사입문』, 혜안, 1995, 223~224쪽에서 재인용.

대표' 명의로 발표된 「조선독립선언서 포고문」의 의미와 그 시사점을 좀더 확실하게 강조할 필요가 있다. 윤병석 교수는 이 문서가 연해주를 연계하며 3·13운동을 주도한 김약연 등이 북간도(연변)를 중심으로 '남북만주 조선민족 대표'를 자임함으로써 이제 운동의 중심에 서겠다는 의사를 표명한 것으로 해석했다.[21] 그리고 '3·13독립축하회' 개최 이후 열강의 지원을 받기 위해 파리강화회의 대표 파견과 지원, 또한 결사대를 조직하여 국내로 진입한 다음 독립을 요구하는 두가지 독립운동 방략을 모색한 것으로 보았다.

특히 3·13운동시 독립을 선언하고, '독립축하회'를 개최했으므로, 이제는 독립정부를 세워야 하겠다, 그런데 그 정부의 형태는 전제군주제나 입헌군주제가 아닌 공화제 정부여야 한다. 따라서 임시정부와 같은 공화주의 정부여야 한다는 논리와 주장이 이를 계기로 널리 전파, 확산되었다.

이러한 사실은 용정(龍井)의 3·13항일시위운동에 동참했던 2만여 명의 군중들을 탄압한 중국 당국의보고문서를 통해서도 살펴볼 수 있다. 중국 당국은 "3월 13일 6도구(六道溝) 2만여 군중 해산 이후 각현(縣) 각부(埠)에 엄히 사찰, 금지하라는 급령을 내려 다시 많은 인원이 모이지 못하게 하였다. 그러나 그 간민(墾民)들의 조수(潮水)와 같은 광열(狂熱)은 막을 수 없는 형세이다"[22]라고 한인들의 뜨거운 열기를 상부에 보고했던 것이다. 3월 13일 정오 독립선언서 낭독 이후 독립축하의 취지 설명이 끝나자, '조선독립' 만세 소리가 천지를 진동했고, "군중은 기뻐서 흐느끼고(喜而泣), 흐느끼면서 뛰며(泣而蹈) 태극기를 흔들었다"고도[23] 한다. 이처럼 대단한 한인들의 지성(至誠)에 감탄하지 않을 수 없는데, 이들이 독립 후의 정부형태로 이미 망

---

21 윤병석, 「북간도 용정 3·13운동과 '조선독립선언서 포고문'」, 『史學志』 31집, 1998, 단국사학회, 467~469쪽.

22 「中華民國 外交檔案」 1919년 5월 16일 吉林省長 密咨 제39호; 윤병석, 위의 논문, 463쪽에서 재인용.

23 윤병석, 위의 논문, 464쪽.

해버린 고국의 구 황제가 통치하는 형태의 정부를 생각했다고 보기는 어렵다. 그 근거는 3·13 항일시위운동 현장에 뿌려진 '독립선언포고문'을 통해 확인할 수 있다.

독립기념관에 소장된 이 자료는 1980년대 중반 독립기념관의 일본지역 자료수집 위원으로 위촉되었던 강덕상(姜德相) 선생이 일본에서 수집한 것이다. 3·13 시위운동 때 발표한 선언서는 서울에서 발표되었던 독립선언서와 유사한 내용을 표방하고 있다. 그러나 평등을 강조한 것으로 판단되며 지나치게 낙관적 정세인식을 보여주는 것은 한계로 지적할 수 있을 것으로 보인다.

(4) 「독립선언포고문」 내용과 김정규 일기

이 독립선언서의 전문을 다음과 같이 소개한다. 다만 원문을 손상하지 않는 범위 안에서 필자가 알기 쉽게 약간 수정하였음을 밝혀둔다.

> 우리 조선민족은 민족의 독립을 선언하노라. 민족의 자유를 선언하노라. 민족의 정의(正義) 를 선언하노라. 민족의 인도(人道)를 선언하노라.
>
> 우리는 사천년 역사의 방국(邦國)이오, 우리는 이천만 신성한 민족이었노라. 그런데 (일본이) 우리 역사를 모두 없애고 우리 민족을 파타(破打)하여 기반(羈絆: 온갖 굴레)하에 신음케 하며 농락(籠絡:남을 꾀로 속여 제마음대로 놀림)중에 고통케함이 어언 십개 성상(星霜)을 지났도다. 이는 강린(强隣: 강한 이웃)의 무정이라 할 수도 없고, 학정(虐政)이라 할 수도 없겠다. (이는 일제의) 침략주의적 구시대의 사용방법이었고 스스로 놀라 위축된 약소 민족인 우리민족이 스스로 취한 화(禍)의 원천이다. 누구를 원망하며 누구를 탓하시오. 그러나 지사의 눈물은 동해에 흘렀고, 어리석은 백성의 한(恨)은 푸른 하늘에 미쳤다. 임금이 듣는 것이 백성이 듣는 것으로 변하고 임금이 보는 것이 백성이 듣는 것으로 변하여 세계의 기운이 크게 변하고, 인도(人道)가 다시 새로워 질 때 정의의 새벽종은 큰거리에 진명(震鳴; 크게 울림)하고 자유의 순조로운 향해는 바로 앞의 나루에 다가왔다. 강국(强國)의 비행기와 잠수함은 양해(洋海)에 침몰하고 약자의 높이 든 의기(義旗)는 춘풍에 휘날리는구나.

우리는 천민(天民 : 선택된 백성)의 일인(一人)이요, 약자의 일인이라. 이제 천명을 승순(承順)하고 인심을 합응(合應)하여 이천만 민중의 한 입으로 일제히 외쳐 자유를 청하는 노래를 부르며, 두 손을 굳게 잡아 평등의 대도(大道)로 나아가는 바이로다. 이에 따라 동양문명의 수뇌되고 동양평화의 간성(干城)이 되는 선진국은 현세(現勢)의 변천을 회고하여 맹성(猛省)·개오(改悟)할 터이며, 우리의 성의를 잘 헤아려 묵인·특허(特許)하리로다.

이에 우리의 수부(首府)되는 경성(京城)에서 독립기를 먼저 듦에 사방이 크게 움직여 반동강산은 초목금수(草木禽獸)가 모두 향응공명(響應共鳴)할 때 우리 간도거류 팔십만 민족도 혈맥(血脈)을 원속(遠續 : 멀리 이음)하며 성기(聲氣 : 목소리와 기운)를 상통하여 황천(皇天 : 하느님)의 명소(命召:부름심)에 감열(感悅 : 감격하여 기뻐함)하여 인류의 계급에 동등(同等)하는 바이니라.

공약(公約) 삼장(三章)

一.오인(吾人)의 차거(此擧)는 정의·인도·생존·존영을 위하는 민족적 요구인즉 배타적 감정 으로 광분(狂奔)치 말라.

一.최후의 일인까지 최후의 일각까지 민족의 정당의사를 발표하라.

一.일체의 행동은 가장 질서를 존중하여 오인(吾人)의 주장과 태도로 하여금 어디까지든지 광명정대케 하라.

조선건국 사천이백오십이년 삼월 십삼일
간도(墾島)거류 조선민족 일동[24]

이 포고문의 밑줄친 부분이 매우 주목된다. 임금 대신에 백성이 주인되는 '세계의 기운'을 언급하며, 인도·정의·자유가 가능한 세상, 강국과 약자가 뒤바뀌는 새로운 세계의 도래를 전망하고 있는 것이다. 이는 '민주'와 '공화제'를 상정하는 단초로 추정할 수 있다고 본다.

24 「독립선언포고문」, 『월간 독립기념관』, 1998년 3월호 참조.

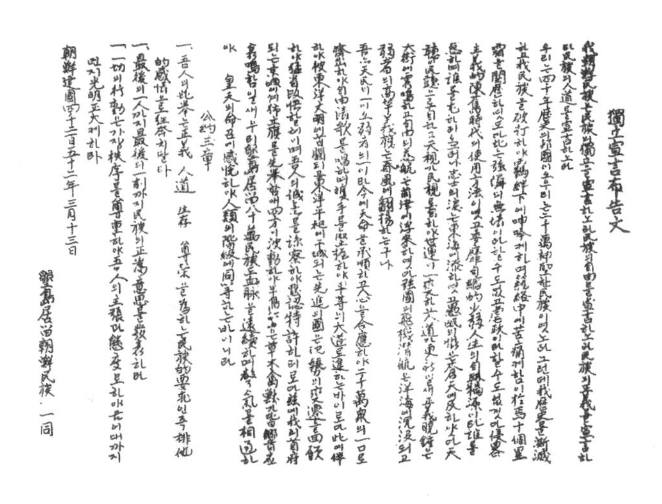
獨立宣言布告文

朝鮮建國四千二百五十二年三月十三日

間島居留朝鮮民族 一同

1919년 3월 13일 용정 서전대야에 배포된 「독립선언포고문」

한편 3·13시위운동에 참가하였던 아들로부터 이 독립운동의 진상을 전해들은 연변의 재야 사학자 김정규(金鼎奎)는 그의 일기에서 당시의 상황을 다음과 같이 생생하게 기록하였다.

> “이 날은 간도의 한민족이 용정(龍井)에 모여 독립을 부르는 날이라. (쌍포동) 마을에서도 가는 사람이 10여 명이 되었다. 나는 부친상 중이므로 감히 갈 수 없어 아들 기봉(奇鳳)에게 태극기 하나를 주어 보냈다. 이 날, 이 날, 이 날, 과연 옛 것이 광복되는 날이냐? 사람마다 이렇게도 화색(和色)이 짙은가? 저녁때 들으니 사방에서 사람들이 소식을 듣고 모여 인산인해(人山人海)를 이루었다고 한다. 정오 종소리에 맞추어 용정 부근에 조선독립기를 세우고 사람마다 태극기를 들고, 먼저 조선독립 만세를 부르고 이어 독립을 선언하였다. 깃발은 해를 가리고 함성이 진뢰(震雷)와 같았다. 이를 본 왜인(倭人)의 얼굴색이 잿빛으로 변했다는 것이다.”[25]

25 金鼎奎, 『野史』(『龍淵 金鼎奎日記』), 독립기념관 한국독립운동사연구소 1991년 영인본.

이를 통해 중국 연변지역 한인들의 독립열기와 향후 독립될 이상적 국가의 모델을 추정해 볼 수 있다. '공화제'를 의식한 용정 3·13시위 당시의 '독립선언 포고문' 내용과 달리 전통적 성리학 사상을 고수하고 있던 재야 유생이자 사학자(의원 겸업) 김정규는 이날의 시위를 "옛 것을 되찾는 광복되는 날"로 인식하고 있음을 알 수 있다. 김정규가 '광복되는 날'을 어떻게 인식했는 지는 정확히 알 수 없지만, 군주가 없는 민주공화제보다는 군주가 통치하는 전제군주제로의 복귀를 꿈꾸었을 가능성이 컸다고 본다. 따라서 1919년 전후 해외 한인사회는 아직 다양한 상황인식과 미래전망이 혼재했음을 파악할 수 있다.

(5) 대한독립군의 유고문

1900년대 초~1920년대 전반기 항일무장투쟁을 대표하는 명장인 홍범도가 1919년 12월 발표한 '유고문(喩告文)'은 만주 독립운동 세력과 대한민국임시정부의 관계를 잘 보여주는 자료라고할 수 있다.

이 유고문은 북간도 지역 동포들에게 선포한 것이다. 이 자료는 전 일본 시가 현립(縣立)대학 강덕상(姜德相) 교수가 독립기념관의 전신 '독립기념관 건립추진위원회' 자료수집위원으로 위촉되었던 1986년 10월 일본에서 일괄수집한 것 가운데 하나이다. 크기는 35.3㎝에 세로 22.4㎝이고 한 장으로 된 전단이다.

독립운동 단체에서 발행했거나 저명한 독립운동가들이 직접 작성한 격문 및 선언서, 전단, 팜플렛 등의 내용은 매우 다양하며 이중 상당수를 우리가 찾아볼 수 있다. 그러나 이 가운데 적지 않은 종류의 것들이 일제 관헌들의 비밀보고 및 첩보기록이나 재판 판결문, 신문류 따위에 수록되어 간접적으로 알려지고 있는 반면, 그 원본류는 희소한 것이 현실이다. 이러한 실정에서 1920년대의 대표적 항일무장투쟁가라 할 수 있는 홍범도 장군과 그의 참모들이 1919년 12월 직접 작성하여 고시·배포한 유고문이 원본의 형태로 남아 있다는 사실은 퍽 다행한 경우라고 하겠다.

홍범도 장군은 1900년대 초반 주로 함경도 지방에서 포수들이 주축이 된 의병부대를 이끌고 일제와 치열한 의병항쟁을 벌였다. 그러나 일제의 탄압과 탄약의 고갈 등 어려움이 가중되자 1908년 말에는 중국을 거쳐 러시아의 연해주 지방으로 망명하였다. 그는 1910년대에는 연해주 지방과 동·북만 지방을 왕래하며 재기할 기회를 노리고 있다가 국내에서 3·1운동이 활발히 전개되자, 이에 고무되어 1919년 8월경 100여 명의 부대원을 이끌고 북간도로 이동하였다. 이때 그의 휘하 부대는 잠시 '대한독립군'으로 불리게 되었다. 대한독립군은 연해주의 대한민국의회(大韓國民議會)와 이 조직의 간도지부, 이동휘(李東輝) 등과 연계하여 비로소 북간도 동포들의 보호 및 마적소탕, 일제와의 결전 등에 매진할 수 있었다.[26]

홍범도는 이동휘와 매우 밀접한 관계를 유지했으며, 독립운동의 방법론 가운데서도 이동휘와 함께 무장투쟁론을 대변하는 인물로 정평이 나있다. 이러한 사실은 아래의 유고문을 통해서도 확인 할 수 있다. 즉 그는 이 글을 통해 온건한 형태의 독립운동 방법론과 외교론 등을 비판하고 독립 전쟁론을 강력하게 주장하고 있다.

그러나 그는 여기에서 일제와 결전을 벌여 독립전쟁을 수행하고 싶었지만, 임시정부의 선전포고를 기다리고 있기 때문에 함부로 출전하지 않고 있다는 사실을 밝혀 임시정부를 봉대하는 입장을 분명히 밝혔다. 이는 이동휘가 임시정부의 국무총리로 재직하고 임시정부가 좌·우 연대의 통합 조직적 성격을 띠고 있던 사정과 무관하지 않다고 판단된다. 실제로 식민지 '조선'

26 장세윤, 『봉오동·청산리전투의 영웅 홍범도』, 역사공간, 2017, 132~133쪽.

주둔 일본군인 조선군 참모부' 정보에 따르면 홍범도는 1919년 9월 상해 임시정부에 국내 진입작전을 개시하겠다고 통보했다가 국무총리 대리를 맡고있던 안창호로부터 아직은 시기상조이니 11월까지 기다리라는 연락을 받았다고 한다.[27]

이 유고문의 내용은 임시정부의 기관지라 할 수 있는『독립신문(獨立新聞)』 1920년 1월 13일자에도 실려 있다. 이 신문에는 '노령주둔' 문구가 빠지고 홍범도가 '대한독립군 의용대장(義勇隊長)'의 직책으로, 나머지 두 사람이 참모가 아닌 '동원(同員)'으로 수정되어 있다. 이 유고문에 참모로 나오는 이병채는 전남 고흥의 백일도(白日島) 출신으로 허위(許蔿) 및 민용호(閔龍鎬) 의병장과 함께 의병항쟁을 주도한 인물이며, 고흥 일대의 3·1운동에도 참가한 인물이다.

이하에서 이 글의 전문을 소개한다. 원문을 가능하면 그대로 살리는 범위 안에서 현대어법에 맞게 약간 수정했음을 밝힌다.

> "천도(天道)가 순환하고 민심이 응합하여 우리 대한의 독립을 세계에 선포한 후 위로 임시정부가 있어 군국대사(軍國大事)를 주도하며(밑줄은 필자), 아래로 민중이 단결하여 만세를 제창할 새 이제야 우리의 공전절후(空前絶後 : 유일)한 독립군이 출동되었도다. 슬프다! (일제의) 강권지하(强權之下)에 오직 정의·인도만 주창함도 불가능한 일이요, 무권지민(無權之民)으로 한갓 평화회(平和會)와 연맹회(聯盟會)만 의뢰함도 역시 불가능한 일이 아니뇨? 그러므로 혹은 가산(家産)을 처분하여 혹은 고금(雇金 : 품삯)을 얻어 무기를 준비함은 (적과의) 배성일전(背城一戰 : 최후의 결전)에 (적의) 성하지맹(城下之盟 : 굴욕적 강화)을 기약코자 함이나, 오히려 함부로 움직이지 못함은 오직 (임시)정부가 광명정대히 선전(宣戰)함을 기다림이라. 이제 전설을 들은즉 간도방면에서 무뢰배가 기회를 타서 혹은 인장을 자의로 조각하여 독립군을 빙자하고 민간에 강

27 위의 책, 139쪽 및 이명화, 앞의 박사학위 논문, 277~278쪽.

제 모연(募捐: 모금)도 하며, 혹은 군복을 가장하며 무기를 휴대하고 각 동리에서 (일으키는) 시위적 작란(作亂)이 비일비재(非一非再)라 하니 민심이 소요(騷擾) 할 것은 물론이오, 장차 외모(外侮: 외부에서 받는 모욕)가 멀지 않을지라. 당당한 독립군으로 몸을 (적의) 탄연포우(彈烟砲雨) 중에 던져 써 반만년 역사를 광영(光榮)케하며, 국토를 회복하여 써 자손만대에 행복을 주는 것이 우리 독립군의 목적이오, 또한 민족을 위하는 본의(本義)라. 어찌 한 지방의 소단체에 치우쳐 군중의 풍기를 문란케 하리오. 본 참모부는 이를 통탄·근신하고 조사하여 이에 유고(喻告)하오니, 지금 이후로는 이와같은 이매망량지도(도깨비 같은 못된 무리)가 촌려(村閭 : 시골에 있는 마을)에 출몰하거든 해당 동리가 엄히 징계하여 다스리되, 만약 세력이 부족할 때는 즉시 본부(本部)에 보고하여 군율로 처치하기를 (바라니) 일반 국민은 근신 심득할 지어다.

대한민국 원년 12월 일
노령(露領) 주둔 대한독립군
대장(大將) 홍범도(洪範圖) 인(印)
참모 박경철(朴景喆) 인
이병채(李秉埰) 인

홍범도는 이 유고문에서 중국 상해에서 활동하고 있던 대한민국임시정부를 받들고, 이 조직의 명령에 따라 독립군 부대를 운용하고 있음을 널리 알리고 있다. 이는 북간도(중국 연변) 지역에서 큰 세력을 형성하고 있던 대한독립군 부대가 임시정부의 이념에 동조하고, 이 조직이 지시하는 방침을 준수하며, 다른 단체와 동포들에게 자신들의 지시와 활동방침을 따르라고 공개적으로 선언하고 있다는 점에서 매우 시사하는 바가 크다고 하겠다.

4. 중국 동북지역 주요 독립운동 단체의 공화주의·공화제 수용 양상

1) 대한군정서(북로군정서)

중국 연변(북간도)지역에서 편성된 여러 독립군 부대 가운데 가장 주목되는 단체는 대한군정서(大韓軍政署, 일명 북로군정서)이다. 대한군정서는 1910년 직후 조직된 대종교의 중광단(重光團)이 발전한 것이다. 연변 일대에서 활동하던 서일(徐一) 등의 대종교 계통 인사들은 1910년 전후 시기에 '북천지계(北遷之計)'에 따라 두만강을 건넌 항일의병들을 규합하여 1911년 3월에 왕청현(汪淸縣)에서 독립운동 단체인 중광단을 조직하였다.

중광단은 1919년 국내에서 일어난 3·1운동을 계기로 '독립전쟁'을 표방하며 중국동북 일대의 대종교 신도와 북상한 의병 및 공교회원(孔敎會員) 등을 규합하여 정의단(正義團)으로 확대 발전하였다. 독립군적 조직을 갖춘 정의단은 1919년 8월 군정회(軍政會)로 다시 명칭을 변경하고 왕청현 춘명향(春明鄕) 서대파(西大坡)에 본영을 두었다. 이어 군정회는 같은 해 10월 군정부로, 그리고 12월에는 상해(上海) 대한민국임시정부의 지시에 따르기로 하고, 임시정부 「국무원령」 205호에 의해 대한군정서로 다시 명칭을 바꾸어 임시정부를 봉대하는 모양세를 갖추었다. 대한군정서는 남만주(서간도) 지역에서 이상룡·지청천(池靑天) 등의 주도로 편성된 '서로군정서'와 구분하기 위하여 '북로군정서'로 불리웠다.

대한군정서에서는 김좌진(金佐鎭)과 같은 유능한 지휘관을 군사령관으로 맞이하고, 사관연성소(士官練成所)까지 설치하여 독립군 장교 양성에 전력하였다. 일본측 정보기관은 대한군정서가 청산리전투 직전인 1920년 8월 중순 현재 독립군 약 1,200명에 소총 1,200정, 탄약 24만 발, 권총 150정, 수류탄 780발, 기관총 7정 등 막강한 전력를 보유한 것으로 파악하였다.[28]

대한군정서는 중광단 시절부터 근거지로 삼아온 왕청현 춘명향 유수천(楡樹川, 德源里)에다 총본부격인 총재부를 두었으며, 춘명향 서대파(十里坪)에는 군사령부를 두었다. 청산리전투 직전의 핵심 간부진을 보면 서일이 총재,

---

28 국가보훈처, 『獨立軍團名簿』, 1997, 20쪽.

현천묵(玄天黙)이 부총재를 맡았으며, 그 휘하에 서무부장 임도준(任度準), 재무부장 계화(桂和), 참모부장 이장녕(李章寧) 등이 있었다.[29]

2) 남만주지역 독립운동 단체의 형성과 공화주의

(1) 서로군정서-신민회 계열의 독립운동 단체 및 독립군 조직

남만주지역에서도 중국 연변지역과 마찬가지로 3·1운동 직후부터 여러 독립군 부대가 조직되어 독립전쟁을 표방하고 활동하였다. 그 가운데 대표적 독립군 조직으로 서로군정서(西路軍政署)를 들 수 있다. 서로군정서는 1910년 대한제국 멸망 직후 남만주(서간도)지역에서 결성된 주요 한인 결사였던 부민단(扶民團)이 3·1운동 직후 확대 개편된 한족회(韓族會)를 모체로 한 것이다.

1910년 8월 이후 남만주 유하현(柳河縣)과 통화현(通化縣)을 중심으로 한인들의 자치를 신장하는 한편, 신흥학교를 설립하는 등 무장투쟁을 준비하던 부민단은 제1차 세계대전 종결과 3·1운동을 계기로 변화된 국내외적 상황에 적극 부응하기 위해 조직을 대대적으로 확대 개편하였다. 이들은 1919년 3월 13일 한족회를 결성하였다. 한족회의 중앙총장은 이탁(李沰)이 맡았으며, 기관지로 『한족신보(韓族新報)』를 발간하였다. 국내외에서 전개되는 모든 독립운동을 지도 통제할 중앙정부의 건립에 최고목표를 두었던 한족회는 우선 일본과 독립전쟁을 수행할 주체로서 군정부 건립에 착수하였다.[30]

그러나 1919년 4월 독립운동의 최고기관으로 중국 상해에 대한민국임시

---

29 박민영, 「독립군의 편성과 독립전쟁」, 『신편 한국사』 48(임시정부의 편성과 독립전쟁), 국사편찬위원회, 2002, 201~202쪽.

30 박민영, 위의 책, 207쪽.

정부가 수립되었기 때문에, 한족회는 그 산하에서 군정부의 역할을 맡기로 하고 서로군정서로 명칭을 변경하였다.[31] 서로군정서의 최고 책임자인 독판에는 이상룡이 선임되었으며, 그 아래에 부독판 여준(呂準), 정무청장 이탁(李沰), 참모부장 김동삼, 사령관 지청천등이 간부진을 구성하였다.

서로군정서는 1919년 5월 '신흥학교'를 '신흥무관학교'로 바꾸고 독립군 간부 양성에 주력하였다.[32] 신흥무관학교는 통화현 합니하에 본교를, 그리고 통화현 쾌대무자(快大帽子, 또는 快大茂子)와 유하현 고산자(孤山子) 등지에 분교를 두었다. 초대 교장은 이세영(李世榮)이었으며 연성대장은 지청천이 맡았고, 교관으로는 오광선(吳光鮮)·신팔균(申八均)·이범석(李範奭)·김경천(金擎天) 등이 있었다. 교육반 편성은 하사반과 장교 및 특별훈련반으로 나누어 하사관 3개월, 장교 6개월, 일반 사병 1개월 과정으로 이루어졌다, 1919년 11월까지 3천 5백여 명(일설에는 2천여 명)의 독립군을 양성하였다. 이를 기반으로 정예 독립군부대를 편성한 서로군정서는 압록강 대안의 강계·삭주 등지에서 국내진입작전을 전개하는 등 본격적인 대일항전을 전개하였다.[33]

(2) 대한독립단

대한독립단은 평안도 지방에서 활동하다 북상한 의병 계열인 박장호(朴長浩)·조맹선(趙孟善)·백삼규(白三奎)·전덕원(全德元) 등이 1919년 4월 조직한 독립군 부대이다. 본부는 남만주 유하현 삼원포 서구(西溝) 대화사(大花斜)에 두었으며, 1910년 국망 직후 의병 계열의 망명지사들이 조직하였던 보약사(保約社)·향약계(鄕約契)·농무계(農務契) 등을 통합 확대한 것이다. 대한독

31 『獨立新聞』, 1920년 4월 22일, 「大韓軍政署略史」 참조.

32 다만 아쉽게도 대외적으로, 공식적으로는 '무관학교'를 표방하지 못했다.

33 윤병석 외, 「북간도 독립군의 편성」, 『중국동북지역 한국독립운동사』, 집문당, 1997, 242·276쪽.

립단의 대표인 도총재에는 박장호, 부총재에는 백삼규가 선임되었으며, 그 아래에 자의부장(咨議部長) 박치익(朴治翼), 총참모 조병준(趙秉準), 총단장 조맹선 등이 핵심간부로 활동하였다.

대한독립단은 중앙본부 외에도 남만주 지역과 국내 각지에도 많은 지단과 지부를 두고, 군인징모와 군자금 모집활동을 벌여 전력을 강화하는 한편, 수시로 압록강 대안의 국내로 잠입하여 조선총독부 군경과 교전을 벌였다.[34]

대한독립단은 1919년 5월까지 세력 확장을 위해 군자금 모집과 군인징모 활동에 전력을 기울였다. 그 결과 이 시기 동안 6~7백명의 장정과 3만원의 군자금을 모집할 수 있었다. 수집된 군자금은 무기 구입에 사용되었으며, 모여든 장정들은 북만주로 보내 군사훈련을 받게 하였다. 다소 과장된 기록으로 보이지만, 그 뒤에도 장정들이 계속 모여들어 1919년 8월까지 그 수가 1,500명에 달하였다는 기록이 있다.[35]

그러나 대한독립단은 1919년 말 연호 사용문제를 계기로 이념과 노선에 따라 조직이 양분되기에 이르렀다. '단기(檀紀)' 또는 '융희(隆熙)' 사용을 주장하는 복벽주의(復辟主義) 세력과 대한민국임시정부의 연호인 '민국(民國)' 사용을 주장하는 공화주의 세력간의 대립이 격화된 것이다. 그 결과 복벽주의 계열은 '기원독립단'을, 공화주의 계열은 '민국독립단'을 각각 조직함으로써 이 조직은 양분되었다. 복벽주의 계열은 도총재 박장호를 비롯해 백삼규·전덕원 등 유인석 계열의 노년층 인맥이 주류를 이루었으며, 공화주의 계열은 조병준·김승학(金承學) 등 비교적 소장파 인사들이 중심이 되었다. 그 가운데 민국독립단 계열의 인사들이 대한청년단연합회·평북독판부 등의

34 애국동지원호회 편, 『한국독립운동사』, 1957, 251~254쪽.

35 국사편찬위원회 編, 『자료 한국독립운동』, 653~662쪽; 박민영, 앞의 책, 208쪽에서 재인용.

독립군 조직과 함께 '광복군총영'을 결성하였고, 복벽주의 계열의 인사들은 계속 대한독립단을 유지하며 항일무장투쟁을 지속하였다.[36]

(3) 대한독립군비단-대한민국임시정부와 연계

1919년 5월 경 중국 길림성 장백현 팔도구(八道溝)에서 조직된 독립운동 단체이다. 약칭으로 군비단, 또는 대한군비단이라고도 한다. 1920년대 초반 압록강 상류를 넘나들며 주로 항일무장투쟁을 수행하여 일본의 한국 통치에 상당한 타격을 가하였다. 중국 길림성 장백현 일대 거주 한인 교민들을 바탕으로 항일무장투쟁 등을 통한 독립운동을 전개, 일제 식민지 통치를 타도하고 국권을 회복하고자 하는 것을 목표로 내세웠다.

대한독립군비단은 3·1운동 직후인 1919년 5월 경 중국 길림성 장백현에서 이희삼(李熙三)·이영식(李永植)·이병호(李炳浩) 등이 조직하였다. 이들은 대한민국임시정부의 이동휘(李東輝) 등과 연계하여 활동하였다. 군비단은 약장(約章) 제1장 종지(宗旨)에서 "본단은 우리 임시정부 국무총리 각하의 명령으로 조직한다"라고 명시하여 처음부터 임시정부 산하의 군사기관임을 자임하였다. 그리하여 본부(총단)는 팔도구 독암리(獨岩里)에 두고, 통신사무국은 16도구 신창동(新昌洞)에 두었다. 1921년 6월 조직상황을 보면 제1~3구지단(支團)과 그 산하 지단 지부(支部)를 둔 것으로 확인된다. 특히 제1구지단 지부의 단원은 180여 명이나 되었다. 장백현은 백두산 서남부의 산기슭에 위치하고 압록강 상류를 끼고 있어 지형이 험준하고 교통이 불편하지만, 남으로는 함경남도의 혜산진과 마주하고 있어 국내와 교섭이 잦았다. 이곳은 쉽게 강을 건널 수 있어 1910년 '경술국치' 이후 한인 이주자가 급증하면서 독립군 근거지로서의 역할을 하게 되었다. 1920년 후반기에 국

36 金承學, 『한국독립사』, 독립문화사, 1965, 370~371쪽.

내의 북청과 단천 등에 국내지단이 결성되어 본부와 밀접히 연계하여 활동하였다. 대한독립군비단 활동의 특징은 항일무장투쟁에 있었다. 창립 당시 산하 무장부대(독립군)의 직제를 보면 총단장 이희삼, 중대장 이영식, 참모장 이병호, 제1소대장 고인식(高仁植), 제2소대장 김낙걸(金洛杰), 제3소대장 안용도(安瑢道)였다. 1개 소대가 28명으로 구성되었다는 기록을 보면 대한독립군비단 산하의 무장대원은 약 100여 명에 달하였을 것으로 추정된다.

1921년 7월 중대원 28명이 국내의 평안북도 후창·강계 일대와 함경남도 장진·홍원·북청군 일대로 진입하여 매우 주목되는 활동을 전개한 것으로 유명하다. 군비단은 소규모 부대로 국내로 진격하여 일제 군경의 초소나 파출소를 습격하거나 독립운동 선전과 군자금 모집, 친일파 응징활동을 전개한 뒤 다시 압록강을 건너 본대로 돌아오는 게릴라식 전법, 즉 유격전을 전개하여 상당한 성과를 거두었다.

1920년 전후 시기 남만주(南滿洲)지역의 여러 한인 독립운동단체들이 표방한 독립운동방략은 거의 대부분 무장투쟁이었다. 대한독립군비단 역시 설립 초기부터 강력한 무장투쟁을 통한 일제 군경 수비대나 파출소·주재소의 습격, 군자금 모금 활동에 전념하였다. 특히 1919년 9월 12일 책임자대회를 통해 군자금 모금 문제를 구체화하였다. 1921년 3월부터 이듬해 초까지 크고 작은 전투를 무려 10여 차례나 수행하였다.

대한독립군비단은 장백현 및 한국 북부 국경지대를 넘나들며 독립운동을 위한 군자금 모금과 항일무장투쟁, 그리고 독립운동에 활약할 인력 충원에 중점을 두었는데, 군비단의 활동은 1922년 경에 이르러 큰 변화를 겪게 되었다. 즉 중국 남부의 상해(上海)에서 활동하던 대한민국임시정부는 중국동북(만주)에서 활동하던 여러 독립운동 단체들을 통합하여 효율적인 독립운동을 추진코자 하였다. 이에 따라 군비단은 부근의 다른 독립운동 조직과 통합을 모색하였다. 이 과정에서 1921년 6월 1일 군비단 통신사무국이 있는 장백현 16도구 신창동에서 군비단, 광정단(光正團), 흥업단(興業團)의 주요 임원 20여 명이 모여서 통합을 위한 독립군 연합회를 개최하였는데, 흥업단 지단장 김창일(金昌一)을 임시회장으로 추대하였다. 이후 군비단은 대한국민단을 거쳐 광정단으로 자연스럽게 해소 발전하였다.

만주(중국동북)지역 독립운동 단체들의 통합을 바라는 대한민국임시정부의 지시로 1922년 2월 흥업단과 합쳐져 대한국민단(大韓國民團)으로 발전하였다(1921년 10월이라는 설도 있음). 대한독립군비단은 조직의 한계를 극복하기 위해 대한국민단을 거쳐 광정단으로 거듭났으며, 지역적 한계를 인식하고 일부 대원들을 북상시켜 러시아 연해주지역까지 활동범위를 넓히기도 하였다.

대한독립군비단 산하 무장대는 1921년 7월 6일 압록강을 건너 평안북도 후창군 읍내를 통과하면서 각지에서 일본 경찰과 충돌하였다. 같은 달 8일에는 후창군 신백리(神白里)에서, 15일에는 함경남도 장진군 수하면 양생리(陽生里)에서, 18일에는 장진군 본면 입암리(立岩里)에서 일경과 교전했는데, 이후 대규모 전투가 불리함을 알고 3개 소대로 편성하여 새로운 작전을 전개하였다. 즉 같은 달 21일에 박영식(朴永植) 소대는 장진군 동면 대통구(大通口)에서, 22일에 안용도 소대는 함남 홍원군 희현면 숲속에서 경찰과 교전하였는 데, 안용도 소대는 25일에 희현면 경찰 주재소를 습격하여 일경 3명을 사살하는 큰 전과를 거두었다. 또 같은 25일 고인식 소대는 평북 강계군 아득애령(我得愛嶺)에서 일본 경찰대와 큰 접전을 벌였고, 8월 1일 함남 남부의 북청군까지 진출한 안용도 소대는 하차면(下車面)에서 경찰과 총격전을 벌여 크게 명성을 떨쳤다.

또 대한민국임시정부 기록에 따르면 1921년 9월 16일에 제1중대 3소대 1분대장 김병묵(金秉默) 등 10명은 장백현의 본영을 떠나 23일 밤 11시 경에 함남 갑산군 동인면 함정포(含井浦)의 일경 주재소를 습격하여 폭파하고 경찰을 사살한 다음, 다수의 무기와 탄약, 현금 등을 빼앗고 무사히 귀대하여 매우 큰 반향을 불러일으겼다. 특히 함정포주재소 전투에서 참교(參校) 김형길(金亨吉)과 김병수(金炳洙)는 순사부장 고바야시(小林清治)를 사살하고 무기를 노획하였으며, 군비단 독립군 부대는 주재소를 불태운 뒤 부근의 영림창도 공격하여 전소시키는 등 일제의 식민지 통치기구를 파괴하는 혁혁한 전과를 거두어 국내외를 놀라게 하였다. 또 같은 해 11월 6일 소대장 김성연(金成淵) 이하 26명은 함남 삼수군 호인면 운전리(雲田里) 주재소를 습격하고 교전 1시간여 만에 순사 3명을 사살하고 주재소를 폭파한 다음 무사히 본영에 돌아오기도 하였다.

한편 군비단의 제2지단장이었던 송병걸은 장백현 17도구에서 북쪽으로 5km가량 떨어진 삼포동(三浦洞)에 거주하였는데, 그곳에서 수류탄까지 제조하여 항일투쟁의 도구로 사용하였다고 한다.

1921년 봄에는 군사부장 김찬과 부원 박춘근(朴春根) 등의 지휘 하에 일부 무장대원들이 북만주의 돈화(敦化)와 밀산(密山) 등을 거쳐 러시아 연해주의 이만으로 북상, '고려혁명의용군'에 편성되었다(한운용 제2중대). 이들은 1923년 봄까지 소련 홍군과 연합작전을 전개하여 러시아혁명에 반대하는 백파군을 격퇴하기도 하였다. 1920~22년 동안 연해주는 러시아 혁명을 주도하는 적군(赤軍)과 이에 반대하는 백군(白軍)파의 내전이 한창이었는데, 한인들은 러시아 혁명의 기세에 편승하여 독립을 쟁취할 수 있다고 판단하였기 때문에 적군측에 가담하여 항일투쟁과 백위파와의 항전에 가담하였다. 이들중 다수가 러시아 백군과의 이만전투에서 전사하는 등 희생을 치렀다.

대한독립군비단은 장백현 일대 한인 교민들을 기반으로 1920년대 초반

주로 항일무장투쟁 수행을 통해 한국 북부 국경지대의 치안을 교란함으로써 일제의 식민지 지배에 상당한 충격을 주었다. 군비단은 대한국민단과 광정단으로 통합되었는데, 남만주지역 통합 독립군단 및 교민 자치조직으로 1924년 건립되는 참의부(參議府)의 모체가 된 독립운동 조직이었다는 점에서 중요한 의의를 찾아볼 수 있다.[37]

(4) 대한국민단

대한국민단은 대한민국임시정부의 주도로 대한독립군비단 등 독립운동 단체를 개편하여 1921년 10월(1922년 2월 설도 있음) 결성된 독립운동 단체이다. 중국 길림성 장백현 등 남만주 지역에서 활동하던 독립운동 단체들을 통합하여 효율적인 독립운동을 추진하기 위해 군소 단체들을 통합하여 성립하였다.

대한민국임시정부는 1920년대 초 남만주지역 각지에 산재한 여러 독립운동 조직을 통합하여 체계적이며 효율적인 독립운동을 전개하고자 하였다. 이에 따라 1921년 10월 남만주 서간도지역에서 활동하고 있던 대한독립군비단, 흥업단, 대진단, 광복단, 태극단 등 여러 단체를 병합하여 임시정부의 지휘 명령을 따르는 단체로 개편하고 명칭을 '대한국민단'이라고 칭하였다. 이 단체의 본부는 중국 길림성 장백현에 두었는데, 당시 간부 진용은 회장 김호(金虎), 부회장 이은경(李殷卿), 총무 윤병용(尹秉庸), 비서 김용대(金容大), 의사부장 윤세복(尹世復), 재무부장 강련상(姜鍊翔), 서무부장 석주(石柱), 군사부장 김찬(金燦), 경호부장 한창언(韓昌彦) 등이었다. 그러나

37 이상은 채근식, 『무장독립운동비사』, 대한민국 공보처, 1949; 독립운동사편찬위원회, 『독립운동사』 5, 1973; 김승학, 『한국독립사』, 독립문화사, 1965; 김준엽·김창순, 『한국공산주의운동사』 4, 청계연구소, 1986; 허영길, 「장백의 '대한군비단'」, 『불씨』(중국조선민족발자취총서2), 북경 : 민족출판사, 1995; 채영국, 『한민족의 만주 독립운동과 정의부』, 국학자료원, 2000; 윤대원, 『상해시기 대한민국임시정부 연구』, 서울대학교 출판부, 2006; 김주용, 「중국 장백지역 독립운동 단체의 활동과 성격」, 『사학연구』 92호, 한국사학회, 2008 등을 참고로 서술함.

당시 대한민국임시정부가 항일무장투쟁의 중심지였던 만주지역에서 멀리 떨어진 상해에 위치하고 있었고, 대내외적으로 그 위상이 저하되는 등어려운 상황에 처해있었던 상황을 고려하면 대한국민단의 성립은 다분히 명의상으로만 이루어졌을 가능성이 크다. 따라서 남만주지역 독립운동 단체들을 통합하기 위한 과도기적 단체의 성격을 띠었다고 할 수 있다.

중국 장백현 일대의 한인 교민을 기반으로 함경남도, 평안북도 일대를 넘나들며 국내의 일제 통치기관 등을 습격하는 등 항일무장투쟁을 수행하는 한편, 친일파 처단과 군자금 모집 활동 등을 수행하였다. 대한국민단이 편성된 후 대한독립군비단의 이영식 중대장과 이병호 참모장, 고인식·김낙걸·안용도 소대장은 대한국민단 혼성대로 편성되어 무장투쟁을 계속하였다. 1922년 4월 대진단, 태극단과 합쳐져 광정단으로 개편되었다가 다시 남만주지역 통합 독립운동 및 교민자치 조직인 참의부로 통합되었다.

1920년대 초반 중국동북지역(만주) 독립운동 단체의 과도기적 통합 조직으로 결성되어 남만주 지역의 통합 독립운동 조직인 광정단 및 참의부 결성과 이 지역 민족운동 역량 강화에 기여하였다.[38]

(5) 남만주의 대한통군부[39]

1920년 말과 1921년 초 일본군의 탄압으로 큰 피해를 입은 한인 교민들과 이후 재기한 독립군에게 시급한 과제는 일본군의 소위 '출병'과 독립운동 세력 탄압 이후 강화된 친일세력과 그 관련 단체 등을 타파하고 이전의 독립운동기지를 재건하는 일이었다. 이후 대한독립단·서로군정서 등은 우선

38 이상은 김준엽·김창순, 『한국공산주의운동사』 4, 청계연구소, 1986; 허영길, 「장백의 '대한군비단'」, 『불씨』, 1995; 채영국, 『한민족의 만주 독립운동과 정의부』; 김주용, 「중국 장백지역 독립운동 단체의 활동과 성격」, 『사학연구』 92호 등을 참고로 서술함.

39 이하 통군부와 통의부 관련 내용은 박걸순의 「대한통의부 연구」, 『한국독립운동사연구』 제4집, 독립기념관 한국독립운동사연구소, 1990을 주로 참고하였다.

남만주의 실지회복을 위해 관할구역을 분담하고 처음부터 다시 출발하지 않으면 안되었다.

1919년 3월 19일(음력 2월 18일) 이전에 조직된 대한독립단은 남만주 각 지방에 흩어져 있던 보약사·농무계·향약계·포수단 등의 대표와 의병계열 인사들이 조직한 복벽주의 계열의 독립운동 조직이었다. 이 조직의 도총재는 의병계열의 박장호(朴長浩)였고, 총단장 역시 의병계열의 조맹선이었다. 그러나 대한독립단은 대한민국임시정부 성립 직후 '대한민국'을 연호로 사용하였기 때문에 후일 주도세력 사이에서도 다양한 이념의 분화가 진행되었다.

대한독립단은 전덕원·오석영(吳錫英)의 지휘 하에 통화(通化)와 흥경(興京) 이남의 환인(桓仁)·집안현(輯安縣) 등을, 서로군정서는 이상용·이탁(李沰)·김동삼 등의 주도 하에 유하현(柳河縣)등과 길림 일대를 담당하여 일제 관련 기관과 주구배 척결 활동을 전개하였다.[40] 통군부(統軍府)는 1922년 1월에 조직되었다. 이때 한교민단(韓僑民團)·청년단연합회·광한단 등도 통군부 조직에 참가하였다.[41]

통군부는 1922년 1월 당시 남만주(서간도) 지역의 대규모 민족운동 조직인 한족회·서로군정서·대한독립단이 연합하여 성립하였다.[42] 통군부 간부들은 대체로 서로군정서와 대한독립단 간부들로 구성되어 있는데, 통군부 직제가 군사분야는 물론, 한인들의 자치행정까지 담당하는 분야까지 망라한 사실을 알 수 있다. 일종의 군사정부적 성격을 띠고 있음을 보여준다.

---

40 金學奎, 「三十年來韓國革命運動在中國東北(續)」, 『光復』 제1권 3期(1941), 한국독립운동사연구소 1987년 영인본, 23쪽.

41 丁原鈺, 「在滿 대한통의부의 항일독립운동」, 『한국학보』 36집, 1984, 134~173쪽,

42 채근식, 『무장독립운동비사』, 126쪽. 출범 당시 간부진은 다음과 같았다. 총장 蔡相悳, 교무부장 김동삼, 비서장 高豁信, 실업부장 邊昌根, 민사부장 李雄海 , 警務官 全德元, 군사부장 李天民, 사령관 金昌煥. 위의 직제중 교무부장을 교육부장으로, 경무관을 警務監으로, 사령관을 司令長으로 기록한 자료도 있다(김승학, 『한국독립사』, 364쪽).

특히 1922년 6월 20일 열린 제1회 총관(總管)회의에서 호적·교통·학교·실업·의무병(義務兵)·재정·구휼 등 8개항을 결의함으로써 통군부가 독립전쟁의 수행에 필요한 한인사회 내부의 결속을 도모하면서 인적 자원의 결집과 재원 확보에 주력하고자 한 사실을 파악할 수 있다.[43]

(6) 대한통의부의 결성과 활동

압록강 중하류 유역 등 남만주 지방에서 활동하던 광복군총영은 1922년 8월 7일 총회를 열고 남만통일회에 대표 4인을 선정하여 참석케 하는 동시에 불참단체에 대하여는 순회, 권유하는 등 적극적 정책을 추진하였다. 이에 따라 같은 해 8월 23일 군정서·대한독립단·관전동로(寬甸東路)·한교민단·대한광복군영·대한정의군영·대한광복군총영·평안북도 독판부 등 소위 8단 9회 대표 71명이 환인현 마권자(馬圈子)에 모여 통의부(統義府) 결성 등 6개항을 결의하고 8월 30일 남만한족통일회장(南滿韓族統一會長) 김승만(金承萬) 명의로 통의부의 성립을 선언하였다.[44]

출범시 간부는 73명이었는데, 김동삼이 총장으로 추대되었다.[45] 그만큼 신망을 얻고 있었기 때문이다. 기본적으로 인적 구성이 통군부와 유사한 사실을 알 수있다. 통군부에서 통의부로 명칭을 변경하면서 인적구성과 조직체계가 거의 그대로 계승되었다. 편제상으로는 민정, 즉 한인 교민들의 자치를 더욱 강화하고 군사부문도 강화한 것으로 해석된다. 이후 각 부서의

---

43 박걸순, 「대한통의부 연구」, 『한국독립운동사연구』 제4집, 1990, 225쪽.

44 「南滿韓族統一會 결의사항 및 직원 각 布告文 入手에 대한 件」, 1922년 9월 22일, 通化本田分館主任發信) 『독립운동사자료집』10, 492~496쪽). 6개항은 ①公決복종의 조건을 서명날인, ②기관명칭(統義府), ③군대명칭(義勇軍), ④제도(總長制), ⑤憲章통과(9장 63조), ⑥직원선거 등이다(박걸순, 앞의 논문, 226쪽에서 재인용).

45 『독립신문』 1922년 9월 30일자. 간부명단은 다음과 같다. 총장 김동삼, 부총장 蔡相悳, 비서과장 高豁信, 민사부장 李雄海, 재무부장 李炳基, 교섭부장 金承萬, 법무부장 玄正卿, 학무부장 申彦甲, 교통부장 吳東振, 실업부장 邊昌根, 군사부장 梁奎烈, 참모부장 李天民, 司令長 金昌煥.

직원은 부장회의를 통해 보선하여 총장명의로 공포하였는데,[46] 수차례의 간부진 개편이 있었으며, 1924년 1월 8일 열린 중앙의회 의결로 총장제를 폐지하고 위원장제로 바꾸었다.[47]

통의부는 전덕원 등 일부 의병 및 복벽계열 인사들이 참가한 '대한통군부'를 기초로 발전한 단체였다. 그러나 박장호 등 복벽계 인사들은 나중에 통의부에서 이탈하여 '대한의군부(大韓義軍府)'를 조직하였다. 1924년 3월 10일자로 발표된 통의부 포고문을 통해 이 조직이 표방한 이념과 주요 활동방향을 짐작할 수 있다. 당시 대한통의부 행정위원 현정경·김이대·이웅해·김동삼·오동진·이종건·강제하 등의 명의로 발표되었다. 이들은 거의 대부분 후일 남만주 지역의 대표적 민족운동 단체인 참의부·정의부·국민부 등의 간부로 활약하는 사람들이다. 이들은 이 포고문을 발표하여 통의부의 주요 절목(節目: 방침, 강령)과 운동방침을 밝히고 내외의 협조를 요청하였다.[48]

이러한 통의부의 포고는 다소 추상적이며 모호한 측면이 있지만, 이 단체의 성격을 분명히 보여주고 있다 하겠다. 따라서 1920년대 초 만주지역 독립운동 조직들이 표방한 다양한 이념 가운데 '평등'과 '합의(민주)'를 표방한 통의부는 상대적으로 의병 복벽계열의 통군부 등에 비해 진보적 독립운동 조직으로 판단된다.

5. 중국 동북지역 독립운동세력의 공화주의 수용과 독립전쟁 전개

1910년대부터 1920년대 초까지 중국 동북지역 독립운동 세력의 형성과

---

46 『독립신문』 1922년 12월 13일자 및 『조선일보』 1922년 12월 22일자.

47 『독립신문』 1924년 3월 1일자. 그 동안간의 경과는 「不逞鮮人團 大韓統義府ニ關スル件」, 1923년 12월 24일附 「在通化阿部分館主任發信 伊集院外務大臣宛 報告要旨」 참조.

48 「통의부 佈告 概略」, 『독립신문』 1924년 4월 26일자. 대한통의부 행정위원 玄正卿·金履大·李雄海·金東三·吳東振·李鍾乾·康濟河 등의 이름으로 발표되었다.

유형은 비교적 다양한 경로와 유형을 보이는 것으로 파악된다. 이들은 내부에서 갈등을 겪기도 했지만, 대체로 공화주의 이념을 수용하는 양상을 보였다. 이들 단체들은 지역적으로 보면 남만주(서간도 혹은 東邊道지역), 연변(북간도) 지역, 북만주 지역, 그리고 중국동북의 중·소 국경지대로 구분할 수 있다.

중국 동북지역(만주) 독립운동의 선구자들은 신민회 계열 인사들의 경우처럼 공화주의 이념을 바탕으로 한반도에서 국권회복과 독립운동의 웅지를 품고 중국동북이나 연해주로 이주·망명한 뒤, '독립전쟁론'에 입각하여 '독립군기지'를 개척하고, 지속적 독립운동이나 '독립전쟁'을 전개하였다. 남만주(서간도)의 경학사·부민단·신흥학교·서로군정서 계열이 바로 그들이다. 한편 의병전쟁의 연장선상에서 이른 바 '북천지계(北遷之計)'에 따라 국내의 한계를 벗어나 새로운 무대에서 독립전쟁을 전개하고자 한 일군의 보수적 엘리트들이 있었으니, 그들은 대한독립단과 대한통군부, 일부 대한통의부 세력이 바로 그들이다. 이들중 일부는 대한민국임시정부 봉대와 공화주의 이념 수용을 둘러싸고 대립하기도 했다. 공화주의 이념의 확산이 간단치 않았음을 보여주는 사례라고 할 수 있다.

만주(노령[露領])지역 독립운동의 특징은 여러가지 측면에서 정리될 수 있다. 그러나 홍범도·김좌진·오동진·전덕원·이범석·김규식·오광선·이청천·이상룡·김동삼 등 많은 뛰어난 독립운동가들의 활동에 의해 임시정부와 연계되며 공화주의 이념이 확산되어 효과적 대일투쟁을 전개할 수 있었다는 점을 주목할 필요가 있다. 특히 현재 대한민국이 채택한 공화주의이념이 1910~20년대부터 이미 정의부(正義府) 등 만주지역 독립운동 단체들에 의해 이미 시행되었다는 점은 아직 충분히 부각되지 못한 측면이 있지만, 추후 새로운 시각에서 자료를 발굴하고 심층적 연구를 통해 좀더 규명할 필요가 있다. 이러한 시각에서 1910년대와 1920년대 초 만주 독립운동 세력의 공화주의·공화제 수용 양상을 개략적으로 정리할 수 있다.

신규식·조소앙 등 해외에서 활동하던 독립운동가들은 국내외 각지에 산재한 여러 독립운동 단체들을 통합한 최고기구의 조직과 국민주권설에 입각한 통치 필요성을 절감하고, 이를 위한 민족대회의 소집을 제안하는 '대동단결의 선언'과 그러한 대회 소집의 찬동여부를 묻는 '찬동통지서'를 국내외 각지에 발송하였다. 독립운동의 최고 통합조직으로 '임시정부'를 설립코자 한 것인데, 이 선언은 그러한 명분과 논리적 근거를 제시하고 있다. 이 '선언'의 요지는 주권불멸론에 의한 국민주권설의 제창, 주권을 상속받아 국가적 행동을 실천하기 위한 재정·인물·신용 분야 방안 제시, 국가적 행동을 성취하기 위한 통일기관·통일국가·원만한 국가의 달성이라는 3단계 독립론을 제창하고 있는 점이 특징이다. 이 선언의 계획이 당장 실현되지는 못했지만, 『신한민보(新韓民報)』 등을 통해 미주지역과 만주 등 해외동포 사회에 전파되면서 임시정부 수립의 이론적 토대를 제공한 것은 잘 알려져 있다.

1910년대 후반~1920년대 초 만주 독립운동 단체 가운데 대한민국임시정부를 봉대하고, 임시정부의 이념과 공화주의, 공화제를 수용한 단체와 독립군 계열 조직이 적지 않았다. 대표적으로 서로군정서와 대한군정서를 들 수 있다. 대한군정서는 1910년 직후 조직된 대종교의 중광단(重光團)이 발전한 것이다. 중광단은 1919년 국내에서 일어난 3·1운동을 계기로 '독립전쟁'을 표방하며 중국동북 일대의 대종교 신도와 북상한 의병 및 공교회원(孔敎會員) 등을 규합하여 '정의단'으로 확대 발전하였다. 정의단은 1919년 10월 군정부로, 그리고 12월에는 상해 대한민국임시정부의 지시에 따르기로 하고, 대한군정서로 다시 명칭을 바꾸어 임시정부를 봉대하였다.

만주 독립운동 세력이 발표한 선언서류 등을 통해서도 공화주의 이념이 점차 확산 보급되는 경향과 그 사례를 찾아볼 수 있었다. 1919년 2월 말 발표된 '대한독립선언서'가 대표적이다, 이 선언서는 "일체의 방편으로 군국전제를 삭제하여 민족 평등을 세계에 널리 베풀지니 이는 우리 독립의 제일의 뜻이요"라고 하며 군주제의 타도를 강력히 주장하고 있는 것을 확인할 수 있다.

특히 주목되는 사실은 1910년대 중국 남만주(서간도) 지역에서 활동한 경학사나 부민단, 신흥강습소, 그리고 이들 단체의 맥을 계승한 서로군정서, 대한독립단, 대한독립군비단, 국민단 등은 이미 공화주의 이념을 지향하고 그러한 방향의 독립운동 기지개척과 독립운동을 추진하고 있었다는 점에서 공화주의 이념을 수용한 대한민국임시정부와 연계될 수 있었다는 점이다.

일찍이 박영석 교수(전 건국대)는 만주(노령[露領])지역 독립운동의 특징 몇 가지를 추출, 정리한 바 있다. 그런데 그는 현재 대한민국이 채택한 공화주의 이념이 1910~20년대부터 이미 정의부 등 만주지역 독립운동 단체들에 의해 이미 시행되었다고 주장하여 주목을 끌었다.[49]

또 조동걸 교수(전 국민대) 역시 재만(在滿) 독립운동의 중요성과 특성을 강조하였다. 즉, 독립군 단체는 동포사회를 관할하는 민정과 독립전쟁을 관할하는 군정의 이원조직을 유지했는데, 다만 만주 한인사회에 사회주의 사조가 확산되면서 민정의 기반이 변하기 시작했다. 또 재만한인들은 대부분 소작농이었고, 이회영·이상룡·김동삼 등 양반지주 출신자들은 유교 대동주의에 무정부주의나 사회주의(공산주의)를 융화시킨 경우가 많았던 것이다. 특히 어려운 가운데서도 꾸준히 통일전선을 추구했는데, 통일전선 형성시 표방한 강령(조국광복회, 임시정부 건국강령 등)이 중요한 역사적 의미를 남겼

---

49 박영석, 『만주·노령지역의 독립운동』, 독립기념관 한국독립운동사연구소, 1989, 183~184쪽 및 박영석, 「중국 동북지역(만주)의 항일민족독립운동」, 『한국독립운동사연구』 제7집, 1993, 450~452쪽.

다. 재만(在滿) 독립운동은 국내 독립운동과 재중(在中) 독립운동과 함께 3대 지역운동을 구성할만큼 비중이 컸다고 지적했다.[50] 이 가운데 통일전선을 표방한 조국광복회 강령 등을 지적한 내용이 주목된다.

대한민국임시정부 주석으로 활동하고 있던 던 김구는 그의 회고록 『백범일지』에서 여러차례 임시정부 활동의 어려움을 토로하였다.[51] 잘 알려진 것처럼 임시정부의 외교적 노력에 대한 성과는 기대에 미치지 못하였다. 성립 직후와 1920년대 초에는 임시정부의 권위가 만주 독립운동 세력에 수용되었지만, 1920년대 중반부터 1930년대까지는 한계를 드러냈다고 볼 수 있다.

사회진화론이 만주 독립운동 세력이나 독립전쟁론, 독립운동가들의 사상과 행태에 어떤 영향을 미쳤고, 어떻게 수용·변용되었는지 상세히 규명하지 못한 점은 본고의 한계로 남는다. 후일을 기약코자 한다.

---

50 조동걸, 「만주에서 전개된 한국 독립운동의 의의」, 『한국근현대사의 이상과 형상』, 푸른역사, 2001, 375~380쪽.

51 예를 들면 김구는 "외교로 말하면 임시정부 원년(1919) 이후 국제외교에 꾸준히 노력하였으나, 중·소·미 등 정부 당국자들의 비공식적인 원조가 가끔 있었을 뿐 공식적인 응원은 없었다. 오늘에 이르러(1942~43년경 - 필자) 미국 대통령 루스벨트(羅斯福)가 '장래 한국이 완전 독립하여야겠다고 전 세계를 향하여 공식으로 널리 알렸고, 중국의 입법원장 손과(孫科) 씨는 공식석상에서 일본제국주의를 박멸하는 중국의 양책(良策)이 제일 먼저 한국 임시정부 승인에 있다'고 강조하였다."라고 회고하였다(김구[도진순 주해], 『백범일지』, 돌베개, 1997, 297쪽).

제3장
중국 동북지역에서 한인 독립운동 조직·항일유격대의 형성과 유형

1. 중국 동북 항일무장투쟁의 두 흐름-독립군과 항일유격대

19세기 말에서 20세기 초에 중국동북(만주)으로 이주한 한인(韓人)들은 곤경을 무릅쓰고 힘들게 살아가면서도 치열한 항일무장투쟁을 전개하였다. 1920년대 초반 봉오동전투와 청산리독립전쟁 등을 계승하여 1930년대에 들어서는 당·정·군이라는 새로운 조직형태를 갖춘 독립군의 항전도 다양한 형태로 전개되었다. 또 중국공산당 만주성위원회 산하의 항일 유격대와 동북항일연합군에도 많은 한인들이 참가하여 크게 활약하였다.

독립운동이란 식민지상태로 전락한 식민지 피압박 약소민족이 자주국가의 수립과 자립경제의 실현을 위하여 제국주의 종주국의 지배와 침략상태를 전복하기 위해 노력·투쟁하는 근대의 민족저항운동을 말한다. 독립운동은 피압박·피지배 약소민족이 현실에서 모순되고 있는 식민지 종주국의 지배와 침략, 수탈 상태에서 벗어나기 위해 전개하는 다양한 형태의 저항운동을 총칭하는 개념이다. 따라서 기본적으로 모순된 현실을 변혁하기 위한 현실변혁운동으로서의 조직적 무력투쟁은 물론, 여러가지 사회운동이나 농민·노동·문화운동 등 다양한 대중운동이나 조직운동의 형태로 전개되기도 한다. 하지만 세계사적으로 볼 때 피압박 약소민족 스스로 독립운동을 통해

서 독립한 나라는 산업혁명 이후에는 거의 없었다고 할만큼 어려운 것이라고 하지 않을 수 없다.[1]

1910년대 독립군 형성에 중요한 역할을 한 신흥학교(신흥무관학교) 관련 연구도 박환·서중석·박성순 등이 수행하였다.[2] 또 2011년 신흥무관학교 설립 100주년 기념학술회의가 열리고, 학술지의 특집논문도 게재되었다.[3] 1920년대 초 남만주 독립운동에 큰 영향을 끼친 대한통의부 관련 연구는 박걸순의 연구가 주목된다.[4] 추후 무장투쟁 단체에 대한 연구가 더욱 필요하다. 관련 자료 수집과 현장 조사 등이 시급하다.

다만 본 주제 관련 심층적 연구는 후일을 기약하면서 기존 연구성과와 자료를 활용하여 주로 1910~1930년대 중국 동북지역에서의 독립군과 중국 공산당 만주조직 산하 항일 유격대의 형성과정과 유형을 개관하고자 한다.

2. '독립군'의 개념

윤병석은 1980년대에 ①'독립전쟁론'과 독립군, ②독립군단의 정비와 항일개전, ③봉오동 청산리의 독립전쟁, ④독립군단의 통합운동과 항전으로 구분하여 주로 1920~30년대 독립군의 역사를 정리한 바 있다.[5]

윤병석은 독립군을 "1860년대 이래 이주한 한인이 근 100만에 달하던 서북간도를 비롯한 남북만주와 노령 연해주에서 1910년대에 편성되어, 그 후 1930년대 말엽까지 독립전쟁을 목표로 한 강인한 항일전을 전개하였던

1 조동걸, 『한국독립운동의 이념과 방략』, 독립기념관 한국독립운동사연구소, 2007, 3~5쪽 참조.

2 박성순, 「1910년대 신흥무관학교 학생모집의 경로와 거점」, 『한국근현대사연구』 82, 한국근현대사학회, 2017; 「1914년도 신흥무관학교의 독립운동과 인적 연계망」, 『白山學報』 112, 백산학회, 2018 등 참조.

3 학술지 특집논문은 독립기념관 한국독립운동사연구소 발간 『한국독립운동사연구』 40집, 2011 참조.

4 박걸순, 「大韓統義府 硏究」, 『한국독립운동사연구』 제4집, 1990.

5 윤병석, 『독립군사 - 봉오동, 청산리의 독립전쟁』, 지식산업사, 1990 참조.

민족의 군대"로 정의하였다.[6] 그리고 1910년 전후로부터 독립사상의 큰 조류는 일제를 구축하고 민족의 해방과 나라의 독립을 회복할 수 있는 확실한 정도는 일제와의 독립전쟁을 감행, 승리하여야만 된다고 하는 '독립전쟁론'이었다고 주장하였다.[7]

또 그는 독립군을 광의의 개념과 협의의 개념으로 나누어 해석할 수 있다는 의견을 제시하였다. 즉 그는 독립군을 1910년 경술국치(庚戌國恥) 후 만주·연해주에 근거지를 두고 한국의 독립을 위해 일본제국주의자들을 상대로 무장투쟁을 전개한 인물들의 총칭. 이 용어는 광의의 개념과 협의의 개념으로 나누어 해석할 수 있다. 광의의 해석으로는 경술국치로 국권을 강탈당하고 난 뒤 무력으로 일제 침략자들을 물리치기 위해 활동한 한국 독립운동가들을 독립군이라 할 수 있다. 이 경우는 만주와 연해주에서 활동한 독립군은 물론이고 대한민국임시정부 산하의 한국광복군, 의열단이나 한인애국단 소속의 의사들 및 기타 의열사들까지도 독립군에 포함시킬 수 있다. 그러나 협의의 개념으로는 만주와 연해주를 근거지로 하고 무장투쟁을 전개한 애국투사들을 가리킨다. 일반적으로 독립군이라 하면 이 협의의 개념에 의한 인물들을 지칭하는 용어로 사용하고 있다."라고 규정한 것이다.[8]

그러나 그의 정의는 좀 단순한 것이 아닌가 한다. 특히 투쟁의 대상을 '일본제국주의자', 또는 '일제'로 규정하고 있는데, 그 개념의 모호성, 그리고 조직의 차원보다는 반일투쟁을 전개한 (개인적) 인물들에 초점을 맞추고 있다는 점에서 아쉬운 점이 있다고 판단된다.[9]

---

6 윤병석, 위의 책, 287쪽.

7 위와 같음.

8 윤병석, 「독립군」, 『한국독립운동사사전(운동·단체편)』4, 독립기념관 한국독립운동사연구소, 2004, 223쪽.

9 윤병석은 일찍이 한 개설서의 결론 부분에서 동북항일연군을 독립군의 한 유형으로 간단히 파악, 정리한 바 있지만(윤병석, 『독립군사』, 지식산업사, 1990, 288쪽), 이후의 저술에서 이러한 입장을

한편 조동걸은 한국독립운동을 초기(1910~1919)·중기(1919~1931)·후기(1931~1945) 독립운동 등 3단계로 구분하였다.[10] 그런데 그는 '중기(1919~1931)의 독립운동'에서 동북인민혁명군과 동북항일연군, 이들이 소련으로 넘어가 1942년 편제된 동북항일연군 교도려(국제군단 88여단) 등을 '중기 독립운동' 기간에 전개된 '재만(在滿) 독립운동'에 포함하여 서술하였다.[11] 특히 그는 한국독립운동이 국내독립운동과 재만 독립운동, 재중(在中) 독립운동의 3대 지역운동으로 구성되어 있는데, '독립전쟁'은 청산리독립전쟁에서 보듯이 재만독립군이 개척했다고 하였다. 또한 만주에서는 '한중연합군'으로서 동북항일연군의 역사가 전개되었고, 중국 관내에서는 조선의용군과 한국광복군의 역사가 전개되었다고 한다. 따라서 이제는 한국광복군과 조선의용군, 동북항일연군의 역사를 하나로 묶는 작업이 필요하다고 한다. 이를 위해서는 서로 비하해서는 안되며, 앞으로는 독립운동이나 독립군에 관하여 저술할 때는 같이 소개해야 한다고 주장하였다.[12]

아쉬운 대로 필자는 독립군을 간단하게나마 다음과 같이 정의하고자 한다.

> "주로 1910~30년대 중국 동북지방이나 연해주 일대에서 뚜렷한 독자적 조직(체계)과 근대적(공화주의, 혹은 복벽주의나 保皇主義, 사회주의 등) 이념을 갖추고 조국의 국권회복이나 독립, 민족의 해방(또는 반제·반봉건투쟁)을 위해 일본군이나 경찰, 친일파, 조선총독부 관헌이나 밀정, 조선총독부 산하 기관이나 지방조직, 일본 정부나 외무성 또는 그 산하 기관이나 그 소속 인물·단체, 괴뢰 만주국 관헌이나 경찰, 만주국군, 친일 조직, 침략조직 등을 상대로 항일무장투쟁을 전개한 조직 혹은 그 조직 소속의 인물들", "1910년 8월 대한제국이 멸망한 이후부터 1945년 8월 일제가 패망한 시기를 전후하여 일제 강점기

구체적으로 서술한 경우가 별로 없는 것 같다.

10 조동걸, 『한국독립운동의 이념과 방략』, 2007 참조.

11 조동걸, 위의 책, 174~179쪽.

12 위의 책, 184쪽.

에 조국의 독립(혹은 광복)과 한민족의 해방을 위해 일본과 일본군 등 침략세력에 맞서 무장투쟁을 전개한 인물, 혹은 조직이나 단체"

이에 필자는 '독립군'의 범주에 1910~30년대 주로 중국 동북지방(만주)에서 활동한 항일무장투쟁 세력을 포함하되, 중국공산당 만주 지부조직에 가담하여 활동한 한인(조선인)들도 이 개념을 적용하고자 한다. 다만 이들의 활동은 다른 필자에게 맡기고, 초기 항일유격대의 형성 과정만을 개관코자 한다.

3. 한국의 일반적 '독립군' 개념과 용례

현재 국내 온라인상에서 쉽게 찾아볼 수 있는 몇가지 사전의 용례를 찾아보고, 그 정의를 간단히 정리해보고자 한다.

1) 두산백과사전

한국이 일본에게 빼앗긴 국권을 찾기 위해 1910~45년까지 일제에 무력 항쟁한 군대로 표기되어 있다. 1905년 을사조약이 일제에 의해 강제로 체결된 전후해서 일어난 의병은 민종식(閔宗植)·임병찬(林炳瓚)·신돌석(申乭石) 등의 주도 아래 국내에서 독립을 위한 항일전을 벌였다. 그러나 일제가 한반도를 완전히 장악한 1910년 이후에는 국내에서의 무력 항쟁이 불가능하여, 독립지사들의 무력항쟁 무대는 서북간도·연해주 등 국외로 옮겨져 1910년 이후의 항일 무장세력을 통틀어 독립군이라 부른다.

1910년 이후, 국내의 지사들은 국외에 독립운동기지를 설치하여 독립전쟁에 대비하자는 의견을 제시하였다. 이리하여 이회영·이시영·이동녕·이상룡 등에 의해 서간도·북간도 등의 독립운동기지가 세워지고, 아울러 신흥학교·대전학교 등이 설립되어 독립군 요원을 양성하였다. 또 시베리아 블라디보스토크에는 이상설·이동휘 등이 중심이 되어 대한광복군정부를 세우고 독립군의 무장항쟁의 터전을 마련하였다.

3·1운동이 일어나자 100만을 헤아리는 한인이 사는 서북간도를 비롯한 만주일대와 시베리아에서는 곧 일제와 독립전쟁을 수행할 독립군을 편성하고 주로 압록강과 두만강 일대를 중심으로 항일전을 전개하였다. 독립군의 개별조직으로는 대한국민회군·북로군정서군·대한독립군·서로군정서군·대한독립단의용군·광복군총영 등인데 이들은 1920년의 봉오동전투와 청산리전투 등에서 커다란 전과를 올리기도 하였다. 독립군의 활동은 1930년대 말까지 이어지다가 1940년 대한민국임시정부가 충칭(重慶)에서 광복군을 편성하자 대부분 이에 흡수되었다.[13]

2) 시사상식사전

독립군은 1920년대 만주와 연해주에서 대한민국의 광복을 위해 활동한 부대로 표기되어 있다. 만주에서는 대한독립단, 서로 군정서, 북로 군정서, 대한 독립군, 대한 독립 군비단, 의군부, 광복단, 태극단, 광한단, 광복군 사령부, 광복군 총영, 대한 통의부, 광정단 등의 독립군 조직이, 연해주에서는 혈성단, 경비대, 신민단 등이, 미국에서는 국민 군단, 비행사 양성소, 소년병 학교 등이 설립되었다.

이 가운데 가장 눈부신 전과를 올린 것은 홍범도가 이끈 대한 독립군이 거둔 봉오동전투와 김좌진이 이끈 북로 군정서군 등이 거둔 청산리 대첩이었다. 대한 독립군은 최진동의 군무 도독부군, 안무의 국민회 독립군과 연합하여, 봉오동을 기습해 온 일본군 1개 대대 병력을 포위, 공격하여 대승리

13 이상은 네이버 지식백과 '독립군' (『두산백과』)에 의함(검색일 2020년 3월 1일).

를 거두었다. 이것이 봉오동전투였다(1920. 6).

일본군은 얕보던 독립군에게 뜻밖에 참패를 당하자, 한반도에 주둔하고 있던 부대와 관동 지방에 주둔 중인 부대 및 시베리아에 출병 중인 부대를 동원하여 세 방향에서 독립군을 포위, 공격하여 왔다. 이에 북로 군정서군, 대한 독립군, 국민회 독립군 등 여러 독립군의 연합 부대는 일본군 대부대를 맞아 6일간 10여 차례의 전투에서 일본군을 대파하는 빛나는 전과를 올렸다. 이것이 청산리 전투였다(1920. 10).

큰 타격을 받은 일제는, 독립군의 항전을 자기들의 식민 통치에 대한 위협이라 판단하고, 이 기회에 만주에 있는 한국 독립 운동의 근거지를 소탕하기로 하였다. 그리하여 일제는, 독립군은 물론 만주에 사는 한국인을 무차별 학살하고 마을을 초토화시킨 '간도 참변(1920.10)'을 일으켰다. 이후 독립군이 소련 적색군의 배신으로 참변을 당한 '자유시참변(1921)'이 일어났고 독립군 조직은 참의부, 정의부, 신민부의 3부로 재편성되었다.

일본이 만주사변을 일으킨 후 독립군은 일제의 만주 침략으로 항일 의식이 고조된 중국군과 연합하여 항일전을 전개했다. 이중 특히 지청천이 인솔하는 한국 독립군의 '대전자령 전투(1933)'는 봉오동전투, 청산리 전투와 함께 한국 독립군의 3대 대첩에 속한다. 그러나 1930년대 중반까지 계속된 한·중 연합 작전은 그 후 일본군의 대토벌 작전, 중국군의 사기 저하, 한·중 양 군의 의견 대립으로 더 이상 계속되지 못하였다. 또, 임시 정부가 직할 군단 편성을 위하여 만주에 있는 독립군의 이동을 요청하자, 대부분의 독립군은 중국 본토로 이동하여 한국 광복군 창설에 참여하였다.[14]

14 이상은 네이버 지식백과 '독립군'(『시사상식사전』, 박문각)에 의함(검색일 2020년 10월 21일).

3) 'Basic 고교생을 위한 국사 용어사전'

1920년대 만주 일대에서 일본과 싸운 조선의 군대. 독립군은 1910년대 신민회의 독립 운동 기지 건설 활동에 영향을 받았으며, 1919년 3·1 운동 후 무장 항일 운동의 필요성을 인식하고 활동을 전개하였다. 1920년 김좌진 장군이 이끈 북로 군정서군의 청산리 대첩, 1920년 홍범도 장군이 이끈 대한 독립군의 봉오동전투가 대표적이다. 일본은 독립군의 활동을 보복하기 위해 1921년 간도 참변, 자유시 참변을 일으켰다.[15]

이러한 서술내용을 보면 윤병석이나 조동걸, 필자가 위에서 정의한 독립군의 개념과는 상당한 차이가 있다는 사실을 확인할 수 있다. 특히 1930년대 조선혁명군과 한국독립군의 활동이 누락되어 있으며, 중국공산당 만주지부 조직에 가담하여 활동한 동북항일연군 등 좌파계열 무장세력의 활동은 전혀 서술되고 있지 않음을 알 수 있다.

4. 1910~20년대 초 중국 동북지역 독립군의 형성

1) 독립군 형성의 토대-각종 학교의 설립과 운영

① 남만주지역의 독립군 양성 학교

가) 신흥학교(신흥무관학교)

신흥학교는 일반적으로 '신흥무관학교'로 알려져 있는데, 이 학교는 만주(서간도 지역) 독립운동의 상징적 교육기관으로 널리 알려져 있다고 할 수 있다. 따라서 그동안 신흥무관학교에 대해서는 약간의 회고와 상당한 연구성과가 나와 그 진상이 대체로 밝혀진 바 있다.[16]

---

15 네이버 지식백과 '독립군'(『Basic 고교생을 위한 국사 용어사전』, 2001, 신원문화사)(검색일 2021년 3월 1일).

16 회고록으로는 원병상, 「신흥무관학교」, 『독립운동사자료집』 10집, 독립운동사편찬위원회, 1976이

이 학교는 1911년 5월 14일(양력 6월 22일) 중국 길림성 유하현 추가가 마을의 창고에서 개교식을 가졌다.[17] 당초 '신흥학교'로 설립되었다가, 1912년 6월 7일(양력 7월 20일) 통화현 합니하로 확장 이전하였다.[18] '신흥강습소(독립군 양성 무관학교)'로 불리기도 하였다. 수년전 『신흥교우보』가 발굴되어 새로운 사실을 확인할 수 있었다.

이 학교의 교장은 이천민(윤기섭 등), 교성대장은 지청천, 교관으로 오광선·신팔균·이범석·김경천 등이 활약하였고, 1920년 8월까지 2천여 명의 졸업생을 배출하였다.[19] 매일 14시간의 고된 훈련을 실시하였다. 본과 장교 교육과정은 3년제였지만, 단기의 속성과정이 있었다. 하사관반은 3개월, 장교반은 6개월, 특별반은 1개월이었다.[20] 정신교육에 큰 비중을 두었는데, 이 학교 졸업생은 후에 신흥학우단을 조직하여 독립운동에 크게 기여하였다.

신흥강습소는 추가가와 합니하 산골짜기에 있었지만, 이 학교 구성원들은 세계 각지의 한인 민족운동세력과 긴밀히 연계되었다. 통상 '신흥무관학교'로 알려졌지만, 1910년대 후반 '신흥강습소'로 불렸다.

일본 육사 출신으로 신흥강습소의 교관으로 활동했던 김경천은 후일 쓴

있다. 일련의 연구논저로는 서중석, 「청산리전쟁 독립군의 배경－신흥무관학교와 백서농장에서의 독립군 양성」, 『한국사연구』 111집(2000.12); 서중석, 「후기 신흥무관학교」, 『역사학보』 169집(2001.3), 역사학회; 서중석, 『신흥무관학교와 망명자들』, 역사비평사, 2001; 서중석, 「이회영의 교육운동과 독립군 양성」, 『나라사랑』 104집(2002. 10), 외솔회 등이 있다.

17 안동독립운동기념관 편, 『국역 백하일기』, 2011, 85~86쪽; 한시준, 「신흥무관학교와 독립운동」, 『한국독립운동사연구』 40집, 8쪽.

18 『국역 백하일기』, 256쪽. 조동걸은 추가가에 있던 학교가 합니하로 이전한 것이 아니라, 합니하에 중등과정의 학교를 신설한 것으로 해석하였다. 김대락의 일기(백하일기)에 따르면 합니하에 새로운 학교를 세워 개교하였지만, 추가가의 학교는 그대로 건재하여 김대락의 손자 正魯가 종전대로 기숙사 생활을 했다고 한다. 따라서 합니하 교사의 신축에도 불구하고 상당기간 추가가 소재 신흥학교가 운영되고 있었음을 알 수 있다(조동걸, 앞의 논문, 423~424쪽).

19 박환, 「신흥무관학교」, 『한국독립운동사사전(운동·단체편)』 5, 독립기념관, 2004, 358~361쪽.

20 서중석, 『신흥무관학교와 망명자들』, 역사비평사, 116쪽.

일기형식의 회고록 『경천아일록』에서 이 학교 학생과 졸업생, 관계자들이 3·1운동 이후 크게 고무되어 독립전쟁에 매우 열의를 보였던 것으로 기록하였다.[21] 그만큼 이 학교는 항일무장투쟁의 기간인재를 배출하는 요람의 역할을 훌륭히 수행하였던 것이다.

1910년대 초 신흥강습소 등에 깊이 관여했던 석주 이상룡은 『석주유고』에서 신흥강습소와 관련된 시문을 남겼다. 이상룡은 「만주에서 겪은 일(滿洲紀事)」이라는 제목의 시에서 '신흥숙'을 다음과 같이 묘사하였다.

> 추가가에서 결사하니 충심은 굳고(鄒街結社衷心堅)
> 밭갈고 배우는 일 취지 모두 완전했다(耕學雙方趣旨全)
> 모든 정신 신흥학교에 쏟아부어(精神盡注新興塾)
> 양성한 군사 비호보다 날랜 오륙백(養得貔貅過半千)

이 시를 통해 애초부터 이 학교가 군사학교로 설립·운영된 것을 알 수 있다.[22]

이 학교의 군사과목에 대해서는 "합니하 강변의 깊숙한 곳에 신흥중학교를 설립하고 군사과를 부설하여 몰래 일본 병서를 구입해서 강습하게 하였다."[23]라고 했다. 따라서 흔히 '신흥무관학교'로 부르는 것처럼 이 학교가 군사학교적 성격을 띠고 있는 것은 분명한 것으로 보인다.[24]

---

21 金擎天, 『경천아일록(擎天兒日錄) - 연해주 지역 항일독립운동가 김경천 장군의 일기』, 학고방, 2012, 79쪽.

22 안동독립운동기념관 편, 『국역 석주유고』 상, 경인문화사, 2008, 215~216쪽.

23 「(이상룡) 행장」, 위의 책(하) 156쪽.

24 "만주에 주재하던 한인들이 일제히 유하현의 孤山子에 모여서 혈전준비를 의논하고, 南廷燮과 宋鍾根을 공에게 보내어서 이 일에 대해 아뢰었다(위의 책(하), 「(이상룡) 행장」, 158쪽)." "계축년(1913년)에 재정의 곤란으로 경학사의 사무(社務)를 폐지하고 오직 신흥학교만 존속하여 교육사업에 전력하였다(「선부군(先府君) 유사(遺事)」, 위의 책(하), 604쪽)."라고 언급하고 있는 부분은 이 학교가 '무관학교'임을 알려주며, 현지 동포들의 주요 관심 대상이었음을 알 수 있다.

경북 안동 출신의 명망가 김대락(金大洛)은 유하현 삼원보로 이주 후 오랫동안 고국을 그리워하며 어려운 생활과정에서 크게 고통스러워 했다. 그러나 이 학교의 건립에 참여하고 현지를 왕래하며 심리적 안정을 취할 수 있었다.[25] 김대락 등 안동 내앞문중은 1912년 6월(양력 7월) 신흥강습소 합니하분교의 준공을 전후하여 합니하로 옮겨갔다.[26] 신흥강습소의 합니하 개교와 운영에 김대락·김동삼 등 의성김씨 문중이 관여하는 것은 자연스런 일이었다. 김대락은 합니하 신흥강습소의 낙성식에 관한 생생한 기록을 남겼다.[27]

한편, 이상룡의 행장에도 역시 합니하 강변의 깊숙한 곳에 신흥중학교를 설립하고, 군사과를 부설하여 몰래 일본병서를 구입해서 강습하게 하였다고 군사교육 사실을 서술하였다[28]. 이처럼 이상룡은 문집 『석주유고』에 신흥강습소와 관련된 여러 편의 시문을 남겨 그의 활약과 이 학교에 대한 큰 관심과 애정을 보였다.

1919년 3·1운동 직후 입학생이 늘어남에 따라 고산자 대두자에 신축된 후기 신흥학교에 대한 기록은 최근 자료집으로 발간된 김경천의 회고형식의 일기 『경천아일록』을 통해 그 실상의 일단을 파악할 수 있다.

신흥강습소는 이처럼 어려운 여건에서도 독립전쟁론에 입각한 항일무장투쟁의 기간인재를 배출하는 요람의 역할을 훌륭히 수행하였다. 항일무장투쟁은 이러한 군사인재의 양성이 매우 중요하였다. 줄기차게 독립운동의 기간요원을 양성하던 신흥강습소는 결국 1920년 7월 경 일본군의 침입과 탄압으로 다수의 교관과 학생들이 북상하여 북간도(중국 연변)지역이나 북만

25 1912년 3월 2일 일기, 『국역 백하일기』, 227쪽.

26 안동대학교 안동문화연구소·안동독립운동기념관 편, 『경북독립운동사』 4, 경상북도, 2013, 111쪽.

27 상세한 내용은 1912년 6월 7일자 일기, 『국역 백하일기』, 256쪽 참조.

28 『국역 석주유고(하)』, 156쪽.

주로 옮겨갈 수 밖에 없었다.

나) 이주 초기 독립운동가들의 험난했던 생활

남만주(서간도) 지역, 특히 유하현 삼원보(현지에서는 三源浦라고 함)은 잘 알려진대로 1910년대 초 이회영과 이상룡, 김대락, 허위 일가 등 명망가들이 온 가족을 이끌고망명하여 온갖 고난을 겪으며 민족운동을 전개한 곳이었다. 안동에서 서간도 유하현으로 망명한 이상룡 집안의 경우 고국에 '대궐같은 집(臨淸閣)'을 두고 떠나와 다른 나라에 와서 풍찬노숙하였다. 풀뿌리와 나무껍질로 연명하면서 토담집에 초가나 나무 널빤지로 지붕을 덮은 허름한 집에서 숱한 고난을 겪은 것이다.[29]

대다수 한인 이주민들은 이러한 고초를 겪어야 했다. 1910년대 서간도로 망명하였던 이회영 일가는 처음부터 굶주림과 추위, 질병 등으로 엄혹한 시련을 겪었다.[30]

이러한 고초는 이 학교 학생들도 예외가 아니었다. 신흥학교 설립 초기인 1911~13년 각종 풍토병의 유행과 기상이변으로 한인들이 농사를 망쳤기 때문에 별다른 지원을 받을 수 없었다. 이에 학교의 운영은 이석영의 사재에 의존해야 했다.[31] 따라서 학교와 학생들은 큰 어려움을 겪어야 했다. 온갖 어려움에도 불구하고 1910년대 남만주 지역 교민사회의 경우 독립운동의 의지도 강하고 열기도 뜨거웠으나, 가난한 농민들에게 부담을 주었기 때문에 불평하는 사람도 있었다.[32] 하여간 이렇게 어렵게 공부하며 이 학교를

29 이상룡의 손자 李恒曾 선생의 증언(박도, 『민족반역이 죄가 되지 않는 나라』, 우리문학사, 2000, 106쪽). 이상룡 및 허위 일가의 만주생활에 대해서는 許銀 구술(변창애 기록), 『아직도 내귀엔 서간도 바람소리가』, 정우사,1995, 참조.

30 李恩淑, 『가슴에 품은 뜻 하늘에 사무쳐(西間島 始終記)』, 인물연구소, 1981, 69쪽.

31 元秉常, 「신흥무관학교」, 『독립운동사자료집』 10, 독립운동사편찬위원회, 1976, 13쪽.

32 이상룡의 며느리였던 허은 여사는 "고산자 장터(신흥무관학교 자리 - 필자)가 범아가리다." 혹은 "일

졸업한 사람들과 교관, 후원자들이 이후 항일투쟁 과정에서 큰 역할을 했다는 것은 너무나 잘 알려진 사실이다.

다) 1920년대 중반 남만주 화흥중학(化興中學)의 경우

1924년 11월 성립한 독립운동 단체 정의부(正義府)에서 중국 흥경현(興京縣, 현재는 新賓縣) 왕청문(旺清門)에 세운 중등학교 과정의 5년제 학교로, 일명 화흥학교라고도 한다. 정의부를 계승하여 1929년 9월 정식으로 성립한 국민부(國民府)와 조선혁명당에서도 큰 관심을 갖고 이 학교를 적극 유지하였다. 흥경(신빈)·통화·환인현 일대 한인 농민들의 자제들을 대상으로 민족교육을 실시하였으나, 후반기에는 조선혁명당원과 국민부원, 조선혁명군 대원을 양성하는 기능도 수행하였다. 이 학교의 교육내용은 상세히 알 수 없다.

그러나 1929년 9월 국민부의 제1회 중앙의회가 열렸을 때 교육문제에 대해서는 민족정신과 계급의식을 고양할 수 있는 '투쟁교육'을 실시하기로 결정한 바 있다. 그리고 소학교와 중학교는 중국의 학제를 그대로 적용하기로 하였으며, 일본제국주의 세력의 교육침략 정책을 적극 배격하기로 하였다. 그런데 1930년 8월 조선혁명당과 국민부 안에서 좌·우파가 대립하여 좌파가 축출되었기 때문에, 1930년 후반기부터는 민족주의적 교육내용이 대폭 강화되었을 것으로 추정된다. 따라서 이 학교에서는 국어·국사·지리 등의 과목을 교육하여 민족의식을 고취하였으며, 중국어 교육도 중요한 비중을 차지하였다. 교과서는 정의부와 국민부에서 직접 제작하여 배포하였다.

학교의 명예교장은 한민족의 독립운동을 물심양면으로 후원하던 중국인

본놈 보기 싫어 만주 왔더니, 농사지어 놓으면 군자금 한다고 다 뺏어간다."고 퍼붓는 아낙네도 있었다고 회고하였다(허은, 『아직도 내귀엔 서간도 바람소리가』, 80~81쪽).

왕동헌(王彤軒)이었고, 교감은 이호원(李浩源)이었다. 역대 교장은 황중성, 강홍락, 장신국(張信國) 등이었다. 교사로는 정치 담당에 김문거(金文擧, 본명 金昌憲), 역사 담당 박치화(朴致化), 중국어 및 영어 담당 유복산(漢族) 등이 근무하였다. 중학 예비반이 1년제, 중학부가 4년제였고, 2년제의 고등학부도 있었다. 중학부에는 70여 명의 남학생들이 있었다. 주간에는 학생들을 대상으로 수업을 하고, 밤에는 부근의 성인들을 대상으로 글을 가르치거나, 정치 및 농업실무 교육을 실시하는 등 사상교육 및 계몽운동도 전개하였다. 특히 1930년 8월까지는 국민부 법무위원장 현정경(玄正卿)이 편찬한 『농민독본(農民讀本)』 등의 교재를 활용하여 한인 농민들을 계몽하기도 했다. 나중에 초등학교 과정으로 4년제 화흥소학교도 부설되었다.

이 학교는 민족교육만 실시한 것이 아니라, 각종 독립운동 관련 회의가 개최되는 민족운동의 구심점 역할도 하였다. 예를 들면 1929년 11월 5일에는 조선혁명당 창립대회가 개최되었고, 1930년 8월에는 조선혁명당 중앙집행위원회가 열리기도 했다. 국민부에서는 1929년 후반 이 학교 안에 독립운동을 주도할 핵심요원을 양성하기 위해 '남만학원(南滿學院, 일명 홍경학원)'을 설립하였다. 그러나 이 남만학원은 후일 최봉(崔峰)·박소심(朴素心) 등의 교사들이 주동이 되어 청년들을 좌경화시키는 데 상당한 역할을 하여 조선혁명당과 국민부, 조선혁명군 내부의 사상적 갈등을 일으키는 의외의 결과를 초래하기도 했다. 1932년 조선혁명군이 중국의용군인 요녕민중자위군(遼寧民衆自衛軍)과 연합하여 투쟁하면서, 한때 이 학교에 속성군관학교를 설치하여 독립군 장교 양성과 사병훈련 교육을 실시하였다. 그러나 1931년 '9·18사변(만주사변)' 이후 괴뢰 만주국이 수립된 뒤 일제의 탄압이 심화되고, 조선혁명군 등의 독립운동 세력이 쇠퇴하면서 이 학교도 큰 어려움을 겪게 되었다. 특히 통화현의 강전자에 속성군관학교가 세워지면서 이 학교의 중학반은 없어지고 소학부만 남았다. 이후 1932년 말경 폐교된 것으로 추정된다.

그러나 왕청문 주민들의 요청으로 1934년 2월 28일 공립 '왕청문 보통학교'로 다시 개교하였다. 항일 민족교육의 전통은 그대로 계승되어 일제의 탄압을 받기도 했다. 이 학교의 교장 전태화(田泰和)와 교사 계지호(桂志浩)·이일평(李一平) 등은 1934·5년경 교과서의 표지는 조선총독부의 것을 쓰고 내용은 전에 쓰던 화흥학교의 교재를 그대로 쓰는 등의 방법으로 항일 민족교육을 실시하다가 일제 당국에 검거되는 등의 수난을 겪었던 것이다. 이호원이 작사한 다음과 같은 교가가 전해지고 있다. "대동의 위력 크게 떨치던 고구려 부여 끼친 옛터에, 피땀의 결정 모아 지은 집 우리 화흥교라, 만세! 만세! 우리 화흥교, 만세! 만세! 우리 화흥교." 2000년대 초까지 같은 자리에 왕청문 조선족소학교가 운영되었다.[33]

라) 1930년대 초 조선혁명군운영 강전자(江甸子) 속성군관학교

재만(在滿) 조선혁명당 산하의 민족주의 계열 독립군인 조선혁명군에서 독립군 장교 양성과 사병들의 훈련을 목적으로 1932년 3월경 중국 길림성 통화현(通化縣) 강전자에 세운 속성 군사학교이다. 일명 '강전자 군사훈련소'라고도 한다. 약 6~7개월 정도 운영되었으나, 일본군의 침공과 탄압으로 같은 해 10월 경 폐교되고 말았다.

조선혁명군은 1931년 '9·18사변(이른바 만주사변)' 이후 일제의 중국 동북

---

33 이상은 일본 외무성 東亞局, 『昭和 11년도 집무보고』(국회도서관 소장 일본 외무성,육·해군성문서 복사제책본 제2,446권); 桂基華, 「三府·國民府·조선혁명군의 독립운동 회고」, 『한국독립운동사연구』 1집, 독립기념관 한국독립운동사연구소, 1987;曹文奇, 『鴨綠江邊的抗日名將梁世鳳』, 遼寧人民出版社, 1990; 黃龍國, 「조선혁명군의 근거지 문제에 대하여」, 『박영석교수 화갑기념 한민족독립운동사 논총』, 탐구당, 1992; 李命英, 『권력의 역사』, 성균관대출판부, 1983; 김순화, 「정의부가 피땀으로 일떠세운 화흥중학」, 『불씨』(중국조선민족발자취총서 2), 민족출판사, 1995; 장세윤, 『재만 조선혁명당의 민족해방운동 연구』, 성균관대 박사학위 논문, 1997 등을 참고로 서술함.

지방(만주) 침략이 본격화하고 중국동북 각지에서 중국인 의용군이 봉기하자 이들과 연합하여 공동작전을 전개하였다. 특히 조선혁명군은 중국인 당취오(唐聚五)가 거느리는 요녕민중자위군(遼寧民衆自衛軍)과 작전협정을 맺고 공동투쟁하였다. 이때 조선혁명군은 요녕민중자위군의 특무대로 편제되어 약 200여 차례의 전투를 치르며 크게 활약하였다. 이 과정에서 조선혁명군 간부들은 유능한 독립군 장교의 양성과 체계적인 사병훈련을 통한 병력충원의 필요성을 절감하였다. 이에 조선혁명당과 조선혁명군에서는 주요 근거지의 하나인 강전자에 군사학교를 세우게 되었다.

조선혁명군은 원래 총사령부 소재지인 신빈현(新賓縣) 왕청문(旺清門)의 화흥중학(化興中學)을 속성군관학교로 개편하였다가 다시 강전자로 옮긴 것이다. 처음에는 마땅한 건물이 없어 통화현 서강(西江)에 있는 한인(韓人) 소학교 건물을 빌려 학생들을 머물게하고 훈련을 시켰다. 이후 학교 설립자금이 마련되어 강전자의 중국인 배회오(裵會伍)가 운영하던 동생후(同生厚) 상점을 구입한 뒤, 이를 교실과 기숙사로 개조하여 사용하였다. 훈련생은 관할구역의 한인 농가에서 18~35세 사이의 건장한 청·장년들을 한사람씩 징집하여 충원하였다. 조선혁명군 사령관 양세봉(梁世奉)이 교장을 맡고 윤동훈(尹東勳, 일명 윤일파, 황포군관학교 졸업)이 교육장을 맡았다. 교관은 장신국(張信國)·홍익선(洪益善)·임필순(任弼淳) 등이 활약하였다. 오전에는 교과수업을 진행하고 오후에는 군사훈련을 실시하였다.

제1기생은 입학시험이 없었기 때문에 문맹자도 많아 어려움을 겪기도 했다. 그러나 2기생부터는 입학시험을 실시해서 우수한 청년만 받아들였다. 약 120명에서 140명 내외의 학생들이 지방별로 함께 입교하여 한달간 군사훈련을 받았다. 예를들면 1932년 3월 15일 조선혁명군의 환인현(桓仁縣) 지방군 140여 명이 입교하여 4월 15일 수료·퇴교하였다. 이어서 통화현 지방군 120여 명이 4월 15일 입교하여 5월 15일 퇴교하였다. 또 집안현(輯安縣) 지방군이 입교하여 훈련을 받는 등 남만주 일대 조선혁명군 근거지의 청년들이 속속 입교하여 조선혁명군의 기초를 닦았다. 이때 일부 중국인(漢族) 청년들도 훈련을 받았다. 각 중대에서 선발되어 파견되었거나, 훈련과정에서 우수한 성적을 받은 청년들은 조선혁명군의 장교로 임용되거나, 혹은 조선혁명군 사령부 직속 중앙군에 편입되었다.

그러나 1932년 10월경 일본군이 통화 일대에 대거 침공하고, 이 학교를 폭격하는 등 탄압을 강화하였다. 이에 조선혁명군에서는 강전자에 일본군이 침공하기 직전인 10월경 이 학교를 스스로 폐교시켰다. 이는 관계자들의 피해를 막기위한 조치였다. 그러나 이 학교를 거쳐간 수백명(기록에 따라서는 최대 2,000여 명)의 장교와 사병 등 인재들은 추후 조선혁명군에 가담하여 1938년 경까지 치열한 항일무장투쟁을 전개함으로써 매우 중요한 의미를 남겼다.[34]

② 중국 연변(북간도) 지역 독립군 양성 학교

가) 대전학교(大甸學校; 나자구사관학교, 태평구사관학교, 동림무관학교)의 설립과 운영

노령 연해주에서 활동하던 이동휘와 지역 유지인 최정국·염재군(廉在君)·전의근(全義根) 등이 1914년 8월 협의하여 중국 길림성 왕청현(汪淸縣) 나자구(羅子溝)에 독립군 장교 양성을 목적으로 최초로 세운 사관학교이다. 일명 동림(東林) 무관학교, 또는 나자구(태평구) 사관학교라고도 한다. 이동휘의 주

34 이상은 金學奎, 「三十年來韓國革命運動在中國東北」, 『光復』 1권 4기(1941년 6월), 독립기념관 한국독립운동사연구소 1987년 영인.; 桂基華, 「三府·國民府·朝鮮革命軍의 독립운동 회고」, 『한국독립운동사연구』 1집, 1987; 장세윤, 「조선혁명군 연구」, 『한국독립운동사연구』 4(1990); 朴昌昱, 「조선혁명군과 요녕민중자위군의 연합작전」, 『박영석교수 화갑기념 한민족독립운동사 논총』, 탐구당, 1992; 姜龍權, 『죽은자의 숨결, 산자의 발길』(下), 장산, 1996 등을 참고로 서술.

선으로 연길 소영자(小營子)의 광성학교(光成學校) 학생 일부가 옮겨와 교련을 받기도 했다. 또 창동학교를 수료한 뒤 이 학교로 옮겨가 교육을 받았다.

1911년 소위 '105인 사건'에 연루되어 섬으로 유배되었던 이동휘는 이듬해 가을 연길로 망명하여 독립운동을 전개하였다. 1913년 다시 연해주로 건너가 김성무(金成武)·양성춘·채성하·김규면(金奎冕)·장기영(張基永)·이갑(李甲)·유동열(柳東悅)·안공근(安恭根)·최재형(崔材亨)·홍범도(洪範圖) 등 명망가들과 독립운동 방략을 협의하였다. 특히 1913년 10월 말에서 11월 초에 결성된 대한광복군정부(大韓光復軍政府)의 2대 정도령(正都領)이 되면서 독립전쟁 수행계획이 급속히 추진되었다. 이때 독립운동을 지휘할 독립군 장교를 양성하기로 하였다. 이에 이동휘는 나자구에 도착하여 나자구는 길림성과 흑룡강성 사이의 변경에 위치한 산악지대로서 1910년을 전후하여 그곳에 이주·정착한 한인들이 집단부락을 형성하고 학교를 세우는 등 교육활동이 활발한 지역이었다. 따라서 이미 그 지역에 있었던 태흥서숙(泰興書塾)이 모체가 되었다. 대한광복군정부의 필수적 사업인 이 무관학교의 건립은 적극적 무장투쟁론자였던 이동휘의 '독립전쟁론의 구현'이라는 목표를 달성하기 위한 구체적 결실이었다.

보성전문학교의 설립자 이용익(李容翊)의 아들 이종호(李鍾浩)가 자본금 천원을 제공하였다. 학교와 기숙사의 건축은 주민들이 담당하고, 학교 유지 경비는 이종호가 맡았다. 장기영이 교관모집과 교과서 수집, 김규면(金奎冕, 후일 신민단 단장)·전일(후일 철혈광복단 단원)·조응순이 학생 모집을 맡았다. 그 결과 나자구에 있던 태흥서숙의 학생들을 비롯하여 남북만주와 훈춘연해주 등지에서 집결한 학생수는 100여 명에 달하였다.

다른 사립학교들과 달리 군사지식 학습과 군사훈련, 항일민족교육 사상에 중점을 두었다. 김립(金立)·김규면·정기연·오영선(吳永善-이동휘의 사위)·

김영학(金永學)·김광은(金光恩)·강성남·한흥·김하정(金河鼎) 등이 교관으로 활동하였다. 태흥서숙의 학과목은 수신·성경·국어(한글)·중국어·작문·국내외 역사·기하·삼각·부기·주산·산술·동식물·광물·화학·심리학·법제·경제·실업·농사·창가·체조 등이었다. 그러므로 대전학교의 교과 과목도 이와 비슷했을 것으로 추정되지만, 군사학과 교련과목의 비중이 컸을 것으로 보인다. 특히 대전학교는 군사교육을 목적으로 세워졌기 때문에 이러한 경향은 뚜렷했다. 이 학교는 특히 다른 학교와 달리 군사지식 학습과 군사훈련, 항일투쟁을 위한 민족사상 교육에 중점을 두었다. 이 학교에는 실제로 군사교육을 위해 중국 지방 육군부대에서 장총 여섯 자루를 구해 실제 군사교육에 활용하였다. 그리고 교재는 중국 군관학교에 재학중이던 한운룡(韓雲龍)과 이용(李鏞, 이준 열사의 아들) 등이 보내준 『보병조전(步兵操典)』·『전술학(戰術學)』·『군인수지(軍人須知)』 등을 교과서로 사용하였다.

특히 주목되는 것은 다음과 같은 교가가 전해지고 있는 것으로 미루어 보아 대전학교의 민족교육의 실상을 여실히 알 수 있다. "(1절) 백두산하 넓고 넓은 만주 뜰들은 건국영웅 우리들의 운동장이요, 걸음 걸음 대를 지어 앞을 향하여 할발히 나아감이 엄숙하도다. (2절) 대포소리 앞 뒤 산을 둥둥 울리고, 총과 칼이 상설(霜雪)같이 맹렬하여도 두려움 없이 악악하는 돌격소리에 적의 군사 공겁(恐怯)하여 정신잃는다. (3절) 높이 솟은 백두산아 내말 들어라 저 건너 부사산(富士山: 일본의 후지산-필자) 부러워 말아라, 우리의 청년들이 지진(地震)이 되어서 부사산 번칠(뒤집을-필자) 날이 멀지 않도다." 대단한 한민족의 기개가 아닐 수 없다.

철저한 반일교육과 엄격한 군사교육으로 명성을 떨친 이 학교는 자연히 일제의 감시대상이 되었다. 이러한 상황에서 교장 이동휘는 무기를 구입하기 위해 러시아 연해주(블라디보스톡 등)로 갔다가 러시아 정부에 체포되고 말았다. 이리하여 여러 가지 어려움이 초래되었다. 여기에 더하여 대전학교의 민족교육을 탐지한 일제측의 협박으로 중국 길림성 정부에서는 1916년에 이 학교에 대해 해산령을 내리고 말았다. 이 때 무관학교 학생들은 면학의 뜻을 이루지 못하고 해산하게 되었으나, 이 중 40여 명은 고학을 해서라도 면학을 계속할 결심으로 집단적으로 새로운 방안을 강구하였다.

즉 제1차 세계대전 발발 이후 노동자를 대거 모집하던 러시아 우랄지방 벨림의 큰 공장으로 가서 노임을 받으면서 공부를 계속하기 위해 그 공장을 찾아갔던 것이다. 이 학생들 가운데 일부가 한인 최초의 사회주의자로 이름을 남긴 김알렉산드라 스탄케비치를 그곳에서 만나 보호를 받으며 수학했다. 그 결과 남공선(南公善), 장기영 등은 연해주로 떠났고, 상당수 교사와 학생들은 새로운 기지를 개척하기 위해 오영선의 인솔하에 훈춘현 대황구(大荒溝) 방면으로 이동하였다. 그리하여 그 곳에서 그 지역의 유지들과 함께 북일학교(北一學校)를 세우고, 이동휘를 명예교장으로, 양하구(梁河龜)를 교장으로, 오영선을 교장대리로 추대하는 등 사관학교의 명맥을 이어 나갔다. 후일 대한군정서(북로군정서)의 사관양성소 등으로 계승되었다. 다수의 학생들은 1917년 1월경 북일학교에 입학하여 그 맥을 이어나갔다. 이 학교는 겉으로는 단순히 '대전학교'로 불렸지만, 실제 교육내용은 독립전쟁을 목표로 하는 군사학교적 성격을 띠었다. 결국 이 학교는 설립된지 1년여 만인 1915년 말 일제의 탄압으로 부득이 문을 닫게 되었다. 그러나 이 학교를 통하여 독립운동, 특히 항일무장투쟁을 주도할 독립군 간부를 양성하고자 했던 지도자들의 교육구국운동과 그 정신은 이후 만주지역의 다른 독립운동 단체에도 큰 영향을 끼쳤다. 즉 후일 북일학교와 북로군정서의 사관연성소와 같은 다른 유형의 군사학교로 그 맥이 면면히 계승되었던 것이다.

대전학교에서 수학한 임국정(林國楨)과 최봉설(崔鳳卨) 등은 철혈광복단(鐵

血光復團)을 조직하고 군자금 모집에 분투하였다. 특히 이들은 대한군정서(북로군정서)의 특파대가 되어 1920년 1월 4일 명동촌(明東村) 입구의 동량어구(東良於口)에서 조선은행권 15만원을 탈취하는 거사를 단행하여 큰 반향을 불러일으켰다. 이처럼 이 학교를 거쳐간 인재들은 1920년대 초 북간도(중국 연변) 일대 독립운동의 주역으로 활동하며 민족운동에 기여하였다.[35]

나) 대한군정서(북로군정서) 사관연성소의 설립

대한군정서의 사관연성소는 1920년 3월 중국 연변 왕청현 십리평(十里坪)에서 정식으로 개교하였다. 개교 당시 생도수는 60여 명에 불과하였으나, 그 뒤 입교생이 계속 늘어나 같은 해 9월 289명의 제1회 졸업생을 배출하였다. 대한군정서의 사령관인 김좌진이 연성소장을 겸직하였고, 그 아래에 사령부 부관 박영희(朴寧熙)가 학도단장을 맡았다. 교관 이장녕(李章寧)·이범석(李範奭)·김규식(金奎植)·김홍국(金弘國)·최상운(崔尙云) 등이 생도훈련을 담당해 정예 독립군을 양성하고자 하였다.[36]

2) 중국 연변지역(북간도) 독립군의 형성과 발전

① 홍범도(洪範圖) 의병부대의 북상과 '대한독립군'의 형성

홍범도는 주로 산포수들로 구성된 의병부대를 조직하여 1907년 11월부터 1911년 3월 경까지 함경도·평안도와 두만강 하류일대에서 일본 관헌

35 이상은 『독립신문』 1920년 1월 1일자; 리영일, 「리동휘 성재 선생」, 『誠齋 李東輝 全書』 상, 한국독립운동사 자료총서 제13집, 독립기념관 한국독립운동사연구소, 1998; 연변정협문사자료위원회, 『연변문사자료』 5, 龍井(내부자료); 장세윤, 『홍범도 - 생애와 독립전쟁』, 독립기념관, 1997; 한국독립유공자협회 엮음, 『중국동북지역 한국독립운동사』, 집문당, 1997; 반병율, 『성재 이동휘 일대기』, 범우사, 1999; 박금해, 「1910년대 왕청현의 조선족 교육과 '라자구사관학교'」, 『개척』, 민족출판사, 1999; 박주신, 『간도한인의 민족교육운동사』, 아세아문화사, 2000 등을 참고로 서술.

36 박민영, 「독립군의 편성과 독립전쟁」, 『신편 한국사』 48(임시정부의 편성과 독립전쟁), 국사편찬위원회, 2002, 202쪽.

및 군경 등 침략세력과 친일·봉건·부패세력과 투쟁하여 크게 명성을 떨쳤다. 그러나 일제의 탄압이 강화되어 더 이상의 항전이 어렵게 되자 홍범도는 1908년 11월 초 40여 명의 의병을 데리고 신갈파진을 거쳐 중국 통화(通化)로 망명하였다. 11월 10일 경 길림(吉林)에서 러시아어 통역 등 4명을 제외한 나머지 의병들을 재기를 기약하고 국내로 돌려보냈다. 홍범도 의병부대가 해산된 것이다.

이후 홍범도는 연해주 지방에서 재기를 도모하였다. 이에 따라 홍범도는 1910년 4월 초순 러시아제 총기로 무장한 30여 명의 의병을 거느리고 국내로 진격하였다. 같은 달 하순에는 함경북도 무산에서 일본군 40명과 격전을 벌였다. 그 뒤 무산·종성 등지의 일본군과 수차례 격전하였으나, 결국 패전하고 다시 중국 안도현과 길림을 거쳐 러시아로 망명하였다. 또 홍범도는 1911년 3월 휘하 의병장 박영신(朴永信) 등 30여 명의 의병부대를 파견하였다. 이들은 두만강을 건너 함경북도 경원 세천동(細川洞) 부근에서 일본군 수비대와 격전을 치렀다

이처럼 홍범도 의병부대는 한말 의병전쟁사에서 중요한 위상을 차지하고 있으며 뚜렷이 구별되는 특징이 있다. 홍범도 의병부대의 활약이 갖는 의의는 특히 연변(북간도) 및 만주(중국동북)·연해주 지역에서 독립군의 항일무장투쟁으로 계승, 발전했다는 점이 중요하다. 홍범도 의병부대는 한국학계에서 대표적 평민의병 부대로서 독립운동사, 나아가 한국근대사에서 중요한 의미를 갖는 것으로 평가되고 있다.[37]

---

37 홍범도 의병부대에 대해서는 오길보, 「홍범도 의병대에 대한 연구」, 『력사과학』 1962년 6호; 金正明 編, 『朝鮮獨立運動』 3, 原書房, 1967; 국사편찬위원회, 『한국독립운동사』(의병편) 1~10, 탐구당, 1968~1988; 독립운동사편찬위원회, 『독립운동사자료집』 1·3·10, 1970·1971·1976; 신용하, 『한국근대민족운동사 연구』, 1988, 일조각; 박영석, 『재만한인 독립운동사 연구』, 1988, 일조각; 조동걸, 『한말 의병전쟁』, 독립기념관 한국독립운동사연구소, 1989; 윤병석, 『한말 의병장 열전』, 한국독립운동사연구소, 1991; 장세윤, 「'홍범도 일지'를 통해본 홍범도의 생애와 항일무장투쟁」, 『한국독립운동사연구』5, 한국독립운동사연구소, 1991; 한국정신문화연구원 편, 『한국독립운동사 자료집』(홍범

특히 매우 어려운 환경에서도 불굴의 의지로 계속된 홍범도의 항일무장투쟁에 대한 의지는 1919~20년 사이에 그 유명한 '대한독립군'의 결성으로 빛을 보았다. 즉 이러한 일련의 움직임은 1915년 7월부터 1917년 11월까지 북만주 밀산(密山)의 김성무(金成武) 농장에서 독립전쟁을 준비하고 있던 홍범도가 중국 연변지역(북간도)으로 진출하여 '대한독립군'을 결성함으로써 1920년대 초 무장투쟁으로 결실을 맺었던 것이다.[38] 이처럼 1910년대 독립군기지 개척운동의 성과를 바탕으로 1920년대 봉오동·청산리전투 등의 독립전쟁, 나아가 1920~1930년대 항일무장투쟁이 전개되었다.

② 대한군정서(북로군정서)

중국 연변(북간도)지역에서 편성된 여러 독립군 부대 가운데 가장 강력한 단체는 대한군정서(일명 북로군정서)라고 할 수 있다. 대한군정서는 1910년 직후 조직된 대종교의 중광단(重光團)이 발전한 것이다. 연변 일대에서 활동하던 서일(徐一) 등의 대종교 계통 인사들은 1910년 전후 시기에 '북천지계(北遷之計)'에 따라 두만강을 건넌 항일의병들을 규합하여 1911년 3월에 왕청현(汪淸縣)에서 독립운동 단체인 중광단을 조직하였다.

중광단은 1919년 국내에서 일어난 3·1운동을 계기로 '독립전쟁'을 표방하며 중국동북 일대의 대종교 신도와 북상한 의병 및 공교회원(孔敎會員) 등을 규합하여 정의단으로 확대 발전하였다. 독립군적 조직을 갖춘 정의단은 1919년 8월 '군정회'로 다시 명칭을 변경하고 왕청현 춘명향(春明鄕) 서대파(西大坡)에 본영을 두었다. 이어 군정회는 같은 해 10월 군정부(軍政府)로, 그리고 12월에는 상해(上海) 대한민국임시정부의 지시에 따르기로 하고, 임

도편), 1995; 장세윤, 『홍범도 - 생애와 독립전쟁』, 한국독립운동사연구소, 1997. 장세윤, 『홍범도 - 봉오동·청산리전투의 영웅』, 역사공간, 2007; 김삼웅, 『빨치산대장 홍범도 평전』, 현암사, 2013; 반병률, 『홍범도장군 - 자서전 홍범도일지와 항일무장투쟁』, 한울아카데미, 2014 등 참조.

38 장세윤, 『홍범도 — 생애와 독립전쟁』, 독립기념관, 1997, 143~154쪽.

시정부 「국무원령」 205호에 의해 대한군정서(大韓軍政署)로 다시 명칭을 바꾸어 임시정부를 봉대하는 모양새를 갖추었다. 대한군정서는 남만주(서간도) 지역에서 이상룡(李相龍)·지청천(池青天) 등의 주도로 편성된 '서로군정서'와 구분하기 위하여 '북로군정서'로 불리웠다.[39]

③ 현지인에 의한 자생적 독립군의 형성과 발전-군무도독부(軍務都督府)

1919년 중국 길림성(吉林省) 왕청현(汪淸縣) 봉오동(鳳梧洞)에서 최명록(崔明錄, 일명 崔振東)이 결성한 독립군 부대이다. 일명 '대한군무도독부', '독군부', '총군부(總軍府)'라고도 한다. 일찍이 중국에 귀화하여 중국인 지주의 양자가 된 최명록은 봉오동 일대의 많은 토지를 물려받아 대지주가 되었다. 최명록은 이러한 경제적 기반을 활용하여 독립군 부대를 창건하였다.

초기의 편제는 총재에 최명록, 참모장 박영(朴英), 대대장 이춘승(李春承), 중대장 이동춘(李同春, 뒤에 강우홍·강채정), 소대장 최문인(崔文仁) 등이었다. 초기 병력은 100여 명이었는데, 기관총과 소총, 수류탄 등으로 무장하였다. 강우홍과 강채정은 나자구 사관학교를 졸업한 인재였다. 1919년 말 한때 간도국민회군에 편입되기도 했다. 1920년 3월에서 6월 초까지 여러 차례 두만강을 건너 함경북도 온성군 일대로 진입하여 일본 군경과 전투를 벌였다. 3·1운동 이후 민족운동이 고조되면서 임시정부에 참가한 이동휘(李東輝) 등 무장투쟁론자들은 각지에 흩어져있는 독립군 부대들을 통합하여 전력을 극대화하려 하였다. 이에 따라 1920년 3월 25일 홍범도의 대한독립군과 군무도독부는 편제를 통합하기로 결정하였다.

이후 5월 3일 최명록의 본거지인 봉오동에서 군무도독부와 북로군정서(北路軍政署)·국민회·신민단(新民團)·광복단·의군단(義軍團) 등 6개 독립운동

39 박민영, 「독립군의 편성과 독립전쟁」, 『신편 한국사』 48(임시정부의 편성과 독립전쟁), 201~202쪽.

단체의 주요 간부가 모여 서로 협력할 것을 약속하였다. 또 5월 28일에는 군무도독부와 대한독립군, 국민회 독립군 등이 연합하여 '대한북로독군부(大韓北路督軍府)'를 편성하고 대일 연합항전을 전개하기로 하였다. 이 통합조직의 출범은 최명록 3형제가 소유하고 있던 토지와 재산이 큰 도움이 되었다.

대한북로독군부 부장(府長)은 최명록이 맡았고, 실질적 군사지휘관인 '북로제일군사령부' 부장은 홍범도가 맡았다. 이같은 독립군 부대의 통합은 놀라운 효과를 보았다. 즉 군무도독부 2개 중대 100여 명은 대한독립군·신민단·의군단 등의 독립군 부대와 함께 6월 7일의 봉오동전투에서 연변지방에 불법으로 침입한 일본군 1개 대대를 격멸하였던 것이다. 그러나 봉오동전투 이후 최명록과 홍범도 사이에 의견차이가 있어 군무도독부는 대한북로독군부 체제를 벗어나 독자적 작전을 전개하였다. 때문에 같은 해 10월의 청산리독립전쟁에는 직접 참가하지 않았고, 중국 연변의 훈춘현 일대에서 일본군과 소규모 전투를 벌였다. 이 때 총병력이 600여 명에 달했다는 과장된 기록이 있을만큼 세력이 컸다.

1920년 10월 일본군이 대거 침입함에 따라 연말에 노령 연해주로 이동하였고, 이듬해 1월 말에는 자유시(현재 러시아의 스보보드니)로 옮겨갔다. 이 무렵 허재욱(許在旭)이 이끄는 의군단과 통합하여 400여 명 규모의 '총군부'를 결성했다는 설도 있다. 1921년 4월 중순 홍범도·김좌진·이청천 등이 거느리는 다수의 독립군 부대와 합류하여 자유시에서 '대한독립단'을 결성하였다. 대한독립단 총병력은 3,000여 명에 달했는데, 최명록은 외교부장의 직책을 맡았다. 그러나 군통수권을 둘러싼 갈등이 고조되는 가운데 대표 최명록이 상해파 계열인 박일리아 부대에 합류함으로써, 이 해 6월 28일 이르쿠츠크파 계열의 오하묵 부대의 공격을 받았다. 이를 '자유시사변'(일명 흑하사변)이라 하는데, 군무도독부(총군부) 부대는 큰 피해를 입고 대원들의 대부분이 흩어지고 말았다. 일부 잔류대원은 소비에트 적군(赤軍) 제5군 직속 한인 여단에 편입되었다. 최명록은 이후 중국 연변지역으로 돌아갔다.[40]

④ 일시적 독립군 연합부대의 형성–대한북로독군부(大韓北路督軍府)

1920년 5월 28일 북간도 화룡현(和龍縣) 봉오동(鳳梧洞)에서 성립한 여러 독립군의 연합부대이다. 1920년 초 북간도에서 활동하던 여러 독립군 부대들은 두만강을 건너 국내로 진입하여 상당한 전과를 거두었다. 그러나 국내외의 여론을 환기할 만한 대규모 '독립전쟁'을 수행하기 위해서는 여러 곳에 분산되어있는 각종 독립군 부대들을 통합하거나 연합시켜 강대한 부대로 재편성할 필요가 있었다. 이에 홍범도가 영도하는 대한독립군과 안무(安武)가 인솔하는 대한국민회 국민군(약칭 국민회군), 최진동(崔振東)이 이끄는 군무도독부(軍務都督府) 독립군은 효과적인 독립전쟁을 전개하기 위하여 1920년 5월 3일 회의를 개최하고 통합 독립군 부대를 결성하기로 합의하였다.

같은 해 5월 28일 성립한 대한북로독군부의 조직은 다음과 같다. 대한북로독군부 부장(府長) 최진동·부관 안무, 북로제1군사령부 부장 홍범도·부관 주건(朱建)·참모 이병채(李秉埰)·군무국장 이원(李圓)·치중(輜重)과장 이상수(李尙洙)·향무(饗務)과장 최서일(崔瑞日)·피복과장 임병극(林炳極)·통신과장 박영(朴英)·제1중대장 이천오(李千五)·제2중대장 강상모(姜尙模)·제3중대장 강시범(姜時範)·제4중대장 조권식(曺權植) 등이었다. 이 때 총병력은 700~900여 명에 달하였다.

40 이상은 김준엽·김창순, 『한국공산주의운동사』1, 청계연구소, 1986; 신용하, 「홍범도의 대한독립군의 항일무장투쟁」, 『한국근대 민족운동사 연구』, 일조각, 1988; 오세창, 『재만한인의 항일독립운동사 연구』, 성균관대 박사학위 논문, 1988; 장세윤, 『홍범도 - 생애와 독립전쟁』, 독립기념관 한국독립운동사연구소, 1997; 박창욱, 「봉오동전투와 청산리전투 연구」, 『한국사연구』 111, 2000 등을 참고로 서술.

일본측 정보기록은 대한북로독군부의 전력을 비교적 상세히 파악하고 있다. 이에 따르면 홍범도의 대한독립군 계통은 병력 460명에 소총 200정, 탄약 4만 발, 권총 50정의 전력을 갖추고 있고, 최진동의 군무도독부와 안무의 국민군 계통은 280여 명의 병력에 소총 200정, 탄약 1만 2천 발, 수류탄 120개, 기관총 2문을 보유하고 있었다고 한다.[41]

1920년 6월 7일 대한북로독군부 독립군은 두만강을 건너 불법으로 침입해온 일본군 1개 대대를 봉오동 골짜기에서 매복·습격하여 격멸하는 큰 전과를 거두었다(봉오동전투). 이는 대규모 독립군 연합부대가 일본군 정규병력을 상대로 거둔 최초의 승전으로서 한민족의 독립운동사에서 매우 중요한 의의를 남겼다.[42]

⑤ 대한의군부–대한제국 관료 주도의 의병계열 독립군

대한의군부(통칭 의군부)는 1910년 이후 중국 연변지역과 러시아령 연해주에서 활동하던 의병을 중심으로 3·1운동 후 조직된 대규모의 독립군 조직이었다. 간도관리사 이래 연변지역과 연해주(沿海州) 일대에서 의병운동을 주도하던 이범윤(李範允)을 비롯해 허근(許瑾)·조상갑(趙尙甲)·최우익(崔于翼) 등의 명장들이 이 부대를 주도하고 있었다.[43]

이범윤이 연해주를 떠나 연변으로 건너온 1920년 전후에 편성된 것으로 보이며, 연길현 명월구(明月溝)에 근거지를 두었던 것으로 보인다. 본부 조직은 이범윤 총재 휘하에 사령관 김영선(金瑩善), 검사부장 최우익, 재무부장 강봉거(姜鳳擧) 등으로 구성되어 비교적 단순한 체제로 이루어져 있었다.

41 국가보훈처, 『독립군단명부』, 258~262쪽.

42 이상은 신용하, 「홍범도의 대한독립군의 항일무장투쟁」, 『한국근대 민족운동사 연구』, 일조각, 1988; 장세윤, 『홍범도 - 생애와 독립전쟁』, 독립기념관, 1997; 梶村秀樹·姜德相 編, 『現代史資料』 27(朝鮮 3), みすず書房, 1977 등을 참고로 서술함.

43 박민영, 앞의 글, 205쪽.

독립전쟁이 고조되던 1920년 7월 이후에는 검사부와 참모관회의, 군사령부를 통솔하는 참모부, 경리와 경위(警衛)를 맡은 참리부(參理部), 그리고 지방조직을 통솔하는 지방부등으로 정비되었다. 한편 전투부대는 허근을 대장으로 하는 약 100명의 '대한의군 전위대(前衛隊)'와 최우익을 총무로 하는 '대한의군 산포대(山砲隊)'로 구성되었다.

특히 160여 명으로 구성된 산포대는 일반 독립군 편성과는 다른 정예부대였다. 그러나 얼마 뒤 전위대와 산포대는 하나의 '대한의군'으로 통합되었다. 대한의군은 이범윤 휘하에서 최우익이 대한의군부 총판(總辦)이란 직함을 가지고 실질적으로 통솔하였으며, 다시 그 아래에 대한의군사령관 신일헌(申日憲)이 전면에서 작전을 수행하였던 것으로 보인다.[44] 1920년 8월 하순경에는 의군부의 최고 전략가이며 핵심인물인 총무부장 최우익을 비롯하여 이을(李乙)·강도천(姜道天) 등 13명의 의군부원이 의란구(依蘭溝) 북동(北洞)에서 일본군의 포위공격을 받고 순국하는 참변을 당하기도 하였다.[45]

⑥ 대한광복단

대한광복단은 왕청현 대감자(大坎子)와 의란구 등지에서 김성극(金星極)과 김성륜(金聖倫)이 공교회(孔敎會) 인물들을 중심으로 조직한 독립군단이다. 단장은 이범윤이었다. 이 조직은 대한국민회나 대한군정서와 달리 공화제를 반대하고 대한제국의 복벽(復辟)을 주장하였다. 대한광복단은 세력범위가 왕청현의 서부와 연길현 중부에 그치고 있어 다른 독립군 단체에 비해 그 세력이 크지 않았다. 일제측 기록에 따르면, 1920년 8월 현재 병력 200여 명에 소총 400정, 탄약 1만1천 발, 권총 30정의 전력을 구비한 것

44 국가보훈처, 『독립군단명부』, 194~232쪽.

45 채근식, 『무장독립운동비사』, 공보처, 1949, 77쪽 및 「殉國諸氏의 略歷」, 『獨立新聞』(1923년 1월 10일자).

으로 확인되고 있다.[46]

⑦ 훈춘한민회

훈춘한민회(琿春韓民會, 훈춘대한국민회, 훈춘대한국민의회, 대한국민의회훈춘지회)는 이동휘 계열의 기독교인들이 중심이 되어 조직한 독립운동 단체로 훈춘현 사도구(四道溝) 소황구(小黃溝)에 본부를 두고 있었다. 총 회원수가 2만 1천 명에 달하였을 정도로 세력이 컸으며, 대한신민단과 더불어 훈춘지방에서 유력한 독립운동 중심단체가 되었다. 이 단체는 1920년 8월 현재 250여 명의 병력에 소총 300정, 기관총 3정 등의 장비를 보유하고 있었다.[47]

⑧ 대한의민단

대한의민단(大韓義民團, 일명 대한민국의민단, 통칭 의민단)은 1920년 4~5월경 연길현 숭례향(崇禮鄕) 묘구(廟溝, 明月溝)에서 천주교 신도와 항일의병을 중심으로 조직된 독립군 조직이다. 방우룡(方雨龍)을 단장으로 한 의민단은 1920년 8월 현재 병력 300명에 소총 400정, 탄약 4만 발, 권총 50정, 수류탄 480개를 보유한 것으로 조사되었다.[48]

3) 남만주지역 독립군의 형성

① 서로군정서-신민회 계열의 독립운동 단체 및 독립군 조직

남만주지역에서도 중국 연변지역과 마찬가지로 3·1운동 직후부터 여러 독립군 부대가 조직되어 독립전쟁을 표방하고 활동하였다. 그 가운데 대표적 독립군 조직으로 서로군정서를 꼽을 수 있다.

---

46 국가보훈처, 『독립군단명부』, 270쪽; 박민영, 앞의 글, 206쪽에서 재인용.

47 위의 『독립군단명부』, 311쪽.

48 위의 책, 275쪽.

서로군정서는 1910년 대한제국 멸망 직후 남만주(서간도)지역에서 결성된 주요 한인 결사였던 부민단이 3·1운동 직후 확대 개편된 한족회를 모체로 한 것이다. 부민단은 제1차 세계대전 종결과 국내의 3·1운동을 계기로 변화된 국내외적 상황에 적극 부응하기 위해 조직을 대대적으로 확대 개편하였다. 이들은 1919년 3월 13일 한족회를 결성하였다. 한족회의 중앙총장은 이탁(李沰)이 맡았으며, 기관지로 『한족신보(韓族新報)』를 발간하였다. 국내외에서 전개되는 모든 독립운동을 지도 통제할 중앙정부의 건립에 최고목표를 두었던 한족회는 우선 일본과 독립전쟁을 수행할 주체로서 군정부 건립에 착수하였다.[49]

그러나 1919년 4월 독립운동의 최고기관으로 중국 상해에 대한민국임시정부가 수립되었기 때문에, 한족회는 그 산하에서 군정부의 역할을 맡기로 하고 서로군정서로 명칭을 변경하였다.[50] 서로군정서의 최고 책임자인 독판에는 이상룡이 선임되었으며, 그 아래에 부독판 여준, 정무청장 이탁(李沰), 참모부장 김동삼, 사령관 지청천(池靑天, 이청천) 등이 간부진을 구성하였다.[51]

② 대한독립군비단

1919년 5월 경 중국 길림성 장백현 팔도구(八道溝)에서 조직된 독립운동 단체인데, 약칭으로 군비단, 또는 대한군비단이라고도 했다. 1920년대 초반 압록강 상류를 넘나들며 주로 항일무장투쟁을 수행하여 일본의 한국 통치에 상당한 충격을 주었다. 중국 길림성 장백현 일대 거주 한인 교민들을 바탕으로 항일무장투쟁 등을 통한 독립운동을 전개, 일제 식민지 통치를 타

49 박민영, 「독립군의 편성과 독립전쟁」, 『신편 한국사』 48, 207쪽.

50 『獨立新聞』, 1920년 4월 22일, 「大韓軍政署略史」 참조.

51 윤병석 외, 「북간도 독립군의 편성」, 『중국동북지역 한국독립운동사』, 집문당, 1997, 242·276쪽.

도하고 국권을 회복하고자 하는 것을 표방하였다.

대한독립군비단은 3·1운동 직후인 1919년 5월 경 중국 길림성 장백현에서 이희삼(李熙三)·이영식(李永植)·이병호(李炳浩) 등이 조직하였다. 이들은 대한민국임시정부의 이동휘 등과 연계하여 활동하였다. 군비단은 약장(約章)에서 임시정부 산하의 군사기관임을 천명하였다.

대한독립군비단은 장백현 및 한국 북부 국경지대를 넘나들며 독립운동을 위한 군자금 모금과 항일무장투쟁, 그리고 독립운동에 활약할 인력 충원에 중점을 두었는데, 군비단의 활동은 1922년 경에 이르러 크게 변했다. 즉 상해에서 활동하던 대한민국임시정부는 중국동북(만주)에서 활동하던 여러 독립운동 단체들을 통합하여 효율적인 독립운동을 추진코자 하였다. 이에 부응하여 군비단은 부근의 다른 독립운동 조직과 통합을 모색하였다. 1921년 6월 1일 군비단 통신사무국이 있는 장백현 16도구 신창동에서 군비단, 광정단(光正團), 흥업단(興業團)의 주요 임원 20여 명이 모여서 통합을 위한 독립군 연합회를 개최하고, 흥업단 지단장 김창일(金昌一)을 임시회장으로 추대하였다. 이후 군비단은 대한국민단을 거쳐 광정단으로 발전하였다.

대한독립군비단은 장백현 일대 한인 교민들을 기반으로 1921년 전후 시기에 국내 진입작전 등으로 한국 북부 국경지대의 치안을 교란함으로써 일제의 식민지 통치에 상당한 충격을 주었다. 군비단은 대한국민단과 광정단으로 통합되었는데, 남만주지역 통합 독립군단 및 교민 자치조직으로 1924년 건립되는 참의부(參議府)의 모체조직이었다는 점에서 중요한 의의가 있다.[52]

52 이상은 채근식, 『무장독립운동비사』, 대한민국 공보처, 1949; 독립운동사편찬위원회, 『독립운동사』 5, 1973; 김준엽·김창순, 『한국공산주의운동사』4, 청계연구소, 1986; 허영길, 「장백의 '대한군비단'」, 『불씨』(중국조선민족발자취총서2), 민족출판사, 1995; 채영국, 『한민족의 만주 독립운동과 정의부』, 국학자료원, 2000; 윤대원, 『상해시기 대한민국임시정부 연구』, 서울대학교 출판부, 2006; 김주용, 「중국 장백지역 독립운동 단체의 활동과 성격」, 『사학연구』 92호, 2008 등을 참고로 서술.

③ 광정단의 성립과 활동

광정단은 1922년 4월부터 1924년 11월 경까지 중국 길림성 장백·무송현 일대에서 활동한 독립운동 단체이다.

광정단의 정식 명칭은 대한독립광정단(大韓獨立光正團)이다. 본부는 대한독립군비단이 있었던 장백현 17도구이다. 1910년 경술국치 이후 장백현으로 한인 이주자가 급증하면서 독립군 근거지로서의 역할을 하게 되었다. 광정단의 초기 주요 임원은 윤덕보(尹德甫), 한운섭(韓雲燮), 강우건(姜宇鍵), 이태걸(李泰杰), 이병률(李秉律) 등을 들 수 있다. 이들은 대부분 대한독립군비단에서 활동한 사람들이었다. 광정단은 대한독립군비단의 조직을 거의 그대로 승계하였기 때문에 활동 또한 군비단과 비슷한 형태로 전개 되었다. 광정단은 먼저 국내 진입계획을 세워 식민지 한인들에게 독립운동의 실상을 널리 선전하고자 하였다. 이를 위한 군자금 모집도 다양한 형태로 전개되었다. 또한 광정단은 무송현(撫松縣) 등에 학교 설립도추진하였다. 백산무관학교가 대표적 사례이다.

광정단(光正團, 혹은 匡正團)은 대한국민단·대진단(大震團)·태극단과 광복단의 일부가 통합되어 1922년 4월 중국 길림성 장백현(長白縣)에서 발족하였다. 광정단으로 통합된 독립군단 가운데 주류를 형성한 단체는 대한국민단이었다. 대한국민단은 광정단으로 통합되기 직전 대한독립군비단과 흥업단이 통합되어 성립하였다. 따라서 광정단은 엄밀히 말하면 장백현 일대에서 활동하던 군비단과 흥업단, 대진단, 태극단과 광복단의 일부 등 5개 독립운동 단체의 통합조직으로 볼 수 있다. 일부 독립운동가들 사이에서 '광정단(匡正團)'으로 불리기도 했는데, 그 이름 자체가 지금까지의 모든 과오를 바로잡고 새롭고도 올바른 방향으로 나아가자는 의미를 내포하고 있다. 이는 종전의 기성단체들을 모두 해산하고 새롭게 통합하여 바른 길로 나아가

자는 결연한 의지가 담긴 것이었다.

광정단은 1922년 4월 15일자로 모두 11장 30조에 달하는 단칙을 발표하였다. 단칙 제2장에 나와있는 '주의(主義)'에 따르면 광정단은 "정의를 표방하고 인도를 발휘하여 민족성 계발과 적개심을 양성하는 주의"이며, "철혈(鐵血)정신으로 국가 독립의 완전한 성취를 위해 분투 노력하는 것을 목적"으로 한다고 했다. 이를 보면 광정단은 반일투쟁과 독립쟁취를 목적으로 하는 민족주의계열 독립운동 조직이라는 사실을 알 수 있다.

광정단은 위와 같은 '주의'와 설립 목적을 실현하기 위해 중앙과 지방조직을 설치하였다. 중앙조직인 총부(總部)에는 단장과 부단장 각 1인과 시찰(視察) 4인, 총무 1인, 회계검사 2인을 두었으며, 그 밑에 의사부(議事部)·재무부·경호부·군사부·서무부·문화부·권업부(勸業部) 등 7개 부서를 두고, 이들 부서에는 부장과 차장 각 1인씩을 임명하였다. 지방조직의 경우 규모에 따라 부(部)·서(署)·구(區)로 나누고, 부에는 부장과 부부장, 총무, 서기, 재무장 등을 각 1인씩 두고 경호장(警護長) 1인과 경시(警視) 2인을 두도록 하였다. 서에는 서장(署長)과 총무, 서기, 재무, 경시 각 1인과 문화원(文化員)·권업원(勸業員)을 1인씩 두었다. 구에는 구장과 경시 각 1인씩을 임명하고, 오장(伍長)과 문화원·권업원 몇명을 두도록 하였다. 이러한 조직체계를 볼 때 광정단은 재만한인들을 기반으로 항일무장루쟁을 수행하는 한편, 교민들의 문화향상과 교육, 식산흥업을 주요 사업으로 추진한 것으로 판단된다.

중앙과 지방의 조직체계를 세운 광정단은 총부를 장백현 17도구(道溝) 동평덕리(東坪德里)에 두고 지방조직중 부(部)에 해당하는 기관은 임강현에 서부(西部)를, 무송현에 북부를 설치하였으며, 장백현에 있는 총부는 지방조직 남부의 임무를 겸하도록 하였다.

창립 초기 간부 명단은 다음과 같다.

총무부: 김호(일명 김호익)·윤덕보·한운섭, 의사부: 김용대·윤세복·석기만, 재무부: 강건·김국태·김여진, 군사부: 강진건·정철호·최진용·김재풍, 경호부: 이한평·신덕선·최진용, 문화부: 김연생·이재연·강명화, 서무부: 이병율·김화성·김병국, 통신부: 최진용·이종규·최광수, 위생부: 김진열·김경무, 외교부: 서경태·김정부·최순소·조덕목.

장백현을 주무대로 활동하던 광정단이 압록강을 건너 활발한 국내 진입작전을 전개하였기 때문에 일본 당국은 이러한 사실을 중국 당국에 알리고 한인들의 독립운동을 적극 탄압하도록 요청하여 1923년 이후 광정단 대원들의 무장투쟁이 차츰 약화되었다. 실제로 일본측의 요구를 수용한 중국동북 군벌정권 당국은 무장 독립군 및 배일한인(排日韓人)에 대한 탄압을 자행하여 상당한 피해를 입혔다. 예를 들면 군사부원 정철호는 지방조직을 순회하던 중 중국 순경대와 접전을 벌인 끝에 사로잡혀 일본 경찰에 인계되었다. 또 군사부장 강진건(姜鎭乾) 역시 중국 군경대에 검거되어 일제측에 넘겨졌는데, 조선총독부 법원에서 무기징역을 선고받고 고초를 겪어야 했다. 나아가 1925년 6월 조선총독부 경무국과 중국동북 군벌정권은 미쓰야협정(三矢協定)을 체결하고 조직적으로 만주지역 한인 독립운동을 탄압하였다.

이러한 배경에서 광정단은 1924년 초부터 조직의 체제를 위원제로 바꾸고 장백현 일대 한인 교민들을 대상으로 자치활동에 주력하다가 통의부 등 다른 단체들과 함께 새로운 활로를 개척하는 과정에서 정의부로 통합되었다. 1924년 11월 남만주 각 민족운동 단체 대표자들이 길림(吉林)에서 단체통합을 결의하고 정의부(正義府)를 결성하자 이에 합류되면서 해체되었다.

ㄱ. 주요 사업과 활동

창립 초기 간부진을 보면 단장 김호익(金虎翼), 총무 윤덕보(尹德甫, 일명 秉

庸), 군무장(軍務長) 강진건(姜鎭乾), 재무장 김관용(金寬用), 비서장 장승언(張承彦) 등이었다. 그 뒤 1923년 6월 조직 개편을 단행하여 단장에 윤덕보, 부단장에 김호익, 총무에 석계(石桂), 비서에 김성진(金聲振), 재무부장에 김국태(金國泰), 서무부장에 장승언(張承彦), 경호부장에 정철명(鄭哲明), 군사부장에 이한평(李漢平), 군법과장에 김용대(金容大), 문화부장에 한성일(韓性一), 산업부장에 최진용(崔鎭鏞) 등이 임명되었다. 윤덕보는 군비단 단장시 국내 진입작전을 중시하였다. 따라서 그가 단장이 된 것은 국내 진입 작전을 강력히 전개하기 위한 것이었다. 이에 따라 먼저 안도현(安圖縣) 산중에 군영을 설치하고, 다수의 한인 청년을 모집하여 2개월간의 군사훈련을 시키고 장백·안도·무송·임강 등 백두산 부근의 각 현에 배치하였다. 또 장백현 14도구 북방자(北房子)에 재봉소를 설치하여, 군복 등 군수품의 자급자족을 도모하였다. 한편 기금을 모아 무송현 부근의 동차구(東岔口) 대진동(大鎭洞)에 백산무관학교(白山武官學校) 설립을 시도하였다.

광정단은 1923년과 1924년에 소속 독립군을 국내에 진입시켜 일본 식민 통치 기관의 파괴, 친일파숙청 등의 활동을 전개하였으며, 무기 구입·군대 양성 등의 활동도 적극 전개하였다. 1924년 10월에는 독립군을 3개 대로 편성하여 제1대는 나성(羅性)이 150명을, 제2대는 김백(金伯)이 3백명을, 제3대는 남익(南翼)이 50명을 지휘하였다. 김호익·윤세복(尹世復) 등은 중국 동북정권과 정치적 교섭을 벌였으며, 김용대는 무기구입을 담당하였다.

이처럼 광정단은 압록강 접경 및 주변지역인 장백·무송·임강현 등지를 기반으로 한인들이 밀집한 주요 지역에 중앙 및 지방조직을 설치하고 대한독립군비단 이후 축적해온 역량을 바탕으로 적극적 항일무장투쟁을 전개하였다. 광정단 부단장을 지낸 강우건의 수기에 따르면 이 독립운동 조직은 백두산 부근 및 압록강 상류지역을 중심으로 하여 일본 군경이나 독립군을 탄압하는 중국 군경을 상대로 무장투쟁을 전개하였다고 한다. 특히 국내에서는 적게는 3~4명에서 1개 소대까지의 병력이 모연대(募捐隊) 또는 유격대를 결성하여 평안북도 초산, 함경남도 혜산진, 삼수, 갑산 등으로 진입하여 군자금 모금활동을 전개하고 일본 군경의 초소나 파출소를 습격하기도 하였다.

보기를 들면 1922년 6월 15일 김병수·한성조·정태성 등 단원 3명은 대담하게 국내 진입작전을 전개하여 압록강 상류를 건너 함경남도 내륙의 갑산군으로 진출하였다. 이들은 갑산의 부호 김의봉 집에 머물고 있던 일본 경찰 4명을 사살하고 군자금을 모집하는 큰 성과를 거두었다.

광정단은 총부 직속으로 암살대와 성위대(誠威隊)를 운영하여 특수임무를 담당케 하였다. 원문화(元文化)를 단장으로 하는 암살대는 임강현에 본부를 두었는데, 주로 관할구역 안의 일제 침략기구와 친일분자들을 파괴, 처단하는 임무를 맡았다. 장백현 16도구 덕수리(德水里)에 본부를 둔 성위대는 대장 강승경(姜承京)의 지휘로 국내 진입작전에서 결사대의 역할을 수행하는 정예의 소규모 특수부대였다.

광정단의 국내 진입작전은 항일무장투쟁에 그치지 않고, 일제의 통치기구나 경제수탈 기구를 파괴하고 친일세력을 위협하여 군자금을 모집하기도 하였다. 예를 들면 강승경(군사부장 겸임)이 이끄는 38명의 광정단 대원들은 1922년 9월 25일 본부 소재지인 동평덕리를 출발하여 함남 삼수군 호인면의 영성경찰주재소를 습격하여 일경 마쓰이 등 9명을 사살하고 총기와 군수품 등을 노획하는 큰 전과를 거두었다. 또 1923년 7월 28일 광정단의 무장대원 28명은 함경남도 갑산군 보혜면으로 진출하여 일경의 포태산주재소를 기습공격하여 순사 2명을 사살하였다. 1923~24년 사이에 광정단은 성위대를 수십번 조선 국내로 파견하여 일제 침략 및 경제수탈 기구를 파괴하고 친일분자를 소탕하며 군자금을 모집하는 등 백두산과 압록강 상류, 함경남도 북부 일대에서 주목되는 활동을 전개하였다.

ㄴ. 의의와 평가

광정단은 대한독립군비단과 대한국민단의 인적 자원을 계승하여 한층 발전된 항일 독립운동을 전개하였다. 광정단의 해소와 새로운 단체 정의부로의 통합은 각 단체 및 구성원들의 이념과 행동방략을 통합, 조화시키려는 독립운동가들의 결실의 상징이었다. 광정단은 결국 1924년 11월 정의부로 통합되어 남만주지역 독립운동의 발전에 기여하였다. 1920년대 중후반 남만주 독립운동과 교민 자치운동을 주도한 정의부의 모태 조직이 되었다는 점에서 중요한 의의가 있다.[53]

④ 대한통군부의 성립과 활동

남만주 지방에서 1919년 3월경 조직된 대한독립단은 전덕원(全德元)·오석영(吳錫英)의 지휘 하에 통화(通化)와 흥경(興京) 이남의 환인(桓仁)·집안현(輯安縣) 등을, 서로군정서는 이상룡·이탁(李沰)·김동삼 등의 주도 하에 유하현(柳河縣)등과 길림 일대를 담당하여 일제 관련 기관과 주구배 척결 활동을 전개하였다.[54] 통군부는 1922년 1월에 조직되었는데, 이 무렵 한교민단(韓僑民團)·청년단연합회·광한단 등도 통군부 조직에 참가하였다.[55]

---

53 이상은 채근식, 『무장독립운동비사』, 대한민국 공보처, 1949; 독립운동사편찬위원회, 『독립운동사』 5, 1973; 김승학, 『한국독립사』, 독립문화사, 1965; 허영길, 「광정단」 및 리휘, 「광정단은 함정포 경찰주재소를 요정냈다」, 『불씨』(중국조선민족발자취총서2), 북경 : 민족출판사, 1995; 채영국, 『한민족의 만주 독립운동과 정의부』, 국학자료원, 2000; 김주용, 「중국 장백지역 독립운동 단체의 활동과 성격」, 『사학연구』 92호, 2008, 한국사학회 등을 참고로 서술.

54 金學奎, 「三十年來韓國革命運動在中國東北(續)」, 『光復』 제1권 3期(1941), 한국독립운동사연구소 1987년 영인본, 23쪽.

55 丁原鈺, 「在滿 대한통의부의 항일독립운동」, 『한국학보』 36집(1984), 134~173쪽,

대한통군부는 1922년 1월 당시 남만주(서간도) 지역의 대규모 민족운동 조직인 한족회·서로군정서·대한독립단이 연합하여 성립하였다.[56] 통군부 간부들은 대체로 서로군정서와 대한독립단 간부들로 구성되었는데, 통군부 직제는 군사분야는 물론, 한인들의 자치행정까지 담당하는 분야까지 편성되어 있었다. 일종의 군사정부적 성격을 띠고 있었다. 특히 1922년 6월 하순 열린 제1회 총관회의(總管會議)에서 결의된 8개항을 통해 통군부가 독립전쟁의 수행에 필요한 한인사회 내부의 단결을 도모하면서 한인 교민들의 결집과 자금 확보에 주력한 사실을 확인할 수 있다.[57]

⑤ 대한통의부

1922년 8월 하순 독립운동단체 8단 9회 대표 71명이 환인현 마권자(馬圈子)에 모여 통의부(統義府) 결성 등 6개항을 결의하여 8월 30일 통의부가 성립되었다.[58]

통군부에서 통의부로 명칭을 변경했으므로 인적구성과 조직체계가 통군부와 유사했다. 편제상으로는 한인 교민들의 자치와 군사부문을 강화했다.[59]

대한통의부 간부들은 대부분 후일 남만주 지역의 대표적 민족운동 단체인 참의부·정의부·국민부 등의 간부로 활약하였다. 이들은 1924년 3월 포고문을 발표하여 통의부의 주요 방침과 운동방침을 밝히고 국내외 민족운동 세력의 협조를 호소하였다.[60]

---

56 채근식, 『무장독립운동비사』, 126쪽.

57 박걸순, 「대한통의부 연구」, 『한국독립운동사연구』 제4집, 225쪽.

58 「南滿韓族統一會 결의사항 및 직원 각 布告文 入手에 대한 件」, 1922년 9월 22일, 通化本田分館主任 發信, 『독립운동사자료집』 10, 492~496쪽.

59 『독립신문』 1922년 12월 13일자 및 『조선일보』 1922년 12월 22일자.

60 「통의부 佈告 概略」, 『독립신문』 1924년 4월 26일자.

1920년대 초 만주지역에서 '평등'과 '합의(민주)'를 내세운 통의부는 상대적으로 통군부 등에 비해 진보된 독립운동 조직으로 평가된다.

⑥ 대한통의부 의용군의 활동과 통의부의 해체

통의부 산하에 의용군이 조직된 것은 통의부 성립 직후인 1922년 8월 말이었다. 통군부(統軍府) 이후부터 통의부 성립 직전인 1922년 6월까지는 의무병 제도를 실시하여 세력권내 한인 마을에서 일정한 자격을 갖춘 한인 장정들을 '의용군'이라는 이름의 독립군 조직을 결성하였다. 그러나 통의부 성립 직전인 1922년 6월 열린 통군부 총관(總管)회의에서 의무병제도의 폐지가 결의되었다. 따라서 그 뒤부터는 모병제로 전환된 것으로 추정된다.[61]

1922년 8월 통의부로 합류한 남만주 여러 단체들의 무장세력을 통합하여 편성된 의용군은 이듬해 말경 일제측이 파악한 자료에 따르면 사령장(司令長) 김창환(金昌煥), 부관 김창훈(金昌勳) 휘하에 대대로 편성되어 5개 중대와 유격대, 헌병대 등으로 조직되었다고 한다. 편제상 대원은 모두 550여 명으로 파악되지만, 제1중대장 백광운(白狂雲, 蔡燦), 제2중대장 최석순(崔碩淳), 제3중대장 최시흥(崔時興), 제4중대장 홍기주(洪基柱), 제5중대장 김명봉(金鳴鳳) 등의 산하에 전성기 때는 500~800·900명의 대원이 소속되어 있었다.[62]

통의부 의용군은 1922~1925년 사이에 주로 남만주와 평안도 지방에서 친일어용단체의 파괴와 주구 처단, 군자금 모집, 일제 식민기관의 파괴와 교전, 반(反)통의부 세력의 응징, 중국 관헌 및 마적(土匪) 등과의 교전 등 주요 임무를 수행하여 일제의 식민지 '조선' 통치를 교란하는 등 큰 성과를 거

---

61 박걸순, 앞의 논문, 240쪽.

62 「不逞鮮人團 大韓統義府ニ關スル件」, 1923년 12월 24일附 在通化阿部分館主任發信 伊集院外務大臣宛 報告要旨(독립운동사편찬위원회 편, 『독립운동사자료집』 10, 506~510쪽) 참조.

두었다.[63]

1924년 3월 29일자 『독립신문』에 보도된 '통의부 휘보'에 따르면 대한통의부는 금주·금연·혼인시 재산을 논하는 것·헛된 제사 등을 금지하는 규정을 발포하여 어려운 처지에서 생활하는 한인동포들의 생활을 개선하려 하였다. 매우 계몽적인 사업을 구상한 것이다. 이는 김동삼 등 혁신유림 계열 인사들의 생활개선 방안을 실천한 것이라고 해석할 수도 있다.

통의부는 의병출신 인사들이 주축인 의군부와 잦은 마찰과 대립을 보였다. 이에 통의부 의용군 제1중대장 백광운(채찬)과 김원상(金元常)·박응백(朴應伯) 등은 1923년 말 상해로 가서 임시정부 요인을 만나고 임시정부가 만주 독립운동 세력 통합의 구심점이 되어줄 것을 요구하였다. 그뒤 임시정부 지도자들과 협의한 끝에 1924년 4월 '남만 군인대표' 78명이 서명한 '선언서'를 발표하였다. 이 선언서의 내용은 만주의 독립군단들이 통의부가 아닌 임시정부를 중심으로 통일해야 한다고 주장하였다. 이 때 발표된 선언서의 '맹약 3장' 가운데 한 구절은 "우리는 대동통일의 선봉이 된 것을 내외에 알리고 대한민국임시정부의 기치 하에 통일이 되도록 적극적으로 힘쓴다."라고 되어 있었다.

이리하여 1924년 5월 통의부 의용군 제1·2·3중대 및 유격대·독립소대 등을 중심으로 통의부 탈퇴 및 대한민국임시정부의 봉대를 표방한 '대한민국임시정부 육군주만참의부(약칭 參議部)'가 성립하였다(이 해 1월이나 8월로 보는 견해도 있음). 6월에 통의부 제5중대도 선언서를 발표하고 참의부에 합류하였다.[64] 또 일부 세력이 1925년 4월부터 11월 사이에 길림에서 성립한 정의부(正義府)의 조직으로 흡수되어 남만주 독립운동을 지속하였다.

63 박걸순, 앞의 논문, 243~248쪽.

64 위의 논문, 233쪽.

통의부는 결성 초기 참여계열의 성향에 따라 이원적인 대립이 있었으나, 전덕원 등 복벽계가 이탈한 뒤 공화정체를 표방하고 있다. 또 독립운동의 방략으로 무장투쟁과 함께 준(準)정부적 통치방식을 취하고 있었다.

통의부 산하 의용군의 항일무장투쟁은 1922~1925년 동안 활발했지만, 1925년 이후 쇠퇴하는 모습을 보여주고 있다. 이는 통의부의 내분과 관련이 있다고 판단된다. 그러나 이 시기에도 통의부의 무장투쟁은 여전히 지속되었다. 의용군은 주로 겨울철 결빙기를 이용하여 압록강변의 국경지대를 거쳐 국내에 잠입, 은신하였다가 다양한 활동을 전개하였다. 통의부 대원들은 경우에 따라 국경지대에서 멀리 떨어진 충청·전라·경상도 등지로도 진출하였다.[65] 예를 들면 서울(京城)에서는 한인 관리를 포섭하여 통신기관을 설치하고 국내의 치안상황 등을 조사케 하는 한편, 40여 명의 결사대를 조직하여 유사시에 대비케 하였던 것이다.[66]

특히 김동삼이 주도한 통의부 경성지부(京城支部) 설치계획은 당시 국내외에서 주목을 받은 매우 대담한 독립운동의 사례라고 할 수 있다. 이 계획은 국내 지지세력과 연계하여 통의부의 활동자금을 모금하고, 통의부의 존재를 국내외에 과시하며 조선총독부 등 식민통치기관을 타격하고자 한 김동삼의 적극적 무장투쟁론에서 출발하였다. 김동삼이 족제 김장식(金章植)·이병욱(李丙旭)·현익철(玄益哲)을 1924년 7월 초순 경(음력) 국내에 잠입시켜 천안의 홍경식(洪景植)과 함께 경성에 지부를 설치하고자 한 것이다.[67] 하지만 이 계획은 끝내 성사되지 못하였다.

---

65 위의 논문, 245~246쪽.

66 『동아일보』 1924년 5월 31일자.

67 『조선일보』 1924년 11월 13일, 11월 14일, 12월 18일, 12월 24일, 1925년 5월 9일자 및 『동아일보』 1924년 11월 13일, 11월 16일자; 박걸순, 앞의 논문, 246쪽에서 재인용.

4) 일부 연해주 지방의 사례 : 연해주 독립군(한인 의용군)의 형성과 발전

① 권업회

1911년 러시아 블라디보스토크에서 조직된 독립운동 단체이다. 이종호(李鍾浩)·김익용(金翼瑢)·강택희(姜宅熙)·엄인섭(嚴仁燮) 등 재연해주(在沿海州) 민족운동 지도자들이 1911년 5월에 결성하였다.

초대 회장에 최재형(崔才亨), 부회장에 홍범도(洪範圖)가 선임되었으며, 러시아 당국의 공인을 얻어 활동하였다. 같은 해 12월 총회에서 회칙을 개정하여 회의조직을 의사부(議事部)와 집행부(執行部)로 나누었다.

의사부는 총회에서 선출한 3~9명의 의사원으로 구성하며 의사부의 의장과 부의장이 회를 대표하기로 하였다. 그리하여 의장에 이상설(李相卨), 부의장에 이종호가 선임되어 회무를 총괄하였다. 집행부는 신문부(新聞部) 등 13개부로 나누어 업무를 분장하게 하였다.

창립 이후 세력을 확대한 결과 1913년 10월 회원이 2,600여 명에 달하였으며, 1914년에는 8,579명으로 증가하였다. 1910년대 초 연해주 항일 독립운동의 중심 기관으로 민족의식의 고취, 항일 독립운동의 전개, 연해주 일대 한인 교민(僑民)의 단결과 지위 향상 등에 노력하였다. 또 각종 기념일에 행사나 강연회를 개최하여 애국심을 고취하였다. 그러나 1914년 6월 러시아의 대일 외교관계가 악화하여 일본의 요구를 받아 들인 러시아 당국에 의해 강제로 해산되었다. 하지만 권업회의 전통은 1917년 결성된 전로한족중앙회(全露韓族中央會)로 이어졌다.

일본과 러시아 당국의 탄압을 피하기 위해, 한인들에게 '실업을 장려한다'는 뜻으로 권업회로 명칭을 정하였다. 그러나 진정한 목적은 강력한 항일 독립운동을 전개하는데 있었다. 당시 임원은 각 지방의 한민회(韓民會) 등 한인 비밀결사 단체의 임원을 겸하고 있었기 때문에, 각 단체는 상호 밀접한 유대를 가질 수 있었다. 이에 따라 권업회의 활동 목표는 곧 각 단체의 활동 목표가 되었다. 또한 효과적인 활동을 전개하기 위해 기관지로서 『권업신문』을 발간하였는데, 재연해주 한인의 대변지로서 항일 민족의식을 높이는 데 크게 기여하였다.

중앙 본부는 신한촌에 두었으며, 하바로프스크를 비롯한 주요 도시에 지회와 분사무소(分事務所)를 두었고, 회원은 남녀·신앙·교육의 구별 없이 21세 이상의 성인이면 누구나 가입할 수 있었으나, 실제로는 회원을 신중하게 엄선하여 가입시켰다. 즉, 회원이 되기 위해서는 3인 이상의 보증인이 연서한 입회 원서를 의사부에 제출해야 하며, 입회 원서 제출자가 50인에 달하면 의사부는 정기 총회나 임시 총회를 소집하여 입회 원서를 심사하였다. 그리고 입회 허가를 얻은 사람은 의사부 의장이 주재하는 엄숙한 입회 의식을 치러야 했다.[68]

② 이만군대

1917년 전개된 러시아 혁명 이후 혁명주도 세력이었던 볼세비키 세력에 가담하여 연해주 일대에서 반혁명세력 및 일본군과 투쟁하던 한인 의용군 부대이다. 1920년 초 연해주 이만에서 창립되었다. 일명 '이만대'라고도 한다. 러시아 혁명을 저지하기 위하여 연해주 일대에 출동한 일본군이 1920년 4월 블라디보스톡 지역에 침공하여 한인들을 대거 학살한 '4월참변'이 일어났다. 이에 이만군대는 볼세비키 조직과 군대를 따라 북쪽의 하

68 「권업회(勸業會)」, 『한국민족문화대백과』, 한국학중앙연구원(인터넷 검색일 2021년 3월 1일). 이밖에 윤병석, 『국외 韓人社會와 민족운동』, 일조각, 1990; 독립운동사편찬위원회, 『독립운동사』 1973; 국사편찬위원회, 『한국독립운동사』 3, 1967; 김승학, 『한국독립사』, 독립문화사, 1965 등 참조.

바로프스크 지역으로 이동하였다. 사령관은 김표도르, 부사령관은 박공단(朴公端)·김덕보(金德甫)였다. 병력규모는 200명 미만이었다. 주로 니콜리스크(우수리스크)와 하바로프스크 중간에 위치하고 있는 이만 일대에서 러시아 적군(赤軍) 측에 가담하여 반혁명 세력(백위파)과 싸웠다. 김표도르는 이동휘(李東輝) 등의 한인사회당(상해파)과 밀접한 관계를 유지하고 있었다.

1920년 2월 러시아의 흑룡주(黑龍州, 아무르주) 일대가 볼세비키 수중에 들어간 뒤, 대한국민의회에서 중국 동북지방(만주) 및 연해주 일대에서 활동하던 각종 한인 부대의 집결을 제의하였다. 이에 그 해 말까지 알렉스프스크(스보보드니, 자유시)로 이동하였다. 1921년 1월 말 이만군대는 니콜라예프스크(尼港) 군대와 따반군대, 독립단군대 등과 합류했는데, 모두 600여 명에 달했다. 이들은 같은 해 6월에 만주 및 연해주, 시베리아지역 한인 무장부대의 집결이 완료됨에 따라 전한군사위원회(원래 명칭은 대한의용군사위원회) 관할의 대한의용군(일명 사할린 군대)에 편성되었다.

사할린군대는 러시아 원동공화국 제2군에 소속되었다. 이만군대는 니콜라예프스크군대 및 총군부(독군부·최진동·허근부대) 군대, 독립단군대·따반군대와 함께 마사노프에 주둔하였다. 김표도르는 상해파의 영수인 이동휘 계열 인물이었기 때문에 이르쿠츠크파 계열인 고려혁명군의 해산과 원동(연해주)으로의 이동을 추진하고 있었다. 이후 양 계열의 군사통수권 문제를 둘러싸고 6월 28일 소위 '자유시 사변(일명 흑하사변)'이 일어났다. 고려혁명군 측의 대한의용군에 대한 강제 무장해제 사건인 이 사건으로 이만군대는 큰 피해를 입고 해체되었다. 이후 잔여 대원들은 1921년 8월 이르쿠츠크에서 1개 여단 규모(2,100여 명)의 고려혁명군이 편성될 때 거기에 편제되었다. 특히 사령관 김표도르는 친상해파 장교로 지목되어 이르쿠츠크파에 의

해 '군대 반란죄'로 투옥되고 말았다.[69]

③ 대한신민단

대한신민단(통칭 신민단)은 1919년 3·1운동 후 러시아 블라디보스톡 부근에서 김규면(金奎冕)이 조직한 독립군 부대로, 왕청현 춘화향(春華鄕) 석현(石峴)에 지단 본부를 두고 있었다. 나중에는 연길현 숭례향(崇禮鄕) 묘구(廟溝)방면으로 근거지를 이동하였다. 봉오동전투에 참가하여 큰 공을 세웠으며, 1920년 8월 현재 병력 200명, 소총 160정, 탄환 9,600발, 권총 30정, 수류탄 48개 등의 무장을 보유하였다.[70]

④ 대한독립단(대한독립군단)-만주 독립군과 연해주·시베리아 빨치산(한인의용군)의 통합

1921년 4월 12일 러시아 연해주의 이만에서 '대한의용군 총사령부'를 토대로 새로 개편된 독립군 통합부대의 명칭이다. 일부 자료에는 '대한독립군단'으로 나오기도 한다.[71] 1920년 10월 하순 북간도 청산리 일대에서 일본군과 싸워 크게 이긴 김좌진(金佐鎭)·홍범도(洪範圖)·안무(安武)·허재욱(許在旭)·최명록(최진동) 등의 여러 독립군 부대와 서간도에서 북상한 이청천(李靑天) 휘하 부대는 일본군의 주민 학살과 독립군 추격을 피하여 이 해 12월 말 북만주 밀산(密山)에 집결하였다. 이곳에 모인 독립군 부대들은 대한국민의회 회장 문창범(文昌範) 등 간부들의 협조를 받아 1921년 1월 흑룡강(우수리강)을 건너 러시아령 이만으로 이동하였다. 이들은 모두 1,850여 명에 달

69 이상은 김준엽·김창순, 『한국공산주의운동사』 1, 청계연구소, 1986; 임경석, 『고려공산당 연구』, 성균관대 박사학위 논문, 1993; 임경석, 『한국 사회주의의 기원』, 역사비평사, 2003; 반병율, 『성재 이동휘 일대기』, 범우사, 1998 등을 참고로 서술.

70 국가보훈처, 『독립군단명부』, 280쪽; 박민영, 「독립군의 편성과 독립전쟁」, 『신편 한국사』 48, 206쪽에서 재인용.

71 다만 이 조직의 성립이나 실체를 부정하는 주장도 제기되었다(상세한 내용은 윤상원, 「러시아지역 한인의 항일무장투쟁 연구: 1918 - 1922」, 고려대 박사학위 논문, 2010 참조).

했다. 이들이 연해주 지방으로 이동한 것은 대한민국임시정부 국무총리 이동휘 등이 1920년 8월 러시아 혁명정부와 맺은 공수동맹에 따라 러시아 혁명정부의 지원을 받을 수 있었기 때문에 가능하였다.

한편 연해주 일대에서 러시아 적군(赤軍)과 함께 일본군과 싸웠던 빨치산 부대인 사할린부대(박일리아 지휘), 이만부대(일명 독립단, 박그레고리 지휘), 다반부대(최니콜라이 지휘), 아무르부대(김표도르 지휘), 한인(보병)자유대대(오하묵 지휘) 등도 이만에 집결하였다. 이에 따라 3,000여 명(일설에는 3,500여 명)의 많은 독립군이 한곳에 모여 큰 세력을 형성하였다. 그런데 독립군측은 1921년 2월 대한국민의회와 연계된 한인 자유대대의 러시아 적군 장교 오하묵(吳夏默)의 주선으로 원동공화국의 치타정부와 원조협정을 체결하고 여러 항일부대의 훈련과 무장강화를 실행하기로 했다. 그 결과 이만에 모인 한인 무장세력은 같은 해 3월 박일리아를 지휘자로 하는 '대한의용군 총사령부(일명 대한총군부)' 체제로 통합조직되어 군사통일을 실현하였다. 4월 12일에는 이만(일설에는 자유시)에서 대소 36개 단체의 간부들이 모여 독립군(항일 빨치산) 대회를 개최하였다.

이때 대한의용군 총사령부의 이름을 '대한독립단'으로 바꾸었으며, 체제도 대폭 개편하였다. 간부진은 다음과 같았다. 총재 서일(徐一), 부총재 홍범도, 고문 백순(白純)·김호익(金虎翼), 외교부장 최명록(최진동), 참모부장 김좌진, 참모 이장녕(李章寧)·나중소(羅仲昭), 군사고문 이청천(李青天), 제1여단장 김규식(金奎植)·참모 박영희(朴寧熙), 제2여단장 안무·참모 이단승(李檀承), 2여단 기병부장 강필립 등. 대한독립단은 1여단은 이만에 본부를 두고, 2여단은 만주 영안현(寧安縣)에 본부를 두어 본격적 무장투쟁을 전개하려 하였다. 그러나 성립 직후 김좌진·이범석 등 북로군정서 계열 독립군의 일부가 만주로 되돌아가고 말았다. 또 상해파와 이르쿠츠크파의 군사 통수권 대립에서 비롯된 같은 해 6월 28일의 '자유시사변'(일명 흑하사변)으로 큰 타격을 받았다. 이후 상당수 대원들이 흩어졌고, 다수 부대원들은 1921년 8월 말경 이르쿠츠크로 이동하여 소비에트(러시아) 적군 제5군 직속의 한인 여단에 편제되었다. 그 뒤 러시아 혁명정부가 대일 유화책을 실시함에 따라 숙원인 항일무장투쟁을 전개하지는 못했다.[72]

5. 중국 동북지역에서 당·정·군 체제 성립과 '당군'으로서의 독립군

1) 국민부의 성립과 활동

1920년대 후반 중국 동북지방(만주)에서는 민족유일당운동과 정의부(正義府)·참의부(參議府)·신민부(新民府) 등 3부를 통합하기 위한 민족운동이 추진되었다. 그 과정에서 상당한 우여곡절을 겪었지만, 남만주 지방에서는 1928·29년 민족유일당조직동맹과 국민부가 각각 성립하였다. 특히 국민부는 민족유일당조직동맹에 참가한 각파의 대표자들이 1929년 3월 길림에 모여 3부 통일회의를 개최한 결과 탄생한 통합조직의 성격을 띠었다. 즉 국민부 결성에 참가한 정의부 대표 현익철(玄益哲)·김이대(金履大)·이웅(李雄), 신민부 대표 이교원(李敎元)·이금천(李金川), 참의부 대표 심용준(沈龍俊) 등은 '국민부 조직 선언'을 발표하여 한인 민족운동의 통합조직이 성립하였음을 내외에 천명하고, 자신들의 정당성을 획득코자 하였다.

이 선언은 종래 3부로 정립하여 분산적 민족운동을 전개해온 성과를 인정하면서도 그 폐해를 비판하고, 3부 통합운동의 결과 탄생한 국민부를 조직

72 이상은 김준엽·김창순, 『한국공산주의운동사』 1, 청계연구소, 1986; 「김승빈의 편지」, 『독립전쟁이 사라진다』 2, 이원규, 자작나무, 1996; 장세윤, 『홍범도 - 생애와 독립전쟁』, 독립기념관 한국독립운동사연구소, 1997; 신용하, 『일제 강점기 한국민족사』(상·중), 서울대학교 출판부, 2001·2002 등을 참고로 서술.

하여 민족운동에 매진하겠다는 결연한 의지를 표명하였다. 국민부 주도세력들은 선언문을 통해 국민부의 당면과제와 향후 추구해야할 목표를 집약하여 제시하였다.

이 선언서에서 주목되는 내용은 국민부가 민족유일당의 결성과 통일적 자치기관의 실현을 위한 과도기적 조직이라는 점, 그리고 '민족혁명'의 목표는 '부르조아 데모크라시'와 '자본민주주의'가 아니라고 밝히고 있는 사실이다. '선언'은 민족협동전선론을 주장하며 1928년 9월 성립한 '민족유일당조직동맹'에 역량을 집중하여 민족유일당을 완성하자고 제안하였다. 또한 국민부 조직 선언은 민족유일당조직동맹을 민족유일당으로, 귀화한족동향회(歸化韓族同鄕會)를 합법적인 자치기관으로 발전시킨다는 방침을 명시하였다. 이를 통해 국민부 주도세력이 중국 동북지역에서 자치운동을 추진했음을 알 수 있다. 실제로 국민부가 중앙의회의 승인을 거쳐 공식 출범하는 시기는 제1회 중앙의회가 개최되고 승인을 받은 뒤인 같은 해 9월 하순부터라고 할 수 있다.[73]

2) 조선혁명군의 성립과 '독립정부' 수립 계획

1920년대 후반 중국 동북지방(만주)에서 전개된 민족유일당 조직운동의 결과 남만주 지방에서는 1928년 9월 '민족유일당조직동맹'이 성립하였다. 또 중국 동북지방에서 활동하고 있던 정의부·참의부·신민부 등 3부 통합운동의 결과 1929년 4월에는 남만주 교민들을 기반으로 하는 일종의 자치기관인 국민부가 조직되었다. 이 해 5월 국민부 제1회 중앙위원회는 정의부

73 이상은 「昭和6年5月末調 國民府ノ狀況」(일본 山口縣文書館 소장 林家史料); 장세윤, 『재만 조선혁명당의 민족해방운동 연구』, 성균관대 박사학위 논문, 1997; 장세윤, 「국민부 연구」, 『한국독립운동사연구』 12, 독립기념관 한국독립운동사연구소, 1998; 신주백, 『만주지역 한인의 민족운동사(1920~45)』, 아세아문화사, 1999 등을 참고로 서술함.

산하 독립군을 주축으로 하여 조선혁명군을 창건하였다. 조선혁명군은 상황의 변동에 따라 이후 여러 차례 편제가 바뀌었다.

그러나 1929년 9월 20일 개최된 국민부 제1회 중앙의회는 국민부는 관할지역의 자치행정만 전담토록 하며, 종래 국민부에 소속되었던 조선혁명군은 민족유일당조직동맹에 속하게 한다는 것을 결의하였다. 이 해 12월에 민족유일당조직동맹은 '조선혁명당'으로 바뀌어 국민부와 조선혁명군을 영도하게 되었다. 이에 따라 조선혁명군은 조선혁명당에 소속되어 혁명운동(독립운동)을 전담하도록 그 기능과 임무가 크게 달라지게 되었다.

이에 따라 조선혁명군은 1929년 말에 선언서를 발표하였다. 이 선언서의 핵심내용은 남만주지역 한인 교민들의 자치기관이라 할 수 있는 국민부에서의 분리, 혁명운동에 대한 군사적 역할의 전담 등으로 요약된다. 선언서에서 조선혁명군은 조선혁명당과 국민부, 조선혁명군이라는 당·정·군 분립체제에 대한 전폭적 지지를 나타내고, 조선혁명군이 과거 민중과의 관계에서 원활치 못했던 점을 자인하는 등 철저한 자기반성을 표명하였다. 또한 조선혁명군은 이 선언서를 통해 출범 초기의 투쟁목표와 당면과제, 전략과 이념을 구체적으로 명시하였다. 출범 초기 조선혁명군의 독립운동 방략은 선언서에서 다음과 같이 천명되고 있다.

즉 "조선혁명의 최후 해결은 조선 노력(勞力) 대중의 전부대가 총무장 동원하여 일본 군대·경찰·헌병·감옥·소방대 등을 근본적으로 격파하여 정치·경제·문화 기타 제국주의적 여러 시설을 총파괴함에 있고, 조선민족의 독립국가 건설은 일본제국주의의 모든 세력을 구축 박멸하는 것에서만 완성할 수 있다"고 밝힌 것이다. 또한 조선혁명군은 이 선언을 통해 세가지 군사적 임무를 명시하였다. 즉 "첫째 재만 조선인 대중에게 혁명의식을 주입하고 군사·학술을 보급시켜 혁명전선의 기본진영을 확립하고, 둘째 정치학식과 군사기능이 실제 단체의 지도운동에 적임한 기간 인재를 양성하며, 셋째 국내·국외에서 일본제국주의에 대한 정치적·경제적 건설을 파괴하여 그 주구배의 기관을 소청(掃淸)하고, 기타 일체 반동적 악세력(惡勢力)을 박멸키로 하고 용감하게 전진하여 대중의 당면이익을 옹호하며 강력한 투쟁을 전개키로 한다"고 밝혔던 것이다. 따라서 조선혁명군이 당시에 직면한 여러 가지 어려움에도 불구하고 성립초기의 뚜렷한 목표와 진보적 이념을 표방하고 있었던 사실을 확인할 수 있다.[74]

조선혁명군이 중국의용군과 공동작전을 수행하는 동안, 1932년 8월 경 국민부와 조선혁명당 영도세력과 함께 중국동북 지역, 특히 조선혁명당·군의 본거지인 신빈 또는 통화에 국민부를 중심으로 하는 '독립정부'를 수립하려고 했던 사실은 우리에게 잘 알려져 있지 않다. 그러나 이러한 '독립정부 수립' 구상이야말로 조선혁명군 계열 인사들의 독자성과 자존심을 상징한다고 볼 수 있다.[75]

왜냐하면 그들은 상해 임시정부의 존재에도 불구하고 만주 무장투쟁 세력이야말로 참으로 민족해방운동(독립운동)의 정통성과 주류적 위상을 계승하고 있다는 자존의식을 갖고 있었기 때문이다. 이들은 임시정부를 존중했다기 보다는 오히려 반(反)임시정부적 인식을 갖고 있었다고 볼 수 있다. 물론 이같은 독립정부 수립계획은 1932년 10월 일본군이 신빈·통화·환인 지역에 대거 출동하고 공동투쟁하던 중국의용군이 패퇴함으로써 실천되지 못하

---

74 「昭和5年吉林地方朝鮮人事情に關する件」, 일본 외무성·육해군성문서(국회도서관 소장 복사제책본 제2,299권); 姜德相·梶村秀樹 編, 『現代史資料』 29(朝鮮 5), みすす書房, 1972; 장세윤, 『재만 조선혁명당의 민족해방운동 연구』, 성균관대 박사학위 논문, 1997 등을 참고로 서술하였음.

75 1932년 8월 5일 신빈현 葦子谷에서 부근의 한인 농민 대표와 조선혁명당 국민부 조선혁명군의 주요 영도자들이 모여 비밀회의를 개최하였다. 이때 이들은 ① 국민부를 중심으로 하는 독립정부 조직, ② 독립정부의 군대편성, ③ 각현 행정기관 정비, ④ 재만 조선인 단체의 통일 및 중국 국민정부와 연락, ⑤ 조선 현재의 사회·정치기구 교란·파괴, ⑥ 재정방침 및 징병제도의 확립과 임원선임 등의 주요방침을 결정했다(「在滿朝鮮人の不逞行動及取締狀況」, 『日本外務省警察史 在滿大使館 第1』, 국회도서관 소장 일본 외무성문서 제책본 제2268권, 2614~2616쪽).

였다. 일제 측 기록에 따르면 조선혁명군 사령관 양세봉은 중국의용군 총수 당취오(唐聚伍)와 협상하여 장차 의용군의 지반이 공고해지면 식민지 조선의 독립을 위해 10만여 명의 병력과 무기를 대여하고 적극적 원조를 시행키로 하는 밀약을 체결했다고 한다.[76] 물론 이 정보의 사실여부는 정확히 따져봐야 한다. 그러나 이는 조선혁명군의 원대한 독립전쟁 전략을 시사하는 한 단서를 제공한다고 할 수 있다.

3) 조선혁명군정부의 성립-독립군 주도의 항일투쟁 전담 조직

1920년대 후반 중국 동북지역에서 전개된 민족유일당운동과 3부(府) 통합운동의 결과 남만주 한인 교민사회를 기반으로 국민부와 조선혁명당이 1929년 9월과 12월에 각각 공식적으로 출범하였다. 또 1929년 5월 경 창건된 조선혁명군도 같은 해 12월 하순에 조선혁명당 소속의 당군으로 소속이 변경되었다. 이 세조직 가운데 조선혁명당은 일종의 자치행정 기관인 국민부와 항일무장투쟁을 수행하는 독립군인 조선혁명군을 실질적으로 영도하는 독립운동 정당이었다. 이러한 당·정·군 체제 하에서 조선혁명당과 국민부, 조선혁명군은 1930년대 전반 남만주 지방의 항일투쟁을 주도하며 큰 성과를 거두었다.

그러나 1934년 9월 민중의 폭넓은 지지를 받으며 조선혁명군을 이끌던 사령관 양세봉(梁世奉, 본명 양서봉)이 전사하고, 뒤이어 일본군과 만주국군의 4·5차 '동변도(東邊道) 대토벌' 공세가 강화되면서 큰 어려움이 초래되었다. 이에 따라 재만한인들을 기반으로 한 자치기관으로서의 국민부와 독립운동 영도기관인 조선혁명당의 기능은 크게 약화되었다. 반대로 조선혁명군의 역할과 비중은 커지게 되었다. 이에 조선혁명당과 국민부, 조선혁명군의

76 독립운동사편찬위원회 편, 『독립운동사자료집』 10, 607~608쪽.

주요 지도자들은 이러한 난관을 타개하기 위해 1934년 11월 11일 근거지에서 군민(軍民) 대표자 회의를 열고 국민부와 조선혁명군을 통합하여 '조선혁명군정부'라는 일종의 비상 통합 군사정부를 조직키로 결의하였다. 이러한 조치는 여러 가지 어려움이 가중되고 있는 상황에서 조직의 생존을 도모하고 항일무장투쟁을 보다 원활히 수행하기 위한 불가피한 조치였다고 할 수 있다. 따라서 기존의 국민부와 조선혁명당은 이제 항일무장투쟁을 전담하는 독립군인 조선혁명군의 활동을 지원하는 기관으로 변질된 것이다.

조선혁명군정부는 이러한 배경에서 '조선혁명군정부 선언서'를 작성, 공포하였다. 조선혁명군정부는 이 선언을 통해 국민부와 조선혁명군 조직 통합의 당위성을 밝혔다. 또한 당시의 정세인식과 당면의 투쟁목표, 이념을 명시하고 활동지역의 한인과 중국인 대중에게 협조와 지원을 요청하였다. 조선혁명군정부는 이 선언서에서 1935년 초의 시기가 자본주의 세계체제의 붕괴와 제국주의 열강들의 상품시장 재분할을 둘러싼 위기상황이 고조되고 있는 때라고 보았다. 그리고 국제적으로 고립된 일본제국주의의 모순이 심화되면서 소련-일본 사이의 전쟁, 이로 인한 제2차 제국주의 전쟁의 위기가 고조되고 있는 시기라고 인식하며 1936년에는 국제전쟁의 위기가 닥쳐올 것으로 전망하였다.

조선혁명군정부는 일본제국주의와의 항쟁을 통한 조선혁명전쟁 세력의 확대강화를 도모하기 위해 '인터내셔날리즘(국제주의)'에 입각하여 일본 국내의 혁명운동 세력 및 중국 항일군을 비롯한 혁명운동 세력과 협동전선을 확대하여 이들과 연대할 것을 천명하였다. 즉 조선혁명군정부는 편협한 국수주의적 자세를 버리고, 폭넓은 연대를 통해 일본제국주의를 타도하고 '조선혁명'을 달성하려 했던 것이다. 이는 그동안 이념이 다르다는 등의 이유로 공동전선을 구축하지 못했던 중국공산당 계열의 항일투쟁 세력과도 연합할 것을 사실상 명확히 한 것이다. 또 주목되는 내용은 당면과제로 '조선민족혁명당'의 완성을 제시하고 있다는 점이다. 이 주장은 1935년 7월 4일 중국 남경(南京)에서 조선혁명당 등 5개 독립운동 정당이 참가한 통일전선 조직체 '민족혁명당'이 창건됨으로써 구체화하였다.[77]

조선혁명군정부의 존재는 1932년 4월 29일 윤봉길 의거 이후 중국 관내를 유랑하고 있던 '대한민국임시정부'와 다른 별개의 '정부'를 표방했다는 점에서 매우 주목되는 사건이라고 할 수 있다. 하지만 아직까지 한국학계에서 이러한 사실에 대한 인식과 평가는 매우 저조한 실정이다.

4) 생육사(生育社)의 결성

1929년 봄 북만주 오상현(五常縣)에서 홍진(洪震, 본명 洪冕憙)·황학수(黃鶴秀)·이청천(李靑天)·김좌진(金佐鎭)·이장녕(李章寧)·김창환(金昌煥)·박일만(朴一萬) 등의 발의로 창립된 독립운동 조직이다. 중국 관헌 및 일제측의 탄압을 피하기 위하여 표면적으로는 재만 한인들의 친목도모와 식산(殖産)·수양 등을 목적으로 내세웠다.

그러나 실제로는 1920년대 후반 북만주 지방에서 활동하던 민족주의 계열 독립운동가들이 재만한인 사회를 규합하고 이를 토대로 항일독립운동을 전개하기 위해 조직한 비밀결사였다. 이 단체는 농민들의 생산과 저축 등을 장려하여 생활을 안정시키는 한편, 이를 바탕으로 독립운동 자금을 축적하려는 목적과 다방면의 항일투쟁을 위한 인재양성 등을 목적으로 조직되었다. 관련 자료의 부족으로 활동강령이나 주요 간부 구성원, 조직 및 상세한 활동내용 등을 파악할 수 없다. 그러나 이 단체의 결성배경은 대다수 한인

---

77 이상은 「朝鮮革命軍ノ狀況ニ關スル件」(일본 山口縣文書館 소장 林家史料); 장세윤, 「조선혁명군정부 연구」, 『한국독립운동사연구』 11, 독립기념관 한국독립운동사연구소, 1997; 장세윤, 『재만 조선혁명당의 민족해방운동 연구』, 성균관대 박사학위논문 등을 참고함.

들의 생활이 어려워 효과적인 독립운동을 전개할 수 없었던 사정과 1920년대 후반 중국 동북지방(만주)에서 사회주의 계열 민족운동이 급격하게 고양되고 있던 사정이 크게 영향을 끼친 것으로 판단된다.

특히 김좌진 등 신민부(新民府) 군정파(軍政派)와 김종진(金宗鎭)·이을규(李乙奎) 등 일부 무정부주의자들이 합세하여 1929년 7월 북만주 영안현(寧安縣) 산시역전(山市驛前)에서 창립한 '한족총연합회(韓族總聯合會)'와 밀접한 관련이 있을 것으로 보인다. 왜냐하면 한족총연합회는 반공활동을 강화하고 김좌진 등 신민부 군정파 출신 인사들에 대한 농민들의 반발을 무마하는 한편, 농민들의 생활안정을 위해 농민 자치운동을 전개하고 있었기 때문이다. 1930년 1월 생육사의 주요 간부였던 김좌진이 공산주의자에 의해 피살되었다. 이에 민족주의 계열 독립운동가들은 큰 위기의식을 느끼게 되었다. 그 결과 같은 해 7월 북만주 중동선(中東線) 철도 연변의 위하현(葦河縣)에서 생육사를 주도했던 홍진과 이청천, 황학수·이장녕 등이 재만 '한국독립당'을 창건하였다. 이 때 한족총연합회와 함께 한국독립당 조직에 흡수되었다. 따라서 생육사는 1930년대 초반 북만주 지방에서 크게 활동한 민족주의 계열 독립운동 조직인 한국독립당과 한국독립군의 기반이 된 조직으로 그 기능을 훌륭히 수행했음을 알 수 있다.[78]

5) 한국독립당의 결성과 당군 한국독립군의 활동

① 한국독립당의 결성

1930년대 초 남만주지역에서 조선혁명당과 국민부, 조선혁명군이 삼위

78 이상은 申肅, 『나의 일생』, 일신사, 1963; 장세윤, 「한국독립군의 항일무장투쟁 연구」, 『한국독립운동사연구』 3, 독립기념관 한국독립운동사연구소, 1989; 朴桓, 「在滿 한국독립당」, 『만주 한인 민족운동사 연구』, 일조각, 1996 등을 참고.

일체가 되어 중국 항일투쟁 세력과 연대하여 치열한 접전을 벌이고 있을 때 북만주와 동만주 일대에서도 한국독립당과 한족자치연합회, 한국독립군이 유기적 연관하에 1930년대 초반 활발한 항일투쟁을 전개하였다.

1930년 1월 김좌진이 공산주의자에 의해 피살된 뒤 홍진(洪震)·이청천(李青天)·민무(閔武)·안훈(安勳, 趙擎韓)·황학수(黃學秀)·신숙(申肅)·이장녕(李章寧)·정신(鄭信) 등은 같은 해 7월 한족총연합회와 생육사(生育社) 등을 모체로 하여 중동선 연변 위하현(葦河縣)에서 한국독립당을 조직하였다.[79]

한국독립당은 초창기에는 ①민본정치의 실현, ②노본경제(勞本經濟)의 조직,③ 인본문화(人本文化)의 건설이라는 삼본주의(三本主義) 당강과 당규를 제정한 뒤 중앙집행위원회를 조직하고, 운영방침은 이 위원회에 일임하기로 하였다.[80] 한국독립당은 이후 각지의 주민회를 연합하여 일반주민을 결속하고 공산주의자의 활동을 저지하기 위하여 표면기관으로 1931년 2월 '한족자치연합회'를 조직하였다.[81] 그리고 당 내부에는 총무·조직·선전·군사·경리·감찰 등 6종의 위원회를 두었고, 당의 조직체계는 중앙당부, 지당부(支黨部), 구당부(區黨部) 등의 3급조직을 두었다. 한국독립당은 이후 동·북만주의 구의병·유림·대종교(大倧教) 등의 집단을 망라하여 진영을 강화하였다. 그리하여 얼마되지 않은 1931년에는 당원이 수만명에 달하고 군구(軍區)가 36개로 확대되기에 이르렀다고 한다.[82]

② 한국독립군의 성립과 활동

1931년 9월 일제의 중국동북(만주) 침략이 단행되자 항일투쟁의 좋은 기

---

79 申肅, 『나의 일생』, 94쪽.

80 위와 같음.

81 위와 같음.

82 金學奎, 「三十年來韓國革命運動在中國東北」, 『光復』(제1권 제3기, 1941년 5월 : 한국독립운동사연구소 1987 영인), 한국광복군총사령부 정훈처 編行.

회가 온 것으로 판단한 한국독립당은 10월 5일 길림성(현재는 흑룡강성) 오상현(五常縣) 대석하자(大石河子)에서 긴급중앙위원회의를 열고 급박한 시국정세와 향후의 투쟁노선을 논의하였다. 이때 일제의 침략이 만주에 그치지 않고 중국 관내 등 다른 지역까지 미치는 것은 물론 세계대전으로 확대될 것이 예견되었고, 이에 따라 한국독립의 계기가 마련될 것으로 전망하는 논의가 있었다. 그리고 중국군과 공동작전을 펴 이들의 지원을 받으며 투쟁하면서 세계연합군의 교전단체로 참가하여 국내로 상륙작전을 전개하면 전후 강화회의에서 독립을 쟁취할 수 있다는 전략이 세워지게 되었다.[83] 그리하여 이 회의에서 다음과 같은 중요 3안을 의결하였다.

①각 군구에 총동원령을 내려 정비된 군사행동을 개시할 것.
②당내 모든 공작을 군사방면에 집중할 것.
③특파원을 길림성 항일군사당국에 파견하여 한중합작을 상의할 것.[84]

한국독립당은 이 결의에 따라 하얼빈 근교의 중동선(中東線) 철도 연변을 중심한 각 군구에 총동원령을 내려 재향군인의 소집과 청장년들의 징집을 실시하는 한편, 당 군사위원장 이청천을 총사령으로 하는 한국독립군의 편제를 정했다. 11월 중순의 편제를 보면 부사령관에 남대관, 참모관에 신숙, 재무겸 외교관에 안야산(安也山), 의용군 훈련대장에 이광운(李光雲), 의용군 중대장에 오광선(吳光鮮), 별동대 대장에 한광빈(韓光彬), 헌병대 대장에 배성운(裵成雲), 중국구국군 후원회장에 권수정 등이었다.[85]

---

83 앞의 『白岡回顧錄』, 94쪽.

84 一靑(趙擎韓), 「'九一八'後韓國獨立軍在中國東北殺敵略史」, 『光復』 2권 1기(1942년 1월, 한국독립운동사연구소 1987년 영인본), 53쪽.

85 국사편찬위원회 편, 『독립운동사』 5, 599쪽 및 독립운동사편찬위원회, 『독립운동사자료집』 10, 619쪽.

창립 초기의 한국독립군은 지휘부 위주로 편성되었고, 실제 병력은 약 150명 정도였다. 연변이나 남만주지역과 달리 북만지역은 한인 사회가 드물게 산재한 데다가 500호 이상 집단거주하는 한인사회가 거의 없어 그 기반이 취약한 한계가 있었기 때문이다. 초창기 한국독립군은 중국항일군과 연계관계가 없어 오히려 중국군의 탄압을 받는 등 곤경을 치렀다. 하지만 11월 28일 중국군에 체포된 권수정의 적극해명에 힘입어 총사령관 이청천과 참모 신숙 등은 12월 초순 북만 중국항일 세력의 본거지인 빈현(賓縣)에 가서 중국항일군과 연합을 위한 협상을 진행하였다.[86] 빈현에는 일제의 침략에 야합하여 성립한 희흡(熙洽)의 괴뢰정부에 반대하던 성윤(誠允)이 11월 12일 길림성정부를 세우고 부근 10개 현을 기반으로 적극 항전하고 있었던 것이다.[87]

이 때 양측에서 3개 사항에 합의하였다. 이 협정에서 초창기 한국독립당이 독자적 항일투쟁을 통해 조국의 독립을 쟁취하는 전략보다는 중국항일군과 연대투쟁하여 '교전단체'로 인정받으려는 현실적 방침을 우선 고려했다고 정리할 수 있다.[88] 소수의 무장조직이 다수의 중국군과 연대투쟁을 모색하여 난관을 타개하려 한 사실을 주목해야 할 것이다. 중동선 철도의 동쪽을 한국독립군이 맡은 이유는 그곳이 산악지대가 많았으므로 유격전을

86 이규채, 「韓國獨立軍與中國義勇軍聯合抗日記實」, 『革命公論』 창간호(1933년 7월), 洛陽(독립기념관 소장 사본), 69쪽.

87 郭廷以 編, 『中華民國事史日誌』 3, 臺北: 中央研究院 近代史研究所, 1984, 106쪽.

88 이때 양측에서 논의한 약속사항은 다음과 같다. ①한·중 양군은 어떤 열악한 환경을 막론하고 장기항전을 맹세한다. ②중동철로(中東鐵路)를 경계로 하여 서부전선은 중국군이 맡고, 동부전선은 한국군이 담당한다. ③한·중 양군의 전시 후방교련은 한국군의 장교가 부담하고, 한국독립군의 소요 일체 군수물자는 중국군이 공급한다(조경한, 앞의 글, 1942, 53쪽). 사실상 이러한 전략은 한국독립당·군의 취약한 현실적 상황을 반영한 것이라고 본다. 앞에서도 언급한 바, 한국독립군의 주요 간부로 활약했던 조경한은 후일 자신의 회고록(『백강회고록』, 종교협의회, 1979, 92쪽)에서 한국독립군이 만주의 중국의용군은 물론 중국 중앙군과도 공동작전을 펴고, 나아가 세계연합군의 교전단체로 참가할 계획이었다고 밝혔다. 그러나 이러한 구상은 당시 현실과 동떨어진 것이었다고 하지 않을 수 없다.

수행하기 유리했기 때문이다.

이후 한국독립군은 총사령부의 위치를 흑룡강성 의란현(依蘭縣)으로 정하고 한영호(韓永浩) 등을 당 중앙에 파견하여 위 내용을 보고했으며, 후방 각 군구의 조직들이 전선에 집중할 것을 촉구했다.[89] 이에 한국독립당은 동·북만의 각지역을 현 단위로 구분하여 조경한(趙擎韓)·오광선·홍진(洪震: 한국독립당 위원장) 등 12명의 징집책임자를 파견하고 각자 소관구역에서 새로 모집한 장정을 3·3제로 편성케 했다. 3·3제란 30명을 1개 소대, 3개 소대를 1중대, 3개 중대를 1대대, 3개 대대를 1연대로 편성하는 조직방침을 말한다. 또 한국독립군은 하사 이상 간부들은 소집한 재향군인 가운데서 우선 임명하여 초급훈련을 실시한 뒤, 총사령부의 명령에 따라 지정구역으로 이동케 하고 추후 무기 등을 지급받아 작전에 임할 것을 결정했다.[90] 이러한 분투 결과 1931년 말에는 약 300~500여 명의 대원을 동원할 수 있게 되었다. 그러나 무기와 장비 등은 별로 없어 실제 전투를 수행할 수 없었다.

결국 한국독립군은 남만주의 조선혁명군이나 중국의용군에 미약한 역량으로 중국의용군에 합류하여 항일투쟁을 벌이다보니, 대체로 자체의 생존과 항일투쟁에 급급하여 한국독립당에서 내세운 위의 세 강령을 실천할 여유는 없었던 것으로 파악된다.

6. 독립군의 1930년대 초 한·중 연대 실현과 공동 투쟁

1) 요녕민중구국회(遼寧民衆救國會)

1932년 3월 21일 중국 요녕성(遼寧省) 환인현(桓仁縣)에서 중국국민당 특

---

89 조경한, 앞의 글(1942), 53쪽.

90 『백강회고록』, 96쪽.

파원 왕육문(王育文) 및 구 동북군 장교 당취오(唐聚五)·이춘윤(李春潤), 대도회(大刀會)의 왕봉각(王鳳閣) 등 유력자들과 항일투쟁을 표방한 남만주 동변도(東邊道) 10개 현의 대표 30여 명이 모여 조직한 항일투쟁 조직. 일명 요녕구국회라고도 한다.

1931년 9월 18일 일본의 만주침략(이른 바 '만주사변', 또는 '9·18사변') 이후 북경(北京)에서 결성된 '동북항일민중구국회'에서는 중국 동북지방의 항일투쟁을 촉진하기 위해 환인현에 주둔하고 있던 구 동북군부대 지휘관 당취오 등에게 밀사를 파견하여 항일봉기를 촉구하였다. 특히 '9·18사변' 직후 중국 관내로 피신했던 중국국민당의 동북군 영수 장학량(張學良)은 항일투쟁 의지가 투철한 당취오를 방어군(요녕 육군보병 제1단) 단장으로 임명하고 적극 후원하였다. 이에 따라 위의 중국인 유지 이외에 손수암(孫秀岩)·장종주(張宗周)·서대산(徐大山) 등이 합류하여 요녕민중구국회가 결성되었다.

이 조직은 더욱 많은 항일 대중을 참여시키기 위하여 1932년 4월 20일 환인현 사범학교 운동장에서 항일 선서대회를 개최하고 항일무장투쟁 조직으로 '요녕민중자위군'의 조직을 공식 선포하였다. 요녕민중구국회 산하에는 정치 및 군사부문의 두 개 위원회가 있었다. 그런데 이 조직의 상무위원회 위원장 및 정치위원회 위원장은 왕육문이 맡고, 군사위원위원회 위원장 겸 요녕민중자위군의 총사령은 당취오가 맡았다. 이 때 신빈현(新賓縣) 동대영(東大營)에 주둔하고 있던 구 동북군 영장(營長) 이춘윤이 군사위원회 위원 겸 제6로군 총사령이 되었다. 한편 이 무렵 남만주 지방에서 왕동헌(王彤軒)이 이끌던 요녕농민자위단(遼寧農民自衛團)과 함께 항일무장투쟁을 전개하고 있던 조선혁명군은 4월 29일당취오 등 요녕민중자위군의 수뇌부와 협상하여 작전협정을 맺고 공동투쟁을 협의하였다. 그 결과 조선혁명군은 요녕민중자위군의 특무대와 선전대대(宣傳大隊)로 편제되었다. 이에 따라 조선혁명군 사령관 양세봉은 특무대 사령관이 되고, 김광옥(金光玉)은 선전대대장으로 활동하였다. 조선혁명군은 이 해 10월경까지 요녕민중자위군의 일원으로 거의 200여 차례의 전투를 치르며 크게 활약하였다. 특히 조선혁명군이 요녕민중자위군의 이춘윤 부대와 함께 치른 영릉가(永陵街) 전투와 신빈현성(흥경현성) 공방전은 조선혁명군의 용맹을 떨친 작전으로 유명하다.[91]

2) 중한연합토일군(中韓聯合討日軍, 한중연합토일군)

북만주 지방에서 활동하던 한국독립당 산하 한국독립군이 1933년 1월 13일 중국의용군인 길림구국군(吉林救國軍) 제14사 시세영(柴世榮) 부대와 연합하여 결성한 한·중 양민족의 연합항일부대로, 한국인들은 '한중연합토일군'이라고 불렀다. 1931년 9월 일제의 전면적 만주지방 침략 이후 항일무장투쟁을 모색하고 있던 한국독립당에서는 같은 해 11월부터 적극적으로 한중 양민족의 연합투쟁을 도모하였다. 신숙(申肅) 등은 이 해 12월 중동철도호로군(中東鐵道護路軍) 사령관인 정초(丁超) 등을 찾아가 이 문제를 상의하고 중국의용군과 공동작전을 전개하기로 합의하였다. 이에 따라 1932년 1월 초부터 한국독립군의 조경한·권오진(權五鎭) 등이 편성한 '한국독립군 유격독립여단'은 길림자위군 제9사 사복성(謝復成) 부대와 함께 서란현(舒蘭縣) 전투 등에서 공동작전을 전개하여 많은 전과를 거두었다. 이후 한국독립당은 1932년 11월 29일 중앙의회를 소집하였다. 여기에서 군사활동을 동만주 지방으로 한정하고 길림구국군 수뇌부에 특파원을 보내 한중합작을 추

---

91 이상은 金學奎, 「三十年來韓國革命運動在中國東北」, 『光復』 1권 4기(1941년 6월), 독립기념관 한국독립운동사연구소 1987년 영인; 김학규, 「白波自敍傳」, 『한국독립운동사연구』 2, 한국독립운동사연구소, 1988; 曹文奇, 『鴨綠江邊的抗日名將梁世鳳』, 瀋陽 : 遼寧人民出版社, 1990; 朴昌昱, 「조선혁명군과 遼寧民衆自衛軍의 연합작전」, 『朴永錫교수 화갑기념 한민족독립운동사論叢』, 탐구당, 1992; 장세윤, 「만주지역 독립군의 무장투쟁」, 『신편 한국사』 50(전시체제와 민족운동), 국사편찬위원회, 2001 등을 참고로 서술.

진키로 결의하였다. 이러한 과정을 거쳐 한국독립군은 1933년 1월 13일 길림구국군 시세영 부대와 연합하여 '중한연합토일군'을 결성하였다.

이 때 한국독립군은 수백명 규모였고, 길림구국군은 2000여 명에 달했다. 중한연합토일군은 4월 중순부터 9월 초까지 일본군과 만주국군을 상대로 사도하자(四道河子)·동경성(東京城)·대전자령(大甸子嶺)·동녕현(東寧縣) 전투 등 대규모 항일전을 전개하여 큰 성과를 거두었다. 특히 1933년 6월 30일의 대전자령전투에서는 간도의 나자구(羅子溝)에서 철수하는 일본군 수송대를 습격하여 막대한 군수물자를 빼앗는 대승을 거두었다. 그러나 대전자령전투 이후 일본군에게 노획한 전리품의 분배문제와 노선의 차이로 한·중 양군 사이에 갈등이 생겼다.

동녕현전투 직후인 1933년 10월 초 길림구국군 사령관 오의성(吳義成)은 한국독립군을 기습하여 무장해제를 단행하였다. 특히 길림구국군 참모장 주보중(周保中)은 중국공산당원으로서 중국공산당 계열의 왕청·훈춘유격대와 연계되어 있었다. 또 시세영은 한국독립군을 해체하고 중국군에 편입할 것을 요구하였다. 이러한 사태의 배경에는 일제의 친일단체로 1932년 2월 출범한 '민생단(民生團)'의 영향도 있었다. 결국 한국독립군은 중국군에 의해 무장해제되고 다수의 대원들이 구금되는 큰 타격을 받고 해체되고 말았다. 그러나 이청천(李青天) 등 다수의 한국독립군 장병들은 중국 관내 지방으로 이동하여 항일투쟁을 지속하였다.[92]

---

92 이상은 「韓國獨立軍與中國義勇軍聯合抗日記實」, 『革命公論』 1권 4기(1934.4); 蔡根植, 『무장독립운동비사』, 대한민국 공보처, 1949; 애국동지원호회, 『한국독립운동사』, 1956; 장세윤, 「한국독립군의 항일무장투쟁 연구」, 『한국독립운동사연구』 3, 한국독립운동사연구소, 1989; 장세윤, 「만주지역 독립군의 무장투쟁」, 『한국사』 50(전시체제와 민족운동), 국사편찬위원회, 2001 등을 참고함.

7. 중국공산당 만주조직 산하 항일무장투쟁 세력의 형성과 발전

1) 개잡이대(打狗隊)

1931년 10월경 중국 길림성 이통현(伊通縣)에서 한인 이홍광(李紅光)이 주동이 되어 조직한 항일유격대이다. 일명 적위대(赤衛隊)라고도 한다. 중국공산당 반석중심현위원회(磐石中心縣委員會, 서기 全光, 본명 吳成崙, 한인)는 중국공산당 만주성위원회의 지시에 따라 일본제국주의 세력의 중국 동북(만주) 침략에 항거하고 일제의 앞잡이들을 응징하기 위해 무장조직의 결성을 모색하였다. 이 과정에서 역량있는 활동가로 지목되던 이홍광 등 7명의 한인(韓人) 청년들을 토대로 적위대가 결성되었다. 창건 당시 적위대의 무장은 소총 한자루와 권총 5정, 수류탄 2발에 지나지 않았다. 그러나 이 작은 조직은 한인 밀정 등 일제의 하수인과 친일 한인들의 조직인 조선인민회(保民會) 및 만주국 관헌, 일본 군경, 악덕 지주 등과의 투쟁에서 이름을 떨치게 되었다. 특히 대중들은 일제의 주구배들을 숙청하는 부대라고 해서 '개잡이부대(打狗隊)'라는 별명으로 부르기도 했다.

사실 이 조직은 남만주 지역에서 중국공산당이 영도하는 최초의 무장조직이었다. 중국공산당 만주성위원회는 적위대를 대중의 기초 위에서 발전시키기 위해 양군무(楊君武; 일명 楊左青, 漢族) 등을 반석에 파견하여 남만지역에서 항일유격대를 건립하고자 하였다. 특히 1932년 2월 개최된 중국공산당 반석현위원회 확대회의에서는 적위대를 토대로 '반석항일유격대'를 조직한다는 방침을 결정하였다. 당시 대장은 이홍광이었는데, 양군무는 정치위원의 직책을 맡았다. 이에 따라 반석 일대에서는 1932년 초부터 중국공산당과 연계된 각종 농민운동이 활발히 전개되었다.

적위대는 1931년 말의 추수투쟁과 이듬해 봄의 춘황투쟁(春荒鬪爭, 쌀 빼앗기투쟁) 등의 대중운동을 주도하며 반석현 일대에서 크게 활약하였다. 반봉건(계급) 투쟁 및 항일투쟁의 성격을 띠는 이러한 대중운동을 통해 중국공산당 만주성위원회의 역량이 증대하였다. 같은 해 5월에 만주국군 출신 중국인 병사들이 합류하면서 적위대는 30여 명 규모로 늘어났다. 1932년 6월 4일 '반석공농반일의용군(磐石工農反日義勇軍; 약칭 반석의용군, 반석유격대)'로 발전하였다. 이후 이 조직은 한·중 양민족의 연합부대적 성격을 띠는 동북인민혁명군 제1군 독립사, 동북항일연군 제1군 등으로 발전하여 1930년대 중국 동북지방 항일무장투쟁에 크게 이바지하였다.[93]

2) 반석공농반일의용군(磐石工農反日義勇軍)

중국공산당 만주성위원회 산하 반석현위원회(서기 吳成崙, 韓人)의 주도로 1932년 6월 4일 길림성 반석현(磐石縣) 삼도강(三道崗)에서 조직된 항일유격대이다. 1931년 10월 중국 길림성 이통현(伊通縣)에서 한인(韓人) 이홍광(李紅光)이 조직한 30여 명의 적위대(일명 개잡이대)가 모체가 되었다. 대외적으로는 '만주공농반일의용군 제1군 제4종대(縱隊)'라는 명칭으로 선전되었다. 창설 당시 조직은 3개 분대로 편제되었다. 대원의 다수는 한인 청년들이었으나, 일제의 괴뢰 만주국군에서 탈주한 중국군 병사들도 상당수 참가하였다. 대장은 장진국(張振國, 漢族), 정치위원은 양군무(楊君武; 일명 楊左靑)였으며, 이홍광이 제2분대 정치위원을 맡았다. 성립 직후 포고문을 발표하여 의용군의 성격과 목적, 전투임무 등을 내외에 천명하였다. 일제 주구배의 숙청과 민중 보호, 일본 '강도'의 구축(驅逐)과 실지(失地) 회복 등이 주요

93 이상은 박창욱 주편, 『조선족혁명렬사전』 1, 瀋陽 : 요녕인민출판사, 1983; 김창국, 『남만인민항일투쟁사』, 延吉 : 연변인민출판사, 1986; 황룡국 주편, 『조선족혁명투쟁사』, 심양 : 료녕민족출판사, 1988; 장세윤, 「李紅光 연구 - 항일유격대 및 동북인민혁명군내 한인 지도자의 활동사례 검토」, 『한국독립운동사연구』 8(1994), 독립기념관 한국독립운동사연구소; 강만길·성대경 편, 『한국사회주의운동 인명사전』, 창작과비평사, 1996 등을 참고로 서술함.

목표로 설정되었다.

이 부대는 반석·이통현 등 남만주 지방에서 매판적 지주계급과 일본제국주의의 앞잡이, 일본 군경 및 괴뢰 만주국 관헌 등을 대상으로 활발한 반제·반봉건 투쟁을 벌였다. 그러나 당시 중국공산당의 좌편향적 지도방침에 따라 다른 항일부대와 지주세력을 공격하게 되면서 큰 어려움을 겪기도 했다. 1931년 9월 일제의 중국 동북(만주) 침략 이후 중국 동북지방에서는 각종 항일의용군이 봉기하는 등 유리한 정세가 조성되고 있었다. 그런데 중국공산당은 이러한 정세에 부합하지 않는 '소비에트 건설'과 토지혁명, 인민혁명정부 수립 등의 투쟁목표를 세우고 다른 항일세력과 대립하는 등 여러가지 곤란한 상황을 자초하고 있었던 것이다.

그러나 이러한 우여곡절을 겪으면서도 이 해 10월에는 대원의 규모가 120여 명으로 늘어나 4개 대대 편제로 개편되었고, 이홍광이 참모장을 맡게 되었다. 중국공산당 만주성위원회의 방침에 따라 1932년 12월 '중국공농홍군(中國工農紅軍) 제32군 남만유격대'(약칭 남만유격대)로 개편되었다. 이때 대장은 맹걸민(孟杰民, 漢族), 참모장은 이홍광이었다. 이후 이 유격대는 온갖 어려움을 극복하면서 한·중 양민족의 연합부대적 성격을 띠는 동북인민혁명군 제1군 독립사, 동북항일연군 제1군 등으로 발전하여 1930년대 중국 동북지방의 항일무장투쟁에 크게 기여하였다.[94]

3) 왕청현유격대(汪淸縣 유격대대)

1932년 3월 중국공산당 왕청현위원회 산하에 창건된 항일무장투쟁 단체

---

94 김창국, 『남만인민항일투쟁사』, 연변인민출판사, 1986; 東北抗日聯軍史料編寫組, 『東北抗日聯軍史料』(下), 中共黨史資料出版社, 1987; 황룡국 주편, 『조선족혁명투쟁사』, 료녕민족출판사, 1988; 장세윤, 「이홍광 연구 - 항일유격대 및 동북인민혁명군내 한인 지도자의 활동사례 검토」, 『한국독립운동사연구』 8, 독립기념관 한국독립운동사연구소, 1994 등을 참고로 서술함.

이다. 1930년대 초 중국 길림성 왕청현 일대에서 항일투쟁 및 반봉건·계급투쟁을 실천하기 위해 설립되었다. 1934년 3월 중국공산당 산하의 동북인민혁명군 제2군 독립사로 개편되었다.

1931년 9월 18일 일본군이 '만주사변'을 도발하여 중국동북지방을 침략하자 중국공산당 중앙위원회는 10월 12일에 만주성위원회에 항일유격대의 창건을 지시하였다. 이에 따라 중국동북(만주) 각지에서 1932년 봄부터 항일유격대가 창설되었다. 중국공산당 왕청현위원회에서는 1932년 초 회의를 열고 군사부장 김명균(金明均)에게 유격대를 건립할 임무를 맡겼다. 김명균은 2월 초에 왕청현 당위원회 연석회의를 열고 적의 무장을 빼앗아 유격대의 무장을 강화하기로 했다. 2월 20일 김철을 대장으로 한 몇명의 대원들은 유격대 건립을 위해 대감자(大坎子)의 공안(경찰)분주소를 불의에 습격하여 경찰의 무장을 해제하고 소총 7자루를 탈취하였다. 또 석현(石峴) 장동에서 중국인 자위단을 매복 습격하여 역시 소총 3자루를 노획하였다. 이를 바탕으로 이 해 3월 소왕청(小汪淸) 춘명향(春明鄕) 중경리(中慶里) 최창호의 물방앗간에 모인 왕청의 열혈청년들은 '왕청현노농반일유격대'(약칭 왕청현유격대)의 창건을 선언하였다. 이 때 유격대 대장은 김철, 정치위원은 김명균이 맡았는데, 대원은 양성룡(梁成龍)·이응만·이원섭 등 10여 명이었다. 이 회의에서는 또 이광(李光) 등 9명을 중국 항일의용군인 길림구국군(吉林救國軍)에 파견하여 통일전선을 강화하기로 결정하였는데, 구국군의 오의성(吳義成)은 이들을 별동대로 편성하고 이광을 대장으로 임명하였다.

이후 유격대는 소왕청 뒷골짜기의 사시나무 숲속에 귀틀집을 짓고 유격대 본부를 설치하였다. 왕청현유격대는 소왕청 일대 주민들의 자발적 협력과 성원으로 급격히 발전하였다. 주민들은 자발적으로 무기와 식량을 지원하였으며, 남편과 자식들을 유격대에 보냈다. 그리하여 유격대는 이 해 9

월 경까지 18차의 전투와 다양한 활동을 전개하여 큰 성과를 거두었다. 이들의 활동은 주로 괴뢰 만주국군이나 관헌, 일본군을 기습하여 다량의 총과 탄약, 군수품을 노획하거나, 지주나 친일파의 집을 습격하여 무기를 탈취하고 응징하는 활동을 전개하여 민중의 호응을 받았다.

1932년 11월에 왕청현유격대는 안도현(安圖縣)에서 온 별동대(대장 李光), 영안현에서 온 유격대와 연합하여 '왕청현유격대대'를 편성하였는데, 대원은 모두 90명이었다. 당시 이들은 80여 자루의 소총과 권총으로 무장하였다. 대대 아래 3개 중대를 두었는데, 제1중대장은 최용빈, 2중대장은 안기호, 3중대장은 김상준이 임명되어 각자 담당구역에서 활동하였다. 왕청현유격대대의 초대 대대장은 양성룡이 맡았고, 1933년 10월부터 1934년 3월까지 2대 대대장은 조춘학이 맡았다. 초대 정치위원은 김명균이었는데 이후 조춘학, 남창익 등이 맡았다. 1933년 초 안도현에서 김일성이 거느린 항일유격대가 와서 왕청현유격대대에 합병되었다.

왕청현 항일유격대는 창건 초기에는 소비에트 설립과 홍군(紅軍) 건설이라는 좌경노선으로 출발하였으나, 1933년 '1월 서한' 등의 방침에 따라 인민정권 수립과 인민혁명군 건설 방침으로 전환하게 되었다. 1933년 4월 17일부터 19일까지 일본군은 괴뢰 만주국군과 경찰, 자위단 등을 규합하여 1,500여 명의 대병력으로 소왕청(小汪淸)항일유격근거지를 세방면에서 공격해 왔다. 왕청현유격대대는 이같은 대규모 포위공격을 세차례나 격퇴한 소왕청근거지 보위전 등 수많은 전투를 치르며 역량을 강화하였다. 당시 소왕청 항일유격근거지는 중국공산당 동만특별위원회와 왕청현위원회가 있던 중국공산당 동만 조직의 핵심이 위치하고 있던 요충지였다. 따라서 이 근거지를 잘 지켜냄으로써 후일의 항일투쟁 및 중국공산당의 역량 강화에 기여하였다.

1932년 11월 왕청현유격대대로 개편되었다가 1934년 3월 왕청현유격대대는 다시 동북인민혁명군 제2군 독립사 제3단으로 개편되었다.

왕청현 항일유격대의 임무는 성립 초기에는 자신의 역량을 강화하기 위한 무장강화와 대원모집 등의 활동이 중심이 되었으나, 차츰 실력이 갖추어 지자 왕청현위원회의 지시에 따라 항일무장투쟁과 친일파 처단, 지주 습격 등 반봉건 및 계급투쟁에 주력하게 되었다. 아울러 주민들을 괴롭히는 토비(土匪)의 무장을 해제하고 일본 간첩 10여 명을 처단하기도 했다. 한편 1932년 11월 2일 왕청현 소왕청 지방에 소왕청소비에트(지방소비에트 2곳, 촌소비에트 2곳, 소속군중 800여 명)가 성립하자 이를 보위하는 것이 주요 임무가 되었다. 대표적으로 1933년 4월 17일부터 19일까지 소왕청유격근거지에 대한 일·만 연합세력의 세차례의 대규모 공격을 방어한 '소왕청보위전'을 들 수 있다.

왕청현유격대는 연길·화룡·훈춘현유격대와 함께 대부분이 한인(韓人)으로 구성되었는데, 1930년대 초 동만(東滿)지역 항일무장투쟁의 중심을 이루었고, 1934년 봄 동북인민혁명군 제2군, 나아가 1936년 동북항일연군 제2군으로 발전하였다. 따라서 중국동북지역(만주)에서 중국공산당 주도 항일무장투쟁 세력의 주류를 형성하였다는 점에서 중요한 의의를 찾아볼 수 있다.[95]

---

95 이상은 김준엽·김창순, 『한국공산주의운동사』 5, 청계연구소, 1986; 中共延邊州委 黨史工作委員會·黨史硏究所 編, 「中共汪淸縣委, 『延邊歷史事件黨史人物錄』, 1988(내부자료); 최상철·문호갑, 「왕청유격대의 전투공훈」·「소왕청보위전」, 『봉화』(중국조선민족발자취총서3), 민족출판사, 1989; 中共延邊州委조직부·중공연변주위 黨史연구실·연변조선족자치주당안관 편, 『중국공산당 연변조선족자치주 조직사』, 연변인민출판사, 1991; 양소전·차철구·김춘선·김철수·안화춘(김춘선 등 역), 『중국조선족혁명투쟁사』, 연변인민출판사, 2009 등을 참고.

4) 연길현(延吉縣) 유격대

중국공산당 만주성위원회(연길현위원회)에서 1932년 10월 중국 연변지역에서 활동하던 의란구(依蘭溝) 유격대와 노두구(老頭溝) 유격대를 합병하여 결성한 항일무장투쟁 조직이다. '연길유격대', 또는 '연길현 항일유격대'라고도 한다. 1931년 9월 18일 일본의 중국 동북지방(만주) 침략 이후 각 지역에서는 여러 계통의 항일의용군이 대거 봉기하여 항일투쟁을 전개하였다. 이에 중국공산당 만주성위원회 산하의 동만특별위원회는 같은 해 12월 연길현 명월구(明月溝)에서 회의를 열고 유격대를 조직하여 항일무장투쟁을 전개하기로 결정하였다. 이에 따라 연변지역의 각 현위원회에서도 1932년 2·3월 경 명월구회의의 방침에 따라 유격대를 결성하기로 하였다. 특히 동만특별위원회는 1931년 가을 1만 5천여 명의 농민들이 참가한 추수투쟁과 이듬해 봄 2만여 명의 농민들이 참가한 춘황투쟁(春荒鬪爭)을 통해 대중적 기반을 넓혀갔다.

이러한 바탕 위에서 1932년 2월 경 먼저 의란구 적위대가 건립되었다. 이 조직은 뒤에 유격대로 이름을 바꾸었는데, 대장은 박춘(朴春)이었다. 초기의 대원은 10여 명이었으나, 나중에는 30여 명으로 발전하였다. 노두구 유격대도 비슷한 시기에 결성되었다. 대장은 박주철(朴柱哲)이었고 대원은 20여 명이었다. 1932년 10월 경 양 지역의 유격대 조직이 통합되어 연길현유격대로 개편되었다. 이 때 대장은 박동근(朴東根), 정치위원은 박길(朴吉)이 담당하였다. 이 무렵 최현(崔賢)이 참가하였다. 이후 왕덕태(王德泰, 漢族)가 부하 10여 명을 이끌고 들어왔고, 1933년 1월에는 화련리(花蓮里) 적위대(대장 金順德) 30여 명이 합류하였다. 이에 따라 유격대대로 확대편성되었다. 대원은 130여 명이었다. 산하에 4개의 유격중대와 7개 소대를 두었다. 이듬해 1월 200여 명 규모로 발전하였는데, 거의 대부분의 대원이 한인(韓人)이었다. 연변지역 4개현 유격대 가운데 가장 규모가 크고 대원들의 정치의식이 높았으며, 규율이 엄정하여 '모범대'란 칭호를 들었다. 주로 연길현의 연집강·팔도구(八道溝)·의란구·동불사(銅佛寺)·삼도만(三道灣) 등지에서 활동하였다. 항일투쟁은 물론 반봉건투쟁 및 계급투쟁을 수행하여 연변지역의 가난한 한인 대중의 환영을 받았다.

이러한 연길현 유격대의 활동은 항일대중을 토대로 한 유격근거지와 소비에트 정권이 건립될 수 있었기 때문에 가능하였다. 1930년대 초반에는 모든 지주와 자본가를 타도할 것을 표방하는 등 '좌경오류'를 범하기도 하였다. 그러나 1933년 6월 다른 항일의용군과 연합하여 팔도구를 공략하는 등 진일보한 모습을 보였다. 1934년 3월 말 중국공산당 만주성위원회의 지시에 따라 왕청·화룡·훈춘유격대 등 연변의 3개 유격대와 함께 '동북인민혁명군' 제2군 독립사로 확대편성되었다. 추후 제2군의 핵심적 역할을 수행하였다.[96]

5) 화룡현(和龍縣) 유격대(화룡현 유격중대)

중국공산당 만주성위원회(화룡현위원회)에서 1932년 12월 중국 연변의 화룡·연길현 일대에서 활동하던 개산둔(開山屯)·대랍자(大拉子)·평강(平崗) 유격대 등을 통합하여 어랑촌 항일유격근거지에서 조직한 항일무장투쟁 단체이다. '화룡(현) 항일유격대', 또는 '화룡현 유격중대'라고도 한다. 1931년 9월 18일 일본의 중국 동북지방(만주) 침략 이후 각 지역에서 여러 계통의

96 이상은 김동화·김철수·리창역·오기송 편저, 『연변당사 사건과 인물』, 연변인민출판사, 1988; 黃龍國 주편, 『조선족혁명투쟁사』, 료녕민족출판사, 1988; 조선족략사편찬조, 『조선족략사』, 연변인민출판사, 1986(서울 : 백산서당, 1989년 재간본); 와다 하루끼(이종석 옮김), 『김일성과 만주 항일전쟁』, 창작과비평사, 1992; 장세윤, 「1930년대 초 간도(중국 연변) 지방에서의 한인 대중봉기」, 『동북아 질서의 형성과 변동』, 한국정치외교사학회, 1994; 신주백, 『만주지역 한인의 민족운동사(1920~45)』, 아세아문화사, 1999 등을 참고함.

항일의용군이 봉기하여 항일투쟁을 전개하였다. 이에 중국공산당 만주성위원회 산하의 동만특별위원회는 같은 해 12월 연길현 명월구(明月溝)에서 회의를 열고 유격대를 조직하여 항일무장투쟁을 본격화하기로 결정했다. 이에 따라 연변의 각 현위원회에서도 1932년 2·3월경 이 회의방침에 따라 유격대를 결성하기로 하였다. 특히 동만특별위원회는 1931년 가을의 추수투쟁과 이듬해 봄의 춘황투쟁(春荒鬪爭) 등을 통해 대중적 기반을 크게 넓힐 수 있었다.

이러한 기초 위에서 연변지역 한인 사회를 중심으로 항일유격대가 건립되기 시작했다. 1932년 봄 중국공산당 개산둔구위원회에서는 적위대를 기초로 하여 '권총대'를 조직하였다. 대장은 채규진이었는데, 대원은 6·7명에 불과했다. 그러나 이후 일련의 전투를 거쳐 20여 명 규모로 발전하였다. 대랍자 유격대는 1932년 여름에 조직되었다. 대장은 김창섭(金昌涉)이었고 인원은 약 20명이었다. 평강유격대는 원래의 적위대를 기초로 하여 같은 해 여름에 조직되었다. 1932년 12월 중국공산당 화룡현위원회에서는 이들 유격대를 통일적으로 영도하기 위하여 각 구역의 유격대를 어랑촌(漁浪村) 근거지로 집결시켜 '화룡현 유격중대'를 건립하였다. 중대장은 김세(金世)였다. 산하에 2개 소대를 두었는데, 대원은 약 40명이었다. 1933년 3월에는 대원이 80여 명으로 증가하고 소총 50여 자루를 갖추는 등 무장도 늘어나 유격대대로 확대개편되었다. 이 때 대대장에 장승한(張承漢), 정치위원에 차용덕(車龍德)이 임명되었고, 대대 아래에 3개 소대를 두었다. 이들은 주로 평강(平崗)·장인강(長仁江)·대랍자(大拉子)·삼도구(三道溝) 등지의 화룡현 일대에서 광범한 유격투쟁을 전개하였다.

이 유격대가 치른 유명한 전투로는 삼도구의 친일지주 장보림(張寶林)의 장원을 습격한 반봉건(계급투쟁) 성격의 전투, '어랑촌 13용사'의 희생을 초래한 어랑촌 유격근거지 항일전투(1933년 2월), 우복동(牛腹洞) 사중촌 전투

(같은 해 5월) 등을 들 수 있다. 1934년 3월 말 중국공산당 만주성위원회의 방침에 따라 연길·왕청·훈춘현 유격대와 함께 동북인민혁명군 제2군 독립사로 확대개편되었다. 대부분의 구성원이 한인이었다.[97]

6) 훈춘현유격대(훈춘현 항일유격총대)

중국공산당 만주성위원회(훈춘현위원회)에서 1933년 1월 길림성 훈춘현 대황구(大荒溝) 일대에서 활동하던 '영북(嶺北)유격대'와 연통립자(煙筒砬子) 일대에서 활동하던 '영남(嶺南)유격대'를 통합하여 결성한 항일무장투쟁 조직이다. '훈춘항일유격대', 또는 '훈춘현 유격총대', '훈춘현 항일유격총대'라고도 한다. 1931년 9월 18일 일본의 중국 동북지방(만주) 침략 이후 각 지역에서 여러 계열의 항일의용군이 봉기하여 항일투쟁을 전개하였다. 이에 중국공산당 만주성위원회 산하의 동만특별위원회는 같은 해 12월 연길현 명월구에서 회의를 열고 유격대를 조직하여 항일무장투쟁을 전개하기로 결정했다. 이에 따라 연변지역의 각 현위원회에서도 1932년 초부터 이 회의 방침에 따라 유격대를 결성키로 하였다. 특히 중국공산당 훈춘현위원회가 1931년 10월 대황구 청수동에서 건립되었다. 이 조직은 이 해 가을의 추수투쟁과 이듬해 봄의 춘황투쟁을 전개하여 다수의 한인 대중을 포섭할 수 있었다. 그 결과 훈춘현의 항일유격대는 연변 4개현 가운데 가장 먼저 창건되었다. 즉 훈춘현위원회 군사부장 신춘(申春)의 지도로 대황구 두도령(頭道嶺)에서 1932년 1월 '별동대'가 조직되었던 것이다. 대장은 강석환(姜錫煥)이었고, 대원은 15명이었다.

---

97 이상은 김동화·김철수·리창역·오기송 편저, 『연변당사 사건과 인물』, 연변인민출판사, 1988; 黃龍國 주편, 『조선족혁명투쟁사』, 료녕민족출판사, 1988; 와다 하루끼(이종석 옮김), 『김일성과 만주 항일전쟁』, 창작과비평사, 1992; 최성춘 주필, 『연변인민 항일투쟁사』, 민족출판사, 1999; 박청산, 『연변 항일혁명 사적지』, 연변인민출판사, 2002 등을 참고로 서술함.

이 해 6월 말 별동대를 기초로 하여 '황구(荒溝)유격대(영북유격대)'가 조직되었다. 대장은 역시 강석환(姜錫煥)이었고, 정치위원은 박두남(朴斗南, 후에 변절)이었다. 대원은 20여 명이었다. 한편 훈춘의 남쪽 중·소 국경지대인 연통립자(煙筒砬子)의 서구촌(서골)에서 1932년 3월에 20여 명 규모의 '돌격대'가 조직되었다. 대장은 강일무(姜一武)였다. 이 조직을 토대로 6월에 '연구(煙區)유격대(영남유격대)'가 세워졌다. 대장은 강일무, 정치위원에 임청(林青, 漢族)이 임명되었다. 대원은 30여 명이었다. 1933년 1월 훈춘현위원회는 2개의 유격대를 통합하여 '훈춘현 항일유격총대'를 조직하였다. 이 해 3월 중국의용군 출신 30여 명이 가입하여 사기가 크게 고양되었다. 총대장에 공헌침(孔憲琛, 漢族), 정치위원에 박태익(朴泰益)이 임명되었다. 대원은 약 120명이었고 100여 자루의 총을 갖추었다. 영북유격대가 1대대로 편제되었다. 대장은 총대장이 겸임하고 정치위원은 윤석원(尹錫元)이 맡았다. 영남유격대는 3대대로 되었는데, 대장은 임청, 정치위원은 박두남이 맡았다.

훈춘현유격대는 연변의 훈춘현 및 왕청현(汪淸縣) 나자구 일대에서 치열한 항일 및 반봉건 투쟁을 전개하였다. 특히 1933년 9월 6일 치른 동만주의 동녕현(東寧縣) 전투는 매우 주목된다. 이 전투에는 이청천(李青天)이 거느리는 한국독립군과 오의성(吳義成)이 거느리는 중국의용군인 길림구국군, 그리고 중국공산당 계열의 왕청현유격대 등이 함께 참가하였다. 따라서 동녕현 전투는 중국공산당 계열의 항일유격대와 중국의용군, 민족주의계열 독립군인 한국독립군 등이 연합하여 공동으로 일본제국주의 세력에 대항하였다는 점에서 중요한 의의를 갖는다고 할 수 있다. 1934년 3월 말 중국공산당 만주성위원회의 방침에 따라 연변지역의 연길·왕청·화룡 유격대와 함께 '동북인민혁명군' 제2군 독립사로 확대개편되었다. 이 해 4월 제2군 독립사의

제4단으로 편제되었다. 다수의 대원들이 한인이었다.[98]

8. 1910~30년대 독립군·항일유격대의 형성과 유형

다소 장황하게 서술했지만, 이상의 논의를 정리하면 다음과 같다. 1910~30년대 중국 동북지역(일부 연해주지역 1920년 전후시기 포함) 독립군의 형성과 유형은 비교적 다양한 경로와 유형을 보이는 것으로 파악된다.

즉 지역적으로 보면 남만주(서간도 혹은 東邊道지역), 연변(북간도) 지역, 북만주 지역, 그리고 중국동북의 중·소 국경지대와 인접한 연해주 동남부 지역별로 구분할 수 있다는 사실이다. 물론 남만주 지역의 경우 동변도 지역과 길림·반석 일대 등 중만주지역으로 구분할 수 있는 지역도 있다. 대체로 남만주지역은 민족주의 계열 조직의 영향력이 컸으며, 연변지역은 1920년대 후반부터 사회주의 운동 세력의 영향력이 커지기 시작했다. 북만주에서는 1920년대 중후반과 1930년대 초 민족주의계열 독립운동 조직과 독립군의 활약이 두드러졌으나, 1933년을 고비로 거의 쇠퇴하는 양상을 보였다.

독립군의 유형은 한반도에서 국권회복과 독립운동의 웅지를 품고 중국동북이나 연해주로 이주·망명한 뒤, '독립전쟁론'에 입각하여 '독립군기지'를 개척하고, 지속적 독립운동이나 '독립전쟁'을 전개한 경우가 먼저 눈에 띈다. 남만주(서간도)의 경학사·부민단·신흥학교·서로군정서 계열이 바로 그들이다. 한편 의병전쟁의 연장선상에서 이른 바 '북천지계(北遷之計)'에 따라 국내의 한계를 벗어나 새로운 무대에서 독립전쟁을 전개하고자 한 일군의

---

98 이상은 김동화·김철수·리창역·오기송 편저, 『연변당사 사건과 인물』, 연변인민출판사, 1988; 黃龍國 주편, 『조선족혁명투쟁사』, 요녕민족출판사, 1988; 장세윤, 「한국독립군의 항일무장투쟁 연구」, 『한국독립운동사연구』 3, 독립기념관 한국독립운동사연구소, 1994; 와다 하루끼(이종석 옮김), 『김일성과 만주항일전쟁』, 창작과비평사, 1992; 최성춘 주필, 『연변인민 항일투쟁사』, 민족출판사, 1999; 박청산, 『연변 항일혁명 사적지』, 연변인민출판사, 2002 등을 참고함.

보수적 엘리트들이 있었으니, 그들은 대한독립단과 대한통군부, 일부 대한통의부 세력이 바로 그들이다. 또 홍범도 의병부대와 독립군의 경우는 국내에서 의병전쟁에 참가하였다가, 중국동북을 거쳐 연해주로 망명한 뒤, 그곳에서 병사와 무기, 군자금 등을 모집하는 등 역량을 비축하여 다시 연변지역으로 진입한 매우 독특한 형성과정을 보이고 있다는 점에서 매우 주목된다. 한편 최진동이 이끈 군무도독부나 안무(安武)의 간도(대한)국민회군의 경우처럼 중국동북 현지의 한인 교민사회 스스로가 무장을 갖추고 자위조직에서 나아가 근대적 편제와 무장, 이념으로 무장하여 '독립군'을 형성한 경우도 있었다.

이념적으로 볼 때는 민족주의와 사회주의, 민주주의와 자본주의, 혹은 사회민주주의적 개념의 수용, 일부 인사들의 경우 아나키즘의 수용 등의 양상도 보인다. 1930년대 중국공산당 계열의 항일유격대나 동북인민혁명군, 동북항일연군의 경우 공산당 특유의 당·정·군 체제나 초기의 경우 현(縣)·진(鎮) 혹은 특정지역 지부 공산당 조직-소비에트(일종의 현지 지역 자치정부, 혹은 인민정부)-항일유격대(동북인민혁명군, 동북항일연군) 등의 3위1체 조직을 구성한 것이 현지인들과 결합하고, 이들 조직이 비교적 장기간 존속하게 하는 주요 계기가 되지 않았나 한다. 1930년대 전반기 민족주의 계열의 경우도 조선혁명당-국민부(조선혁명군정부)-조선혁명군, 한국독립당-한족총연합회-한국독립군이라는 당·정·군 체제의 정립이 어려운 조건에서도 상당기간 생존케 한 원동력이 되었을 것으로 본다. 그만큼 근대적(혹은 현대적) 이념과 편제, 주민과의 결합정도, 동원능력을 향상시킨 것이다. 독립운동 역량의 증진이라 할 만 하다.

독립군의 활동 유형도 단순히 반일투쟁으로만 국한해서는 곤란하다고 본다. 반제국주의 투쟁은 물론, 부분적으로 계급투쟁과 민족모순·계급모순의 척결에 대한 의지와 활동 유형도 상당한 비중으로 나타나는 것을 볼 수 있기 때문이다. 때로는 '활빈'적 성격을 띠는 경우도 있다. 조선혁명군(정부)의 투쟁 사례가 그것을 증명한다. 경우에 따라 봉건적 관념이나 행태를 버리지 못하고 있던 중국 관헌이나 현지 마적, 토비(土匪) 등을 상대로 싸우며 현지 한인 교민들을 보호하기도 했다. 물론 현지 중국인 지주계급이나 친일계급, 친일파, 직접·간접적 식민지 통치기관이나 침략기구를 응징하기도 했다. 물론 이들의 한계와 문제점도 있었다.

1931년 9월 일본이 중국 동북지방(만주)을 침략한 '9·18사변(만주사변)' 이후 한·중 양국 민중과 항일투쟁 지도자들 사이에 일정한 연대가 성립하여 양측 부대가 서로의 조직을 유지한 채 연합하여 공동으로 일제측과 싸운 경우도 있었다. 그리고 역량의 차이로 한국의 독립군이 중국의용군의 한 부대로 편제되어 일제 침략세력과 투쟁한 경우도 있었다(조선혁명군). 물론 1930년대 이후 다수의 한인들이 중국공산당에 가입하여 중국공산당의 일원으로 항일(무장)투쟁에 가담한 사례도 많았다. 일제 침략에 맞서 '한·중 연대', 공동전선이 형성된 것이다. 동북항일연합군이야말로 '중·조(한) 양민족 연합부대'라고 할만 했다.

중국공산당 만주 지부조직 산하에서 활동한 한인 유격대원들을 '독립군'의 유형으로 볼 수 있느냐 하는 문제는 다각적 검토를 필요로 한다. 다만 1935년 코민테른 제7차 대회 이후 통일전선적 시각이 강화된 시점 이후의 '동북항일연군'내 한인들의 경우 독립군적 성격은 충분히 인정된다고 볼 수 있다.

조동걸은 '일제 말기의 독립군'에서 "8·15해방 당시에 독립운동 무장단체는 임시정부의 광복군과 독립동맹의 당군(黨軍)인 조선의용군과 소련의 소수민족 국제군인 88여단에 소속해 있던 한인부대 등 세 부대가 있었다. 그 가운데 광복군과 조선의용군은 중국 관내에서 참전하여 종전기 독립운동의 위치를 크게 고양시켰다."[99]라고 평가하며 이 세부대를 독립군의 범주에 포함 서술하였다.

필자는 조동걸의 이러한 견해에 크게 공감하며, 한국학계에서도 이러한 시각에 입각하여 각종 개설서나 중고교 교과서, 그리고 대학생 교양서나 역사관련 학과의 개설서나 전공서, 나아가 관련 강의에서도 이러한 시각이 반영되어야 한다고 본다. 다만 한국광복군과 조선의용군, 동북항일연군의 역사를 하나로 묶는 작업이 긴요하기는 하지만, 어떻게 이들의 활동을 종합할지는 좀더 심오한 연구와 방법론이 필요하다고 보며, 긴 안목에서의 연구와 서술이 필요하지 않은가 한다. 현재 한국학계나 교육계의 상황, 일반 국민의 정서를 고려하면 '독립군'의 일반적 개념에 위 세부대를 망라하여 정리하는 작업은 어느 정도 공감대가 형성된 듯하다. 추후 다양한 시각에서의 연구와 폭넓은 자료 조사·수집도 불가결하다고 본다.

99 조동걸, 『한국독립운동의 이념과 방략』, 독립기념관, 2007, 270쪽.

제 2 부

1920년대 초 독립전쟁과 1930년 전후 민족운동 세력의 동향

제1장
「홍범도일지」 재검토를 통해 본 봉오동전투·청산리독립전쟁

1. 만주 독립전쟁과 「홍범도일지」의 중요성

2020년은 봉오동전투 및 청산리독립전쟁(일명 청산리전투, 청산리대첩) 100주년이 되는 해였다. 잘 알려진 것처럼 청산리독립전쟁은 1920년 10월 21일부터 26일 새벽까지 거의 6일 동안 전개되었다. 우리 독립군 부대들이 모두 힘을 합쳐 독립군의 뿌리를 뽑겠다고 호언장담하며 불법으로 중국 동북지방(만주)에 침입한 일본 정규군 대병력을 격파한 청산리독립전쟁은 우리 모두가 기억해야 할 일대 장거가 아닌가 한다.[1] 1909년 10월 26일은 또한 안중근 의사가 중국동북의 하얼빈역에서 한국침략의 원흉 이토 히로부미(伊藤博文)를 사살한 의미있는 날이기도 하다.

이처럼 한국독립운동사의 금자탑으로 매우 영광스러우면서도 극적인 승리의 기록으로 길이 청사(靑史)에 남은 봉오동전투·청산리독립전쟁의 실상과 이 자랑스런 기록이 오늘에 주는 시사점과 오늘의 의미를 주로 「홍범도일지(일기)」 관련 내용의 검토를 통해 실상을 규명하고자 한다. 조국의 독립과 민족의 자유를 쟁취하기 위해 분투 노력하고, 이역만리 타향에서 외롭게

---

1 신용하 명예교수(서울대)는 「독립군의 봉오동전투와 청산리독립전쟁」, 『개정증보판 한국근대민족운동사 연구』, 일조각, 2017 및 「독립군의 청산리독립전쟁의 연구」, 『한국민족 독립운동사 연구』, 을유문화사, 1985 등에서 '청산리독립전쟁'으로 개념화하였다.

돌아가신 홍범도(洪範圖)·김좌진(金佐鎭) 장군, 그리고 수많은 장병들과 우리 동포들의 성원 등 '피와 땀과 눈물'로 이룩한 대표적 독립전쟁을 잊지 않고 기억하고, 나름대로 의미있는 기억, 기념의 한 기록이 되었으면 한다.

연구 동향과 관련해서 최근 학계에서 새로운 주장을 제기하고 있는 신주백과 신효승, 김주용 등의 일련의 연구성과를 다각적 관점에서 참조·검토할 필요가 있다.[2] 특히 신효승(동북아역사재단 연구위원)은 기존의 청산리전투 등을 '청산리 전역'으로 개념화하여 새로운 견해를 제기하고 있다. 이러한 주장과 관련하여 최근 그의 일련의 논문과 박사학위 논문 등을 주목할 필요가 있다.[3]

또 최근 최성주의 최운산(최진동의 아우)과 봉오동전투에 대한 일련의 활동과 언술(言述), 저술은[4] 신중한 활용이 필요하다고 판단된다. 예를 들면 최성주는 봉오동전투의 주체를 홍범도·최진동 등이 아니라 사실상 자신의 조부인 최운산으로 여기고 있는 듯 하다.

2019년 8월 개봉된 영화 '봉오동전투'가 상당한 화제가 된 바 있다. 우리가 미처 몰랐던 봉오동전투와 청산리전투 등 1920년대 초 만주(중국 동북지역) 독립군의 활약을 새로운 시각으로 다루고 있기 때문이 아닌가 한다. 이 영화는

---

2 신주백, 「일본 조선사 학계의 한국민족운동사에 대한 인식의 변화(1945~2015) - 전략론으로서 독립전쟁과 조선혁명의 측면에서」, 『한국민족운동사연구』 85집, 한국민족운동사학회, 2015; 「봉오동전투에 관한 기억의 유동과 새로운 기억을 향한 접근 – 지역으로서 동북아와 근원적 사실을 향해」, 『한국민족운동사연구』 95집, 2018; 「석고화한 기억의 재구성과 봉오동전투의 배경 - 1919·20년 시점에 동만주지역의 운동공간에 대한 새로운 시선」, 『만주연구』 26집, 2018; 「봉오동전투, 청산리전투 다시 보기」, 『역사문제연구』 127호, 역사문제연구소, 2019 참조.

3 신효승, 「청산리 전역의 전개 배경과 독립군의 작전」, 『한국민족운동사연구』 86집, 2016; 「청산리 전역시 일본군의 군사체계와 독립군의 대응」, 『學林』 37호, 연세사학연구회, 2016; 「1차 세계대전 이후 일본의 군사 전략 변화와 간도침략」, 『만주연구』 26집, 만주학회, 2018; 「'보고'에서 '석고화한 기억'으로 - 청산리 전역 보고의 정치학」, 『역사문제연구』 124호, 2018; 「러일전쟁 이후 일본육군의 팽창과 徵兵管區 변화」, 『學林』 43호, 2019; 「1차 세계대전 이후 중국 동북지역 한인 무장 단체의 무기」, 『한국민족운동사연구』 103집, 2020 및 「20세기 초 국제정세 변동과 한인 무장독립운동」, 연세대 박사학위 논문, 2018 등 참조.

4 2016년 학술대회 발표문과 『최운산 봉오동의 기억』, 필로소픽, 2020 등 참조.

관람객 480여만 명을 끌어모은 것으로 파악된다. 이를 계기로 1920년대 초 만주 독립군의 독립전쟁에 대한 관심이 커지고 있는 듯 하다.

이러한 입장에서 홍범도장군이 남긴 일종의 일기이자 회고록인 「홍범도 일기」·「홍범도 일지」에 대한 연구와 분석·평가, 활용, 특히 다양한 관점에서의 검토와 콘텐츠 응용·활용차원에서의 조사·분석, 활용방안 등이 심층적으로 검토되어야 한다고 본다. 지은이는 1991년에 처음으로 이 일지에 대한 논문을 발표했지만, 아쉽게도 그 이후에 본격적 검토를 하지 못했다.[5]

최근 반병률 교수(한국외대)가 일련의 홍범도 연구 성과를 정리하여 「홍범도 일지」를 분석, 정리한 『홍범도 장군-자서전 홍범도 일지와 항일무장투쟁』을 펴냄으로써 「홍범도 일지(일기)」 텍스트에 대한 분석과 정리가 어느 정도 가능하게 되었다.[6] 사실상 이제 홍범도장군에 대한 본격적 연구가 시작되었다고 본다. 반교수는 이 책에 카자흐스탄 고려인 사회에서 '인민배우'로 이름을 떨친 이함덕 여사가 1958년 4월 '홍범도 일기'를 베껴 쓴 「홍범도 일지」를 주해 정리하여 학계에 기여하였다.

그렇다면 이제 「홍범도 일지」 서술내용의 사실성, 혹은 진실성을 어떻게 평가해야 할지 일종의 텍스트 분석과 검토, 그 활용 문제 등에 대해 진지하게 고민하고 성찰하는 과정이 필요하다고 본다. 1937년 고려인들의 중앙아시아 강제이주 이후 홍범도장군의 위상과 그의 이미지, 상징성은 매우 컸고, 그의 독립운동 내용과 사실, 그가 남긴 기록이나 회고, 연극 '홍범도' 등을 둘러싼 이야기나 전설은 꽤 널리 유포되었고, 2019년 카자흐스탄을

---

5 장세윤, 「'홍범도 일지'를 통해 본 홍범도의 생애와 항일무장투쟁」, 『한국독립운동사연구』 5집, 독립기념관, 1991.

6 반병률, 「홍범도 일기 판본 검토와 쟁점」, 『한국독립운동사연구』 31집, 2008; 「홍범도 장군의 항일무장투쟁과 고려인 사회」, 『한국근현대사연구』 67집, 한국근현대사학회, 2013; 「홍범도(1868~1943)의 항일무장투쟁에 대한 재해석」, 『국제한국사학』 창간호, 국제한국사학회, 2013; 『홍범도 장군-자서전 홍범도 일지와 항일무장투쟁』, 한울, 2014.

방문한 문재인 대통령은 홍범도장군의 유해를 국내로 모시는 방안을 협의하고, 카자흐스탄 당국의 긍정적 반응을 불러일으킨 바 있다.

이에 봉오동전투(일명 봉오동대첩·봉오동승첩)와 청산리대첩, 나아가 '청산리독립전쟁'의[7] 실상과 의미를 간단히 보고하고, 그 의미와 시사점을 정리해 보고자 한다.

2. 홍범도의 군자금 모집과 독립군 부대의 형성

홍범도(1868~1943)와 엄인섭(왼쪽, 후일 변절하여 밀정으로 활동)

---

7 일찍이 한국사연구협의회에서는 청산리전투나 청산리대첩이란 용어보다 '청산리독립전쟁'이 더 적합하다는 의견을 제시한 바 있다(김광남, 『청산리독립전쟁(청산리전투)』, 『국사 용어의 검토연구』, 한국사연구협의회, 1983년도 문교부 학술연구조성비 연구보고서(1984.12), 201~202쪽). 또 신용하 교수도 '청산리독립전쟁'용어를 사용하고 있다. 필자 역시 이 용어가 적절하다고 본다. 그것은 한 민족의 독립의지와 독립의식, 독립전쟁의 실상을 적절히 반영할 필요가 있다고 보기 때문이다. 다만 전투(혹 戰役, 전쟁)의 규모와 전과, 그 의미와 영향 등을 다각적 관점에서 고려해야 한다고 본다. 경우에 따라 청산리전투나 청산리전역, 청산리대첩, 청산리독립전쟁 등의 용어를 구분해 사용할 필요도 있다. 일반적으로 군사학적 관점에서 전쟁은 국가간 장기간의 대규모 군사적 적대행위, 戰役은 일정기간 상당규모(수천명 또는 수만명)의 군대가 일정한 지역에서(국지전 등) 수행하는 일련의 전투행위, 전투는 소규모 부대의 1회성, 혹은 단발성으로 일부 지역에서 충돌하는 군사적 쟁투행위를 의미한다.

신민회 등 비밀결사와 애국지사들이 국외 독립운동 기지로 가장 먼저 주목한 곳은 북간도(현재 중국 연변지역) 지역이었다. 1905년 을사5조약의 체결로 대한제국의 멸망을 예견한 이상설·이동녕·이회영·정순만·여준 등의 민족운동가들은 1906년 4월 경부터 북간도의 중심지인 연길현 용정촌을 독립운동 기지의 대상지로 삼고 경영에 착수하였다. 이들은 그 해 가을 용정촌에 민족교육의 요람인 서전서숙 등 각종 민족학교를 설립하여 큰 성과를 거두었다.

중국동북(만주) 지역 독립운동은 주로 항일무장투쟁과 교육운동을 주축으로 하여 전개되었다. 북간도 지역 무장투쟁의 상징이 봉오동전투·청산리독립전쟁이라고 한다면, 민족교육운동의 주요 현장은 명동촌(明東村)이라고 할 수 있다. 명동촌은 19세기 말에서 20세기 초에 걸쳐 김약연(金躍淵)·김하규·문치정·남위언 등 가족이 중심이 되어 드넓은 임야를 사들이고 학전(學田)을 개간하며, 규암재(圭巖齋)라는 서당을 열어 민족교육을 시작하는데서 출발하였다. 이후 규암재가 명동서숙, 명동학교로 발전하고, 신민회의 정재면(鄭載冕)과 이동휘(李東輝) 등의 독립운동가들이 합류하면서 북간도 민족교육운동의 중추로 발전하였으며, 명동촌은 북간도 독립운동 기지로 매우 중요한 역할을 하게 되었다. 특히 1919년 3월 13일의 '용정 3·13만세시위운동' 이후 명동학교는 사실상 북간도 국민회 본부가 되고, 이 학교 졸업생들은 안무의 국민회군, 홍범도의 대한독립군 부대 등에 가담하여 항일무장투쟁에 적극 기여하였다.[8]

---

8 상세한 내용은 서굉일 외, 『규암 김약연 선생』, 고려글방, 1997 및 서대숙, 『김약연: 간도 민족독립운동의 지도자』, 역사공간, 2017 참조.

1) 독립군 지도자 홍범도의 군자금 모집 사례와 항일무장투쟁 모색

블라디보스톡에 있는 러시아 극동문서보관소에는 1910년 전후 중국동북(연변) 지방과 러시아 연해주(沿海州)에서 활동중이던 홍범도장군이 쓴(혹은 보낸) 것으로 보이는 일부 편지가 보관되어 있다. 이 편지들은 홍범도의 독립전쟁 준비를 위한 눈물겨운 활동이 잘 나타나있다. 즉 ①홍범도가 사무담당 최원세(崔元世)에게 보낸 편지(1910. 8. 24), ②홍범도의 편지 3통(1910. 3. 28, 1910. 2. 11, 1909. 11. 13) 등 홍범도의 이름이 적혀있는 편지 4통이 바로 그것이다. 그 중 필체나 내용상으로 보아 홍범도가 직접 작성한 것으로 추정되는 편지는 3통이며, 1통은 다른 문사(文士)가 대신 작성한 것으로 보인다. 주요 내용은 군자금 모집과 무기 구입, 그리고 독립운동가 사이의 갈등 관계를 보여주는 것들이다. 주요 편지 3통의 내용을 보면 다음과 같다.

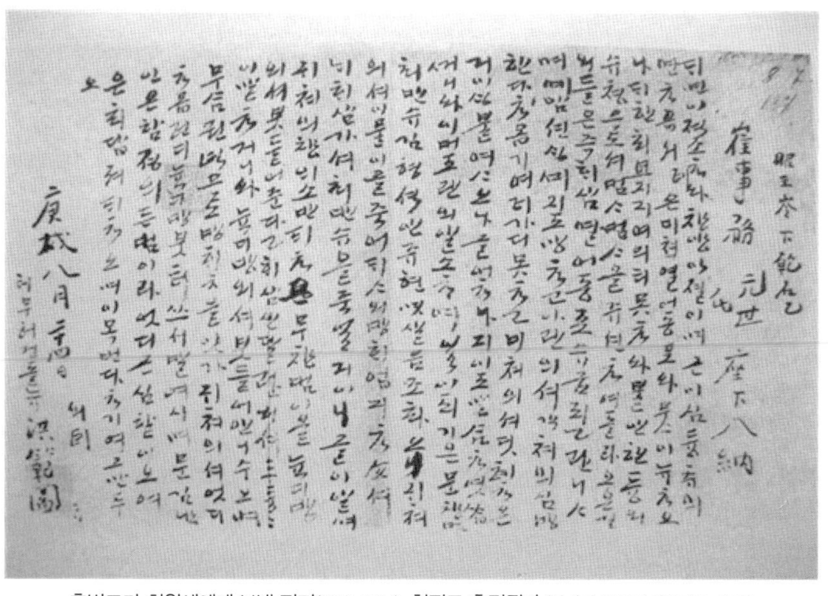
崔事務 元世 座下 入納

庚戌八月二十四日

洪範圖

홍범도가 최원세에게 보낸 편지(1910. 8.24). 친필로 추정된다.(러시아 극동문서보관소 소장)

① 홍범도의 편지(1909년 11월 13일)

뵈온지 오래되어 아쉽습니다. 삼가 살피지 못하여 이처럼 추운 날씨에 여러분 기체만강하온지 궁금합니다. 저는 예전과 다름없으니 다행입니다.

다름이 아니오라 일전에 오셨을 때에도 말씀하셨거니와 이곳에 당하여 우리 겨레도 시급하옵고, 군대의 물건을 사는 것도 매우 시급합니다. 겸하여 타처(他處) 각사(各社)에서는 조속히 필납(畢納)하였는데 귀처(貴處)에서는 어찌하여 여름부터 다른 곳보다 먼저된다고 하였으면서도 차일피일(此日彼日)하니 어찌 된 일이 온지 알 수 없습니다. 귀처로 말미암아 나란 일은 말할 것도 없고 내왕인의 신발값도 되지 못할 모양이니 이번에 강00편으로 의연금(義捐金)을 조속히 송부(送付)하여 주시며, 만약 금번에 보내주지 못할 양이면 귀처 공원(公員-공무를 맡아 일하는 사람)을 허커로 오게 하옵소서. 오직 급하와 불비례(不備禮-예를 갖추지 못함 : 발표자). 1909년 11월 13일홍범도(인)[9]

② 홍범도의 편지(1910년 2월 11일)(대리로 쓴 것으로 추정)

전후 한달이 지났으나 우울함이 날로 심합니다.

삼가 살피옵건데 요즈음 몸이 평안하신지 우러러 마음속 깊이 빕니다.

저는 아직은 옛날처럼 잘 지내고 있습니다. 바쁘시리라 생각됩니다.그러나 아무리 바쁘더라도 빨리 처리해야 하므로 우러러 아뢰오니 얼마가 되었던지 영수증에 기록된 원조금(援助金)을 내려보내 주시길 천만 바라옵니다. 경술(庚戌, 1910년) 2월 11일 홍범도(인)[10]

홍범도가 1910년 3월 군자금과 무기를 모집하기 위해 분투한 사실은 그가 보낸 다음과 같은 편지 내용으로 더욱 확실히 알 수 있다.

③ 홍범도의 편지(1910.3.28)

맹춘(孟春)에 아뢰옵니다.

여러분 기체 만강하옵신지 우러러 문안 드립니다. 저는 예전과 다름없사오니

9 박환, 『사진으로 보는 러시아지역 한인의 삶과 기억의 공간』, 민속원, 2013, 313쪽. 원본은 블라디보스톡 러시아 문서보관소 소장.

10 박환, 위의 책, 314쪽. 원본은 블라디보스톡 러시아 문서보관소 소장.

다행입니다.

다름이 아니오라 귀처 의연금(義捐金) 모집하는 것을 얻어들은즉, 군대 물건을 구입할 때에 되겠다 하옵기에 이날 것 말하지 아니하였더니, 어제 천리도(千里道)에 사람이 와서 말하기를, 오연발 한정에 삼십원식(三十元式) 정가(定價)한다고 하니, 귀처의 여러분께서 사람을 하건돌(下建乭) 최첨지(崔僉知) 치언댁(致彦宅)으로 보내시어, 오연발(五連發) 총을 사서 보내주시기 바라며, 만약 이때를 당하여 허락하지 않으면 귀처에서 얼마간 모집하는 것은 의연금이 아니오니 양해하여 주십시오. 금일(今日)로 거둔 돈을 가지고 하건돌로 왕림하여 러시아 총을 살 것이오며, 돈이 있어도 총을 사기가 극히 어려운 처지이오니 헤아려 주십시오. 저는 바빠 불비례(不備禮-예를 갖추지 못함)-경술(庚戌, 1910년-필자) 3월 28일 홍범도 (인)"[11]

위의 편지를 보면, 한인 동포들로부터 의연금을 모집하여 러시아제 최신식 5연발 소총을 구입하려 하였던 것을 알 수 있다. 이 계획대로 되었는지는 확실히 알 수 없지만, 상당한 성과를 거둔 것으로 판단된다.

2) 중국 연변지역(북간도) 독립군의 형성과 발전

① 홍범도 의병부대의 북상과 독립군 전환

홍범도가 함경도 포수들로 구성된 의병부대를 조직하여 후치령에서 일본군을 격파한 사실은 서울의 러시아총영사관에도 알려져 러시아 정부의 외무상에도 보고될 정도로 큰 반향을 불러일으켰다. 즉 이 보고서에는 "함경도 북청 후치령(厚致嶺) 고개에서 의병은 일본 기병대와 교전하여 많은 일본인을 사살하였다고 한 한인이 전해주었다"라고 밝히고 있는 것이다.[12] 또한 홍범도에 대해 러시아 정부는 다음과 같이 파악하고 있는 사실을 알 수 있다.

11 위와 같음. 이 편지 사본은 현재 러시아 연해주 우수리스크 고려인문화센터에 전시되고 있다.

12 「1908년 1월 20일 서울 러시아총영사관에서 외상 이즈뵐스끼에게 보낸 보고서」, 『러시아 국립문서보관소 소장 한국관련 문서 요약집』 박종효 편역, 한국국제교류재단, 2002, 119~120쪽.

"대한제국의 독립회복을 목적으로 꾸며진 음모의 구성원 중 한 명. 1908년 4월 그는 한국 북부의 여러 지역에서 반란군(의병 : 저자)을 지휘하며 혼란을 일으켰다. 1909년 새롭게 반란군을 모으려 노력했으나, 결실을 맺지 못한 뒤 항일운동에 전념했다. 1911년 11월 약 100명의 산적들로 구성된 군사작전을 지휘했다. 1912년 니콜라옙스크에서 어업으로 번 돈으로 치타에서 항일 정기간행물을 발간하려 했다. 1914년 12월 그는 한국 본토를 공격하려 했다."[13]

이로 볼 때 홍범도는 1910년대 초에도 꾸준히 독립전쟁을 전개하려 하였고, 연해주 동포사회를 기반으로 하여 군자금을 모집하고 다양한 형태의 항일투쟁을 전개하려 한 사실을 확인할 수 있다.

1915년에 홍범도는 러시아 연해주의 블라디보스톡과 중국동북(만주)의 동쪽 국경지대인 삼차구(三岔溝)를 왕래하며 부지런히 독립운동 자금과 병사, 무기들을 모집하고 있었다. 이러한 사실은 러시아측 문서를 통해 알 수 있다. 이 무렵 홍범도에 관해 수차례 언급하고 있기 때문이다.[14] 이 문서에 따르면 1914년 12월 일본 정부는 러시아 정부에 항일운동에 종사하고 있는 한인들을 추방해달라는 공문을 보냈다. 이에 대해 러시아 정부는 러시아 국적을 취득한 한인들은 그럴 수 없지만, 이르쿠츠크 등 시베리아 내륙으로 이송한 뒤 경찰 등의 감시 하에 두고 중국 연변(북간도) 지역 등의 민족운동 세력과의 관계도 끊도록 해야 한다고 검토하였다. 그리고 러시아 국적이 없는 한인들은 국외로 추방하는 문제를 검토하였다. 이 무렵 러시아는 일본을 비롯한 열강 사이의 국제관계를 훼손시키는 행위를 처벌토록 규정하고 있었다. 때문에 러시아 정부는 일본과의 우호관계를 고려하여 한인 민족운동

13 「한인 항일운동가 명단과 약력」, 『근대 한러관계 연구 러시아문서 번역집 2 - 제정러시아 대외정책문서보관소』 동국대학교 대외교류연구원 자료총서 2, 김종헌 역, 선인, 2011, 32·412쪽.

14 「러시아 내 한인 항일운동가들에 대한 러일간의 논의」·「한인 항일운동가 명단과 약력」; 『근대 한러관계 연구 러시아문서 번역집 2 - 제정러시아 대외정책문서보관소』 동국대학교 대외교류연구원 자료총서 2, 26·32쪽.

을 탄압하였던 것이다.[15] 이 때 홍범도 등 일제의 수배를 받은 주요인사들은 블라디보스톡에서 추방되어 부근 오지를 전전해야 했다.

그러나 중국동북이나 러시아 연해주 지역의 동포들 모두가 의병이나 독립군과 같은 형태의 무력투쟁을 지지했던 것은 아니다. 특히 거의 대부분이 극히 어려운 생활을 영위하고 있던 동포들은 각종 군자금과 독립운동 단체 운영경비를 내야했고, 의병이나 독립군 병사들을 독립운동 조직에 내보내야 했다. 따라서 이에 대한 반발도 적지 않았다. 홍범도나 김좌진 등 항일투쟁의 명장들은 이러한 문제로 심각하게 고민해야 했다.

예를 들면 연해주 동포사회의 부호 최봉준(崔鳳俊)은 역시 부호이면서도 독립운동에 앞장서고 있던 최재형(崔才亨)과 대립하면서 1909년 6월 12일 연해주 항상동(恒常洞, 함경북도 古邑 대안 약 30리) 부근에서 촌민들을 모아놓고 의병을 비난하는 대중 연설을 하여 물의를 일으키기도 하였다.[16] 이로 볼 때 최봉준은 의병항쟁이 별로 성과가 없이 동포들로부터 모금한 자금만 축내는 부질없는 행위라고 인식하고 있는 것을 알 수 있다. 그는 의병과 같은 물리적 수단으로 일본의 침략에 대항하기 보다는 차라리 생업에 힘쓰는 것이 훨씬 더 낫다고 판단하고 있는 것이다.[17] 이후 그는 최재형과 대립하

---

15 「러시아 내 한인 항일운동가들에 대한 러일간의 논의」, 『근대 한러관계 연구 러시아문서 번역집 2 - 제정러시아 대외정책문서보관소』 동국대학교 대외교류연구원 자료총서 2, 23~24쪽.

16 일본의 침략적 본질을 전혀 파악하지 못한 그 연설 내용의 일부를 보면 다음과 같다. "나는 일본국에 대하여 반항은커녕 그 은의에 감사하는 자이다.(중략) 더욱이 시세를 오해한 자 수청(水淸), 블라디보스톡 및 연추(煙秋) 지방에 있다 그들은 자칭하여 의병이라고 한다 하나 사실은 즉 폭도이다. 지금 그 폭도인 것을 예증한다면, 작년이래 각 촌락에 기다(幾多)의 원조금을 모집하였고, 인민의 고혈을 짰어도 그 사실은 하나도 국리민복(國利民福)을 증진하였다고 인정할 것이 없다. 또 갹출금과 같은 것도 여하히 소비하였느냐? 전연 불명하다.(중략) 나는 항상 절대로 반대하는 것은 그들의 소위 의병이라고 하는 것이다."(국사편찬위원회, 『한국독립운동사 - 자료 15』 1909년 7월 10일, 160~161쪽; 박환, 「대한민국임시정부 초대 재무총장 최재형: 연해주에서의 의병활동」, 『대륙으로 간 혁명가들』, 국학자료원, 2003, 303~304쪽에서 재인용). 러시아 연해주지역의 친일세력 형성과 이에 대한 동향은 박환, 「러시아지역 한인 민족운동과 일제의 회유정책 - 니콜리스크 지역 懇話會를 중심으로」, 『한국민족운동사연구』 69(2011.12) 참조.

17 박환, 『대륙으로 간 혁명가들』, 국학자료원, 2003, 304쪽.

면서 친일적인 행태를 보여 연해주 지역의 민족운동은 큰 어려움에 봉착하게 되었던 것이다.

한편 청산리독립전쟁에서 큰 활약을 했던 김좌진은 러시아 연해주에 갔다가 러시아공산당의 속셈을 파악하고 다시 북만주 지역으로 돌아왔다. 이후 그는 다시 독립운동에 투신하였는데, 그는 항상 독립쟁취를 위해서는 무력투쟁이 중요하고 우선시되어야 한다는 입장을 취하였다. 때문에 그는 신민부(新民府) 시절에도 '군정파'의 수장으로 지목되었고, 정신(鄭信) 등 민정파와 대립하는 모습을 보였다.

실제로 김좌진은 대한독립군단 총사령관 명의로 1924년 3월에 부령(部令) 제11호를 발포하고 강력하게 군자금 모집을 실시하였다.[18] 김좌진은 매우 강력하면서도 위압적인 군자금 모집방법을 강구하였다. 이러한 자금 모집 방식은 나름대로 효율적인 재정 충당방안이었지만, 동포들의 반발을 초래하여 친일세력에게 독립운동 세력을 비판, 공격할 수 있는 빌미를 제공하기도 하였다. 실제로 북만주에서 활동하던 신민부는 군정파와 민정파가 대립하여 상당한 혼선을 초래하기도 하였던 것이다.

홍범도 역시 이러한 방식의 모금방식을 취했을 가능성이 있다. 실제로 그는 다른 독립군부대의 독립운동 자금 모금에 대해 경고한 적이 있다. 그러나 그의 독립군부대는 1920년 전후시기 북간도(중국 연변)의 대표적 민족운동 단체였던 간도 대한국민회(회장 具春先)의 후원을 받았다는 점에서 직접 군자금을 강압적으로 모집한 사례는 많지 않았을 것으로 판단된다. 특히 구춘선은 기독교 신앙을 바탕으로 러시아의 한인 민족운동 세력과 연계하여

18 그 부령의 일부를 살펴보면 다음과 같다. 제4조 본 군단의 징모대 또는 모연대를 적 또는 외국관헌에 고발한 자는 극형에 처한다. 제5조 본 군단에서 징모한 병사로서 병역의 복무를 기피하는 자는 중벌에 처한다. 제6조 본 군단에서 청연(請捐)한 군자금의 납부를 거절한 자는 중벌에 처한다(「부령 제11호」(黑龍江省檔案館 소장); 박환, 「김좌진의 투쟁노선과 정치이념」, 『대륙으로 간 혁명가들』, 141쪽에서 재인용).

직접 러시아제 소총 150여 정을 들여오기도 하는 등 홍범도의 대한독립군을 적극 후원하였던 것이다.[19]

해외 특히 러시아 서부지역에서 힘들게 노동하며 생계를 유지하고 있던 노동자들도 조국의 독립운동에 큰 관심을 갖고 애국문화운동을 전개하며 지속적으로 경비를 후원하던 사실이 최근 밝혀졌다. 예를 들면 '뻬름'이라는 곳에서 일하던 박평주와 박영제 등은 독립운동에 관한 노래를 부르며 이를 수첩에 기록하고 있었을 뿐만 아니라, 비밀리에 한인 독립운동 단체 회비를 내며 독립운동을 후원하고 있었던 것이다.[20] 홍범도 등 독립운동가들은 이러한 애국적 동포들의 지원과 관심을 바탕으로 강력한 항일무장투쟁을 전개할 수 있었다.

② 대한독립군의 결성과 북간도(중국 연변) 진입

이처럼 매우 어려운 환경에서도 불굴의 의지로 계속된 홍범도의 항일무장투쟁에 대한 의지는 1919~20년 사이에 그 유명한 '대한독립군'의 결성으로 빛을 보았다. 즉 이러한 일련의 움직임은 1915년 7월부터 1917년 11월까지 북만주 밀산(密山)의 김성무(金成武)농장에서 독립전쟁을 준비하고 있던 홍범도가 중국 연변지역(북간도)으로 진출하여 '대한독립군'을 결성함으로써 1920년대 초 무장투쟁으로 결실을 맺었던 것이다.[21] 이처럼 1910년대 독립군기지 개척운동의 성과를 바탕으로 1920년대 봉오동·청산리전투 등의 독립전쟁, 나아가 1920~1930년대 항일무장투쟁이 전개되었다.

홍범도는 연변지역에 온 뒤에도 수차례 연변지역과 연해주 지방을 왕래하

19 박환, 『만주지역 항일독립운동 답사기』, 국학자료원, 2001, 233~234쪽.

20 「뻬름(러시아 유럽지역에 있는 도시)시 헌병대장이 조선인 노동자에 관해 조사한 내용」, 『러시아 국립문서보관소 소장 한국관련 문서 요약집』 박종효 편역, 한국국제교류재단, 2002, 725쪽 참조.

21 장세윤, 『홍범도 - 생애와 독립전쟁』, 독립기념관, 1997, 143~154쪽.

며 병사 및 군자금의 모집, 무기구입 등에 노력하였다. 그 결과 몇 달 사이에 부대 규모도 커지고 체제와 장비 등이 상당한 정도로 갖춰지게 되었다. 그리하여 홍범도는 1919년 12월 중순 이제 정식으로 독립군 무장투쟁의 정당성을 알리고 근거지 일대에서의 다른 군소 단체들의 기부금 징수를 금지하며, 동포사회의 기강을 세우기 위해 '노령(露領)주둔 대한독립군 대장(大將) 홍범도' 명의로 유고문(喩告文)을 전단으로 만들어 널리 공포하였다.[22]

이후 홍범도는 동포들의 성원에 보답하는 길은 오직 죽음으로써 일제에 항거하는 길이라는 사실을 깊이 명심하고 항상 부하 독립군들에게 결사항전을 강조하는 강한 정신교육을 실시하였다. 1920년대 독립전쟁의 상징 봉오동·청산리전투는 한마디로 죽음을 두려워하지 않고 '결사의 각오와 의지'로 헌신한 독립군 용사들의 용전(勇戰)에 따른 귀중한 결실이라고 할 수 있다.

③ 대한군정서(북로군정서)의 성립과 활동

한편 연변(북간도)의 강력한 단위 독립군 부대인 대한군정서에서는 김좌진과 같은 유능한 지휘관을 군사령관으로 맞이하고, 사관연성소까지 설치하여 독립군 장교 양성에 전력하였다. 일본측 정보기관은 대한군정서가 청산리전투 직전인 1920년 8월 중순 현재 독립군 약 1,200명에 소총 1,200정, 탄약 24만 발, 권총 150정, 수류탄 780발, 기관총 7정 등 막강한 전력을 보유한 것으로 파악하였다.[23]

대한군정서는 중광단 시절부터 근거지로 삼아온 왕청현 춘명향 유수천(楡樹川, 德源里)에다 총본부격인 총재부를 두었으며, 춘명향 서대파(十里坪)에는

22 이 유고문은 『독립신문』 제37호(1920.1.13)에 실려 있으나, 원본은 일본에, 사본은 독립기념관에 소장되어 있다.

23 국가보훈처, 『獨立軍團名簿』, 1997, 20쪽.

군사령부를 두었다. 청산리전투 직전의 핵심 간부진을 보면 서일이 총재, 현천묵(玄天黙)이 부총재를 맡았으며, 그 휘하에 서무부장 임도준(任度準), 재무부장 계화(桂和), 참모부장 이장녕(李章寧) 등이 있었다.[24]

3. 독립군의 봉오동전투 개관

봉오동전투는 홍범도·최진동(崔振東, 일명 최명록) 등의 주도로 구성된 대한북로독군부가 일본군 19사단 월강(越江)추격대대를 중국 길림성 화룡현 봉오동 골짜기로 유인하여 격퇴한, 독립전쟁사상 일본 정규군과 싸워 대승한 최초의 전투이다. 봉오동전투의 대승으로 전체 독립군 진영의 사기는 크게 진작되고, 3·1운동 이후 다소 침체되었던 국민들이 독립에 대한 희망과 기대를 갖게 되었다.

1) 대한북로독군부의 성립

1920년 초반 두만강의 얼음이 녹지 않았을 때 국내로 진입하여 상당한 전과를 거둔 독립군 부대들은 그 이후로도 계속하여 국경지방에서 적을 습격하며 주구배를 처단하고 군자금을 모집하는 등 많은 활동을 하였다. 하지만 대체로 이러한 활동은 소규모 습격전투 이후 곧 만주로 돌아오는 경우가 많았다. 따라서 국내외의 여론을 환기할 만 한 대규모 '독립전쟁'을 수행하기 위해서는 연변지역 각지에 분산되어 있는 여러 독립군 부대들을 통합하거나 연합시켜 강대한 부대로 재편성할필요성이 제기되었다.

홍범도·최진동·고평(高平) 등의 노력으로 마침내 5월 28일에는 홍범도 부대, 안무 부대, 최진동 부대가 연합하여 '대한북로독군부(大韓北路督軍府)'

24 박민영, 「독립군의 편성과 독립전쟁」, 『신편 한국사』 48(임시정부의 편성과 독립전쟁), 국사편찬위원회, 2002, 201~202쪽.

를 편성하게 되었다.[25] 북로독군부는 병력을 화룡현 봉오동(鳳梧洞)에 집결시켰다. 당시 간부진을 보면 대한북로독군부부장(府長)은 최진동, 부관 안무(安武), 북로제1군사령부 부장(部長) 홍범도, 부관 주건(朱建), 참모 이병채(李秉埰) 등이었다.[26]

간부구성을 보면 주로 행정과 군사 두 부문으로 나누어져 있음을 알 수 있다. 행정 책임자인 북로독군부의 대표와 부관은 도독부의 대표인 최진동과 국민회군의 안무가 맡고 군사 분야는 전적으로 홍범도가 맡은 체제로 되어 있었다. 이는 대한북로독군부의 성립시 봉오동에 막대한 토지와 재산을 갖고 있던 최진동 3형제가 재산을 모두 독립군에 바쳐서 많은 군비를 조달한 사정이 반영된 것이다.

따라서 창립 초기 대한북로독군부의 근거지는 자연스럽게 재정 지원과 보급을 받기 쉬운 봉오동 일대가 되었다. 북로독군부의 성립 직후 봉오동 골짜기에는 이제 800~900명 내외의 많은 독립군 병력이 집결하여 일제와의 결전을 준비하게 되었다. 여기에는 세 부대 외에 약 80명의 신민단 독립군도 합세하여 있었다.

2) 봉오동전투(일명 봉오동대첩) 개황

봉오동은 사방이 야산으로 둘러싸이고 가운데는 약간의 평지가 있었는데, 마치 삿갓을 뒤집어 놓은 것과 같은 분지 지형을 이루고 있어 천연의 요

---

25 대한북로독군부 독립군 연합부대의 성립에 대종교의 중진이었던 전북 부안 출신 고평(초명 高高鑽, 일명 高仁鉐)의 상당한 역할이 있었다(이에 대해서는 장세윤, 「전북출신 독립운동가 고평의 생애와 독립운동」, 『전북학연구』 1집, 전북연구원, 2019 참조). 고평은 부안의 같은 장흥 고씨 집안의 독립운동가 高光契(일명 고광설, 1921년에 함경도에서 대한광복단 교통원으로 활동) 등과 연계되어 독립운동을 전개한 것으로 보인다.

26 「國民會 制令」 國民第37號(1920년 5월 28일자), 『現代史資料』 27(朝鮮3), 姜德相 · 梶村秀樹 編, みすず書房, 80~81쪽 및 「北間島에 在한 我獨立軍의 戰鬪情報」, 『獨立新聞』 1920년 12월 25일자; 신용하, 「홍범도의 대한독립군의 항일무장투쟁」, 『개정증보판 한국근대민족운동사 연구』, 일조각, 2017, 380쪽.

새지라고 할 만 했다. 입구에서 안쪽까지는 25리 정도로서 골짜기 입구로부터 하·중·상의 세 마을이 있었고 한 마을은 대개 30내지 60호 정도의 집이 모여 있었다.

중국 연변조선족자치주 도문(圖們)시에서 2018년 다시 세운 '봉오골전투 기념비'(연합뉴스 제공)

봉오동전투는 1920년 6월 7일(월요일) 새벽부터 밤까지 대한북로독군부와 신민단 독립군 부대가 봉오동골짜기로 침입한 일본군 1개 대대와 증원대를 매복·기습하여 섬멸한 일대 장거였다.

일본군 월강추격대대는 큰 피해를 입고 패퇴하였다. 그들은 6월 7일 밤 함북 온성을 거쳐 황급히 퇴각하였다. 이것이 바로 독립군의 '봉오동 대첩'이다.[27]

27 이상은 장세윤, 『봉오동 · 청산리 전투의 영웅 홍범도』, 역사공간, 2017, 149~154쪽을 참조함.

4. 「홍범도 일지」를 통해 본 봉오동전투

홍범도는 봉오동전투에서의 활약상을 자기의 『일지』에서 다음과 같이 회고하였다.

> "그 이튿날 행진하여 나재거우로 중국 하마탕(蛤마당) 예수촌에 야밤에 들어가 무장을 벗고 (19)19년 10월 14일 부텀 (19)20년 3월 초삼일에[28] 무단봉에 나가 사흘 유숙하고 있다가 행군하여 봉오꼴 최진동진과 연합하여 1920년 4월 초삼일[29] 일병 370명 죽(이)고 저녁편에 소낙비가 막 쏟아지는데 운무가 자욱하게 끼여 사람이 보이지 않게 자욱하게 낀데 일본 후원병 100여병이 외성으로 그 높은 산 뒤에로 영상에 올라서자 봉오꼴서 쌈하던 남은 군사 퇴진하여 오든 길로 못가고 그 산으로 오르다가 신민단 군사 80명이 동쪽산에 올랐다가 일병이 저희 있는 곳으로 당진(當陣)
>
> 하니까 내려다 총질하니 일병은 갈 곳이 없어 마주 총질한즉 올라가는 철에 후원병이 몇이 죽으니까 속사포로 내려다가 부리니 신민단 군사 한개도 없이 죽고 일병이 수백 명 죽고 서로 코코소리(나팔소리-필자) 듣고 총소리 끊어지었다. 그때 왔던 일병이 오륙백 명 죽었다(밑줄은 필자)."[30]

홍범도가 언제부터 자기 휘하의 부대 명칭을 '대한독립군'이라고 하였는지는 정확히 알 수 없다. 현재 남아 있는 관련 자료로 확인하면 대략 1919년 후반경이 아닌가 추정된다. 즉 그해 12월 홍범도는 '대한독립군 의용대장' 명의로 간도 일대의 주민들에게 독립군의 성립과 무장투쟁의 당위성을 널리 알리는 유고문을 발표하였던 것이다.

봉오동전투는 주로 홍범도 부대의 활약에 의한 것으로 우리에게 널리 알려져 있다. 그러나 이 전투는 홍범도 부대 단독으로 행한 것이 아니라 최명

---

28 양력으로는 4월 21일(수요일)임(한보식 편, 『韓國年曆大典』, 영남대학교 출판부, 1987, 1920쪽).

29 양력으로는 5월 20일(목)인데(한보식 편, 위의 책, 1920쪽), 홍범도의 날짜 착오로 판단된다.

30 「주해 홍범도 일지」, 『홍범도 장군』, 반병률, 한울아카데미, 2014, 84~85쪽.

록(최진동)·안무 부대 및 신민단(新民團) 독립군 부대와 연합해서 수행한 전투였다. 아래의 인용문에서 볼 수 있는 바와 같이 홍범도 자신도 그의 '일지'에서 "봉오골 최진동진과 연합하여"라고 하여 이 사실을 분명히 밝히고 있다. 구체적 전투경과의 서술은 생략하고 이 '일지'에서 제기되는 몇 가지 문제만 간단히 검토해 보자.

첫째, 봉오동전투의 개념에 대한 것이다. 즉 봉오동전투는 일반적으로 '봉오골'에서의 전투 이전에 벌어진 삼둔자(三屯子) 전투와 후안산(後安山) 전투를 포함한 광의의 개념으로 쓰이고 있다. 그런데 '일지'에서 홍범도는 봉오동전투가 끝난 직후에 다시 간도에 침입한 일본군과 치열한 전투가 벌어졌다고 회상하고 있다. 홍범도는 전투가 벌어진 지명을 예시하고 있지 않으나 연변의 연구자 한준광(韓俊光)에 따르면 이것이 '비파정(琵琶頂)'전투라고 한다. 한준광은 연변지방 노인들의 증언을 근거로 들면서 봉오동전투 이틀 후인 6월 9일에 이 전투가 있었다고 주장하였다. 따라서 필자는 홍범도의 〈일지〉와 연변지방 노인들의 증언이 일치하기 때문에 이 '비파정 전투'도 봉오동전투의 개념에 포함시켜야 한다고 판단하고 있다. 비파정 전투의 주역은 '일지'에서 볼 수 있는 것처럼 홍범도 부대와 연합했던 신민단 군사였다고 하겠다.

위의 '일지'에서 홍범도가 신민단 독립군이 거의 전멸한 것으로 기억하고 있는 부분은 약간 오해가 있지 않나 생각된다. 홍범도는 전투의 치열함을 강조하고 있는 것으로 여겨지는 것이다. 당시 일본군 측의 기록과 당시 참전했던 김규면 등의 증언을 보면 신민단 군대가 전멸한 것은 아니었다.[31]

둘째, 봉오동전투의 전과에 대한 문제를 검토해 보자. 봉오동전투의 결과

---

31 「鳳梧洞戰鬪詳報」(복사본) 참조. 신민단 독립군에 대해서는 신용하, 「대한新民團 독립군의 연구」, 『동양학』 18집, 단국대 동양학 연구소, 1988, 221~248쪽 참조.

로 발생한 양측의 피해에 관해서는 양측의 주장과 기록에 큰 차이가 난다. 대표적인 예로 상해의 대한민국임시정부 군무부에서 발표한 「북간도(北墾島)에 재한 아독립군(我獨立軍)의 전투정보」를 보면 일본군 사자(死者) 157명, 중상자 200여 명, 경상자 100여 명으로 나와 있다.[32] 그러나 일본군측의 보고자료인 「봉오동전투상보(鳳梧洞戰鬪詳報)」 42면에는 그들의 피해가 매우 축소되어 고작 전사 병졸 1명, 부상병졸 1명, 순사 1명 부상으로되어 있는 것이다. 어느 것이 진실인가?

「봉오동전투상보」 6면에는 6월 7일경 봉오동전투에 참전한 일본군의 규모가 경찰관을 합쳐 242명으로 기록되어 있다. 여기에 남양수비대 27명을 합치면 일본 군경은 모두 270여 명 규모로 파악된다. 또 최근 일본군 증원부대가 있었다는 사실이 새로 확인되었다.[33] 일본 '토벌대'의 기록을 맹신할 수 없는 것과 같이 임시정부측의 발표도 냉정하게 검토할 필요가 있다.

이런 의미에서 홍범도의 「일지」는 중요한 근거가 된다. 위에서 홍범도가 봉오동전투에서 일본군 310명이 죽었다고 한 것은 약간 과장된 서술로 판단되나, 출동한 일본군의 규모와 비슷하게 맞아 떨어진다는 점에서 신빙성이 있다. 필자는 홍범도의 이같은 회고를 숫자 그 자체에 집착해서가 아니라 승전했다는 사실 그 자체를 강조하고 싶어하는 심정의 표현이라고 보고 싶다.[34]

봉오동전투가 한창이던 오후 4시 20분경 갑자기 천둥 번개가 치고 비와 우박이 폭풍과 함께 거세게 쏟아져 상대를 구분할 수 없을 정도로 어두워지는 기상의 이변이 있었다. 이러한 사태가 벌어지자 사령부장 홍범도는 신

---

32 『독립신문』 88호(1920.12.25자), 4면.

33 이상훈, 「〈봉오동부근전투상보〉를 통해 본 봉오동전투」, 『한국독립운동사연구』 72집, 2020, 20~30쪽 참조.

34 『朝鮮民族運動年鑑』의 1920년 6월 4일 조에는 일본군의 死者가 120명으로 기록되어 있다.

호용 나팔을 불어 독립군의 철수를 명령하였다. 이 틈을 타서 일본군은 패주한 것이다. 이 때의 기상이변 기록은 일본측 기록과 부합하고 있다. 다만 유감스럽게도 홍범도의 직접적 지휘를 받지 않던 신민단 독립군 약 80명은 다른 독립군 부대의 철수를 알지 못하고 패주하는 도중의 적 기관총 소대와 정면으로 부딪혀 격전을 벌이게 되었다. 그리하여 신민단 병사들은 적의 기관총 사격을 받아 많은 피해를 냈고 일본군도 피해가 컸다.

일본군의 『봉오동전투 상보』에는 그들의 고전 상황을 엿볼 수 있는 부분이 있다. 그 부분을 검토해본다.

> "……상봉오동 남방 약 3천 5백미터 높이 503(미터)고지, 북방 약 천미터의 능선, 동방 약 천미터의 고지 능선, 상봉오동에서 높이 445 중턱에 통하는 점선로(點線路) 북측 고지, 상봉오동 동북방 약 2천미터 높이 504 남방 고지선 및 그 서측 고지 능선, 상봉오동 서측 고지로부터 사격을 받았으나 적(독립군)은 교묘히 지물(地物)을 이용하여 그 위치가 분명치 않고 탄환은 사면에서 날아와 전황불리의 상태에 빠졌다. (중략) 공격 전진중 일등졸(卒) 호리이(堀井茂邦)는……복부를 관통하는 중상을 입고……소대장으로부터 후퇴명령이 있음에도 전투를 계속하기에 이르러 끝내 절명하고……왼쪽 방면에서 나온 나까니시, 소또야마(外山) 양 소대와 연락이 불충분하여 피아(독립군과 일본군)의 식별이 곤란하였으나 나팔을 불어 왼쪽 고지 및 골짜기를 전진중인 양 소대와 연락을 취하고, 양쪽 고지에 척후를 보내 주력은 (패퇴로 인) 비파동을 향하여 전진하였다."[35]

독립군을 일거에 '소탕'하겠다고 큰 소리쳤던 월강추격대대는 소탕은 커녕 오히려 궤멸적 타격을 입고 패퇴하였다. 그들은 진입과정에서 대피하지 못하고 봉오동에 남아있던 부녀자와 어린이 등 16명을 학살한 뒤 패잔병을

35 「鳳梧洞附近 戰鬪詳報」, 『한국독립운동사연구』 5집, 독립기념관 한국독립운동사연구소, 1991, 592~594쪽.

이끌고 6월 7일 밤 함북 온성 유원진(柔遠鎭)을 거쳐 패퇴하고 말았다.

상해 대한민국임시정부 군무부 발표에 의하면 봉오동전투에서 일본군은 전사 157명, 중상 200여 명, 경상 100여 명을 냈고 독립군은 전사 4명, 중상 2명을 냈다고 한다.[36] 하지만 임시정부의 발표는 다분히 과장된 것이라고 판단된다. 왜냐하면 임시정부는 봉오동전투 직후인 6월 20일 『임시정부공보』 호외를 발행하여 승전소식을 신속히 국내외에 널리 알렸는데, 이 때는 홍범도·최명록(최진동) 양 장군의 독립군이 일본군 120여 명을 살상했다고 밝혔기 때문이다.[37] 반면에 일본군은 전과를 어떻게 파악했는가? 『봉오동전투 상보』에 의하면 일본군 피해가 전사 1명, 부상 2명이라 했고 독립군측 피해는 전사 33명, 부상 다수라고 하였다. 양측의 발표 내용을 보면 서로 상대방의 피해는 과장한 반면 자기 진영의 피해는 극소화하고 있는 사실을 볼 수 있다.

한편, 봉오동전투에 대해 일본 영사관 경찰(와쿠이[和久井] 警部)의 한 보고를 보면 "전사 1명 외에 부상자가 십수명이라는 설도 있다"라는 기록이 있고,[38] 중국 지방 당국에서는 일본군 52명(장교 3명 포함) 가량이 피해를 입은 것으로 파악한 문서를 찾아볼 수 있다.[39] 한편 간도국민회 남부지방회는 6월 10일자 호외에서 일본군 150명 전몰(全沒), 중부지방회는 6월 13일자 통달문에서 일본군 120명 격살, 제2북부지방회 역시 6월 13일자 지명서(指明書)에서 일본군 장교 등 52명 즉사를 보고하였다.[40] 특히 일본군사령부는 이 전투 직후 독립군 사자(死者) 25, 일본 사상병졸 12명으로 발표하

36 『獨立新聞』 88호(1920.12.25자), 4면.

37 「독립군 승첩」, 『獨立新聞』 85호(1920.6.22자), 2면.

38 간도일본총영사관 보고자료 참조.

39 「1920년 6월 13일 延吉保衛 제1대 대장 徐毓麟이 延吉道尹 陶彬에게 올린 보고」(延吉檔案館 소장 문서).

40 앞의 『現代史 資料』 27(朝鮮3), 82~83쪽.

였다.[41] 따라서 일본군의 「봉오동전투상보」 전과 관련 내용을 그대로 믿을 수 없다고 본다. 대한민국임시정부 역시 최종적으로는 이 전투에서 "일본군 120여 명 사살"로 정리했다.[42]

위의 기록 외에도 중국신문인 『상해신문보(上海新聞報)』, 간도 국민회의 호외, 『독립신문』, 홍범도의 일지, 『김정규(金鼎奎) 일기』 등을 토대로 냉정히 조사해보면 대체로 일본군측 피해는 120명 내외의 사상자를 낸 것으로 판단된다. 한편 독립군측에서는 수십명의 사상자를 내지 않았나 추정된다.

결과적으로 봉오동전투는 대한북로독군부로 연합한 독립군 부대가 큰 승리를 거둔 '대첩'이었다. 이 전투의 의미는 일본군 몇명 사살했다는 단순한 전투성과의 대소에 있는 것이 아니다. 그 의미는 독립군 각 부대가 처음으로 연합하여 간도에 침입한 대규모의 일본군을 상대로 격전을 벌여 큰 승리를 거두었다는 점에 있다. 그리고 이를 계기로 독립군들의 사기가 크게 높아져 무장투쟁이 더욱 활발히 전개되었다는 사실이 매우 중요하다.

홍범도가 지휘한 봉오동전투에서의 독립군 승리는 독립군 뿐만 아니라 전체 독립운동계와 동포들의 사기를 매우 높여주었다. 독립군은 봉오동전투를 '독립전쟁의 제1회전'이라고 부르면서 다음 전투를 위한 준비에 더욱 몰두하였다. 동포들은 이후 '준 전시상태'로 인식하고 더욱 독립운동을 후원하고 성원하였다. 이러한 상황을 일제측의 비밀보고는 다음과 같이 파악하였다.

> "아(我) 월강추격대에 반항하여 교전한 불령단(不逞團)은 해(該) 전투(봉오동전투-필자)에서 비상한 대승리를 얻고 아군을 조선측으로 격퇴한 것 같이 선전하고 있다. 또한 이를 독립전쟁의 제1회전이라고 칭하며, 금후 계속될 전투

41 「獨立軍勝捷」, 『獨立新聞』 1920년 6월 22일자(제85호) 2면.

42 『朝鮮民族運動年監(1920.6.4조)』, 『朝鮮獨立運動』 2, 金正明 編, 原書房, 1967, 239쪽.

> 에 대비해서 양식의 준비, 간호대의 조직, 병원(兵員)의 모집에 더욱 힘쓰고 있다……(밑줄은 필자) 봉오동 방면에는 다수의 불령단이 집합하고 있는 모양이다. 또한 이를 기회로 하여 각 단체간의 결속을 굳게 하고 있다. 금회(今回 : 이번)의 추격은 도리어 나쁜 결과를 후에 끼칠 것이라고 관찰된다……" −6월 15일 사까이(堺) 간도 총영사대리가 외무대신에게 보내는 전보에서[43]

뒤에 나쁜 결과를 끼칠 것이라는 일제의 이러한 예측은 그대로 적중되었다. 바로 독립군의 청산리 독립전쟁과 그들의 '대첩'을 통해서였다.

봉오동전투는 일본군에 큰 충격을 주었다. 일제측은 봉오동에서 패퇴한 뒤에 독립군의 능력과 전력을 새롭게 평가하고 그에 대한 철저한 '토벌'을 계획하게 되었다. 일제측의 '조선군' 사령관은 독립군이 정식 군복을 착용하고 임명에 사령장을 쓰며 일정한 예식이 있는 등 통일된 군대조직을 갖고 있다고 육군대신에게 보고한 뒤 그 대책을 강구토록 요청하였다.

전투 당시 제일 먼저 독립군의 전투 소식을 들은 중국 연변(북간도)의 지사이자 역사가인 김정규는 비교적 정확한 기록을 남겼다. 즉 전투 이틀째, 5일 뒤에 기록한 그의 일기(『野史』)에서 일본군 100여 명이 죽었다고 그의 일기에 기록했던 것이다.[44] 이로 볼 때 봉오동전투에서 일본군은 100여 명 이상이 '살상'되지 않았나 한다. 다만 한가지 주목되는 일본군 수뇌부측 자료 중의 하나에는 봉오동 부근의 전투에서 약 200명의 '적(독립군)'을 격파하고, 20여 명을 죽였다고 기록하고 있어 우리측 자료와 큰 차이가 나고 있

---

43 「電報」第166號. 暗 No.8203(發信 堺總領事代理 受信 內田外務大臣), 1920년 6월 15일자, 『現代史資料』 27(朝鮮 3), 姜德相 · 梶村秀樹 編, 東京: みすず書房, 1972, 608쪽.

44 전투 이틀 뒤인 6월 9일(음력 4월 23일)에 "아침에 온 서신에 따르면 일병 400명이 돌연 왕청현 봉오동지방에 와서 우리 군과 수시간 동안 싸워 사상자가 심히 많았다(朝據來信 則日兵四百名 突來汪淸縣鳳梧洞地方 與吾軍相戰數時 死傷甚多)"라고 기록하였다. 또한 전투 5일 뒤인 6월 12일(음력 4월 26일)에는 "봉오동의 소식에 따르면 일병 사자가 100여 명이고 우리 군의 사자도 3인이며, 동민 사상자가 십수명이라고 한다(據吾洞的報則 日兵死者百餘名, 吾軍死者三人 洞民死傷十數名)."라고 「卷16」에서 양측의 피해를 비교적 상세히 기록하였다(『龍淵 金鼎奎日記』 하, 독립기념관 한국독립운동사연구소 1994년 영인본, 630·631쪽).

봉오동전투의 현장 봉오동 골짜기. 저수지 위에서 안쪽을 조망(박도, 2004년 촬영).

독립군이 사방에 매복했던 봉오동 골짜기 안쪽. 가운데는 초모정자(草帽頂子)산(박도, 2004)

다.[45] 그러나 이는 오히려 일본군의 패배를 솔직히 기록한 것이 아닌가 한다. 왜냐하면 봉오동 일대에 침입한 일본군은 십수명의 민간인을 죽였을 뿐 신민단 독립군 병사들을 제외한 독립군 부대들에게는 별다른 피해를 주지 못했기 때문이다. 어쨌든 봉오동전투는 독립군의 대승임이 틀림없다. 실제로 일본 영사관과 일본근은 봉오동전투 과정에서 16명의 무고한 민간인이 희생되었음을 나중에 보고하였다. 다만 홍범도가 그의 일지에서 정리했듯

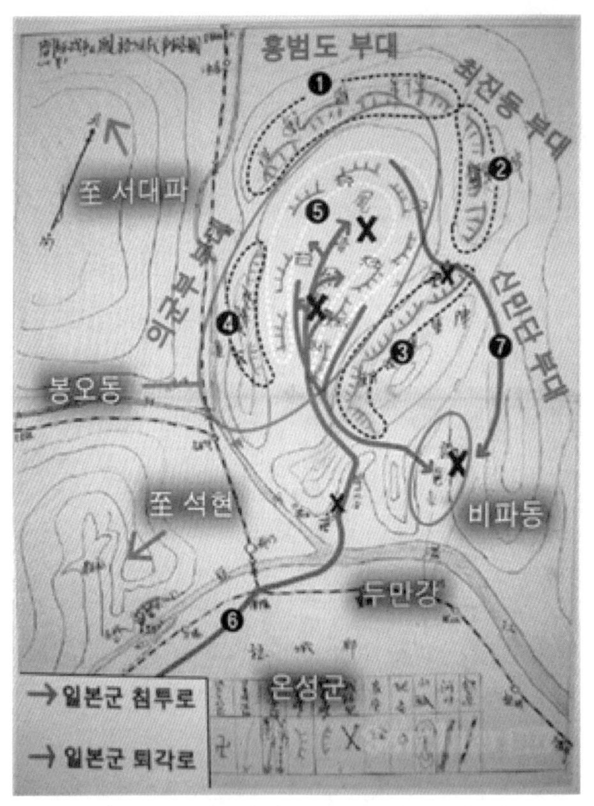

신민단 간부 박승길이 후일 회고해서 그린 독립군의 봉오동 배치도
(한글 그래픽은 최근 언론에서 추가)

---

45 宇都宮太郎關係資料硏究會 編,『日本陸軍とアジア政策 - 陸軍大將 宇都宮太郎日記』3, 東京 : 岩波書店, 2007, 409쪽.

이 신민단 독립군 부대는 상당한 피해를 입었는데, 신민단에서 활동했던 김규면은 후일 회고록에서 8명의 신민단 대원이 전사하고 10여 명이 부상을 입었다고 밝혔다.

봉오동전투의 의의는 '독립전쟁의 제1회전'으로 알려져 독립운동의 열기가 고조되고, 연변(북간도) 일대 동포들 사기를 크게 드높인 데 있다. 동포들은 이후 '준 전시상태'로 인식하고 더욱 독립운동을 후원하고 성원하였다. 대규모 독립군 연합부대의 첫 일본군 정규군 격파라는 점도 중요하다.

5. 청산리독립전쟁의 개요

청산리독립전쟁은 1920년 10월 김좌진·나중소(羅仲昭)·이범석(李範奭)이 지휘하는 북로군정서군과 홍범도가 영도하는 대한독립군 등을 주력으로 한 독립군부대가 독립군 탄압을 위해 중국 연변지역(북간도)에 출동한 정규 일본군을 청산리 일대에서 10여 회의 전투 끝에 대파한 일련의 전투를 말한다.[46]

봉오동전투와 청산리독립전쟁(청산리전투·청산리대첩, 엄밀히 말하면 '청산리전역')은 우리 독립운동사에서 가장 자랑스러운 '독립전쟁'으로 평가되고 있다. 20세기 초에 세계 국가의 2/3이상이 제국주의 국가들에 의하여 식민지 통치를 받거나 반(半)식민지 상태에 있었는데, 우리민족처럼 끈질기게 세계 각지에서 다양한 방법으로 치열하게 항거한 경우는 거의 없었다. 청산리대첩은 우리 민족 독립전쟁사상 가장 규모가 크고, 치열했던 전투였다.

1920년 6월 7일의 봉오동전투에서 독립군에 패배한 일본군은 독립군의

46 이하 청산리독립전쟁 등의 주요 내용은 신용하, 「독립군의 봉오동전투와 청산리독립전쟁」, 『개정증보판 한국근대민족운동사 연구』, 일조각, 2017 및 신용하, 「독립군의 청산리독립전쟁의 연구」, 『한국민족 독립운동사 연구』, 을유문화사, 1985 등을 참조했음.

능력과 전력을 재평가하고, 대규모 토벌 대책을 추진하였다. 먼저 만주 군벌 장작림(張作霖)에게 압력을 가해 중국군이 일본군과 함께 독립군을 '토벌' 하자고 제의하였고, 다른 방안은 소위 '간도지방 불령선인(不逞鮮人) 토벌계획'에 따라 중국 영토인 남만주와 연변(延邊) 지역에 직접 출동하여 일본군이 '토벌'한다는 것이었다. 첫째 방안에 대해 중국 동북의 군벌정권이 별다른 반응이 없자 일본은 일부러 마적단을 동원하여 10월 2일 훈춘 일본영사관을 습격, 방화하는 훈춘사건을 일으키고, 10월 14일에 '간도 출병'을 선언하였다. 특히 독립군 '토벌'을 위해 한국 주둔 19사단과, 20사단 일부, 연해주 주둔 11·13·14사단 일부 등 5개 사단에서 차출한 25,000여명의 독립군 토벌부대를 편성하였다.

일본군이 중국 연변지역(북간도)에 침략하기 시작했다는 정보를 입수한 독립군은 홍범도를 사령관으로 하여 연합부대를 재편성하고 연합작전을 전개하기로 합의했다. 이 때 독립군은 7개 부대에 1,400여 명에 달했으며, 600여 명에 달하는 김좌진 장군의 북로군정서 부대도 청산리에 도착하여 대담무쌍한 결전에 대비한 연합작전을 협의하였다. 청산리독립전쟁은 김좌진의 북로군정서와 홍범도의 독립군 부대가 1920년 10월 21일부터 1주일 동안 중국 연변의 화룡현 청산리 일대에서 일본군 히가시(東正彦)지대를 상대로 대소 10여 차례 격전을 치른 끝에 패퇴시킨 일련의 전투였다. 독립전쟁사상 최고의 업적이라고 할 수 있다.

청산리독립전쟁 가운데 완루구전투와 고동하전투는 홍범도 연합부대가 수행한 전투이고, 백운평전투, 천수평전투, 맹개골전투, 만기구전투는 김좌진의 북로군정서군이 단독으로 수행한 전투였다, 어랑촌전투와 천보산전투는 양 세력이 함께 싸운 전투였다.

청산리독립전쟁은 1980년대 중반까지만 해도 김좌진 부대가 중심이 된 전투로 알려졌으나, 당시의 전황과 일본 자료를 토대로 한 연구결과, 홍범도부대의 활약이 매우 큰 것으로 판명되었다. 또한 김좌진의 북로군정서는 임시정부와 밀접한 관계를 가지고 있었으나, 홍범도부대는 러시아 연해주에 있던 대한국민회의의 지원을 받아 임시정부와는 다소 거리가 있었다. 그러나 양 부대는 서로 경쟁하면서도, 전투 시에는 서로 돕는 상호보완 관계였다.

청산리독립전쟁에 참가한 독립군의 중요한 주력부대인 북로군정서 간부는 총사령관 김좌진, 참모부장 나중소, 부관 박영희(朴寧熙), 연성대장 이범석, 종군장교 이민화(李敏華)·김훈(金勳)·백종렬(白鍾烈)·한건원(韓建源), 대대장서리 제2중대장 홍충희(洪忠憙), 제1중대장서리 강화린(姜華麟), 제3중대장 김찬수(金燦洙), 제4중대장 오상세(吳祥世), 대대 부관 김옥현(金玉玄) 등이었다. 북로군정서군의 병력은 그 해에 사관연성소를 졸업한 298명을 포함해 편제상으로는 약 1,600명이었다. 다만 실제 총병력은 약 1,100명, 정예병은 600여 명이었으며, 무기는 소총·권총 등 총기 약 800정, 기관총 4문, 포 2문, 수류탄 약 2,000개 등으로 탄약 등을 합치면 우마차 20여 대에 실을 정도로 많은 분량을 갖추고 있었다.[47]

한편, 청산리독립전쟁에서 역시 매우 중요한 역할을 했던 홍범도 독립군부대는 봉오동전투 당시의 대한독립군이 주력이었다. 실전 경험이 풍부했다. 여기에 안무(安武)가 이끄는 국민회군·의군부(義軍府)·한민회(韓民會)·광복단·의민단(義民團)·신민단(新民團) 등이 홍범도의 지휘에 협력하거나 연합하여 활동했는데, 그 병력은 약 1,400명이나 되었다.

일본군은 보고할 때마다 독립군을 패퇴시켰다고 하면서도 청산리독립전쟁 최대의 격전이었던 10월 22일 어랑촌 전투에서 그들이 패전한 사실을

---

47 신용하, 「독립군의 청산리독립전쟁의 연구」, 『한국민족 독립운동사 연구』, 431쪽.

아래와 같이 간접적으로 인정하였다.

> "봉밀구(蜂蜜溝) 및 청산리 부근에서 히가시(東支隊) 지대의 전투 조짐이 있는데, 이 방면에 있는 적도(賊徒 : 독립군)는 김좌진 지휘하에 있는 군정서 일파와 독립군중 홍범도가 지휘하는 일단 등이 합하여 기관총 등의 신식 병기를 갖고 약 6,000으로 이루어진 것 같으며, 다른 방면과 달리 완강히 저항하고 있다……"[48]

당시 김좌진 부대와 홍범도 부대의 총병력은 2,000명 정도였으며, 일본군은 평소 독립군의 병력을 거의 정확히 파악하고 있었음에도 불구하고 어랑촌 전투에서 패배하자 자기들의 병력보다 독립군이 월등히 많은 6,000여 명이라서 패전한 것 같이 거짓보고를 한 것이다.[49]

또 친일 어용신문인『매일신보』도 1920년 10월 24일자에서 "22일의 대격전"이라는 소제목으로 기사를 뽑은 뒤 일본군과 독립군 양편의 사상(死傷)이 매우 많다고 보도하였다. 이범석은 어랑촌 전투에서 독립군의 피해가 가장 많았다고 하면서 100여 명의 사상자를 냈다고 하였다. 홍범도 연합부대 측의 피해는 알 수가 없으나 상당히 있었을 것으로 보인다.

여러 자료를 종합해 볼 때 어랑촌 전투는 홍범도 및 김좌진 양 독립군 부대가 공동으로 적을 공격하여 수백명의 적을 살상한 대승전이었다고 하겠다. 이 때 일본군 연대장이 사살되었는 지 그 여부를 일본측 기록을 통해 검증하지는 못했으나, 후일 이범석이 회고한 내용은 그만큼 일본군의 피해가 컸음을 말해 주는 것이다.

---

48 「電報」朝特 114號, 1920년 10월 25일자(發信 朝鮮軍司令官 受信 陸軍大臣),『現代史資料』28(朝鮮 4), 姜德相 · 梶村秀樹 編, 東京: みすず書房, 1972, 222쪽.

49 신용하,「홍범도의 대한독립군의 항일무장투쟁」,『개정증보판 한국근대민족운동사 연구』, 407~408쪽.

청산리전투의 주요 현장인 어랑촌 일대 전경

어랑촌 전투에서 홍범도는 위기에 빠진 김좌진 부대를 구원하고 일본군 히가시 마사히코(東正彦)지대의 정예 기병연대를 섬멸하는 큰 공을 세웠다.[50] 어랑촌 전투 직후 홍범도는 청산리독립전쟁 개시 직전에 성립한 7개 부대 약 1,400명의 연합부대를 각 부대별로 흩어져 싸우게 하고 자신은 국민회군과 연합하여 같이 행동하게 된 것으로 추측된다. 왜냐하면 적의 대부대가 밀고 들어오는 상황에서 독립군 부대가 한꺼번에 행동하는 것은 여러모로 불리하기 때문이다.

일본군의 연변지역 침입을 미화한 『간도출병사』는 어랑촌전투에 대해 자신들에게 유리한 점을 기록하였다. 그 주요내용을 보면 우선 기병연대로 하여금 어랑촌 방면의 독립군 퇴로를 차단하였다는 점, 각지에 있는 병력을 집결시키려 했지만, 교통 불편과 장비 부족 등으로 뜻과 같이 되지 않았다는 점, 그리고 히가시 지대장 자신이 직접 독립군을 추격하러 나섰다는

50 히가시 마사히코는 1874년생으로 사망 시기는 불명. 최종 계급 육군 소장으로 예편하였다(김연옥 옮김, 『조선군사령부 간도출병사』, 경인문화사, 2019, 33~34쪽).

것, 독립군 병사들이 여러 곳에 산재하여 난사를 계속하므로 손실을 피하려고 부근의 최고봉 1,743 고지에 병력을 집결시켰다는 점, 또한 일본군 병력이 부족하여 홍범도 등 독립군을 철저하게 '초토'하지 못했다는 점 등이다.[51]

일본군은 위의 기록에서 독립군측 사상이 30여명이며 소총 10정, 탄약 1만발을 노획했다고 했다.[52] 하지만 이 자료들을 검토해보면 고동하곡 전투에서 일본군 2개 소대가 거의 전멸하여 1,743고지로 쫓겨 올라가게 되었음을 확인할 수 있다. 이 고지에 패퇴한 일본 육군 소장 아즈마 등은 홍범도 독립군의 추격이 두려워 새벽까지 전전긍긍 하다가 날이 밝아오자 이제는 살았다는 안도감에 얼굴에 희색이 나타났던 것이다.[53] 그 때문에 이들은 홍범도와 그의 참모들이 수백미터 앞에서 유유히 사라져 가는 데도 추격은 커녕 공격도 제대로 하지 못했다.

이 전투에서 홍범도 부대도 갑자기 야습을 받았으므로 상당한 손실을 입었으나, 오히려 역습을 가하여 승리를 이끌어 냈다. 히가시는 겁도 없이 소수의 병력을 이끌고 용맹한 독립군 사령관 홍범도를 잡겠다고 나섰다가 큰 참패를 당하는 수모를 겪었다. 홍범도 등 독립군은 고지로 쫓겨간 소수의 일본군을 공격하지 않고 그대로 안도현 방향으로 서서히 이동하였다.

고동하곡 전투 이틀 뒤인 10월 28일 용정(龍井)에 있는 간도 일본총영사관은 독립군이 일본군의 포위망을 교묘히 탈출해 버렸고, 홍범도가 다른 지역에서 세력을 규합하여 일본군을 분쇄하겠다고 호언장담하고 있음을 탐지하였다. 이리하여 다음과 같이 각 간도 파견지대장에게 비밀리에 통보하였다.

---

51 상세한 내용은 김연옥 옮김, 『조선군사령부 간도출병사』, 65~68쪽 참조.

52 김연옥, 위의 책, 67쪽.

53 이러한 해석은 이미 신용하 서울대 명예교수, 송우혜 등이 제기한 바 있다.

"일본군대에 포위되어 이도구 및 삼도구 방면 삼림지대에 숨은 불령선인단(不逞鮮人團)은 교묘히 일본군대의 경계선을 돌파하여 일부는 삼림을 타고 이동하여 장인강(長仁江)의 상류지방 및 오돌도강(二頭江?)의 오지 및 사인반(四人班 : 안도현), 사도구황직(四道溝黃直 : 두도구 남방 약 6리), 세린하(細鱗河) 탄막동(炭幕洞 : 두도구 북방 약 4리)으로 탈주한 자가 많다고 한다. 홍범도는 특사를 보내 훈춘 (琿春)· 왕청현(汪淸縣) 방면의 불령단(독립군) 및 마적단에 응원을 구하고……왕청 방면으로부터의 응원을 기다려서 일본군대를 협격분쇄하겠다고 큰 소리치고 있다 한다."[54]

이 기록이야 말로 홍범도 부대를 비롯한 독립군의 분전상을 그대로 알려주는 자료라고 할 수 있다. 홍범도는 10월 말 500여 명의 병력을 인솔하고 안도현 황구령촌(黃口嶺村) 방면으로 진출하였다.

幼時부터武藝絕人
豪膽과俠氣의四十平生
—어릴때부터아이모아전쟁작난
오십여호노복도자유해방햇다—
◇故白冶金佐鎭種種揷話
【二】

청산리대첩의 한 축인 북로군정서 사령관 김좌진과 관련 기사(동아일보, 1930. 2. 14).

54 「間情 第44號」 1920년 10월 28일자, 間島日本總領事館, 『現代史資料』28(朝鮮 4), 姜德相 · 梶村秀樹 編, 東京: みすず書房, 1972, 379쪽.

이처럼 1920년 10월 21일에 시작된 청산리대첩에서 독립군은 26일 새벽까지 10여 회의 전투를 벌인 끝에 일본군 600여 명을 살상하였고, 독립군 측은 전사자 130명 내외의 희생자를 냈다.[55] 청산리독립전쟁은 2,000여 명에 달하는 대규모 독립군 연합부대가 일본군의 대규모 탄압작전인 '간도출병' 과정에서 이들과 대결한 전투, 즉 독립전쟁 사상 가장 큰 규모였으며, 독립군이 최대 전과를 거둔 가장 빛나는 승리였다. 일본군의 소위 "간도출병"은 완전히 실패했고, 독립군을 '소탕'하겠다는 호언은 헛소리가 되고 말았다.

청산리대첩(청산리戰役, 청산리독립전쟁)의 주요 전투내용을 기존 연구성과를 종합하여 요약 정리하면 다음과 같다.

<표> 1 청산리독립전쟁 주요 6개 전투 내용요약

<table>
<tr><th rowspan="2">순서</th><th rowspan="2">전투이름</th><th rowspan="2">주요 전투 장소</th><th rowspan="2">일시</th><th colspan="3">참전부대</th><th rowspan="2">승리 요인과 전투형태</th></tr>
<tr><th>독립군</th><th colspan="2">일본군</th></tr>
<tr><td rowspan="2">1</td><td rowspan="2">백운평 전투</td><td rowspan="2">백운평 직소 계곡</td><td rowspan="2">1920년 10월 21일 오전 8시</td><td rowspan="2">북로군정서 (600여명) (박격포와 기관총수를 포함한 포병, 보병)</td><td>야스가와 소좌 추격대 (200명)</td><td>보병</td><td rowspan="2">매복</td></tr>
<tr><td>(전투 후반부에 새로운 일본군 등장) 야마다토벌대 右종대 (400명)+ 左종대(800명)</td><td>보병, 야포병, 기관총 소대</td></tr>
<tr><td>2</td><td>완루구 전투</td><td>완루구 마을 입구</td><td>10월 21일 늦은 오후 ~ 22일 새벽</td><td>홍범도 연합부대 (520여명)</td><td>이이노 소좌 부대 (총 500여명)</td><td>보병, 야포병, 기관총 소대</td><td>매복 작전 (함정)</td></tr>
<tr><td>3</td><td>천수평 전투</td><td>천수동 마을</td><td>10월 22일 새벽 2시/ 본격 전투는 새벽 5시 30분</td><td>북로군정서 (400여명) (총 1000명 中 400명만 전투 참여)</td><td>기병 중대 (총 120여명)</td><td>기병</td><td>기습</td></tr>
</table>

55 '청산리대첩'의 전과에 대해서는 여러 가지 설이 있으나, 러시아와 중국, 임시정부 측의 자료를 분석해 보면, 적 살상 600여명 정도로 판단된다. 한편 독립군은 130여명 전사, 220여명 부상의 피해를 입은 것으로 추정된다(신용하, 『한국민족독립운동사연구』, 을유문화사, 1985, 501쪽 참조).

4	어랑촌 전투	어랑촌 874고지	10월 22일 오전 7시~ 해 질 때 까지	북로군정서 (약 600여명)	기병+보병 연합 부대 (약 1000명)	기병, 보병	고지 선점, 북로군정서 홍범도 연합부대 연합 작전
				(전투 진행 도중 홍범도부대 투입) 홍범도 연합부대 (약 700명)	(전투 진행 도중 일본군 추가 투입) 추가 일본군 (약 1000여명)	기병, 보병, 포병, 기관총 소대	
5	천보산 전투	천보산 서남쪽 부근	10월 24일 저녁 8시, 저녁 9시, 25일 새벽	북로군정서군 (100명) + 홍범도 부대 일부(30명) (총 130여명)	은·동광 지키던 1개 중대(200여 명)		반복 기습, 게릴라 (유격) 전술
6	고동하 전투	고동하 계곡	10월 25일 밤10시경~	홍범도 (300여명) + 북로군정서 (50명) (총 400여명)	히가시지대의 추격대 (150여명)	보병 (기관총 3정)	역습

※ [참고] 근대 일본군 편제(평시와 전시 다름): 분대 13명, 소대 46~50명(4개 분대), 중대 137명(3개 소대, 전시 222명), 대대 563명(4개 중대, 962명), 기병 중대 150명(2개 중대), 연대 1,730명(3개 대대,전시 2,896명)

* 출처 : 조필군, 「항일무장독립전쟁의 군사사학적 논의-1920년 동북만주지역을 중심으로」, 『군사연구』 34집, 육군본부 군사연구소, 2012, 267~275쪽 및 「청산리전역의 군사사학적 재조명」, 『한국독립운동사연구』 38집, 독립기념관 한국독립운동사연구소, 2011, 263~274쪽; 신용하, 「독립군의 봉오동전투와 청산리독립전쟁」, 『개정증보판 한국근대민족운동사연구』, 일조각, 2017, 344~361쪽; 신효승, 「대한제국 육군과 김좌진 장군의 군사적 경험 형성과정」, 『학예지』 25집, 육군사관학교 육군박물관, 2018, 99쪽 등을 참고로 작성.

6. 「홍범도 일지」를 통해 본 청산리독립전쟁

청산리독립전쟁 당시를 회고한 홍범도는 그의 '일지'에서 휘하 독립군 병력이 520여 명이었다고 했다. 청산리독립전쟁은 2,000여 명에 달하는 대규모 독립군 연합부대가 일본군의 대규모 탄압작전인 '간도출병' 과정에서 이들과 대결한 전투, 즉 독립전쟁 사상 가장 큰 규모였으며, 독립군이 최대 전과를 거둔 가장 빛나는 승리였다. 이 전투에 참가한 주력부대의 하나인 북로군정서군의 병력은 그 해 사관연성소 졸업생 300여명을 포함해 편제상으로는 약 1,600명이었고, 무기는 소총 1,300정, 권총 150정, 기관총 7문을 갖추고 있었다.[56] 다만 전투 참여는 600여 명으로 파악된다.

56 일부 기록에는 북로군정서의 총기가 약 800정, 기관총 4정, 포 2문, 수류탄 2,000개 등으로, 모두 합치면 우마차 20대 분량이라고 파악하고 있다(『現代史資料』 28(朝鮮 4), 361~362쪽 및 신용하,

1) 홍범도의 청산리전투 회고와 그 내용 검토

다소 장황하지만, 「홍범도 일지」의 청산리전투 관련 부분을 인용해보면 다음과 같다.

"(1920년) 4월 28일(음력 : 필자)[57]에 떠나 천보산 뒤에로 어랑촌을 지나 말리거우에 들어가 유진(留陣-필자)하고 한 달 유하고 투두거우 일본(군)영을 야심삼경에 달려들어 재작하고 그곳(에)서 어덴지 모를 곳의 조선인 예수촌에서[58] 오라 하길래 행군하여 간즉 군사들을 쇠(소-필자)잡고 분육(分肉)하여 메긴 후에 내복 한 벌씩 주니까 타(서) 입고 떠나 말리거우로 들어오니 7월이 되었다.

일병이 로씨야에서 철병하여 나오는 놈이 수만 명이 북간도에 푹 덮었다. 그런데 고려에 있던 일병이 몇십 명이 종성(에) 와서 고려포수 수십 명을 청하여 놓고 너희 중에 백두산 사영군이 몇이나 되는냐고 물은즉 반수이상이 된다고 대답하였다. 그러면 한 달에 50원씩 줄 것이니 말리거우에 홈범도 군대가 있다(고 하)니 누가 그놈의 목을 바치면 오천원(을) 상급(賞給)으로 줄 것이니 그럴만한 자가 있으며 손을 들어 맹세하라 한즉 몇 놈이 손을 들어 맹세하고 무리를 지어 백두산으로 들어 밤낮 페속으로 단체하고 야지꼴 당진하여(중략)

그놈들을 코를 께여 가지고 저녁 굶고 아적 굶고 페깐으로 샘물골(현지명은 泉水坪-필자)에 가서 산에서 샘물골 백성을 청하여 돈을 많이 주고 음식을 지여다 먹고 소미(小米) 한 섬에 일화 100원씩 주고 싸 올려다가 조금씩 노나 지고 떠나서 소밍미거우 왕닌의 형의 집팡에 와서 소미 두 섬에 일화 300원 주고 싸서 노나 넣고 어구로 나와(서) 군정서(김좌진의 북로군정서-필자) 청산리에 있다 하니까 연합하여 고려로 나갈까 하고 찾아가는 길에 어구의 큰길에 나가 서자마자 하여 보초병이 뒤(로) 물러서면서 일병이 수천 명이 당금 당진하였다 한즉 할 수없이 고려 나가 쓰자던 뿔니묘트(러시아제 맥심기관총-필자)를 걸

『한국민족 독립운동사연구』, 431쪽).

57 양력으로는 6월 14일(월요일)임(한보식 편, 『韓國年曆大典』, 1920쪽). 홍범도의 날짜 착오로 추정된다. 여러 가지 기록을 종합해보면 1920년 8월 하순 홍범도 독립군 부대는 근거지인 연길현 明月溝를 떠나 백두산 기슭으로 출발, 이동한 것으로 파악된다.

58 현재 길림성 안도현 明月溝의 한인 교회가 있는 마을로 추정된다. 당시 간도대한국민회 서부본부가 명월구교회에 설치되어 있었다(이북5도위원회, 『대한독립! 그날을 위한 봉오동전투』, 2020, 112쪽).

고 일병 대부대에가 내 두르니 쓰러지는 것이 부지기수로 자빠지는 것을 보고 도망하여 오름길로 산폐로 들어와 코껜 놈 죽이고 9월 11일[59] 밤에 칩은 산간에서 불도 놓지 못하고 떨다나니 날 밝은 후에 군사를 정구한즉 세 사람이 없어졌다. 찾아보니까 낭구 밑에 업데 죽었다.

굶고 얼어 죽었다 하고 그 산속에 묻어놓고 떠나 큰 봉미거우 지나 훈신장 앞덕이에 올라서자 청산에 들여다 보니 청산 갑산 어구에 일병이 수천 명이 모여 서서 장교놈이 군대에 여차여차 하여야 포로로 잡을 모계를 가르치노라고 서서 공론할 때에 뿔니묘트 걸어놓으니 막 쓸어지는 것(을) 보고 철(탄환-필자)이 없어 놓지 못하고 도망하여 천리송 밭을 께여 동남창 안도현(安圖縣) 가는 골로 70리를 도망하여 오다가 홍후재(중국 마적-필자) (소)굴을 만나 때려 부시고 대양(大洋-중국동북 화폐단위) 7만원과 석 섬을 얻어 노나 지고 우두양창으로 안도현을 향하여 가다나니 날이 저물어짐으로 우두양창 막치기에서 불을 놓고 유하게 되니까 내가 분부하되 우둥불[60] 앞에서 불쪼이지 말고 대거리마다 쬐우되 등하불명임으로 도적이 들어오는 것을 보지 못하는 것이라. 명심하여라 (하)고 명령하고 밤을 지내는 때 마츰 일병(이) 뒤를 쫓아오다가 홍후재를 만나 그놈들과 의병 간 길을 알려주면 돈을 많이 주마 한즉 그놈들이 우리도 그놈들을 잡자고 쫓는 중이다 하고 같이 뒤를 쫓아와서 우둥논 우둥(불)에다 쏙쌔포를 막놓으니 우둥(불) 앞에 불쪼이던 군사는 씨도 없이 다 죽고 그 나머지는 사방으로 일패도주 하니 다시 갱무여망(更無輿望)이 되었다.

숱한 탄환을 피하여 부도처하고 산간으로 기어 올라간즉 부지하처라 갈 바를 모르고 헤메는 중에 한곳에 간즉 묘한 바우가 날새도 출입 못할 곳에 들어간즉 늙은 포수 하나씩 둘씩 모여드니 40여 명이 모여들어 날밝기를 저대하고 있다가 사방을 살펴보니 과연 천작으로 생긴 곳이다 하고 우둥 놓은 곳을 내려다보니 일병과 홍후재(가) 섞이어 다니는 것을 본즉 견딜 수 없어 내(가) 총질하니까 일병과 중국 홍후재 죽는 것이 환하게 보이니까 자꾸 쏜즉 얼마 죽은 것은 모르나 누렇고 검은 빛이 많이 보이드라. 그놈들이 막 우리 있는 곳으로 기여 들어오는 놈을 자꾸 놓다나니 수십명이 썩어지니 기병이 올라 따라오는 것을 쏘다나니 올라온 놈은 한개도 살지 못하였다.

---

59 양력으로 10월 22일(금요일)임(한보식 편, 『韓國年曆大典』, 1920쪽). 청산리전투 중 완루구전투가 있었던 날이다. 홍범도가 회상한 날짜 가운데 정확한 부분이다.

60 추위를 피하기 위해 피우는 큰 모닥불.

그렁하여 밤낮 쌈하다니 우리 양식이 진(盡)하여 죽게 되니까 마가목 열매를 따먹고 있다가 9월 30일[61] 저녁에 불시로 뇌성벽력이 천지를 깨여치듯 하더니 불시로 소낙비가 막 쏟아지면서 천지를 분별치 못하게 쏟아지는 때 틈을 타서 그 짬에 나와 물개안에 내려와 소낙(비)소리 날 때면 기어 얼마쯤 가다가 서쪽산으로 올라간즉 날이 새었다. 안도현 쪽으로 행하여 가다나니 제일 중대장 리천호(李千五의 오임 : 필자)를 만나 합이 200명으로 안도현을 행하여 얼마쯤 가다나니 페깐으로 내다보니 흰풍이 보이길래 점점 가까이 간즉 <u>일병 대장놈이 군사 15명으로 파수를 세우고 주둔하고 있는데 달려들어 멸망시키고 군량, 군복, 탄환, 전화통 한 개, 과자 여러가지 앗아가지고</u> 안도현 싸닌방으로 행하여 간즉 어느땐고 한즉 동지달 14일[62]이다."[63]

홍범도 부대가 사용한 수류탄과 탄약

홍범도 독립군이 허기를 면한 마가목 열매

우선 위의 홍범도 일지를 통해 홍범도는 우리의 전통 달력인 음력 날짜로

61 양력으로는 11월 10일(수요일)임(한보식 편, 『韓國年曆大典』, 1920쪽). 조선총독부에 매수되어 중국 마적과 함께 홍범도 부대를 추격하던 일본 낭인(浪人) 나카노(中野天樂) 등이 안도현 내두산(백두산 부근)에서 한인 교민들을 독가스로 살해한 때가 11월 7일이었으므로(『독립운동사자료집』 제10집(독립군전투사 자료집), 독립운동사편찬위원회, 1976의 「天樂覺書」, 211쪽), 홍범도의 회고 날짜가 거의 정확하다는 것을 알 수 있다.

62 실제로는 1920년 11월 초~중순으로 추정되는데, 홍범도의 날짜 착오로 보인다.

63 「주해 홍범도일지」, 『홍범도 - 자서전 홍범도 일지와 항일무장투쟁』, 87~92쪽. 상세한 주해와 용어 설명은 반병률의 이 책(2014)을 볼 것.

생각하고 활동했음을 알 수 있다. 위 일지에 나오는 거의 대부분의 날짜는 음력이기 때문에 현재 우리가 쓰고 있는 양력으로 환산하여 날짜를 계산해 보아야 한다. 19세기 말~20세기 전반가 홍범도가 활동할 무렵 한국인들의 정서상 음력이 더 익숙했을 것이다.

둘째, 청산리전투 당시 홍범도 휘하의 독립군 병력이 520여 명에 달했고, 청산리전투의 여러 전투에서 일본군을 크게 무찌른 사실을 다시 확인할 수 있다. 즉 그는 "일본(군)영을 야심삼경(夜深三更: 밤 12시 전후)에 달려들어 재작하고(박살내고)", "뿔니묘트(러시아제 기관총)를 걸고 일병(日兵) 대부대에가 내 두르니 쓰러지는 것이 부지기수로 자빠지는 것을 보고", "뿔니묘트 걸어놓으니 막 쓸어지는 것(을) 보고", "기여 들어오는 놈을 자꾸 놓다나니 수십명이 썩어지니 기병이 올라 따라오는 것을 쏘다나니 올라온 놈은 한 개도 살지 못하였다", "달려들어 멸망시키고 군량, 군복, 탄환, 전화통 한 개, 과자 여러가지 앗아가지고" 라고 자신의 전과를 자랑하고 있는 것이다.

셋째, 적어도 이 일지를 통해서 볼 때는 홍범도가 독립군 병력을 이끌고 백두산 동북방으로 이동한 목적은 당초 일본군을 피하기 위해서라기 보다는 김좌진의 북로군정서 등 독립군 부대와 연합하여 국내 진입작전을 전개하려고 했다는 사실이다. 다만 이에 대해서는 관련 사료들을 통한 비교검토와 다각적 분석이 필요하다고 본다.

넷째, 우리 독립군은 청산리전투에서 일본 군경은 물론 홍범도 등 독립군 지휘관의 현상금을 노린 한국인 포수들(사냥꾼)[64] 및 중국인 마적들과도 싸워야 했던 이중 삼중의 어려움에 처했던 사실을 새롭게 알게 되었다. 일제 당국은 일본군을 동원하여 직접 무력으로 독립군을 탄압했을 뿐만 아니라, 자금을 동원하여 한국인 변절자들과 밀정, 중국인 마적이나 토비(土匪) 등을

64 이들은 대부분 한 때 의병으로 함경도 일대에서 일본군경과 싸웠던 자들이었다.

매수하여 그들의 앞잡이(주구)로 활용했던 것이다.

다섯째, 홍범도의 대한독립군 등 독립군 부대는 중국 연변(북간도)지역 한인 주민들에게 물심양면으로 후원을 받았지만, 홍범도 부대가 청산리일대 골짜기에서 일본군을 상대로 독립전쟁을 전개할 때는 샘물골(당시 지명은 泉水坪-필자) 주민들에게 비교적 후한(?) 비용을 지급하고 음식과 식량을 구입했다는 사실을 새로 확인할 수 있다. 대가를 지불하고 전투현장 부근의 주민들에게 구입한 음식과 식량은 다수의 독립군 부대원들이 휴대하기 적당하게 각자 분배하여 배낭 등에 넣고 일본군의 포위망을 벗어나기 위해 필사적으로 싸웠던 사실도 알 수 있다.

북로군정서 연성대장(研成隊長)으로 청산리전투에 참전했던 이범석이 후일 『우둥불』에서 한인 교민들이 자발적이며 적극적으로 독립군의 식량을 지원했다고 서술한 내용과 일부 다른 점이라 주목된다.[65]

끝으로, 위 서술내용을 검토해 볼 때 청산리전투, 나아가 '청산리대첩'은 독립군의 '일방적 대승'이었다기보다는 여러 독립군 부대가 추격해오는 다수의 일본군 여러 부대들을 상대로 수십차례(?) 계속해서 치고 빠지는 소규모·대규모의 유격전 형태로 전개되었다는 사실을 파악할 수 있다. 또한 홍범도 독립군 부대가 끈질기게 추격해온 일본군과 마적의 연합공세로 한 때 곤경에 처했으며 큰 어려움을 겪었지만, 결국 휘하 부대와 북로군정서 등 독립군 병사들을 규합하여 다시 역습을 가함으로써 큰 승리를 거두었음을 확인할 수 있다.

추후 위에서 인용한 홍범도의 청산리전투·'청산리대첩' 회고 부분은 매우 세밀하게 해석, 검토하여 새로운 사실 규명, 그리고 새로운 해석과 평가를 모색할 필요가 있다.

---

65 이범석, 『우둥불』, 삼육출판사, 1986, 58쪽 참조.

2) 청산리독립전쟁과 홍범도 독립군 부대 - 몇가지 쟁점에 대한 새로운 사실

청산리독립전쟁은 1920년대 독립군의 대표적 무장투쟁 사례로 손꼽히고 있다. 역시 이에 관해서도 상당한 연구가 진행된 바 있으므로 쟁점이 될 수 있는 부분만 점검해 본다. 〈일지〉는 청산리전투에 관해서도 새로운 문제를 제기하고 있다. 간략히 정리해 보면 다음과 같다.

첫째, 이범석 등 북로군정서 관계자들의 증언과는 달리 홍범도가 김좌진 등의 부대와 연합하기 위해 청산리로 가던 도중에 일본군과 전투가 벌어졌다는 사실이 명확히 서술되어 있다. 즉 청산리 전투는 명백히 홍범도 부대가 커다란 역할을 수행한 전투였다는 중대한 사실이 재삼 검증된 것이다.

홍범도는 "……군정서가 청산리에 있다 하니까 연합하여 고려(한국)로 나갈까 하고 찾아 가는 길에 ……"라고 쓰고 있는 것이다. 더구나 위의 서술에서 홍범도가 국내로의 진입작전을 전략적 목표로 삼고 있었다는 내용이 확인되는 점이다. 이는 그가 함경도에서의 의병투쟁 경험을 되살려 1920년대의 독립전쟁으로 발전시키고 있다는 것을 나타낸다.

둘째, 홍범도 부대가 천수평(泉水坪, 샘물골), 봉밀구(蜂密溝), 충신장(忠信場), 한(寒)골 등을 경과하면서 많은 일본군을 섬멸하였다는 사실을 '일지'에서 확인할수 있다. 즉 홍범도는 "……봉미거우(蜂密溝) 지나 충신장(忠信場) 앞덕이에 올라서자 청산리 들여다 보니 청산(리) 갑산(촌)어구에 일병이 수천명 모여 서서 (중략) 뿔리묘트 걸어 놓으니 막 쓰러지는 것을 보고 철(탄환)이 (떨어지고) 없어 놓지(쏘지) 못하고……"라고 하여 일본군에 큰 타격을 주었던 사실을 자랑스럽게 쓰고 있는 것이다.

일본군 '토벌'작전의 실패 사실 즉, 청산리독립전쟁 당시 일본군의 패배사실을 당시 일본군이나 현재의 상당수 일본인 학자들은 시인하지 않는다.[66] 그러나 일부 양심적인 일본인 학자들은 이 때 일본군의 큰 피해를 사실대로 밝히고 있다. 한 일본인 학자가 발표한 논문에서 1920년 10월 22일 봉밀구(蜂蜜溝)에서의 일본군의 사상자가 74명으로 조사되어 있는 일본 육군성 내부자료를 인용한 사실을 찾아볼 수 있다.[67] 이 전투가 일본군이 큰 타격을 받은 '격전'이었음을 확인할 수 있는 것이다. 이 통계가 일본군측 손실이 가장 많이 조사된 기록으로 판단된다.

이 봉밀구에서의 전투에 홍범도 부대가 단독으로 참전하였는지, 아니면 북로군정서 단독으로 수행했는지, 그렇지 않으면 공동으로 수행했는지 '일지'의 내용 만으로는 아직 명확히 단정할 수 없다. 그러나 어랑촌 전투가 북로군정서 군대와 홍범도 부대가 공동으로 수행한 것이었다는 점을 고려하면 일본측 자료에 나오는 봉밀구 전투가 곧 어랑촌 전투를 가리키는 것이라고 생각된다.

셋째, 청산리전투에서 홍범도 부대가 많은 전과를 거두며 일본군측에 심대한 피해를 주었지만 홍범도 부대도 많은 손실을 입었음을 '일지'는 담담히 기술하였다. 이는 홍범도 부대의 명성을 일정하게 손상하는 것이라고 할 수도 있는 내용이다. 이 부분에 관한 이범석의 『우둥불』과 일부 일본군측 자료에 실린 내용이 부분적으로 옳다는 것이 증명되었다. 그러나 홍범도 등 부대가 여기에서 상당한 타격을 받았지만 궤멸적 손실을 받은 것은 아니었다. '일지'를 보면 이 사태 직후에도 200여 명의 군세를 유지하고 있고 안도현으로 가면서 계속하여 흩어진 병사들을 수습하며 일본군을 습격하고 있는

---

66 대표적 예로 佐佐木春隆, 『朝鮮戰爭前史としての韓國獨立運動の研究』, 國書刊行會, 1985를 들 수 있다.

67 原暉之, 「日本の極東ロッア軍事干涉の諸問題」, 『歷史學研究』 478호, 1980, 6쪽(「自大正7年至大正9年戰鬪死傷, 病死表」(大正11年1月17日調) 참조.

것이다.

이처럼 홍범도는 자기의 패배 사실도 그대로 서술하고 있다. 이 점에서 이 '일지'의 신빙성은 높다고 평가할 수 있다.

청산리전투 당시 독립군 사용 무기와 깃발, 태극기(『독립기념관 전시품 도록』, 1995, 118쪽)

3) 청산리독립전쟁 이후 홍범도의 국내 진입계획

홍범도는 청산리전투 직후인 1920년 10월 말 500여 명의 병력을 인솔하고 안도현 황구령촌(黃口嶺村) 방면으로 진출하였다. 그곳에서 그는 안도현 내두산(乃頭山) 지역으로 이동할 계획을 세웠다. 내두산 지역에는 이청천(李靑天)이 서로군정서 병력 100여명을 이끌고 와서 광복단과 연합, 실력을 기르고 있었기 때문이다. 홍범도는 이들과 합류하여 적을 역습하거나 아니면 국내의 삼수 · 갑산 등지로 진격해서 간도로 침입한 일본군의 배후를 기습할 계획이었다.

그 근거는 위에서 본 것처럼 그의 일지에 "군정서 청산리에 있다 하니까 연합하여 고려(조선-필자)로 나갈까 하고 찾아가는 길에……"라고 밝히고 있는 사실, 그리고 여러차례의 일제 밀정이나 관계 기관 등의 보고로 확인할 수 있다. 그러나 홍범도의 이러한 웅대한 독립전쟁 수행 계획은 여러가지 차질이 생겨 실현되지 못하고 말았다.

그것은 두가지 이유 때문이었다. 첫째, 홍범도 부대가 이동하던 도중 내두산의 광복단 근거지가 조선총독부에 매수된 일본 낭인 나카노(中野天樂)와 친일 중국 마적 장강호(長江好)가 거느린 500여 명의 마적떼에 습격을 받아 초토화되고 말았다. 이 때 나카노는 광복단원과 많은 한인 동포들을 독가스로 학살하는 만행을 저질렀다. 둘째, 홍범도가 북로군정서의 지휘자 김좌진과 국내 진입문제를 논의했으나 의견이 맞지 않았던 것을 들 수 있다.

7. 청산리독립전쟁 전과의 검토

1) 북로군정서측의 보고와 평가 - 「홍범도 일지」와 비교

1920년 10월 하순의 청산리전투에서 대승한 이후 북로군정서 총재 서일(徐一)은 1921년 1월 15일 상해 대한민국임시정부에 독립군의 승전 요인을 다음과 같이 분석, 보고하였다.

> ① 생명을 돌아보지 않고 분용결투(奮勇決鬪)하는 독립에 대한 군인정신이 먼저 적의 심기(心氣)를압도한 것
> ② 양호한 진지를 선점하고 완전한 준비를 하여 사격성능을 극도로 발휘한 것
> ③ 응기수변(應機隨變)의 전술과 예민신속(銳敏迅速)한 활동이 모두 적의 의표(意表)에서 벗어나서 뛰어난 것[68]

68 「대한군정서 보고」, 『독립신문』 제95호(1921.1.18자), 3면.

서일은 결국 가장 중요한 승리의 요인으로 독립군 지휘관과 사병들이 일본군보다 훨씬 뛰어난 '군인정신'을 바탕으로 죽음을 두려워하지 않고 용맹히 싸운 것을 꼽은 것이다. 이러한 분석은 이범석 역시 마찬가지였다.

북로군정서 연성대장으로 전투에 참가했던 이범석은 청산리전투에서의 독립군의 대승이라는 전과는 "오직 만주의 끝없는 산림과 끝없는 산악의 특수한 지형 속에서만 이룩할 수 있는 전과"라고 평가하였다.[69] 특히 그는 독립군의 승전요인을 구체적으로 다음과 같이적시하였다. 이를 통해 1920년대 초 그의 투철한 독립정신의 일단을 살펴볼 수 있다.

①망국 10년의 치욕이 뼈에 사무쳤던 까닭
②우수한 사관 청년, 학생이 있었기 때문
③매우 왕성한 공격정신이 있었기 때문
④마을 사람들의 열렬한 협조가 있었던 것
⑤독립군은 홑옷, 초신(짚신)으로 민첩한 행동을 할 수 있었던 것
⑥독립군은 그곳(현지) 지리에 정통했던 것
⑦독립군의 전투의식이 적보다 더 강했던 것
⑧독립군의 지휘력이 적보다 더 우수했던 것
⑨적이 피동적 위치에 있었던 것
⑩적의 무거운 외투와 가죽구두 차림이 산악전에 불편했던 것
⑪민중들이 흉악한 적을 미워한 것[70]

이범석은 '망국10년의 치욕'이야말로 '우수한' 독립군 사관청년과 학생들로 하여금 '왕성한' 공격정신으로, 또 적(일본군)보다 훨씬 강한 전투의식과 지휘력을 바탕으로 하여 능동적으로 독립전쟁에 임하게 한 결정적 요인이라고 보았다. 그의 이러한 정신요소 중시 경향은 향후 일관된 무장독립운동

69 이범석, 『우둥불』, 58쪽.
70 이범석, 위의 책, 58쪽.

지속 및 해방 이후 한국현대사의 주역으로 활약하는 데에 중요한성공요인으로 작용한 것으로 보인다.

한편, 이범석의 투철한 '독립정신'은 온갖 어려움을 극복하며 더욱 강인하게 형성되었던 듯 하다. 자신을 포함하여 독립운동에 투신한 독립운동가들의 심리상태를 그는 다음과 같이 증언하였다. 그는 회고록『우둥불』에서 다음과 같이 술회하였다,

> "이런 고난과 사멸도 그들은 후회없이 이겨내고 닥치면 달게 받아 또 맞았다. 결코 그들은 포식난의(飽食煖衣)나 의약치료를 기대하지 않았고 그뿐만 아니라 서훈(敍勳)도 진급도 보수도 더더군다나 치부, 특권, 향락같은 것은 몽상조차 할 수 없었던 것이다. 이것은 내 아직살아남았기 때문에 반드시 증언해야 한다는 책임을 스스로 지고 느끼고 있는 것이다. 이같은 최고 애정의 극한적 경주는 오직 조국이라는 갈망의 대상을 위한 것 뿐이었다. 그것(조국-필자)을 잃었기 때문에 되찾으려 안타깝게 몸부림친 그것 뿐인저!"[71]

그는 일제강점기 해외, 특히 시베리아와 만주·연해주(沿海州)의 거치른 황야를 누비거나, 쫓기거나, 혹은 배회하면서 그야말로 즐풍목우(櫛風沐雨)를 무릅쓰며 풍찬노숙(風餐露宿)을 밥먹듯이 해야했다. 그러면서 그는 나라없는 식민지 '조선'의 백성으로 태어난 것을 후회하기도 하고, 때로는 '증오'까지 하면서 자신의 운명을 한탄하기도 하였다. 그러나 그는 결국 자신의 '조국'을 배반하거나 증오할 수 없었다.[72]

---

71 이범석, 위의 책, 13쪽.

72 이범석, 위의 책, 15쪽.

2001년 청산리전투(대첩) 현장 입구에 세워진 '청산리항일대첩 기념비'

1920년대 초 독립운동 당시의 상황과 그의 투철한 독립정신은 다음과 같은 회고를 통해 생생하게 느낄 수 있다.

"기미년 이후 해외에서 광범하게 전개된 독립투쟁-특히 만주와 시베리아에서의 무장항일투쟁과 같은 것은 피와 눈물의 교직이며 고난과 사멸의 점철이 아닌가? 그 모두가 한결같이 진심으로 조국을 사랑한 최고 애정의 극한적 표현이었다. (중략) 원래 보급이 없던 독립군으로서는 교포의 큰 부락을 만나지 못하면 거의 몸에 지녔던 소금 섞은 좁쌀가루로 굶주림을 달래지 않을 수 없었고 때로는 강냉이나 날밀 떡호박 같은 것도 구할 수 없어서 세넷끼씩 굶기가 일쑤였다. 그러면서도 백여근의 무장을 몸에 걸치고 하루에 백 수십리길 험산 황야를 가로질러 강행군하면서 피가 튀는 치열한 전투까지 치루었던것이다. 그 배고픔, 그 추위, 그 투지가 아직 내 숨소리의 갈피엔 배여있다. 어찌 내 이를 잊을 수 있으랴!

영하 삼사십도의 혹한에 눈산이 부서져 나리는 듯한 눈보라 속에서 비록 때늦게나마 면군복(솜군복)을 입게되는 것은 천만다행의 행운이었던 일인저! 그뿐이랴. 중상한 진우가 자살을 택하지 않을 수 없는 처절을 눈앞에서 목도해야

했고, 경상자에게도 소독약 한번 써본 일이 드물었다. 나도 적창(敵槍)에 찔린 가슴의 상구(傷口)에 숯가루를 우겨넣어서 화농을 막고 싸우러 다녀야만 했었다. — 그 시절에 나는 조국을 배웠고 조국을 다시 알았으며 조국에 대한 사랑의 깊이를 깨달았었다."[73]

목숨을 내놓고 치른, 또한 피와 땀과 눈물의 연속 과정이었던 만주, 시베리아의 항일무장투쟁이야말로 정말 조국을 사랑하는 '최고 애정의 극한표현'이라는 주장은 진심으로 가슴에 와닿는 느낌이다. 이범석은 매우 어려웠던 독립운동의 과정에서 진정한 조국사랑을 체험하게 되었던 것이다.

2) 전과의 검토

일본군은 독립군 부대를 포위하고 완전 '소탕'하겠다고 큰 소리 쳤지만 대다수의 독립군 부대가 일본군의 포위망을 벗어나고 말았던 것이다. 더욱이 10여차례의 전투를 치르며 일본군은 많은 피해를 받지 않았던가? 청산리독립전쟁은 일본군이 독립군을 잡겠다고 청산리 일대를 포위하고 압축해 들어왔을 때 여러 독립군 부대가 단독, 혹은 연합으로 일본군을 요격하여 패주시킨 것이었다. 일본 관헌은 11월 중순 이에 대해 아래와 같이 비교적 솔직하게 그 실패를 토로하였다.

"……일본군 담당구역 안에서의 불령선인(不逞鮮人: 독립군 및 항일 한인)의 토벌은 이미 각 부대 모두 일단락을 고했다. 그 효과는 일찍이 조선군(일본군 19 · 20사단 : 필자)이 2개 연대의 병력으로써 2개월 간에 소탕할 수 있다고 믿은 기대에 어긋나서, (출동의) 성적은 의외로 생각과 같지 않아서, 말하자면 다소 실패로 끝났다는 비난을 면키 어렵다 하나……한편 불령선인의 독립운동이 성질상 바로 절멸(絕滅)키 어려운 사정에 비추어 볼 때 가령 다른 날 다

73 이범석, 위의 책, 12쪽.

> 시 군대의 출동을 요하는 것은 금일의 경우 이를 상상하기에 어렵지 않다고 해도……"[74]

청산리독립전쟁의 전과를 어떻게 보아야 할 것인가?

필자가 아는 한 봉오동전투와 '청산리독립전쟁(청산리전역)'의 전과는 양측의 주장과 보고가 너무 달라 앞으로도 많은 연구와 토론이 필요한 것으로 보인다.

북로군정서 총재 서일이 청산리독립전쟁 직후 상해 대한민국임시정부에 제출한 정식 보고서는 일본군 전사자가 연대장 1인, 대대장 2인, 기타 장교 이하 사병 1,254인(적의 自相擊殺者[적으로 잘못알고 서로 싸워 죽은 자] 500여 인), 합계 1,257인이며 부상자는 장교 이하 200여 인이라고 했다. 또 독립군은 피해가 경미해서 사망 1인, 부상 5인 포로 2인을 냈을 뿐이라고 했다. 전리품으로 기관총 4정, 소총 53정, 기병총 31정, 탄약 5,000발, 군도 5자루, 나팔 2개, 기타 군용물품을 노획했다고 보고하였다.[75] 그러나 이는 임시정부가 1920년을 '독립전쟁의 원년'으로 선포하고 대대적 독립전쟁을 전개할 것을 천명한 상황에서, 이에 부응하기 위한 독립전쟁 성과의 과장이라고 생각된다.

청산리전역에서도 전투 직후 일본군은 전사 11명, 부상 24명으로 장교 사상자는 없다고 공식 보고했지만,[76] 나중에 간행한 『간도출병사』에서는 전상사(戰傷死) 11명, 부상 28명[부상자에 장교(소위) 1명 포함], 모두 39명이 피해를 입은 것으로 정리한 사실을 확인할 수 있다.[77] 또한 일본 학자(原暉

---

74 「暗」(暗號 전보) No.17762, 別電, 1920년 11월 22일자(發信 堺總領事代理, 受信 內田外務大臣), 『現代史資料』28(朝鮮 4), 姜德相 · 梶村秀樹 編, みすず書房, 1972, 304쪽.

75 「大韓軍政署報告」, 『獨立新聞』 1921년 1월 18일자(제95호) 3쪽.

76 佐佐木春隆, 『朝鮮戰爭前史としての韓國獨立運動の研究』, 國書刊行會, 1985, 508~516쪽.

77 김연옥 옮김, 『조선군사령부 間島出兵史』, 377~380쪽.

之) 논문에서 청산리전역시 '봉밀구(蜂蜜溝)'에서만 74명의 사상자를 냈다는 기록을 재확인할 수 있다.[78] 따라서 일본군의 피해 보고가 매우 축소되었을 가능성이 크다.

기록에 따라 많은 차이가 있으나, 필자의 견해로는 독립군은 일본군 수백명(600명 내외)을 살상한 것으로 판단된다. 그것은 러시아측 자료에 김좌진과 홍범도를 대장으로 하는 두 개의 빨치산 연대가 10월 21~23일 사이에 전투를 벌였는데, 첫날 전투에서만 일본군 220명이 전사했고 홍범도의 제1빨치산 연대는 630여 명의 일본군을 사살했다고 기록되어 있기 때문이다. 또 10월 29일에는 안무 중대가 함북 무산(茂山) 시가지를 점령했다는 기록도 있다.[79] 이 가운데 홍범도 부대의 전과와 피해는 정확히 알 수 없지만 적 살상 300명 내외, 홍범도 독립군측 피해는 150여 명 내외로 추정된다. 독립군 전체의 피해는 350여 명 가량으로 판단된다.[80] 상해(上海) 대한민국임시정부는 나중에 "일본군 600여 명 사살"로 정리하였다.[81]

홍범도 부대는 김좌진 부대와 같이 청산리독립전쟁에서 크게 활약하였다. 어떤 면에서 청산리독립전쟁의 주역은 북로군정서 부대가 아니라 오히려 홍범도와 그를 중심으로 한 여러 독립군 부대들이라고 할 수 있다. 북로군정서 군대가 독립군의 단위부대로서는 가장 큰 규모이며 기관총과 박격포까지 갖추고 있어 강한 전투력을 발휘할 수 있었던 것은 사실이다. 하지만 일본군과의 전투 직전 수백리에 이르는 길을 강행군하여 이동하였고 도착 직후는 심한 식량난에 시달려야 했다. 반면 홍범도 부대는 9월 하순 가

---

78 原暉之, 「日本の極東ロシア軍事干渉の諸問題」, 『歷史學研究』 478號, 1980, 6쪽.

79 「북부중국과 조선에서의 조선인 빨치산들의 군사행동에 대한 정보」, 『조선공산당사(비록)』 이창주 편, 명지대학교 출판부, 1996, 594~595쪽.

80 신용하 교수는 독립군 측의 피해는 130여 명 전사, 220여 명 부상, 도합 350여 명 사상의 피해를 입은 것으로 보았다(신용하, 『한국민족 독립운동사연구』, 501쪽).

81 『朝鮮民族運動年監(1920.10.20조)』, 『朝鮮獨立運動』 2, 245쪽.

장 먼저 청산리 일대에 도착하여 훈련과 식량조달 등 적과의 전투에 대비하고 있었다.

일본군과 벌인 전투의 전과는 그만 두더라도 의병에서 독립군 투쟁까지 계속한 홍범도의 지명도와 일본군에 대한 정치적·심리적 타격효과, 홍범도와 싸웠던 일본군 자신의 평가, 그리고 중국 마적을 비롯한 여러 세력과의 투쟁 등을 비교해볼 때 그러한 사실은 분명해진다.

때때로 양 부대는 선의의 경쟁상대가 되기도 했으나, 적과의 전투시에는 서로돕는 상호보완적 관계를 유지하였다. 그러나 어느 부대가 어느 정도의 전과를 거두었느냐 하는 것보다 더 중요한 의미는 여러 독립군 부대의 연합에 의한 대규모 승전이었다는 사실과, 이를 계기로 더욱 무장투쟁이 격화되고 국내외 독립운동을 고양시켰다는 점일 것이다. 청산리대첩의 의의는 단순히 일본군 몇 명을 죽였느냐 하는 데 있지 않다. 대규모 독립군 연합부대의 결사적 항전과 협조, 공동전투, 그리고 기민한 유격전술로 일본 당국과 일본군의 소위 '간도지방 불령선인 초토계획'을 무산시키고, 독립군 부대들이 북만주를 거쳐 러시아 연해주·시베리아 등지로 북상하여 러시아 지역에서 활동하던 한인 의용군(빨치산) 부대와 합류함으로써 대규모 통합 무장세력을 형성하게 된 사실을 주목할 필요가 있다. 이는 새로운 국제정세와 국제관계에 부응한 독립운동 세력의 불가피한 선택이었고, 또한 매우 적절한 방략이었다고 평가할 수 있다.

그러나 이를 계기로 일본군의 한인 동포사회에 대한 무차별적 학살과 방화, 강간 등 만행이 폭주하여, 소위 '경신참변'(일명 간도참변, 1920.10~11월)으로 연변일대 한인 농민 다수 피살(북간도 2,626명, 서간도 843명, 합계 3,469명설) 등 큰 피해를 입고,[82] 독립군 근거지가 뿌리뽑혀 민족주의운동이 쇠퇴하

82 『獨立新聞』 87호(1920.12.18자), 2면.

는 대신에 1920년대 중·후반부터 사회주의운동이 발흥하는 등의 역기능을 초래한 사실은 새롭게 평가할 필요가 있다.

3) 홍범도 장군의 애국애족 헌신과 동포들의 극찬

간도 국민회장 구춘선(具春先)이 1920년 8월 27일 중화민국의 연변지방 행정 책임자인 연길도윤(延吉道尹) 도빈(陶彬)에게 보낸 편지를 보면 다음과 같이 홍범도 장군의 인품과 나라사랑에 대해 극찬하고 있는 사실을 확인할 수 있다.

> "홍범도 장군은 일찍이 우리나라에서 소위 '의병대장'으로 왜적과 여러번 싸워 대승을 거두어 상대할 적이 없었고, 왜인들이 '날으는 장군(飛將軍) 홍범도'라고 부르며 감히 접근이나 저항하지도 못했습니다. 또 우리의 이번 독립전쟁의 제1회전이라고 할 수 있는 '봉오동 전승' 역시 홍범도 장군의 공입니다. 이 모든 것이 홍장군의 일편단심으로 인한 것이며, 홍장군의 마음속에는 오직 나라가 있을 뿐이고, 자기 몸과 가정은 돌보지 않고 있습니다. 온갖 정성을 다하고 마음과 몸을 다하여 독립운동에 열성을 다하여 죽은 후에야 그칠 정도로 헌신하고 있으니, 우리 동포 모두가 숭배하고 믿지 않는 자가 없을 지경입니다."[83]

'국궁진췌(鞠躬盡瘁) 사이후이(死而後已)'-저 유명한 제갈공명(諸葛孔明)의 '후출사표(後出師表)'에 나오는 용어다. 몸을 상할 정도로 나라일에 열성을 다하여 죽은 후에야 그칠 정도로 신명을 다바쳐 국사(독립운동)에 헌신하겠다는 각오를 표현한 단어이다. 홍범도는 실제로 의병전쟁 과정에서 아내 단양(丹陽) 이씨와 큰 아들 양순을 잃었고, 의병전쟁 끝에 1909년 러시아 연

83 구춘선, 「홍범도의 三子 龍煥의 무죄석방을 청함」(號外 譯文), 『한국독립운동사』자료 43권(중국 동북지역편Ⅴ), '중국동북지역 민족운동Ⅴ', 국사편찬위원회 편(2020년 10월 21일 인터넷 검색). 원문은 다음과 같다. "此洪範圖君卽於敝邦, 所謂義兵大將時與倭屢戰勝捷, 所向無敵, 倭人, 稱爲飛將軍洪範圖, 不敢近接抗抵者也, 且今日我獨立戰爭第一回卽鳳梧洞戰勝, 亦一洪君範圖之功也, 蓋此洪君之所以一片丹心, 知有其國而不知有其身其家, 鞠躬盡瘁, 死而後已的熱誠, 使我同胞, 無非崇信者也."

해주로 망명하여 1919년 북간도(중국 연변) 지방으로 독립군을 이끌고 재기할 때까지 거의 10여년 간을 자기 몸과 가정을 돌보지 않고 군자금 모집과 무기 구입, 독립군 장병들 모집 등 독립운동에 매진하였다. 적어도 홍범도 장군에게 '국궁진췌'라는 단어는 정말 어울리는 말이라고 하지 않을 수 없다.

위와 같은 구춘선의 서신 내용은 과장된 이야기가 아니었다. 실제로 홍범도는 동포들의 성원에 보답하는 길은 오직 죽음으로써 일제에 항거하는 길이라는 사실을 깊이 새기고 항상 부하 독립군들에게 강한 정신교육을 실시하고 있었는데, 이러한 사실이 일제 정보자료에 비교적 상세히 파악되어 여러차례 보고되고 있었다.[84] 1920년대 독립전쟁을 대표하는 봉오동·청산리전투는 독립군 장병들의 오랜 기간의 전투경험과 무장투쟁 준비, 결사항전의 각오와 기민한 유격전술 등이 복합적으로 작용한 귀중한 성과라 할 수 있다.

1920년 10월 말 청산리전투 직후 홍범도 독립군 부대와 싸웠던 일본군은 놀랍게도 그에 대하여 "호걸의 기풍이 있어 김좌진과 같은 인물이 아닌 듯하고…… 일반 조선인, 특히 그 휘하에 있는 자로부터 신(神)과 같은 숭배를 받고 있다"고[85] 홍범도를 매우 높이 평가했다.

8. 1922년 1월 '극동민족대회'에서 보고된 만주 독립군의 활약상

봉오동·청산리전투 직후 만주 독립군의 자랑스러운 전과나 승전소식이 국제사회에서 공식적으로 처음으로 보고되고, 토론된 자리는 1922년 1월

84 간도국민회장 구춘선이 연길도윤격 도빈(陶彬)에게 보내는 위 편지 내용은 일본어로 번역되어 일본 수뇌부에 보고되었다(『現代史資料』 28 [朝鮮 3], 1970, 121쪽 참조).

85 조선총독부, 「間島出兵後ノ不逞鮮人團體狀況」, 1921.

24일 러시아 수도(首都) 모스크바에서 열린 '극동민족대회(일명 극동 근로자대회, 혹은 제1회 극동 공산주의 및 혁명단체 대회)'였다.[86]

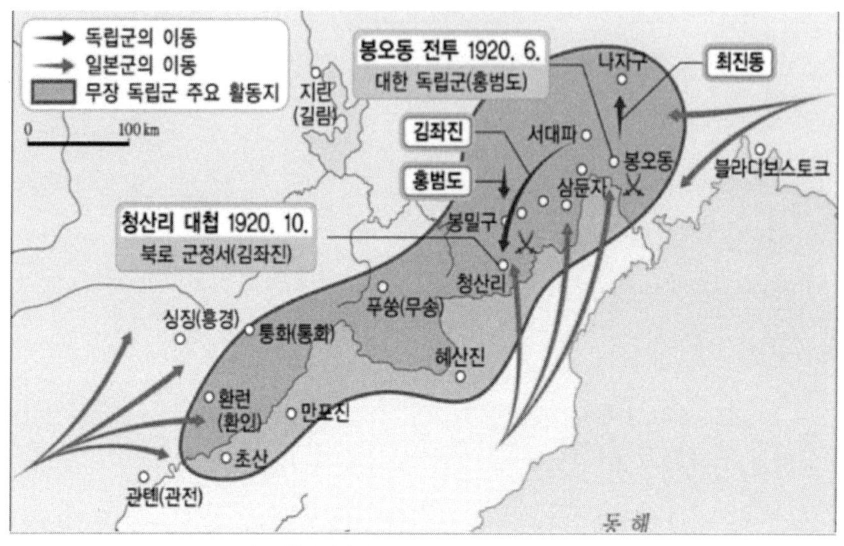

봉오동전투·청산리대첩 개념도(출처 : 『매일신문』, 2019.8.13자)

이날 오후 6시에 열린 '극동민족대회' 본회의 제5회의 석상에서 「조선(한국)의 혁명운동」이라는 제목의 보고가 행해졌다. 이 보고문은 대회 준비를 주관한 이르쿠츠크파 고려공산당이 주도적으로 작성한 것이었다. 보고자는 1919년 3·1운동 당시 파리강화회의에 한국대표로 참석했던 김규식(1881~1950)이었다. 보고 당시 그는 고려공산당 후보당원이었으며, 56명에 달하는 극동민족대회 한국대표단 단장이기도 했다.[87]

코민테른 집행위원회가 주관(대회 소집은 극동비서부)한[88] 이 대회 초기에 한국 대표가 52명이나 참석하였는데, 중국 대표 42명, 일본 대표 16명, 몽

86 임경석, 『한국사회주의의 기원』, 역사비평사, 2003, 495쪽.

87 임경석, 위의 책, 25쪽.

88 위의 책, 495~497쪽.

골 대표 14명, 인도 대표 2명 등 총 144명이 참석하였다. 대회 초기에 한국인 대표단 참가자가 52명으로 전체 대의원의 36%나 차지할만큼 비중이 컸다.[89] 특히 한국대표단의 최고령자(당시 55세)로 봉오동·청산리전투의 주역 홍범도가 참가하고 있었다.[90]

김규식의 보고내용은 번역문 29쪽에 달하는 상당한 분량의 것이다.[91] 김규식은 「조선의 혁명운동」 '5장 일본의 억압과 조선의 저항'의 '19 충돌' 부분에서 1920년대 초 독립군의 '독립전쟁' 상황을 다음과 같이 보고했다. 이때 보고된 내용의 주요 부분을 검토해본다.

> "빨치산이 서부 간도지방에서 소대로 나뉘어 무장을 기도하고 있는 사이에, 북부 간도지구 민중은 장래의 대규모 전쟁을 위한 준비에 집중적으로 종사하고 있었다. 그 위에 (간도) 북부지구가 시베리아에 지리상으로 가깝기 때문에 상대적으로 이곳 인민들은 잘 무장하기에 유리한 위치였다. 군정서(군사뷰로-북로군정서: 필자), 국민군(간도국민회군-발필자), 총군부(군사총사령부-최진동의 군무도독부?), 의군부(의병사령부-홍범도·허근 부대: 필자), 광복군(독립회복군; 독립군 등의 오역인 듯-필자) 등등의 군사집단이 있다. 이들 각종 부대는 장교의 훈련, 병대(兵隊)의 모집, 무기의 공급, 자금의 조달에 바쁘게 움직이고 있다.
>
> 그러나 상술한 극히 작은 부대가 그 지휘를 통일하기 전에, 모두 합쳐도 3천여명 밖에 되지 않는 것이지만, 훈춘(琿春)대학살(1920년 봄-가을의 착오; 필자)이 일어난 그 때, 그들 활동의 근거지가 드러나고, 일본군에 의해 파괴되었다. 그리고 빨치산 자신은 부득이 시베리아로 퇴각하게 되었다. 이것이 소위 '간도 충돌'의 진실이다. 그럼에도 불구하고 각종 한인 빨치산부대의 압도적이

89 위의 책, 522~523쪽.

90 위의 책, 509쪽.

91 高屋定國·辻野功 譯(コミンテルン編), 『極東勤勞者大會(議事錄 全文) - 日本共産黨成立の原點』, 東京: 合同出版, 1970, 114~142쪽 참조. 이 보고 내용은 金奎植(1881~1950)의 영문보고(러시아어 번역본이 함께 제출되었고, 한국어본도 제출되었을 가능성이 있음)를 러시아어로 速記한 내용을 위의 책에 일본어로 번역 수록한 것이다(필자가 일본어를 다시 한국어로 번역했다).

며 적당한 역량에도 불구하고-훈련이나 지휘는 물론, 무기, 전투 기기, 보급품 부분에 있어서-전부 2개 사단의 완전히 무장된 강력한 일본군에 직면하여-전자(前者)는 상당한 기간 후자(後者)를 격퇴하고 대항했을 뿐만 아니라, 그들이 교전하지 않을 수 없던 때에는 적어도 10회 내지 9회까지 완전히 적을 패주시킬 수 있었던 것은 놀랄만한 일이다(밑줄은 필자). 이것은 조선 인민들이 커다란 핸디캡 아래서조차도, 전투 소질의 재간은 물론, 그들 (근거지) 지방의 상세한 지리상의 이점을 갖고 있었다고 하는 것을 보여주고 있다. 우두양창(Wutso Yang Chang-청산리전투 지역 지명 중의 한 곳 : 필자), 청산리, 봉오동 등등에서의 굉장한 한인들의 승리는 가장 현저한 2~3가지의 사례이다. 그곳에서 일본군의 전위(前衛)는 엄청난(압도적인) 피해를 입었다. 그러나, 물론 한인들은 (그러한 승세를) 오랫동안 유지할 수 없었다. 그리고 동시에 수백명의 전반적 대학살, 수백 한인 거주지의 소진(燒盡)과 약탈은, 다만 한인 거주지에서의 일본 병사들의 조직적 만행 가운데서 그 예를 찾을 수 있을 뿐이다."[92]

위에서 보고한 내용은 한국민족운동의 좌파그룹에서 정리한 내용이기 때문에 비교적 냉정하고 차분한 것으로 파악된다. 그런데도 청산리전투의 실상이 비교적 객관적으로 파악, 보고된 것으로 판단된다. 필자가 보기에 위의 내용이 당시의 실상에 가장 가까운 것이라는 생각이 든다.

9. 일본군의 패배와 북간도(중국 연변) 일대 초토화 작전
- 간도참변(경신참변)의 일부 사례와 추후 진상 규명의 필요성

그동안 우리가 전혀 모르고 있었던 청산리독립전쟁의 숨은 주역이었지만, 이름없이 억울하고 원통하게 스러져간 '잊혀진 의인'들을 간단히 검토하고, 잔혹한 일본군경의 만행을 일부나마 폭로하고자 한다.

2019년 상영된 영화 '봉오동전투'를 본 일부 관람객들 가운데는 이 영화

---

92 高屋定國·辻野功 譯(コミンテルン編), 『極東勤労者大會(議事錄 全文) - 日本共産黨成立の原點』, 136~137쪽.

에 나오는 일본군이 너무 잔혹하게 묘사되고 있는 것이 아니냐는 반응도 있었다. 또 2018년 7월 발간되어 논란이 되고있는 문제의 책 『반일종족주의』 저자중의 한 사람(이영훈)은 조정래의 『태백산맥』이 경찰의 즉결총살 장면 등 일제가 한국인을 거의 '광적으로' 학살하는 장면을 그리고 있는데, 이는 실재하지 않은 터무니없는 조작이라고 주장하기까지 했다.

그러나 필자가 아는 한 일제의 '조선' 식민지 통치 기간과 그 전후시기에 일본 경찰이나 군이 한국인을 '광적으로' 학살한 사례는 너무나 많아서 일일이 거론할수 조차 없는 형편이다. 이에 1920년 10월 말 전후 시기에 일본군이 소위 독립군을 '토벌'한다는 명분으로 중국 연변지역(북간도)에 침입하여 독립군 관계자 및 후원자들을 무차별로 색출하여 탄압, 학살한 일부 사례를 공개하고, 희생된 '의인'들을 뒤늦게나마 소환해보고 한다.

알려진 대로 일본군은 1920년 8월 소위 '간도지방 불령선인 초토계획'을 세우고 같은 해 10월 '혼춘(훈춘)사건'을 조작하여 소위 '간도출병'을 단행했다. 이에 맞서 독립군의 '청산리독립전쟁'이 전개되었다. 일본군은 독립군에 큰 피해를 입고, 결국 독립군 추적에 실패하고 난 뒤 1921년 5월까지 북간도 및 서간도 지방에서 대대적 학살만행을 저질렀다.

일본군 스스로가 이러한 사실을 정리 보고한 자료가 있다. 1920년 12월까지 중국 연변지역(북간도)에 출동한 일본군 제28여단은 이 지역에서 조선인 522명을 죽이고, 조선인 가옥 534채를 불태웠는데, 재산 피해액은 66,850엔(원)으로 추정된다는 통계를 남겼다.[93] 그러나 실제로는 이보다 훨씬 많은 인명 및 재산 피해가 있었다고 보아야 한다.

이하에서는 위의 책에 기록된 일본군 스스로의 보고내용 중 대표적 몇 사례만 간단히 살펴보기로 한다.

---

93 姜德相·梶村秀樹 編, 『現代史資料』 28(朝鮮 4), 東京 : みすず書房, 1972, 543·570쪽.

1) 일본군 보병 73연대 보고 사례

① 김문순(金文順, 목재상) 나이 불명 : 청산리 방면으로부터 도주 중에 사로잡았으나, 옥석동에서 총살(화룡현 숭화사 대옥석동, 1920.10.28)

② 안종구(安鐘九, 목재상) 42세 : 총기 은닉, 군(軍) 전당포 횡령, 일본군 수비대를 속이므로 옥석동에서 총살(화룡현 숭화사 대옥석동, 1920.12.9)

③ 김창옥(金昌玉, 농업) 30세 : 의군단(義軍團) 국장으로서 불령(不逞)행동을 하고, 맹가동(孟哥洞)에서 체포·취조하려고 할 때 도망하므로 총살(화룡현 맹가동, 1920.12.15)

④ 서인봉(徐寅鳳, 농업) 44세 : 숨긴 무기를 수색하는데 저항하므로 참살[斬殺]함(연길현 흥신동, 1920.12.16)[94]

2) 보병 제74연대 보고 사례

① 이름 불명 50세 전후 : 대한독립군(북로군정서) 단원 최초로 일본군 척후병을 보고사격하며 저항하였지만, 일본군이 다수인 것을 보고 도주하기 시작하므로 사살(화룡현 청산리에서 전투중, 1920.10.21)

② 이동운(李東云) 20세 전후 : 대한독립단의 병졸로서 초토(剿討)에 즈음하여 조사중 조선 목침(木枕)으로 저항을 시도하며 도주하였으므로 사살(연길현 毋樓溝, 1920.11.4).

③ 박종칠(朴鍾七) 39세 : 전화선 절단을 확인함에 따라 총살(연길현 북일양구[北壹兩溝], 1920.11.10)[95]

94 姜德相·梶村秀樹 編, 위의 책, 520~523쪽.

95 위의 책, 524~527쪽.

3) 보병 제75연대 보고사례

① 황하구(黃河龜) 41세 : 1920년 8월 10일 경 차대인구(車大人溝) 박태권(朴泰權)의 권 유로 한국독립운동에 종사하여 불온문서 등의 배포에 노력하고, 끝까지 독립을 감행하고 단념할 의지가 없다고 인정하여 자살(刺殺)(훈춘현 東島, 1920.10.25).

② 강철규(姜徹奎) 34세 : 한민회(韓民會)에 입단하여 군자금 모집에 노력하고, 소총 약 협(藥莢, 탄알 화약통)·뇌관·연괴(鉛塊, 납 덩어리) 등을 소지하고 조선 내지 침입을 계획중에 있어서 그 태도 개전의 조짐이 없고, 독립 단행의 뜻이 공고하여 저 항의 의지가 있는 것이 분명하므로 자살(刺殺)(위와 같은 장소, 1920.10.25).

③ 김재준(金在俊) 52세 : 불령단(독립운동 단체)의 간부로서 김재명(金在明)이라고 칭하는 본인은 농부로 위장하고 일본군대의 (두만강) 월강지 부근에서 불령단에 이를 통보한 부원이므로 총살(왕청현 춘방사[春芳社] 대동, 1920.11.18).

④ 장홍극(蔣洪極, 재봉업) 24세 : (독립운동 단체인) 군무부의 피복 제조에 종사하고,또 러시아령 각지의 불령단과의 연락을 맡고 있으므로 참살[斬殺](훈춘현 사도구[四 道溝], 1920.10.16).

⑤ 유흥석(柳興石) 38세 : 1919년 10월 이래 한민회 통장으로서 각종 모금을 분주하게징수하여 촌민으로부터 기부금 300원(圓)을 강제로 모금(?)하고, 사도구(四道溝)에 있는 군무부원에게 제공했으므로 참살(훈춘현 마적달[馬滴達], 1920.10.17).

⑥ 최성록(崔成錄) 29세 : 한민회 소장으로서 촌민을 대표하여 한민회의 각종 교섭에 응하고, 항상 불온사상을 선전하며 각종 문서의 수신과 발송을 맡고 있으므로 참살(훈춘현 마적달, 1920.10.17).[96]

96 위의 책, 527~533쪽.

중국 연변 장암동 학살사건 현장에 세워진 '장안동 참안 유지' 기념비(김원수 제공)

'장암동 참안 유지' 기념비 측면에 새겨진 글. 36명이 희생되었음을 밝히고 있다.(김원수 제공)

4) 보병 제76연대 사례

① 이홍윤(李弘允, 농업) 65세 : 대한독립군 군자금을 협박·강요했으므로 총살(훈춘현 하구동, 1920.11.3)

② 정길순(鄭吉順, 농업) 65세 : 오가자(五家子) 부근으로 일본군 출동, '토벌'시 체포되어 귀환도중 구사평(九沙坪) 대안에 이르렀을 때 야음과 눈발을 틈타 도주하였으나, 추적하여 사살(훈춘현 장족등[獐足登], 1920.11.4)[97]

이밖에 일본군경의 천인공노할 만행에 의한 참혹한 탄압사례는 부지기수이다. 총살(독립운동 후원이나 주도 혐의자), 사살(전투중 혹은 체포 후 도주자), 참살(목을 베는 것, 군자금 모집이나 독립운동 혐의자), 자살(총칼로 찔러 죽이는 것), 타살, 고문, 생매장, 방화, 약탈, 강간(여자의 경우) 등 극히 잔인한 방법이 모두 동원되었다. 연길현 구사하에서는 피난간 창동학교(昌東學校) 교사 정기선(鄭基善)을 체포하여 얼굴가죽을 벗겨내고 눈알을 빼서 서씨집 가족과

97 위의 책, 533~540쪽.

함께 묶은 뒤 집에 가두어놓고 불을 질러 태워 죽이고 말았다.

특히 이 무렵 제2의 '제암리사건'이라 할 수 있는 장암동(獐巖洞) 학살사건이 일어나 많은 내외국인을 놀라게 하였다. 당시 연변지역에서 이러한 참변을 직접 목격한 미국인 장로교 선교사 마틴(S.H. Martin, 馬丁)은 참혹한 내용을 기록하여 그 진상을 널리 알렸다.[98]

이 사건 직후 일본 군부에서는 외국인 선교사들의 참상 폭로와 국내외 각지 전파를 우려하여, 중국 지방 관헌이나 연변의 용정 지역에 있는 선교사들에게 일본군의 학살을 변명하는 각서를 보내거나 무마하는후안무치한 조치를 단행하는 등 진상을 은폐하고 왜곡하기에 급급한 추태를 보였다.[99]

대한민국임시정부 외무부는 1920년 10월 9일부터 11월 30일까지 북간도와 서간도 일대에서 피살 3,469명(이 중 북간도가 2,626명, 유하·흥경·관전현 등 서간도가 843명), 피체 170명, 강간 71명, 민가 전소 3,209건, 학교 전소 36건, 교회당 전소 36건, 곡물 전소 5만 4,045석의 피해가 있었다고 집계하여 발표하였다[100]. 그러나 일본군은 사살 494명, 체포 707명으로 축소보고 했다. 한편 중국 당국은 피살 324명, 재산피해 100만원 가량으로 조사하였다.[101]

---

98 주요 내용은 다음과 같다."10월 31일, 우리들은 찬랍파위촌(瓚拉巴威村: 장암동 - 필자)에 사실을 알아보러 갔다. (중략) 잿더미 속에는 시체가 즐비하여서 우리들은 이 잿더미를 헤치고 노인의 시신을 보았는데, 몸에는 총탄자국이 여러군데 있고 몸은 벌써 다 타버리고 간신히 목만 붙어 있었다. 우리는 사진을 몇장 찍고 다른 데로 갔는데, 방화한 지 36시간이 지났는데도 시체타는 악취가 나고 지붕 떨어지는 소리가 들렸다. (중략) 내가 알고 있는 36개 촌에서만 피살자가 모두 140명이었다."(채근식, 『무장독립운동 비사』, 대한민국 공보처, 1949, 90~91쪽).

99 이에 대해서는 「사이토 대좌에게 보내는 吉林督軍公署 公函 제288호」 및 「미즈마치[水町] 대좌가 용정촌 외국인 선교사에게 보내는 각서」, 『조선군사령부 간도출병사』, 김연옥 옮김, 경인문화사, 2019, 334~350쪽 참조.

100 『독립신문』 87호(1920. 12. 18일자). 2면.

101 장세윤, 『중국 동북지역 민족운동과 한국현대사』, 명지사, 2005, 174~175쪽.

From--- The New York Globe
Dated December 16th, 1920.

COREANS SLAIN WITHOUT TRIAL

Japanese Invaders Executed Natives on Information Given by Consuls.

By JUNIUS B. WOOD.

TOKIO, Japan, Dec. 16.—There is no great difference between the Japanese army and missionary authorities in Chientao, Manchuria, on whether the Coreans executed by the Japanese military expedition were slain without trial and without proof of their being involved in the Corean independence movement. The army admits there were no trials before civil or military courts, and that it acted on

Chien-Tao district indicate that more non-Christians than Christians were killed. However, out of 300,000 Coreans living in the district, less than one-fifth are Christians.

Additional reports of the recent operations of the Japanese have come from the missionaries, lengthening the list of killings and burning of homes, churches, schools, live stock and crops.

In the Changsan district, including several scattered villages, 130 houses and several churches and schools were burned and ninety persons shot, according to the reports. Among these places was a non-Christian village of thirty houses and seventy persons. It was entirely destroyed as a penalty for giving the Japanese troops a false report as to the location of certain Corean soldiers.

One village, located in a dense forest and accessible only by footpaths, had been used by the Corean Tongnip army as headquarters for two months. Only piles of ashes, stones and scorched trees now mark its site. After executing the men, the Japanese troops loaded the women and children on carts and started them for the Corean border forty-five miles south.

'재판없이 살해되는 한국인들'. 일본군의 '간도참변' 학살 부정을 비판하는 영문 신문기사(1920. 12. 11자)

TART DENIAL BY JAPS OF KOREAN MASSACRES

Letter in Reply to Protests of Canadian Missionaries Seeks to Justify Use of Fire and Sword, and Warns Them to Keep "Hands Off."

Tokio, Dec. 3.—The military commission at Chien Tao, Manchuria, has addressed a letter to the Canadian missionaries there in answer to charges made recently by the missionaries that massacres, alleged to have been committed by Japanese troops, had taken place and that villages were burned. The letter emphasized that the Japanese military expedition to the district was due to the fact that the Chinese authorities co-operated with the outlaws and declares that churches and schools were burned only where there was incontestable evidence that they had been used as "breeding places of iniquity."

In such cases, the letter points out, it was immediately impossible to hold even court-martials, therefore, the troops executed insurgents on the spot after a simple inquiry, which included villagers' evidence, but took the utmost care to avoid any indiscriminate massacres.

Warnings Given.

Warning is given in the letter that any spiritual or material assistance the British missionaries give the Korean malcontents will lead to a breach in the good understanding between the two countries. It says there are many insurgent races in India, and that if the British citizens assist the Korean malcontents the Japanese Buddhists are entitled to assist the anti-British elements in India.

If the missionaries refrain from politics, the communication declares, Japanese will co-operate with them; if they act to the contrary, they can hardly hope for the future development of their works. In conclusion, it expresses the hope that the missionaries will clearly understand the facts.

일본 정부의 간도지방 학살만행 폭로 '시카고 데일리뉴스' 신문기사(1920.12.16.자)

출처 : 국사편찬위원회 한국사데이터베이스

결국 일본 군경은 이러한 만행으로 한인사회를 초토화하여 독립운동의 근거지를 없애는 데 일시적으로 성공한 듯 했다. 경신참변 후 일제의 무력탄압이 강화되면서 친일세력이 확산되고 일제 측의 한인 지배정책이 강화되는 결과를 초래했던 것이다. 그러나 이후 한인들의 저항과 민족운동은 줄기차게 지속되어 일본제국주의 세력을 괴롭혔다.

10. 봉오동전투·청산리독립전쟁의 의미와 시사점

봉오동전투와 청산리독립전쟁(청산리전역)은 우리 독립운동사에서 가장 자랑스러운 '독립전쟁'으로 평가되고 있다. 20세기 초에 세계 국가의 2/3이상이 제국주의 국가들에 의하여 식민지 통치를 받거나 반(半)식민지 상태에 있었는데, 우리민족처럼 끈질기게 세계 각지에서 다양한 방법으로 치열하게 항거한 경우는 거의 없었다. 청산리대첩은 우리 민족 독립전쟁사상 가장 규모가 크고, 치열했던 전투였다.

최근 봉오동·청산리전투의 한계와 독립군 부대간 결속력의 문제, 전투실상의 과장여부 문제가 제기되고 있는데, 당시 국제정세와 우리 민족운동의 역량, 대한민국임시정부와 중국, 나아가 러시아 혁명세력과의 관계를 보다 거시적으로, 그리고 냉정하게 검토해야한다는 주장을 유의할 필요가 있다. 또 최근 일본인 학자에 의해 청산리독립전쟁 당시 대종교 세력의 무기구입과 운반, 북로군정서의 역할 등이 새롭게 평가되고 있는 사실은 이제 봉오동·청산리전투에 관해 외국 학계에서도 관심을 갖고 연구하는 관심사가 되고 있음을 보여준다고 하겠다.[102] 따라서 우리의 독립전쟁 관련 연구와 교육도 한층 심화해야 하겠다.

홍범도와 더불어 1920년 10월부터 1921년 2월 말까지 노선을 함께했던 김승빈은 만주지역 독립군부대 지도자들 가운데 의병장 출신의 홍범도와 허재욱(許瑾, 별명 허영장)을 높이 평가했다. 물론 계급적 시각이 반영된 것이지만, 김승빈은 "독립군 수령 가운데서 홍범도, 허재욱 두 늙은 의병대장만이 자기의 일생을 국가의 독립, 민족의 자유를 위한 투쟁에 바치었다"고 회상했다.[103] 오늘 우리는 김승빈의 이러한 평가와 그 의미를 충분히 되새기고 성찰할필요가 있다.

『홍범도 일기』의 내용 가운데 홍범도의 항일무장투쟁, 특히 의병운동에 관한 기록이 매우 상세하다. 이는 홍범도가 러시아 연해주 시절, 1920년대말 1930년대 초에 자신의 의병활동에 관해 상세하게 적은 기록을 갖고 있었음을 짐작케 한다. 『홍범도 일기』의 기본자료가 되었을 '목필책'이나 '학생 공책' 등이 그러한 기초적 기록이었을 것으로 판단된다.[104] 향후 홍범도가 직접 쓴 『홍범도 일기』 친필본이나 크즐오르다의 고려극장측 인사인 태

---

102 삿사 미츠아키[佐佐充昭], 「青山里戰闘において大倧教が果たした役割 - ロシア革命派からの武器入手を中心に」, 『朝鮮學報』 242輯, 奈良: 天理大學. 2017 참조.

103 김승빈, 『中領에서 진행되던 조선해방운동』, 29쪽; 반병률, 「홍범도장군의 항일무장투쟁과 고려인 사회」, 『한국근현대사연구』 67집, 2013, 656쪽에서 재인용.

104 반병률, 「홍범도 일기 판본 검토와 쟁점」, 『한국독립운동사연구』 31집, 2008, 453쪽.

장춘 또는 이함덕의 등서본이 나올 가능성은 거의 없다. 그러나 이인섭 필사본 『홍범도 일기』와 다른 이인섭 필사본이 국내에 입수되었으므로, 이함덕 필사본과 함께 '이인섭 필사본'을 홍범도 연구의 중요 저본으로 활용해야 할 필요성이 제기되고 있다. 또한 홍범도 관련 자료들에 대한 발굴수집 작업을 계속해야 한다. 이전 소련 각 지역의 개인 또는 국가의 공문서관이나 영상기록관 등 다양한 기관에 소장되어 있는 다양한 형태의 자료들을 조사하고 발굴해야 하는 것이다.[105]

「홍범도 일지」를 통해 본 봉오동·청산리독립전쟁의 모습은 지금까지 우리에게 알려진 거대한 한편의 드라마나 영화와 같이 멋지면서도 장대한 스케일의 '영웅서사'는 아닐지도 모른다. 그러나 승전 부분에서는 일면 과장된 부분도 있지만, 자신이 체험한 내용을 거의 사실적으로, 특히 실수나 실패한 행동이나 사건, 전투, 특정 내용 등을 숨기지 않고 진솔하게, 내면의 독백처럼 담담하게 서술하고 있다는 점에서 오히려 이 일지는 호소력과 설득력이 있으며, 홍범도 장군의 인간적 면모를 잘 드러내고 있다고 판단된다. 따라서 추후 다양한 시각에서 관련 자료와 참고문헌 등을 통해 종합적으로 검토하고 적절한 사료(史料)·텍스트(Text) 비판을 거쳐 폭넓게 활용할 필요가 있다고 본다.

'청산리전투'나 '청산리대첩'은 일반 국민들이 1회성 전투인 것으로 알거나, 또는 군사적 측면만 주목하여 독립군이 대승을 거둔 싸움으로만 인식하고 평가하기 쉽다. 따라서 이같은 문제점을 극복하기 위해서는 다소 과장된 면이 있지만, 전후 맥락과 국내외적 파급효과 등을 고려하여 '청산리독립전쟁'이란 용어를 정착시킬 필요가 있다고 생각한다.

그 동안 청산리독립전쟁의 실상이나 전과에 대해서는 상당한 연구성과가

105 반병률, 「홍범도장군의 항일무장투쟁과 고려인 사회」, 『한국근현대사연구』 67집, 657쪽.

발표되어 그 진상이 비교적 상세하게 규명되었다. 그러나 이 시기 일본 군경은 중국 영토인 중국 연변(북간도)과 남만주 서간도 지방에 침입하여 온갖 학살만행과 폭행, 각종 탄압행위를 자행하였다. 역사학계에서는 이를 '간도참변', 또는 '경신참변(庚申慘變)'이라고 한다. 그러나 이러한 중요한 역사적 사건에 대한 체계적 규명은 아직 크게 미흡한 상황이다.

이제 각종 자료를 종합하여 '간도참변(경신참변)'의 피해상황을 검토·종합하고, 잊혀진 무명의 희생자와 의인(義人), 영웅들을 심층적으로 조명할 필요가 있다. 각종 통계의 차이를 객관적으로 검토하는 연구도 필요하다. 추후 진상규명과 대일 사죄, 보상과 배상요구도 필요하다.

우리는 현재의 엄중한 국내외 상황에서 봉오동전투와 청산리대첩의 영웅들, 무명용사들로부터 온갖 어려움을 무릅쓴 '결사항전'의 주체적 투쟁정신과 '공화주의'를 지향하는 조국·민족·공동체에 대한 헌신, 희생정신, 애국적 열정과 자유·정의 지향의 이상을 오늘의 의미와 교훈으로 깊이 성찰할 필요가 있다. 20세기 전반기 일제의 강요로 왜곡된 타율적 삶을 거부하고, 주체적 투쟁의 역사로 전환시킨 유명, 무명의 만주 독립군 영웅들! 우리는 21세기 민족의 대통합과 통일된 자주 민족국가 건설이라는 사명을 실천하는 참된 독립운동 정신과 헌신, 살신성인 등의 자세를 배워야 할 것이다.

특히 우리 민족이 중국 동북지역에서 전개한 독립운동은 1910년까지 지속되었던 전제군주제 체제를 청산하고 해방 이후 건설할 근대 국민국가의 정체로 민주공화제를 지향했다는 점에서 큰 의미가 있다. 특정 군주나 지배자, 지배계층, 개인이 아닌 우리 자신, 우리 모두가 평화롭게 잘 어울려 사는 공화(共和) 사회를 지향했다는 사실을 주목해야 한다. 국내외적으로 엄중한 현실상황에서 조국·민족·공동체에 대한 헌신, 국민이 주인되는 국가 수립을 위한 열정과 자유·정의 실현의 이상을 몸소 실천한 항일무장투쟁의 경험과 역사, 그 의미와 교훈도 중요하다. 또 대부분 북한지역 출신인 한인 교민들을 기반으로 한 여러 독립운동 단체에서 항일무장투쟁, 나아가 '독립전쟁'을 추진·지원하고 이를 실천함으로써 근대 국민국가 건설의 기초를 확립했다고 볼 수 있다. 향후 남북분단을 극복하고, 민족 통일(운동)을 전망할 경우 유의할 사항이 아닌가 한다.

또한 홍범도의 대한독립군 등 독립군부대가 전력의 열세를 극복하기 위해 매복전과 기습전은 물론, 기민한 유격전 전술을 구사했던 점을 주목해야 한다. 홍범도·김좌진 등 독립군부대 유격전술의 기반은 연변(만주) 동포사회, 즉 민중과 더불어 혼연일체가 되어 싸웠다는 데 중요한 의미가 있다. "민중을 떠난 유격대는 물을 떠난 물고기와 같다"는 모택동(毛澤東)의 말을 일찍이 실천한 것이다.

한민족의 독립운동, 특히 중국 동북지역(만주) 항일무장투쟁이나 독립전쟁은 한국근현대사와 동아시아사는 물론, 세계사의 시각에서 검토할 때 보다 정확하고 상세한 내용을 파악할 수 있다고 본다. 이를 위해 한국과 러시아, 중앙아시아 각국, 중국, 일본, 미국 등지의 다양한 자료들을 발굴하고, 또한 여러 국가와 지역, 여러 분야 연구자들의 협력과 공동작업이 절실하다고 하겠다. 특히 홍범도는 남한과 북한 역사학계와 역사교과서·개설서에서 전봉준 등과 함께 높이 평가받고 있는 인물이다.[106] 따라서 향후 한반도 통일과 민족통합의 과제가 제기되고 있는 상황을 고려하면 홍범도 장군의 애국·애족적 삶과 항일투쟁, 자유·정의·평등을 찾기 위한 각고의 노력과 그 정신을 깊이 반추할 필요가 있다.

인간은 기본적으로 '조건에 의해 제한된 존재'라는[107] 사실을 상기해 본다

---

106 반병률, 「홍범도장군의 항일무장투쟁과 고려인 사회」, 656쪽.
107 한나 아렌트(이진우 옮김), 『인간의 조건』, 한길사, 2015, 440쪽.

면 홍범도의 일생과 항일무장투쟁 역시 그가 맺은 인간관계 그물망과 시간적·공간적 조건이라는 실존조건과 상황에 크게 좌우되지 않을 수 없었다. 그러나 그의 평범한 언술과 생각을 반영한 일지, 혹은 부분적 일기의 의미는 그렇게 평범, 단순하다고 하기 어렵다. 그 이유는 두말할 필요도 없이 그가 아무런 사심없이 판단하고 실천한 일련의 행위가 그 시대에 매우 중요했고 꼭 필요한 시대적 소명을 반영한 것이었으며, 대다수의 공공선과 정의·자유·평등의 인류보편의 가치를 실현하기 위한 헌신이었기 때문이다.

저명한 유태인 여성 정치철학자 한나 아렌트(Hannah Arendt)는 그의 『혁명론』에서 혁명의 의미를 드러내기 위해서는 "이야기하기(story-telling)"가 중요하다고 강조했는데,[108] 이 이야기하기는 기존의 이해를 넘어서 새로운 것을 제시하는 행위의 한 형태라고 규정했다. 우리의 독립운동을 일종의 '혁명'으로 간주할 수 있다면, 분명 그러한 독립운동과 관련된 활동과 인물, 사건들에 대한 조명은 어떤 형태로든지 사실 또는 진실을 '이야기'하는 것으로부터 시작되고 확산, 전파, 전승될 것이다.

또한 아렌트는 '이야기'의 역사적 의미와 가치를 설파했는데, 그녀는 심지어 "역사의 정치적 본질은 행위의 이야기", "역사란 시작도 끝도 없는 커다란 이야기"라고 규정하기도 했다.[109] 이러한 시각에서 볼 때 자기의 행위를 이야기하는 것은 개인적으로는 아주 사소한 행위일 수 있지만, 지금까지 검토한 「홍범도 일지」는 그와 관련된 집단 '서사(敍事)'적 측면에서 검토해 볼 때 매우 중요한 의미가 있다고 생각된다.

도저히 불가능할 것으로 판단되는 매우 어려운 조건을 무릅쓰고, 결사항전의 각오로 "무에서 유를 창조한 백절불굴의 투쟁정신과 독립정신"은 오

---

108 한나 아렌트, 홍원표 옮김, 『혁명론』, 한길사, 2004 참조.

109 한나 아렌트(이진우 옮김), 『인간의 조건』, 274~275쪽.

늘날의 우리에게도 여전히 소중한 가치와 삶의 자세로 귀중한 의미를 가질 수 있다. 특히 생사와 명리(名利), 성패를 돌아보지 않고 오로지 독립과 해방, 정의와 평등의 실현을 위해 결사의 각오와 의지로 매진한 독립전쟁의 주역들은 오늘의 우리가 흉내낼 수 없는 절대적 용기와 희생, 헌신을 실천하였다. 이는 어쩌면 그들의 선배세대인 의병, 나아가 강력한 위정척사론에 입각하여 존화양이론(尊華攘夷論) 및 내수외양론(內修外攘論) 등을 주장했던 보수적 유림이나 선비들의 기개와 전통, 이념 및 행태를 계승·발전시킨 측면이 있다고도 할 수 있다.

아직까지 남북 학계나 당국 등의 중국동북지역(만주)이나 러시아 연해주 지역에서 활동한 독립군이나 독립운동가(인물), 단체, 특정 사건, 독립전쟁에 대한 시각이나 평가는 매우 다른 실정이다. 독립운동사 연구·교육, 인물이나 유적(지) 활용 등의 경우 향후 북한 학계나 중국 연변 학계, 당국과의 지속적 교류와 협력사업 등을 통해 민족통일의 주춧돌로 활용할 수 있는 방안을 모색할 필요가 있다.

제2장 대한민국임시정부 직할 참의부 자료의 검토

-참의부 및 산하 독립군 부대 관련 중국 당안관 문서 검토 -

1. 자료 수집 경위

1992년 한국과 중국이 수교한 이후 정치·경제·사회·문화·과학·체육 등 각 분야에서 양국의 교류는 폭발적으로 증가하여 양국을 왕래하는 사람의 숫자도 급증한 바 있다.[1] 특히 중국 동북지역(만주)은 한국과 깊은 관련이 있는 곳이었기 때문에 근현대 시기에도 많은 한국인들이 이주하여 정착하였고, 다양하면서도 치열한 민족운동을 전개하였다. 이에 따라 이 지역에는 매우 방대한 분량의 한국인 관련 문서가 산재하고 있는 것으로 추정된다.

지은이는 독립기념관에 재직중이던 1991년부터 공식업무상 이곳을 왕래하기 시작하여 적지 않은 관련자료를 수집하였다. 중국 당국에서 공식적으로 운영하는 당안관(檔案館)은 한국의 정부기록보존소(현재의 국가기록원)와 같

---

1 중국을 방문한 한국인은 2005년 354만명에 달해 세계 최다였다(『내일신문』, 2007. 12. 14 및 MBN 뉴스, 2006. 9. 15). 2006년에는 392만 여명으로 전체 출국자 1천 161만명의 34%나 되었고, 한국을 방문한 중국인은 약 90만명(출국 중국인 3천 452만명의 2.6%)에 달했다(『흑룡강신문』 2008. 2. 13[인터넷] 보도). 중국인의 한국방문은 2016년에 826만여 명으로(전체 출국자의 6%내외) 최고에 달했으나, 2017년 3월 한국의 사드(THAAD, 高高度미사일방어제계) 배치 전후시기부터 급감하여 이 해에는 439만 여명으로 32.4%나 줄어들었다(연합뉴스, 2018. 1. 24보도). 2019년에는 602만명으로 다소 늘었다. 한편 한국인의 중국방문은 2015년에 444만명(『아주경제』, 2016. 1. 20), 2019년에 532만 여명이었다.

은 기능을 수행하는 곳으로 매우 방대한 자료를 소장하고 있는 곳으로 유명하다. '당안'은 우리에게는 생소한 용어인데, '체계적으로 분류하여 보관하는 공문서'를 의미한다.[2] 필자는 일부 당안관을 방문하여 한인 이주사 및 독립운동사 관련 자료를 열람하기도 하고, 직접·간접적 방식으로 소장 자료를 복사할 수 있었다.

한국에서 보기 드문 중국 당안관 자료를 열람할 수 있는 기회를 얻었던 것은 분명 커다란 행운이었다. 이들 자료를 활용하여 상당한 연구성과를 축적할 수 있었다. 다만 안타까운 점은 현재 한국의 국사편찬위원회나 국가보훈처, 독립기념관 등에 상당수의 중국 당안관 자료 복사문건이 수집되어 있으나, 이들 문서류를 효율적으로 활용하지 못하고 있다는 사실이다.

필자는 우연한 기회에 2008년 2월 말 한 언론에 참의부 자료를 소개하였다가 상당한 반향에 놀라기도 하였다.[3] 아직도 무명 독립운동가들의 후손들이 많고, 그들은 사소한 문서 하나, 글자 하나라도 더 찾아보려고 무척 노력하고 있다. 그들은 엄격한 문서자료 위주의 보훈시책을 펴고있는 당국에 대해 아쉬워 하면서도 한편으로는 미공개 자료의 수집과 발굴, 활용에 한가닥 희망을 걸고 있다.[4]

한국사학계에서 중국 동북지역 당안관 자료를 입수하기 시작한 것은 1990년대 초부터 후반까지가 아닌가 한다. 대체로 길림성(吉林省) 통화현(通化縣) 및 목릉현, 연길현·장백현·신빈현 등지 당안관 자료가 일부 복사,

2 高大민족문화연구원 중국어대사전편찬실 편, 『전면 개정 中韓辭典』, 고려대학교 민족문화연구원, 2006, 415쪽.

3 이번에 소개하는 「不逞鮮人단체 조사표」는 "82년만에 이름 찾은 독립혼"이라는 제목으로 2008년 2월 28일자 『동아일보』 1면 박스기사로 대서특필 보도되었다. 독립군 지휘관의 이름과 경력, 편제는 연구된 바 있으나, 가장 낮은 계급인 이등병까지 인적 사항이 밝혀진 것은 처음이라는 점에서였다. 특히 14세의 독립군 소년이 있었다는 점은 기사거리로 독자들의 호기심을 불러일으킬만 했다.

4 이 자료 보도후 후손들의 자료탐문 소식은 『동아일보』 2월 29일자 30면에 "정부가 中 기록확보, 독립군 이름 찾아주길"이라는 제목으로 보도되었다.

입수되었던 것이다. 비공식적 경로를 통해 입수한 자료들이 많다.

이번에 검토하는 참의부 자료 역시 통화현당안관 소장자료로 추정된다. 복사원문에는 1992년 복사했다는 인장이 찍혀있다. 그러나 최초 원문 복사자의 신원과 입수 경위를 상세히 밝힐 수는 없다. 필자는 2019년 말까지 50차례 정도 중국 동북지방을 다녀왔다. 이번에 소개하는 자료는 그 과정에서 중국인 연구자에게 수집한 것이다. 다만 여기서 밝혀둘 것은 '선비(鮮匪) 참의부 상황'은 필자가 2002년 독립기념관에 제공하여 온라인상으로 공개되고 있다는 사실이다.[5] 이 자료는 김병기의 참의부 관련 박사학위 논문에도 일부 내용이 소개되어 있다.[6] 그리고 근래 확인 한 바로는 국가보훈처에서도 소장하고 있는데, 1997년 중국에서 수집하였다고 한다. 일본 외무성문서에 포함되어 있을 가능성도 있지만, 아직까지 학계에 공개된 적은 없다. 전문이 검토, 분석되기는 이 글이 처음이다.

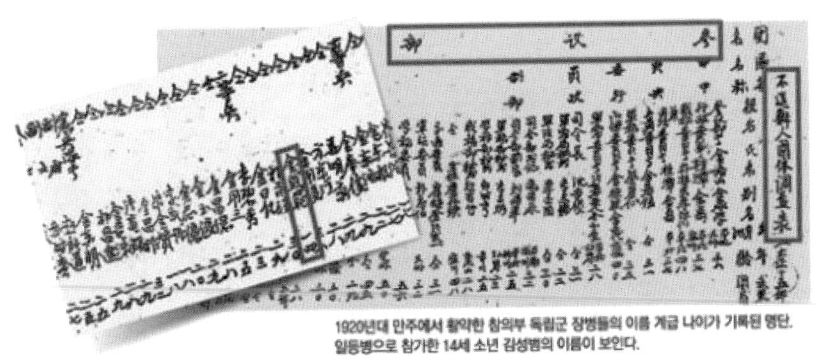

1920년대 만주에서 활약한 참의부 독립군 장병들의 이름 계급 나이가 기록된 명단.
일등병으로 참가한 14세 소년 김성범의 이름이 보인다.

참의부 자료를 보도한 동아일보 기사(2008.2.28)

5 현재 '선비 참의부 상황'은 독립기념관 홈페이지의 '독립운동사 정보시스템' 부분의 원문정보(만주지역 독립운동－길림성 당안관 자료)에 PDF파일 형태로 공개되고 있다.

6 김병기, 『참의부 연구』, 단국대학교 박사학위논문, 2005, 51쪽.

2. 중국 당안관 자료의 수집과 활용의 문제점

중국 당안법(檔案法)은 원칙적으로 생산된 지 30년이 넘은 문서는 사회에 개방해야한다고 명시하고 있다. 물론 국가의 안전이나 중대이익 혹은 공개하기에 마땅치 않은 문서는 30년이 지났더라도 국가당안 행정관리 분야의 통제와 국무원의 비준을 거쳐 공개하지 않을 수 있다고 규정하고 있다.[7] 그러나 당안관은 정기적으로 개방하는 당안의 목록과 당안의 이용 및 창조(생산) 조건을 공개하고, 수속을 간편히 하며 편의를 제공해야 한다고 명시하고 있다. 주목되는 사실은 합법적 증명을 갖고있는 중국 공민과 조직은 이미 공개된 당안을 이용할 수 있다고 규정하고 있다는 점이다.[8] 외국인과 외국기관에 대한 조항이 없음이 주목된다.

당안법의 제5장(24조)은 '법률책임'을 규정하고 있는데, 이익을 목적으로 당안을 암거래하거나 외국인에게 판매·증송(贈送)하는 경우는 범죄로 규정하여 법에 따라 형사책임을 추궁한다고 명시하고 있다. 또한 해외로 반출이 금지된 당안이나 복제당안 역시 세관에서 몰수하며 벌금을 물릴 수 있음을 규정하고 있다.[9]

그동안 중국의 당안관 및 당안제도 등에 대해서는 이승휘 등의 연구성과가 있었다.[10] 그러나 아직도 중국 당안관 제도에 대한 이해나 소장자료의 활용문제에 대한 체계적 정리는 미흡한 실정이다. 이와 관련하여 근래 국사편찬위원회에서 '국외사료 조사 및 해제 지원사업'을 통해 꾸준히 성과를 축

---

7 「第4章 檔案的利用和公布(제19조)」, 『中華人民共和國檔案法』, 北京 : 法律出版社, 1999, 10~11쪽.

8 위의 법률, 11쪽

9 위의 법률, 12~13쪽,

10 이승휘, 「중국 당안제도와 당안관」, 『역사비평』 38호(1997년 봄호), 역사비평사 ; 「중국의 아키비스트 양성제도-중국인민대학 檔案學院을 중심으로」, 『기록학연구』 1, 한국기록학회, 2000 ; 「중국의 혁명역사 기록물의 목록기술과 검색분류」 1 · 2, 『기록학연구』 4 · 5, 2001 · 2002.

적하고 있는 상황은 그나마 다행이라고 해야 할 것 같다.[11]

상해(上海)당안관의 경우 외국인 연구자에게도 열람이 허용되고 있지만, 중국 남경(南京)에 있는 제2역사당안관은 중국인 학자조차 접근이 쉽지 않으며, 이곳의 당안관 문서를 열람하려면 공식 추천문건이 있어야 한다고 한다. 한국인 이주민이 많이 거주했고, 다수의 독립운동 및 사회운동 단체가 활동했던 중국 동북지방(만주)의 성도(省都)인 심양과 장춘, 하얼빈에는 대규모 당안관이 운영되고 있는데, 이곳에 한국인 관련 자료가 적지 않게 소장되어 있다. 이들 당안관들은 안내서와 자료집, 정기간행물 등을 통해 소장자료에 대한 안내와 출판, 일반인을 상대로 한 외부 공개 등을 행하고 있다.[12]

중국 동북지역 당안관 당국은 2002년 2월부터 5년 동안 공식 추진된 '동북공정' 등의 프로젝트와 여러 가지 내외적 상황으로 한국인 연구자의 당안자료 열람과 복사 등 이용을 경계하고 있는 실정이다. 특히 '동북공정' 프로

11 국사편찬위원회에서 2002년부터 2007년까지 외부 연구자에게 지원한 연구과제 목록은 다음과 같다. 이들 연구과제는 아직까지 공개적 간행물로 출판된 경우가 별로 없다. 다만 중국 소재 자료목록은 특수사정이 고려될 수 밖에 없다는 점에서 이해할 수 있지만, 아쉬운 점이라고 하겠다.
2007년－중국 상해, 중경, 흑룡강성당안관 소장 한국 교민 및 독립운동 관련 자료 해제 ; 2006년－연변조선족자치주 당안관 소장 한국관련 신문, 잡지자료에 대한 조사 및 해제, 운남성 소재 한국관련 자료조사 및 해제(운남대학 소장 한국관련 고서의 조사와 해제, 운남성당안관 소장 육군 강무당 관련 자료조사) ; 2005년－항일독립운동과 중국 절강성(항주지역) : 1932－35년 중국 당안관, 대만 국사관 소장 한국관련 자료의 해제 및 연구 ; 2004년－대한민국임시정부 자료의 국내외 소장현황 및 기초조사(중국, 대만), 중국 광동 · 해남도지역 소장 한국역사자료 목록 및 개황, 흑룡강성 탕원 지역 조선족 항일운동사, 연변 조선족의 역사기록물 및 문헌자료 현황 조사 ; 2003년－중국 요녕성 소장 한반도 및 그 주변지구의 사료목록(孫進己), 중국 남경지역 소장 한국 역사자료－목록 및 개황(張憲文), 중국 북경지구 소장 한국사자료 조사목록 및 해제(張希清) ; 2002년－만주국 시기 중국 동북3성(奉天 · 新京 · 하얼빈 · 大連시)의 한인 도시공동체 관련자료의 현황과 개관, 만주국 시기 봉천(瀋陽) · 대련시 한인공동체 관련자료의 현황, 대만 국사관 소장 한국관련 자료의 추가조사와 이전, 중국 연변당안관 소장자료에 대한 조사 및 해제, 중국 장백현 · 목릉현 · 밀산현당안관 소장자료에 대한 조사 및 해제, 중국 요녕성 大連市 당안관 및 사회과학문헌도서관에 소장된 한국사 관련 사료 상황(목록), 중국 상해지역의 한국관련 자료 현황 조사. 다만 2008년의 경우 중국지역 조사연구 과제는 선정되지 않았다.

12 동북3성 당안관에 대한 안내서는 다음의 책을 참조. 요녕성당안관 編, 『遼寧省檔案館指南』, 北京: 中國檔案出版社, 1994; 길림성당안관 編, 『吉林省檔案館指南』, 中國檔案出版社, 1996; 흑룡강성당안관 編, 『黑龍江省檔案館指南』, 中國檔案出版社, 1994.

젝트에 조선족과 관련된 문제들이 포함되면서 현재 조선족 동포들의 선대(先代)인 한인 동포들의 이주사 및 독립운동 관련 자료의 접근이 더욱 어려워졌다. 중국 동북지역 당안관측은 한국인들의 접근을 규제하며 지방 군소지역 당안관 자료들을 대도시의 중심지역 당안관으로 이관하는 작업을 진행한 바 있다. 때문에 한국 연구자들이 공식적으로 동북3성 지역 당안관 자료를 활용하기는 상당기간 동안 어렵다고 볼 수 있다. 추후 이곳의 당안관 자료를 점진적이며 체계적으로 활용하는 방안을 강구할 필요가 있다.

다만 다행스러운 사실은 최근 이 지역 당안관에서 소장하고 있는 주요문서를 방대한 분량의 자료집으로 간행하는 사례가 있다는 점이다.[13] 때문에 공식적으로 출판된 자료집이나 관련 문헌을 활용하는 방법으로 이들 기관 소장자료를 활용하는 방안을 강구할 수도 있다.

3. 대한민국임시정부와 참의부의 관계

참의부는 잘 알려져 있듯이 '대한민국임시정부 육군 주만(駐滿)참의부'의 약칭이며 1924년 6월(일설에는 연초, 또는 5월) 창설되었다.[14] 정의부, 신민부와 함께 1920년대 중국동북(만주) 일대에서 항일무장투쟁을 벌인 독립군단으로 유명하다. 특히 1924년 압록강을 따라 국경지방 치안 상태를 살피던 사이토 마코토(齋藤實) 조선 총독의 국경순시선을 저격하여 크게 용맹을 떨쳤다. 1926년 5월 참의부 독립군 제2중대 특무정사로 임명된 뒤 크게 활약한 이수흥(李壽興) 의사의 활동 역시 놀라웠다. 그는 같은 해 7월 10일

13 예를 들면 중국변강사지연구중심 · 요녕성당안관 合編, 『東北邊疆檔案選輯』(1)(淸代 民國), 桂林 : 廣西師範大學出版社, 2007은 모두 84권에 달하는 방대한 분량의 당안관 문서를 영인 수록한 자료집인데, 이 가운데는 19권의 '조선이민' 관련 중문 및 일문 자료가 포함되어 있어 매우 주목된다.

14 윤대원은 기존의 통설과 달리 대한민국임시정부의 승인을 받은 1924년 6월 26일을 참의부의 창립일로 보았다. 상세한 내용은 윤대원, 「참의부의 '法名'개정과 상해 임시정부」, 『한국독립운동사연구』 44집, 독립기념관 한국독립운동사연구소, 2013 참조.

서울 동소문파출소를 습격한 뒤, 10월에는 경기도 안성과 이천까지 진출하여 경찰서를 습격하는 등 국내 민중들을 놀라게 한 국내 특공작전을 전개하였다.[15] 그는 결국 체포되어 1929년 2월 일제의 사형 집행으로 순국하였다.

한편, 최석순(崔碩淳) 등이 이끄는 참의부 독립군 60여명이 1925년 2월 27일 남만주 집안현의 고마령(古馬嶺)에서 회의를 개최하던 도중에 일본 경찰의 기습을 받고 격전을 벌이다 40여명(일설에는 20여명)이 순국한 '고마령 참변'은 남만주 독립운동의 비극으로 꼽힌다.

그런데 대한민국임시정부를 이끌던 백범 김구는 우리에게 너무나 잘 알려진 그의 자서전 『백범일지』에서 "종전의 정의·참의·신민 3부중 참의부는 임시정부를 시종일관 옹호·추대하였다"고 회상하였다.[16] 그리고 김구는 1920년대 중·후반 만주 독립운동을 이끌었던 정의부 등 3부를 곳집 '부(府)'가 아닌 거느릴 '부(部)'로 표현하여 이들이 임시정부와 같은 수준의 독립운동 기관이 아니라는 점을 분명히 하였다.[17] 즉 임시정부를 정통으로 간주하고 만주 독립운동 단체들을 임시정부 산하의 한 단체로 간주하는 인식을 보였던 것이다.

석주(石洲) 이상룡(李相龍)이 남만주의 서간도에서 상해로 건너와 1925년 9월 임시정부 국무령에 취임하였지만, 얼마 되지 않아 물러나고 말았다. 1926년 5월 안창호가 국무령에 선출되었으나 사임하였고, 같은 해 7월 홍진(洪震, 본명 洪冕憙)이 국무령에 취임했지만 역시 별다른 활동을 전개하지

---

15 『동아일보』 1926년 11월 17일자 호외 참조. 기타 참의부 관련내용으로 같은 신문 1926년 4월 22일자(2면) 및 1925년 8월 30일자 2면 등 참조.

16 김구(도진순 주해), 『백범일지』, 돌베개, 1997, 315쪽.

17 "남북 만주의 독립운동 단체로 正義部 · 新民部 · 參議部 외에 南軍政署 · 북군정서 등 각 기관에 공산당이 침입하여 각 기관을 여지없이 파괴 · 훼손하고 인명을 살해하였다"(위의 책, 314쪽).

못하였다. 더구나 이 해 12월 홍진 등 임시정부 국무위원 전원이 총사직하여 임시정부는 사실상 무정부 상태에 가까운 어려운 시기를 겪고 있었다. 이 때 김구는 임시의정원 의장을 맡고 있던 이동녕의 강력한 권유로 임시정부의 국무령에 취임했다가, 1927년 3월 집단지도체제인 국무위원제로 개편하는 3차 개헌을 단행하였을 때 국무위원에 선출되었다.[18]

아래에서 소개하는 두 문건은 김구가 상해 임시정부의 내무총장과 노동국 총판을 겸임하고 있던 1924년 이후부터 1926년 초까지의 상황을 담고 있다. 참의부는 임시정부 직할부대로 편성되었다. 그러나 참의부가 활동하였던 1924~1928년 경 임시정부 자체의 위상은 성립 직후보다 현저히 약화되어 큰 어려움을 겪던 시기였다.[19] 따라서 임시정부로부터 인적 지원은 물론 재정적, 군사적 지원도 거의 받지 못하였다. 참의부는 남·북 만주 독립운동을 이끌었던 정의부·신민부에 비해 세력이 약했다고 평가되고 있었는데, 임시정부 봉대는 다분히 명분론적이었기 때문에, 실질적 도움은 거의 받지 못하던 형편이었다.

그러나 아래 두 문건을 보면 3부 가운데 가장 세력이 약했던 참의부였지만 나름대로 정연한 편제와 잘 짜여진 중앙·지방 조직체계에 따라 온갖 어려움을 무릅쓰며 치열한 독립운동을 전개하고 있었음을 잘 알 수 있다.

4. 자료의 구성과 내용

이하에서 중국 당안관 자료 2건을 검토하기로 한다.

---

18 위의 책, 316 · 464쪽.

19 김구는 『백범일지』에서 이 무렵 자신의 처지를 "잠은 政廳에서 자고 밥은 직업있는 동포들 집에서 얻어먹으며 지내니, 나는 거지 중의 상거지였다"고 회고하였다(위의 책, 317쪽). 또한 이 무렵 임시정부의 형편을 "명성이 쟁쟁하던 인가가 몰락하여 그 고대광실이 걸인의 소굴이 된 것과 흡사한 형편이었다"고 술회하였다(위의 책, 319쪽).

먼저 소개하는 〈자료 1〉 '불령선인단체 조사표'에는 '대정(大正) 15년 1월' 이라고 표기되어있어 이 문서가 일본 당국에서 생산한 문서라는 점을 분명히 하고 있다. 필자는 이 문서가 일본 통화(通化)영사관(분관) 경찰측에서 작성한 것이라고 본다. 다만 이 자료는 일본 영사관측에서 독립운동 세력의 동태를 감시하고 상호간의 업무편의를 도모하기 위해 중국 통화현·집안현(輯安縣) 등 중국 지방 관헌측에 통보한 것으로 추정된다. 중국 지방당국은 이 문서를 보관하고 있다가 1950년대 후반 이후 필요에 따라 다시 필사한 것으로 보인다.

왜냐하면 자료 1에는 1950년대 후반 이후 공식적으로 사용되기 시작한 중국식 간체자(簡化漢子)가 보이기 때문이다. 예를 들면 '의(義)'자의 간체자인 의(义), 책 서(書)자의 간체자인 서(书) 등이 눈에 띈다.

1926년 1월 경에 파악한 이 "불령선인 단체 조사표"에는 1924년 이후 압록강 일대 및 남만주 지역에서 활동한 참의부 독립군단의 주요 간부들과 독립군 장병 255명의 이름이 구체적으로 조사되어 있어 매우 주목된다. 기존의 독립운동자료들은 대부분 일본 당국이나 경찰에서 작성한 자료로서 대개 주요 지도자들과 주요 지휘관의 명단이나 인적 사항이 알려진데 반해 이 자료는 255명에 달하는 주요 간부와 '이등병' 등 말단 사병 개개인에 대한 이름이나 나이, 출신지역 등 인적 사항까지 구체적으로 파악하고 있는 점이 특색이다.

또 일본 치안당국의 협조를 얻어 중국 동북지방의 지방 관헌들이 파악한 〈자료 2〉 "선비(鮮匪) 참의부(參議府)의 상황"이란 문서 역시 1924년 초에 성립한 참의부 독립운동 단체의 조직과 편제, 해당 직책의 주요 간부 명단 등이 상세히 파악되고 있어 독립운동의 새로운 자료발굴과 활용이란 측면에서 주목할 만하다.

두 문건은 1925년 말에서 1926년 초의 상황을 전하고 있는데, 문서 내용을 검토해볼 때 자료 2 '선비 참의부의 상황'이 좀더 빠른 시기에 것으로 판단된다. 왜냐하면 자료 2에는 윤세용(자료상에는 윤성좌)이 참의장으로 조사되어 있기 때문이다. 1925년 3월 이후 취임한 윤세용의 후임으로 김승학이 참의장에 선임되었던 사실에 비추어보면 두 문서의 선후관계는 분명하다고 하겠다.

중국식 간체자와 희미하고 알아보기 어려운 한자가 많아 독자들이 식별하기 어렵기 때문에 필자 나름대로 두문건의 (주요) 내용을 정리해보기로 한다. 판독하기 어려운 부분은 ㅇ로 표기하였다. 경우에 따라 잘못 판독한 부분도 있을 것으로 추정된다. 추후 독자 여러분들의 질정을 바랄 뿐이다.

1) 불령선인(不逞鮮人) 단체 조사표(大正 15년 1월)

단명(團名)	참의부 (參議部)			
구명(區名)	중앙위원제			
명칭	중앙행정부			
급명(級名)	씨명(氏名)	별 명	출신지	연령
참의부장	金希山	金承學	평북 의주	38
행정위원장	桂潭	金嵩	평북 정주	37
직무위원장	朴桂秀	李根ㅇ	평북	48
직무위원겸 사법위원장	桂潭	金嵩	평북	37
사판(査判)위원장	金基鉉		평북	31
군무위원장	蔡君仙		평북	35
훈련위원장	金旋風	金正代	(평북)자성	40
군수(軍需)위원장	張基楚	金小夏	평북 강계	28
사령장(司令長)	沈龍俊		평북 강계	31
군수국 비서	李東ㅇ		강계	22
군법국 비서	李正國		강계	30
사령부 서기	禹昌承		평남 성천	32

사령부 부관	劉尙華		평북 금천	25
군무부 비서	李正彬		강계	23
학무부 비서	白時亨		용천	25
직무부 비서	邊昌竹		초산	28
직무부 주임	盧仁煥		선천	48
교통위원	崔煥奎	張武一	선천	31
군법위원	朴應伯		의주	32
학무위원	金東石			56
교통국 주임	金祐一		정주	50
경무국 주임	李夷		정주	45
서무부 주임	鄭在明		정주	29
행정위원 비서	姜運杓		창성	30
참의장 비서	金志涉		의주	30

명칭	지방행정부				
급명(級名)	씨명(氏名) (출신지)	연령	급명(級名)	씨명(氏名) (출신지)	연령
통남(通南)행정위원	金亨根	38	桓西행정위원	車石華	44
서기			서기		
경호원 3인			경호원 3인		
통동(通東)행정위원	李正述	57	輯安행정위원	李榮松(초산)	32
서기	朴客山	32	서기		
경호원 3인			경호원 2인		
집북(輯北)행정위원	卞有珍(선천)	50			
서기					
경호원 3인					

명칭	군사부(軍事部)				
급명(級名)	씨명(氏名) (출신지)	연령	급명(級名)	씨명(氏名) (출신지)	연령
군사위원장	蔡君仙(영변)	35			
사령장	朴應伯(의주)	32			
부관(副官)	劉尙華(삭천)	25			
제1중대					
대장	金昌天	32	부위(副尉)	田龍奎	28
소대장	權承武	25	소대장	金元國	28
소대장	崔在奎	25	특무정사 (特務正士)	吳昌海	30

정사(正士)	張洪玉	37	부사(副士)	李昌允	25
부사	文應善	27	부사	權應泰	28
부사	李玉成	31	참사(參士)	金昌勳	29
참사	○○○	28	참사	文成玉	38
참사	金士鉉	38	참사	金永福	32
상등병	田時義	27	상등병	洪順賢	18
	朴奉浩	17		李昌順	19
	林成山	18		李根河	19
	李光河	22	일등병	朴賢貞	29
일등병	金景浩	38		申賢植	29
	孫益祚	19		嚴達雄	16
	洪桂範	23		嚴炳善	19
	金文化	22	이등병	孫民道	23
이등병	李應道	28		吳炳旋	27
	洪秀河	27		姜日成	25
	李承基	22		朴志道	35
	金中煥	30		尹昌龍	20
	朴成根	25		安成玉	23
제2중대					
제2중대장	金龍永	32	부위	金用之	28
소대장	朴光濟	27	소대장	崔京善	30
소대장	金永代	31	소대장	金昌奎	28
특무정사	金振成	28	정사	康元道	24
부사	梁奉濟	21	부사	李世賢	27
	朴一龍	25		許雲起	20
참사	宋用俊	22	참사	田昌極	27
	金洪杓	20		李正元	30
	金玉○	30	상등병	崔護○	30
상등병	柳永煥	20		康命弘	21
	金用州	35		金乃奉	20
	玄昌梧	20		李光河	23
	李奎賢	25	일등병	劉汗鳳	30
일등병	宋鳳桂	20		田昌龍	30
	金龍洙	25		金龍呈	17
	嚴炳善	32		桂寬熙	22

이등병	趙致敏	35	이등병	朴ㅇ河	27
	朴信國	28		朴炳信	29
	崔用丙	22		安尚俊	27
	孫永浩	29		李佑成	18
	李昌學	17		孫鳳道	19
	朴昌模	21		朴致善	30
제3중대					
제3중대장	金昌彬	30	부위	金庚成	32
소대장	金希善	28	소대장	車東勳	27
	金觀澤	27		朴基範	28
특무정사	柳寬一	20	정사	李正洙	27
부사	李命根	23	부사	朴昌洙	20
부사	金昌周	20	참사	崔宋奎	19
참사	金尚周	32		金龍學	31
	金炳學	31		金炳河	23
	金尚浩	27	상등병	朴熙善	27
상등병	元成權	26		金丙浩	22
	金洪錫	23		李文五	25
	李昌錫	27		金炳述	21
일등병	金龍雲	27	일등병	趙邊零	25
	徐永敏	27		安錫周	28
	黃成海	29		朴太鳳	20
	李ㅇ河	20	이등병	朴龍ㅇ	19
이등병	劉雲豊	17		金世浩	15
	金運河	17		河用浩	18
	尹重河	17		崔玉ㅇ	21
	金在京	27		邊順植	40
	康元勳	22		金正玉	28
	金炳綠	29		金一賢	27
제4중대					
제4중대장	金尚玉	42	부위	金時玉	30
소대장	孫奎桓	22	소대장	金昌	28
	玄成希	25	특무정사	獨孤松	30
정사	李正國	20	부사	黃學鳳	23
부사	孫獻億	28		李太億	18

	金東河	20	참사	韓學彬	31
참사	崔賢五	28		韓國五	22
	李元植	18		李達浩	20
상등병	李河元	23	상등병	金永河	21
	崔承八	28		金永元	19
	趙元方	20		李中周	18
	崔賢世	19	일등병	朴市寶	32
일등병	崔賢浩	36		劉沛弘	17
	李龍伯	15		金成根	19
	金善奎	15		李圭奉	18
	ㅇ子龍	22		崔文俊	32
이등병	安啓植	25	이등병	高玉成	22
	姜昌淑	17		李侲雲	30
	金公雲	19		吳發ㅇ	20
	宋承俊	21		金志道	20
	張雲學	20			
제5중대					
5중대장	金泰浩	22	부위	金 海	22 (退職)
소대장	韓叔應	32	소대장	李宰信	22
	林日益	24		朴東一	28
특무정사	金永浩	21	정사	李顥國	27
부사	金鳳興	26	부사	洪成玉	26
	梁奉浩	32	참사	裵相元	29
참사	趙中恒	30		姜道國	20
	朴昌植	22		金ㅇ季	25
상등병	李明乙	29	상등병	吳興俊	27
	趙明錫	28		李務得	27
	金京奉	21		李東武	28
	崔善浩	17		金東根	27
일등병	金東容	22	일등병	金奉俊	29
	姜明京	29		方東河	28
	金用俊	38		金成範	14
	柳永浩	30		金日悅	29
이등병	李碧秀	23	이등병	金用三	25

	金昌億	28		金玉俊	29
	金應億	20		李成舟	18
	宋金贊	18		金昌祖	32
	張龍錫	29		金龍洙	28
	柳昌述	29			
헌병대					
헌병대장	金事明	25	부위	趙ㅇ道	25
부사	林時ㅇ	27	참사	咸益順	20
참사	玄益ㅇ	19	상등병	安炳河	18
상등병	李元模	20	상등병	朴承弼	20

이상 외에 또 헌병대원 45명이 있으며, 조사하여 분명히 밝히지 못한 사실은 현재 조사중이라고 한다.

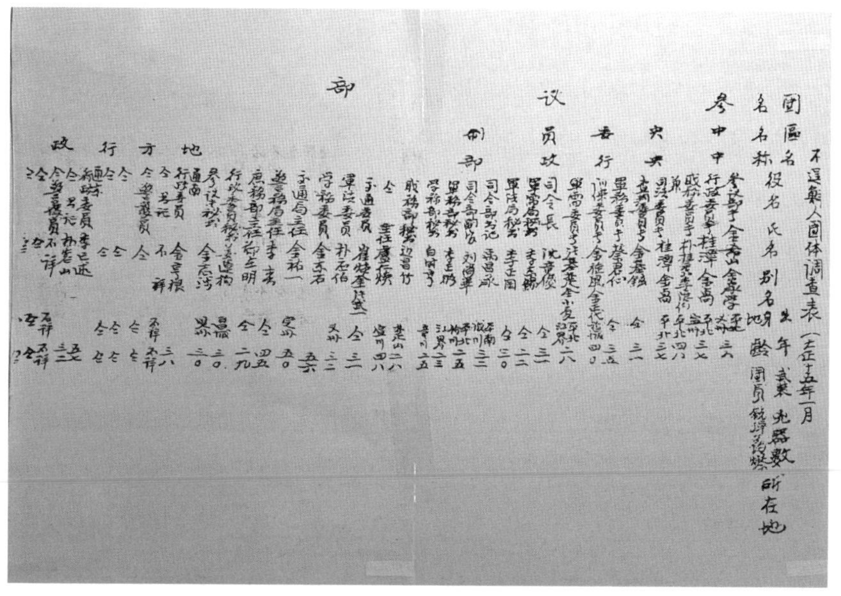
不逞鮮人團体調査表（大正十五年一月）

위의 '불령선인 단체' 조사표 사본(1926년 1월)

위의 문서를 볼 때 우선 눈에 띄는 점은 단체의 명칭이다. '참의부(參議部)'라고 표기되어 있는 점이 주목된다. '참의부(參議府)'라는 이름도 널리 알려졌지만, 참의부(參議部)라는 이름도 널리 쓰였음을 시사한다.

우선 참의부 중앙행정부 인사들의 출신 지역을 보면 강계 출신 인사가 5명, 정주 출신이 4명, 의주 출신이 3명으로 파악된다. 이들은 평안북도라는 거의 동일한 지역 출신이란 지연을 바탕으로 중국에 이주하여 한인 사회를 영도한 것으로 조사된다.

위의 군사부(독립군-필자) 명단 가운데 같은 이름이 김용수(金龍洙)·이광하(李光河) 등 2명이 나오는데, 이광하(1중대 22세, 2중대 23세)는 같은 사람으로 추정된다. 다만 김용수(2중대 25세, 5중대 28세)는 동명이인일 가능성도 있다. 이광하를 중복인물로 본다면 위 문건에 기재된 참의부 독립군 장병은 모두 223명으로 파악된다. 최연소자는 14세인 5중대의 김성범(金成範) 일등병이다. 어린 나이지만 벌써 일등병 계급을 달고 있는 점이 매우 인상적이다. 또 제1중대의 엄달웅(嚴達雄) 역시 16세지만 일등병으로 편제되어 있고, 3중대의 김세호(金世浩) 역시 15세로 일등병, 4중대의 이용백(李龍伯)·김선규(金善奎) 또한 15세에 불과하지만, 나란히 일등병으로 편제되어 있는 것을 확인할 수 있다. 반면 최고령자는 제4중대장 김상옥으로 42세였다.

이들 장병의 나이 분포를 조사해보면 10대 병사 39명 17.5%, 20대 141명 63.2%, 30대 41명 18.4%, 40대 2명 0.9%로 파악된다. 10대 병사의 비중이 상당함을 알 수 있다. 그 이유를 여러 가지 들 수 있겠지만, 참의부에서 일정한 나이와 자격이 되면 참의부 업무와 군사부 업무에 참가하도록 의무를 강제하는 동원령을 실시했기 때문이 아닌가 한다. 나이 어린 10대 병사들은 직접 전투에 참가했다기 보다는 연락과 통신, 행정지원 업무 등 보조적 역할을 수행했을 것으로 보인다.[20] 이같은 10대 병사들의 각

---

20 신주백 박사 역시 이 자료에 대해 "독립군의 말단 병사까지 편제와 이름 등을 기록한 자료가 공개된 적이 없어 독립군에 어떤 이들이 참가했는지를 알려주는 사료"라고 평가하는 한편, "소년들은 연락병 등으로 활약했을 가능성이 높다"고 말했다(『동아일보』 2008년 2월 28일자 기사 참조).

중대 소속과 편제, 분투는 만주 독립군의 고난에 찬 눈물겨운 활동상을 말없이 증거하고 있다고 하겠다.

한편 위의 조사표를 보면 한창 때인 20대가 가장 많은 비중을 차지하고 있다. 험악한 조건에서 생명을 무릅쓰고 싸워야하는 독립군 병사들이었기 때문에 혈기왕성한 20대가 큰 비중을 차지하는 것은 당연한 일일 것이다. 특징적인 사실은 나이가 많다고 해서 계급이 높은 것은 아니라는 점이다. 당연한 일이겠지만 참의부의 주요 행정직과 군사부 장병들의 직책·직급 선정과 부여는 나이와 학력, 사회경력, 입대 후의 경력, 기타 특수한 조건이 반영되었을 것으로 추정된다.

또한 위의 참의부 군사부의 편제를 보면 구 대한제국군의 편제와 일본군 편제를 적절히 융합하여 구성한 것 같다. 구한국군은 장교급으로 정장·상장·참장, 정령·참령, 정위·부위 등의 계급으로 구분하였고, 특무정사, 참사 등의 하(부)사관 계급도 두고 있었기 때문이다. 이러한 편제는 이후의 조선혁명당, 국민부, 조선혁명군 체제에서도 거의 그대로 계승된다고 하겠다.

2) 선비(鮮匪) 참의부(參議府) 상황(狀況)

(1) 선비 참의부(參議府)의 근거지

주요사항은 다음과 같다. 다만 근거지를 (정확히 알기) 어려운데 관헌의 취체(취체 : 단속 – 필자)를 두려워하여 항상 흩어져 있으며, 이동하기 때문이다.

본부	집안현	花甸子
제1중대	집안현	楡樹林子 台上, 頭道溝, 二道溝裡, ㅇ子溝
제2중대	집안현	磊子溝, 大鏡溝, 志荒溝, 古馬嶺
제3중대	환인현	성내 頭道溝, 二道溝, 上漏河, 下漏河
제4중대	집안현	花甸子, 鶯台溝
제5중대	통화현	通南 大泉眼, 通南 등지

(2) 참의부(參議府) 수령 인명 주만육군참의부(駐滿陸軍參議府) 행정위원

직 무	성 명	변명 · 별명 (變 · 別名)	연령	원 적 지
참의장	尹成佐	尹自岩, 尹座善	63	
행정위원 겸 사법위원	李寬鎭			
군법위원 대리	朴鏞彬	朴松雨, 朴應伯	30	
군법비서	禹鐵鳳	禹成昌	30	
군수위원	張基楚	金篠夏, 金春溪	30	평안북도 강계군
군무위원	蔡君仙		30	
재무위원	朴賢五			
학무위원	金伯賢			
훈련위원	金旋風	金連海, 金虎林	40	평안북도 강계군
군무부 비서	金東明		33	
헌병위원	沈龍俊	沈ㅇ山	35	
헌병부 부관	趙龍道		27	

무력대(武力隊) 중요간부

직 무	성 명	變 · 別名	연령	원 적 지
제1중대				
중대장	金昌天		33~34	경상도
	金基鉉	金玉溪	40	평북 강계
소대장	田龍奎		30(이상)	강계
	金元國		25	위원
	權承武		30	강계
	韓用義		25~26	
	金用三		25	
제2중대				
중대장	金龍澤		33	
경리	金國明	金振舞	30	평북 벽동군
소대장	韓光山		25~26	
	崔京善	崔仲善, 崔致一	26	
	金昌均		30	
	金承化	金承河	30	평북 삭주군
	趙能道			
제3중대				

중대장	金昌彬		27	
경리	劉光硯	劉光奉	34	
소대장	朴基範		25~26	위원군
	車定楚	車東勳		초산군
	金得成		26	평안남도 영원군
	金義善			
제4중대				
중대장	金尙玉	金尙沃, 金學鳳	30	평북 초산
경리	獨孤松		30(이상)	위원군
소대장	高在鶴		30	의주군
	宋時玉		30	위원군
	玄成熙		30	의주군
	金明			
	金基弘		21	위원군
제5중대				
중대장	金庚浩	金碩祚, 金○波	40	위원군
소대장	朴東日		35	
	金佃		34~35	
	李宰信		25~26	경기도 경성(京城)
	林一錐	林日權	27~28	
	韓權雄	李秉俊	30	위원군

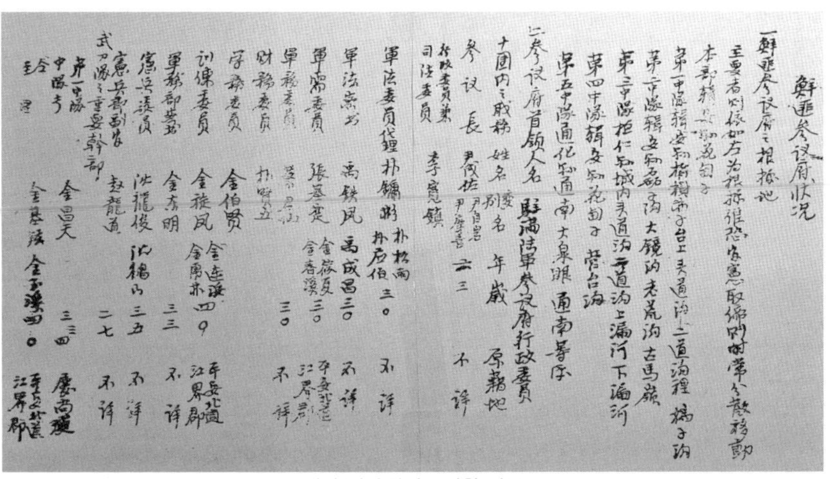

鮮匪參議府狀況

一 鮮匪參議府之根據地

二 參議府首領人名 駐滿陸軍參議府行政委員

國內之職務	姓名	別名	年歲	原籍地
參議長	尹義佐			不詳
司法委員	李寬鎮			
軍法委員代理	朴鏞		三○	不詳
軍法處長		高成昌	三○	不詳
財務委員				
學務委員	金伯賢			
訓練委員			四○	
軍務部	金秀明		三三	不詳
憲兵隊長	沈龍俊		三五	不詳
憲兵部副長	趙龍道		二七	不詳
第一中隊長	金昌天		三四	

위의 '선비 참의부 상황' 사본

(3) 전항(前項) 이내 제2중대 편성 인명
(중대장 이하 소대장은 前記 載名함)

직 무	성 명	변명 · 별명(變 · 別名)	연령	본적
부사(副士)	梁法河	梁石圃	30	초산군
	李太善	李東梧	25~26	
	李瑞賢	李光夏	25~26	
	朴在瑞	朴昌秀	25~26	
	張六範		25	의주군
참사(參士)	朴東日		25~26	
	金吉甫		26	
	金學奎		25~26	
	朴應道		24~25	창성군
	朴應西		24~25	
	金炳洙		23~24	벽동군
상등병	姜成玉		24~25	
	李信元		27~28	
	元貞俊		24	
	安石周		20	
	朴君周		30	초산군
	李永山		20	
	金化洙		23	벽동군
	安錫周		20	벽동군
	安士弘		23~24	벽동군
	李熙武		22~23	초산군
	金右京		26~27	영원군
	崔桂華		27~28	
병졸	金吉甫		22	
	金官淳		22	벽동군
	金秀河		20	초산군
	金弘成		22~23	
	李奉國		24	초산군
	李ㅇㅇ		19	
	崔桂能		27~28	
	安慶贊		20	
	李陳桂		23	희천군

※ 기타 20여명 성명 不詳

(4) 산재 선비(鮮匪)의 성명

이하 아래에서 행정부 및 무력대 중요간부, 현재 직무 등을 열거함(이하 생략)

(5) 연락 선비의 상황

참의부(參議部) 지방행정위원(전에는 지방총관[地方總管]이라 칭함)

(6) 선비 병원

(7) 선비 학교(교장 金海雲)

(8) 선비 피복제조소

(9) 참의부의 무기 탄약 보충상황

(10) 통신 연락의 상황

(11) 자금징수 상황

(12) 중대 응비부책(應備簿册, 중대에서 마땅히 갖추어야 할 장부)

군적부(軍籍簿), 자금수입부, 현금지출부, 내역부(內譯簿), 공문수입부(公文收入簿), 공문발송부, 피복부, 징모부(徵募簿), 빈안부(賓案簿, 손님접대부), 식상책(食床册), 일지(日誌), 창계부(槍械簿, 무기 장부)

(13) 금기(今期) 결빙중(結氷中) 계획

(14) 단원 탈주방지 계책

대정(大正) 14년(1925년-필자) 10월 유수림자(楡樹林子) 참의부 본부에서 단원 귀순방지 계책회의를 개최함. 평소에 병사들로 하여금 무기를 휴대하지 못하게 한다.

이상의 문서는 일본 영사관측의 정보제공을 토대로 중국 지방관헌 당국에서 작성했을 것으로 판단된다. '불령선인'이란 말 대신에 '선비('조선 비적떼'라는 얕잡아보는 뜻-필자)'라는 비칭을 쓰고 있는데, 일제 치안당국에서 만주 항일투쟁세력을 '선비'라고 폄하하기도 했지만, 중국 관헌도 이 말을 쓰기도 하였다. 이 문서 역시 중국 공산당정부 수립 이후인 1950년대 중·후반 이후 원문서를 필사한 것으로 추정된다. 그것은 의(议→議의 간자), 봉(凤→鳳의 간자) 등의 간자체(簡字體) 한자가 보이기 때문이다.

주목되는 사실은 한 문서에서 '참의부(參議府)'와 '참의부(參議部)' 명칭이 동시에 쓰이고 있다는 점이다. 또 '주만육군 참의부'라는 정식명칭도 보인다. 그리고 참의부 산하 독립군의 명칭이 '무력대'로 표기된 점 역시 새로운 사실이다.

참의부의 주요 근거지, 중앙행정부 주요 간부의 인적 사항, 무력대(독립군) 주요 간부 이름, 그리고 제2중대 편성인명, 참의부 산하 병원과 학교, 산하 독립군의 피복제조소, 무기·탄약 보충상황, 통신 연락 및 자금징수 상황, 중대에서 갖추어야 할 장부와 단원 탈주방지 계책에 이르기까지 참의부의 전반적 상황을 알 수 있는 주요 문서라고 할 수 있다.

5. 자료의 성격과 가치, 추후의 과제

1919년 거족적으로 전개된 3·1운동의 결과로 성립된 상해(上海) '대한민국임시정부' 직할 독립군 부대로 승인받고 활동한 점은 참의부 조직의 가장 큰 특징으로 알려져 왔다. 당시 만주에서 난립한 각종 독립운동 조직이 3부(정의부, 참의부, 신민부)로 통합될 때 임시정부 봉대를 표방하고 남만주의 압록강 중류 일대에서 활약했다. 의병계열의 복벽주의 이념이 아닌 3권 분립 체제를 지향한 '공화주의' 이념 지향 민족운동 단체로서 그 의의가 크다고 하겠다. 이러한 사실은 소개자료 2로 다시 한번 재확인되었다.

〈자료 2〉 맨 끝의 '2중대 제1호 포고문'은 1926년 1월 초 열린 참의부 중추회의 제2회 정기회의에서 의결을 거쳐 계엄령을 발표한 내용을 담고 있다. 정해진 법률을 위반하는 경우 사형에 처한다는 매우 엄중한 내용을 각 구의 행정위원들에게 통보한 것이다. 참의부 군사령부, 특히 중대장이 매우 강력한 권한을 갖고 있었음을 시사하고 있다. 더욱 주목되는 사실은 각구 행정위원 앞으로 보내는 제2중대장 김용택의 '계엄령 발포사건' 공문 1호의 끝에는 "대한민국 8년(1926년-필자) 1월 2일 육군 제2중대장 김용택" 이라고 쓰여있어 참의부가 임시정부를 봉대한 무장세력이었다는 사실을 확고하게 증명하고 있다. 이 결의는 1925년 10월 참의부 본부(輯安縣 楡樹林子 소재)에서 단원들의 귀순 및 도주를 방지하기 위한 대책을 논의하고 관련 후속조치를 강구한 결과로서 발표된 것이었다. 이러한 사실은 아래의 문서(사진 참조)로 확인할 수 있다.

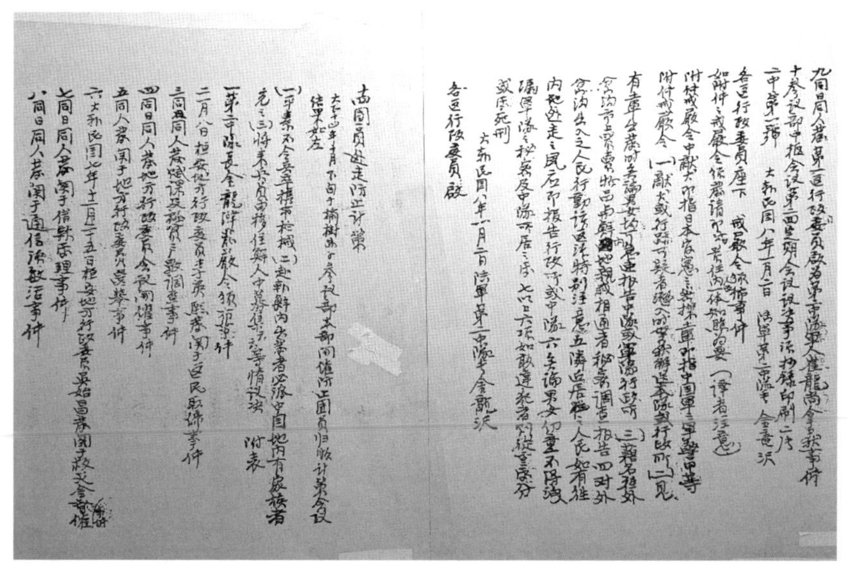

참의부 2중대장 김용택의 '계엄령 발포사건(發布事件) 제1호 공문(오른쪽)'과 참의부의 단원 도주 방지대책 규정(왼쪽)

참의부의 명칭에 대해서는 '대한민국임시정부 육군주만참의부' 또는 '대한민국임시정부 주만육군참의부', 한자로도 參議府, 參議部 등 두가지 명칭이 병존했었다. 또 한 때 '진동도독부(鎭東都督府)','대한민국임시정부 독판부(督辦府)'로 이름을 바꾸기도 했다.[21] 그러나 자료 2에 따르면 참의부의 정식 명칭은 '주만육군참의부'로 파악되고 있다. 1929년 1월 참의부에서 발표한 국한문 '성명서'에 '주만육군참의부(駐滿陸軍參議府)'로 명기하고 있는 사실을 볼 때[22] 이 문서의 신빙성은 높다고 할 수 있다.

종래의 통설에 따르면 1927년 3월 참의장 윤세용(위의 자료2에 나오는 윤성좌)이 북만주의 하얼빈에서 소집되는 제3공산당 연합대회에 참가하기 위하여 참의장을 사임하자, 임시정부는 김승학(金承學)을 새로운 참의장으로 선임하였다고 한다. 김승학은 임시정부에서 직접 파견한 참의장이기에 초대 참의장이란 설도 있었다.[23] 그러나 1926년 1월 작성한 것으로 표기된 앞의 소개자료 1의 '불령선인 단체 조사표'에는 이미 김승학이 '참의부장'으로 활동하고 있음을 밝히고 있다. 따라서 위의 설이 오류일 수 있다는 사실을 알 수 있다.

위의 자료를 통해 참의부의 자치조직과 군사조직적 성격을 띤 편제를 확인할 수 있다. 즉 참의장, 행정위원겸 사법위원, 사판위원(재판 담당), 군법위원, 군수위원, 군무위원, 재무위원, 학무위원, 훈련위원, 군무위원, 헌병위원 등의 직책은 그것을 증명한다. 중앙행정부(중앙행정위원), 지방행정부(지방행정위원), 군사부, 100가장(家長), 집북(輯北 : 집안 북쪽 담당-필자) 행정위원, 집산(輯山) 행정위원, 환안(桓安) 행정위원 등등의 편제와 직책 역시 마찬가지이다.

---

21 윤대원, 앞의 논문, 120 · 130 · 135쪽,

22 독립기념관 한국독립운동사연구소, 『한국독립운동사사전』(운동 · 단체편) 7, 2004, 35쪽

23 김병기, 앞의 박사학위논문, 52~53쪽.

이 문서를 통해 참의부 의용군(독립군) 편제와 계급구분 역시 새롭게 확인되었다. 사령장－사령관, 부위(副尉 : 현재의 중위 정도 해당), 특무정사－오늘날의 선임하사관, 준위, 주임상사 역할, 부사(현재의 중사 해당), 참사(현재의 하사), 상등병, 일등병, 이등병의 계급구분이 새롭게 밝혀진 것이다. 또한 헌병이 있었고, 군기감찰을 위해 항상 45명을 유지했다는 사실은 독립군의 행실을 견제하여 교민들의 피해를 줄이고자 한 의도로 풀이된다.〈자료 2〉의 참의부 자금 징수상황, 각종 학교와 병원운영, 총기와 탄약, 피복 등 구체적 상황 역시 이 문서를 통해 알 수 있게 되었다.

소개자료 1과 2에 나오는 명단가운데 주목되는 인물로는 아래의 몇사람을 들 수 있다. 먼저 제2중대 참사 김학규(金學奎)가 주목된다. 그는 신흥무관학교 졸업, 동명중학교 교사, 조선혁명군 참모장, 광복군 제3지대장, 1960년에 한국독립당 최고위원을 지냈고, 1962년 건국훈장 독립장을 받은 독립운동계의 중진이다.[24] 다만 이 자료에 나오는 참의부 참사 김학규는 동명이인일 가능성도 있다. 채군선(蔡君仙, 본명 蔡元凱)은 참의부 주선으로 중국 낙양 제3사(師) 사관학교 포과(砲科) 유학, 중국군 장교로 중일전쟁에 참전한 뒤 한국광복군 총무처장 및 제1지대장을 지냈다. 해방 후 육사 제3기 특과 졸업, 국군 제3사단장을 지냈고 준장으로 예편했다. 1968년 건국훈장 독립장이 수여되었다.[25] 심용준(沈龍俊)은 1929년 통합 독립군으로 성립한 민족주의 계열의 조선혁명군 독립군 제3중대장, 조선혁명당 중앙집행위원을 역임하였으며, 1998년 건국훈장 독립장이 추서되었다.[26]

한편 김상옥(金尙玉) 중대장은 독립운동을 전개하다가 일경에 피체, 1930

---

24 국가보훈처, 『독립유공자 공훈록』 제5권, 1988 참조.

25 위와 같음.

26 국가보훈처, 『독립유공자 공훈록』 14권, 2000 참조.

년 일제의 사형집행으로 순국하였다.[27] 참의부 대원으로 활동했던 차명기(車明基)의 아들 차해규 선생은 선친에게 참의부 4중대장으로 활동하던 김상옥 중대장의 이야기를 여러번 들었다고 증언하였다.[28]

이 자료를 통해 1926년 1월 경 참의부 독립군단의 주요 지휘부와 참의부 독립군 조직과 편제, 규모, 참가 병사들의 명단과 나이를 확인할 수 있는 점은 중요한 성과라고 할 수 있다. 특히 일제측 자료인 조선총독부 경무국 보안과의 "소화(昭和) 2년(1927년) 치안상황"은 1927년 12월 경 참의부 독립군이 1중대 35명, 2중대 16명, 3중대 32명, 4중대 29명, 5중대 30명, 총병력 147명이라고 파악했으나,[29] 이 자료에는 223(224)명의 독립군 참가자 명단이 수록되어 있다. 헌병까지 포함하면 268(269)명의 병력을 유지했음이 확인된다. 따라서 조선총독부측이 파악한 시기보다 앞선 1926년 초 참의부 독립군의 전체 규모는 일제측 정보보다 100여명 이상 많았던 사실을 확인할 수 있다. 위의 두 문서에 수록된 1925년 말~1926년 초 참의부 주요 지도자들과 독립군 명단을 통해 이 단체의 중앙조직 규모가 300여명에 달한 사실을 알게 되었다. 또 2년여 동안에 수많은 전투와 이동, 내부 개편 등으로 많은 변화가 있었다는 사실도 알 수 있다.

다만 위의 문서에 나오는 내용은 종래에 알려지지 않았던 새로운 사실을 규명하는 데 중요한 시사점을 제공하고 있지만, 진실로 사실과 부합하는 지의 여부는 추후 철저한 사료비판 작업과 검증을 거친 연후에 비로소 그 가치를 인정받을 수 있다고 본다.

---

27 국가보훈처, 『독립유공자 공훈록』 21권, 2014 참조.

28 2008년 2월 29일 차해규 선생과의 전화통화에서 청취함. 그는 당시 경남 밀양에 거주하고 있었으며, 독립기념관에 차명기의 회고록을 기증하였다.

29 조선총독부 경무국 보안과,「駐滿參議府」,『昭和12年 12月 治安狀況』, 27~29쪽 ; 윤병석, 『독립군사 -봉오동 · 청산리의 독립전쟁』, 지식산업사, 1990, 252쪽에서 재인용.

예를 들면 〈소개자료 2〉의 '선비 참의부 상황' 가운데 제2중대 편성인명에 나오는 참사 김학규가 신흥학교 출신으로 후일 조선혁명당과 국민부, 조선혁명군 그리고 한국광복군 3지대장을 지낸 김학규와 동일인물인지는 확실하게 단정지을 수 없다. 그러나 1926년 초에 작성하였을 것으로 추정되는 이 문서에 나이가 25~6세로 기록되어있어 동일인물일 가능성도 크다. 김학규는 그의 자서전에서 1900년 11월 평안남도 평원에서 태어났다고 술회했기 때문이다.[30] 다만 김학규는 자서전에서 참의부에서 활동한 사실을 언급하고 있지 않아 이 기록의 사실여부를 확실하게 파악하기는 어렵다. 일제측에서 임의로 단정하여 그를 참의부 대원으로 파악했을 수도 있기 때문이다.

또 자료 1에는 참의장 김승학의 나이가 38세로 되어 있지만, 1926년에 그의 실제 나이는 45세였다.[31] 또 자료 2를 보면 참의장 윤세용의 본명과 출신지(원적지 - 경남 밀양 ; 필자)조차 파악하고 있지 못하며, 실제 나이 58세보다 5세 연상으로 파악하고 있음을 볼 수 있다.[32] 이는 일제(영사관) 치안당국과 중국 관헌이 작성한 자료의 한계를 여실히 보여주고 있는 사례라고 할 수 있다. 따라서 위의 문서에 나오는 인물들의 나이 등 인적사항에 대해 추후 다른 자료들과 비교검토하며 그 사료적 가치를 치밀하게 판단할 필요가 있다. 또 자료 2에 따르면 참의부 산하 독립군은 '무력대'라는 이름으로 불리고 있었음을 알 수 있다. 그러나 이 명칭은 고유명사가 아닌 일반명칭으

30 김학규, 「백파자서전」, 『한국독립운동사연구』 2집, 1988, 583쪽 참조.

31 김승학은 1881년 평안북도 의주생으로 호를 希山이라고 했으며, 1921년 상해 발행 『독립신문』의 사장이 되었고, 1965년 별세하였다(한국정신문화연구원, 『한국인물대사전』, 중앙M&B, 1999, 342쪽).

32 윤세용은 1868년 밀양 출생으로 환인현에 동창학교를 설립, 운영한 것으로 유명하다. 후일 대종교에서도 크게 활약하였고, 1925년 참의부의 고마령참변 이후 참의장으로 취임하였으며, 1941년 별세하였다(위의 책, 1406쪽)

로 볼 수도 있다.

이상의 두 당안관 문서를 통하여 참의부 독립군의 인적 구성과 그 특징을 파악할 수 있다. 즉 이들은 거의 대부분 평안도 출신 인사들인데, 특히 평안북도 자성·강계·위원·초산·벽동·창성·삭주·의주·용천 등 압록강변 지역이 원적지인 사람들이 압도적으로 많다. 19세기 말에서 20세기 초에 많은 한국인, 주로 평안도 사람들이 압록강을 건너 서간도지역에 정착하면서 한인사회가 형성되었는데, 위의 명단과 인적 사항을 통해 그러한 사실을 재확인할 수 있다. 다시 말하면 대부분의 참의부 독립군 장병들은 평안북도 지역에서 태어난 이민 1세대 또는 2세대로서 중국으로의 이주와 정착에 큰 어려움을 겪으면서도, 강렬한 민족의식과 애국심을 바탕으로 생명의 위험을 무릅쓰면서도 끈질기게 독립운동을 전개했던 사실을 위의 두 문서를 통해 새롭게 파악할 수 있는 것이다.

중국 동북지역—만주—에서 활동한 독립운동가나 독립군 중 명망가나 주요 지휘관들을 제외한 무명 독립운동가나 사병들은 대부분 이름조차 알려져 있지 않은 경우가 많다. 조국과 민족의 독립과 해방을 위해 일본제국주의 세력이나 중국 군벌세력과 투쟁하면서 신명을 다바쳐 희생하는 등 목숨을 버렸지만 대부분 무명용사인 셈이다. 다행스럽게도 위에서 소개한 두 자료는 지금까지 우리가 알 수 없었던 참의부 주요 인사들과 독립군 장병들의 명단을 일부나마 알려주고 있다. 거의 95년만의 일이다. 어찌 안타까운 일이 아니겠는가!

추후 국내외 연구자들과 위 명단에 나오는 인물들의 후손이나 유족, 일반독자 여러분의 관심과 정밀한 사료비판을 거쳐 위에서 소개한 두자료가 널리 활용되고 재해석되기를 바란다. 그리하여 그동안 규명하지 못했던 새로운 사실을 밝히고 한국독립운동사에서 갖는 의미를 추출하는 데 도움이 되기를 희망해 본다. 하지만 워낙 복사상태가 나쁘고 글자를 알아보기 어려워 활용에는 적지 않은 어려움이 따를 것으로 판단된다.

중국동북(만주) 항일투쟁 세력에 어떤 계층이나 연령의 사람들이 어떤 이념과 성향을 갖고 참여했으며, 어떻게 생활했는지를 밝혀주는 자료는 많지 않은 상황이다. 중국 동북지역 당안관에 이러한 공백을 메꿔줄 자료가 있을 것은 거의 틀림없다. 하지만 연구자 개인 차원의 접근에 의한 자료의 발굴과 활용은 상당한 한계가 있다. 따라서 장기적 안목에서 당안관 자료의 공식적인 활용을 보장할 방안을 마련하기 위한 다각적 지혜를 모을 필요가 있다. 연구자 개인 차원은 물론 관련 학회, 기관, 정부 등에서도 관심을 갖고 모두 해결방안을 모색해야 할 시점이 아닌가 한다.

제3장

광주학생독립운동의 중국 동북(만주)지역 확산과 한인 학생·민족운동 세력의 호응

1. 광주학생독립운동 연구의 필요성

'광주학생독립운동'은 1929년 11월 3일 광주에서의 한·일 학생 충돌과 학생시위를 시작으로 1930년 3월까지 전국적으로, 나아가 해외지역까지 확산·전개된 학생운동을 의미한다.[1] 3·1운동 및 6·10만세운동과 함께 일제강점기 3대 독립운동의 하나로 평가되고 있다. 즉 광주학생독립운동은 1929년 10월 30일 전남 나주역에서 한·일 학생들 간의 충돌이 발단이 되어 11월 3일 광주에서 광주고등보통학교 학생 등 광주지역 학교 중심의 조직적 시위로 발전하였고, 이어 이듬해 3월까지 전국 및 중국 연변(북간도), 만주 등 국내외 각지로 확산된 전국적 학생운동을 가리킨다. 많은 연구자들이 누차 지적했지만, '광주학생운동'을 이제는 "광주지역 학생들이 전개한 국지적(지역적) 운동"이 아니라, "광주에서 시작된 전국적 학생운동"으로 정

---

* 이 글은 필자의 「광주학생독립운동의 해외 확산과 중국동북(만주) 용정(龍井) 지역 학생운동의 전개」, 『중국 만주와 상해임시정부에서 광주학생독립운동 지지 재조명』(개교 100주년기념 학술포럼), 광주서중일고 100주년기념사업회·광주제일고등학교(2019. 5. 10); 「광주학생독립운동 연구와 기념사업의 현황과 과제」, 『학생독립운동에 대한 국제적 시각과 100주년 준비방향』(학생독립운동 90주년기념 국제세미나), 광주학생독립운동기념사업회(2019. 10. 19); 「광주학생독립운동의 중국동북(만주) 지역 확산과 한인 학생독립운동」, 『세계가 지지한 학생독립운동 - 미국, 중국, 일본, 소련, 멕시코, 쿠바』(학생독립운동 90주년기념 국제학술회의), 광주시교육청·재외한인학회 등(2019. 11. 2) 학술회의 발표논문을 수정한 것이다.

1 김성민, 『1929년 광주학생운동』, 역사공간, 2013, 17쪽.

확히 인식하고 그렇게 평가하는 것이 타당하다고 하겠다.[2]

광주학생독립운동의 전개과정은 1929년 10월 30일 나주역에서의 한·일 학생간 충돌부터 11월 광주·목포·나주에서의 항일 맹휴·시위를 1단계, 이 해 12월 서울 학생들의 항일 맹휴·시위를 2단계, 1930년 1~3월 전국, 나아가 만주지역까지 확산된 항일 맹휴·시위를 3단계로 구분하는 것이 일반적이다.[3]

일제하의 한민족 독립운동은 3·1운동을 계기로 1920년대에 이르러 조직화되고 체계화되어 근대적 운동형태의 노동운동, 농민운동, 학생운동으로 촉발되었으며 1930년 전후에 이르러 최절정에 달하였는데, 특히 1929년의 광주학생독립운동은 그 이후의 민족운동을 격화시키는 도화선이 되었다. 따라서 그 의의는 매우 크다고 할 수 있지만, 우리는 그에 상응한 정당한 평가를 하지 못하는 경향이 있다. 특히 해외 학생운동이나 민족운동의 발전과 관련된 내용은 앞으로 더욱 심층적 연구가 필요하다고 하겠다. 최근 '광주학생운동'이 아닌 '광주학생독립운동'의 시각에서 연구하는 성과가 늘고 있다. 필자도 이에 부응하여 '광주학생독립운동'이란 용어를 사용키로 한다. 어쩌면 이 용어가 '광주학생운동'이란 용어보다 '독립운동', 또는 민족해방운동의 성격을 분명히 하는 장점이 있지만, 반대로 학생운동이 갖는 특성과 그에 부합한 개념, 다양한 전개 양상을 제대로 반영할 수 없는 한계가 있

---

2 조동걸, 「광주학생운동의 성격과 역사적 의의」, 『광주학생운동연구』, 한국역사연구회·전남사학회 공편, 아세아문화사, 2000, 291쪽.

3 조동걸(전 국민대 교수)은 다음과 같이 구분하였다. "제1단계는 1929년 10월 30일 나주 통학생의 충돌부터 11월 광주를 중심으로 목포·나주 등지에서 전개된 한일 학생의 충돌과 한국 학생의 시위항쟁을 말한다. 제2단계는 그해 12월 서울의 각급 학교 학생이 봉기하면서 전국으로 확대되어 갔던 것을 말하고(혹은 11월 19일 목포의 시위운동부터 제2단계로 분기할 수도 있다. 격문의 성질이 너무 새롭기 때문이다), 제3단계는 1930년 1월부터 그해 3월까지 제3학기 동안에 전국에서 전개된 시위항쟁을 말하는데, 특히 1월 15일부터는 독립만세운동으로 전개된 것이 특징이었다. 그것이 3월 1일을 전후하여 3·1운동 11주년운동을 겸해서 전개되었고 전국적으로 보통학교 소학교 학생의 참여가 많았다는 것이 특징이다."(「광주학생운동의 성격과 역사적 의의」, 『광주학생운동연구』, 282~283쪽)

을 수 있다는 판단이 서기도 한다.

그러나 필자는 '광주학생독립운동'의 전개 및 확산 양상을 주로 1930년 1~3월에 중국 연변(과거 '북간도'로 부름) 및 만주(중국 동북지방) 전역에서 전개된 학생들의 호응 활동과 관련 단체들의 동향을 개략적으로 검토하고 그 특성과 의의 등을 종합하고자 한다. 이 분야에 새로 주목하는 이유는 우리가 일반적으로 생각하는 것보다 중국 동북지역 한인(韓人) 사회에 미친 영향이 훨씬 컸음에도 불구하고 그에 상응하는 연구가 미진하다고 보기 때문이다. 이에 주로 중국 동북지역(만주)에서의 광주학생독립운동 지지와 동참 사례, 관련 단체의 동향을 중심으로 새롭게 정리, 평가하고자 한다.[4]

2. 광주학생독립운동의 명칭과 연구현황 개관

1929년 말에서 1930년대 초 광주학생운동 당시의 자료를 보면 '광주학생사건'이란 표현이 많고 이후에도 대부분 그렇게 불렀다. 일부 언론에서 '학생만세사건'으로 표기하기도 했다.[5] 하지만 일제강점기에 '광주학생사건'이란 명칭은 지금처럼 1929년 11월~1930년 3월에 전개된 전국적 학생운동을 지칭하는 것이 아니라, 1929년 11~12월 광주에서 발생한 학생운동만을 뜻했다. 따라서 광주 이외의 다른 지역에서 학생운동이 일어나면 언론에서는 "광주학생사건의 여파"란 설명과 함께 그 지명을 따서 '○○학생만세사건'이라 불렀다. 일제측 문서에도 주로 '광주학생사건'으로 나오며, 광주를 비롯한 전국 각지의 학생운동 전체를 아우를 때는 '학생사건'이라 불

4 필자는 2019년 광주학생독립운동 관련 학술회의에서 앞의 3편 소론을 발표하였다. 이 밖에 「광주학생운동에 대한 小考 - 그 평가와 의의」, 『성대신문』 872호(1982년 11월 15일) 및 「광주, 경성 학생사건의 이면과 학생 비밀결사 및 그 계통」, 『월간 독립기념관』(1999년 11월호) 등 관련 소론이 있다.

5 「車載貞 사건으로 參浦검사 광주 출장」, 『中外日報』 1930. 3. 7자 참조.

렸다.[6] '광주학생운동'이란 표현은 1930년대 후반 독립운동 관련 국외 언론에 일부 보이지만,[7] 주로 1940년대, 특히 해방 이후 많이 쓰인 것으로 보인다. 특히 '광주학생독립운동'이란 용어는 1950년대 이후부터 쓰였는데,[8] 1970년대와 90년대의 주요 관련 저작에서 사용되었다.[9]

이밖에 1970년대 후반~80년대 초에 '광주학생민족운동'이 쓰이기도 했다.[10] 최근 이 학생운동 80~90주년에 즈음하여 호남지역 학계를 중심으로 이 용어가 확산되고 있다.[11] 특히 작년 광주에서 개최된 세차례의 90주년기념 학술회의에서는 각각 '광주학생독립운동(5·10)', '학생독립운동(10·19, 11·2)'이라는 대주제 타이틀이 붙었다는 점이 주목된다.

1929년 11월~1930년 3월 전국 각지의 수백개 학교에서 수만명의 학생이 참여한 이 운동에 '광주'라는 특정지역 명칭을 붙이는 것이 과연 타당한가하는 반론도 있다. 차라리 '3·1운동' 또는 '6·10만세운동'처럼 '11·3

---

6 朝鮮總督府 警務局, 『朝鮮の治安狀況』, 1930, 101~105쪽.

7 「宏宏烈烈하든 光州學生運動의 回顧」, 『韓民』(1936. 11. 30.); 한규무, 『광주학생운동』, 독립기념관, 2009, 4쪽에서 재인용.

8 한규무, 『광주학생운동』, 4쪽. 양동주는 『항일학생사』를 청탑출판사에서 1956년 간행했는데(초판), 같은 해에 재간할 때에는 『광주학생 독립운동사』(호남출판사, 1956)라는 제목으로 바꿔 출판하였다. 비교적 일찍 '광주학생독립운동' 용어가 쓰인 사례라고 하겠다.

9 '광주학생독립운동'으로 발간된 주요 저서는 다음과 같다. 광주학생독립운동동지회 편, 『광주학생독립운동사』, 국제문화사, 1974; 김성식, 『일제하 한국학생독립운동사』, 정음사, 1974; 독립운동사편찬위원회, 『독립운동사』 제9권(학생독립운동사), 1977; 광주학생독립운동동지회, 『광주학생독립운동사』, 전일실업(주) 출판국, 1996 등.

10 정세현, 『항일학생민족운동사 연구』, 일지사, 1975; 한정일, 『일제하 광주학생민족운동사』, 전예원, 1981.

11 진동혁, 「광주학생독립운동의 주역 王在一에 관한 새 발굴 자료 연구」, 『동양학』 17집, 단국대학교 동양학연구원, 1987; 김영희, 「광주학생독립운동과 여성의 역할」, 전남대학교 대학원 석사학위 논문, 1997; 이재룡, 「오늘의 시각에서 본 광주학생독립운동」, 『숭실사학』 11집, 숭실대학교 사학회, 1998; 홍석률, 「현장감 있는 광주학생독립운동의 지역사적 접근」, 『호남문화연구』29권, 전남대학교 호남문화연구원, 2001; 윤선자, 「광주학생독립운동 기념사업 평가와 향후 과제」, 『호남문화연구』 43권, 2008; 김재기, 「광주학생독립운동에 대한 재일 조선인들의 지지 운동」, 《재외한인연구》 25호, 재외한인학회, 2011; 김재기·이수경, 「북한에서 광주학생독립운동에 대한 인식: 80년대 노동신문을 중심으로」, 『한국동북아논총』 17권 1호, 한국동북아학회, 2012; 김재기, 「중국에서 광주학생독립운동 지지운동: 상해지역을 중심으로」, 『한국동북아논총』 20권 4호, 2015 등 참조

운동'[12]·'11·3학생운동'[13]·'11·3독립운동'·'11·3학생독립운동'[14] 등으로 부르는 것이 더 좋겠다는 주장도 있다. 정부도 2006년 9월 6일 종래의 '학생의 날'로 지정된 11월 3일을 '학생독립운동기념일'로 공식적으로 명칭을 변경하였다. 이러한 일련의 주장과 흐름을 반영해서인지 작년 11월 3일(일요일) 광주에서 국가보훈처 주관으로 개최한 90주년 기념식 행사는 공식적으로 "제90주년 학생독립운동 기념식"으로 명명되었다.

한편 중국 상해(上海)의 독립운동 단체인 '유호(留滬)한국독립운동자동맹'은 이 학생운동을 '사회혁명'으로 간주했으며,[15] 저명한 독립운동가이자 사회사상가인 조소앙(趙素昻)은 광주학생독립운동을 '광주혁명'으로 규정하여 이채를 띠었다.[16] 선구적 의견으로 유의할 만한 해석이라고 본다. 아직 학계에서 '광주학생운동'이 보편적으로 쓰이고 있어,[17] 명칭문제는 이처럼 많은 논쟁의 여지가 있다. 북한 학계 역시 '광주학생운동'으로 정리된 듯 하다. 2000년대 초까지 북한의 일제강점기 학생운동에 대한 연구성과를 찾아본 바, 『력사과학』에서 6편의 논문을 찾아볼 수 있었다.[18] 특히 계영숙의

12 광주학생독립운동 참가자인 최성원은 『광주학생독립운동사 - 11.3 운동』(대한교과서, 2004)을 발간하였다.

13 김호일, 『한국근대 학생운동사』, 선인, 2005, 237~280쪽 참조.

14 한국역사연구회·전남사학회 공편, 『광주학생운동연구』, 아세아문화사, 2000, 324쪽 및 박찬승, 「11·3광주학생독립운동과 나주」, 『광주학생독립운동과 나주』, 경인문화사, 2001, 9~10쪽.

15 한규무, 『광주학생운동』, 200쪽.

16 한국정신문화연구원 편, 『한국독립운동사자료집 - 조소앙편(1),』, 249~250쪽; 김성민, 『1929년 광주학생운동』, 445쪽에서 재인용.

17 한국학중앙연구원, 「광주학생운동」, 『한국민족문화대백과』; 박찬승, 「광주학생운동」, 『한국독립운동사 사전』 3(운동·단체편 1), 독립기념관 한국독립운동사연구소, 2004, 359~367쪽; 한규무, 『광주학생운동』(한국독립운동의 역사 41), 독립기념관, 2009 및 「'광주학생운동' 관련 명칭의 용례와 의미」, 『한국독립운동사연구』 34집, 독립기념관, 2009; 김성민, 『1929년 광주학생운동』, 역사공간, 2013 등 참조.

18 김상룡, 「위대한 사회주의 10월혁명의 영향하에 전개된 1920년대 말까지의 조선 학생운동」, 1957년 5호; 리종현, 「광주학생운동 - 광주학생운동 30주년에 제하여」, 1959년 6호; 리종현, 「반일 6·10만세시위투쟁」, 1965년 3호; 리종현, 「강좌 : 반일 광주 학생 운동」, 1965년 5호; 원종규, 「일제 침략자를 반대하여 싸운 광주학생운동」, 1979년 4호; 계영숙, 「광주학생운동의 력사적 교훈」, 1989년 4호(이상 『력사과학』 게재).

논문은 1980년 광주민주화운동 이후 씌여졌다는 점에서 그 관련성이 주목된다. 이 논문에서는 일단 '광주학생독립운동'이라는 명칭을 쓰고자 한다.

최근 '광주학생독립운동기념 역사관'의 조사에 따르면 광주학생독립운동에는 국내외에서 모두 320개 학교가 참가한 것으로 조사되었다. 이 가운데 남한지역 학교가 171개, 북한지역 학교가 117개, 간도(현재 중국 연변)지역에서 32개 학교가 참가한 것으로 파악되었다.[19] 종래에는 조선총독부측의 집계에 근거하여 이 기간에 194개 학교(초등 54, 중등 136, 전문학교 4개)의 54,000여 명 학생이 참여했다고 파악했다.[20]

특히 일제측이 파악한 통계가 해방 직후부터 널리 인지되고 있음을 알 수 있는데, 이는 다음과 같은 사실로 확인할 수 있다.

> "3·1운동 이후 일제의 식민지 노예교육을 반대한 학생 중심의 반제투쟁은 1929년의 광주학생사건을 계기로 더욱 치열화하였다. 광주학생사건은 조선 학생반일운동사상 최대의 기록할 사건이었다. 동원 교수(校數) 194교, 학생수 5만 4천, 퇴학처분 582명, 무기정학 2,330명을 기록하였다."[21]

---

19 광주학생독립운동기념역사관 발행 「1929년 학생독립운동 참여 학교」(전남여고 역사관 소장) 참조. 광주광역시 교육청은 이를 토대로 「광주학생독립운동 참가학교 명단」을 공식 발표하였다.

20 朝鮮總督府 警務局, 『朝鮮の治安狀況』, 1930, 74~75쪽. 다만 최근 전국적 참가 규모가 모두 320개 학교에 달한다는 조사 결과가 보고되어 향후 정밀한 검토분석이 필요하다. 상세한 내용은 광주광역시 교육청, 「광주학생독립운동 참가학교 명단」, 16쪽 참조(한규무, 『광주학생운동』, 17쪽에서 재인용)

21 『1948년판 조선연감』, 조선통신사, 1947.12, 15쪽. 이 책은 3·1운동 이후의 학교 맹휴(盟休)사건을 다음과 같이 정리하였다(『1948년판 조선연감』, 15쪽)

연 도	맹휴 건수	연 도	맹휴 건수
1920	20	1928	83
1921	23	1929	78
1923	52	1930	107
1924	57	1931	103
1925	24	1932	33
1926	55	1933	38
1927	72	1934	39

그러나 일제측 자료에 대한 비판적 검토와 활용이 필요하다. 그 중 하나가 광주학생독립운동의 규모 문제이다. 위에서 서술했듯이 일제 당국은 이 기간에 194개 학교, 54,000여 명 학생이 참여했다고 보았다.[22] 그러나 이는 정확한 수치라고 보기 어렵다. 이에 대해 광주시교육청은 광주학생운동 참여 학교를 다시 조사하여 320개로 집계했다. 김성민은 국내에서만 적어도 251개 학교, 간도(중국 연변) 등 해외 학교를 포함하면 281개 학교 이상이 참가한 것으로 파악했다.[23] 현재 대부분의 한국사 개설서는 물론 대부분의 교과서에서는 일제 당국이 파악한 통계를 그대로 인용하여 기술하고 있다. 일본측 자료를 무시하고 광주학생독립운동을 연구할 수는 없겠지만, 좀더 치밀한 검토와 분석이 필요하다고 본다.[24]

지금까지 광주학생독립운동에 대해서는 어느 정도 연구가 진전되어 기본적 사실은 해명되었다고 볼 수 있지만, 아직도 미해결 연구과제가 적지 않다. 홍석률은 "현장감 있는 지역사 서술, 학생운동과 지역 상황에 대한 구체적 형상화, 사건·구조·생활의 종합적 결합"을 주장했지만,[25] 특히 해외에서의 호응이나 지지, 성원 등에 대한 연구는 아직 충분치 않다고 생각된다.

근래의 광주학생독립운동 연구성과를 검토할 때 주목되는 성과는 김성민의 박사학위논문 『광주학생운동연구』(국민대, 2007), 그것을 보완하여 출간한 『1929년 광주학생운동』(역사공간, 2013)이라 할 수 있다. 또 한규무(광주대 교수)의 『광주학생운동』(독립기념관, 2009)도 주목되는데, 이 책은 독립기념관 '한국독립운동의 역사' 총서 60권 중 제41권으로 기획된 것이다. 다만 이 책들은 광주학생독립운동의 해외 확산과 그 영향, 의의 등에 대해서는 충분

22 朝鮮總督府 警務局, 『朝鮮の治安狀況』, 1930, 74~75쪽.
23 김성민, 『1929년 광주학생운동』, 478쪽.
24 한규무, 『광주학생운동』, 17쪽.
25 홍석률, 「현장감 있는 광주학생독립운동의 지역사적 접근」, 『호남문화연구』 29권, 2001.

히 검토하지 못한듯 하다.

종래에 가장 많이 활용되고, 일제 당국의 관점을 충실히 반영한 자료집은 단연 조선총독부 경무국에서 국비문서로 분류하고 내부자료집으로 편집했던 『광주항일학생사건자료(光州抗日學生事件資料)』였다. 이 자료집이 1979년 일본(風媒社, 名古屋)에서 발간된 뒤 전공자들에게 폭넓게 활용되고 있다. 필자도 이 자료집을 주요 자료로 활용하였다. 이밖에 조선총독부 경무국에서 1929년 3월 간행한 자료집이 있는데,[26] 후대에 책 제목을 붙인 듯 하다. 제목이 『한국학생항일투쟁사』로 되어 있기 때문이다.

최근 광주학생독립운동이 국내외에 끼친 영향이 의외로 컸다는 사실이 논증되고 있다. 예를 들면 신한민보는 「림정 김구 선생의 통신」이란 기사 제목으로 김구(당시 국무령)가 1930년 4월 2일 미국의 백일규에게 보낸 편지를 소개하였다. 주요 내용은 "다시금 감축한 것은 수년간 우리 독립운동이 침체 상태에 빠졌던 현상이 광주학생운동으로 기인되어 강경히 진작(振作)됨을 따라 정부의 비용도 가일층 호번(浩繁)한 차시에 그것까지 유념하시고 전자 영수증 받지 못함도 불구하시고 성의를 다하시와 인구세를 또다시 보내주심을 더욱 감격합니다."이다.[27] 이는 미주 한인사회의 적극적 호응과 관련하여 임시정부에 대한 성원도 급증하였음을 알려주는 흥미있는 기사라고 할 수 있다.

근래 중국 연변학계는 광주학생운동 이후 연변지역, 나아가 중국 동북지역 학생운동과 관련 대중운동 등의 확산과 발전은 조선공산당(만주총국, 또는 동만청년연맹), 나아가 중국공산당 만주(연변)조직의 주도로 가능했다는 주장

26 朝鮮總督府 警務局, 『韓國學生抗日闘爭史』, 行政學會 印刷所, 1929(菊版), 137쪽.
27 『신한민보』 1930년 5월 1일자(3면) : 국사편찬위원회 한국사DB(검색일 2020년 8월 15일).

을 지속하고 있어 한국학계의 검토가 필요하다고 본다.[28]

3. 광주학생독립운동의 전개와 전국적 확대

학생운동이란 학생들이 학구생활의 범위를 벗어나 집단적 행동으로 정치, 경제, 사회, 문화 등 각 방면의 현실에 적극적으로 참여하는 조직적인 사회운동이라 할 수 있다.

일반적으로 학생들은 그들이 받은 교육 때문에 인식의 한계와 왜곡현상에 대한 반성을 수행할 수 있는 가장 적절한 사회집단이라 할 수 있는데, 특히 개발도상국가나 저발전 사회에서는 새로운 문화를 담당할 계층이 충분히 형성되지 않았으므로 학생들이 민중의 선두에 서서 전위적 역할을 하는 경우가 많다. 이러한 학생운동은 대내적으로는 근대화를 위한 사회운동·문화운동·정치운동 등으로 나타나며, 대외적으로는 외국의 침략에 대항하는 민족운동의 형태를 취한다.

일제하 학생운동은 외세를 구축하고 민족의 독립을 달성하려는 민족 독립운동의 성격을 띠며, 발전적으로 계승되어 민족운동의 전위적 역할을 하며 일제의 통치책에 정면으로 도전하였다.

1929년 11월 3일에 일어난 광주학생독립운동은 1920년대 민족운동의 결산이라 할 수 있다. 왜냐하면 당시 학생들이 외친 구호가 약소민족 해방, 제국주의 타도, 피압박민족해방 등으로 나타나 3·1운동 때의 이념보다 보다 심화되고 적극적이었을 뿐만 아니라, 자연적으로 전국이나 해외까지 확

28 량환준, 「20년대 후기 재만 조선공산당인들의 활동」, 『연변문사자료』 제4집, 정협 연변조선족자치주위원회 문사자료연구위원회 편, 연변신화인쇄창(내부자료), 1985.11(13~14쪽); 리종홍, 「파란곡절을 겪어온 길 - 동흥중학교」, 『연변문사자료』 제6집, 연변정협문사자료위원회 편, 용정시 기관인쇄창(내부자료), 1988.12; 황룡국 주편, 『조선족혁명투쟁사』, 료녕민족출판사, 1988. 12(109~111쪽); 林海, 「동만지구 '붉은 5월투쟁'의 동인에 대한 연구」, 『중국 조선족사 연구』 2, 박문일 외, 연변대학출판사·서울대학교출판부, 1996(216~217쪽).

대되어 전국 학생운동으로 발전되었기 때문이다.

광주에서 학생운동이 일어나게 된 배경으로서는 곡창지대인 호남지역에 대한 일제의 착취가 가혹하여서 반일감정이 매우 격화되었다는 점과 3·1운동 이후 민족운동의 방편으로 각급 학교에서 조직되었던 독서회의 조직과 동맹휴학의 열풍을 들 수 있다. 그러나 당시의 조선사회 전체가 항일 분위기에 충만해 있었고 학생들의 항일맹휴가 그치지 않고 있었으며, 6·10만세 운동 이후의 식민지 '조선'사회는 세계적 불경기로 전반적으로 침체해 있었다. 또한 학생들의 앞날은 보장이 안되는 절망적 상황 속에서 반일감정이 고조되고 있었기 때문에 자연스럽게 전국적으로 확대되었다.

광주학생독립운동의 맹아(萌芽)는 장재성(張載性) 등이 주도한 성진회(醒進會)와 연구회, 독서회 등의 조직에서 비롯된다. 조선의 독립을 지향하며 사회과학 연구와 식민지 교육체제 반대 등의 방향의식을 가진 성진회는 1927년 3월 경 일단 해체되었지만, 독서회 등으로 발전적으로 계승되었다.[29] 광주고등보통학교에서 동맹휴학 체제가 격화되기 시작한 것은 성진회가 조직된 이후인 1927년 5월 물리·화학교실의 확충을 비롯한 몇가지 요구조건을 내걸고 동맹휴교에 들어가면서 부터이다. 이후 1928년 6월에 본격적인 항일 동맹휴학이 일어나서 그해 10월까지 계속되었다.[30]

이러한 상황이 계속되면서 한국인 학생들과 일본인, 일본학생들 사이의 감정은 점차 격화되어 갔으며 동맹휴학하는 학교와 학생수도 증가하였다.

광주학생독립운동의 기폭제가 된 것은 1929년 10월 30일 광주와 나주 사이 통학생 사이의 민족감정 폭발에서 기인한 한·일 학생간의 충돌사건이

29 한규무, 「醒進會의 조직과 활동에 대한 재검토」, 『한국독립운동사연구』 22집, 2004, 72~79쪽. 한규무는 이 논문에서 '광주학생운동'과 '광주학생독립운동'을 혼용하고 있는데, 광주학생독립운동과 관련하여 성진회나 독서회 등의 역할과 평가가 과장되었다는 입장을 개진하고 있다.

30 이러한 동향에 대해서는 이준식, 「광주학생운동의 전개와 역사적 성격」, 『한국근현대 청년운동사』, 풀빛, 1995, 211~212쪽 및 김성민, 『1929년 광주학생운동』, 143~188쪽 참조.

었다. 이 과정에서 일본경찰과 일본 언론, 일본인들이 편파적으로 처리함으로써 이 사건은 11월 3일 광주학생독립운동으로 확대되었다. 11월 3일은 일본의 명치절(明治節, 메이지 천황의 생일)이면서 동시에 우리의 개천절이기도 했으며,또한 전남지역 양잠(養蠶)의 누에고치(産繭) 6만석 돌파 축하회가 열리는 날이어서 군중이 광주에 운집하였다.[31]

이날 광주 시내 각 학교의 학생들 분위기는 매우 엄중하였다. 마침내 학생들은 11월 3일 광주고보생 몇 명의 충돌을 계기로 일본인 학생들과 정면충돌하였으며, 일부 학생들은 편파보도를 일삼는 광주일보사를 습격하였다. 그러나 일본 경찰의 강력한 제지로 일단 험악한 사태는 수습되었다. 그런데 일경(日警)의 편파적인 한국인 학생들에 대한 검거선풍은 광주시민들을 격분시켰고, 이후 언론기관·신간회를 비롯한 각 사회단체에서도 이를 규탄하고 조사단을 파견하여 진상조사에 나섰다. 한편 이와 같은 사태에 분격한 학생들은 여러 사회단체와 장재성 등의 지원과 지도를 계기로 11월 12일 제2차 시위운동을 전개하였다.[32]

광주고보·광주농업학교 등 한국인 학생들은 외쳤다. 조선 민중이여 궐기하라! 투쟁의 희생자를 우리의 힘으로 탈환하자! 언론·집회·결사·출판의 자유를 획득하라! 식민지 노예교육을 철폐하라! 조선인 본위의 교육제도를 확립하라! 라고.[33] 제2차 학생 시위운동으로 검거된 학생수는 260여 명에 이르렀으며, 광주시내 일반 사회단체에 대하여도 검거선풍이 불어 사회단체 간부 160여 명이 구속되었다.[34] 광주시와 조선총독부 관계 당국은 광주

31 광주학생독립운동동지회, 『광주학생독립운동사』, 1996, 82~83쪽.

32 광주학생독립운동동지회, 위의 책, 82~103쪽 및 장세윤, 「광주학생운동에 대한 小考 - 그 평가와 의의」, 『성대신문』 872호(1982. 11. 15), 5쪽.

33 광주학생독립운동동지회, 앞의 책, 95~96쪽.

34 『동아일보』 1929. 12. 28자 호외.

시내 중등교육기관에도 휴교조치를 내리고 이 해 12월 말까지 일체의 보도 금지령을 내렸다.[35]

1929년 11월 3일 광주에서 일어난 항일학생운동은 몇차례 간단히 동아일보·조선일보 등 신문에서 보도되었을 뿐, 한국인이나 학생들에게는 잘 알려지지 않고 있었으나, 입에서 입으로 점차 전파되어 전국적 항일민족운동으로 승화되었다.

광주학생독립운동의 전국적 파급의 요인으로서는 신간회를 비롯한 전국적 규모의 사회단체가 서울 및 지방의 학생층 및 학생들의 비밀결사와 밀접한 관련을 갖고 활동하고 있었으며, 당시 질적·양적으로 큰 발전을 이룩한 노동운동과 농민운동의 영향, 그리고 1920년대에 격화되어온 전국 각지의 항일학생 맹휴 투쟁의 기반이 있었다는 점을 들 수 있다.[36]

광주학생독립운동은 처음에 전남지역에 먼저 파급되었고, 점차 전국적으로 항일학생운동을 전개시키게 하였다. 광주를 발화점으로 전국 및 해외까지 번진 대규모 항일학생운동은 1934년 봄에 가서야 겨우 조용해졌다. 광주학생독립운동 직후 일제측이 파악한 항일투쟁 참가 학교수는 소학교 54개교, 중학교 1백 36개교, 전문학교 4개교였고, 참가 학생수는 5만 4천여 명, 피검자(被檢者) 1천 6백 42명, 무기정학 2천 3백 30명, 퇴학처분 5백 82명에 이르렀다.[37] 가히 3·1운동 이후 최대의 항일민족운동이라 할 만 했다. 특히 광주에서 전국으로, 나아가 해외까지 확대된 점이 더욱 주목된다.

동아일보는 이러한 현상을 주목하고, 「전 조선에 파급된 학생사건」이라는

35 광주학생독립운동동지회, 앞의 책, 98~100쪽.

36 김성민, 『1929년 광주학생운동』, 473~489쪽.

37 「光州學生事件」, 『最近に於ける朝鮮治安狀況』, 조선총독부 경무국 편, 1933년; 巖南堂書店 1966년 復刻, 92~94쪽 및 박찬승, 「광주학생운동」, 『한국독립운동사사전』(운동·단체편) 3, 독립기념관, 2004, 367쪽.

특집기사로 전국적 파급상황을 대거 보도하였다.

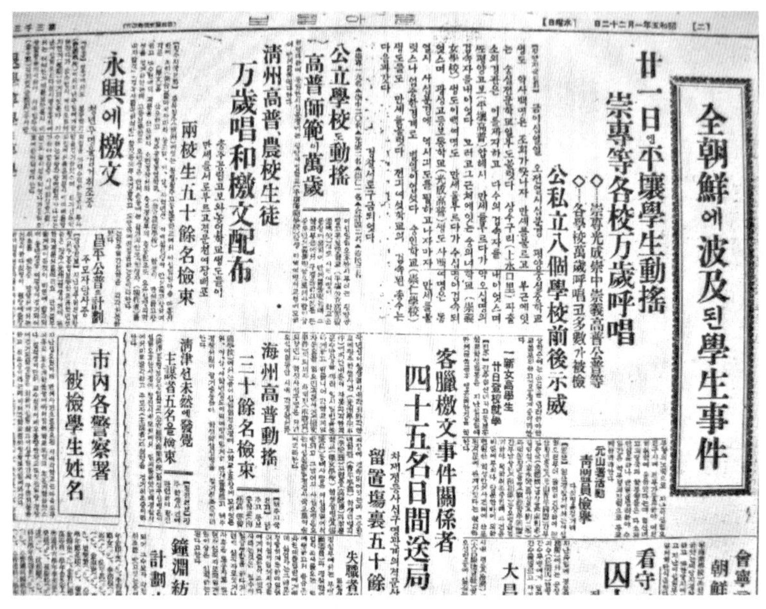
全朝鮮에 波及된 學生事件

廿一日에 平壤學生動搖
崇專等各校万歲呼唱

◇…崇專光成崇中崇義高普公普等
◇…各學校萬歲呼唱코多數가被檢

公私立八個學校前後示威

公立學校도動搖
高普師範의萬歲

清州高普, 農校生徒
万歲唱和檄文配布
兩校生五十餘名檢束

永興에檄文

客臘檄文事件關係者
四十五名日間送局
留置場裏五十餘

海州高普動搖
三十餘名檢束

清津在未然에發覺
主謀者五名을檢束

市內各警察署
被檢學生姓名

위 보도 동아일보 신문기사(1930.1.22, 2면)

광주에서 발발한 지 거의 두달 반 뒤인 1930년 1월 하순 경 평양과 함흥, 회령, 해주 등 북한 지역과 전북 고창·전주, 경남 진주, 서을 등지 각 학교로의 파급과 확산을 비교적 상세히 보도하고 있는 사실을 확인할 수 있다.

4. 광주학생독립운동에 대한 일제 당국의 인식과 문제점

1929년 11월부터 이듬해 3월 초까지 전국 각지와 해외에서 학생운동이 전개되자 이에 당황한 조선총독부 당국은 학생운동의 현황을 파악하고 이를 탄압하기 위한 각종 대책마련에 부심하게 되었다. 이러한 일제 관헌측의 광주학생독립운동에 대한 인식과 대응상황을 일목요연하게 보여주는 자료가 있어 간단히 핵심내용만 소개하고자 한다. 바로 「광주, 경성(京城) 학생사건의 이면(裏面)과 학생 비밀결사 및 그 계통」이라고 하는 조선총독부 경무국의 비밀 보고서이다.

그동안 광주학생독립운동이 실상에 비해 별로 부각되지 못한 주요한 원인 중의 하나는 조선총독부 관헌들의 과장과 진상왜곡이라고 할 수 있다. 즉 일제 당국은 광주학생독립운동을 '광주학생사건'으로 평가절하하며, 공산주의 운동의 사주를 받은 '단순한 좌익계 사건'으로 매도했던 것이다. 일제 식민지 통치의 모순에 저항하고 투쟁하는 대다수 학생들의 주체적 의지와 독립운동을 부정하고, 공산주의자들과 그 조직이 순진한 학생들을 선동하여 대규모 '학생사건'을 일으켰다고 단순화한 것이다. 그러나 이는 실제 이상으로 매우 과장된 평가라고 하겠다.

위 보고서의 결론은 다음과 같이 광주학생독립운동을 평가 절하하고 있다.

> "소화(昭和) 3년(1928년-필자) 11월 대구 및 경성(京城) 동맹휴교의 배후에는 고려공산청년회의 지도에 의한 학생 비밀결사가 있고, 이번에 발발한 광주 및 경성학생사건의 배후에도 역시 마찬가지로 비밀결사가 있어서 순진한 학생을 사주·선동하며, 평소 품고있던 (공산)주의의 일단(一端)을 실제화하려고 시도함으로써 일반 학생들은 다만 꼭두각시가 되어 동요하는 데 지나지 않는 것으로 판명된다. 그러나 조선공산당 및 고려공산청년회의 지도에 의한 학생비밀결사가 공산당원 지도하에 조선내 각지 중등학교에 조직되고 있지 않다고 판단하기 어려우므로 장래에 더욱 주의와 경계를 필요로 한다."[38]

이러한 시각은 일제 정보자료에 거의 일방적으로 나타나는 내용이라고 할 수 있다.[39] 그러나 이와 달리 이 보고서의 맨 끝에 딸린 별지에는 광주학생

---

38 「광주, 京城 학생사건의 裏面과 학생 비밀결사 및 그 계통」, 독립기념관 소장. 이 보고서는 1986년 독립기념관건립추진위원회의 일본지역 자료수집위원회에서 입수한 것이다. 표지와 차례를 제외한 실제 분량은 66쪽이지만, 한쪽에만 面(쪽)수를 인쇄하여 모두 32쪽으로 표기되어 있다.

39 다른 자료도 이와 비슷한 시각을 보이고 있다(朝鮮總督府 警務局 編, 『光州抗日學生事件資料』, 名古

운동이 좌익계열의 사주를 받아 일어난 운동이라는 충분한 증거가 별로 보이지 않는다. 즉 이 보고서에 딸린'학생사건 공개 대연설회'의 비라에는 단지 "광주사건의 정체를 폭로하라! 학생의 구금을 무조건 석방하라! 경찰의 학교 유린을 배격하라! 폭악한 경찰정치에 항쟁하자! 우리 자제들의 희생을 묵시할 것인가!" 등의 구호가 적혀 있을 뿐이다.[40]

따라서 우리는 보다 냉정하고 비판적 시각에서 검토할 필요가 있다. 일찍이 동아일보사에서도 조선총독부 당국의 이러한 왜곡의 문제점을 지적하고 조선통치의 방침을 시정할 것을 주문하기도 하였다. 아래에 그 내용의 일부를 예시한다.

> " 一 光州事件은 山梨總督事件, 大邱事件과 아울러 今日 正午에 마침내 解禁되었다. 비록 늦었다하여도 아니한 것보다는 좋은 일이다. 그 中에서 光州事件은 애초부터 揭載를 禁止하지 아니하였던들 이처럼 紛糾하고 深刻한 學界의 大波瀾-아니다, 全朝鮮的 大波瀾을 惹起하지아니하고도 말았을 것이니 이번 光州事件이라는 이름으로 總稱되는 一群의 事件이야말로 當局의 言論壓迫에 대한 정門의 一大痛棒이라고 아니할 수 없다. (중략) 三 警務當局의 意見은(그는 곧 總督府의 意見을 代表하는 것으로 볼 수 밖에 없다) 주로 學生間의 些少한 衝突을 利用한 一部 共産主義者及 其他 不穩分子의 煽動의 結果로 돌리는 듯 하다. 이야말로 오직 이 事件에 對한 根本的으로 誤謬된 解釋일뿐더러 朝鮮民族의 思想感情을 根本的으로 誤解하는 것이라고 아니할 수 없다. 第一로 光州高普生이 奮起함이 決코 一時的인 民族感情의 疏隔에서 올 것이 아니요, 第二로 그 후에 繼續하여 일어난 各地의 朝鮮學生運動이 決코 共産主義 其他 外部의 煽動者의 策動에 依한 것이 아니라 하는 이 兩個 根本命題를 正確하게 把握함이 必要하거늘 當局은 이 根本的인 점에서 이른바 重大한 認識誤謬를 犯하고 있다. (중략) 六 이번에 共産主義者 其他 煽動家의 策動 有無는 司法機

屋 : 風媒社, 1979, 56~59쪽 참조).

40 장세윤, 「광주, 경성 학생사건의 이면과 학생 비밀결사 및 그 계통」, 『월간 독립기념관』, 1999년 11월호 참조.

關의 調査結果를 기다려서야 判明되려니와 假使 있다 하더라도 그것은 一枝葉問題에 不過하는 것이다. 朝鮮 全學生界가 一部 共産主義者의 策動으로 이처럼 動한다면 그야말로 大問題일 것이나 이것은 甚히 朝鮮에 關하여 無知한 者의 錯覺이다. 朝鮮人에게 自然한 地位와 自由로 意思와 感情을 發表할 機會를 아니 준 것이 이번 事件의 根本原因인 것을 大悟하여 當局된 자 마땅히 猛省함이 있을 것이다."[41](밑줄은 필자)

일제 당국에서 한일 학생간의 충돌을 일부 공산주의자 및 '불온분자'의 선동 결과로 돌리는 것은 근본적으로 잘못된 해석이며, 조선인(한국인-필자)들의 사상과 감정을 오해하는 것이라고 그 본질을 지적하고 있다. 또한 조선인들에게 어울리는 지위를 주지 않고, 자유롭게 의사와 감정을 발표할 기회를 주지 않은 것이 이번 사태의 근본 원인이라고 애둘러(?) 지적하고 있다. 다만 근본적인 일제의 식민지 지배정책과 탄압의 문제점을 지적하고,'조선(인)'의 독립과 자유 쟁취 의지를 천명하지 못하 것은 제도권 언론의 한계라고 판단된다.

5. 광주학생독립운동의 중국 연변지역(간도) 확산과 한인 학생·단체들의 호응

1929년 12월 25일 발행된 중국공산당 중앙의 기관지『홍기(紅旗)』64기(期)는 '조선 투쟁소식'을 제목으로 하여 광주학생독립운동 소식을 상세하게 보도하였다. 특히 이 잡지는「환영조선적(歡迎朝鮮的) "5·30"(조선의 "5·30"을 환영한다)」는 평론을 게재하여 "이 위대한 사변은 '조선의 전 민족 해방운동의 정식 대폭발이다"라고 매우 높이 평가하고, 중·일·한 노동대중이 연합하여 일본제국주의를 타도하자고 호소하는 등 적극 호응·격려하는 모습을

41 『동아일보』1929.12.29자 1면 사설.

보였다.[42]

이 잡지는 또 1930년 1월 1일에 발행된 66기에 「타도일본제국주의! 한국독립만세!」라는 제목의 장문의 평론을 게재하여 광주학생독립운동을 적극 성원, 지지하였다. 특히 위 평론은 "한국의 형제들, 투사들은 고립된 것이 아니다, 중국·일본·소련, 나아가 전 세계의 혁명군중들이 투쟁에 함께할 것"이라고 적극 지원하는 내용을 담고 있어 매우 주목된다.[43] 또한 1930년 2월 1일 중국공산주의청년단 중앙집행위원회는 「원조 조선혁명선언」을 발표하고, 광주학생독립운동에 대한 적극적 지지와 성원을 표명하였다. 같은 해 2월 5일 중국공산당 만주성위원회 역시 제9호 통고를 통해 조선혁명운동의 열렬한 원조, 특히 조선독립운동 원조의 확대를 표명하였다. 이에 따라 3월 1일 '한국독립기념일'에 시위활동을 전개하기로 했는데, '한국혁명운동의 원조'를 중심구호로 하기로 결정하였다.[44]

이러한 중국공산당 중앙과 청년 관련 단체, 만주성위원회 등의 방침, 그리고 조선공산당 만주조직과 민족주의계열 단체 등의 주도로 1930년 초 중국 연변지역과 중국 동북지역 여러 지역에서 광주(조선)학생독립운동에 대한 호응과 이에 연계된 각종 시위나 항일투쟁 등이 전개되었다. 1930년 3월 1일 전후의 세칭 '제3차 간도공산당' 사건, 같은 해 연변 지역의 '붉은 5월 투쟁'과 같은 반제반봉건투쟁 역시 이러한 광주학생독립운동의 파급과 확산의 연장선 상에서 해석·평가될 수 있다.

1) 용정 학생들의 광주학생운동 지지와 시위운동

중국 본토인 관내(關內) 지역과 동북지방(만주)에서 광주학생운동에 동조하

---

42 石源華·蔣建忠 編, 『韓國獨立運動與中國關係編年史』上, 社會科學文獻出版社, 2012, 378~381쪽.

43 石源華·蔣建忠 編, 위의 책, 387~388쪽.

44 石源華·蔣建忠 編, 위의 책, 392쪽.

는 학생시위가 가장 활발하게 일어난 지역은 연변지역(북간도)이었다. 이곳은 19세기 후반부터 한민족의 이주가 활발했고, 20세기 초부터 각종 민족운동이 치열했던 지역으로 많은 한인들이 집거하는 지역으로 각종 근대학교가 세워지고, 민족교육운동도 활발히 전개되고 있었다.

특히 1920년대 후반 연변지역에서 한인들이 가장 많은 비율로 거주하고 있던 용정(龍井)에는 대성·동흥·은진·영신·명신여학교·광명학교(1925년 '영신중학'에서 개명) 등 중등학교가 6개소나 되어 학생들이 많았는데, 사회단체와 연계되어 학생운동이 고양되고 있는 상황이었다.[45] 특히 이 지역 사회주의 단체의 연계와 지원이 컸다.[46] 심지어 대성·동흥 두 중학교는 1920년대 후반~30년대 초 '공산주의 사상의 온상'이라고 불리기까지 했다.[47] 실제로 광주학생운동 발발 직후인 1929년 12월 26일 '재동만(在東滿) 조선인청년총동맹'에서는 용정의 동흥학교·대성학교에 시위를 촉구하는 전단을, 1930년 1월에는 고려공산청년회 만주총국에서 대성학교에 국내의 시위운동을 성원하라는 전단을 뿌려 호응을 촉구하였다.[48]

국내학자들은 주로 일제 경찰 보고문서와 『동아일보』·『조선일보』·『중외일보』 등의 신문 보도기사를 토대로 용정 학생들의 최초의 호응 시위가 있었던 때를 1930년 1월 28일로 정리하고 있다.[49] 그러나 1980년대 이래 연변지역에서 발간된 거의 대부분의 저작들이 이 해 1월 23일 대성·은진·동흥중학 등 학생들이 참가한 대규모 시위가 시작되었다고 기술하고 있다. 일

45 김과, 「20년대 룡정의 여섯 중학」, 『길림조선족』, 김택 주필, 연변인민출판사, 1995, 454~455쪽.

46 조선총독부 경무국, 『光州抗日學生事件 資料』, 288쪽.

47 박홍성, 「조선족 인민들 속에서의 맑스-레닌주의 전파」, 『조선족백년사화』 2집, 요녕인민출판사, 1984, 83쪽.

48 한규무, 『광주학생운동』, 205쪽 및 조선총독부 경무국, 『光州抗日學生事件 資料』, 287~288쪽.

49 대표적으로 한규무(2009), 김성민(2013)의 저서 참조.

부 기록에는 소학교 학생들도 참가했다고 서술되었다.[50] 물론 이러한 기술의 진위여부를 더 세밀하게 검토해야 하겠지만,[51] 중국 연변지역의 개인 저술은 물론, 공식 간행물도 지속적으로 이렇게 기술되고 있다는 점에서 향후 심층적인 조사·연구가 필요하다고 판단된다. 다만 이 논문에서는 연변학계의 주장을 일단 수용하기로 한다.[52]

1930년 1월 23일(목) 용정에서 대성중학 등 대규모 시위가 최초로 있었고, 또 1월 28일(화) 용정 대성·은진·명신여학교 등 시위가 있었다는 주장은 연변학계에서 일관되게 지속되고 있다.[53] 따라서 추후 가능한 한 원자료를 발굴하여 정확한 사실을 규명할 필요가 있다. 일단 이 글에서는 김동화 교수(전 연변대)의 주장을 소개하기로 한다.

> "1929년 11월 말, 일제 침략자들의 학대와 멸시를 반대하여 일어난 조선 전라도 광주학생들의 대규모적인 반일애국운동의 영향은 연변에도 파급되었다. 룡정 은진중학교 '학우회'의 김학무, 리익성과 김철 등은 조선 광주학생운동을 성원하기 위하여 '시위준비위원회'를 조직하고 기발, 삐라 등을 준비하였다. 1930년 1월 중순, 진보적인 신문 《민성보》는 김철이 쓴 "룡정의 학생들은 어찌하여 침묵을 지키고 있는가?"라는 글을 실어 광주학생운동의 소식을 보도하면

50 한생철, 「용정 교육개황(제1부)」, 『연변문사자료』 제2집, 정협 길림성 연변조선족자치주위원회 문사자료위원회 편, 연변인민출판사, 1984, 11~12쪽.

51 연변측에서 주장하는 1930년 1월 23일 학생시위설은 같은 달 28일의 시위를 혼동했을 가능성도 있다. 왜냐하면 일제 정보보고서나 국내 일간지에 전혀 파악되지 않기 때문이다. 다만 연변측 주장은 『동흥중학교 략사』, 『은진중학교 약사』 등을 근거로 하고 있다는 점에서(한생철, 「혁명의 열의로 들끓던 배움터 - 대성중학교」, 『연변문사자료』 제6집, 36~37쪽) 쉽게 단정하기 어렵다고 본다.

52 교육사학자인 박주신 교수(인하대)는 그의 저서에서 연변측 의견을 수용하여 1930년 1월 23일 동흥중학 등에서 국내 학생운동에 호응하는 시위를 전개하였다고 서술했다(『간도한인의 민족교육운동사』, 경인문화사, 2000, 431~432쪽 참조).

53 한생철, 「용정 교육개황(제1부)」, 『연변문사자료』 제2집, 1984; 리봉구, 「민족교육의 어려운 길에서 - 영신중학교」, 『연변문사자료』 제6집; 리종홍, 「파란곡절을 겪어온 길 - 동흥중학교」, 『연변문사자료』 6집; 한생철, 「혁명의 열의로 들끓던 배움터 - 대성중학교」, 『연변문사자료』 6집; 한생철, 「26년의 풍운 변화 - 은진중학교」, 『연변문사자료』 6집; 김동화·김철수·리창역·오기송 편, 『연변당사 사건과 인물』, 연변인민출판사, 1988. 6(41~43쪽); 황룡국 주편, 『조선족혁명투쟁사』, 료녕민족출판사, 1988. 12(109~111쪽) 등 참조.

서 당지 학생들에게 투쟁에 궐기할 것을 호소하였다. 1월 23일, 룡정 각 중학교의 학생들은 조기 공산주의자들의 통일적인 지휘 밑에 동맹휴학을 단행하고 "일본제국주의를 타도하자! 광주학생사건으로 검거된 학생들을 석방하라! 일본제국주의의 민족 멸시를 반대한다! 노예교육을 반대하자!"등 구호를 높이 외치면서 수기를 들고 시위행진하였다. (중략)

1월 28일, 룡정의 은진중학교와 명신녀자중학교를 중심으로 한 수백명의 학생들은 수기를 들고 다시 영국 조계지에 모여 반일성토대회를 진행하였다.(하략)"[54]

동아일보는 1930년 1월 29일에 1월 28일 용정에서 대규모 학생시위가 있었다고 보도하였다. 1월 23일 시위가 있었다는 서술은 어쩌면 1월 28일 사실을 잘못 기술했을 가능성도 있다.[55]

1930년 1월 25일에 연변지역 한인 민족운동의 중심지인 용정 시내에 격문'수만 매'가 뿌려졌다. 또 겨울방학 때 국내로 귀국했다가 돌아온 학생들의 전언(傳言)이나, 서울 천도교 종리원 학생부에서 용정의 천도교 학생부로 우송된 격문도 영향을 끼쳤다. 이에 따라 연변지역에서의 학생시위는 1930년 1월 말부터 본격화하였는데, 2월에는 중등학생은 물론 소학교(초등학생)들도 가세하였고, 3월까지 거세게 전개되었다.[56]

특히 이 해 1월 28일 용정의 은진중학교·명신여학교·동아소학교 학생들이 연합시위를 펼쳤는데, 이 소식이 국내 언론『동아일보』에 다음과 같이 보도되어 관심을 끌었다.

---

54 김동화, 「청년학생들의 반일시위투쟁」, 『연변청년운동사』, 연변인민출판사, 1988, 80~81쪽 및 김동화, 「연변에서의 조기 공산주의 청년단체의 건립과 조선족 청년학생들의 반일 시위투쟁」, 『조선학연구』 제2권, 연변대학출판사, 1990, 260~261쪽.

55 앞에서 지적한 것처럼 일본 영사관(경찰)의 정보보고서나 국내 일간지에 전혀 파악되지 않기 때문이다.

56 한규무, 『광주학생운동』, 205쪽 및 조선총독부 경무국, 『光州抗日學生事件 資料』, 287~288쪽.

"학생사건으로 수일 전부터 룡정시내를 철옹성가티 경계하며 시내 각 중등학교 학생 수뢰(首腦)로 인정하는 학생을 예비검속하는 일변 가택까지 수색하야오든 일본총령사관 경찰서에서는 지난 28일 새벽부터 더한층 긴장하야 각 요소에 경계망을 늘이고 잇든 중 시내 은진중학교 학생 70여 명은 조회를 끝마치자마자 만세를 고창하면서 일제히 백긔를 들고 제각기 철필로 쓴 삐라를 뿌리고 명신녀자학교 학생 100여 명도 준비하얏든 붉은 잉크로 쓴 삐라를 뿌리면서 만세를 불럿는데 당일에 검거된 학생은 은진중학생 정봉한·장달수·한달수 등 30여 명이며 명신녀학교생 정명준 외 30여 명이라 한다."[57]

용정에서는 또 2월 5일에 동흥중학교·대성중학교, 12일에 동흥중학교·대성중학교·광명여학교 학생들이 태극기를 들고 독립만세를 외치며 연합시위를 벌였다. 2월 17일~19일에는 해성·영신·동흥 등 소학교 상급반 학생들도 시위에 나섰다. 용정지역 학생시위 현황을 간단히 정리하면 〈표 1〉과 같다.

<표 1> 1930년 초 용정지역 학생 시위 개황

일 시	지 역	학교명	규모	전개 양상	비 고
1.23	용정	대성·은진·동흥등 각 중학교	천여명	깃발을 들고 비라 살포, "일본제국주의 타도"등 구호 제창	연변측 서술
1.28	용정	은진중학교 명신여학교 동아소학교	수백명	3개 학교 학생들이 깃발을 들고 격문을 뿌리며 연합시위운동을 전개	간도총영사관 경찰에 67명 피체
1.31	용정	은진중학교	수명	백기 소지 만세 고창	
2.5	용정	대성중학교 동흥중학교	300명	양교 300여 명의 학생들이 태극기, 적기를 들고 '한국독립만세'를 외치며 시위	70명 피체 (거사일이 2월 7일로 나오기도 함)
2.12	용정	동흥중학교 대성중학교 광명여학교	200명	학생들이 연합하여 '조선독립만세'라고 기재한 적기를 들고 시위운동 전개	간도총영사관 경찰에 주모자 피체
2.13	용정	영신중학교 (일본인 경영)	60명	중앙학교 부근 및 시장 등에서 격문 살포, 만세를 부르며 시위운동 전개	영사관 경찰에 주모자 1명 피체

57 「間島 남녀학생 60명 취조」, 『동아일보』 1930.2.2자.

2.17	용정	영신소학교 開成소학교	150명	정오에 삼각기를 들고 만세 고창 시위 전개	개성소학교 대신 海成學校라는 설도 있음(동아일보 1930.2.22자)
2.19	용정	해성소학교 영신소학교 동흥소학교	30여명	상급생의 지도로 시위운동	
2.25	용정	대성중학교	수명	적기, 삼각기, 격문을 시내로 배포 시도	사전 발각됨
2.26	용정	공립중앙학교 (조선총독부 경영)	다수	5학년생과 고등과 1년생 등 60명이 깃발을 들고 격문을 살포하며 시위	영사관 경찰 주모자 체포, 퇴학 처분함
2월 말	용정	동흥중학교 대성중학교 은진중학교	다수	격문 1만 매 제작, 연변 각지 살포, 졸업식 당일 대규모 시위운동 계획	사전 발각됨
3.6	용정	광명여학교	30명	대형 백기를 들고 격문 살포, 만세 고창, 시가 행진	
3.6	용정	대성중학교	10여명	시장에서 '조선독립만세' 고창	

출처 : 김성민, 『1929년 광주학생운동』, 역사공간, 2013, 499~500쪽 및 朝鮮總督府 警務局 編, 『光州抗日學生事件 資料』, 名古屋, 風媒社, 1979, 120~121·287~288,306~307·353쪽; 김동화, 「청년학생들의 반일시위투쟁」, 『연변청년운동사』, 연변인민출판사, 1988, 80~81쪽 및 김동화, 「연변에서의 조기 공산주의 청년단체의 건립과 조선족 청년학생들의 반일 시위투쟁」, 『조선학연구』 제2권, 연변대학출판사, 1990, 260~261쪽.

위의 표를 보면 학생들이 태극기와 함께 적기(赤旗)를 들고 시위를 벌인 사례가 발견된다. 특히 용정에서 대성·동흥중학, 광명여학교 등이 파악된다. 이 지역에서의 학생시위에 사회주의(계열 단체)의 영향이 상당했음을 알 수 있다.[58]

한편 조선공산당 만주총국에서는 광주학생독립운동의 전국적 확산을 계기로 1930년 3월 1일 3·1운동 11주년을 맞아 연변 등 중국 동북지방의 학생운동을 더욱 확산시키려는 계획을 세웠다. 특히 선전부장 장주련(張周璉, 본명 張時雨) 등은 이를 위해 이 해 2월 하순 연변지역에서 연변학생연맹·재동만(在東滿)조선인청년총동맹 대표들과 함께 3·1운동 11주년 기념 폭동을 위한 '3·1폭동 11주년기념 준비위원회'를 조직하고, 수십종의 격문

58 한규무, 『광주학생운동』, 208~209쪽 및 연변측 연구성과 참조.

을 제작하여 연변지역 전역에 배포했다.[59] 이에 따라 1930년 2월 27일에는 용정 부근의 두도구(頭道溝)에서 농민 수백 명이 독립만세를 외치며 시위를 벌였고, 3월 2일에는 삼도구 청년 150여 명이 태극기와 적기가 함께 그려진 깃발을 들고 만세시위에 나섰다. 이후 만주총국 동만도 간부들은 이 열기를 이어 5월 1일 메이데이 때 전면적 투쟁에 나서려 했으나 사전에 발각되고 주모자들이 검거되는 이른 바 '제3차 간도공산당사건'으로 이 계획은 좌절되었다.[60]

2) 용정 주요 학교의 광주학생독립운동 지지와 시위운동 사례 검토

용정은 1929~30년 경 연변지역 한인 사회의 중심지로 발전하며 행정 수도격인 연길(당시 局子街) 인구를 추월하는 등 급격한 변화와 활기를 띠는 모습을 보였다. 이는 일제 침략의 교두보로서 각종 행정기구와 금융, 의료, 교육·문화, 농업과 상업의 중심지로 부상하며 다수의 한인과 중국인들이 집중하여 초래된 것이었다. 특히 이 무렵 용정의 인구는 18.000여 명으로 조사되는데, 이 가운데 무려 38%가량이 학생이었다는 통계가 있다. 1920년대 후반~1930년대 용정은 학교와 학생, 지식인이 많은, 그리고 만주땅이지만 조선사람이 많이 사는 교육과 문화, 문명의 도시인 '문도(文都)'로 인식되었다.[61] 특히 교육·문화·상업·금융 등과 연계되어 용정은 연변지역 또는 만주·한반도 북방지역과 연계된 문명의 중심지라는 인식이 주변지역 사람들에게 널리 퍼져있었다.

이러한 모습을 소설가 박계주는 다음과 같이 생생하게 묘사하였다.

59 김준엽·김창순, 『한국공산주의운동사』 4, 청계연구소, 1986, 392~393쪽.

60 「170여명 대검거 모종 결사단체 발각」, 『중외일보』 1930년 4월 22일자.

61 沈連洙, 「書留」, 『심연수 육필 산문집(영인본)』, 강릉문화원, 2019, 13·33~34쪽,

"용정은 평양이나 부산이나 대구보다 인구로나 상공업으로나 시민의 사유재산으로나 모든 점에 있어서 훨씬 뒤떨어지는 도시였지만, 조선인 교육기관을 많이 가진데 있어서는 당시의 용정은 경성 다음으로 가는 제2위의 도시라고 해도 좋을 것이다. (중략) 그 촌락에 일본 총영사관을 비롯하여 조선은행 지점, 구제회(동척지점), 신탁회사 등 각종 금융기관과 기타 종교단체, 동만조선인청년회, 공회당, 극장 등 문화기관이 서게 되고 그에 따라 인구가 수십배나 증가되어서 급속도로 근대도시의 면모를 갖추게 되었으나, 인구의 칠팔할이 조선인으로 차지되어 역시 용정은 조선인의 도시임을 면할 수가 없었다."[62]

따라서 광주학생독립운동이 파급·확산되면서 용정 지역의 학교와 학생, 민족운동 단체들이 적극 호응한다면 내외적으로 상당한 반향과 영향을 미칠 수 있는 것이었다. 이러한 분위기속에서 국내 학생운동에 호응과 지지·성원이 고조되었다. 이와 연계된 용정, 연변지역 학생운동에 대해서는 현재 연변조선족자치주 당국에서 일찍이 정리하였다. 즉 1984년 내부자료로 발행된 『연변문사자료(延邊文史資料)』 제2집에서 한생철은 다음과 같이 서술하고 있는 것을 볼 수 있다.

"용정에서 규모가 가장 큰 학생반일투쟁은 1930년 1월 23일 조선 광주학생반일투쟁사건(밑줄은 필자)을 성원하여 거행된 시위투쟁이었다. 이날 용정 중·소학교의 수천명 학생이 태극기와 수기(手旗)를 흔들며 "일본제국주의를 타도하자!", "일제의 민족차별시 정책을 반대하자!", "조선독립만세!"를 부르며 시위할 때 일본영시관 기마경찰대가 대성중학교 학우회 간부 리영식, 김청준 등 50여 명 학생을 체포하였다. 그러나 기타 학생들은 흩어져 개별적으로 대회장소인 은진중학교 마당에 모여(당시 은진중학은 동산(東山) 영국조계지 안에 있었기 때문에 일본 경찰이 간섭하지 못했다) 10시 경에 성토대회를 시작하는데, 10여명의 일제 기마경찰과 순사들이 정복을 입고 철조망 밖에서 호각을 불며 해산하

62 박계주, 「애로역정」, 『박계주 문학전집』 3, 삼영출판사, 1975, 68~69쪽; 천춘화, 「근대문학사에서 심연수 사료 재조명」, 『심연수 근대문학사료의 가치와 활용방안』(2019 심연수 학술세미나 발표자료집), 41~42쪽에서 재인용.

라고 호령하였다. 그리하여 학생회 간부들이 몰려가 철조망을 사이두고 변론을 하던 데로부터 육박전을 벌리었다. 수십명 학생들이 덮쳐들어 순사놈들을 때리고 짓밟으면서 놈들의 옷과 모자를 찢어놓았다. (중략)

이밖에 광명여자중학교와 보통학교 상급학년 학생들이 동흥중학교의 시위에 가담하여 시위한 후 동산 장로교 예배당에 모여 일제의 파쇼적 탄압을 규탄하는 성토대회를 거행하였다."[63]

주목되는 점은 1926년 5월 조선공산당 만주총국이 중국동북의 일면파(一面坡)에서 조직될 때 고려공산청년회 만주총국이 거의 동시에 조직되어 활동을 개시한 점이라고 할 수 있다. 특히 연변 한인 사회의 중심지였던 용정의 유명 사립학교인 대성중학과 동흥중학에 이미 1928년에 고려공산청년회 동만도(東滿道) 구역국(區域局) 산하 세포조직이 결성되어 활동을 전개하고 있었던 점은 시사하는 바가 크다.

대성중학에는 무려 11개의 세포조직으로 44명의 조직원이 있었고, 동흥중학에는 2개 세포조직으로 8명의 조직원이 있었던 것으로 파악된다.[64] 이 가운데 상당수가 양교의 교사들이었다. 이에 따라 1920년대 후반~1930년대 초 용정·연변지역 주요 학교의 교사와 학생을 중심으로 사회주의 조직과 운동이 급속히 확산되었다. 1930년 1월 말에서 3월 초까지의 일련의 연변지역 학생운동 역시 이러한 흐름에서 벗어날 수 없었다.

① 동흥중학교의 경우

동흥중학교는 천도교 계통의 최익룡(崔翊龍) 등이 세운학교였다. 대성중학과 함께 용정의 '민족학교'로 유명했다. 1928년 중반 동흥중학교 교장은 전락호(田洛浩)였고 교사는 8명이었으며, 재학생 수는 380명이었는데, 여학

---

63 한생철, 「용정 교육개황(제1부)」, 『연변문사자료』 제2집, 11~13쪽.

64 김준엽·김창순, 『한국공산주의운동사』 4, 364·374~375쪽.

생이 18명이었다. 학교 운영비는 기부금과 학생들의 납부금이었는데, 재정형편은 매우 어려운 형편이었다. 이 때문에 1929년 4월부터 설립주체인 천도교회측에서는 학교 운영상태를 개선하려고 직접 나서서 관리하다가 의도대로 되지 않아 다시 교사회에 맡겨 학교를 유지해 나갔다.[65]

연변 당국의 공식적 동흥중학교사는 1930년 초의 광주학생독립운동 관련 시위를비교적 상세하게 서술하고 있는데, 일부를 인용하면 다음과 같다.

> "1930년 1월 23일 조선 광주 반일투쟁사건(밑줄은 필자)을 성원하여 거행된 시위투쟁이 용정에서 일어났다. 그날 용정의 몇몇 중학교 학생들은 하루동안 수업을 정지하고 동만청년총연맹의 지휘 밑에 "일제의 민족 기시(忌視)를 반대한다"는 프랑카드를 추켜들고 수기를 흔들며 거리에서 시위행진을 단행하였다. 일본영사관 순사놈들과 기병대 병사들이 시위대오에 덮쳐들어 탄압한 끝에 리영식, 김청준 등 50여명의 학생들을 체포하여 일본영사관 지하실에 가두어 놓았다. (중략)
>
> 은진중학교 마당에는 동흥, 대성, 은진, 명신여자중학교 학생들과 일부 소학교 고급학년 학생들이 무려 천여명이 모였다. (중략) 일본총영사관 경찰놈들은 동흥, 대성 두 학교의 전체 사생들을 영사관 마당에 몰아다 꿇여 앉히고는 3시간 동안이나 집단적 체벌을 가하면서 반일시위사건의 주모자를 검거하라고 을러댔으나, 꼬물만한 단서도 잡지 못하였다. 경찰놈들은 또 체포한 50여명 학생들을 취조해 보았으나, 역시 아무런 선색도 쥐지 못하고 13일만에 전부 석방하였다.
>
> 피체된 학생들이 석방되기 전인 2월 6일에 학교에 대한 총영사관 놈들의 무단적 탄압을 반대하여 동흥중학교의 전체 학생들이 동맹휴학을 선포하고 시위행진을 단행하였다. (중략) 이에 질겁한 용정 일본총영사관 경찰놈들은 온갖 수단으로 동흥중학교 사생들의 행동을 주밀히 감시하였다. 놈들은 때때로 야반삼경에 학생들의 숙사에 뛰어들어 행패질하고 1~2명 학생을 붙잡아가곤 하였다."[66]

---

65 리종홍, 「파란곡절을 겪어온 길 – 동흥중학교」, 『연변문사자료』 제6집, 13~14쪽.

66 리종홍, 위의 글, 14~15쪽.

1930년 1월 23일부터 시위에 주도적으로 참가한 것으로 서술하고 있는 사실을 확인할 수 있다. 동흥중학교는 1920년대 후반 이후 사회주의 성향의 교사와 학생들이 증가하여 중국 연변지역 학생운동이나 향후 민족운동에 큰 영향을 끼쳤다,

② 대성중학교의 시위운동

역시 연변 교육계의 한생철은 용정의 대표적 민족사학인 대성중학교 학생운동에 대해 다음과 같이 서술하고 있는 것을 찾아볼 수 있다.

> "1929년 11월에 조선 전라남도 광주에서 일어난 대규모적인 학생반일투쟁의 영향은 신속히 연변에도 파급되어 왔다. 1930년 1월 23일 용정의 각 학교 학생들은 광주학생들의 반일투쟁을 성원하여 성대한 시위투쟁을 단행하였는데, 역시 대성중학교 학생들이 투쟁의 앞장에 섰었다.
>
> 이 사건이 있은 뒤 일본 총영사관놈들은 대성중학교 학생들이 골간이었다는 기미를 눈치채자 매일 사복한 순경놈들을 학교에 파견하였다. 그놈들은 수시로 교수중에 있는 교실에 뛰어들어 한 두 학생을 함부로 붙잡아가서는 주모자를 색출해내려고 엄한 심문을 들이댔지만, 아무런 단서도 잡지 못하였다. 이에 약이 오른 영사관 순경놈들은 2월 초순 어느날, 대성, 동흥 두 중학교 사생들을 몽땅 영사관 마당에 끌어다가 근 3시간 동안이나 언 땅에 꿇어 앉히는 벌을 주면서 주모자를 검거하라고 공갈했다.
>
> 이날 오후, 놈들의 무도한 만행에 격분된 학생들은 용정동산 장로교 교회당에 모여 일제의 야만적 폭행에 항의하여 성토대회를 거행하고, 거리에 나가 시위행진을 하면서 "체포한 학생을 석방하라!"고 분노하여 외쳤다. 더는 어쩔 수 없게 된 영사관놈들은 18일만에 체포한 학생들을 몽땅 석방하였다."[67]

동흥중학교 사례처럼 1월 23일 시위 양상을 간단히 서술하고 있다. 다만, 이 시위가 1월 28일의 시위가 아닐까 추정되기도 한다. 2월 초 일본

67 한생철,「혁명의 열의로 들끓던 배움터 - 대성중학교」,『연변문사자료』6집, 36~37쪽.

경찰의 탄압상과 그에 반발한 학생들의 대규모 시위도 서술하고 있다.

③ 은진중학교의 학생시위운동

은진중학교는 잘 알려진 것처럼 당시 영연방에 속했던 캐나다의 장로교 선교부에서 1920년 4월 설립, 운영한 학교였다. 교명 '은진(恩眞)'은 "하느님의 은혜로 진리를 배운다"는 뜻이었다.[68] 1932~1935년 시인 윤동주가 다닌 학교로 유명하다.[69]

한국명 박걸(朴傑, A.H.Barker) 선교사는 용정 시내 동산(東山)에 자리잡은 선교부 대지를 철조망으로 두르고 영국기를 게양하여 그곳이 치외법권 지역임을 명시하였다. 그리고 구내에 제창병원, 은진중학, 명신여자중학을 성립, 운영하였다. 이 용정의 캐나다 선교부는 '영국덕이'라고 불리어지며, 일본의 손길이 미치지 못하는 가운데 한국 독립운동의 본거지나 은신처·연락처가 되었다.[70] 은진중학 학생들과 민족운동가들은 이러한 장점을 잘 활용하였다.

기독교계 학교인 은진중학교에서도 광주학생독립운동과 관련하여 1930년 1월 23일 시위운동이 전개되었다. 이러한 상황을 다음과 같이 증언하고 있다.

"1930년 1월 23일에 있은 일이었다. 은진중학교 학생들은 용정의 여러 중학교 학생들과 함께 하루의 수업을 폐지하고, 아침부터 거리에 줄지어 나와 "일본제국주의의 민족 기시를 반대한다!"는 프랑카드를 들고 시위행진을 단행하였다. 그것은 용정의 각 학교 학생들이 조선 전라남도 광주학생 반일사건에 기인

68 김과, 「20년대 룡정의 여섯 중학」, 『길림조선족』, 459쪽.

69 송우혜, 『윤동주 평전(개정판)』, 세계사, 2003, 98~107·416~417쪽.

70 현규환, 『한·유이민사』상, 어문각, 1967, 645~646쪽. 제창병원(지하실)에서 용정의 3·1운동인 '3·13반일시위운동' 당시 쓰였던 '독립선언 포고문'이 인쇄되었고, 이 병원에서 시위 당시 피해를 입은 부상자의 치료와 희생자 시신 안치 등이 이루어졌다(같은 책, 645쪽).

되어 일어난 반일투쟁에 연대성을 표시하는 통일적인 행동이었다. (중략)

그날 분노한 학생들이 "일제의 노예화교육을 반대하자!", "일본제국주의를 타도하자!"는 구호를 높이 외치면서 용정거리에서 도도히 행진하고 있을 때 일본영시관 기마순경들의 무단적인 탄압을 받아 50여 명이 피체되었는데, 은진중학교 학생들만 해도 10여 명이나 되었다. 순경놈들의 구축으로 해산된 1,000여명의 학생들은 은진중학교 마당에 다시 모여들어 성토대회를 거행하였다. (중략)

1월 28일, 은진중학교와 명신여자중학교를 중심으로 1,000여 명 학생들이 다시 동산 영국조계지 내에서 반일투쟁대회를 가지고 거리에 몰려나가 "체포한 학생을 석방하라!"는 구호를 외치면서 시위행진을 단행하자 여러 학교 학생들이 자발적으로 떨쳐나와 시위대오에 가담하였다. 심지어 광명여자중학부 학생들과 보통학교 고급반 학생들마저 박차고 나와 시위에 참가했다. 그러나 영신중학교 학생들만은 일본놈들의 엄밀한 감시망을 뚫지 못하여 그날 반일시위에 나서지 못하였다. 기세도도한 학생들의 반일시위가 또한번 용정거리를 진감했지만, 이번에는 영사관 순경놈들이 못본체하고 한놈도 거리에 얼씬하지 못했다."[71]

은진중학 학생들과 명신여중 학생들이 연대하여 항일투쟁을 전개한 것은 두 학교가 지리적으로 가까워 함께 행동하기 유리했기 때문이다. 위의 증언에서 명신여중, 광명여중생 등 여학생들이 적극 참가하고 있는 사실을 알 수 있다. 다만 1월 23일과 28일 학생들의 참여 규모를 1,000여 명이라고 서술한 것은 과장되었을 가능성이 있다고 판단된다. 또 1월 23일의 시위는 1월 28일의 시위를 착각했을 가능성이 있다. 왜냐하면 동아일보의 1930년 1월 29일자 기사를 보면 1월 28일 학생들의 참가 규모가 은진중학 90여 명, 명신여학교 80여명, 동아학교 150여명, 총 320여명으로 보고되고 있기 때문이다.[72]

---

71 한생철, 「26년의 풍운 변화 – 은진중학교」, 『연변문사자료』 6집, 53~55쪽.

72 『동아일보』 1930년 1월 29일자(2면). 물론 이 규모는 축소 파악되었을 가능성이 크다.

용정 시내 영국 조계지는 치외법권이 적용되고 있었기 때문에 일본영사관 경찰이 함부로 진입할 수 없었다. 때문에 속칭 '영국덕(영국인들의 언덕, 사실은 캐나다 선교부 구역)'으로 불린 조계지 안에 있는 은진중학교와 명신여학교 등의 학생운동 호응과 시위가 열렬히 전개될 수 있었다.[73]

④ 영신중학교의 경우

연변 교육계 리봉구는 사립 영신중학교(일본인 경영) 역시 광주학생독립운동을 성원하여 시위운동을 전개하였다고 증언하였다. 그 내용의 일부를 보면 아래와 같다. 1930년 1월 말과 2월 초에는 학생시위운동에 적극 참가하였으나, 2월 6일 시위에는 일경의 탄압으로 동참하지 못했다고 한다.

> "1930년 1월 23일, 용정 각 학교 학생들이 조선 광주학생반일투쟁을 성원하여 반일시위행진을 하였다. 1월 28일과 2월 초에 동흥, 대성, 은진, 명신, 영신 등 중학교 남녀 학생들이 동맹휴학을 선포하고, 반일성토회와 시위행진을 단행하였다. 2월 6일 일제의 탄압을 반대하여 동흥중학교 전체 학생들이 동맹휴학과 시위를 단행하였는데, 시위대열이 대성, 영신 두학교에 이르자 대성중학교의 전체 교직원과 학생들이 뛰쳐나와 시위에 가담하였으나, 영신중학교 사생들은 일본 순사들이 복도와 교정에서 감시하였으므로 한사람도 교실에서 나가지 못하였다."[74]

아무래도 일본인 경영 학교라는 특징과 한계가 작용하지 않았나 판단된다. 위 서술에서 '영신중학'으로 표기하고 있지만, 이 때 이 학교의 정확한

---

73 예를 들면 1919년 10월 말 鄭載冕 등이 용정 조계지 안에 있는 미국인 경영 병원(제창병원) 구내의 한인 가옥에 내방하여 독립운동 관련 모의를 하며 숙박하는 것을 뻔히 알면서도 일본 영사관 경찰은 "치외법권의 땅에 있으므로……그저 이를 갈며(切齒) 체포의 기회를 엿볼 뿐이다"라고 보고하는 것을 찾아볼 수 있다(朝鮮軍參謀部, 「間島に於ける不逞鮮人の行動に就て」(1919. 11. 27), 『朝鮮獨立運動』 3, 金正明 編, 原書房, 1967, 99쪽).

74 리봉구, 「민족교육의 어려운 길에서 – 영신중학교」, 『연변문사자료』 6집, 72~73쪽.

명칭은 ‘광명학원 중학부(광명중학)’였다. 운영난에 빠진 이 학교를 1925년 4월 일본인 히다카 헤이지로(日高丙次郎)가 인수하여 이듬해 광명학원 산하(7개 학부를 둠) ‘광명중학’으로 개칭했던 것이다.[75] 이 학교는 중국 동북지역의 다른 학교보다 월등히 많은 예산을 조선총독부에서 지원받을 만큼 친일교육을 실시한 것으로 악명이 높았다.[76]

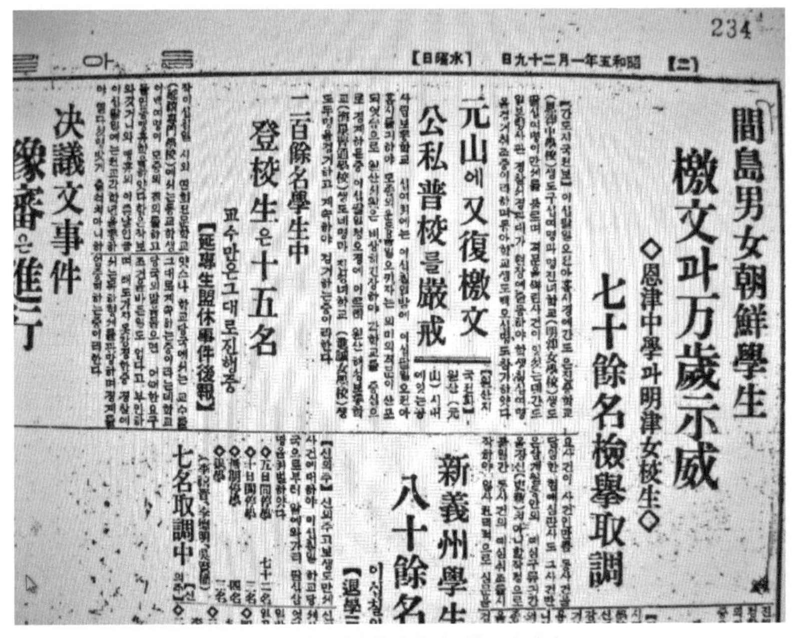
234

【二】 昭和五年一月二十九日 【水曜日】

間島男女朝鮮學生
檄文과万歲示威
◇恩津中學과明律女校生◇
七十餘名檢擧取調

元山에又復檄文
公私普校를嚴戒

二百餘名學生中
登校生은十五名
교수만은그대로진행중
【延專生盟休事件後報】

決議文事件
豫審은進行

新義州學生
八十餘名

七名取調中

1930년 1월 28일 오전 9시경 용정 은진중학교와 명진(명신의 오류)
여학교 학생 등의 만세시위운동을 보도한 동아일보(1930.1.29, 2면)

위에서 살펴본 것처럼 연변지역 교육사 관련 회고나 서술내용은 1930년 1월 23일 용정에서 최초의 국내 학생운동 관련 호응 행동이나 시위가 있었다고 밝히고 있다. 그러나 과연 1월 23일 최초로 용정지역에서 학생운

75 북경대학 조선문화연구소, 『교육사』(중국조선민족 문화사대계4), 민족출판사, 1997, 89~90쪽

76 ‘영신학교’는 1929~30년에 15,000원의 거액을 지원받았는데, 이 금액은 일반 학교의 수십배에 달하는 액수였다(이명화, 「1920년대 만주 지방에서의 민족교육운동」, 『한국독립운동사연구』 2집, 1988, 304쪽 참조).

동 관련 호응이 있었는지는 좀더 신중한 조사와 연구가 필요하다고 판단된다. 그것은 국내의 동아일보 등에 최초로 연변지역 학생운동 관련 보도가 1930년 1월 29일부터 나오고 있기 때문이다. 이 기사에 따르면 용정 학생운동은 1월 28일 은진, 명신, 동아학교(시천교에서 세운 소학교-필자) 등에서 320여명이 참가한 것으로 파악된다.[77]

3) 용정 이외 연변지역 학생들의 광주학생독립운동 호응과 시위운동 전개

중국 연변(간도)에서의 국내 학생독립운동 관련 호응이나 지지 시위 등은 지금까지의 국내 연구에 따르면 1930년 용정의 1월 28일부터 전 연변지역에서의 3월 13일 경까지 전개되었다고 한다. 그러나 중국 연변지역에서 나온 저작들을 확인한 결과 용정 이외 지역인 화룡현(和龍縣) 평강구 사립 약수(藥水)학교 등지에서 1929년 11월 26일에 학생운동 호응 시위가 있었던 것으로 파악되고 있다.[78] 역시 화룡현 따라즈(大拉子)와 명동학교에서도 1930년 1월 호응 시위가 있었던 것으로 파악되었다.[79] 물론 이 주장에 대해서는 추후 더욱 정밀한 자료 수집과 검토, 연구가 뒤따라야 한다고 보지만, 그 내용을 일부 소개하기로 한다.

---

77 연변지역 발간물에서 1930년 1월 23일 시위가 있었다고 하는데(리봉구·리종홍·한생철, 김동화 등), 이는 1월 28일의 시위를 착각했을 가능성이 있다. 국내 언론에 보도가 처음 나오는 1월 28일부터 국내 학생운동 관련 호응이 본격적으로 시작되었을 가능성이 있지만, 실제로 1월 23일 용정 학생들의 시위가 전개되었을 가능성도 있는 것으로 정리하고자 한다.

78 리광인, 「리경천」, 『조선족혁명렬사전』 제3집, 요녕민족출판사, 1992 및 강인숙·리광인, 「동만을 휩쓴 학생반일시위투쟁」, 『불씨』(중국조선민족 발자취총서2), 민족출판사, 1995 참조.

79 조선공산당 만주총국 주요 지도자였던 양환준은 다음과 같이 회고하였다. "1929년 12월에(11월의 착각 - 필자) 조선 광주학생반일 시위가 있은 뒤 룡정의 각 중학교들에서는 간도에서 제일 먼저 성원해 나섰다. 이듬해 1월에 따라즈와 명동학교의 학생들도 "일제의 노화 교육을 반대하자! 조선 학생반일 대시위를 적극 성원하자! 일제를 타도하자!는 구호를 부르며 화룡현 소재지 따라즈에서 시위를 하였다. 시위 도중에 민국 경찰들이 출동하여 학생 수십명을 붙잡아가고, 시위대를 해산시켰다. 그 후 민성보 사장이며 화룡현 교육국장인 관선정(관준언)의 적극적인 교섭으로 학생들은 무사히 석방되었다(량환준, 「'5·30'폭동 이전의 명동학교」, 『연변문사자료』 제2집, 31쪽).

"연변 각지의 조선족학생들은 조기공산주의자들의 지도 밑에 분분히 동맹휴학을 선포하고 조선 광주학생들의 반일투쟁을 성원하는 반일시위투쟁을 단행하였다. 1929년 11월 26일, 화룡현 사립 약수동학교의 학생들은 사립 룡평학교, 두도구의 사립 신흥학교의 학생들과 함께 동맹휴학을 단행하고 노도와 같이 두도구거리에 떨쳐나섰다. 그들은 일본제국주의는 물러가라! 조선 광주학생운동을 지지한다! 는 등 구호를 높이 부르며 동만 학생반일투쟁의 서막을 열어놓았다. 조선공산당 엠엘계통 약수동지부 주요책임자이며, 약수동청년회 책임자인손철운(렬사)이 약수동과 그 일대의 청년들을 이끌고 이 물결에 합류했다. 아동의 사립협동학교, 장인강의 사립일신학교, 세린하의 사립와룡동학교 등 학교의 학생들이 호응하여 나섰다."[80]

다만 위의 사실에 대한 상세한 고증은 다음 기회로 미루고자 한다.

용정 이외 지역의 학생 시위운동 전개 상황을 지역별로 보면 용정→두도구→노두구→의란구→상의향→수신향→국자가(지금의 연길[延吉])→이도구→용지향→화룡현→삼도구→연길현 등으로 시위가 연속되었다. 참가 학교는 정확히 파악하기 어렵지만, 30개 학교 이상이었을 것으로 판단된다.[81] 〈표 1〉에 있는 것처럼 최소 11개교 참여가 확인되는 용정에서는 1월부터 3월까지 꾸준하게 학생시위가 전개되었다.

용정 이외에도 중국 연변(북간도) 각지에서 광주학생독립운동에 호응하여 수십차례의 학생시위운동이 전개되었다. 용정 이외 지역에서 광주학생독립운동에 호응하여 전개된 주요 시위운동 현황을 간략히 검토하기로 한다. 주요 학생시위 개황을 〈표2〉로 정리하였다. 앞의 〈표 1〉에서 본 것처럼 태극기와 함께 적기(赤旗)를 들고 시위를 벌인 사례도 세 학교(두도구·이도구·화룡현)에서 확인된다. 이로 미루어 연변지역에서의 학생시위에 사회주의 계열

80 리광인, 「리경천」, 『조선족혁명렬사전』 3집, 378~379쪽; 강인숙·리광인, 「동만을 휩쓴 학생반일시위투쟁」, 『불씨』, 460쪽.

81 한규무, 『광주학생운동』, 208쪽. 최근 '광주학생독립운동기념역사관'의 조사에 따르면 연변(간도)지역에서 32개 학교가 참가한 것으로 파악되었다.

의 영향력이 있었음을 알 수 있다.

<표 2> 1930년 2~3월(일부 1929년 11월) 용정 이외 연변(북간도)지역 학생 시위 개황

일 시	지 역	학교명	규모	전개 양상	비 고
1929. 11.26	화룡현 平崗溝, 頭道溝 長仁江 細鱗河	사립약수동학교 사립용평학교 사립신흥학교 사립일신학교 사립와룡동학교	수백명	동맹휴학, 가두시위, 구호 제창 등. 두도구 일본영사분관 경찰에 진압됨	연변측 기록
1930.2.7(이하1930년)	두도구	신흥학교 약수동학교 중평촌서당	다수	각 학교 수십명이 장날 이용,격문 배포. 赤旗 소지, '독립만세' 高唱, 시위운동을 전개	
2.22	두도구 부근	각지 학교	다수	두도구 부근 각 지역 학생들이 4대로 나뉘어 시내에서 격문 살포, 만세 고창하며 시위	
2.9	老頭溝	중흥학교	20여명	격문 살포, 小旗 소지, '조선독립 만세'를 외치며 시위운동 전개	주모자 피체
2.15	依蘭溝	의란구학교	25명	신문기사에 자극받아 시위운동 계획	조선인민회 (친일단체) 경영학교, 사전 발각됨
2.16	의란구	九龍坪학교	200명	旗를 들고 만세 고창 시위	
2.16	守信鄕	학산동 보통학교	수십명	시위운동 전개	
2.21	二道溝	부근 각 학교	수십명	水城村, 漁郎村, 中南村의 각 학생들이 적기를 들고 시위운동	18명 피체
2.16	尙義鄕	天寶山 보조서당	수십명	서당 학부형이 학생 수십명을 지도, 시위운동 계획	사전 발각, 주모자 피체
2.19	局子街 (현재 연길)	숭신학교	다수	장터에서 격문 살포, 시위운동 전개	
3.13	국자가	길림성 제4사범학교	30명	학생 30명이 장날을 이용하여 만세 고창	중국 군경이 해산시킴
3.13	국자가	縣立 제1학교	50명	한·중 학생이 旗를 선두로 격문살포, 만세 고창	
2.27	勇智鄕	평풍리학교	100여명	학생들이 농민과 연합하여 독립만세 시위	
3.6	화룡현 明新社	昌東학교	50명	장터에서 격문 살포, 적기를 흔들며 만세 고창, 친일인사 가옥에 투석	중국 군경 위협사격
3.12	연길현 銅佛寺	인근학교	200명	인근 한인학교 학생과 청년단체원, 농민 등이 시장에서 태극기 소지, 만세를 외침	
3.11	삼도구	각 학교	200명	旗를 들고 격문 살포, 만세 고창	

출처 : 김성민, 『1929년 광주학생운동』, 역사공간, 2013, 500~501쪽 및 朝鮮總督府 警務局 編, 「光州抗日學生事件 資料」, 287~288,306~307쪽; 리광인, 「리경천」, 『조선족혁명렬사전』 제3집, 요녕민족출판사, 1992, 378~379쪽 및 강인숙·리광인, 「동만을 휩쓴 학생반일시위투쟁」, 『불씨』(중국조선민족 발자취총서2), 민족출판사, 1995, 460쪽.

연변지역에서는 1930년 3월 이후 '제4차 간도공산당사건'과 1930년 5월의'간도 5·30폭동(일명 간도봉기)', 1931년 가을의 추수투쟁, 1932년 봄 춘황투쟁(春荒鬪爭) 등의 엄혹한 대중봉기라는 시련을 거쳐 많은 한국인들이 중국공산당에 가입하게 되었다. 1931년 9월 일본의 만주(중국동북지방) 침략 이후 다수의 한국인들이 항일유격대 창설에 기여했고, 중국공산당 만주성위원회 조직과 연계되어 동북인민혁명군, 동북항일연합군의 주요 구성원으로 항일무장투쟁에 헌신하였다.[82] 주요 구성원과 흐름을 보면 1930년 초의 광주학생독립운동의 영향과 연계가 작지 않았음을 알 수 있다.[83]

6. 광주학생독립운동의 중국 동북지역 확산과 민족운동 단체들의 호응

1) 길림(吉林) 일대-길림성 지역

1929년~1930년 당시 중화민국 길림성(吉林省)의 성도(省都)이자 길림성의 중심지였던 길림 일대에서는 만주 독립운동의 중심세력인 3부(정의부·참의부·신민부) 통합회의가 추진되어 그 결실로 길림에서 통합조직으로 국민부(國民府)가 성립하였다.[84] 그러나 이 조직이 제대로 체제를 갖추고 활동한 시기는 1929년 말 경이었고, 이 무렵 좌우대립이 심각화하고 있었기 때문에 이 지역 민족주의계열 독립운동 세력은 광주학생독립운동에 기민하게 대응하지 못했다. 또 이 지역은 용정이나 연변처럼 한인들이 집거하거나 많이

82 상세한 내용은 장세윤, 『중국 동북지역 민족운동과 한국현대사』, 명지사, 2005, 189~215쪽 참조.

83 예를 들면 이동광(본명 李相俊, 1904~1937) - 용정 동흥중학교 재학시 학생운동과 사회운동 관여. 李敏煥(1913~1936) - 용정 대성중 출신, 김근(본명 김광진, 1903~1937) - 대성중 교사 근무, 박진우(본명 金山海, 1908~1935) - 대성중 졸업 등 연계를 찾아볼 수 있다. 상세한 내용은 박창욱 주편, 『조선족 혁명렬사전』 제1~3집, 료녕민족출판사, 1983·1986·1992; 김동화 외 편, 『연변당사 사건과 인물』, 연변인민출판사, 1988; 韓俊光 主編, 『中國朝鮮族人物傳』, 연변인민출판사, 1990; 리광인·림선옥, 『이 땅에 피뿌린 겨레 장병들』, 민족출판사, 2007 등 참조. 특히 이경천(1896~1931)은 광주학생독립운동의 파급에 적극 호응한 인물로 파악된다(『조선족 혁명렬사전』 3집, 378~379쪽).

84 국민부는 1929년 4월 성립하였으나, 중앙의회의 승인 등을 거쳐 정식으로 성립한 것은 9월 말이었다. 지도정당인 조선혁명당, 독립군인 조선혁명군이 체제를 갖춘 시기는 이 해 12월이었다.

거주하고 있지 않았다 따라서 연변지역 학생운동처럼 학교나 학생차원의 독자적인 움직임은 기대하기 어려운 실정이었다.

대신에 중국동북에서 활동하고 있던 조선공산당 재건세력이 비교적 빠른 움직임을 보였다. 즉 길림의 사회주의자 김중한(金重漢)·고원(高園)·윤자영(尹滋英) 등은『만주노력자신문(滿洲勞力者新聞)』 호외,'조선공산당 재건설만주부위원회'와 '고려공산청년회 재건설만주부위원회' 명의의 격문을 수차 배포하여 현지의 사상 및 독립운동 관련 단체들의 분기를 촉구하였다.[85] 이들은 1929년 12월 18일과 같은 달 하순에 국내 학생운동에 즈음하여 수차례 격문을 제작·배포하였는데, 내외가 상응하여 '혁명적 대폭동'을 일으킬 것을 촉구했다.[86]

이러한 움직임에 부응하여 1929년 12월 30일 민족주의계열의 김동삼·손정도와 사회주의계열의 김찬·박일파·윤자영·최환 등이 '혁명자긴급회'를 개최하고, 광주학생독립운동 후원을 위한 상설기관의 설치를 결의했다.[87]

이에 따라 1930년 1월 2일 길림시내 중심가 독립운동자들의 집결장소인 부흥태(復興泰)정미소에서 민족주의계열 및 사회주의계열 인사들을 망라한 지도자급 인사들의 회의가 열리게 되었다. 여기에서 이들은 "국내 학생운동이 3·1운동 이상으로 대폭동화할 상태에 있으므로, 서로 호응하여 기세를 드높임으로써 국내 학생운동의 지원적 행동을 하지 않을 수 없다"고 의견을 모았다. 이를 위해 상설기관을 설치하여 전 만주(중국동북)에서 공동전선을 형성할 필요가 있다는데 대해서도 합의하였다. 이리하여 '재만한인 반제국주의동맹'의 규약을 제정하고 임원을 선출함으로써 이 조직이 출범하였

85 조선총독부 경무국,『光州抗日學生事件資料』, 290쪽.

86 위의 책, 226~227쪽.

87 김성민,『광주학생운동연구』, 국민대 박사학위논문, 2007, 325쪽.

다.[88] 이들은 창립선언서에서 지방적·당파적 갈등을 극복하고 공동전선을 구축하여 "일본제국주의 타도, 조선독립의 완성, 피체포자의 탈환, 전조선의 혁명운동 원조에 전력을 경주"하자고 역설했다.[89] 이때 김동삼(金東三)을 집행위장으로 하는 임원을 선출하였다.[90]

이처럼 광주학생독립운동을 계기로 길림에서는 민족주의계열과 사회주의 계열 양측이 참여한 항일조직이 결성된 것이다. 이들은 1월 7일 길림시내 한인 교회에서 '길림 한인 시민대회'를 개최하고, 광주학생독립운동 경과 및 '재만한인 반제국주의동맹' 조직의 경위를 보고하였다. 그리고 이 조직의 세포(細胞)기관인 '길림반제국주의자동맹'의 조직을 결의하고, 조직위원 5명 선임과 '선언서'를 발표하는 성과를 거두었다.[91]

주목되는 것은 이 선언서에서 다음과 같이 언급하고 있는 내용이다.

> "모든 피압박 대중은 자기의 생존과 권리와 자유를 위해, 이 만악(萬惡)의 집대성인 제국주의적 반(反)혁명전선에 대항하여 조선 전토를 진동시키는 위대(威大)한 혁명적 격류에 호응, 지지, 궐기하지 않을 수 없고, 또 전만(全滿-전만주 : 발표자)을 통하여 반제국주의적 공동투쟁에 의해 전개하지 않을 수 없다. 이 결정적인 혁명적 현실의 최촉(催促) 하에서 재만한인반제국주의동맹은 성립했다."[92]

재만한인반제국주의동맹은 이 취지에 따라 중국 동북지방(만주)의 노동단체·농민단체·청년단체·학생단체·여성단체 등 대중단체와 혁명단체들이

88 조선총독부 경무국, 『光州抗日學生事件資料』, 290~291쪽.

89 김성민, 앞의 박사학위 논문, 325쪽.

90 김성민, 위의 박사학위 논문, 325~326쪽. 이 때 서무부 위원으로 孫貞道가 선출되었다는 기록도 있다(朝鮮總督府 警務局, 『光州抗日學生事件資料』, 291쪽).

91 조선총독부 경무국, 『光州抗日學生事件資料』, 291쪽.

92 위와 같음.

연합하여 반제국주의 공동전선을 구축하자고 호소했다. 이어 기관지『노력자신문』을 발행하고, 1930년 1월 7일 하부 조직으로 길림반제국주의자동맹을 결성했다. 이후 중국 동북지방에서는 유지(有志) 인사들이 이 해 3월까지 돈화(敦化)한인반제동맹·반석현(盤石縣)한인반제동맹·중동(中東)한인반제동맹·'전만(全滿)한인반제국주의대동맹 창립주비회(創立籌備會)' 등 반제국주의투쟁 단체들을 조직하고 광주학생독립운동 지원에 나섰지만, 안타깝게도 두드러진 성과를 거두지 못했다.[93] 그것은 일부 좌파 인사들이 이들 반제공동전선 구축이 청년이나 농민층의 계급적 이해를 무시하고 있다고 비판하는 등 활동에 문제를 제기했기 때문이다.[94]

그러나 1930년 1월 1일에 반석현(磐石縣)에 근거를 둔 '재만조선인혁명자후원회'에서 기관지를 창간하면서 이 잡지에서 일본제국주의에 대한 저항을 강력히 주장했고, 이어 같은 달 20일 경 광주학생독립운동측과 연락하기 위해 국내에 김세광(金世光) 외 1명을 특파하였다.[95]

또한 국민부와 함께 조선혁명당의 지도를 받으며 초창기에 길림 일대에서 활동하던 민족주의계열 독립군인 조선혁명군은 1930년 1월 다음과 같은 격문을 배포하여 광주학생독립운동을 지지, 성원하였다.

> "학교에서, 공장에서, 마을(城村)·도시(都鄙)에서 분화(噴火)와 같이 폭발하는 전조선 피압박대중의 혁명적 동원! 궐기! 자유인이 되려는가, 죽으려고 하는가의 분기전(分岐戰)으로부터 거국일치, 혁명전, 용감하게 진출하여 싸우자!"[96]

항일무장투쟁 조직답게 무력투쟁에 동참할 것을 호소하고 있는 내용을 확

93 김성민, 앞의 박사학위 논문, 326~328쪽.

94 위의 논문, 328쪽.

95 조선총독부 경무국,『光州抗日學生事件資料』, 227쪽

96 위의 책, 292쪽.

인할 수 있다. 이 격문은 실제로 서울의 휘문고보에 우송되어 일경의 주목을 받았다.[97] 또 국민부와 조선혁명당의 주요 간부로 활동하던 고이허(高而虛, 본명 崔容成)는 이 조직의 관련단체인 남만한인청년동맹 집행위원장을 맡고 있었는데, 1930년 2월에 열린 이 동맹의 제12지부 주최 광주학생독립운동 강연회에서 다음과 같은 강력한 내용을 강연하여 주목을 끌었다. 그는 강연회에서 "광주학생사건을 도화선으로 하여 곳곳에서 (싸우는) 전조선 피압박대중! 분발! 궐기! 혁명의 화선(火線)을 높이 들고 가라! 승리를 위해 최후의 일각까지 전투하라!"라고 외쳤고, 국내 민중운동 진상보고 강연회 개최를 주장하였다.[98]

2) 남만주-심양(瀋陽, 당시 奉天) 지역

남만주지역이나 서간도지역(행정구역 상으로는 東邊道지역) 역시 연변지역보다 한인 인구가 적었고, 학교나 학생 숫자도 훨씬 적었다. 1930년의 경우 연변(북간도)지역 한인 인구가 38만 여명(만주 한인 61만 여명의 63%)일 때 남만주 동변도지역(서간도) 한인 인구는 10만 명 내외로 추정될 만큼 적었고,[99] 특히 1920년대 후반 중국 군벌정권의 박해로 큰 어려움을 겪어야 했다. 이에 따라 학생들의 국내학생운동에 대한 호응이나 적극적 의사표명, 실천행동 등은 사실상 곤란했고, 대신에 민족주의계열 인사나 단체들이 적극 호응하는 양상을 띠었다.

남만주 봉천(현재 瀋陽) 지역 사례를 보면 1930년 1월 23일 국민부의 본거지인 흥경현(興京縣) 왕청문(旺淸門)고등보통학교(화흥중학-필자)에서 재학

97 위의 책, 105쪽.

98 위의 책, 293쪽.

99 박창욱, 「중국조선족의 력사와 구역자치의 실시」, 『조선학연구』 제1권, 연변대학 출판사, 1989, 144~145쪽.

생·졸업생 약 60명이 모여 학생대회를 열고 전조선 학생시위운동에 대하여 만세 3창을 외쳤고, 광주여고보에 축하문을 발송했다. 이어 이들은 이 지역의 독립운동 단체이자 교민 자치조직인 국민부 간부에게 "전조선 학생대회에 300엔(圓)의 운동자금을 보낼 것, 이번 학생운동을 남만주 일반 학생에게 선전하여 각성시킬 것"을 결의하였다.[100]

또 국민부의 신빈현(당시 興京縣) 지방공소(公所)에서는 왕청문 남만노회(南滿老會) 예배당에서 3·1운동 기념일에 즈음하여 기념식을 거행하였다. 부근의 관전현(寬甸縣) 모전자(毛甸子)에서는 1930년 3월 1일 오후 2시 국민부 경영 공성(公成)학교에서 조선혁명군 독립군 제1대 대원 및 지방대의원 등 150여명이 모여 태극기를 내걸고 3·1운동기념 축하회를 거행하였다. 그리고 신빈현의 국민부 중앙간부회에서는 3월 1일 오전 11시에 구내 예수교 교회당에서 3·1운동기념식을 성대하게 개최하였다. 중앙집행위원장 현익철(玄益哲) 이하 간부들이 출석하여 애국가를 제창하고 독립선언문을 낭독하였다. 행사장에는 ①약소민족해방운동을 세계적으로 행하라! ②조선 이천만 대중은 일본 족속이 아니라 상해 대한민국임시정부 국민이다! ③세계 열강의 제국주의에 절대 반대하라! 등의 표어를 내걸어 학생운동 당시 학생들이 외친 구호를 적극 반영하였다.[101]

국민부와 조선혁명군 등 남만주 민족운동 단체들의 이러한 일련의 행위와 구호 등을 일제 경무 당국은 광주학생독립운동에 대한 호응 또는 지지, 연관 동향으로 파악하고 있다는 사실이 매우 주목된다고 하겠다.[102]

한편 봉천에서는 1월 26일 중국청년반제국동맹 요녕분회주비위원회(遼

100 조선총독부 경무국, 『光州抗日學生事件資料』, 225쪽.

101 위의 책, 303쪽.

102 구체적 내용은 위의 책, 303~307쪽 참조.

寧分會籌備委員會) 명의로 "일본제국주의의 한족(韓族)혁명운동 압박에 반대선언"을 제목으로 하는 격문이 살포되었다. 이 격문에는 "한족 3만여 명이 체포되어 그중 수천명이 살해되었다"고 과장되어 표현되었다. 또한 중국인 단체인 '요녕(遼寧)국민외교협회'는 "혁명적 중한(中韓) 인민은 연합하여 일어나 일본제국주의를 타도하라!"라는 격문을 배포하여 한·중 양 민족의 연합투쟁을 호소하는 등 주목되는 활동을 전개하였다.[103] 이 밖에도 여러 단체들에 의해 조선인 학생 다수가 학살 또는 투옥되었다는 등의 과장된 내용을 담은 북경(北京)·상해(上海) 등지로부터의 격문이 배포되었는데, 이에 따라 이 지역 및 여순(旅順)·대련(大連)지역 한인들에게도 큰 영향을 끼쳐 지역 한인사회가 술렁였다.[104]

3) 북만주-하얼빈 일대

중국 동북지방 가운데서도 북쪽에 위치한 북만주의 하얼빈(哈爾濱) 일대 동향을 간단히 검토하기로 한다.

1920년대에 북만주의 중심도시인 하얼빈시에 거주하는 한인은 많지 않았다. 1925년 10월 962명, 1931년 1,557명으로 파악되고 있다.[105] 특히 국내에서 광주학생독립운동이 널리 확산되고 있을 무렵인 1929년 말에서 이듬해 초 당시 하얼빈에는 한인 중학교가 없었다. 한인 학생들은 중국인 학교에 다녔으므로, 광주학생독립운동과 관련하여 한인 학생들의 독자적이며 적극적 호응은 기대하기 어려웠다. 이에 따라 주요 민족운동 단체들이 적극적으로 호응하게 되었다.[106]

103 위의 책, 225쪽.
104 위와 같음.
105 서명훈, 『할빈시 조선민족 백년사화』, 북경; 민족출판사, 2007, 46쪽.
106 서명훈, 위의 책, 95~96쪽.

다만 하얼빈한인학우회가 '타도일본제국주의' 제목의 격문을 배포하고, 부근의 아성현 소하구(小蝦溝)소학교에서 호응시위가 있었다는 단편적 기록이 있다.[107]

1929년 12월 18~19일 하얼빈의 '조선공산당 재건설만주부위원회'와 '고려공산청년회 재건설만주부위원회'에서는 「전조선을 진동시킨 혁명적 대시위운동 폭발에 제(際)하여 노동자·농민·청년·혁명동지 등에게」라는 성명을 발표했다. 여기서 이들은 "학생사건은 3·1운동 이상의 조직적·대중적·혁명적 행동으로서 우리들 피압박 민중은 일제히 궐기하고, 재만(在滿)단체는 종래의 파쟁을 청산하고 협동전선을 펼쳐 이 운동을 옹호·원조해야할 것"이라고 호소하였다.[108] 그런데 이들은 이 격문에서 일본제국주의의 타도와 조선의 절대독립, 노농(勞農)소비에트정부 수립, 지주의 토지몰수 및 농민에 무상분배 등을 주장했다.[109] 노농소비에트정부 수립과 지주의 토지몰수 주장 등은 후일 이른 바 '좌경맹동주의(左傾盲動主義)'라는 비판을 받기도 한 방침과 구호였다. 한편 북만(北滿)청년동맹에서도 12월 22일 『만주노력자신문』 호외에 "전조선 대시위운동! 군대와 충돌! 사상자 다수! 8대 도시는 폭동화! 형세 각각 악화 확대!" 등을 제목으로 하는 기사를 실어[110] 학생운동의 흐름에 동참할 것을 호소하는 등 민족감정을 자극하였다.

만주를 관통하는 중동선(中東線) 철도 연변 해림(海林)에서 활동하던 '재만조선무정부주의자연맹'도 1930년 초 격문을 배포하고 "(광주)학생사건은 정복자대 피정복자의 항쟁"이라고 선언하였다. 이들은 해림 신창(新彰)학교 교사 김견운(金堅雲)·김회관(金晦觀, 본명 金明源) 등을 학생운동 관련 선전과 강

107 조선총독부 경무국, 『光州抗日學生事件資料』, 294쪽.

108 위의 책, 227쪽.

109 위와 같음.

110 위와 같음.

연을 위해 부근 지역에 파견하여 적극 호응토록 하였다.[111]

한편 민족주의계열의 한족총연합회(韓族總聯合會)는 광주학생독립운동의 진상조사를 위해 해림 한족연합회 위원 4명을 국내로 파견할 것을 결의했는데, 이 무렵 이미 정리순(鄭利順, 東寧縣 樹楓鎭 거주, 37세)은 1월 21일 하얼빈을 경유하여 남하한 상황이었다. 이후 이 조직에서 파견한 4명은 신의주 건너편인 중국 안동(安東, 현재 丹東)에서 압록강이 결빙(結氷)된 틈을 이용하여 걸어서 국내로 잠입하는데 성공하여 평안북도 정주로 이동, 관계자와 회의를 열었다. 이들은 추후 기회를 보아 서울로 들어갈 예정이었다.[112]

4) 중국동북 당국 및 일제의 반응

이처럼 광주학생독립운동의 영향은 중국 본토와 동북지역(만주)으로 널리 전파되어 큰 반향을 불러 일으켰다. 그리고 이 지역의 한인들은 매우 어려운 사회경제적 여건 속에서도 떠나온 조국의 독립에 대한 새로운 희망을 갖고 민족해방운동에 적극 앞장섰다. 특히 연변지역에서의 연합항일 시위는 매우 조직적이며 체계적으로 전개되었다고 평가되고 있다.[113] 따라서 광주학생독립운동의 해외 확산을 잘 보여주는 사례로 거론하기에 충분하다고 하겠다. 주목되는 사실은 광주학생독립운동의 전개와 해외 확산을 계기로 해서 민족주의계열 독립운동 세력과 사회주의계열 민족운동 세력이 다시 제휴를 모색하고, 나아가 중국 본토(關內)에서 활동하던 일부 한인 독립운동 단체들이 중국·대만·인도 등 이른바 '피압박 민족'과 연대하여 항일투쟁을 전개하는 주요 전기가 되었다는 점이다.[114] 그런데 이상과 같은 중국 동북

111 위와 같음.
112 위의 책, 228쪽.
113 한규무, 『광주학생운동』, 212쪽.
114 김성민, 앞의 박사학위 논문, 337~338쪽.

지방과 관내(關內) 지역 한인들의 광주학생독립운동 지지와 성원 활동은 단신으로 국내 신문에 일부가 보도되기도 했다.[115] 이같은 동향은 역으로 국내 학생들에게 자극을 주기도 했을 것으로 추정된다.

이러한 용정과 연변, 중국동북지역 학생들의 광주학생독립운동 성원과 지지, 그리고 이와 관련된 만세시위운동에 대하여 관할구역인 중국 길림성의 경무처장은 이를 구실로 한 일본의 중국동북 침략을 우려하여 산하 각 기관에 형식적인 감찰지시를 내리기도 하였다.[116] 또 1930년 2월 중국동북 군벌정권의 요녕성(遼寧省)정부 주석은 요하(遼河) 하류에 위치한 영구현(營口縣) 당국에 대해 다음과 같은 훈령을 내려 항일 학생운동을 단속하도록 지시하였다.

> "최근 연길현(延吉縣) 재주(在住) 선인(鮮人)의 경영하는 각학교 생도 등은 선내(鮮內)에 있어서의 광주학생사건 반일운동에 자극되어 各所에 배일운동을 행하고 특히 연길 본가(本街) 사립 선인 숭신학교(崇信學校) 남녀생도 120여명은 각자 조선독립 만세기(旗)를 휴(携)하고 시내 일대를 유행(遊行)하며 배일격문을 살포하는 등 형세불온의 현상이라 하니 중국에 있어서 차종(此種) 선인 등의 반일운동은 연(延)하여 금후의 중일관계에 악영향을 재래(齎來)할 것이므로써 각지 관헌은 거주 선인(鮮人)의 상황을 상(常)히 시찰하고 반일운동 등의 거(擧)에 출(出)하지 아니하도록 엄히 취체(取締)를 요함."[117]

그러나 이러한 중국 지방정부 당국의 조치에 대해 일본 당국은 "중국 관헌들이 조선에서의 학생소요사건(광주학생독립운동-필자)을 조선인의 일본에 대한 민족해방운동으로 인식하여 중국에서는 오히려 보호해야할 운동이지

---

115 이에 대해서는 광주학생독립운동동지회 편, 『광주학생독립운동사』, 1974, 648~655쪽 참조.

116 김성민, 앞의 박사학위 논문, 332쪽.

117 『한국독립운동사』 5, 675쪽(국사편찬위원회 한국역사정보시스템)

만……(중략) 중로(中露-중국과 소련) 분쟁의 불안(중동철도 사건을 지칭-필자)이 아직 가시지 않았으므로…… 일본과 외교문제를 일으키지 않고 일본측의 직접 단속을 방지하기 위해, 중국 경찰은 일반 조선인 학생 및 다른 운동자들에 대해 온화한 방침을 내세워 단속하는 등 극히 성의없이 자가당착적인 훈령(訓令)을 길림전성(吉林全省) 예속 기관에 내리기에 이르렀다"[118]라고 평가절하하였다. 이러한 일부 자료 등을 통해 중국 동북정권의 학생운동에 대한 태도와 의도를 살펴볼 수 있다.

1930년 1~3월의 국내 학생운동 연계 시위이후 '5·1시위'와 '5·30봉기(5·30폭동)' 등 연변지역 학생들의 광범한 호응이 지속되어 향후 연변 및 만주지역 한인 민족운동의 발전에 직접·간접적으로 기여하였다.[119]

7. 광주학생독립운동의 중국 동북지역 확산과 그 의의

광주학생독립운동은 우발적으로 발생한 것이 아니라, 당시 정치·사회경제적 상황 및 사회단체의 개입과 지원, 학생들의 적극적 항일의식을 반영한 저항운동으로서 계속 축적되어 온 한민족 역량의 필연적 발산이었다. 또한 전국 각지와 해외까지 전파되는 과정에서 광범한 사회계층의 지지를 받아 범민족적 항일투쟁의 양상을 띠었다. 운동과정에서 드러난 학생들의 의식수준은 매우 높아서 투철한 투쟁의식과 정확한 현실 판단, 그에 따른 투쟁 대상에 대한 명확한 인식을 보여주었다.

---

118 조선총독부 경무국, 『光州抗日學生事件資料』, 289쪽.

119 《연변조선족자치주개황》집필 소조, 『연변조선족자치주 개황』, 연변인민출판사, 1984(65~66쪽); 최성춘, 『연변인민 항일투쟁사』, 민족출판사, 1999(88~89쪽); 김득순·최성춘·김광성 편역, 「성위에 올리는 박××의 보고-연변의 정황 및 5·1투쟁, 5·30폭동 등 문제에 대하여」, 『중공동만특위 문헌자료집(상)』, 연변인민출판사, 2005(12~13쪽); 양소전·차철구·김춘선·김철수·안화춘, 『중국 조선족혁명투쟁사』, 연변인민출판사, 2009(278쪽); 《延邊朝鮮族史》編寫組 編, 『延邊朝鮮族史』上, 연변인민출판사, 2010(132~134쪽) 참조.

따라서 광주를 기점으로 하여 전국 및 해외지역으로 확산된 전국학생운동은 3·1운동 이후 우리 민족이 강행한 최대의 항일민족운동이었다는 사실을 재확인할 수 있다. 이는 1920년대 일제의 소위 '문화정치'에 대한 일대반격이었으며, 1920년대를 통하여 면면히 계승되어 오던 항일투쟁의 총결산이라는 의미를 갖는 것이고, 우리민족이 추구해 왔던 실력양성운동과 자기발전 노력의 성과에 의한 결실이었다고 볼 수 있다.

광주학생독립운동은 1929년 10월부터 1930년 3월까지 전국 13부(府)·218군(郡)·2도(島)중 12부(92.3%)·81군(37.2%)·1도(50.0%)의 학교들이 참여하는 놀라운 양상을 보였다. 북쪽에서는 함북 회령, 남쪽에서는 전남 제주(제주도는 당시 전남이었음)에 걸쳐 전국 13도가 그 무대였으며, 중국 본토(관내지역)·만주(중국동북)와 러시아 연해주·일본·미주에도 영향을 끼쳤다.[120] 국내외 280여(혹은 320여) 학교가 참여한 것으로 파악된다. 따라서 '전국적 규모'임은 물론 '국내외'에서 전개된 민족(해방)운동이라 하기에 전혀 손색이 없다. 서울에서 당일에 한정되었던 6·10만세운동과는 큰 차이가 있다. 또 주도층과 참여층이 거의 학생들이었고, 여기에 일부 사회단체·사상단체 회원들이 관여했다는 점에서 각계 각층이 참가했던 3·1운동과도 구별되고 있다.[121]

중국 연변측 회고와 교사 정리 내용, 그리고 관련 연구성과를 검토한 결과 지금까지 우리가 알고있던 실상 이상으로 11·3(광주)학생독립운동의 중국 동북지역으로의 파급과 확산, 한인 학생들과 민족운동 단체나 지도자들의 호응과 지지 시위 등이 훨씬 광범위했고 그 영향도 컸던 사실을 확인할 수 있었다. 특히 종래 파악했던 호응과 지지시위의 대상 학교나 지역, 날짜

120 한규무, 『광주학생운동』, 304쪽.
121 위의 책, 305쪽.

가 더 많고 광범위했으며, 더 빨랐다는 사실과 주장을 확인할 수 있었다. 물론 이에 대해서는 추후 광범한 자료 수집과 비판적 검토·연구가 필요하지만, 후일을 기약하고자 한다.

광주학생독립운동은 식민지 압박에 시달리던 한인들의 독립의지를 국내외에 과시한 것은 물론, 그 여파가 해외 한인사회에까지 미쳤고, 해외 각 지역의 파벌갈등을 극복케하고 단합과 독립운동 활성화의 동기를 부여하였다. 특히 광주학생독립운동에 참가했던 학생들 가운데 상당수가 1930년대 청년운동·노농(勞農)운동, 나아가 항일무장투쟁 등에 투신하며 민족해방운동을 계승, 발전시켰다.[122] 따라서 광주학생독립운동은 1930년대 한민족의 민족해방운동을 고양시키는 계기가 되었고, 민족운동을 담당하는 전위(前衛)이자 주요 인력을 양성·배출하는 역할을 수행하기도 했다. 결국 광주학생독립운동은 1920년대 말에서 1930년대 초의 전환기에 수개월동안 전개된 주요 민족해방운동이었고, 1930년대 국내외 민족해방운동 발전의 주요 계기이자 전환점, 분수령이 되었다고 평가할 수 있다.

특히 중국 용정과 연변지역, 나아가 길림·봉천(심양)·하얼빈 일대 등 전 중국 동북지역(만주)에서 일반적으로 알려진 것보다 더 빠른 시기에, 훨씬 강력하고 큰 호응과 지지, 많은 학교와 학생들의 동참 시위가 있었고, 또한 많은 민족운동 단체와 지도자들이 광주학생독립운동에 적극 호응한 것을 논증, 확인할 수 있었다. 이제 그동안 우리가 잘 몰랐던 광주학생독립운동과 용정·연변 등 중국 동북지방(만주) 학생운동·사회운동과의 관련, 그리고 더 나아가 1930년대 항일무장투쟁과의 관련이나 영향 등을 비교사적 측면

122 연변 교육사가 한생철은 다음과 같이 서술하였다. "당시 많은 학생들이 5·30폭동과 그후의 반일투쟁에 참가하였는데, 수백명 학생이 체포되어 서울 서대문형무소에 압송되었고, 적지 않은 재학생과 졸업생들이 항일유격대에 참가하여 일제와 싸웠다."(한생철, 「룡정교육 개황」, 『연변문사자료』 2집, 13쪽).

에서 검토·연구하는 시각도 필요하다. 그것은 광주학생독립운동을 매개로 중국 연변지역이나 중국 동북(만주)지역의 각종 학생운동, 사회운동이 더욱 고양되고, 광주학생독립운동이 이 지역의 향후 민족운동이나 1930년대 항일무장투쟁에 중요한 영향을 주었다고 믿기 때문이다.

2021년 11월이면 '11·3 (광주)학생독립운동' 92주년이 된다. 이제 광주학생독립운동 100주년을 전망하는 시점이다. 따라서 이 학생독립운동의 진상(참여학교 수와 참가 학생 규모, 학생들이 겪은 고초와 불이익 등)과 그 의미, 국내외 확산과 그 영향, 그리고 오늘에 주는 시사점과 역사적 의의 등에 대한 천착과 연구성과의 보급, 관련 교육 등이 더욱 필요하다고 하겠다.

제4장
만보산사건 전후 시기 한인 민족운동 세력의 동향과 향후 민족운동

1. 문제의 제기

1931년 7월 2일 중국 동북지방(만주)의 장춘현(長春縣) 만보산(萬寶山) 지역에서 일어난 소위 '만보산사건'은 한·중 양민족 농민들의 토지상조(土地商租)와 수로(水路) 개설 문제를 둘러싼 충돌로 촉발되었다. 이후 이 사건은 한·중·일 등 동북아 3국에 큰 영향을 끼쳤다. 그런데 이 사건의 보도파문으로 인해 식민지 조선에서는 7월 2일 맨처음 인천에서 화교(華僑) 습격사건이 일어났고, 그 뒤 서울과 평양 등 전국 각지에서 화교 배척사건이 잇달아 전개되었다.

당시 일본 장춘영사관에서는 이 기회를 이용하여 사건을 확대시키면서 침략의 구실을 만들려 하였다. 특히 일본영사관은 『조선일보』 장춘지국장 김리삼(金利三)에게 과장·허위 정보를 유포하여 그것을 국내 신문에 호외로 보도하게 하였다. 그 결과 국내에서는 서울·인천과 평양 등지에서 대대적 중국인 박해사건이 일어났다. 이에 따라 중국인들의 반한감정도 악화되어 재만한인 농민에 대한 탄압이 적지 않게 일어났다.

만보산사건은 당초 그리 큰 사건이 아니었으나, 일본 당국의 왜곡된 정보를 전해받은 국내 언론이 현장확인을 하지도 않은 채 현지 한인들의 피해와 위기상황을 과장한 내용을 본사에 알렸던 것이다. 조선·동아일보 등 주요 신문의 7월 3일자 호외 등을 통해 사실과 달리 과장된 내용이 대거 보도되어 이 사건은 국내외적으로 큰 반향을 불러일으켰다. 만보산사건에 대해서는 다양한 학설이 있지만, 결국 이는 일본제국주의 세력의 1931년 9월 18일의 '만주사변(일명 9·18사변)' 도발의 한 도화선이 되었고, 나아가 군국주의 일본 패망의 한 원인(遠因)으로 작용했다고도 평가되고 있는 실정이다.[1] 근래 최병도는 만보산사건과 화교의 사후 수습문제와 관련하여 국내 대응단체의 하나인 '만주동포문제협의회'의 경성 및 해체를 연구, 이 단체의 성과와 한계를 규명하였다.[2] 만보산사건을 재만한인(在滿韓人: 일제 강점기 중국동북 거주 한인들을 지칭)과 재한화교(在韓華僑)의 관계사적 입장에서 고찰한 논문도 나왔다.[3]

한편 과거 민두기와 강진아·손승회는 동양사 연구자의 입장에서 만보산사건과 관련된 주제를 연구하여 한국사학계와는 다른 시각을 보여주었다.[4] 또한 2011년 5월 만주학회 주최로 '만보산사건 80주년 학술회의-만보산사건의 역사적 문학적 성찰'이 개최되었다. 이 회의에서는 각각 세편의 역사학 논문과 문학관련 논문이 발표되었다. 역사학적 측면과 문학적 측면 분

---

1 보다 상세한 내용은 박영석, 『만보산사건 연구 - 일제 대륙침략 정책의 일환으로서의』, 아세아문화사, 1978과 미도리카와 카츠코(綠川勝子), 「만보산사건 및 조선 내 배화사건(排華事件)에 대한 일고찰(日文)」, 『朝鮮史研究會 論文集』 6집, 1965 등 참조

2 최병도, 「만주동포문제협의회의 결성 및 해체에 관한 연구 - 1930년대 초 국내 민족운동진영의 동향과 관련하여」, 『한국근현대사연구』 39집, 2006.

3 사보혜, 「만보산사건과 인천 華僑배척사건 연구 : 재만한인과 재한화교의 관계사적 입장에서」, 인하대 교육대학원 석사학위 논문, 2009.

4 민두기, 「만보산사건(1931)과 한국언론의 대응 - 상이한 민족주의적 시각」, 『東洋史學研究』 65, 동양사학회, 1999; 강진아, 「中日 무역마찰의 전개와 한중관계의 변화 - 1920·30년대를 중심으로」, 『근대전환기 동아시아 3국의 한국인식』(성균관대 동아시아학술원 기초학문팀 학술회의논문집, 2003.5); 손승회, 「만보산사건과 중국공산당」, 『동양사학연구』 83집, 2003; 손승회, 「1931년 식민지 조선의 排華폭동과 화교」, 『중국근현대사연구』 41집, 2009; 손승회, 「근대 한중관계사의 새로운 시각 모색 - 만보산사건 연구에 대한 적용 가능성을 중심으로」, 『역사학보』 202집, 2009.

석이 결합된 학제적 시도였다.[5] 추후에도 이러한 학제적 연구가 시도되어야 할 것이다.

필자는 당시 신문자료와 일부 새롭게 발굴한 자료를 활용하여 만보산사건 직후시기 재만한인의 동향과 한중관계의 한 부분을 간단히 개관코자 한다.

2. 1920년대 후반~30년대 초 중국군벌(奉天軍閥) 정권과 일제의 한인정책

1911년 신해혁명(辛亥革命)이 일어나자 일본 군부는 당시 동삼성총독(東三省總督) 조이손(趙爾巽) 및 군부의 실력자 장작림과 결탁하여 '만몽(滿蒙)독립운동'을 추진하려고 획책하기도 했다.[6] 그 뒤 일본 정부는 1915년 중국 북경정부(北京政府, 袁世凱)에 대하여 21개조 조약을 요구하여 동년 5월 25일 '남만주 및 동부 내몽고(內蒙古)에 관한 조약'을 체결함으로써[7] 남만주지역에서 경제적 권익은 물론 재만한인에 대한 간섭권까지 확보하였다. 이 조약의 2조와 3조는 각각 "일본국 신민"이 남만주에서 토지를 상조(商租)할 수 있으며, 자유로이 거주·왕래하며 각종의 상공업과 기타 업무에 종사할 수 있다고 규정하였던 것이다.[8]

토지의 상조권에 대해서는 여러 가지 주장이 있지만, 토지의 소유자와 사용자가 협상하여 일정한 대가를 지불하고 다른 사람의 토지를 사용수익

5 윤휘탁, 「만보산사건 전후 동북아의 민족관계와 민족모순 - 중국인의 사건 인식을 중심으로」, 『만보산사건의 역사적 문학적 성찰』(만주학회 주최 학술회의 발표자료집, 2011.5.13); 고바야시 레이코, 「만보산사건 직후 일본측 대응과 리턴보고서」; 송한용, 「장학량정권의 對韓人정책 - 만보산사건의 遠因을 찾아서」; 김창호, 「리후잉의 '만보산', 문학과 문학사의 변형」; 이상경, 「'배화사건'과 한국문학」; 유슈정, 「'만보산', 농민문학과 개척문학」(이상 위 자료집 수록)

6 由井正新, 「辛亥革命と日本の對應」, 『歷史學硏究』 344號(1969.1), 8~10쪽.

7 상세한 내용은 日本外務省 編, 『日本外交年表並主要文書(上)(東京: 原書房, 1965), 406~413쪽 참조.

8 日本外務省 編, 위의 책(上), 406~407쪽.

(使用受益)할 수 있는 권리를 말한다.[9] 그러나 상조권의 개념은 모호해서 상조권이라는 이름의 토지권리에는 토지소유권에서부터 토지 임대차권(賃貸借權)까지 포함하는 광범한 권리가 있었다. 때문에 이를 두고 논란이 많았고, 중국정부는 위의 조약 체결 직후부터 일본정부가 '상조권'이란 미명하에 중국을 침략하는 수단으로 악용할 것을 우려했다.[10] 이러한 사정과 관련하여 상당수 중국인과 중국정부는 재만한인들이 상조권을 이용하여 일본의 침략에 이용될 수 있다고 보았다. 왜냐하면 토지상조권은 사실상 토지소유권과 동일시 되었으며, 실제로 1930년대에 신상조권(新商租權)이 성립한 뒤 거의 토지소유권으로 인정되었기 때문이다.[11]

그런데 재만한인을 일본국 신민(臣民)으로 간주할 수 있느냐 하는 문제를 둘러싸고 일본과 중국 사이에 큰 시각차를 드러내고 있었다. 즉 일본측은 재만한인이 일본신민이 되었기 때문에 일본인과 마찬가지로 이 조약이 적용되어야 한다고 본 반면, 중국 당국은 재만한인에게는 이 조약규정을 적용할 수 없다고 주장하였던 것이다. 물론 일본측은 재만한인들을 보호한다는 명분을 내세우며 그렇게 주장하였지만, 사실은 이 지역에서 전개되는 민족해방운동을 탄압하고 한인들을 적극적으로 통제하려는 의도가 컸다. 중국과 일본측의 해석이 이처럼 상반된 가운데 한인들의 귀화문제와 경찰권, 교육권, 민족해방운동가들의 단속문제 등을 둘러싸고 중국과 일본측의 대립이 격화되었다. 특히 토지상조권 문제와 관련하여 일제측이 조약에 규정된 대로 시행하려 하자 만주지방을 지배하고 있던 군벌정권에서는 각종 법령

9 淺田喬二,「滿洲にぉける土地商租權問題」,『日本帝國主義下の滿洲』, 滿洲史研究會 編,御茶の水書房, 1972, 320쪽.

10 위의 책, 332~333쪽.

11 淺田喬二,『增補 日本新國主義と舊植民地地主制』, 龍溪書舍, 1989, 171~191쪽.

과 훈령 등을 공포하여 이를 저지했고,[12] 이러한 대립은 1931년 9·18사변 직전까지 계속되었다.[13]

따라서 1920년대 후반~30년대 초 재만한인들은 점차 어려운 국면에 처하게 되었다. 즉 중국인 이주민(주로 山東省출신)의 급격한 증가, 중국 관헌의 박해와 중국인 지주와의 대립, 일제의 대륙침략정책과 경제적 수탈, 그리고 한인 이주민의 증가에 따른 한인사회 내부의 계급분화와 사상적 대립이 심화되었던 것이다.

특히 1925년 6월 중국 봉천성(奉天省)과 조선총독부 사이에 체결된 미쓰야협정(三矢協定)은[14] 전문 8개조항의 비밀협정으로 한인 독립운동가(특히 무장투쟁 독립군 등)를 체포·단속하기 위한 것이었다. 이는 그 뒤에 맺은 시행세칙(取締韓人辦法 施行細則: 전문 12개조)과 함께 중국관헌들의 일반 재만한인에 대한 박해 및 구축의 구실이 된 협정이라 할 수 있다. 이 협약은 일제의 침략으로 괴뢰 '만주국'이 수립된 뒤인 1932년 12월 폐지되었으나,[15] 이를 빌미로 중국관헌은 한인 민족운동가는 물론 일반 한인들에게 광범위하게 적용하여 한인 사회에 큰 타격을 주었다. 특히 이 협정은 중국동북지역 가운데서도 주로 봉천성 동변도(東邊道)일대의 한인 독립운동을 탄압하려는 의

---

12 1915년 중국정부에서 내무부 훈령으로 奉天·吉林 兩省의 지방관헌에게 하달한 '商租地畝須知'는 일본인의 토지상조권 시행을 저지하는 기능을 수행하였다(淺田喬二, 『日本帝國主義下の民族革命運動』, 未來社, 1973, 341~345쪽). 또 1921년 발효된 봉천성의 "奉天省居住鮮人取締規程"은 10조로 구성되었는데, 이에 따르면 奉天省 各縣 거주 한인에 대해서는 知事 및 경찰서장이 완전히 책임을 지고 保甲을 감독하여 단속하며, 일정한 正業이 없는 자에 대해서는 퇴거를 명하도록 되어 있었다(국사편찬위원회, 『한국독립운동사』 5, 정음사, 1983, 664쪽). 그러나 경우에 따라 한인 민족운동가와 중국 관헌들은 우호적 관계를 수립하고 이러한 규정을 묵살하는 사례도 적지 않았다.

13 박영석, 「일본제국주의하 재만한인의 법적 지위에 관한 제문제 - 1931년 만주사변 이전을 중심으로 」, 『한국민족운동사연구』 11, 1995, 27~32쪽.

14 三矢協定의 명칭은 중국에서는 '雙方商定取締韓人辦法綱要'이며, 일본에서는 '不逞鮮人의 取締方法에 관한 조선총독부·奉天省間의 협정'으로 되어 있다. 이 협약과 시행세칙의 상세한 내용은 추헌수 편, 『자료 한국독립운동』 4(상), 연세대학교 출판부, 1975, 1130~1133쪽 및 일본외무성 편, 앞의 책(하), 1966, 75쪽을 참조.

15 「在滿洲朝鮮人」, 外務省警察史 在滿大使館 編, 국회도서관 소장 일본외무성문서 복사제책본 제2268권, 2, 597쪽,

도가 강하게 반영된 것이었다.[16] 왜냐하면 연변지역은 '간도협약'을 근거로 일본관헌의 한인통제가 어느 정도 가능한 반면, 동변도 일대로 새로운 법적 근거와 중국관헌의 협조가 있어야 한민족의 저항을 탄압할 수 있었기 때문이다. 이를 통해 우리는 1920년대 중반 이 지역이 독립운동의 주요한 근거지역이었다는 사실을 확인할 수 있다. 사실 압록강 대안(對岸)의 서간도지역 민족운동 단체들은 이 시기에 수많은 국내 진입작전과 각종 항일투쟁을 수행하며 조선총독부 당국에 큰 타격을 주었다. 그러나 일제는 중국영토에 본거지를 둔 각종 항일조직의 본거지를 직접 '토벌'할 수 없었기 때문에 중국관헌을 이용해 이를 달성하려 했는데, 그것이 바로 이 협정으로 표출된 것이다. 이 협정의 여파는 컸다.

삼시협정 체결 직후부터 1926년 11월 말까지 동변도 일대에서만 독립운동가 35명이 사살되고 78명이 체포되었으며, 조선총독부에 38명이 인계되었다. 또 부패한 관헌뿐만 아니라 중국군대와 지주, 보갑(保甲), 자위단, 토호(土豪) 등에 의한 한인의 압박과 구축사건도 빈번하게 일어났으니, 1926년부터 1931년까지 재만한인 71,700명 가량이 국내로 다시 되돌아오고 말았다. 이 때문에 국내에서는 1927년부터 '재만한인옹호동맹(在滿韓人擁護同盟)'이 결성되는 등 중국인 배척운동이 거세게 일어나게 되었다.[17]

1920년대 후반은 중국관헌의 한인 박해가 가장 심했던 시기이다. 한인에 대한 박해의 주요원인은 중국의 국권회수운동 전개와 중국인 이민의 급증, 일제의 만주침략 노골화(예를 들면 張作霖 폭살사건 등), 봉천군벌의 군벌

16 이 협정의 12개 시행세칙을 보면 주로 봉천성 동변도 지역에 거주하는 한인들이 집중적으로 거론되고 있음을 볼 수 있다. 예를 들면 이 세칙의 5조는 "중국 봉천성 東邊沿江 鮮岸에 침입하려는 不逞鮮人을 발견했을 때는 이를 체포·심문한 후에 중국 지방관헌이 協定辦法에 의하여 鮮岸 沿江 도지사에게 인도하고, 접수에 편리하도록 對岸 가까운 일본 경찰서에 인도하기로 한다"고 명시되어 있다(앞의 「在滿洲朝鮮人」, 2600~2604쪽).

17 金正明 編, 『朝鮮獨立運動』 5, 原書房, 1967, 43~648쪽 및 박영석, 『만보산사건연구』, 아세아문화사, 1978, 47~64쪽.

전쟁 가담에 따른 군비조달 등을 들 수 있다. 그러나 일제의 침략에 한인이 주구로 이용되고 있다는 인식이 가장 큰 원인이었다.[18] 결국 중국동북의 한인들은 일제의 중국침략과 이에 대응한 중국관헌의 박해라는 현실적 모순에 직면하였던 것이다.

그리하여 봉천·길림 양성(兩省)에서 재만한인의 구축과 압박을 위해 1925년 이후부터 3년동안 제정 발포된 협정·규칙 및 훈령은 무려 66개에 달했는데, 1927년에 29개가 제정되어[19] 가장 심한 박해양상을 보였다. 이러한 중국관헌의 박해에 대하여 현지의 한인들은 중국관민들의 우의(友誼)에 호소하는 여론을 환기하고 한인대회를 소집하는 등의 자위활동을 전개했다. 또 한인농민들은 소작쟁의, 시위행진, 폭동 등 실력으로 군벌정부와 중국인 지주들에 대항하기도 했다. 중국관헌의 한인 박해는 1928년에 이르러 상당히 감소했지만, 1930년까지 계속되었다. 이같은 중국관헌의 한인 박해사실이 국내까지 알려져 1928년 직후에는 한인들의 만주 이주가 격감하였다.[20]

하지만 일본의 대한인정책(對韓人政策)이 탄압 일변도로 전개되었던 것은 아니다. 일제는 탄압만으로는 한인들의 독립운동을 저지할 수 없었으므로 교육과 위생, 금융 등의 분야에서 각종 지원을 통한 회유정책을 실시하여 한인들을 포섭하려 했다. 이에 따라 실제로 유력한 한인들을 중심으로 '조선인민회'나 '한교동향회(韓僑同鄕會)', 선민부(鮮民府) 같은 친일조직을 결성

18 이훈구, 『만주와 조선인』, 숭실전문학교 경제학연구실, 1932, 241~242쪽.

19 오세창, 「재만한인의 사회적 실태(1910~30)」, 『백산학보』 9, 1970, 144~149쪽.

20 昭和 6년 1월 19일 吉林總領事가 幣原外務大臣에게 보내는 보고요지, 「昭和5年吉林地方朝鮮人事情ニ關スル件」, 국회도서관 소장 일본외무성문서 제책본 제2,300권, 10117쪽. 실례를 들면 1931년 10월경 조선총독부로 만주에 있던 각 영사관을 통하여 韓人학교에 거액의 보조금을 지급하여 재만한인들을 회유하려 하였다. 通化보통학교에는 1,350圓의 다액을 보조하였다.(「在滿朝鮮人學校ニ對スル補助額一覽表」, 『外務省警察史 在滿大使館 第一』, 국회도서관소장 외무성문서 제책본 제2268권, 2507쪽)

케 하여 한인사회를 분열시키는 데 상당한 성과를 거두었다.[21] 이 때문에 1920년대 후반 중국 당국 및 추종세력의 탄압에 대응하여 민족주의계열 운동 단체들은 중국으로의 귀화 및 자치운동을 추진한 반면, 민회를 중심으로 한 친일세력은 일제의 힘을 빌려 탄압을 모면하려 한 것으로 파악된다.[22] 또 일부 공산주의자들은 중국공산당에 가입한 뒤 폭동전술을 통해 급격한 현실변혁운동을 전개하기도 했다.

1920년대 후반 조선총독부측은 한인들의 중국동북 이주에 대하여 거의 '방임'에 가까운 정책을 취하였다. 그러나 일본이 1931년 '9·18사변'을 도발한 뒤 이른 바 '만주국'이 수립되자 총독부의 정책은 바뀌었다. 즉 총독부측은 일제의 괴뢰국인 만주국을 이용하여 국내의 과잉인구 문제를 해결하고 일본으로 향하는 한인들의 흐름을 억제하는 방안으로서 대량의 만주 이민을 장려하는 정책을 적극 주장하였던 것이다. 그러나 이러한 주장은 실질적으로 만주국을 통제하고 있던 관동군측에 의해 거부되었다. 관동군은 일본인 이민을 장려하고 '조선인' 이민은 방임하며, 중국인 이민은 제한한다는 방침을 세우게 되었고, 이 방침에 따라 만주국 초기(1932~1936)에는 한인의 이민을 장려하지도 않았고, 억제하지도 않은 자유방임정책을 취하였다.[23]

조선총독부는 일제의 중국 동북지방 침략과 이에 대한 반발로 각지에서 봉기한 중국인 의용군 등의 전쟁 와중에 발생한 재만한인 피난민을 수용하기 위해 철령(鐵嶺)을 비롯한 5개소에 소위 '안전농촌'을 건설하였다. 이 안전농촌은 처음에는 변란을 피하여 귀국한 한인농민들을 재송환하기 위해

21 신규섭, 「日本の間島政策と朝鮮人社會 - 1920年代前半までの懷柔政策ぉ中心として」, 『朝鮮史研究會論文集』 31, 朝鮮史研究會, 1993, 157~187쪽.

22 임영서, 「1910~20년대 間島韓人에 대한 중국의 정책과 민회」, 『한국학보』 73, 1993, 209쪽.

23 Kim ki - hoon, Japanese Policy For Korean Rural Immigration To Manchukuo, 1932~1945, Hawaii대학교 대학원 박사학위 논문, 1992, 169~172쪽.

설립되었으나, 나중에는 조선 3남지방의 재해농민들을 선발하여 송출하는 기능을 맡게되었다. 따라서 안전농촌은 결과적으로 조선총독부에 의해 추진된 최초의 정책이민이 되었다. 총독부가 1933년부터 1936년까지 설립·운영한 5개소의 안전농촌에는 1,423호 7,496명의 한인 농민들이 입식(入植)되었다.[24]

만주사변 도발 이후 관동군 및 만주국 당국은 재만한인, 특히 농업에 종사하는 한인들을효율적으로 통제하기 위해 이른 바 "안전농촌"과 "집단부락"을 더욱 확대하여 만주 곳곳에 대거 건설하였다

그런데 9·18사변을 전후한 1928~32년 사이에 식민지 조선에 들이닥친 농업공황과 재해는 한반도 남부지방의 농촌에 큰 영향을 끼쳐 이 지역 농민의 유랑민화를 더욱 촉진하였다. 일본 당국은 이 시기 한인의 만주 이민에 대해 기본적으로 불간섭정책을 취하고 있었기 때문에 이들중 상당수가 만주(중국동북) 지방으로 밀려 들어오게 되었다. 한 통계에 따르면 1932년에서 1936년까지 5년간 23만 3천명 정도의 한인이 '만주국'으로 이주한 것으로 나타났다. 이는 연평균 5만에서 6만명으로 이전보다 훨씬 늘어난 숫자이다. 사정이 이렇게 되자 일본 관동군은 이제 한인 이민을 통제하는 정책으로 전환하게 되었다. 그리하여 1937년경부터 만주국은 한인이민의 이주지를 서·북 간도(間島)와 동변도(東邊道) 일대로 거의 제한하였고 이입농민도 연간 1만 호 이하로 한정되었다. 관동군은 결국 이듬해 7월 '재만조선인지도요강(在滿朝鮮人指導要綱)'을 제정하여 이주한인들을 통제하였다.[25]

그러나 한인이민 통제의 주역은 '선만척식주식회사(鮮滿拓植會社)'같은 식

24 조선총독부, 『朝鮮の農業』, 1941, 54쪽.

25 滿洲國史刊行委員會 編(東北淪陷十四年史吉林編寫組 譯), 『滿洲國史(分論)』 上, 1990, 내부자료, 203쪽.

민회사가 '집단이민'이나 '집합이민'으로 대행하게 되었다.[26] 이같은 유형의 통제정책은 일제의 패망시까지 계속되었다. 이러한 배경에서 일제측은 재만한인 농민들을 수용하는 '집단부락'의 건설을 강행하였던 것이다.

이러한 난국에 처하여 1920년대 후반 독립운동 단체들은 민족유일당운동과 3부(府) 통합운동 등을 추진하여 각종 단체와 조직을 통합하며 운동역량을 강화하고, 재만한인들에 대한 탄압에 효율적으로 대응하려 하였다. 그같은 움직임은 각종 자치기구의 조직과 중국정부에 대한 청원 및 교섭, 중국 귀화운동과 자치운동의 전개, 사회주의이념의 수용에 의한 현실변혁운동의 모색, 그리고 다양한 독립운동 이념의 수용과 방법론 개발 등의 형태로 표출되었다.

3. 1920년대 후반~30년대 전반 재만한인의 존재 형태

만보산사건과 '만주사변' 이후인 1934년 경 남만주의 동변도[27] 4개 현에 거주하는 한인들의 인구비율은 관전현(寬甸縣) 2.4%, 집안현(輯安縣) 10.4%, 환인현(桓仁縣) 4%, 통화현(通化縣) 4%로 평균 4.4%에 불과했다.[28] 이 비율은 이후에도 크게 바뀌지 않았다. 따라서 이 곳의 이주한인들은 연변과는 달리 그야말로 '소수민족'으로 온갖 악조건을 무릅쓰며 살아야

---

26 김기훈, 「'만주국'시기 일제의 對滿 조선인 농업이민정책사 연구」, 『학예지』 3, 1993, 육군사관학교 박물관, 160~161쪽.

27 東邊道란 중화민국정부가 1914년에 공포한 법령으로 중국동북을 奉天省·吉林省·黑龍江省의 3성으로 구분하고 그 아래에 설치한 10개 道의 하나로서, 동변도 아래에는 20개 현이 있었으나, 「만주국」 시대에는 거의 通化省의 9현(通化·長白·撫松·輝南·金川·柳河·濛江·輯安·臨江 등)을 가리켰다고 한다(姜在彦, 「在滿朝鮮人の抗日武裝闘爭－南滿における東北人民革命軍 第1軍お中心に」, 『朝鮮民族運動史研究』 제5호, 1988, 11쪽). 그러나 중국측 간행물에 의하면 위의 9현에 安東·寬甸·桓仁·安圖·撫順·本溪·海龍·興京 등 諸縣이 추가된 16개 현으로 파악되고 있다.(陳瑞雲·張留學·宋世章, 『楊靖宇將軍傳』, 河南人民出版社, 1985, 61쪽). 또 각 서적마다 약간의 지역적 편차가있으나, 대체로 현재의 遼寧省 동남부·吉林省 남부와 압록강 以西 사이의 지역을 가리킨다.

28 廣瀨進, 「間島及東邊道地方に於ける鮮農の特殊性」, 『滿鐵調査月報』 1936년 9월호, 140쪽. 1920년대 후반 중국동북 전체에서 한인이 차지하는 비중은 약 2.8%였던 것으로 파악된다.

했다. 이러한 경향은 이 지역이 중·북만이나 연변지역보다 인구가 조밀한 반면, 가경지가 적었으며 그 가운데도 기경지(旣耕地)의 비율이 높고 토질도 양호하지 못한 농업조건으로 확인된다. 또 주목되는 점은 동변도 지역이 다른 만주지역에 비해 소작농 및 자·소작겸농의 비율이 훨씬 높다는 사실이다. 예를 들어 항일무장투쟁이 치열하게 전개되고 있던 1937년 경의 통계를 보면 통화현은 96%, 집안현은 80%, 임강현(臨江縣)은 91%, 장백현(長白縣)은 90%, 무송현(撫松縣)은 75%로 집계되는데, 연변지역의 경우 64%이며 길림성 평균은 52%로 나타난다.[29] 동변도 지역은 한인은 물론 중국인들도 대다수의 농민들이 매우 열악한 처지에서 생존하고 있었던 것을 알 수 있다. 이 때문에 이 지역은 민족주의계열의 조선혁명군 독립군은 물론 중국공산당계 항일유격대의 온상으로 기능하기도 했다.

한편 1930년대 중반 남만주의 동변도 5개현과 연변지역, 기타 중국동북지역의 1호(戶)당 경지면적을 살펴보면 다음과 같다.

아래의 표를 볼 때 주목되는 사실은 조선혁명당·군과 국민부 등 재만한인 민족운동 세력의 주요 활동무대라고 할 수 있는 남만주 동변도 지방 4개현의 경지면적이 다른 지역보다 상대적으로 좁으며, 특히 본부가 있던 흥경(興京)의 경지면적이 가장 협소하다는 것이다. 이는 동변도 지역 가운데서도 흥경현 일대가 농민들의 생활조건이 열악하다는 사실을 반증해준다. 따라서 이곳에 사는 한인들은 그나마 다른 지역보다 비좁은 경작지를 중국인 지주에게 임대하여 근근히 생계를 유지했다고 할 수 있다.

---

29 「東邊道治安工作委員會と宣撫工作」, 『宣撫月報』 1937년 7월호, 滿洲國 中央宣撫小委員會 編, 19쪽; 윤휘탁, 「일제하 만주국의 치안숙정공작 연구 - 만주항일무장투쟁의 내적 구조와 관련하여」, 서강대 대학원 박사학위 논문, 1995, 37쪽에서 인용.

〈표 1〉 동변도 5개현과 중국동북 각 지방 1호당 경지면적 비교표(단위는 畝)

동변도지방						연변지방	남만평균	중만평균	봉천성	길림성	흑룡강성	평균
관전현	집안	환인	통화	흥경	평균							
19.2	16.2	16.8	25.0	13.0	17.9	29.9	22.1	59.4	28.9	57.8	85.2	42.4

자료 : 廣瀨進, 「間島及東邊道地方に於ける鮮農の特殊性」, 『滿鐵調査月報』 1936年 9月號, 141면.
비고 : 1畝는 약 201坪의 면적임.

만보산사건이 일어났던 장춘 부근은 남만과 북만의 경계지대라 할 수 있지만, 통상 중부 만주지방으로 볼 수도 있다. 위의 표를 보면 중만(中滿)지방의 호당 경지면적이 가장 넓은 사실을 알 수 있다. 그러나 이 지방의 한인들 대다수는 위에서 본 것처럼 절대 다수가 소작농으로 존재하고 있었기 때문에 위의 경지면적 비교표와는 거의 무관하다고 할 수 있다.

일반적으로 1920~1930년대 전반기 한인 소작농의 경작조건은 매우 열악하였다. 계약형태는 보통 문서계약이 아닌 구두(口頭)계약이었으며, 그 계약기간은 대부분 1년이고 3년 이상의 계약은 매우 드물었다. 또 소작료는 거의 40내지 50%의 고율이었다. 여기에 종자대(種子代)와 현물 소작료 운반비는 소작인이 전액 부담하였고, 각종 비료대금과 세금도 부담했다.[30] 또한 소작료 이외에 지주가의 가사를 돕기도 하는 등 각종 경제외적 강제가 있었다. 특히 수전(水田, 논)의 소작료는 보통 10묘(약 2,010평) 당 5석 정도의 비율이었고 금납은 거의 없었는데, 금납의 경우 대두(大豆)를 표준으로 한 시가를 지주에게 납부했다.[31]

동변도 4개현을 평균한 경작면적은 연변의 그것과 비교할 때 2/3에도 미치지 못한다. 따라서 이 지역에 이주한 한인들은 토지가 부족한 형편에서 상대적으로 좁은 토지를 빌어 소작에 종사했기 때문에, 연변에 이주한 한인

30 만주국 군정부 고문부, 『滿洲共産匪の硏究』, 1936, 560~562쪽.

31 滿鐵 經濟調査會 第2部, 「滿洲各地に於ける小作慣行及小作料」, 『滿鐵調査月報』 1935년 10월호, 64쪽.

보다 더 열악한 조건에서 대다수의 중국인들 사이에 끼어 살아야 하는 형편이었다. 더구나 토지소유권이 없었기 때문에 한인들은 거의 절대 다수가 소작농으로 생계를 유지할 수밖에 없었다.

결국 위의 4개현을 비롯한 남만주의 동변도 지역에 사는 한인들은 이처럼 열악한 사회경제적 여건에서 대부분 소작농으로 존재하며 중국인 지주의 착취와 압박에 시달렸기 때문에 상대적으로 이주한인들을 중심으로 강한 민족주의적 성향을 보이게 되었다. 왜냐하면 연변지역과 달리 한민족 내부에서의 계급분화가 거의 없었기에 서로가 비슷한 처지에 있었던 것이다.

이러한 사례는 만보산사건이 일어났던 장춘부근 길림지방 한인의 계급구성을 보면 자명해진다. 거의 99%의 한인 농가가 소작농으로 존재했던 것이다.

〈표 2〉 길림지방 한인농가 계급별 구분(1929년)

계급별	호 수	인 구	비 고
지주 자작농 소작농	24(0.63) 17(0.45) 3,741(98.9)	127(0.75) 99(0.58) 16,778(98.67)	인구는 가족 전부를 포함한 숫자이며, 괄호 안의 숫자는 %

출처: 「昭和5年吉林地方朝鮮人事情ニ關スル件」, 국회도서관 소장 일본외무성문서 마이크로 필름 복사제책본 제2,300권, 9954쪽을 참고로 작성

위의 표에 자소작 겸농이 소작농에 포함되어있다고 해도 길림지방 소작농의 비율은 연변지방의 평균 57%를[32] 훨씬 상회하고 있다. 특이 이 지역에서는 중국국적을 취득한 귀화자가 14%나[33] 있어 그들은 법적으로 토지소유권을 가질 수 있었음에도 불구하고, 위와 같은 결과가 나온다는 것은 한인농가의 열악한 조건을 단적으로 드러내는 것이다. 이러한 상황은 1920년대 후반부터 길림지방의 반석현(磐石縣)을 중심으로 급격히 한인 사회주의운

32 앞의『滿洲共産匪の研究』, 145쪽.

33 「昭和5年 吉林地方朝鮮人事情に關する件」 국회도서관 소장 일본외무성 문서 제책본 제2,300권, 9939~9940쪽.

동이 고양되는 사실과 깊은 관련이 있을 것으로 보인다. 실제로 1920년대 후반 길림·반석 지방에서 사회주의 운동이 발흥함에 따라 민족주의계열 운동조직들은 활동근거지를 옮기지 않으면 안될 형편에 처하였다.

물론 한인 농가 대부분은 농업에 종사하였다. 이 때문에 논(水田)에 물을 끌어들이기 위한 과정에서 중국인 농민들과 분쟁이 발생, 결국 '만보산사건'으로 비화한 것이다.

당시 재만 한인들은 실제로 어떤 경제적 상황에 있었던가? 국민부와 조선혁명당의 주요 기반이었던 남만주 신빈현(新賓縣)의 한 한인 농가의 수입과 지출 사례(1930년)를 보면 수입액이 364원(元)인데 반해 지출은 372원 80전(錢)으로 조사되었다. 1년 농사를 결산한 결과 8원 8분(分)의 적자를 낸 것이다.[34] 물론 농가 수지상황은 그 표본에 따라 얼마든지 그 결과가 달라질 수 있기 때문에, 이 한 사례로 전반적 한인농가의 상황을 판단할 수는 없다. 그러나 1930년 흑룡강성 한인 농가(다섯식구)의 1년 수지상황을 검토한 결과도 비슷하다. 63.65元의 적자를 냈는데, 이 가운데 채무이자가 무려 56.56원이나 되었다.[35] 결국 지주의 소작료와 고리대의 이자를 내고 나면 일년 내내 힘들여 농사를 지어도 남는 것이 없고, 오히려 빚을 얻어 생계를 유지해야 했던 것이다. 그런데 한번 빚을 얻으면 고리채(高利債)의 악순환에서 벗어날 가능성이 거의 없었다고 보아야 한다. 한마디로 한인농민들은 극도의 빈곤상태에 허덕였던 것이다.

한인들의 이주형태가 단순한 반궁유민(貧窮流民)이 아니라 생활향상을 위한 정주형이민(定住型移民)이라는 일본인 연구자의 주장이 있으나,[36] 실제로

---

34 『新賓朝鮮族志』, 87~88쪽.

35 권혁수, 「1920~30년대의 東北지방 조선족 농민의 경제상황에 관하여」, 『明知史論』 5, 1993, 103~104쪽.

36 金森襄作, 「'滿洲'における中朝共産黨の合同と間島5·30蜂起について」, 『朝鮮史叢』 1, 朝鮮民族運動史研究會, 1993.

생활향상을 달성한 이주자는 거의 없었고 오히려 지속적으로 파산·몰락해 간 것이 당시 추세였다. 1935년 연길현(延吉縣) 양성촌(陽城村) B둔(屯)의 경제상황을 세밀하게 분석한 연구 결과도 마찬가지이다.[37] 비교적 여건이 좋은 연변의 자작농과 자소작겸농의 경우도 매 가구 평균 118元의 적자를 보이고 있었던 것이다. 이 가운데 대부에 의한 토지구입 등 재투자 비용을 제외하면 평균 10元의 실질적 적자라고 하는데, 이는 매우 모험적 경제활동이었다. 그만큼 위험부담이 컸던 것이다.

그런데 이 지역은 물론 남만에서 토지를 담보로 동양척식주식회사(東洋拓植株式會社)의 융자를 받았다가 이를 갚지못해 토지를 빼앗긴 농민들이 적지 않았다. 또 상품화된 대두(大豆) 등의 판매는 거의 일본인이 경영하는 상업자본의 독점을 통해서 행해지는 경우가 많았다. 이러한 곡물유통 과정에서의 일본 상업자본 독점과 동척(東拓)의 대부(貸付, 담보금융)에 의한 토지약탈은 모두 일본제국주의의 경제적 기초를 이루는 것이었다. 그러나 그에 대한 반작용으로 치열한 항일투쟁 전개의 원인을 제공하기도 했다.

재만한인들의 경제적 처지가 이처럼 열악했기 때문에 1920년대 후반부터 사회주의운동이 급속히 발전하게 되며, 여기에 한인들이 대거 참여하게 되었다. 1920·30년대 민족주의계열 운동단체들은 거의 관할구역을 정해놓고 거주한인들에게 군자금 명목의 각종 '의무금'을 징수하는 경우가 많았다. 그러나 위에서 보았듯이 재만한인들은 일반적으로 그날그날의 생계를 걱정해야할 정도로 생활의 여유가 없었다. 이 때문에 동만 및 북만지역은 1930년대 초를 고비로 좌익계 독립운동이 크게 발흥하게 되며 독립운동 단체들의 각종 의연금과 의무금의 징수는 갈수록 어려워지게 되었고, 심

---

37 김기훈, 「'만주국'하 재만 조선농민의 경제상황 - 1930년대 연길현 陽城村 B屯을 중심으로」, 육군사관학교 화랑대연구소 연구보고서, 1996, 46쪽.

지어는 이를 저지하기 위한 자위단까지 조직하는 사례도 일부 있었다.

4. 만보산사건 직후 중국(정부)의 대응

만보산사건 직후인 1931년 7월 7일 오후 중국 국민정부 외교부는 남경(南京) 주재 일본 영사관에 항의문을 제출하고 사건의 재발방지 등을 요구하였다.[38] 또 중국국민당과 전국총상회(全國總商會) 등 각 단체는 만보산사건과 '조선'에서의 화교 배척사건을 계기로 전국에 배일운동을 전개할 것을 결의하였다. 그리고 이들은 '조선인' 폭동의 제지와 생명·재산 손실의 배상 등 4개 조건을 내세우고 중국 외교부로 하여금 일본과 엄중히 교섭할 것을 촉구하였다.[39]

중국 정부는 이달 8일 중앙정치회의를 소집하고, 9일에도 긴급회의를 개최하여 만보산사건과 조선에서의 화교 피습사건 등을 논의하였다. 그 결과 외교부 차장 왕가정(王家楨)을 진상조사차 조선에 파견키로 하고 일본측에 대해 화교 보호와 피해보상 등을 요구키로 하였다. 국민정부 요인들은 기본적으로 만보산사건과 화교 습격사건이 제3자의 한인-중국인 이간책동 때문에 발생한 것으로 인식하고 있었다.[40] 만보산사건에 대하여 중국 국민정부는 동북정권과는 별개로 이례적으로 개입하여 일본에 항의하였다.[41] 중국정부는 이 사건을 계기로 중국동북(만주)의 한인(韓人)을 몰아낸다는 방침을 세웠으나, 농경지 상조권(商租權) 문제는 근본적으로 해결하려 하였다. 이처럼 중국정부가 만주의 중요문제에 대하여 직접 개입하는 태도를 보임으로

---

38 동아일보 1931.7.9, 1면.

39 동아일보 1931.7.9, 1면.

40 동아일보 1931.7.10, 1면.

41 동아일보, 1931.7.24, 1면. 주요내용은 만보산에 있는 일본경관의 즉시 철수, 만보산 조선농민의 퇴거, 그 지방 소작계약의 근본적 취소, 그 지방 농민이 입은 손해의 보조, 소작계약 최소에 따른 조선농민의 소송문제는 吉林交涉員과 일본영사관에 교섭할 것 등이었다(동아일보, 같은 면).

써 향후 중일관계는 더욱 중대화하게 되었다.[42]

한편 중국 외교부는 만보산에서의 충돌사건은 외교부가 교섭하고 현지의 수로문제는 지방관헌이 교섭키로 방침을 결정하였다.[43] 또 중국정부는 7월 17일 제2차 항의공문을 일본 외교사절 시게미츠(重光葵) 대리공사에게 전달하였다. 조선농민의 압박은 전혀 없었는데, 일본측의 고의적 선동과 화교 보호소홀 등이 이번 사태의 주요원인이라고 지적하였다.[44]

만보산사건 현장에 세워진 기념비(중국 길림성 德惠市 米沙子鎭)

중국 국민정부는 만보산사건 직후인 8월 초 재만한인 문제에 대하여 새로운 정책을 결정하였다. 즉 이에 따르면 연길(延吉)·왕청(汪淸)·화룡(和龍) 등 연변지역을 한인 잡거구역으로 정하고 잡거구역 외에는 조선인의 토지 조차(租借)와 경종(耕種)을 금지하며, 토지와 집(房屋)을 소유한 간민(墾民)과 그

42 동아일보 1931.7.24, 1면.
43 동아일보 1931.7.20, 1면.
44 동아일보 1931.7.22, 1면.

렇지 못한 조선인을 '한민(韓民)'으로 규정하여 엄격하게 구분하기로 했다. 이에 따라 간민은 중국 법률을 적용하여 중국인과 동등하게 대우하지만, 한민은 중국과 일본의 이중국적을 절대불허하고 일본국적을 탈리(脫離)한 자가 아니면 중국 영토 안에서 토지를 사거나 조차하지 못하도록 엄격한 통제를 가하였다.[45] 당시 한인은 일본인으로 간주되었다. 때문에 중국은 한인이 일본의 중국침투에 이용되는 것으로 보았기에 이를 방지하고자 한인의 귀화권을 제의하기도 했다.[46] 결국 이는 일전한 한인 배척정책이라고 할 수 있다. 이러한 배경에서 만보산사건 직후부터 '만주사변'에 이르기까지 한인들의 어려움이 계속되었다.

중국인들은 만보산사건의 발생 배경과 관련하여 ①한인들에 대한 일본의 대륙침략 정책, ②재만한인의 2중국적 문제, ③중국 동3성(東3省) 지방정부의 방임정책과 중국동북에서의 한·중 양국인 사이의 지주-소작관계 등 독특한 생산관계 등에서 찾았다.[47] 반면에 일본인들은 재만한인에 대한 중국관헌의 압박과 그로 인한 사태악화 등에서 바라보았다. 양자 사이에 뚜렷한 시각차이가 있었던 것이다.

중국 동북지방에서 만보산사건을 계기로 배일운동이 격화되었다. 이러한 배일운동은 동북 군벌정권의 관헌에 의해 일단 진정되었다. 그러나 봉천(奉天) 외교협회 등 민간단체를 중심으로 대대적 배일운동이 추진되었고 경비가 소홀한 일부 지방에서는 마적이 횡행하여 동포들을 박해하는 사례가 다

45 동아일보 1931. 8. 4, 7면.

46 동아일보 1931. 8. 4, 1면.만보산 사건 이후 중국정부는 在滿韓人 문제를 근본적으로 해결하기 위하여 여러가지 방안을 모색했다. 그중에서 가장 중요한 현안은 한인들이 2중국적을 소지하지 않도록 한인의 중국 入籍 허가를 요구하는 것이었다. 다만 한인이 중국에 입적되기 위해서는 우선 일본정부로부터 脫籍증명서를 발급받아야 했다(동아일보 1931.7.26, 2면). 그러나 입적하려면 일정한 자격요건을 갖춰야했다. 만보산사건 이후 중국 국민정부는 1909년 일본과 체결한 '간도협약'을 준수한다는 명목으로연변지역 외의 韓人 거주제한과 신조약 체결을 검토하기도 했다(동아일보 1931.7.31, 1면)

47 윤휘탁, 「만보산사건 전후 동북아의 민족관계와 민족모순 - 중국인의 사건 인식을 중심으로」, 『만보산사건의 역사적·문학적 성찰』(만주학회 주최 만보산사건 80주년 학술회의 발표자료집), 12쪽.

수 있었다.[48] 7월 말 중국의 민간단체인 장춘(長春) 외교협회에서는 일본 영사의 퇴거를 요구하였다. 그 이유는 만보산사건 등으로 중일외교를 그르쳤다는 것이었다.[49]

이 무렵 중국동북에 있는 여러 한인 교민(韓僑) 단체에서도 성명을 발표하여 식민지 조선 내에서 중국인을 박해하지 말고 자중할 것을 요청하였다.[50] 또한 경성각계연합회는 한인들의 진의를 제대로 알리고 한·중 양민족의 친선을 더욱 강화하자는 취지의 성명서를 중국국민당 중앙통신기관에 발송하였다.[51] 한편 식민지 조선에서 만보산사건을 계기로 화교 박해 사태가 확산되어가자 길림성 주석 장작상(張作相)은 만보산문제를 선처하겠다고 경성화상총회(京城華商總會)로 전보를 보내 이 사실을 확인하기도 했다. 이후 만보산 지역 한인 농민들의 현안문제도 차츰 원만하게 해결되어 갔다.[52]

7월 14일 경 전국이 진정되었고, 서울의 경우 귀국하지 않은 중국인들 대부분은 일상생활로 돌아갔다.[53] 7월 11일에는 북만주 하얼빈(哈爾濱)에 거주하는 한인들 역시 조난 중국인을 위해 의연금을 모아 전달키로 결정하였다.[54] 또 하얼빈의 중국인 각 단체는 15일 회의를 열고 '배화(排華)사건'의 중국인 피해자들에게 위문금 5만원을 보내기로 하였다.[55]

그러나 중국 길림성의 중심부에 위치한 장춘에서는 학생·노동자·병사 등이 주동이 된 배일운동이 격화하였다. 이 때문에 시찰중이던 일본 헌병 1명

48 동아일보 1931.8.9, 1면.
49 동아일보 1931.8.2, 1면.
50 동아일보 1931.7.14, 2면.
51 위와 같음.
52 동아일보 1931.7.9, 2면.
53 동아일보 1931.7.14, 2면.
54 동아일보 1931.7.13, 2면.
55 동아일보 1931.7.19, 7면.

과 한인 3명이 구타당하여 부상당하는 사건도 있었다.[56] 또 봉천(현재의 심양)에서는 14일 오후 중국인 군중이 남만주철도주식회사(약칭 滿鐵) 수비병에게 투석하는 등 싸움이 붙어 일본 수비병이 공안국으로 납치되기도 했다.[57]

중국측의 배일운동 강화 배경을 보면 중국국민당 중앙정치회의에서 대일태도가 결정된 후 남경시당부(南京市黨部) 등 각 단체들은 즉시 배일회(排日會) 임원을 임명하고 경제분야 절교(絕交)를 준비하는 등 여러 단체와 학생들이 합세하여 배일운동을 전개하였다.[58]

한편 함북 회령에 거주하는 양배근(楊培根) 등 중국인 대표 5명은 12일에 두만강을 건너 중국 공안대·헌병대·육군 등 관서의 대표자를 만난 뒤 재만한인의 적극 보호를 진정하기도 했다.[59]

만보산사건 이후 중국 동북지방 관민들의 국권회수 열기는 더욱 고조되었다. 중국동북 정무위원회(政務委員會)는 대규모의 대일(對日) 대책을 세울 목적으로 중앙정부에 대하여 외교·국방·철도·이민 등의 대책을 제출하여 협조를 요청하였다. 즉 중국 동북지방의 실력자 장학량(張學良)은 실력배양주의 방침에 따라 점진적 수단으로 일본세력을 만주에서 구축하려 하였던 것이다. 이 때 동북정무위원회에서 기초한 대일계획 가운데는 한인 문제도 상세히 진술되었다.[60]

당시 조선주재 인천영사로 재직했던 장문학(蔣文鶴)은 후일 귀중한 목격담

56 동아일보 1931.7.14, 1면.

57 동아일보 1931.7.16, 1면.

58 동아일보 1931.7.16, 1면.

59 동아일보 1931.7.16, 2면.

60 동아일보 1931.8.17, 1면. 이 때 수립된 對日計劃의 주요 내용은 다음과 같다. 중국 동북지방을 최대 國防區로 정하고 일본 및 소련과의 국경에 중요군대를 주둔시켜 유사시에 대비할 것. 이민 및 屯墾制를 실시하여 외세의 침입을 저지할 것, 延邊 각현(延吉·汪淸 등 간도지방)을 특별구로 정하고 군사·외교의 중요기관을 설치할 것, 국내 자본가 및 화교의 동북지방 투자 장려와 동북철도망 계획완성, 기타 일본 경제세력 봉쇄 등(앞의 동아일보, 같은 면).

을 남겼는데, 그에 따르면 만보산사건 이후 벌어진 화교 습격사건은 한인들의 단순한 우발적 사건이 아니라, 일본정부가 중국에 대해 계획적으로 조직한 대규모 '배화운동(排華運動)'이었다고 한다. 즉 그는 극소수를 제외하고는 거의 대부분의 한인들이 일본측의 영향하에, 혹은 위협과 선동에 넘어가 폭동에 가담한 것으로 보았다.[61] 이처럼 중국 관료의 냉정하며 합리적 인식이 가능했기 때문에 우여곡절을 거치지만 나중에 한·중 연대가 일정하게 진전될 수 있었다. 한인의 입장에서 볼 때 재만 한인들이 탄압받고 있다는 소식은 민족감정을 자극하기에 충분한 조건이 되었다. 또 19세기 후반이래 중국상인의 조선 진출과 그에 따른 상권 장악, 1920~30년대 초 중국인 노동자·농민의 대거 유입에 따른 노동시장에서의 경쟁과 기타 공업 및 농업부문 등에서의 부분적 충돌은 다분히 한·중 양민족의 갈등을 불러일으킬 소지가 있었다고 할 수 있다. 그런 점에서 일본측의 선동과 사주가 큰 역할을 했지만, 결국은 한인들에게 누적되었던 중국인에 대한 부정적 인식과 배타적 배외의식이 조선내 화교 습격의 참상을 야기했다고 볼 수 있다.

인천·평양 등 조선에서 벌어진 화교 박해 사태는 일단 진정된 후 겉으로는 한·중 연대의 성과를 거두었지만, 다수의 중국인들이 한국인을 일제의 앞잡이라고 인식하는 한 계기가 되었다.[62] 때문에 만보산사건이 진정된 다음에도 그 지역의 한인들에 대한 중국인들의 부정적이며 보복적 심리는 끈질기게 남아있었다. 그리하여 1932년 4월 경 마적화한 중국군인들이 만보산방면의 동포를 습격하여 200여 명의 생명이 위험한 상태에 빠졌다고 보도하는 기사가 나타나고 있는 것을 볼 수 있다.[63]

---

61 蔣文鶴, 「排華慘案紀實」, 『9·18事變'資料彙編』, 吉林文史出版社, 1991, 216쪽.

62 강진아, 「중일 무역마찰의 전개와 한중관계의 변화-1920·30년대를 중심으로」, 『근대전환기 동아시아 3국의 한국인식』(성균관대 동아시아학술원 학술회의 논문집), 2003, 199쪽.

63 『동아일보』 1932.4.20. 2면. 이에 대해 만보산 大房身 지역의 동포 180여 명은 일제의 괴뢰국이었던

5. 만보산사건 직후 한인 사회와 민족운동 세력의 동향

1) 중국동북 한인의 수난과 피난

1931년 7월 초의 만보산사건 이후 불과 두달 만에 '만주사변'(일명 9·18사변)이 발발한 직후부터 1932년 2~3월 경까지 중국동북 각지에 거주하는 한인들은 다수의 중국인들에게 박해를 받아 큰 인적·물적 피해를 입게 되었다.

예를 들면 봉천(奉天, 심양), 철령(鐵嶺), 청원(淸原), 개원(開原), 길림(吉林), 화전(樺甸), 통화(通化), 무순(撫順) 등지의 피해가 컸다. 일본 당국의 조사와 동아·조선일보 등 국내 신문에 보도된 피해상황을 보면 사망자는 철령이 366명으로 가장 많았고,[64] 청원 131명,[65] 개원 87명,[66] 화전 86명,[67] 길림 62명[68] 등으로 조사되었다. 부상자와 행방불명자는 길림에서 가장 많이 발생했는데, 부상자는 333명이었고 행방불명자는 560명이었다.[69] 또한 불법적 납치로 인한 인명피해도 있었는데 그러한 사례가 길림 29명,[70] 영구(營口) 26명,[71] 청원 20명[72] 등으로 집계된다. 이들 한인들이 당초의 거주지에서 입은 피해상황을 종합하면 1931년 9월 20일부터 1932년 1월 9일까지 사망 843명, 행방불명 807명, 부상 362명, 납치 110명, 금품강탈 36

만주국 당국에 대표를 파견하여 보호를 요청하였다고 한다. 이상의 내용은 필자의 「만보산사건 전후시기 인천시민과 화교의 동향」, 『인천학연구』 2집, 2003을 재정리한 것임.

64 만주동포문제협의회, 『만주동포상황 조사보고』, 경성, 1932, 6~7쪽; 『조선일보』 1931. 10. 2, 2면; 1931. 10. 26, 2면.

65 위의 『조사보고』 52~67쪽; 『동아일보』 1931. 10. 10, 2면; 『조선일보』 1931. 10. 26, 2면; 1931. 11. 9, 2면.

66 『조사보고』 50~65면; 『조선일보』 1931. 10. 26, 2면.

67 『조사보고』 62면; 『동아일보』 1931. 11. 5, 2면.

68 『조사보고』 50~68면; 『조선일보』 1931. 10. 26, 2면.

69 위와 같음.

70 위와 같음.

71 『조사보고』 63쪽; 『조선일보』 1931. 11. 18, 2면.

72 『조사보고』 52~67쪽; 『동아일보』 1931. 10. 10, 2면; 『조선일보』 1931. 10. 26, 2면; 1931. 11. 9, 2면.

건, 구타 13명, 강간 6명 등으로 파악되었다. 이는 1931년 10월 조선 경성에서 조직된 만주동포문제협의회가 1932년 1월 발간한 『만주동포상황조사보고』와 각 신문에 보도된 피해상황을 종합한 것이다.[73] 그러나 당시의 매우 혼잡한 상황과 정확한 현장 조사를 실시할 수 없었던 배경을 고려하면 피해규모는 더욱 컸을 것으로 추정된다.

온갖 고초를 겪으며 생존을 도모하던 재만한인들은 원래의 거주지에서 갖가지 피해를 입은 재만한인들은 비교적 안전하다고 판단되던 철도연변 도시로 급거 피난하였다. 대도시 지역으로 몰려든 피난민은 1931년 11월 4일 2,494명이었지만,[74] 이듬해 1월 7일에는 10,536명으로[75], 3월 초에는 15,705명으로[76] 늘어났다. 피난민이 급증한 이유는 기본적으로 당초 거주지에서 피해를 입은 재만한인이 크게 늘어났기 때문이다. 한편 이러한 사태의 후유증으로 고향으로 귀국하는 재만한인들도 적지 않았는데, 1931년 9월 20일부터 1932년 1월 31일까지 5,803명의 한인들이 귀국하였다.[77] 이는 신의주를 경유하여 귀국한 숫자만을 집계한 것으로 압록강·두만강변의 다른 경로를 포함하면 그 수는 더욱 많았을 것이다. 재만한인들이 중국인들로부터 박해를 받는 주요 원인은 '제2의 일본인'이란 인식이 크게 작용하였다.

중국인들에게 한인들은 대체로 "일본에 우롱당하여 중국 농민의 토지를 강탈한 존재", 또는 "일본제국주의의 뒷받침을 믿고 제멋대로 토지를 점유·개간하고 어떠한 제지도 받지 않고 농토를 강점해서 수로(水路)를 단절시키며 중국인을 적대시하고 살해한 무리", "(중국) 지주의 동의를 얻지 않고 타

73 이 문단의 주요 내용은 최병도, 「만주동포문제협의회의 결성 및 해체에 관한 연구 - 1930년대 초 국내 민족운동진영의 동향과 관련하여」, 『한국근현대사연구』 39집, 2006, 207~208쪽을 참조한 것임.

74 『조선일보』 1931.11.7. 2면.

75 『동아일보』 1932.1.10. 2면.

76 『동아일보』 1932.3.9. 2면.

77 『동아일보』 1932.2.6. 2면. 이상의 피난민 관련 통계는 최병도, 앞의 논문, 209쪽에서 재인용한 것임

인의 땅에 도랑을 파고 물을 끌어들여 자신의 이익을 도모하고 타인에게 피해를 주는 존재"로 여겨지고 있었다. 요컨대 한인은 일본인의 사주를 받거나 그들을 등에 업고 중국인을 적대시하거나 피해를 주는 '일본의 앞잡이'로 인식되고 있었던 것이다.[78] 이러한 배경에서 마적을 비롯한 상당수 중국인들은 재만한인들을 박해하는 데 앞장섰다.

2) 남만주 민족운동 세력의 동향

남만주 지역 한인 교민 자치조직겸 통치조직이라 할 수 있는 국민부와 중국 국민정부(奉天省政府)는 국민부 및 조선혁명당 반대파가 부상하고 한인 사회주의 운동이 고조되며 사회주의자들과 갈등이 깊어짐에 따라 1931년 6월경 협정을 체결하고 공동으로 한인 공산주의자들을 '토벌키로 하였다.[79]

---

78 윤휘탁, 「만보산사건 전후 동북아의 민족관계와 민족모순 - 중국인의 사건 인식을 중심으로」, 『만보산사건의 역사적·문학적 성찰』(만주학회 주최 만보산사건 80주년 학술회의 발표자료집), 10쪽.

79 협정의 이름은 '在滿洲 민족주의단체 결정서'였다. 그 내용은 다음과 같다.
제1조 국민정부 외교부 대표 朱光洙, 劉尚清 이하 4명이 제출한 下記 各案에 대하여 國民府는 在滿 각파와 공동으로 전 책임을 지고 중국정부의 요구를 擔任수행할 것.
중국 각지에서 鮮人의 赤化運動에 대한 討滅의 책임을 갖는 것으로 함.
중국영토를 침략하는 제국주의의 牙城을 파괴함과 함께 침략정책의 探査에 노력하여 중국정부에 呈報할 것.
재만 민족주의 각파 단체원으로서 중국의 치안을 방해하거나 혹은 제국주의의 走狗가 되거나, 기타 容疑點이 있을 때는 공산당과 마찬가지로 처분할 것.
만주 각 지방에 산재하는 中韓공산당의 검거 소탕에 대하여는 본 府員의 책임으로 함.
제2조 중국정부는 앞의 제1조의 책임을 맡음과 동시에 下記 각항을 認可할 것.
재만 각지 거주 鮮人에 대한 민족주의운동의 철저.
재만 각지 민족주의자로써 韓國革命團의 조직.
일본제국주의의 만주에서의 침략기관 撤廢를 촉진할 것.
제3조 국민부 임시집행위원의 議案에 따라 農民部를 同府 내에 두고 각 縣에 農民支部를 설치함과 함께 該 지방 청년동맹회를 해산하고 農民青年救濟會로 개칭하며, 在滿민중 구제를 도모하고 중국정부가 원조할 것.
제4조 재만 민족농민 자제의 三民主義 교육 및 문화교육이 急務이므로 만주 각지에 통일적 교육기관을 국민부 안에 설치하여 중국정부 원조하에 각지에 본 교육기관을 설치할 것.
제5조 중국정부는 재만 민족단체원을 보조하고 마땅히 보호증을 교부함과 동시에 중국정부로부터 監察署員 2명을 同府에 파견하여 사법·행정·군사의 顧問으로 할 것.
제6조 재만 민족단원의 조직 및 활동을 유지하기 위해 각지에서 國稅票를 발행하고 每戶 1圓 50錢의 國稅를 春秋 2회 징수할 것.
제7조 在滿鮮人에 三民主義 교육의 철저를 기하기 위해 중국정부에서 선전원 및 지도원 3명을 각 縣內에 파견할 것.

물론 이러한 행위는 사회주의자들을 비롯한 다수 대중에게는 매우 위협적 조치였고, 바람직한 행동이라고 할 수 없는 것이었다. 그러나 이러한 협정으로 후속조치가 광범위하게 취해지거나 지속적으로 전개된 것이 아니었고, 얼마 되지 않아 '9·18사변이' 폭발했기 때문에 중국관헌과 연계된 사회주의자들과의 대립은 그리 오래가지 않았다. 그러나 조선혁명당·국민부·조선혁명군 등 민족주의 계열은 사회주의 세력을 탄압하고 상당한 세력을 만회할 수 있었다.

이 협정 가운데 국민부에서 논의한 내용을 보면 중국국민정부의 지원을 받아 반대세력을 탄압하고자 상당한 지원을 이끌어내고 있음이 특징적이다. 그러나 삼민주의(三民主義) 교육을 용인하면서 수십년래 지속되어온 민족교육을 약화시키는 것은 일정한 양보로 볼 수 있다.

1920년대 후반에서 30년대 초기 남만주 지역, 특히 동변도(東邊道) 지역에 거주하는 한인 농민들에게는 토지소유권이 없었고, 그들 대부분은 소작농으로 존재하였다. 따라서 국민부에서는 이러한 농민들의 어려움을 해결하기 위해 토징상조권을 확보하기 위한 교섭을 벌였다.[80] 즉 중국동북의 군

제8조 국민부 내에 특별 司法科를 설치하여 공산주의 및 제국주의의 주구배를 엄중 審理하며, 종료 후에는 국민정부 외교부에 인도하여 사형 또는 무기, 有期, 석방으로 구분하여 처리에 편케 할 것.
제9조 국민부 내에 探險隊를 조직하며 각 縣에 支部를 설치하고 각지에 산재하는 일본제국주의의 음모를 取締할 것.
제10조 중국정부의 東北省에서 각국 租界·철도·군대·영사관 등 이권단체에 속하는 民族隊員은 무력으로 중국정부를 원조할 것.
제11조 祖國光復大綱을 立案하여 각지 민족주의 청년으로써 先鋒을 삼고 本府의 지휘에 의해 만주의 청소년동맹을 통일시켜 대대적 활동을 할 것.
제12조 국민부 행정과, 사법과, 군사과, 재무과, 보안과, 외교과에 중국정부의 拷問指導員을 설치할 것.
제13조 본 결정서는 직접 국민정부 외교부에 禀請하여 허가를 받을 것(「昭和 6년 6월 6일 朝保秘 제464호 조선총독부 경무국, 중국측의 재만 민족주의단체 행동원조 方訓令에 관한 건」(일본 山口縣 문서관소장 林家史料, 3-6쪽).

80 요녕성에서는 '土地商租權 回收에 관한 辨法을 1930년 6월 제정하여 한인들의 토지상조를 저지하려 하였다. 때문에 국민부 등 정치단체의 교섭이 필요했다(朝鮮總督府 警務局, 『在滿朝鮮人ト支那官憲, 1930, 264~266쪽).

벌정권 당국과 협의하여 소작기간을 명확히 명시·확보하고, 소작료를 경감시키기 위한 여러 조치를 강구했으며, 수리시설을 보강하였던 것이다.[81] 이같은 조치들은 농민들의 농업생산력을 제고시켜 근거지 주민들의 소득을 일부분 향상시켰으며, 생활안정에 크게 기여하였다.

만보산사건과 이를 계기로 한 일련의 한인 박해 사태라는 위기를 맞이하여 남만주 교민 자치조직인 국민부(國民府)에서는 한·중 양민족의 화해와 일제의 흉계를 규탄하는 성명서를 배포하는 한편, 국민부 외교위원장과 조선혁명당의 국제부장을 역임한 최동오(崔東旿)로 하여금 사건의 진상을 조사하게 하였다. 그리고 중국동북의 각급 기관에 사람을 보내 만보산사건의 진상을 설명하고 중국정권 당국의 이해와 중국인들의 이해를 당부하였다. 이 때 국민부에서 발표한 선언서의 주요내용은 다음과 같다.

> "만보산사건은 일본제국주의가 만주를 침략하기 위하여 비열한 수단으로 조작해낸 것이다. 그들은 중국이 일본을 배격할 뿐만 아니라, 조선인도 박해하고 있다고 선전하는 한편, 중(中)·조(朝) 인민들 사이에 적대적 감정을 불러일으키려 하고 있다. 사실 우리 한국은 일찍이 일본의 식민지로 전락하였고 조선 농민들은 일제 식민주의자들의 가혹한 착취에 못견뎌 하는 수 없이 고향을 등지고 만주에 방랑해 들어와 일본제국주의의 희생물이 되었다. 중국에 온 후 일본은 늘 조선인들을 통제하고 이용하려고 시도하였다. 그리하여 이번의 불행한 사건이 일어났으며, 그 수괴(魁首)는 일본제국주의이다. 그러므로 우리는 일본이 한국인들 속에서 반중국(反中國) 행위를 도발하는 것을 규탄한다. 또 희망컨대 중국정부에서 조선인의 어려운 처지를 이해해주기 바라며, 중·조 양국 인민들이 단합하여 일본제국주의를 반대할 것을 바라마지 않는다."[82]

특히 최동오는 이종대(李鍾岱)·윤복영(尹復榮) 등과 함께 '길림한교 만보산

81 朴允杰, 『自傳』 6권, 未刊手稿, 1980년대 후반 서술, 21쪽.

82 曹文奇, 『鴨綠江邊的 抗日名將 梁世鳳』, 遼寧人民出版社, 1990, 89쪽.

사건 토구위원회(吉林韓僑萬寶山事件討究委員會)'를 조직하고 배일선언서를 배포하였으며, 사건의 진상을 국내외에 알렸다. 그리고 '경고전중국동포(敬告全中國同胞)'라는 제목의 선언서 1천부를 인쇄하여 중국 국민당의 길림성 왕청현(汪淸縣) 백초구(百草溝) 지부에 보냈다. 이 선언서는 중국인에게 일제의 음모를 폭로하고 한·중 양민족의 단결을 촉구하는 내용의 것이었다. 그 뒤 이 위원회는 국내의 송진우(宋鎭禹) 등 지식인과 신문사 사장 등을 만나 만보산사건의 실상을 설명하고 국내에서 화교습격을 중지하도록 여론을 환기시켜달라고 촉구하였다. 국민부의 이러한 활동은 재만한인들의 안정에 크게 기여하였다.[83]

그러나 만보산 현지의 한인 농민문제는 결국 일본측의 의도대로 해결되었다. '9·18사변' 이후인 1932년 4월 14일 만보산 농지에 100여 호(戶)가 귀환하여 그곳의 토지 문제 및 농업자금 대부에 관한 사항은 만보산 수전조합(水田組合)이 맡아서 해결키로 했던 것이다.[84] 한편 1932년 초 장춘(長春)으로 피난한 동포들을 만보산 음마하(飮馬河)로 정주시킬 계획도 추진되었다.[85]

이러한 일제측의 동향에 대응하여 남만주 독립운동 조직인 조선혁명당 중앙에서는 남만주지역 한인들에게 독립운동의 이론과 정치사상을 선전·계몽하기 위해 각종 잡지와 발간물을 인쇄하여 널리 배포하였다. 즉 조선혁명당의 전신인 민족유일당조직동맹은 기관지 『조선혁명』을 1929년 발행하였는데,[86] 1931년 8월 말에는 조선혁명당 중앙집행위원장(黨首) 이호원이 「동성한교정세(東省韓僑情勢)」·「만주정세(滿洲情勢)」 등의 선전문을 살포하였

83 박영석, 『만보산사건 연구』, 아세아문화사, 1985, 119~123쪽.

84 동아일보 1932.4.18. 2면.

85 동아일보 1932 .2.26, 7면.

86 독립운동사편찬위원회, 『독립운동사자료집』 10, 486쪽.

다.[87] 여기서 조선혁명당은 일제 침략의 배격과 재만한인의 진로를 명시하였으며, 이러한 선전활동을 통해 조선혁명당의 존재를 과시하고 세력을 확대코자 하였다. 또 이 당에서는 신문『전위보(前衛報)』를 발행했는데, 사장은 김창술(金昌述)이었다. 이 신문은 주로 일제의 침략만행을 폭로하였고, 한인 독립운동의 당위성과 정세를 역설하였으며, 항일투쟁의 대열에 투신할 것을 널리 홍보하였다.[88]

조선혁명당의 선전위원회에서는 '대동신문사(大東新聞社)'를 세워 정의부 때부터 발간해오던 신문『대동보』를 계속 출판하여 만주 각지에 배포하였다. 그리고 독립운동의 군사인재를 양성하기 위해 남경(南京)의 국민정부 및 관내(關內)의 임시군관학교에 청년들을 유학보냈다. 이때 중국의 중앙육군 군관학교(황포군관학교의 후신)에 파견되어 공부한 학생으로는 전병균(全炳均)과 이순호(李順浩) 등을 꼽을 수 있다.[89]

중국동북에서 활동하던 민족운동가들은 지속적으로 중국동북의 군벌과 국민당 정권에 한중연합항전을 호소했다.[90]

1931년 7월 만보산 사건이 발발하고 국민부 등 한인 단체 지도자들 역시 대책을 강구하였다. 그러나 당시 중국인이나 중국관헌들은 일제의 직접적 침략책동이 없는 한 일본과 충돌하여 복잡한 문제를 일으키려 하지 않았다. 그러나 이 해 9월 18일 일본군이 만주를 전면 침공한 '9·18사변(만주사변)'이 폭발한 뒤부터 한중 합작문제는 큰 진전이 있게 되었다.

한편 남만주의 독립운동 정당인 조선혁명당은 1931년 9월 일제의 만주 침공 이후 유동열(柳東說)과 최동오(崔東旿) 등을 관내에 파견하여 중국국민

---

87 「金俊澤·李奎星·李鐘淳·李浩源·張元濟 가출옥 관계서류중 李浩源 판결문」(정부기록보존소 소장).
88 朴允杰,『自傳』7권(未刊 手稿), 23쪽.
89 曹文奇, 앞의 책, 81~82쪽.
90 김학규,『광복』제1권 4기(1941년 6월), 28쪽.

정부 관계자에게 한중연합과 대일항쟁에 필요한 인적 물적 지원을 요청한 바 있다.[91] 그러나 이러한 전략이 실제로 구체화하지는 못했다. 관내로 이동한 유동열과 최동오 등은 대신 관내(關內)의 여러 민족운동 정당 및 단체들과 협의하여 1932년에 연합조직체 '대일전선통일동맹'을 결성하였다. 이 대일전선통일동맹의 결성에는 조선혁명당을 비롯하여 한국독립당(上海)·한국혁명당(南京)·의열단(南京)·한국광복동지회(北京) 등 5개 단체가 참가하였다. 이 조직의 결성과정에서 조선혁명당(유동열·최동오)의 역할이 매우 컸다.[92]

이 연합단체의 취지는 이 해 11월 10일 발표한 결성선언문을 통해 살펴볼 수 있다. 이 선언문은 일제통치의 타도와 한국의 독립·자유 쟁취를 위한 급선무가 항일전선의 통일임을 전제하고 통일동맹이 그 구심점 역할을 할 것이라고 자임하였다. 이 조직의 참여범위도 중국지역 뿐 아니라 국내 미주·하와이·노령지역의 모든 한인 민족운동 세력을 동맹대상으로 설정하였다. 더욱이 항일투쟁의 역량은 '충실한 민중'의 기초 위에서 분출될 것임을 주장하면서 '직접 군사적 행동'을 궁극적 투쟁수단으로 채택하였다는 점에서[93] 조선혁명당과 의열단의 영향이 크게 작용했음을 알 수 있다.

한편 이 조직의 결성목적은 '대일전선통일동맹 간장(簡章)'에 잘 드러나 있다. 즉 이에 따르면 '동아(東亞)의 시국이 대변동하는 비상시기를 맞이하여 국내외 각 방면의 혁명역량을 총집합하고, 통일조직을 완성하여 전투력의

91 조선혁명군정부 總領의 비서를 역임한 朴允杰에 따르면 '9·18사변' 후인 1932년 1월 조선혁명당과 군, 국민부 간부들의 회의에서 장래의 진로를 둘러싸고 격론이 벌어졌다고 한다.즉 이 때 다수의 老壯인사들은 일제의 침략을 맞아 효과적 항쟁을 전개하기가 어려우니 關內로 이동해야 한다고 주장한 반면, 양세봉 등 소장파들은 오히려 적극 항쟁론을 펴며 한인교민 보호 및 현장고수를 주장했다고 한다(朴允杰 회고록 제6권 9쪽). 이러한 회고는 지나치게 양세봉의 행적을 미화하는 부분이 있어 일정한 비판이 필요하다. 일제측 자료에는 조선혁명당 집행부 등의 정책적 결정에 의한 것으로 나와있기 때문이다.

92 이 사실은 일제측의 비밀보고 기록으로 확인된다. 이에 대해서는「昭和9年 5月 16日附在上海石射總領事發信廣田外務大臣宛報告要旨, 韓國對日戰線統一同盟第二次代表大會,『外務省警察史 支那ノ部』, 국회도서관 소장 일본외무성문서 제책본 제355권, 25682쪽 참조.

93 이 선언문의 상세한 내용은 朝鮮總督府 警務局 保安課,『高等警察報』5, 1935, 78쪽 참조

충실을 도모한다. 한국혁명자의 통일적 단결을 촉성하는 동시에 중국 혁명 동지와 긴밀히 연락하여 대일 공동작전 계획을 수립하고 연합 전투공작을 실행한다"는 것이다.[94] 이를 통해 혁명역량의 총집결과 직접적 군사행동, 한·중 연합전선의 형성이 통일동맹 결성의 근본목적임을 살펴볼 수 있다. 이는 1931년 9월 일제의 중국동북지방 침략이라는 중대사태를 맞이하여 한인 민족운동세력을 총망라하고 자체의 역량을 강화한 다음, 비등한 중국인들의 반일감정에 호소하여 한중연합을 달성하고, 결국 중국동북지방에서 전개되고 있던 항일무장투쟁을 강화한다는 전략인 것이다.

이 조직은 최고기구로 전체대표대회와 중앙집행위원회 등의 기구를 두어 주요 안건을 처리토록 했다.[95] 그러나 그 밑에 하부조직이 별로 없어 실질적 운동은 전개하지 못했다. 물론 최동오가 초기부터 이 조직의 상무위원으로 참여하여 조선혁명당 대표로서의 역할을 하였지만, 중국동북지역의 활동에 별반 도움을 주지는 못했다. 다만 1932년 11월 14일 중국의 민간 항일단체 중화민중자위대동맹(中華民衆自衛大同盟)측과 제휴를 모색하여 중한민중대동맹(中韓民衆大同盟)이 성립하자,[96] 유동열이 참가하여 나중에 상당한 지원을 받아내는 데 일조한 것은 사실이다. 이 중한민중대동맹은 '중한대일연합군(中韓對日聯合軍)' 조직 등을 활동지침으로 설정하였으나,[97] 군사조직이 실체화하지는 않았다. 당시 유동열은 중한민중대동맹의 총무·군무부장으로 활동했는데, 이 대동맹에서 1934년 초에 300원 정도의 자금을 대일전선통일동맹에 지원하였던 것이다.[98] 중한민중대동맹은 김규식(金奎植)의

94 추헌수 편, 『자료 한국독립운동』 3, 연세대출판부, 1973, 398~399쪽.

95 한상도, 「1930년대 좌우익진영의 협동전선운동」, 『대한민국임시정부의 좌우합작운동』, 한울, 1995, 67쪽.

96 추헌수, 앞의 책 3, 27쪽.

97 위와 같음.

98 국사편찬위원회, 『한국독립운동사』 자료 3(임정편 三), 1973, 477·563쪽.

활약으로 1933년 6월에 미국 교포사회를 기반으로 한 뉴욕지부를 결성하는 성과를 거두기도 했다.[99] 김규식은 미국에서 모금한 상당액의 자금을 대일전선통일동맹의 운영금으로 썼지만, 그해 8월경 중국동북의 항일투쟁 단체인 조선혁명군과 한국독립군에 각각 500원씩을 지원하여[100] 항일무장투쟁을 고무하였다.

3) 1930년대 중반 조선혁명당 세력의 동향과 재만한인의 생존문제

남만주에서 활동하던 조선혁명당의 주요활동 중의 하나는 국민부와 조선혁명군을 이념적으로 영도하고 이들 행정기관과 독립군 부대를 유지하기 위한 자금과 군량미, 독립군 병사로 충원할 장정을 모집하는 일이었다. 이들은 만보산사건 직후 강행된 일본군의 만주 침략에 대응하여 1932~1933년 경 중국 동북(만주)의 각지에서 봉기한 중국의용군과 힘을 합쳐 반만주국(反滿洲國) 항일투쟁(반만항일운동) 및 독립전쟁을 전개하였다.

1930년대 중반 일제의 한 극비 보고서는 조선혁명당 세력의 이같은 활동을 탐지하여 비교적 상세한 기록을 남겼다. 이를 통해 조선혁명당·군에서 거둔 각종 비용과 군량미, 징집책임자 등을 보면 다음과 같다.

〈표 3〉 조선혁명당·군 부과 금품 및 징집책임자 표

구 분	1929	1930	1931	1932	1933	1934	1935	1936
군량미	粟 2斗	左同	粟 3두	左同	左同	米 2두	좌동	좌동
의무금	3.0圓	4.0	4.4	2.5	2.5	1.5	1.0	1.0
軍區費	0.5圓	0.8	1.2	1.6	1.2	1.5	1.5	1.5
징집자	興化地方總監	좌동	좌동	좌동	좌동	제9군구장	좌동	좌동
이름	朴春根	좌동	黃憲	좌동	좌동	金世浩	좌동	좌동

자료: 극비보고서 「滿洲に於ける中國共産黨と共産匪」, 『思想情勢視察報告集(4)』, 東洋文化社, 1973, 97~98쪽.
비고: 부과대상은 每戶, 징수금 단위는 조선은행권 화폐임.

---

99 『新韓民報』 1933년 9월 28일자

100 申肅, 『나의 일생』, 일신사, 1962, 123쪽.

위에서 주목되는 내용은 1935·6년의 경우 의무금이 1원(圓)으로 경감되었다는 사실이다. 일·만 군경의 탄압이 날로 가중되는 상황에서 어려움을 겪고있던 조선혁명당·군의 입장에서는 오히려 징수액을 늘림법도 한데 왜 그랬을까? 그것은 1934년 7월부터 11월까지 전 만주지역에 수해가 있어 농민들의 피해가 컸기 때문이었다. 특히 흥경현(興京縣)의 경우는 전 만주지역에서 두 번째로 인명피해가 많은 85명의 사상자를 냈고, 피해액도 무려 168만 1,592元이나 될 정도로 홍수 피해가 컸다. 기타 관전·통화·환인·집안현 등 조선혁명당·군의 활동기반이 되는 지역도 수해피해가 적지 않았다.[101] 또 1935년의 경우에는 흉년이 되어 농민들의 부담이 컸기 때문에 이를 경감해주지 않으면 안되었다. 따라서 이를 통해 조선혁명당 계열의 민족운동 세력이 지역주민의 상황에 따라 그 부담의 경중을 조절하고 있다는 사실을 확인할 수 있다.

그러나 군량미의 경우 예년과 비슷한 분량을 부과하고 있어 의무금의 경우와 대조된다. 이는 아마도 조선혁명군을 위주로 한 대원들의 식량수요가 거의 일정한 데서 기인하지 않은가 추측된다. 실제로 1935년 조선혁명군 정부에서는 군부대원들의 식량을 확보하고 농민들의 생계를 보장하기 위해 환인현의 세력권내 농민들의 곡물반출을 막기 위한 비상조치를 취했다. 즉 '방곡령'을 내려 다른 지역으로 식량이 반출되는 것을 막았던 것이다. 그런데 우리가 유의해야 할 점은 방곡령을 발포한 목적이 "우선 농민 자체의 식량문제 해결을 위해서"라는 것이다.[102] 이를 위해 조선혁명군에서는 수송허가증을 발급하고 이 증서가 없이 곡물을 운반할 경우는 하주(荷主)의 곡물은 전부 몰수하고 다시 벼 5두(斗)와 벌금 300원을 징수했다. 그 결과 환인

101 「康德元年度全滿水害狀況」, 『滿鐵調査月報』 1935년 3월호, 134~137쪽.

102 『滿洲共産匪の研究』 421쪽.

현 등 동변도 오지에서 벼와 기타 특산물을 시장에 내다 파는 것이 매우 적어 운반업자들은 우마차를 매각해야할 지경에 이르기도 했다.[103] 이러한 비상조치를 통해 조선혁명군은 물론 그 지역의 가난한 농민들의 식량문제를 해결 할 수 있었다. '조선혁명군정부'가 짜임새있는 체제를 갖추지는 못했지만, 일정한 한도에서나마 동변도 오지 일대의 한인들을 상대로 하나의 자치정부 기능을 수행하였다는 것을 알 수 있다.

조선혁명군은 또 재정궁핍을 벗어나기 위해 일종의 불환지폐(不換紙幣)라고 할 수 있는 식권을 발행했다. 이 식권은 조선혁명군이 벽지의 한인 농가에서 식사를 하는 경우 이것을 돈 대신 지급하고, 나중에 조선혁명군(정부)에서 군자금과 군량미를 징수할 때 이 식권을 보이면 1장당 10전꼴로 징수가 면제되었다.[104] 조선혁명군은 이러한 방법을 통해 일·만 군경의 집요한 토벌공세를 피하고 끈질기게 투쟁할 수 있었다.

1934·5년경 봉천성에서 벼농사를 짓는 소작인의 경우 평균적으로 상지(上地)가 1년에 47.08원(元), 중지(中地)가 24.58원, 하지(下地)가 13.07원의 수입을 올렸다고 하는데,[105] 1934년 조선혁명군측에서 부과하는 군량미 2두와 3원의 의무금 및 군구비는 상당한 부담이 되는 것을 알 수 있다. 이처럼 징수한 의무금과 군구비(지방비)는 대부분 무기구입과 행정비 등으로 쓰이고 조선혁명군 대원들의 급료는 거의 지급되지 않았다. 사실 1930년대 초창기에는 조선혁명당과 국민부의 사무원들에게 보수를 약간 지급하였으나, 지방공소의 사무원과 촌락의 백가장·십가장들에게는 보수를 지급하지 않았다.[106]

---

103 위와 같음.

104 위와 같음.

105 「滿洲各地に於ける小作慣行及小作料」, 『滿鐵調査月報』 1935년 10월호, 68~70쪽.

106 박윤걸, 『자전』 6권, 32쪽.

6. 만보산사건의 영향과 의미

일본제국주의 세력의 1931년 9월 '만주사변' 도발과 일련의 중국 동북지방 침략, 그리고 1932년 3월 1일 괴뢰 '만주국'의 수립은 수많은 중국인 대중을 항일투쟁 대열에 투신케 하는 주요한 계기가 되었다. 이에 따라 중국 동북지방 각 처에서는 구 장학량(張學良) 군벌계통의 부대가 중심이 된 중국 의용군과 여러 계통의 항일세력이 봉기하여 치열한 '반만(反滿)항일투쟁'을 전개하게 되었다. 대다수가 농업에 종사하던 재만 한인들은 만주사변 직후에 상당수 중국인의 박해 등으로 큰 어려움을 겪기도 하였지만, 중국 의용군의 봉기와 다수 중국인 대중의 항일투쟁 참가라는 새로운 국면에 즈음하여 재만한인들을 영도하던 소수의 민족운동 세력은 중국 항일세력과 연대하여 항일투쟁을 전개하였는데, 이는 중국인들의 재만한인에 대한 인식을 전환시키는 결정적 계기가 되었다.

특히 남만주와 북만주, 연변(동만주) 등지에서 교민 자치조직과 항일투쟁, 혁명운동을 영도하던 지도급 재만 한인들은 만보산 사건 직후부터 1930년대 초반까지 북만주에서 한국독립당과 한국독립군, 남만주에서 조선혁명당과 조선혁명군(이상 민족주의 계열), 그리고 중국공산당 계열의 항일유격대와 동북인민혁명군 창건과 활동을 주도함으로써 후일 정치적 역량을 크게 발휘할 수 있었다. 이를 발판으로 항일투쟁에 가담한 재만한인들은 1940년대 초까지 중국인들과 연대하여 공동으로 다양한 항일투쟁을 전개하면서 민족해방과 독립국가 건설을 향한 끈질긴 장정을 지속하였다.

주목되는 사실은 민족주의계열 민족운동 세력은 중국 국민당정부 및 동북지방 군벌정권과 연계하여 재만한인들을 통제하면서 사회주의 세력을 탄압하는 한편, 항일투쟁을 전개하려 하였다. 반면에 사회주의계열 혁명(민중)운동 세력은 반대로 중국공산당 및 코민테른측과 연계하여 사회주의운동을 전개하는 한편, 민족운동 계열을 제압코자 하였다. 따라서 1930년대 초 양 세력의 대립은 불가피하였다. 국민부에서 1932년 본거지에 '독립정부'를 수립하려 한 사실도 주목된다.물론 이러한 정치운동에 가담하지 않은 대다수의 재만한인들은 거의 농업에 종사하면서 하루하루의 안위와 가족의 생계 유지에 전전긍긍하지 않을 수 없었고, 중국인 지주와 만주국 관헌, 때로는 마적과 토비(土匪) 등 토착 발호세력, 그리고 일제(관동군, 滿鐵[남만주철도주식회사], 일본 외무성[영사관], 조선총독부, 기타 금융 및 위생, 교육기관 등) 등 각 세력의 틈바구니에서 매우 어려운 생활을 영위해야 하였다.

결국 만보산사건은 동북아시아 정세변동에 작지 않은 영향을 끼쳤고, 중국 동북지방의 엄혹한 조건에서 치열하게 생존을 도모해야 했던 한인들의 적극적 생존의지와 맞물려 중국 동북지방은 물론 한(조선)·중·일(나아가 러시아) 등 각국인들에게 매우 심각한 사건으로 인식되게 하였다.또한 이 사건을 통해 볼 수 있는 것처럼 재만한인들이 이들 열강 사이의 치열한 각축과 경쟁을 야기하는 한 요인으로 작용했다고 할 수 있다. 재만한인들은 이처럼 1930년대 초 중국 동북지역을 둘러싼 국제열강 이권다툼의 와중에 각국 사이에 끼어있는, 무력한 경쟁대상의 한 수단으로 이용되어 큰 희생을 치러야 했던 것이다. 특히 이 무렵 중국(인)에게는 일본과의 관계를 고려하면 더욱 골치아픈 대상으로 인식되었던 것도 사실이라 할 수 있었다.

일본이 만보산사건을 통해 '재만 한국민 보호'를 명분으로 내세우면서 군사행동이 불가피하였다는 것을 강조하고, 또 한편으로는 한·일 양민족이 '공동체적 일체감'이 있는 것처럼 상징조작할 수 있는 교묘한 저의가 이 사건의 진행 및 사후 처리과정에 있지 않았을까 하는 견해가 있었다. 따라서 만보산사건을 재만한인의 동향과 관련하여 더욱 체계적으로 규명하기 위해

서는 이 점을 더 부각시켜야 한다는 지적은 오늘날에도 여전히 유효하지 않은가 한다.[107]

107 이용범, 「서평 - 박영석 저, 만보산사건연구」, 『아세아연구』 61호, 고려대 아세아문제연구소, 1979, 213쪽.

제3부

일본의 중국 동북지방 침략과 한·중 연대 공동항전

제1장
일본의 '9·18사변(만주사변)'도발과 한·중 연대 공동항전(1931~1945)

1. 광복75주년과 대일항전 승전75주년의 시사점

2015년은 제2차세계대전 및 '아시아태평양전쟁' 종전70주년이 되는 의미있는 해라는 관점에서 한국은 물론 중국·일본과 동남아, 구미 등지에서도 이와 관련된 다양한 행사가 진행되었다. 예를 들면 러시아에서는 이 해 5월 9일 제70주년 대독항전(對獨抗戰) 승전기념일 행사를 매우 성대하게 치렀으며, 중국 역시 2015년 9월 3일 항일전쟁승리(승전) 70주년 행사를 국가적 차원에서 성대하게 치러 국내외에서 큰 관심을 불러일으켰다.

구 소련(러시아)과 중국은 독일과 일본을 상대로 치른 전쟁에서 엄청난 인적·물적 피해를 입었으나, 결국 나치독일과 군국·제국주의 일본을 상대로 하여 승전을 거둔 것으로 자부하고 있는 실정이다. 한민족도 일본강점기에 세계각지에서 끈질기게 치열한 항일독립운동을 전개하여 직·간접적으로 독립을 '쟁취'하는데 크게 기여했음에도 불구하고, 이러한 사실과 의미가 제대로 평가받지 못하고 있는 듯하다.

최근 중국과 한국에서 한중관계에 대한 연구가 심화되고 있지만, 아직도 각 부문에서 적지 않은 미해결 과제를 안고 있다고 평가되고 있다. 특히 한국학계의 경우 '한중관계사'의 개념조차 제대로 정립되지 않은 모호한 측면이 있으며, 연구자에 따라 다양한 시각을 드러내기도 한다. 기본적으로 한중관계사는 한국과 중국이란 양 국가와 민족, 문화·지역적 개념을 망라한 포괄적 관점에서 평가할 수 있는데, 근래 주목되는 한중관계사 개설서를 쓴 한국(서강대)의 김한규(金翰奎)는 '한국'이라는 역사공동체와 '중국'이라는 역사공동체가 서로 관계한 역사로 정의한 바 있다.[1] 근현대 한중관계사에서 20세기 전반기는 매우 특이한 시기였다고 할 수 있다. 중국은 거의 반식민지 상태로 두 개의 정권이 존재했고, 대한제국(한국)은 일본의 식민지로 전락한 시기였기 때문이다.

중국학계는 유럽에서 제2차세계대전이 9·18사변보다 8년 뒤에 일어났고, 독일이 1945년 5월에 패망하여 중국 항일전쟁 보다 3개월 전에 끝난 사실을 강조하고 있다. 즉 중국이야말로 가장 오랜기간 동안 일본 파시스트 세력과 전쟁을 수행하였다는 점, 그리고 중국 전장에 일본군을 묶어둠으로써 소련 침공을 저지하였으며, 1941년 일본의 태평양전쟁 발발 이후에도 항일전쟁을 계속함으로써 동서 양대전장 가운데 동방의 아태전장(亞太戰場)을 형성, 일본의 미국 침략 견제에도 큰 역할을 했다고 자부하고 있다.[2] 특히 중국 당국과 학계는 최근 일본 아베(安倍晋三) 정권의 침략사 부정을 의식한 듯, 제2차 세계대전에서 중국이 핵심적 역할을 한 사실을 강조하며 국내외 홍보와 '대일역사공세'에 나서는 경향을 보이고 있다.[3]

중국학계의 견해에 따르면 중일전쟁(1931.9.18~1945.8.15) 기간, 즉 14년 전쟁 동안 중국인들은 모두 3,500여만명이 죽거나 다쳤는데(死傷, 또는 傷

1 金翰奎, 『한중관계사』1, 서울 : 아르케, 1999, 15쪽. 물론 '한국'과 '중국'의 개념이나 정의 자체도 논란이 될 수 있다.

2 劉建國·畢萬聞, 「抗戰勝利與今日中國 - 紀念抗日戰爭與世界反法西斯戰爭勝利70周年」, 『東北史地』 2015年 3期(2015.5), 3쪽.

3 신동주, 「중 "2차대전 핵심역할" 국제여론전…대일 역사공정 나섰다」, 『세계일보』 2015.7.13일자, 16쪽.

ㄷ), 이는 제1차 세계대전 사상자 총수의 2.5배에 달하는 엄청난 숫자라고 한다. 3,500여만 명 가운데 2천여만명이 중일전쟁 기간동안에 희생되었는데, 이 기간 동안 일본군 전몰자 총수는 약 200만 명에 달했다. 그런데 중국 전장에서 '전몰(戰歿)'한 일본군 숫자는 50만여 명이었다. 그렇다면 중국인은 일본 침략자들에 비해 무려 40배에 달하는 인명손실을 본 셈이 된다. 항일전쟁 기간동안 참으로 엄청난 손실을 입은 사실을 알 수 있다.[4]

또한 1938년 가격으로 환산하면 중국의 경제적 손실은 모두 6,000억 달러(美元)에 달했다고 한다. 현대의 4대 강국 가운데 중국과 소련은 항일전쟁과 항독전쟁(抗獨戰爭)을 자국의 영토 안에서 치르면서 모두 엄청난 인적·물적 손실을 입어야 했다. 물론 미국본토는 전쟁 피해를 전혀 입지 않았고, 영국은 폭격의 피해를 받기는 했지만, 독일측에 점령당한 적은 없었다. 그러나 중국은 1874년 일본의 대만 침범, 청일전쟁(제1차 갑오중일전쟁)과 러일(露日)전쟁 등을 거치면서 많은 피해를 입었으면서도 일본에 거액의 배상금을 물어야 했는데, 이 시기 중국이 일본에 제공한 배상금은 은화로 모두 7억 232만원에 달했다고 한다. 따라서 중국은 근현대 시기에 일본군국주의 세력으로부터 가장 큰 침해를 받은 나라로 평가되고 있다.[5]

필자는 중국학계의 이러한 견해에 비판적 검토도 필요하다고 보지만, 기본적으로 위의 사실은 정확한 것으로 믿는다. 최근 1931년 '9·18사변' 이후 중국 동북지역의 항일전에 관해 중국동북의 학계에서 많은 연구성과가

---

4 劉建國·畢萬聞, 「抗戰勝利與今日中國 - 紀念抗日戰爭與世界反法西斯戰爭勝利70周年」, 『東北史地』 2015년 3기, 4쪽. 한편 일본의 대표적 우익신문인 산케이신문(産經新聞)은 2016년 8월 5일자 보도 「昭和20年夏 軍人·軍屬および民間人の引き揚げ者數と戰歿者數」(14면)에서 군인·군속을 망라한 일본 본토 이외의 전몰자 수는 2,401,800명으로 정리하고 있는데, 여기에는 沖繩·硫黃島 戰域 전몰자수도 포함되어있다. 한편 일본인 전몰자수는 중국 본토에서 465,700명, '만주'에서 245,400명 도합 711,100명으로 파악하였다. 그런데 이 신문이 정리한 통계는 1945년 8월 9일 소련 참전 이후의 피해도 포함한 것이다.

5 劉建國·畢萬聞, 「抗戰勝利與今日中國 - 紀念抗日戰爭與世界反法西斯戰爭勝利70周年」, 『東北史地』 2015년 3기, 4쪽.

나오고 있어 한국학계에서도 주목할 필요가 있다.[6] 특히 최근 길림성 사회과학원에서 발행하는 중국동북 역사·지리 관련 전문 학술지인 『동북사지(東北史地)』에 중국공산당 주도의 항일전 관련 연구는 물론, 중국국민당 계열의 중국의용군이나 장학량정권, '만주'의 개념 등 관련 논문이 발표되고 있어 주목할 필요가 있다고 본다.[7]

또 중국의 항일전쟁과 한국독립운동, 또는 조선민족과의 관계 등에 대해서는 최근 중국에서도 주목할 만한 연구성과가 나오고 있다.[8] 여기에서 일일이 언급할 수는 없지만, 필자의 입장에서는 조문기(曹文奇)의 『風雨同舟-戰遼東』이란 책을 주목하지 않을 수 없다. 왜냐하면 이 책의 부제가 바로 "조선민족여형제민족연합항전기실(朝鮮民族與兄弟民族聯合抗戰紀實)"로 되어있기 때문이다. 그리고 주로 1910~30년대 조선(한국) 항일지사들과 관련 단체들의 항일투쟁을 서술하고 있는데, 특히 조선혁명군과 요녕민중자위군(遼寧民衆自衛軍)의 '연합작전'을 큰 비중(200~243쪽)으로 서술하고 있는 것이 매우 인상적이다.

이에 필자는 1931년 9월 일본의 '9·18사변' 도발 이후 일본의 중국 동

---

6 예를 들면 중국의 '東北淪陷十四年史遼寧編寫組'에서 9·18사변 70주년을 기념하여 발간한 『"九·一八"全史』 1~5권(孫玉玲·張洪軍·馬越山[著]·趙朗[編], 瀋陽 : 遼海出版社, 2001)을 들 수 있다.

7 예를 들면 최근 다음과 같은 관련 논문이 발표되었다. 畢萬聞, 「張作霖張學良主政期間東北近代化進程新探」, 『東北史地』 2012年 6期(2012.11), 長春 : 中國 吉林省社會科學院; 範立君, 「論周保中對東北抗日戰爭的貢獻」, 『東北史地』 2012년 6기; 權赫秀, 「中國東北近代歷史與東亞的關聯」, 『東北史地』 2013년 2기(2013.3); 馬偉, 「"滿洲" : 從族名到地名考」, 『東北史地』 2013년 3기(2013.5); 李蓉, 「周保中與東北抗日戰爭」, 『東北史地』 2013년 3기(2013.5); 曾景忠, 「有關東北抗日義勇軍研究的若干問題(上)」, 『東北史地』 2015년 1기(2015.1); 劉建國·畢萬聞, 「抗戰勝利與今日中國-紀念抗日戰爭與世界反法西斯戰爭勝利70周年」, 『東北史地』2015년3기(2015.5); 曲曉範, 「張學良及國民政府九一八事變後黑龍江省的抗日高潮」, 『東北史地』 2015년 3기; 張彦夫, 「關于國民救國軍第一次攻打敦化城問題的考證」, 『東北史地』 2015년 3기.

8 일부 성과를 열거하면 다음과 같다. 石源華, 『韓國獨立運動與中國』, 上海人民出版社, 1995; 高英一主筆, 『中國抗日戰爭과 朝鮮民族』, 도서출판 백암, 2004; 上海大韓民國臨時政府舊址管理處 編(金勝一 譯), 『中國抗日戰爭과 韓國獨立運動, 시대의창, 2005; 王曉輝, 『東北抗日聯軍抗戰紀實』, 北京 : 人民出版社, 2005; 曹文奇, 『風雨同舟-戰遼東 : 朝鮮民族與兄弟民族聯合抗戰紀實』, 瀋陽 : 遼寧民族出版社, 2012.

북지방 침략과 이에 대항하여 중국 동북지역(滿洲)에서 전개된 한·중(중·한) 양민족의 항일투쟁과 연대, 공동항전을 간단히 개관코자 한다.

2. 최근 중국 수뇌부의 항일전쟁 인식

현재 중국(중화인민공화국)을 영도하고 있는 시진핑(習近平) 주석은 2012년 11월 북경(北京) 중국국가박물관을 관람하였다. 이 때 상설전시 내용인 '부흥지로(復興之路)' 부분 관람시 강화(講話)에서 "근대 이후 중화민족이 받은 고난의 무게와 그에 따른 희생의 막대함은 세계역사상 매우 보기 드문 것이었다. 그러나 중국인민은 이에 굴복하지 않고 끊임없이 항쟁을 전개하여 결국 자기의 운명을 장악했고, 자기국가의 위대한 진정(進程)을 건설하기 시작했으며, 애국주의를 핵심으로 하는 위대한 민족정신을 충분히 보여주었다."라고 말하였다.[9] 이는 시진핑 주석의 중국근대사관을 잘 드러낸 것이라고 평가할 수 있다.

그는 또 2014년 7월 4일 한국의 유명대학인 국립서울대학교에서 "중한(中韓) 협력의 아름다운 미래와 아시아 번영 진흥의 위업을 함께 달성해야(共创中韩合作未来 同襄亚洲振兴繁荣)"라는 제목의 강연을 하였는데, 그는 한중관계에 대해 다음과 같이 말하였다. 외면적으로는 매우 우호적 내용이다.

> "20세기 상반기에 일본 군국주의는 중·한 양국에 대해 야만적인 침략 전쟁을 일으켜 한반도를 병탄하고 중국 국토의 절반을 강점하였고, 이로 인해 중·한 양국 국민들은 모두 큰 고난을 겪었으며 강산이 모두 파괴되었습니다. 항일

9 "近代以後, 中華民族遭受的苦難之重, 付出的犧牲之大, 在世界歷史上都是罕見的. 但是, 中國人民從不屈服, 不斷奮起抗爭, 終于掌握了自己的命運, 開始了建設自己國家的偉大進程, 充分展示了以愛國主義爲核心的偉大民族精神."「實現中華民族偉大復興是中華民族近代以來最偉大的夢想(2012년 11월 29일)」, 『習近平談治國理政』, 北京 : 外文出版社, 2015, 35쪽.

전쟁의 기세가 가장 치열했을 때, 우리 양국 국민들은 생사를 함께하며 서로를 의지했고 힘을 다해 서로를 도왔습니다. 중국에 있는 대한민국임시정부 청사(유적지), 상해의 매헌(梅軒) 윤봉길의사기념관, 시안(西安) 광복군 유적지 등은 감격스럽고 잊을 수 없는 당시 역사를 보여주고 있습니다."[10]

최근 시진핑 주석(중국공산당 中央總書記)은 '중국인민'의 항일전쟁을 심층적으로 연구해야 한다고 강조한 것으로 알려지고 있다. 특히 그는 2015년 7월 30일 열린 중국인민 항일전쟁의 회고와 사고에 대한 학습을 주재하면서 중국인민들의 항일전쟁 연구를 심층 전개하고, 정확한 역사관을 견지하면서 계획과 역량의 통합, 사료수집과 정리 및 여론 홍보작업을 강화하여, 역사로 하여금 이야기하고, 역사적 사실을 이용하여 발언해야 한다고 지적했다고 한다. 또한 중국인민 항일전쟁의 '위대한 의의'와 세계반파시스트전쟁에서 중국인민 항일전쟁의 중요한 위치 및 중국공산당의 역할이 중국인민 항일전쟁 승리의 관건이었다는 등 중대문제 연구에 진력을 다하고 심층 해석할 것을 강조했다. 그는 다양한 형식으로 대중에 대한 선전을 강화하고, 국제적 학술교류도 강화해야 한다고 강조했다고 한다.[11] 항일전쟁사를 중시하고 통치의 한 도구로 활용하고 있음을 알 수 있다.

이러한 사실을 통해 시진핑이 나름대로 중국근현대사와 항일전쟁, 그리고 근현대 한중관계에 대해 큰 관심을 갖고 있으며, 이데올로기화하고 있음을 알 수 있다. 우리의 독립운동사 연구·교육에 시사점이 된다고 하겠다.

---

10 "上个世纪上半叶, 日本军国主义对中韩发动野蛮的侵略战争, 吞并朝鲜半岛, 侵占中国半壁江山, 使中韩两国生灵涂炭、山河破碎。在抗日战争如火如荼的岁月中, 我们两国人民生死相依、倾力相援。中国境内的"大韩民国临时政府旧址"、上海纪念尹奉吉义士的梅轩、西安光复军驻地旧址等, 都见证了那段可歌可泣的难忘历史."

11 中華人民共和國教育部(2015.8.1), 来源 :《中国教育报》http://www.moe.gov.cn/jyb_xwfb/s6052/moe_838/201508/t20150803_197276.html. "习近平在中共中央政治局第二十五次集体学习时强调 让历史说话用史实发言 深入开展中国人民抗日战争研究"

3. 일본의 '9·18사변' 도발과 동북의용군의 봉기

1931년 9월 일제(군부)는 소위 '유조구(또는 柳條湖) 사건'을[12] 조작하여 중국 동북지방에 대한 본격적 침략을 개시하였다. 이를 '9·18사변'(일본에서는 '만주사변'이라 부름)이라 하는 데, 이 사건은 말할 것도 없이 1904·5년의 러일전쟁에서 일본이 승리한 뒤부터 일본제국주의 세력이 지속적으로 추진하던 만몽침략 정책의 필연적 산물이었다.

9·18사변 이후 일제가 중국동북을 점령하고 1932년 3월 1일 괴뢰국가인 '만주국'을 세우자 중국동북 각지에서는 구 동북군벌계의 중국의용군은 물론 대도회·홍창회 등 종교집단 계통의 각종 항일부대, 심지어는 마적들까지 대거 봉기하는 국면을 맞이하였다. 이에 1910년 한국의 망국이래 중국동북으로 이주, 망명하여 줄기타게 항일투쟁을 지속하고 있던 한인 독립운동가들은 항일투쟁의 호기가 도래한 것으로 인식하였다. 그리하여 남만주지방에서 활발히 활동하고 있던 조선혁명군 독립군 사령관 양세봉(본명 梁瑞鳳)을 비롯한 조선혁명군 간부들은 이러한 기회를 맞이하여 중국의용군과 공동투쟁의 방략을 적극적으로 강구하게 되었다.

당시 중국 동삼성(東三省)의 총수 장학량(張學良)은 남경의 국민정부에서 인정한 동북변방군사령관겸 동북정무위원회 위원장이라는 직책을 맡고있어 장작림(張作霖) 이래의 군벌적 지위를 여전히 유지하고 있었다. 특히 그가 거느리는 동북군은 일본 관동군(關東軍)보다 외형적으로는 압도적으로 우세한 병력을 보유하고 있었음에도 불구하고[13] 장개석(蔣介石)의 지시를 받아들

---

12 1931년 9월 18일 일본군이 고의로 南滿鐵路 柳條溝 지역의 일부 철로를 폭파하고, 이를 중국군대의 소행으로 덮어씌운 뒤, 그날 밤 瀋陽을 포격하고 중국군이 주둔하고 있던 北大營을 기습한 사건을 말한다. 일제의 중국동북 강점을 알리는 첫출발이었고 '9·18사변'의 서곡이 된 사건이었다(馬洪武·王德寶·孫其明 主編, 『中國革命史辭典』, 檔案出版社, 1988, 295쪽).

13 9·18사변 당시 張學良의 군대는 정규군 25만·비정규군 8만·포 269문에 달하였다. 1931년 9월 중순 장학량이 11만 가량의 정예병력을 이끌고 국민정부의 北伐을 지원하기 위해 北京·天津 등에 출

여 일본군의 침공에 대하여 부저항정책을 취하였다.[14] 따라서 일본군은 별다른 조직적 저항을 받지 않은 채 동북지방을 장악하였고, 회흡(熙洽) 등 구동북군벌의 매판적 관료들과 야합하여 1932년 3월 마침내 '만주국'을 수립할 수 있었다.

중국동북의 민중들은 처음에는 이러한 일제의 침략에 항거하여 산발적으로 항일투쟁을 전개하였으나, '만주국'이 수립된 뒤에는 괴뢰 '만주국'의 건립을 인정치 않으며, 만주국군과 관헌에 저항하고 일제의 침략에 반대하여 일제와 괴뢰 만주국 주도층을 모두 물리치겠다는 '반만항일운동'을 광범위하게 전개하였다.

9·18사변 이후 봉기한 각종 항일부대의 총수는 1932년에는 36만여 명을 헤아릴 정도의 대규모 세력이었다. 그러나 거듭된 괴뢰 만주국 군경 및 관동군 등의 '토벌'로 1934년에 이들은 4만여 명으로 격감했고, 1937년에는 9천 6백명, 그리고 1939년 12월에는 3천 2백여 명으로 줄어들었다가 1941년 말에는 약 200명에 불과할 정도로 거의 소멸되고 말았다.[15] 이러한 각종 반만항일투쟁의 주요세력은 크게 보아 구 봉천군벌계의 지방주둔군 지휘관과 그 산하병력, 대도회·홍창회 등과 같은 종교집단, 그리고 중국동북의 전통적 비적인 마적집단, 또 중·한인 공산주의자들의 무장세력,

---

동하였으므로, 중국동북에 잔류한 병력은 22만, 포 200여문을 헤아렸다. 이에 비해 일본군은 관동군 駐箚사단 5천·포 20 몇문·독립수비 6개대대 약 5천 4백명, 합계 1만 4백여 명에 불과했다. 물론 그 후 한국에 주둔하고 있던 '조선군'의 보병 5개대대·기병 1개중대·포병 2개대대·공병 1개중대로 구성된 混成旅團이 이에 가담하였지만, 동북군과의 양적 차이는 현저하였다(楪本捨三, 『大關東軍史』, 東京: 國書刊行會, 1984, 90·93·95쪽). 다른 자료에 의하면 9·18 사변 직전 張學良이 직할하는 부대는 주로 奉天省軍으로서 17만여 명의 병력이었다고 한다. 한편 길림성은 張作相이 5만여 명의 부대를, 흑룡강성은 萬福麟이 3만여 명, 熱河省은 湯玉麟이 1만 5천명을 지휘하고 있었는데 동북군의 전체규모는 26만 5천여 명에 달하는 대병력이었다고 한다(滿洲國史編纂刊行委員會編, 東北淪陷十四年史吉林編寫組譯, 『滿洲國史(分論)』上, 長春 : 1990, 364쪽).

14 張學良은 蔣介石의 지시를 수용하여 9월 19일 北京에서 동북군에 대하여 부저항을 명령하였고, 국민정부는 9월 23일 전국 군대에 일본군과의 충돌을 피하라는 명령을 내렸다(郭廷以 編, 『中華民國史事日誌』 第3册, 臺北: 中央研究院近代史研究所, 1984, 79·83쪽).

15 앞의 『滿洲國史』(分論), 476~477쪽.

조선혁명군과 한국독립군 등 한인 민족주의계열 무장세력 등으로 구분해볼 수 있다.[16]

1920년대 중반 참의부(參議府) 독립군의 모습

이들 각종부대는 '반만항일'의 기치를 들고 독자적으로, 혹은 연합해서 투쟁을 전개하여 만주국군과 일본군에 큰 타격을 주었다. 이들 항일군 가운데 저명한 구동북군벌계 항일부대 지도자로는 동변도와 연변지방의 당취오(唐聚五)·왕덕림(王德林)·오의성(吳義成)·공헌영(孔憲榮) 등, 남만주(삼각지대, 동변도) 일대의 등철매(鄧鐵梅)·이춘윤(李春潤), 길림성의 풍점해(馮占海) 등, 북만

16 1933년 1월 26일 중국공산당 중앙위원회는 滿洲省委員會에 보낸 서한(소위 일월서간)을 통해 각 항일부대와 통일전선을 형성할 것을 강조하였다. 그런데 이 서한은 각종 반일유격대의 성격을 4가지 類型으로 分類하였다. 즉 張學良 휘하의 각 將領이 이끄는 舊吉林軍係 부대(지주계급과 부농을 기초로 함), 王德林 부대로 대표되는 반일의용군 부대(농민·노동자·소자산계급 등이 위주), 大刀會·紅槍會·자위단 등으로 대표되는 여러 농민유격대, 그리고 중국공산당이 영도하는 적색유격대로 구분했던 것이다. 그런데 적색유격대는 가장 혁명적 부대이지만, 영향력이 미약하여 운동의 기본세력이 되지 못하고 있다고 스스로 비판하였다(日本國際問題硏究所 中國部會 編, 『中國共産黨史資料集』 제6권, 東京: 勁草書房, 1973, 177·178쪽).

(北滿)의 이두(李杜)·정초(丁超)·마점산(馬占山) 열하(熱河)지방의 탕옥린(湯玉麟) 등이 있었다.[17] 이들은 의용군·구국군·자위군 등의 명칭을 썼으며, 주로 중국 관내의 국민당정부와 연계되어 활동하였다. 1930년대 초에는 이들이 이끄는 항일부대가 반만항일 세력의 주류를 이루었으나, 후반기에는 중국 공산당 계열의 유격대가 투쟁의 주류를 형성했다.

4. 조선혁명군의 한·중 연대 공동항전

1) 조선혁명군의 중국의용군과의 연합항전과 변천

중국동북(만주)에서 활동하던 항일운동가들은 한국이 일본에 병합된 뒤 지속적으로 중국동북의 군벌과 국민당 정권에 한중연합항전을 호소했다. 실제로 1931년 6월경 국민부 길흑(吉黑)특별위원회 위원장 김이대(金履大) 등은 중국 길림성 당국자와 접촉하고 공산당의 소탕과 조선혁명 지원, 일제 구축 및 주구기관과 주구배 파괴·박멸 등을 밀약한 바 있었다.[18] 또 비슷한 시기 조선혁명당 중앙집행위원장겸 조선혁명군 총사령 현익철은 길림에 가서 「동북한교정세일반(東北韓僑情勢一般)」과 「중한민족 합작의견서」를 제출하고 한중연합투쟁을 제의하였다.[19]

하지만 이 해 7월 만보산 사건이 발발하고 8월 말 현익철이 심양(瀋陽)에서 일본 경찰에 체포되는 등 상황이 악화되어 이 계획이 구체적으로 실현되지는 못했다. 그러나 이 해 9월 18일 일제가 만주를 전면 침공한 '9·18사변'이 폭발한 뒤부터 한중합작문제는 큰 진전이 있었다.

---

17 『滿洲國史』(分論), 478쪽.

18 위의 책, 591쪽.

19 金學奎, 「三十年來韓國革命運動在中國東北」, 『光復』 제1권 4기(1941년 6월): 독립기념관 한국독립운동사연구소 1987년 영인본, 28쪽.

‘9·18사변’ 이후 일본군이 중국동북지방을 점령하고 1932년 3월 1일 괴뢰국가인 ‘만주국’을 세우자 중국동북 각지에서는 구 동북군벌계의 중국의용군은 물론 마적, 대도회·홍창회 등 종교집단 계통의 각종 항일부대까지 대거 봉기하는 국면을 맞이하였다. 양세봉을 비롯한 조선혁명군 간부들은 이러한 기회를 맞이하여 중국의용군과 공동투쟁의 방략을 적극적으로 강구하였다.

1932년 3월 초 조선혁명군 사령관 양세봉(본명 梁瑞鳳)은 평소에 친교가 두텁던 중국인 왕동헌(王彤軒)과 양석복(梁錫福) 등 대도회 .4세력이 이끄는 의용군과 연대하여 공동투쟁키로 합의했다. 그리하여 같은 달 6일 조선혁명군은 이들과 함께 요녕농민자위단(일설에는 遼寧民衆自衛團)이라는 한중연합의용군을 조직하여 남만주 유하현 사포항(四鋪炕)에서 선포식을 거행하고 연합군의 봉기를 내외에 천명하였다.[20] 이때 사령관은 왕동헌, 부사령관은 양세봉이 맡았는데, 전체병력은 2,000여 명이나 되었다. 3월 10일 조선혁명군은 요녕농민자위단 부대와 함께 근거지인 왕청문(旺清門)에서 한중연합 항일투쟁의 첫 출정을 단행하였다. 이후 조선혁명군은 신빈현 남두령(南陡嶺)에서 신빈에 주둔하고 있던 일본군 및 만주국 군경과 격전을 치른 뒤 신빈의 서영릉가(西永陵街)를 점령했다. 그리고 계속해서 남만주의 목기(木奇)·흑우(黑牛)·상협하(上夾河) 등 여러 고을을 점령하고 큰 전과를 거두었다.[21]

이처럼 조선혁명군이 요녕농민자위단의 일원으로 투쟁하고 있을 때 북경에서 결성된 ‘동북항일민중구국회’에서는 만주의 항일투쟁을 촉진하기 위해 환인현에 주둔하고 있던 구 동북군부대 지휘관 당취오 등 동북정권 관련자

---

20 曹文奇, 『鴨綠江邊的抗日名將梁世鳳』, 瀋陽: 遼寧人民出版社, 1990, 202쪽.

21 金學奎, 앞의 글, 29쪽.

들에게 밀사를 파견하여 봉기를 촉구하였다. 특히 9·18사변 직후 관내로 피신했던 중국국민당의 동북군 총수 장학량은 항일의지가 굳은 당취오를 방어군 단장으로 임명하고 적극 후원하였다. 이리하여 국민당 특파원 왕육문, 이춘윤(李春潤) 및 왕봉각(王鳳閣) 등 유력자들과 동변도 10개현 대표 30여 명이 3월 21일 환인현에 모여 '요녕민주구국회(遼寧民衆救國會)'를 조직하게 되었다.[22] 이 조직 아래에는 정치 및 군사의 두개 위원회가 있었는데, 군사위원회 아래 '요녕민중자위군' 총사령부를 두었고, 당취오가 군사위원회 위원장 및 총사령을 겸직하였다. 이때 신빈현 동대영(東大營)에 주둔하고 있던 구 동북군의 영장(營長) 이춘윤이 군사위원회 위원겸 제6로군 총사령이 되었다.[23]

한편 요녕농민자위단 사령관 왕동헌은 추후 이 소식을 듣고 이 조직에 참여하였다. 그 결과 조선혁명군은 왕동헌 등의 부대와 함께 요녕민중자위군의 제11로군으로 편성되었다. 조선혁명군은 이 연합부대에 참가했지만, 독립군으로서의 독자적 지위를 분명히 하기 위해 새로운 작전협정을 요구하였다. 즉 4월 29일 참모장 김학규를 환인에 파견하여 요녕민중자위군 총수 당취오 등과 한중 양민족의 연대투쟁 문제를 협상케 했던 것이다. 이에 따라 양측은 5개조의 협정을 체결하였다. 이 협정 가운데 주목되는 것은 제5항으로서, "조선혁명군이 일단 압록강을 건너 한국 본토작전을 전개할 때 중국군은 전력을 기울여 한국 독립전쟁을 원조할 것"을 명시하였다.[24] 조선혁명군이 장차 한국내로 진격하여 독립전쟁을 수행하고자 하는 원대한 목표를 세우고 있었음을 확인할 수 있다.

---

22 譚譯·王駒·邵宇春, 「9·18사변후 동북의용군과 한국독립군의 연합항일」, 『국사관론총』 44집, 1993, 201쪽.

23 曹文奇, 前揭書, 112쪽 및 金學奎, 앞의 글, 29쪽.

24 金學奎, 「白波自敍傳」, 『한국독립운동사연구』 제2집, 1988, 586~587쪽.

중국 요녕성 신빈현에 세워진 양서봉 조선혁명군(항일독립군) 사령관 석상.
최근 깊은 산골짜기로 옮겨졌다.

조선혁명군은 요녕민중자위군의 일원으로 공동작전을 수행하였다. 그 뒤 이 부대는 요녕민중자위군의 특무대와 선전대대로 편성되었고, 총사령관 양세봉은 특무대 사령으로, 김광옥(金光玉)은 선전대 대장으로 활동하였다. 조선혁명군 독립군이 이처럼 편성된 것은 중국군에 비해 규모가 작지만 우수한 전투력을 보유하고 있었기 때문이다. 특무대는 5개 영으로 편제되었다. 이후 조선혁명군은 1932년 10월까지 다른 요녕민중자위군 부대와 함께 공동으로 거의 200여 차례의 대소 전투를 치르며 크게 용맹을 떨쳤다.[25] 조선혁명군은 이 무렵 요녕민중자위군 사령부 소재지인 통화의 강전자(江甸子)에 속성군관학교를 설치하여 400여 명의 장교 및 병사들을 양성하였다. 이때 조선혁명군은 중앙군(현役, 정규군)과 지방군(예비역)으로 구분되어 있었는데, 중앙군의 규모는 300명 가량이었다.[26]

25 金學奎, 앞의 글, 29쪽 및 『한국독립운동사연구』 2집, 1941, 587쪽.

26 桂基華, 「3부·국민부·조선혁명군의 독립운동 회고」, 『한국독립운동사연구』 1집, 1987, 140쪽.

일본 관동군은 1932년 10월부터 일본군과 만주국군 3만여 명을 동원하여 남만주 항일세력에 대한 대대적 탄압작전을 벌였다. 그 결과 통화·신빈·환인현 등의 주요지역은 일·만군에 점령되었고, 요녕민중자위군은 큰 타격을 받고 패퇴하게 되었다. 특히 이 해 11월 당취오와 양석복 등이 이끌던 자위군은 일본군·괴뢰 만주국군의 공격으로 통화에서 몽강현(濛江縣, 현재 靖宇縣)으로 패퇴하여 거의 궤멸되었으며, 당취오와 양석복 등은 관내로 도피하고 말았다. 다만 왕봉각(王鳳閣)과 이춘윤 등이 일부 부대를 지휘하며 항전을 계속하였다.[27]

조선혁명군은 1933년에도 요녕민중자위군의 잔존부대와 함께 남만주 일대에서 여러차례의 연합전투를 치렀다. 특히 7월 8일 양세봉은 일부 부대를 거느리고 왕봉각 산하의 부대와 연합하여 신빈현성을 공략하여 한때 점거하는 전과를 거두기도 했다. 이밖에도 조선혁명군은 끊임없이 조선(한국) 국내 진입작전을 전개하여 일본의 식민지 통치에 타격을 주었는데, 이 해의 국내 진격전은 10여 차례에 걸쳐 142명의 대원이 참가한 것으로 일본측 기록에 나오고 있다.[28]

2) 중한항일동맹회의 조직과 활동

(1) 중한항일동맹회의 결성과 정강

1934년 9월 조선혁명군 사령관 양세봉이 순국하고 일본군과 만주국군의 '토벌' 공세가 강화되자 조선혁명당과 국민부, 조선혁명군 등의 활동은 차츰 어려워졌다. 이에 조선혁명군을 지도하고 있던 조선혁명당에서는 일종의 자치조직인 국민부와 조선혁명군을 통합하여 1934년 11월에 '조선혁명군

27 金學奎, 앞의 글, 1941, 30쪽.

28 梶村秀樹·姜德相 編, 『現代史資料 30 — 朝鮮 6』, みすず書房, 1976, 341쪽.

정부'를 조직하여 난관을 타개하고자 하였다. 이러한 상황에서 조선혁명군 총사령 김활석(金活石, 金鐸)의 지시를 받은 제1사 사령관 한검추(韓劍秋, 본명 崔錫鏞)는 1935년 9월 20일 남만주의 집안현에서 활동하고 있던 왕봉각의 의용군 부대를 방문하여 한·중 양민족의 공동항일 투쟁을 논의하였다. 이때 '중한항일동맹기성위원회'가 결성되고 '중한항일동맹회'의 성립선언 및 정강의 초안이 마련되었다. 이후 같은 해 11월 초 이 성립선언 및 정강(政綱)이 한·중 양측의 동의를 거쳐 정식으로 승인되었다.

이 한중연합투쟁 조직은 선언 및 서사(誓詞), 정강, 세칙과 군사조직 등을 발표하여 체제를 갖추었다. 이 조직의 정치위원회 위원장은 조선혁명당을 이끌던 고이허(高而虛)가 맡았고, 군사위원회 위원장은 왕봉락, 군의 총사령관은 한검추가 담당했다. 전체 병력은 1,150명 정도였는데, 한검추 산하 조선혁명군 부대가 100여 명이었다. 조선혁명군 1사(師)는 교도련(教導連)으로 편제되었다.[29]

중한항일동맹회의 결성목적을 명시한 정강 제2조(宗旨)는 "일본제국주의를 타도하고 (중국의) 북경 실지(失地)를 회복하며 조선독립을 목적으로 함"이라고 규정하여 일제 침략과 '만주국'의 수립으로 상실한 중국 동북지방의 회복과 조선독립이 가장 중요한 투쟁목표임을 분명히 하였다.[30] 조선혁명군이 자신의 부대규모보다 훨씬 많은 왕봉각 세력과 연합하면서 뚜렷이 '조선독립'을 양 세력 연합의 목표로 내세운 점이 주목된다. 또 동맹회의 정책으로는 세계 각민족의 항일단체와 연락을 유지할 것과 중·한 양국의 신정권 수립을 명시하였다. 이를 통해 조선혁명군이 중국의용군 세력과 연대하면서도 조국의 독립과 신정권의 수립이라는 확고한 목표를 실천하기 위해 다양

29 滿洲國軍政部顧問部 編, 『滿洲共産匪の研究』 1輯, 1937(1969년 영인), 415~417쪽 및 「滿洲こ於ける中國共産黨と共産匪」, 『思想情勢 視察報告集』 4(京都, 東洋文化社, 1973), 85쪽.

30 「朝鮮革命軍ノ狀況ニ關スル件」, 日本 山口縣文書館 所藏 林家文書, 807쪽.

한 전략을 모색하며 투쟁한 사실을 알 수 있다.[31]

(2) 성립선언

조선혁명군정부는 1935년 9월 20일 '중한항일동맹회 성립선언'을 발표하고 이 조직의 성립과 투쟁의 의지를 널리 포고하였다. 그 내용의 주요 부분은 다음과 같다.

> 중한항일동맹회 성립선언
>
> 우리 중국의 약점은 전청시대(前淸時代)부터 정신적 단결의 결핍에 있는 것으로서 수천년전은 빛나는 단체로서 세계에 자랑하여 왔으나, 근래에는 점점 外患이 날로 심하여 참으로 국가는 위기에 처하였다. 중화민국이 성립 이래 완전한 국가를 성립시키지 못한 가운데 일본이 동삼성을 약탈하여 만주국을 신설하고……(중략)
>
> 이러한 상황에 즈음하여 우리가 통제하는 조직 단체, 즉 20년래의 경험과 실력이 있는 조선혁명군 및 자위군 사령 왕봉각은 서로 제휴함과 동시에 일반 중·한동지를 결성하여 일치단결·국가회복을 위하여 분투하고 이로써 국난을 배제코자 함. 이러한 단결은 빈부상하의 계급은 물론, 민족·귀천을 나누지 않고 일률적으로 항일동지는 본 단체 회원으로 크게 환영하는 바이며, 일·만 군사행동 및 정치시설을 배제하고 정치협력을 수립하는 것이 곧 중한 양국의 신정권이 되는 것임. 위에서 서술한 것처럼 본 동맹회의 주장은 확고한 것이고 일치단결·분투노력함으로써 중화민족의 행복 및 조선독립을 기하는 것으로 함. 때문에 매국노는 이를 철저히 섬멸하고 동지는 상화(相和)하여 이로써 성공의 성(城)에 이르는 것을 본뜻으로 함.[32]

조선혁명군은 중한항일동맹회를 통해 부족한 무기와 식량, 피복 등 보급

---

31 이상의 내용은 滿洲國 三江省公署 警務廳 特務科, 『滿洲及支那に於ける地下秘密團體に就いて』, 哈爾濱, 1936; 장세윤, 『在滿 조선혁명당의 민족해방운동 연구』, 성균관대 박사학위논문, 1997; 신주백, 『만주지역 한인의 민족운동사(1920~1945)』, 아세아문화사, 1999 등 참조.

32 三江省公署 警務廳 特務科, 『滿洲及支那に於ける地下秘密團體に就いて』, 哈爾濱, 1936, 67~68쪽.

문제를 해결하고 일부 참모와 전투원에 중국인을 편입시켰다. 이를 통해 많은 중국인 대중의 간접적 지원을 받게됨으로써 항전역량을 강화할 수 있었다. 특히 이 동맹회의 성립직전인 9월 초에 중앙집행위원회의 결의에 따라 제1사 참모장으로 임명된 중국인 섭경산(葉景山)은 장개석(蔣介石)의 중국국민정부에서 파견한 지하공작원이었기 때문에 한중합작 공작을 적극 주선하였다.[33]

중한항일동맹회의 정치위원장 직책을 맡은 고이허는 당시 일본이 중국동북 침략에 그치지 않고 관내까지 침략할 것으로 전망하면서, 조선혁명군과 중국 항일세력이 연대투쟁하여 이를 저지해야한다고 강조하였다.[34] 중국인 항일의용군을 이끌던 왕봉각은 일제에 빼앗긴 실지(失地)를 회복하지 않으면 결코 전장을 떠날 수 없다는 것과 자력갱생으로 산채를 건설하며 장기항전 준비를 하기로 했다. 그리고 부관 필문한(畢文翰)을 중국 관내(본토)에 파견하여 항일투쟁 지원세력과 연계하며, 어떤 열악한 조건 아래서도 끝까지 항일투쟁을 견지한다는 사실을 국내외에 널리 알리기로 합의·결정하였다.[35] 이리하여 '중한항일동맹회'가 실질적으로 성립하였고, 조선혁명군은 왕봉각 부대로부터 적지않은 무기와 식량을 지원받을 수 있었다.

(3) 중한항일동맹회의 조직과 한·중 연대의 실천

주목되는 사실은 1935년 말에서 이듬해 초까지 동북인민혁명군 제1군 산하 제6단장 최봉관(崔鳳官, 한인) 등은 중국공산당의 항일민족통일전선 방침에 따라 중한항일동맹회의 왕봉각, 한검추 등을 방문하여 항일투쟁을 위

33 金學奎, 앞의 글, 1988, 590쪽 및 「朝鮮革命軍ノ狀況ニ關スル件」, 821쪽.

34 1964년 畢文翰 口述, 宮憲斌 정리자료 : 曹文奇, 『同讐敵愾 - 遼東吉南地區朝鮮族抗日鬪爭史』, 撫順市社會科學院新賓滿族研究所, 撫順 : 1998, 265쪽에서 재인용.

35 위와 같음.

해 이념을 초월하여 단결, 일본 침략세력과 싸울 것을 건의, 협상하였다. 사실 왕봉각 산하 부대와 동북인민혁명군은 1935년 7~8월 서로 교전하여 30여 명의 동북인민혁명군이 피해를 입은 사건이 일어나기도 하였다.[36] 이러한 우여곡절이 있었지만, 결국 1936년 4월 21일 마침내 3자간의 협의가 완료되었는데, 이 때 6개 조항에 합의하고, 이 조항의 실천에 노력하기로 하였다.[37] 이에 따라 중한항일동맹회를 구성하는 왕봉각부대와 조선혁명군, 중국공산당 남만성위원회(南滿省委員會) 산하의 동북항일연군(東北抗日聯軍)은 1936년 일본 군경이나 만주국군을 상대로 힘을 합쳐 공동항전을 전개하였다.

중한항일동맹회 조직은 1년 정도 유지되었다. 그러나 일제의 공세가 강화되면서 1936년 말에서 이듬해 초까지 왕봉각 부대가 거의 궤멸되고, 1937년 3월 왕봉각이 체포·처형됨으로써 붕괴되고 말았다. 그러나 조선혁명군(정부)는 일·만 군경의 포위공격이 치열해지는 가운데도, 조선 진입작전을 전개하여 일제의 치안을 교란하고 군자금을 모집하는 등 충격을 주었다.[38]

특히 조선혁명군은 항일무장투쟁 과정에서 중국인에 대해서도 거의 위해를 가하지 않고 오히려 중·한 합작을 선전하고 식사대·숙박료 등 계란 한 개의 대금까지 지불했으며, 일체의 금전도 받지 않았다.[39] 조선혁명군측

---

36 曹文奇,『風雨同舟 - 戰遼東 : 朝鮮民族與兄弟民族聯合抗戰紀實』, 278~279쪽.

37 曹文奇, 위의 책, 279쪽. 6개 조항은 다음과 같다. ①중한항일동맹회를 더욱 강화한다(加强中韓抗日同盟委員會), ②日·滿 군경의 무장을 철저히 해제한다(徹底解除日滿軍警的武裝), ③이러한 경우에는 각 부대가 서로 긴급원조를 실시한다(在這種場合下各隊互相進行緊急援助), ④획득한 무기는 분배한다(獲得的武器進行分配), ⑤근거지를 확정하고, 늘 이전, 집중과 분산을 진행한다(確定了根據地, 經常進行轉移, 集中和分散), ⑥大字 포대를 파괴하고 불살라 버린다(破壞和燒毁大字砲臺).

38 高等法院檢事局思想部,『思想彙報』10호(1937년 3월), 31쪽 및 이명영,『권력의 역사』, 성균관대출판부, 1983, 100쪽.

39 위와 같음.

의 이러한 민중접근 방식은 적지 않은 효과를 거두었으니, 주민들이 대체로 일·만 군경을 싫어하고 조선혁명군을 신뢰하는 경향이 컸다.[40] 이러한 경향은 1936·7년경 일·만 군경이 소위 '비민(匪民)분리' 방침에 따라 '집단부락' 건설을 강행하기 시작하면서 더욱 가중되었다. 일제는 항일유격대와의 연계를 차단시키기 위해 농민들을 집단수용시키는 한편, 공동노동을 강요하고 각지의 분산가옥에 불을 지르는 등 농민들에게 큰 피해를 입혔기 때문에 농민들의 반감이 가중되었던 것이다.

중국동북(만주)를 점령하고 있던 일본 관동군은 1936년 10월부터 이듬해 3월까지 소위 '동변도 치본공작'이라는 항일세력 말살공작을 추진하였다.[41] 이 때문에 왕봉각 등의 반만항일군과 조선혁명군(정부), 중국공산당 계열의 동북항일연군 등은 큰 타격을 받게 되었다.

조선혁명군은 1935년 9월 중한항일동맹회를 조직하여 왕봉각 등과 연대투쟁하였으나, 일제 측의 끈질긴 탄압과 이간공작, 주민들과의 분리정책 등으로 날이 갈수록 어려운 조건에 처하지 않을 수 없었다. 사실 조선혁명군은 이미 1935년 1월 난관을 타개하기 위해 대표를 동북인민혁명군 제1군 사령부에 파견하여 연합작전을 요구했다.[42] 그후 조선혁명군은 중국공산당 만주조직에서 영도하는 동북인민혁명군 등 좌익계열의 무장조직과도 연대투쟁하기 시작했다. 예를 들면 1935년 4월 중순 총사령 김활석이 군정부 직속 위수대대(衛戍大隊)를 거느리고 통화 북쪽 강산령(崗山嶺)에서 적군과 교전할 때, 동북인민혁명군 제1군 군장 양정우(楊靖宇, 본명 馬常德) 부대와

40 앞의 「滿洲に於ける中國共産黨と共産匪」, 100·104쪽.

41 임성모, 「1930년대 일본의 만주지배정책 연구」, 연세대대학원 석사학위 논문, 1990, 44쪽.

42 「東北抗日鬪爭的形勢與各抗日部隊的發展及其組織概況」, 『東北地區革命歷史文件彙集』 甲 44, 1990, 351쪽.

적을 협공하여 공동투쟁하였던 것이다.[43]

이후 조선혁명군은 왕봉각 등의 중국인의용군과 공동투쟁함은 물론, 동북인민혁명군(1936년 8월까지 동북항일연군으로 개편)과도 연합하여 투쟁하였다. 1936년 4월에는 조선혁명군 제2군 참모 최명(崔明)이 50여 명의 대원을 거느리고 동북인민혁명군 1군과 왕봉각 휘하부대 등 3자회의에 참가하여 연합투쟁 방침을 결의하였다. 그리고 그 해 후반기에 조선혁명군 4중대장 김윤걸(金允杰)이 지휘하는 부대는 동북항일연군 제1로군 사령관 양정우 부대와 같이 환인현 결석령(缺石嶺)에서 이동중인 일본군경 합동 환인경비대를 기습하여 큰 손실을 입혔다.[44] 이밖에 관전현 하루하(下漏河, 일명 河露河) 부근에서 배를 습격하여 1척을 격침시키는 등의 공동투쟁을 벌이기도 했다. 조선혁명군정부 중앙집행위원회에서 동북항일연군과 공동투쟁하기로 정식으로 결정한 것은 1936년 10월이었지만,[45] 이미 그 이전부터 이처럼 연대투쟁이 실현되었다.

1937년 3월 하순 일제와 만주국측의 대공세로 조선혁명군은 치명적 타격을 받았고, 그 이후의 투쟁도 큰 어려움에 부딪히게 되었다. 조선혁명군은 1938년 중반까지 고군분투했지만, 결국 이해 9월 6일 사령관 김활석과 제7단장 정광호(鄭匡鎬) 등이 만주국 안동공서(安東公署)에 체포되어 항복하고 말았다.[46] 이로써 '조선독립'을 직접 표방한 만주 최후의 민족주의계 독립군인 조선혁명군도 종말을 고하게 되었다. 그러나 김학규와 최동오, 유동열 등 중국 관내로 합류한 일부 인사들은 조선혁명당·군의 이념을 계승하며 독립운동을 지속하였다.

---

43 黃龍國, 「'조선혁명군' 역사에 대하여」, 『국사관논총』 15, 과천 : 국사편찬위원회, 1990, 241쪽.

44 『滿洲共産匪の研究』 1집, 418, 447~448쪽.

45 앞의 「朝鮮革命軍ノ狀況ニ關スル件」, 800쪽.

46 吉林省公安廳公安史研究室·東北淪陷十四年史吉林編寫組 編, 『滿洲國警察史』, 長春 : 1990, 318쪽.

한편 김응기(金應基)와 김병규(金炳奎) 등 일부 장병(將領)들은 조선혁명군이 해체된 뒤에도 중국인 손광후(孫廣厚)가 조직한 항일무장대 '만천홍(滿天紅)' 부대에 조선혁명군 출신 대원을 이끌고 가담하여 1944년경까지 항일투쟁을 지속하였다.[47]

5. 동북항일연군의 성립과 중국 동북지역 한인들의 활동

동북항일연군(東北抗日聯軍)이란 1931~32년 사이에 일본의 중국 동북지방 침략에 맞서기 위해 중국공산당 주도로 조직된 항일유격대와 1933~36년 전반기까지 활동한 동북인민혁명군을 모체로 하여 1936년 중반에 성립한 중국 동북지역 항일연합부대의 총칭이다. '동북항일연합군'으로 불리기도 한다.

1) 항일유격대와 재만한인

1930년 '간도 5·30폭동'을 전후하여 조선공산당 만주총국이 해체되었다. 이 무렵 한인 당원들은 중국공산당 만주성위원회에 개별적으로 가입하였다. 이후 연변 및 남만주 지방에서 한인 사회주의운동이 급격히 고조되었다. 또 '9·18사변' 직후인 1931년 10월부터 1933년까지 중국공산당 만주조직 주도하에 동만주 4개현(연길·화룡·왕청·훈춘)의 항일유격대가 창건되었다.[48] 이후 연변지역에서는 소비에트와 인민정부, 항일유격대가 당·정·군의 형식으로 상당기간 정립하며 중국공산당계 무장투쟁을 주도하였다. 이 과정에서 항일유격대를 바탕으로 1933년 9월 동북인민혁명군 1군 독립사가 건립되고, 이듬해 3월 2군 독립사가 세워졌다. 물론 여기에 많은 한

47 曹文奇, 『同仇敵愾 — 遼東, 吉南地區朝鮮族抗日鬪爭史』, 1998, 318~319쪽.
48 장세윤, 「만주지역 독립군의 무장투쟁」, 『한국사』 50, 국사편찬위원회, 2001, 346~349쪽.

인대원들이 참가하여 크게 활약했다. 또 1936년 초부터 동북항일연군이 제1군부터 11군까지 조직되었다. 여기에도 다수의 한인들이 참가하여 항일투쟁과 각종 사회운동 등을 활발하게 전개하였다.

2) 동북인민혁명군과 동북항일연군의 형성

중국공산당 반석현위원회(磐石縣委員會)와 남만유격대는 항일투쟁이 점차 격화되고 유격대의 역량이 성숙함에 따라 1933년 8월 남만유격구와 유격대 대표자 회의를 열어 동북인민혁명군 제1군 독립사를 건립키로 했다. 그리하여 일제의 만주침략 2주년이 되는 그 해 9월 18일 남만주 반석에서 이 부대의 성립을 정식으로 선포했다. 이 무장세력은 만주에서 가장 먼저 결성된 중국공산당 계통의 정규군인 셈이었다. 때문에 성립선언과 정강, 사병우대 조례, 각종 선언문 등을 발표하여 나름대로의 정당성을 밝혔다. 그러나 이들 문건 가운데 한국독립(해방)이나 혁명지원을 직접 표방한 내용은 없었다. 1931년 5월 만주성위원회는 '만주 한국민족문제 결의안'을 통과시켜 한국혁명을 원조해야 한다고 했지만, 1930년대 초의 좌경화된 분위기하에서 이러한 내용은 구호에 그쳤다. 제1군 독립사(獨立師)는 1934년 11월 2개 사로 분화발전하였다.

창건 당시 동북인민혁명군 제1군 독립사는 300여 명 정도 규모였는데, 사장(師長)겸 정치위원은 한족 양정우였다. 반면 참모장 이홍광(李紅光)과 소년영장 박호(朴浩), 3단 단장 한호(韓浩) 등 주요간부가 한인이었다. 이 조직의 1/3가량은 한인(조선인)들로 구성되어 있었다. 1군 독립사는 1933년 말에서 이듬해 초까지 많은 전투를 치렀으나, 이 가운데 유하현 삼원포 공략전과 양수하자(凉水河子), 팔도강(八道江) 전투 등이 유명하다. 특히 1935년 2월 13일 새벽 이홍광이 200여 명의 병력을 이끌고 조선 평안북도 후창군 동흥읍을 습격한 전투는 국내외에 큰 반향을 일으킨 국내 진입작전으로 유명했다.[49] 이는 1930년대 만주 항일무장투쟁 세력 최초의 대규모 조선진입 작전이었다.

남만주 항일유격대 창건자 이홍광 석상(길림성 반석시 홍광중학)

한편 1934년 동만주에서 한인 주진(朱鎭)을 사장으로 성립한 동북인민혁명군 제2군 독립사는 중국 연변지역의 안도현과 왕청현 일대에서 한 해동안 900여회의 전투를 치르며 유격근거지를 방어하였다. 이른바 일제의 '제3기 치안숙정계획'을 무산시킨 것이다. 2군 독립사는 1,200여 명의 병력과 980여정의 총을 갖고 있었는데, 그 병력의 2/3가 한인이었다. 따라서 사실상 이 항일부대는 조선혁명군이나 한국독립군과 같은 민족주의계 독

49 『조선일보』 1935년 2월 15일자 참조.

립군과 이념을 약간 달리할 뿐, 일제타도라는 목표와 그를 위한 역할의 수행은 비슷했다고 할 수 있다. 때문에 중공당 반석현위원회(磐石縣委員會)는 1934년 3월경 신빈일대에서 강고한 세력을 형성하며 완강히 日帝와 싸우고 있던 조선혁명군과 국민부(國民府)에 사람을 파견하여 병사들을 중심으로 한 연대공작을 진행하라고 1군에 지시했고,[50] 이후 양 부대는 일정한 연대를 모색하였다.

북만주의 밀산(密山)에서는 1934년 3월 40여 명의 밀산 반일유격대가 조직되었는데, 한인(韓人)들이 중심이 되었다. 이 유격대는 그 해 9월 중국의 용군과 연합하여 동북항일동맹군 제4군으로 편성되었다. 또 1932~33년경 탕원현(湯原縣)에서 발족한 탕원유격대는 우여곡절을 겪으면서도 여러 차례 전투를 거치며 그 대원이 600여 명으로 늘어났다. 이후 이 유격대는 1936년 초 주변의 자위단·경찰 등을 흡수하여 동북인민혁명군 제6군으로 편제되었다.

성립 초기 남만주지방을 활동기반으로 하는 동북인민혁명군 제1군과 동만지방(東滿地方)을 근거로 하는 2군은 한인이 주력을 이루었고, 사실상 이 시기 중공당계 산하 부대의 핵심이었다. 따라서 1930년대 만주에서의 항일무장투쟁에서 재만 한인들의 역할이 매우 컸다고 볼 수 있다. 그러나 이 같은 투쟁은 많은 어려움을 수반했다. 특히 1933년에서 1935년 사이에 괴뢰 '만주국'을 실제로 지배하고 있던 일제의 관동군은 자체의 무력과 괴뢰 만주국 군경, 관헌을 동원하여 혹심한 탄압을 자행했다.

1935년 8월 1일 중국공산당 중앙위원회는 국민정부군의 공격을 받고 쫓겨가고 있던 도중에 소위 '8·1선언'을 발표하고 내전중지와 거국적 국방정

50 「中共磐石中心縣委員會給人民革命軍第1軍獨立師全體黨·團同志的信」, 『東北地區革命歷史文件彙集』 甲 36, 195쪽.

부의 구성을 제안했다. 또 이듬해 12월 장학량이 장개석을 구금하는 '서안사변(西安事變)'이 발생하여 중국 關內에서 제2차 국공합작이 성사되는 중요한 계기가 되었다. 특히 8·1선언은 항일민족통일전선의 결성을 구체적으로 제안하고 있었는데, 각 당파와 민족, 모든 계층을 망라한 항일연합군의 조직을 명시했다. 이 선언에 따라 중국공산당 만주조직은 1936년 1월 회의를 소집하고 각 항일부대를 '동북항일연군'으로 재편성키로 결정했다. 이에 따라 종래의 동북인민혁명군과 계통을 달리하는 여러 항일부대가 결집되고 중국공산당 만주조직이 영도하는 동북항일연군이 제1군부터 11군까지 결성되었다.

1930년대 초 기념촬영한 북만주지역 중·한인 항일유격운동의 지도자들
(전열 중앙 중국인 조상지(趙尙志), 후열 우측에서 3번째 한인 허형식(許亨植))

이후 중국 동북지역 항일무장투쟁은 새로운 국면을 맞이하게 되었다. 즉 중국공산당 만주조직은 항일투쟁을 위해 각계 각층과 연대하는 것은 물론, 재만한인들의 조국광복운동 직접원조와 자치구 건설, 한인을 위한 항일전쟁의 원조를 결의하였던 것이다. 이에 따라 한인으로만 조직된 독립부대의

창설도 고려되었지만, 활동상의 애로를 들어 실현되지 않았다. 동북항일연군 가운데 한인이 많았던 1군과 2군, 특히 2군은 한중 양민족의 연합을 실현한 '독립군'이라고 볼 수 있는 성격이 강했다. 이 사실은 3개 사와 교도대, 기타 연계 세력을 합쳐 2천여 명으로 추정되던 동북항일연군 제2군의 경우 절반 가량이 한인이었고, 특히 김일성이 이끄는 제3사 병력의 대부분이 한인이었다는 점으로 미루어 알 수 있다.[51]

3) 동북항일연군과 재만한인의 활약

1936·7년경 동북항일연군은 동·남·북만(北滿) 등 각지에서 큰 세력을 이루고 치열한 접전을 벌이고 있었다. 물론 재만한인들도 여기에 대거 참가하여 많은 활약을 하고 있었다.

1938년경 동북항일연군의 병력은 1,850명 정도였다. 여기에는 중국공산당 계통 직속부대 외에도 다수의 각종 항일부대가 포함되어 있었다. 그런데 많은 전투를 치르면서 상당수의 대원이 희생되었고, 일제의 탄압과 회유공작이 극심해 짐에 따라 차츰 어려운 국면에 처하게 되었다. 이 때문에 의지가 굳지 못한 일부 참가자들이 변절하거나 도주·투항하는 경우도 있었다. 이러한 곤경에 직면하여 항일연군 제1로군은 경위려(警衛旅)와 3개 방면군으로 편제를 바꾸어 무장투쟁을 계속했다.[52]

이 가운데 4사와 5사가 통합되어 편성된 제3방면군은 60%정도의 대원이 한인이었고, 역시 종래의 제6사가 개편된 제2방면군은 대부분의 구성원이 한인이었다.[53] 이 부대는 남만주와 백두산 일대에서 유격전을 전개하며

---

51 강만길, 『고쳐쓴 한국현대사』, 창작과비평사, 1994, 103쪽.

52 장세윤, 『1930년대 만주지역 항일무장투쟁』, 독립기념관, 2009, 262쪽.

53 강만길, 앞의 책, 104쪽.

적에게 큰 타격을 가하였다. 남만주의 조선혁명군이 1937년 초·중반 일제의 공격으로 큰 피해를 입고, 결국 1938년 초 60여 명이 동북항일연군에 편입된 상황을 고려해 볼 때 한인이 다수를 이루는 이 시기의 항일연군 제2·3방면군은 사실상 '독립군'의 성격을 띠고 있었다고 할 수 있다. 이 때문에 한국인들은 물론 중국인들도 가끔 이 부대를 '조선인민혁명군'이나 '조선혁명군'으로 불렀다.[54]

김일성이 이끄는 동북항일연군 제1로군 6사의 조선 보천보 진입전투를 계기로 조선총독부는 한반도 북동부 지역에 대한 대대적 수색작전을 벌여 소위 두차례의 '혜산사건'을 빚어내면서 동북항일연군 및 조국광복회 관계자 739명을 검거하는 대탄압을 벌였다.[55] 이 때문에 항일연군과 조국광복회 관련 인사들이 대거 체포되고 산하 조직 대부분이 해체되었다.

그러나 이후에도 항일연군 제2·3방면군은 조선 함경북도 무산 진입전투(1939년 5월), 일본군과 만주국군 100여 명을 섬멸한 안도현 대사하(大沙河)전투(같은 해 8월), 악명높던 '마에다(前田) 토벌대' 120여 명을 궤멸시킨 화룡현 홍기하전투(1940년 3월) 등을 전개하여 마지막 단계까지 일제 군경에 큰 손실을 주었다. 하지만 동북항일연군 제1로군에 대한 일본군경 및 만주국군의 토벌도 강화되어 결국 1940년 2월 1로군 사령관 양정우가 전사하고 만주지역의 잔존 항일연군도 거의 소멸되고 말았다. 그 뒤 만주지방에서 조직적 군사활동이 어려워진 잔존 동북항일연군은 1940년 겨울부터 동·북만을 거쳐 소련(연해주)으로 도피하였다. 이들은 소련측의 도움을 받아 남야영과 북야영으로 불리우는 거점조직을 세웠으나, 1942년 7월 동북항일연

---

54 于偉, 「三年來東北義勇軍鬪爭的總檢閱」, 『東方雜誌』 32권 6호(1935년 3월), 58쪽 및 『重慶 大公報』 1939년 8월 3일자; 秋憲樹 編, 『資料 韓國獨立運動』 4(下), 1975, 연세대학교출판부, 1594~1596쪽.

55 체포된 주요인사들에 대한 판결문 내용은 「惠山事件 判決書」, 『朝鮮統治史料』 6권, 金正柱 編(韓國史料研究所, 1970), 543~841쪽 참조.

군 교도려로 편제되었다. 교도려는 소련군 산하 국제홍군 제88특별여단이라고도 불렸다. 이 무렵 이 부대 전체 대원은 600여 명이었는데, 이 가운데 한인은 150여 명이었다.[56]

6. 김구·윤윤기의 동북항일연군 인식

대한민국임시정부와 동북항일연군은 직접적 관계는 없다. 그러나 임시정부 주석을 지낸 김구는 후일 동북항일연군에 대하여 다음과 같이 회고하였다.

> "정세로 말하면 동북3성(東北三省) 방면에 우리 독립군이 벌써 자취를 감추었을 터이나, 신흥학교 시절 이후 30여년이 지난 오늘까지 오히려 김일성(金一聲, 북한 김일성 주석을 지칭하는 듯) 등 무장부대가 의연히 산악지대에 의거하여 엄존하고 있다. 이들이 압록·두만을 넘나들며 왜병과 전쟁을 할 수 있었던 것은 중국의용군과 연합작전을 하고 러시아의 후원도 받았기 때문이다. 이렇게 현상유지를 하는 정세라, 관내 임시정부 방면과의 연락은 극히 곤란하게 되었다."[57]

이러한 김구의 회고내용을 검토해보면 김구는 동북항일연군의 존재와 김일성 등 재만한인의 활동상을 잘 알고 있었고, 일정한 연계를 도모하고 있었다는 사실을 확인할 수 있다.

전남 보성출신의 교육자 윤윤기(尹允基)는 조선건국동맹의 연락원으로서 항일세력의 연합을 모색하기 위해 1944년 경 국내외를 분주히 오가며 노력했다고 한다. 이러한 사실은 해방 직전 대한민국임시정부와 화북조선독

---

56 和田春樹(이종석 역), 『김일성과 만주항일전쟁』, 창작과비평사, 1992, 271·272·277쪽; 강만길, 『고쳐쓴 한국현대사』, 104쪽.

57 김구(도진순 주해), 『백범일지』, 서울 : 돌베개출판사, 1998, 315쪽.

립동맹, 만주의 동북항일연군내 한인들이 식민지 조선 내의 조선건국동맹 등과 일정한 정보를 공유하며 서로간의 연합을 도모했다는 점에서 해외와 국내 항일세력의 연대를 상징하는 중요한 의미가 있다고 하겠다.

학산(學山) 윤윤기(1900~1950)가 동북항일연군을 1940년 경에 방문하고 지었다는 다음과 같은 시가 전해지고 있다.

> "보초병을 생각하며(憶步哨兵)"
> 아침부터 저녁까지 산을 바라보고 섰으니(從清晨到黃昏, 望山而立.)
> 세찬 비바람 맞으며 배고픔과 추위에 떨고 있네(迎着大風, 在飢寒中顫抖.)
> 멀리 거친 하늘 바라보니 눈보라 몰아치고(遙望荒天, 風雪交加.)
> 다시 광야를 바라보니 날이 저물어 가는구나(再望曠野, 天已黃昏.)
> 눈으로 사방을 두리번거리니 목이 너무 뻣뻣하고(環顧四周, 脖頸僵硬.)
> 발은 한곳에 머물러 있으니 다리는 한가하구나(脚不挪窩, 腿清閑.)
> 조국의 흥망성쇠가 두 어깨에 걸려있으니(祖國的興亡擔在肩,)
> 어찌 살아 고국에 돌아가랴!(怎么才能活着回故國.)[58]

이 시가 확실히 동북항일연군에서 일제와 싸우고 있던 항일부대원의 모습을 대상으로 한 것이라면 매우 주목되는 시라고 할 수 있다. 왜냐하면 동북항일연군이 비록 중국공산당이 주도하는 무장세력이라고 하지만, 이 시의 작자 윤윤기는 그에 연연하지 않고 오로지 항일투쟁에 헌신하는 항일부대원(보초병)의 모습만을 생각하며 그러한 상황을 매우 사실적으로 묘사하고 있기 때문이다.

---

58 『민족21』, 2009년 5월호, 118~119쪽.

양정우(1905~1940) **흉상**(길림성 통화시 양정우능원)

1930년대 후반 남만주에서 활동한 한·중인 동북항일연군 경위려 대원들의 모습.
(통화[通化] 동북항일연군기념관)

7. 1930년대 중국 동북지방 한중 연대 공동항전의 의의

19세기 후반에서 20세기 전반기까지 일본의 한국침략이 본격화함에 따라 다수의 한민족이 중국동북(만주)으로 이주하고, 이들을 기반으로 하는 독립운동이 치열하게 전개되는 등 중국에서의 반일독립운동이 해외 독립운동의 주류를 이루었음은 잘 알려져 있다. 특히 1931년 9월 일제의 중국동북침략(9.18사변 또는 '만주사변')과 1937년 7월의 중일전쟁 도발, 1941년 12월의 태평양전쟁 촉발로 중국과 한민족의 입장이 일치해가자 중국 국민정부와 중국공산당 정권은 중국 관내와 동북지역에서 활동하던 한인 독립운동 세력에 적지 않은 지원을 했다. 그리고 다른 열강보다 먼저 한국의 독립과 미래전망에 관해 상당한 관심을 나타냈다.

한민족이 중국(동북)에서 전개한 항일독립운동은 온갖 어려움을 무릅쓰면서 투쟁한 독립운동 지도자들과 그 조직, 이에 뜻을 같이하는 다수의 한인 대중이 주체가 되었다. 하지만 이에 못지 않게 중국 국내의 정치·경제·군사적 사정과 중국의 일본 및 미국 등 열강과의 대외관계, 그리고 중국정부와 중국인들의 태도 등도 큰 영향을 미쳤다고 할 수 있다. 특히 일제의 중국동북 및 관내 지방 침략이 본격화하는 시기, 즉 '9·18사변'과 중일전쟁 발발 이후에는 중국의 항전국면이나 항전초기 항일민족통일전선을 이루었던 중국국민당과 중국공산당과의 관계, 또한 중국의 미·영·소 등 강대국에 대한 태도 등 중국 정국의 흐름이 한국의 독립문제와 재중한인의 독립운동에 밀접한 관련을 갖게 된다. 왜냐하면 중일전쟁의 발발과 확대는 중국 관내 한인 항일독립운동에 커다란 전환점이 되었고, 이를 매개로 하여 한중협동전선이 구체화되었기 때문이다.

현재 중국학계에서는 동북항일연군 투쟁의 의의를 동방피압박민족의 반제연합투쟁의 한 사례이며 세계 민중의 반파쇼투爭의 한부분을 이루었으며, 중국동북의 항일유격전쟁은 실질적으로 중국 항일전쟁의 발단이며, 동시에 새로운 세계반제국주의 침략전쟁의 개시였다고 높이 평가하고 있다. 특히 일본 침략집단의 '생명선'의 일부를 위협하고 큰 타격을 가했다고 본다.[59] 약간 과장된 부분은 있지만, 이러한 평가를 한민족의 반일독립운동과 관련하여 충분히 인정할 만한 가치가 있다고 본다.

중국공산당 주도의 동북항일연군 참가 한인들의 최후 항쟁과 대중조직의 결성은 한국사회에는 비록 잘 알려져 있지 않지만, 새롭게 주목할 필요가 있다. 비록 이들은 중국공산당과 소련(코민테른)이라는 국제 지원세력의 도움을 받고 있었지만, 나름대로 '조선혁명'이란 자신들 고유의 임무를 결코 잊은 적이 없다. 때문에 동북항일연군내 한인 투쟁세력은 비록 소수였지만, 중국 관내의 대한민국임시정부와 한국광복군, 화북조선독립동맹과 조선의용군, 국내의 조선건국동맹 등과 함께 한민족이 1945년 8·15 해방을 주체적으로 맞이할 수 있었던 가능성을 상징하는 주요 근거가 된다고 볼 수 있다.

최근 동아시아는 역사인식의 차이와 영토갈등 문제 등을 둘러싸고 민족주의 정서가 고조되고 있다. 하지만 지나친 민족주의 정서는 지양되어야 하며, 장기적으로 한·중·일 등 동아시아 3국은 평화적으로 공존공영해야 한다고 믿는다. 따라서 일본제국주의의 침략에 맞서 공동으로 항일전쟁을 전개한 귀중한 경험과 유산을 충분히 검토·음미하고, 오늘의 우리가 귀중한 교훈을 얻을 수 있도록 하는 다양한 연구와 교육, 계몽·협동작업에 대한 방안(방향) 제시 등이 절실히 필요하다고 본다.

---

59 金宇鍾, 「東北抗日聯軍的發展概況及歷史作用」, 『東北抗日鬪爭史論文集』, 1992, 343~346쪽; 戴緖恭·譚克繩, 「解放區戰場硏究」, 『中國現代史硏究槪覽』, 武昌 : 華中師範大學出版社, 1990, 326~327쪽.

제2장
해방 전후시기 만주지역 조선의용군과 동북항일연군의 동향

1. 연구 목적과 의의

국내외 학계에서 조선의용대 및 조선의용군에 대한 연구는 상당히 진척되었지만, 최근의 조선의용군에 대한 연구는 해방 이후의 활동 및 6·25전쟁 관련 내용을 주목하는 추세인 듯하다. 그것은 조선의용군 계열이 북한의 건국 및 건군(建軍)에 상당한 기반이 되었을 뿐만 아니라, 1950년대 초 중국 동북지방(만주)에 성립한 '연변조선족자치주' 건립의 한 주체가 되기도 했기 때문이다. 따라서 조선의용군에 대한 전반적 고찰은 한국현대사를 이해하는 관건적(關鍵的) 과제가 될 수 있을 것이다. 이러한 배경에서 조선의용군과 다른 항일세력을 비교·검토하는 학술대회도 개최되었다. 2006년 10월 국사편찬위원회와 한국근현대사학회 공동주최로 '비교와 관계를 통해서 본 조선의용군 활동의 특징과 위상'을 주제로 한 학술회의가 열렸던 것이다. 이 때 4편의 논문이 발표되었다.[1]

조선의용군의 만주지방에서의 활동과 그 정치적 성격 등에 대해서는 염

1 「해방 전후 중국 동북지역(만주) 조선의용군과 동북항일연군의 동향」(장세윤), 「조선의용군과 한국광복군의 비교 연구」(김광재), 「조선의용군과 월남독립동맹」(염인호), 「조선의용군과 일본인 반전운동집단의 연대」(한상도). 이 가운데 김광재의 논문은 같은 제목으로 한국사학회, 『사학연구』 84호(2006.12)에 게재되었다.

인호의 일련의 연구가 주목된다. 그러나 1940년대 후반 중국공산당 산하에서 활동한 동북항일연군(교도려) 산하 한인(조선인)들과의 비교 연구는 아직까지 한국학계에서 거의 연구된 적이 없는 연구의 공백지대이다.[2] 1945년 8월 일제의 패망 전후 시기에 동북항일연군 교도려 소속의 중국인 및 한인 대원들이 만주로 먼저 진입하고, 이 해 말에 조선의용군이 심양(瀋陽)을 거쳐 만주와 연변지역에 진출하였다. 따라서 오늘날 존속하고 있는 '연변조선족자치주'의 성립 배경에는 동북항일연군 및 조선의용군에서 활약한 한인 간부와 대원들의 영향력이 크게 미치고 있었다고 할 수 있다.

1945년 8월 전후시기 조선의용군은 '동북노선' 방침에 따라 중국동북으로 진출하면서 동북항일연군과의 연대를 추진하였다.[3] 이 때 조선의용군이 동북항일연군 계열에 어떤 입장을 취했는지 그 정확한 실상은 알려진 바 없다. 다만 염인호는 일제 패망 직후 만주 해방전쟁의 주역을 동북항일연군으로 상정하고, 조선의용군은 보조역할을 취해야한다는 입장을 취했을 가능성이 있다는 가설을 제기하였다.[4] 그러나 실제로 해방 이후 조선의용군이 대거 만주지역으로 진출하면서 이러한 입장은 일정한 변화가 있었을 것으로 판단된다. 조선의용군과 동북항일연군의 중국동북(만주) 진출 이후의 활동에 대한 연구는 염인호의 연구가 대표적이다.[5] 다만 최근 개설적 연구에 머물던 중국 및 연변학계에서도 조선의용군에 관한 새로운 논문과 동북

2 최근 기광서의 일련의 연구가 주목된다. 상세한 내용은 기광서, 「1940년대 전반 소련군 88독립보병여단 내 김일성그룹의 동향」, 『역사와 현실』 28, 한국역사연구회, 1999 및 「해방 후 김일성의 정치적 부상과 집권과정」, 『역사와 현실』 48, 2003 참조.

3 염인호는 조선독립동맹과 조선의용군이 일찍부터 '동북노선'방침을 확립하고 중국동북, 즉 한국인 대중이 많이 거주하고 있는 만주지역으로 진출하여 이들을 기반으로 활발한 민족해방운동을 전개하려 했음을 규명하는 큰 성과를 거두었다. 상세한 내용은 염인호, 『조선의용군연구 - 민족운동을 중심으로』 국민대 박사학위논문, 1995 참조

4 2006년 10월 14일 대우재단 빌딩에서 개최한 학술회의장 발표내용 참조.

5 염인호, 위의 국민대 박사학위논문 및 「해방 전후 독립동맹 北滿特委의 활동과 東北基地論」, 『국사관논총』 77, 1997; 염인호, 『조선의용군의 독립운동』, 나남출판, 2001 등 참조.

항일연군의 역사적 의의를 높이 평가하는 논문이 발표되는 등 새로운 동향을 보이고 있다.[6]

조선의용군과 동북항일연군 계열 인사들은중국의 국공내전과 한국전쟁(6·25전쟁)에도 깊숙이 관련되어 중국 및 한국의 현대사에 매우 큰 영향을 끼쳤다. 이들은 모두 중국공산당(경우에 따라 중공당 약칭)과 연계되거나 그 산하에 편제되어 활동했지만, 상당한 차이점도 있었다. 때문에 양 조직의 상호관계, 정치노선과 정세인식, 항일투쟁 양상, 대중 접촉방식, 해방 전후의 활동상과 그 의미 등을 체계적으로 비교검토하고, 그 특징과 의미를 추출하는 연구가 시급하다고 하겠다.

염인호는 조선독립동맹 조직은 연변에서 별다른 활동을 전개하지 못하고 소멸하고 말았지만, 만주지방에 팔로군(八路軍)이 진출하게 됨에 따라 연변에서도 항일연군계의 힘은 상대적으로 축소되고 조선의용군 출신이 중요한 권한을 갖는 등 조선의용군 출신의 영향력이 커졌다고 주장하였다.[7] 이같은 견해는 일면 타당하다고 인정한다. 그러나 필자는 북만과 남만지역에서는 한국인은 물론 중국인 사회에서도 상대적으로 독립동맹과 조선의용군의 영향력이 컸으나, 동만 혹은 연변지역에서는 소련군과 함께 연변지역에 진출한 동북항일연군계 인사들에 의해 당·정·군의 요직이 장악됨으로써 조선독립동맹과 조선의용군계열은 큰 영향력을 행사할 수 없었다고 본다.

필자는 이러한 문제의식을 바탕으로 조선의용군과 동북항일연군의 중국공산당과의 관계(중앙조직과 만주 지부조직), 해방 전후 시기의 노선과 활동,

---

6 손춘일, 「광복 후 중국동북지역에서 조선의용군의 개편과 변천과정」, 『정신문화연구』 101호, 2005 및 孫春日·沈英淑, 「論我國朝鮮族加入中華民族大家庭的歷史過程 」, 『東疆學刊』, 2006년 4기, 延吉 : 延邊大學; 黃龍國, 「朝鮮義勇軍的活動與中國朝鮮族歷史的聯係」, 『東疆學刊』, 23권 2기, 2006; 李治亭, 「論東北地區的戰略地位 」, 『東北史地』, 2006년 1기, 長春, 吉林省社會科學院; 郭蓓, 「略論東北抗聯的歷史地位及作用」, 『東北史地』, 2007년 3기; 李倩, 「吉林人民抗日武裝鬪爭的卓越貢獻與歷史地位」, 『東北史地』, 2007년 4기.

7 염인호, 앞의 학위논문, 245~247쪽.

양자의 상호인식과 동향 등을 간단히검토해보고자 한다.

2. 조선의용대·화북조선독립동맹·조선의용군의 성립과 활동

1) 조선의용대·화북조선독립동맹의 성립 및 조선의용대의 북상

조선의용대는 1938년 10월 무한(武漢)에서 결성되었다. 이 시기는 중국 국민당과 중국공산당의 국공합작 기간으로 설립 초기에는 국민당의 후원을 받던 김원봉(金元鳳)이 영도하였다. 그러나 1941년 6월 조선의용대는 무정·최창익·이유민(李維民) 등 사회주의자들이 조직한 '화북조선청년연합회'와 연계하여 상당수가 화북지역으로 북상한 뒤 '조선의용대 화북지대(華北支隊)'로 개편되었다. 이에 1942년 12월 임시정부 의정원은 중경(重慶)에 잔류한 일부 조선의용대의 광복군 편입을 결정하였다. 물론 중국 국민정부의 강한 압력도 작용하였다. 이후 김원봉의 조선의용대 본부와 북상한 조선의용대 화북지대는 사실상 별개의 조직이 되었다.

화북조선독립동맹은 1940년대 전반기 중국의 화북지방(華北地方)에서 활동하던 한인들의 항일민족운동 조직이었다. 조선독립동맹과 그 산하의 무장조직인 조선의용군은 주로 화북지방에서 활동하고 있던 중국공산당 세력과 연계되어 항일투쟁을 전개하였다. 그런데 김학철의 증언에 따르면 조선의용대 화북지대(조선의용군) 한개 중대가 150명이면 공산당원이 기껏해야 7~8명, 많으면 10명 정도였다고 한다.[8] 물론 사실여부를 충분히 검증해야 하겠지만, 초창기 조선의용대 구성원들의 다양한 성격을 반영하는 것이라고 하겠다.

조선의용대 구성원들은 자신이 속한 조직체의 성격을 '계급의 부대'가 아

8 「격랑의 삶, 金學鐵 선생과의 대담(인하대 홍정선 교수)」, 『황해문화』, 1995년 여름호(7호), 221쪽.

니라 '민족의 부대'라고 분명히 밝히고 있었다. 즉 조선의용대의 궁극적 투쟁 목표가 중국항전에 참전하는 것이 아니라 한민족의 독자적 역량에 기초한 무장대오를 지향하고, 궁극적 활동중심이 화북이나 화남지방이 아니라고 밝히고 있는 것이다.[9] 물론 이러한 조선의용대의 지향은 추후 자신들의 여건미비로 중국공산당측에 의존하는 상황에 처하면서 상당부분 퇴색하고 말았다. 그러나 1941년 말까지 조선의용대의 이러한 주체적 인식과 목표는 후일 '동북노선'이라는 실천방안으로 결실을 맺은 점에서 그 의의를 인정할 수 있다. 궁극적 투쟁목표를 만주와 국내지역을 향한 '독립전쟁'에 두고 있었기 때문이다.

조선독립동맹은 1942년 중반 경부터 본격적으로 활동하였고, 1945년 8월 중순부터는 중국동북으로 이동하였다. 독립동맹은 중국공산당, 특히 모택동(毛澤東)의 노선을 수용하고 그것을 추종하기로 했다.[10] 실제로 1945년 8월 해방 직후 독립동맹의 후신이라고 할 수 있는 조선신민당은 모택동의 논리와 유사한 '신민주주의론'을 국가건설론으로 내세운 것을 볼 수 있다.[11]

중국 화북지방의 태항산(太行山) 일대에 도착한 조선의용대 병력은 1941년 7월경 3개 지대의 조선의용대 화북지대로 개편되었다. 이들은 팔로군과 함께 호가장전투(胡家莊戰鬪) 및 '반소탕전(反掃蕩戰)'을 비롯한 일본군과의 항전이나 선전공작 등에 참여하였다. 조선독립동맹의 전신인 화북조선청년연

---

9 "目前 조선의용대의 공작중심은 적 후방, 특히 敵後地域에 무수히 많은 조선 군중을 획득하기 위해 華北지방으로 진주하는 것이다. 華北 또는 華南의 적 후방지역은 우리의 최종 목적지가 아니고 하나의 經過路程일 뿐이다."(밑줄은 필자, 王通(본명 金鐸), 「朝鮮義勇隊的政治路線」, 『朝鮮義勇隊』 第40期(1941년 10월), 15~18쪽.)

10 조선의용군 발자취 집필조, 『중국의 광활한 대지 우에서』, 연변인민출판사, 1987, 667~668쪽.화북조선독립동맹의 전신은 1941년 1월 중국공산당 八路軍 前方總司令部 소재지인 山西省 桐谷에서 성립한 화북조선청년연합회이다. 화북조선독립동맹에 대한 개괄적 내용은 韓洪九, 『華北朝鮮獨立同盟의 조직과 활동』, 서울대학교 석사학위논문, 1988, 10~11쪽 및 金正明 編, 『朝鮮獨立運動』 5, 東京: 原書房, 1967, 994~997쪽 등 참조.

11 白南雲의 신민주주의론에 대해서는 方基中, 『한국근현대사상사연구』, 역사비평사, 1992 참조.

합회(華北朝鮮青年聯合會)는 조선의용대가 북상하고 화북 각지에서 한인 청년들이 결집하는 등 역량이 커지고 활동범위가 넓어지자 조직을 개편하였다. 그리하여 1942년 7월 화북조선청년연합회는 화북조선독립동맹(華北朝鮮獨立同盟)으로 개편되었고 조선의용대 화북지대도 조선의용군으로 확대·발전하였다.[12]

이러한 조선의용군으로의 개편은 단순히 명칭 변화만을 뜻하는 것은 아니었다. 그것은 이제 조선의용군이 본격적으로 조국해방을 위한 군사·정치집단화를 시도한다는 의미를 내포하는 것이었다. 또한 조선의용군으로의 변신은 중국공산당의 지원과 협조를 바탕으로 그들과의 연계를 강화하는 한편, 해방후 독립국가 건설에 대한 전망을 모색한다고 하는 조선의용대 창설 이래 한인 민족해방운동가들의 숙원을 실현한다는 의미도 있었다. 여기에 만주지방을 거쳐 궁극적 투쟁목표인 조국 해방전쟁의 실현, 즉 '동북노선'의 구체화라는 전략적 목표도 있었다고 평가된다. 또 한편으로는 중국 국민정부에서 지원하는 한국광복군과의 경쟁관계라는 미묘한 라이벌 의식도 작용했다고 볼 수 있다.[13] 주지하는 바와 같이 조선의용대 구성원들은 거의 대부분 군관학교나 군관학교 부설 훈련과정을 마치는 등 당시의 다른 항일무장 세력, 즉 동북항일연군등 만주 빨치산 세력이나 광복군보다 비교적 우수한 것으로 볼 수 있다. 때문에 당시 중국인들도 이들의 자질을 매우 높이 평가하기도 하였다.[14]

---

12 조선의용대 및 조선의용군에 대해서는 대표적인 아래의 저작을 참조. 김영범, 「조선의용대 연구」, 『한국독립운동사연구』 2, 독립기념관 한국독립운동사연구소, 1988및 염인호, 『조선의용군의 독립운동』, 2001.

13 조선의용군에 대한 구체적 내용은 염인호의 박사학위논문 참조.

14 한 중국인은 다음과 같이 조선의용대를 매우 높이 평가하였다. "조선의용대에는 약 300명의 대원이 있었다. …… 이들 혁명청년들은 인원수는 비록 많지 않았지만, 그 소질만큼은 극히 양호했다. 그들은 모두 25세 전후의 나이였다. 한국이 주권을 상실했던 30년 동안 이들의 대부분은 혁명가 가문에서 성장했다. 그들은 조선이 일본에 병합된 뒤 그들의 아버지를 따라 여기저기 떠돌아다녔으며, 끊임없이 혁명적 감정을 주입받았다. 그들의 신체는 건장했다. 그들은 생활의 어려움을 극복해왔으

이 무렵 조선의용군이 중국 화북지역은 물론 만리장성 밖의 항일유격구와 중국 동북지역에 있는 '혁명세력'(동북항일연군 등)과 조선 국내 민족운동 세력과도 긴밀한 연락을 취하고 있었던 사실이 확인된다.[15] 특히 조선의용군 사령관 武亭은 일제의 패망 직전인 1945년 5월 9일 「화북조선독립동맹 1944년 1월부터 1945년 5월까지의 공작 경과보고」라는 문건을 발표하였다. 이에 따르면 조선독립동맹이 "만주 조선인 거주지역에 (조선독립동맹의) 分盟 조직을 건립하는데, 특히 농민 가운데서 이 조직을 건립, 발전시킨다"는 방침을 1944년 6월 초에 세웠다고 하였다.[16] 또한 1944년 9월 '선주공작위원회(鮮洲工作委員會)'를 설치하고 3명의 책임자를 임명하는 등 조선 국내와 만주지역에서의 연계활동을 위해 노력하였다.[17] 실제로 조선의용군은 이상조(李相朝, 일명 金澤明)를 북만주지역에 파견하여 조선독립동맹 지부를 결성하기도 하였다.[18] 따라서 독립동맹과 조선의용군이 소위 '동북노선'을 중시하고 만주지역 한인들을 기반으로 광범위한 민족운동을 전개하려 한 사실을 확인할 수 있다.

1945년 8월 조선의용군의 무정(武亭) 등은 조선독립동맹과 별개의 독립 사령부를 설치하였다. 조선의용군의 중국 국공내전 참전은 1945년 8월 소련군의 대일참전이 결정되면서 중국공산군 총사령 주덕(朱德)이 화북(華北)에 근거를 둔 조선의용군에게 '동북(만주)'과 조선해방을 위해서 만주지역으로

며, 자신의 희생을 두려워하지 않았고 결단력이 뛰어났으며, 사상은 순수했고 사회관계는 단순했다. 또 그들 모두는 적어도 중국어, 한국어 및 일본어를 알고 있었다. 이러한 자질을 모두 갖추었던 이들 한국청년들은……"(司馬璐, 『鬪爭十八年』, 香港: 亞洲出版社, 1952, 173~174쪽; 이정식, 『한국 민족주의의 운동사』, 미래사, 1982, 276쪽에서 재인용).

15 「朝鮮義勇軍旗幟飄揚萬里長城外」, 『獨立新聞』, 重慶版, 1945년 1월 10일자, 2면.

16 「華北朝鮮獨立同盟1944年1月至1945年5月工作經過報告」, 『關內地區朝鮮人反日獨立運動資料彙編 』下, 楊昭全等 編, 瀋陽 : 遼寧民族出版社, 1987,1129~1132쪽.

17 위의 책, 1148쪽.

18 염인호, 앞의 학위논문, 166쪽.

이동하라는 명령을 내리면서부터였다.[19] 이 명령은 중국공산당이 국민당에 대항하면서 중국 동북지방을 장악하기위해 한인 부대를 동원하는 의미, 나아가 한인들의 총체적 역량을 동원하기 위한 목적이 있다는 분석도 나오고 있다.[20]

2) 조선의용군의 중국 동북지방 진출과 조직의 개편

조선의용군은 중국공산당 중앙 및 주덕의 지시와 명령에 따라 상당한 우여곡절을 거치며 중국 동북지방으로 진출하였다. 1945년 11월 10일 조선의용군은 심양에서 제1·3·5지대로 편성되어 남만·북만·동만(연변) 등지로 진출, 활동하게 되었다. 제1지대는 이후 '이홍광(李紅光)지대', 1946년 12월 동북민주연군(東北民主聯軍) 독립제4사로 개편된 뒤 다시 중국인민해방군 제166사로 개편되었다.[21]

이 무렵 중공당은 중국 국민정부군보다 크게 열세인 군사력을 확장하기 위해 만주지방에서 한인 부대의 창설과 확대에 부심하였다. 이런 배경에서 조선의용군 제1·3·5지대가 조직되었다. 제1지대는 1946년 2월 소위 통화 '2·3폭동'을 진압하는데 큰 공을 세웠다.[22] 이후 동북민주연군 독립4사로 개칭된 뒤 남만주의 임강(臨江)전투·사평(四平)전투(1947년 말~1948년 3

---

19 이는 총사령관 朱德 명의로 8월 11일 보낸 명령인데, 내용은 다음과 같다. "중국 및 조선경내에 진군하여 싸우는 蘇聯 紅軍에 배합하고 조선 인민을 해방하기 위하여 나는 명령한다 : 지금 華北에서 對日作戰을 벌이고 있는 조선의용대 사령 武亭, 부사령 朴孝三·朴日禹는 즉시 소속부대를 통솔하여 八路軍 및 原東北軍 부대와 함께 東北으로 출병하며 적과 괴뢰군(만주국군 : 인용자)를 소멸시키고, 아울러 東北의 조선인민을 조직하여 조선을 해방하는 임무를 완수할 것."(조선의용군 발자취 집필조 편, 『중국의 광활한 대지 우에서』, 연길: 연변인민출판사, 1987, 560·681쪽 및 앞의 『關內地區朝鮮人反日獨立運動資料彙編』, 1455쪽. 그러나 朱德의 명령은 불과 나흘 뒤에 일제가 항복함으로써 이루어질 수 없었다.

20 이종석, 『북한 - 중국관계, 1945~2000』, 중심, 2000, 39쪽.

21 최강, 「조선의용군 제1지대」, 『승리』, 조선민족발자취총서5, 《중국조선민족발자취총서》 편집위원회 편, 북경 : 민족출판사, 1992, 49쪽.

22 박성무, 「통화 '2·3폭동'을 진압」, 『승리』, 254쪽.

월)·요심전역(遼瀋戰役, 1948년 9월~1948년 11월) 등에 참전하여 크게 용맹을 떨쳤다. 한인이 중심이된 독립 4사(師)는 중국공산군이 심양을 점령한 다음 '중국인민해방군'제166사로 재편성되었는데, 당시 1만 2천여 명이나 되었다.[23]

조선의용군 제3지대는 주덕해(朱德海)·이덕산(李德山)·김연·이근산(李根山) 등 19명이 중심이 되어 결성되었는데, 1945년 11월 이상조(김택명)의 하얼빈 보안총대 조선독립대대와 합류하였다.[24] 이 시기 제3지대에는 중국인 '토비(土匪)'나 국민당 잔당, 토호·마적 등으로부터 박해를 받던 다수의 한인 청년들이 참여하였다.[25] 그러나 제3지대는 남만주의 조선의용군 제1지대처럼 대규모로 발전하지 못했다. 이후 1948년 '동북인민해방군' 독립11사로 재편되었다.[26] 독립11사는 병력의 90%가량이 한인들이었다. 중국공산군이 심양일대에서 전개한 요심전역에 참가하였고, 장춘 점령후 '중국인민해방군' 제164사로 개편되었는데 제3지대는 491단으로 개편되었다.[27]

조선의용군 제5지대는 박일우(朴一禹, 연변 화룡현 출신)가 지휘관으로서 태항산 일대에 있었던 조선혁명군정학교의 간부와 학생들이 중심이 되어 조직되었다.[28] 이 부대는 1945년 11월 심양에서 연길 등 연변지역으로 이동하였으나, 그곳에서 동북항일연군 및 지역출신 중심의 단위부대와 통합되어 독립부대로 발전하지 못하였다. 이후 제5지대는 연변지역에서 '토비' 토

23 최강, 앞의 글, 56쪽.

24 이종석, 『북한-중국관계, 1945~2000』, 중심, 93쪽.

25 류동호, 「격정세월」, 『중국의 광활한 대지 우에서』, 조선의용군 발자취 집필조 편, 연변인민출판사, 1987, 560쪽. '토비'란 대체로 일정한 무장조직을 갖추고 특정지역을 기반으로 하여 양민을 약탈하는 도적집단을 지칭한다. 만주 진출 직후 조선의용군은 이들 토비숙청에 큰 비중을 두었다(구회괴·문정일, 「연변에서의 토비소탕」, 『해방초기의 연변』(연변문사자료 제9집), 정협 연변조선족자치주 문사자료위원회 편, 심양 : 료녕민족출판사, 2000, 155~173쪽).

26 이종석, 『북한-중국관계, 1945~2000』, 94~96쪽.

27 이종석, 위의 책, 96쪽 및 조경형·서명훈, 「조선의용군 제3지대」, 『승리』, 67쪽.

28 김용삼·김환, 「조선의용군 제5지대」, 『승리』, 77쪽.

벌에 직접 참가하였다.[29] 제5지대 역시 한인이 대다수였는데 1948년 1월 중국공산당 동북군구 독립6사에 편입되어 16단으로 편성되었고, 1948년 11월 다시 중국인민해방군 제4야전군 156사 466단으로 재편성되었다.[30] 나중에 156사단의 부사단장 전우(全宇)가 지휘하는 4,500여 명의 한인 간부와 병사들은 중국공산당 중앙군사위원회의 지시에 따라 북한으로 이동하였다.[31] 1950년 3월 전우는 한인만으로 구성된 중국인민해방군 독립15사단장으로 임명되었는데,[32] 동북항일연군 출신의 김광협(金光俠)은 이들을 중심으로 조선인민군을 편성하였다. 이들은 북한 입국 후 조선인민군 제7사단으로 개편되었는데, 나중에 다시 12사단으로 편성되었다.[33]

1949년 7월 조선의용군 제1지대의 개편부대인 중국인민해방군 166사단은 북한에 입국한 뒤에 조선인민군 제6사단(사단장 방호산)으로 개편되었다.[34] 중국인민해방군 제164사단은 장춘시 방어임무를 마치고 이덕산의 지휘하에 북한으로 입국하여 조선인민군 제5사단(사단장 김창덕)으로 재편성되었다.[35] 이처럼 조선의용군의 다수가 북한군으로 편성되면서 6·25전쟁에 깊숙이 개입하게 되었다.

3. 동북항일연군의 성립과 한인들의 활동

중국공산당 반석현위원회와 남만유격대는 1931년 '9·18사변' 이후 항일

---

29 구회괴·문정일, 「연변에서의 토비소탕」, 『해방초기의 연변』, 153~155쪽.

30 김응삼·김환, 앞의 글, 82쪽.

31 강학빈·요작기, 「전공이 혁혁한 156사단」, 『해방초기의 연변』, 196쪽.

32 리동섭, 「해방전쟁 시기의 전우」, 『승리』, 699~701쪽; 최희택, 「독립15사가 편성되던 때」, 『승리』, 6923쪽; 『해방초기의 연변』, 30~34쪽.

33 최희택, 위의 글, 692~693쪽; 장준익, 『북한인민군대사』, 한국발전연구원, 1991, 457~458쪽.

34 이종석, 앞의 책, 106쪽.

35 장준익, 앞의 책, 456쪽.

투쟁이 점차 격화되고 유격대의 역량이 커짐에 따라 1933년 8월 남만유격구와 유격대 대표자 회의를 열어 동북인민혁명군 제1군 독립사를 세우기로 했다. 이후 일제의 만주 침략 2주년이 되는 9월 18일 반석에서 이 부대의 성립을 정식선포했다.[36] 이 부대는 만주에서 가장 먼저 결성된 중공당 계통의 정규군이었다. 그러나 성립시 1군 독립사가 발표한문서 가운데 직접 조선(한국) 독립이나 해방, 혁명지원을 표방한 내용은 없었다.

창건 당시 동북인민혁명군 제1군 독립사는 300여 명 규모였는데, 사장 겸 정치위원은 한족 양정우(본명 馬尙德)였다. 반면 참모장 이홍광과 소년영장 박호, 3단 단장 한호 등 주요간부가 한인이었다. 이 조직의 1/3가량은 한인들로 구성되어 있었다. 1군 독립사는 1933년 말에서 이듬해 초까지 많은 전투를 치렀으나, 이 가운데 유하현 삼원포 공략전 등이 유명했다. 1934년 11월에 2개 사로 분화 발전하였다. 1935년 2월 13일 새벽 이홍광이 200여 명의 대원을 이끌고 평안북도 후창군 동흥읍을 습격한 전투는 국내외에 커다란 반향을 불러일으킨 진입작전으로 유명하다.[37] 이는 1930년대 만주 항일무장투쟁 세력의 대규모 조선 국내 진입작전으로 큰 의미를 부여할 수 있다.

코민테른 7차대회 결의이후 중공당 만주성위는 한인으로만 조직된 별도의 항일부대 창설을 고려하였지만, 김일성 등 한인들이 반대하여 실현되지 않았다. 그러나 동북항일연군 가운데 한인이 많았던 1군과 2군, 특히 2군은 한·중 양민족의 연합을 실현한 '독립군'이라고 볼 수 있다. 이 사실은 2천여 명으로 추정되던 동북항일연군 제2군의 경우 절반 가량이 한인이었고, 특히 김일성이 이끄는 제3사 병력의 대부분이 한인이었다는 점으로도

36 孫繼英·周興·宋世璋,『東北抗日聯軍 第1軍』, 哈爾濱 : 黑龍江人民出版社, 1986, 46~47쪽.

37 『조선일보』 1935년 2월 15일자. 1933년 2월 중국공산당 계열의 왕청현, 연길현 유격대가 두만강 하류의 온성으로 진입한 사실도 있으나, 국내에 미친 영향은 그리 크지 않았다고 생각된다.

알 수 있다.[38] 이 때문에 한인들은 물론 중국인들도 경우에 따라 '조선인민혁명군'이나 '조선혁명군'으로 불렀다.[39]

1936·7년경 동북항일연군은 동·남·북만 등 각지에서 큰 세력을 이루고 치열한 접전을 벌였다. 물론 전광(全光)·김일성·허영식·김책(金策)·최용건(崔庸健)·강신태(姜信泰)·최현(崔賢)·박득범(朴得範)·최춘국(崔春國) 등 다수의 재만한인들이 여기에 대거 참가하여 큰 활약을 하고 있었다.[40] 1938년경 동북항일연군의 병력은 1,850명 정도였다.[41] 여기에는 중국공산당 계통 직속부대 외에도 다수의 각종 항일부대가 포함되어 있었다.

4. '동북항일연군 교도려'의 성립과 활동

1940년부터 이듬해까지 일본 관동군은 병력을 40만에서 76만으로 증강하고 소련 침입을 준비하는 한편, 항일연군에 대한 압박을 더욱 강화했다. 그 결과 1940년을 전후하여 남만과 동만지방 항일연군은 거의 쇠퇴하였다. 다만 북만의 제3로군 일부 부대만 명맥을 유지하는 형편이었다. 1940년 말경 항일연군은 1,500여 명으로 쇠퇴하였다.[42]

이러한 정세하에서 중공당 만주성위가 개편된 북만(北滿)·길동(吉東)·동남만성위원회(東南滿省委員會)의 일부 간부들은 이미 1930년대 말부터 소련을 왕래하며 원조를 요청하였다. 특히 이들은 1940년 초부터 41년 초 사이에

---

38 강만길, 『고쳐쓴 한국현대사』, 103쪽.

39 于偉, 「三年來東北義勇軍鬪爭的總檢閱」, 『東方雜誌』 32卷 6號(1935年 3月), 58쪽 및 『重慶 大公報』 1939年 8月 3日字; 秋憲樹 編, 『資料 韓國獨立運動』 4(下), 연세대학교 출판부, 1975, 1594~1596쪽.

40 1930년대 후반 주요 한인간부 현황은 신주백, 『만주지역 한인의 민족운동 연구(1925~40)』, 성균관대 박사학위논문, 1996, 392쪽 참조.

41 강만길, 앞의 책, 104쪽.

42 陣瑞雲·張留學·宋世璋, 『楊靖宇將軍傳』, 河南人民出版社, 1985, 153쪽 및 『결전』(중국조선민족발자취총서4)』, 민족출판사, 1991, 236쪽.

소련 하바로프스크에서 두 차례의 회의를 열었다. 여기에서 항일연군 대원들을 소련 경내로 피신시켜 재훈련시킬 필요가 있다는 방침이 결정되었다. 이에 따라 1940년 가을 부터 남은 항일연군 대원들은 점차 소련 경내로 도피했다.[43] 동만지역에서 활동하던 김일성 등 일부 생존자들도 1940년 12월 중순 훈춘(琿春)을 거쳐 연해주로 피신했다.[44]

동북항일연군의 잔존 대원 대부분이 입소(入蘇)함에 따라 통일된 지도계통과 새로운 운동방침 수립의 필요성이 제기되었다. 당초 소련군측은 소련 장교(군관)가 동북항일연군의 사령관을 맡고, 소규모 부대로 분산배치하여 중공당 만주지부 조직과 분리운영하려고 하였다. 그러나 주보중(周保中)은 중공당의 무력화를 우려하여 이를 반대하였다. 특히 그는 1941년 1월 3개 성위원회 책임자 모임을 열고 중공당 전만임시위원회(全滿臨時委員會)와 동북항일연군총사령부 결성을 결의하였다.[45] 결국 이와 같은 소련측과의 대립과정을 거쳐 코민테른은 주보중 등의 의견에 동의하였고, 동북항일연군은 부대를 재정비하였다.

한편 소·만 국경을 넘은 김일성 등의 제1로군 부대는 제2로군의 일부와 함께 보로실로프 근처의 남야영(B야영)에, 제3로군과 제2로군 다수는 하바로프스크 근처의 북야영(A야영)에 주둔하였다. 남북야영에는 1940년 말 현재 각각 114명과 158명이 있었는데,[46] 이 해 12월에 두 야영의 당조직이 재편성되었다.

그런데 1942년 7월에 소련 극동군은 남·북 야영을 정리하여 '동북항일연군 교도려(教導旅)'로 편성하고 그 내용을 소련군장교 왕신림(王新林)을 통

43 위의 책 『결전』, 236쪽.

44 周保中, 『東北抗日遊擊日記』, 北京: 人民出版社, 1991, 538·544쪽.

45 위의 책, 567~569쪽.

46 「A·B野營人員統計表」, 『東北地區朝鮮人革命鬪爭資料彙編』, 楊昭全·李鐵環 編, 瀋陽 : 遼寧民族出版社, 1992, 935~936쪽.

해 주보중에게 전달하였다. 주보중에 따르면 교도려의 임무는 "중국동북이 직접 전쟁의 새로운 환경으로 전입함에 따라 유격운동을 적극적으로 발동하며, 중국공산당 조직과 정치노선을 변경치 않고 독립활동성을 더욱 강화하는 것"이었다.[47] 실제로 이 조직에는 소련공산당위원회와 중공당 조직이 병설되었다. 이로써 주보중 등 항일연군 세력의 독자성은 어느 정도 확보되었다.

1942년 8월 1일 소련 극동군은 동북항일연군 교도려 대원들을 '소련 적군 88특별저격여단'으로 정식 개편하였다. 여장은 주보중, 정치부여장(政治副旅長)은 장수전(張壽籛, 李兆麟), 부여장은 소련의 시린스키 소좌, 참모장 역시 양림(楊林, 샤마르첸코 소좌)이었다. 부참모장은 최용건이었다.[48] 제1영 영장은 김일성, 정치위원 안길(安吉, 한인), 2영 영장은 왕효명(王效明, 漢族), 정치위원은 강신태(姜信泰, 한인)였다. 3영 영장은 허형식, 정치위원에는 김책, 4영 영장은 시세영(柴世榮, 漢族), 정치위원은 계청(季青, 漢族)이 임명되었다. 주요 간부들에게 소련군 계급을 수여했는데, 주보중과 장수전은 소좌(少佐, 少校), 각 영장은 소련군 대위로 임명되었다.[49] 남북야영은 하나의 편제로 통합되었으며, 연해주의 보로실로프에서 비야츠코에로 이동하였다.

그러나 북만주에서 완강하게 일제와 투쟁하고 있던 허형식과 김책·박길송(朴吉松) 등은 이러한 소련군의 일련의 행위를 중공당의 독자성을 침범하는 것이라 하여 반발했다. 이들은 소련으로 입경하라는 당위원회의 지시도 거부하고 있었다.[50] 김책은 1944년 1월경에야 교도려에 합류하여 4영 정

---

47 "在東北轉入直接戰爭的新環境時, 發動東北之積極遊擊運動. 中共黨組織與政治路線不變更. 今後不但不限制獨立活動性而且加强獨立活動性"(周保中, 『東北抗日遊擊日記』, 658쪽).

48 와다 하루끼(이종석 옮김), 『김일성과 만주 항일전쟁』, 창작과비평사, 1992, 267~268쪽. 奇光舒 교수(조선대)의 러시아측 기록 확인결과에 따르면 정식명칭이 '88독립보병여단' 이었다고 한다.

49 周保中, 『東北抗日遊擊日記』, 661쪽.

50 姜德相 編, 『現代史資料 30 - 朝鮮 6』, みすず書房, 1976, 713쪽.

치위원으로 임명되었다.[51] 이처럼 김책·허형식 등 한인 지도자들이 중심이 되어 북만주 현장을 고수하면서 철저히 항쟁을 전개하였으므로 1942년 봄 월경 동북항일연군이 소련군의 한 조직으로 편입될 위기 상황을 극복할 수 있었다.[52] 동북항일연군내 한인들의 존재는 임시정부에도 알려져 있었고, 심지어 미국에서 활동하고 있던 재미한족연합위원회에서도 이들의 활동 사실을 알고 미국 관리들에게 원조를 요청하는 근거로 삼기도 했다.[53]

88려의 한인은 140~180명 정도로 추산되는데,[54] 주보중은 1944년 9월 경 100명으로 파악하였다. 이 가운데 만주에서 온 유격대원이 86명, 소련국적을 가진 사람이 14명이었다.[55] 연해주로 월경한 한인 항일빨치산 그룹에서는 차차 김일성이 부상하였다. 1945년 7월말 주보중과 최용건은 동북당위원회 전체회의를 소집하여 항일연군의 장래를 논의했는데, '신동북위원회'를 발족하는 동시에 '조선공작단'을 설치하기로 했다. 조선공작단의 단장은 김일성인데, 최용건은 당위원회 서기를 맡았다. 중국공산당 조직이라는 형식을 취했지만 조선공작단은 한국에서 공산당조직을 건설한 뒤에는 독자적 기능을 수행하도록 하였다.[56]

1945년 8월 초 소·일전쟁이 발발하자 교도려의 일부 한인들은 소련군과 함께 대일작전에 참가했다.[57] 그러나 대부분 한인 대원들은 직접 조국해방

51 위의 책, 708·718쪽 및『김일성과 만주항일전쟁』, 270쪽.

52 주보중,『東北抗日遊擊日記』, 651~652쪽.

53 1943년 6월 5일 *在美韓族聯合委員會* 선전부장 J.K.Dunn(田耕武)이 미국 육군성 차관보 John J. McCloy에게 보낸 영문서신(*"Koreans as War potential with suggestion for Korean service in Millitary Government"*) 2쪽(독립기념관 소장).

54 와다 하루끼,앞의 책, 277쪽.

55 周保中,「高麗人組」,『東北抗日遊擊日記』,792쪽.

56 와다 하루끼(이종석 옮김), 앞의 책, 284~285쪽.

57 教導旅 소속 일부 한인들의 참전 사실은 다음의 기록으로 확인할 수 있다. "(1945년) 8월 8일 오후 11시 50분 朝鮮人 일단 약 80명이 소련군과 함께 쾌속정을 타고 두만강을 건너 土里에 내습했다. 이곳은 소련 영토를 指呼之間으로 바라볼 수 있는 곳이다. 먼저 土里의 경찰관 주재소가 습격받았다. 소련군은 土里駐在所의 경찰관과 교전하여 경계중인 金澤巡査 외에 경관 2명을 사살하고 … "(森田

전쟁에 참전하지 못했는데, 일부는 중국 연변으로 진출하고 나머지는 그해 9월경 소련군과 함께 귀국하였다. 일본 패망후 김일성 등은 9월 5일 블라디보스톡을 경유하여 9월 19일 원산에 도착하였다.[58] 최용건은 중공당 중앙에 대한 보고관계로 주보중과 함께 장춘으로 떠나 10월에 귀국하였다.

5. 해방 직전시기 동북항일연군의 중국공산당 중앙 인식과 종전 대책

1) 동북항일연군의 중국공산당 중앙 인식

1945년 4월 23일부터 6월 11일까지 중국공산당 제7차 대표대회가 연안(延安)에서 개최되었다. 이 대회에서는 중국공산당의 정치 및 군사노선, 조직노선이 명확하게 제정되었다. 그런데 이 때 동북항일연군 장병들은 연해주 지역에서 야영하고 있으면서도 라디오를 통해 모택동이 보고한「연합정부를 논함」과 주덕의「해방구 전투지를 논함」등의 보고를 듣고 정치의식이 상당히 고양되었다고 한다. 즉 이를 계기로 중국공산당(중앙)이 수립한 정치노선에 따라 중국공산당이 "자신의 군대(팔로군, 신사군 및 기타 인민군대)를 확대하는 동시에 적이 발디뎠던 모든 지역에서 광범위하고 자발적으로 반일 무장조직을 만들어 직접 동맹국의 작전에 협력할 수 있도록 준비하고, 모든 잃어버린 땅을 수복하며, 국민당에게는 의존하지 않는다"고 하는 강령을 명확히 인식하게 되었던 것이다.[59] 이처럼 중국공산당 7차대회는 중앙지휘부가 있던 연안(延安)에서 멀리 떨어져 활동하면서 상당한 소외감과 함께 소련공산당 및 소련군과의 이질감에 노출되어 있던 동북항일연군 구성

芳夫,『朝鮮終戰の記錄』, 巖南堂書店, 1964, 29쪽)

58 김일성,『세기와 더불어』8, 조선로동당출판사, 1998, 472~474쪽 .

59 李鴻文(양필승 옮김),『만주현대사 - 항일무장투쟁기(1931~1945)』, 대륙연구소 출판부, 1992, 255~256쪽.

원들의 사상과 정치의식을 제고하고 투쟁의지를 드높였다는 점에서 중요한 의의가 있는 정치적 결사였다고 하겠다.

특히 이 해 5월 독일이 소련에 항복한 뒤, 소련이 대일전쟁에 참전하려고 할 때 주보중 등 동북항일연군 지휘부는 만주전선의 대일작전에 참가하기 위해 각종 군사훈련과 학습에 더욱 박차를 가하였다. 그리고 소련 극동군의 예하 기관과 협상을 거쳐 소련군의 만주출병시 가능한 구체적 연합작전을 수립했다. 즉 ①현재 만주전선에서 활동하는 소부대는 지정된 지점에서 적 후방에 대한 유격전쟁을 적극적으로 전개하는 동시에 적의 정보를 수집하여 소련군의 작전에 협력한다, ②낙하산부대를 지정된 적의 후방에 투입하여 전방의 전투와 결합한다, ③항일연군의 주력부대는 소련군이 만주에서 진군하는 것에 맞춰 진군한다는 것이었다.[60]

이러한 사례를 통해볼 때 소련으로 월경한 잔존 동북항일연군 세력은 비록 중국공산당 중앙과 긴밀한 관계를 유지하며 직접적으로 지시를 받지 못하고 있었으나, 자신들이 중국공산당원이라는 인식을 명확하게 하고 있었으며 중앙조직의 영도를 받으면서 활동한다는 방침을 굳게 유지하고 있었던 것으로 판단된다. 따라서 이들은 1945년 8월 소련군과 함께 만주에 진출한 이후에도 신속하게 중국공산당 중앙과 연계를 유지하며 국민당 세력을 견제하여 중국공산당이 만주지역을 장악하는 데 효과적으로 대응할 수 있었던 것이다.

2) 동북항일연군의 종전대책 구상과 실현

동북항일연군 교도려 여장 주보중은 일제의 패망 직전인 1945년 6월 2일 소련 경내의 모 도시에 도착하여 소련 극동군(遠東紅軍) 총사령관 푸르카

60 위의 책, 256쪽.

예프장군과 회담하였다. 그는 추후 그가 이끄는 동북항일연군 교도려 계열이 만주에서 취해야 할 몇가지 원칙을 세우고 푸르카예프에게 협조를 요청하였다. 주목되는 사실은 주보중이 만주에서 항일연군 계열의 활동은 중국공산당 중앙의 노선에 따라야 한다는 확고한 원칙을 세우고 있었는데, 그 근거는 만주가 중국의 일부라는 인식이었다. 이에 따라 그는 장차 만주에 진입하여 동북항일연군을 재건하고 '동북항일구국총회'와 같은 민중세력을 규합하며 중국공산당 중앙이 만주에서 발전시킨 지하 운동세력과 연합 혹은 연락한다는 방침을 세우고 있었다. 그는 또 만주 지역을 5개 지역으로 구분하여 소부대를 파견하고 과거의 공작기초를 회복하고 관련조직을 재건할 구상을 갖고 있었다.[61]

1945년 7월 말 중국공산당 동북당위원회는 전체회의를 소집하였다. 이 회의에서는 동북당위원회의 3년동안의 공작 진행상황을 총결하고 투쟁형세의 발전과 수요에 따라 조직개편을 단행하기로 결정하였다. 즉 현재의 인원을 반분하여 일부는 조선으로 반격해 들어가며, 일부는 동북(만주)으로 반공(反攻)해 들어가서 새로운 동북당위원회(遼吉黑臨時黨委員會라고도 칭함)를 조직하기로 한 것이다. 이를 통해 이 조직이 중국혁명은 물론 '조선혁명'에도 큰 비중을 두고있었다는 사실을 알 수 있다.[62] 이후 선거를 거쳐 새로운 중국공산당 동북당위원회 성원으로 주보중, 풍중운(馮仲雲), 장수전(張壽籛), 노

---

61 ①만주에서의 행동은 중국공산당 중앙의정치노선에 따라 한다. 만주는 중국의 일부이다. ②동북항일연군을 재건한다.③동북항일구국총회와 전민족항일통일전선 ④동북당 조직을 회복하여 각 지방 조직과 운동을 지도한다. ⑤중국공산당 중앙이 만주에서 발전시킨 지하공작과 합치거나 혹은 직접 연락한다. 작전계획, 군대의 전선과 적 후방공작 ⑥目前 정치간부를 보충해줄 것을 요구한다. 정치훈련은 실제문제와 이론원칙에 치중해야 한다. ⑦유격대와 비유격대 인원을 보충해줄 것을 요구한다. ⑧동북에 소부대를 특파할 것을 허락해줄 것을 요구하며, 공작 기초를 회복하고 건립한다. 遼吉區, 吉東區, 哈東南區, 北黑區, 湯原區(周保中, 『東北抗日遊擊日記』, 811~812쪽 및 김우종 주필, 『동북지역 조선인 항일력사사료집』10, 흑룡강조선민족출판사, 2005, 460쪽).

62 이덕일은 동북항일연군의 이러한 민족연합전선적 성격을 부정하고 이 조직이 단지 '계급연합'의 부대였을 뿐이라고 비판하였다(이덕일, 『동북항일연군 연구』, 숭실대 박사학위 논문, 1998 참조)

동생(蘆東生), 강신태(姜信泰, 한인), 김광협(한인), 왕효명(王效明), 팽시로(彭施魯), 왕명귀(王明貴), 왕일지(王一知, 주보중 부인), 유안래(劉雁來), 왕균(王鈞) 등이 선출되었는데, 서기는 동북항일연군 교도려 여장인 주보중이 겸임하였다. 한편 전임 동북당위원회 서기를 맡았던 최용건은 중국공산당 중앙과의 연계임무와 동북당 업무의 인계문제 등으로 조선 국내로 돌아가지 못하였다.[63] 그러나 김일성은 잘 알려진 바와 같이 조선 귀국을 목적으로 목단강까지 왔다가 다시 소련 블라디보스톡을 거쳐 9월 19일 원산을 통해 귀환하였다.

이 회의에서는 또한 동북당위원회를 추후 장춘에 두어 전동북(全東北) 각지의 당 조직을 영도하게 하고, 그 산하에 12개의 전략요지에 지구위원회를 두기로 결정하였다. 이 때 결정된 지구위원회와 책임자는 장춘(주보중 겸임), 하얼빈(張壽籛 책임), 심양(馮仲雲), 눈강(嫩江, 왕명귀), 해륜(海倫, 張光迪), 수화(綏化, 陳雷), 북안(北安, 王鈞), 가목사(佳木斯, 팽시로), 목단강(牧丹江, 김광협), 길림(왕효명), 연길(강신태), 대련(大連, 董崇武) 등이었다. 이러한 구상은 다소 변화가 있었지만, 일제의 패망 이후 대부분 그대로 실행되었다.[64]

그런데 동북항일연군과 중국공산당 동북당위원회는 만주로 되돌아온 후 소련군과 협동작전의 유리함을 이용하여 매우 빨리 10개 지역, 57개 전략거점을 점령하고 아울러 대중의 동원에 노력하여 무장세력과 중국공산당 산하의 정권을 건립하게 되었다. 이러한 배경에서 송강(松江)·흑룡강(黑龍江)·가목사(佳木斯)·목단강(牧丹江)·길림·연길·장춘·심양 등지에 중국공산당 위원회를 세우고 이 지역의 시에 속하는 단위 시위원회와 현위원회까지

63 『東北抗日聯軍鬪爭史』編寫組 編, 『東北抗日聯軍鬪爭史』, 北京 : 人民出版社, 1991, 479쪽.

64 위와 같음. 해방 직후 嫩江지구는 치치하얼지구로 개명되었는데, 책임자는 당초 嫩江지역 책임자로 내정되었던 王明貴가 맡았다. 그리고 大連에 파견되었던 董崇武 등 7인이 소련군이 大連을 접수함에 따라 장춘으로 철수한 것을 제외하면 위의 지구위원회와 책임자는 그대로 구분, 임명되었다(『東北抗日聯軍鬪爭史』, 486쪽).

관련 인물을 파견하였다. 각지의 공산당 조직을 건립하는 과정에서 중국공산당 중앙의 진찰기분국(晉察冀分局) 동북공작위원회에서 파견된 지하당원과 간부는 '동북당위원회' 및 그 하부조직에서 크게 공헌하였다.[65]

이러한 과정에서 1945년 9월 동북항일연군은 '동북인민자위군'으로 이름을 바꾸었는데, 주보중이 총사령관에 임명되었다. 동시에 하얼빈, 치치하얼, 북안, 가목사, 목단강, 길림, 연길 등지에 동북인민자위군 총지휘부를 각각 설치하였는데,[66] 이들 지역에서 이 부대는 매우 빨리 확대되어 길림 및 그 인근 농촌 외곽지역에 각각 3천명, 돈화(敦化)에 3500명, 연변지역에 8천명, 송강(松江)지역에 8천명, 치치하얼에 4천명, 북안(北安)지역에 3천명의 병력이 확보되었고, 또한 심양에서 대련(大連)까지도 이 부대가 조직되었다. 이 해 10월의 통계에 따르면 모두 7만여 명에 이르렀다고 한다.[67] 이렇게 조직된 각지의 부대는 일본군과 만주국의 패잔병을 소탕하고 국민당 계열의 '지하군'과 토비 등에 대항하는 활동을 전개하였다. 또한 각지에서 비교적 다양한 '인민혁명정권'을 수립코자 하였다.[68]

1945년 9월 중국공산당 중앙은 동북항일연군의 책임자와 당 중앙을 연결하는 역할을 하고있던 풍중운의 보고를 받고, 즉시 중국공산당 중앙 동북국(東北局)을 조직하고 팽진(彭眞)을 서기로 임명하였다. 이에 팽진은 비행기로 급히 중국 동북지역으로 이동하여 제반업무를 통일적으로 지도하기로 하였다. 이 해 10월 주보중 등은 동북국에 조직관계 업무와 권한을 이양하였다. 이에 따라 중국공산당 동북당위원회는 폐지되었다. 한편 얼마 뒤 동

65 李鴻文(양필승 옮김), 『만주현대사』, 258쪽.

66 앞의 『東北抗日聯軍鬪爭史』, 489쪽.

67 李鴻文(양필승 옮김), 앞의 책, 259쪽. 앞의 『東北抗日聯軍鬪爭史』 489쪽은 1945년 10월 하순경 동북인민자위군에 편제된 인원의 숫자가 이미 4만명 이상에 달했다고 서술하고 있다.

68 위와 같음.

북인민자위군은 만주로 진격한 팔로군·신사군 부대와 함께 '동북민주연군'으로 개편되었다.[69] 이리하여 동북항일연군은 중국공산당 중앙의 동북국과 팔로군, 신사군이 만주에 도착한 이후로는 중국공산당이 중국국민당을 물리치고 만주지역을 장악하는 데 중요한 기초조건을 마련해 주었다는 점에서 항일무장투쟁 세력의 정치세력화라는 역할과 임무를 다했다고 볼 수 있다.

6. 동북항일연군·조선의용군의 만주(연변) 진출과 연변 사회

소련군은 대일선전을 포고한 다음날인 8월 9일부터 20일까지 연변지역에서 7차에 걸친 전투를 수행하였고, 그 과정에서 일본관동군 제1방면군 일부 병력의 투항을 접수하였다.[70] 이로써 연변에 주둔하던 일본 관동군은 산발적 저항을 펼쳤지만 거의 궤멸되고 말았다. 결국 소련군이 만주, 특히 연변지역에서 예상보다 빨리 진공함으로써 연변지역의 일본 관동군은 급속히 괴멸되었으며, 소련군이 한·중 국경지역의 전략적 요충지를 장악할 수 있었다

이러한 격변의 와중에서 연변지역에서는 한인들의 자발적 군사조직과 자치조직들이 대거 생겨났다.[71] 특히 연변지역에 진주한 동북항일연군 출신

69 위와 같음.

70 연변지역에서 발간된 한 자료(화춘, 「1945년 8월 연변에서의 소련홍군의 대일작전 경과」, 『해방초기의 연변』, 10쪽)는 이 때 소련 홍군이 관동군 4만 여 명을 섬멸하고 약 3만명의 투항을 접수하였다고 했는데, 과장된 것으로 보고 일본군의 구체적 규모를 서술하지 않았다.

71 해방 직전 姜東柱, 池喜謙, 韓範, 全尙根, 朴根植 등은 연길과 화룡 등지에서 소련군을 환영하는 무장부대를 조직하여 한인 무장집단을 형성하였다. 이 때 연길, 화룡현 등의 농촌에서도 각 단체들이 조직되었다. 한인의 활동은 자발적이고 조직적이었다. 어떤 곳에서는 한인 대중들이 자발적으로 나서 지주 및 친일파의 재산을 몰수하고 토지를 분배하였다. 이들 한인은 노동동맹, 농민동맹, 부녀동맹, 독립동맹, 공산주의동맹 등 단체를 조직하여 반동세력의 활동을 저지하였다. 그러나 당시 한인 조직 지도층 가운데는 변절자, 친일파 등이 포함되는 등 많은 한계를 갖고 있었다. 때문에 지도력을 발휘하기 어려웠고, 민족구성에서도 한·중 양민족의 분리현상이 나타나 왕청, 화룡, 용정 등지에서 중국인과 한인의 무장충돌 사건이 발생했다고 한다(장석홍, 「해방 후 연변지역 한인의 귀환과 정착」, 『연변 조선족 사회의 과거와 현재』, 고구려연구재단, 2006, 115~116쪽).

인사들은 각 지역에서 민병대를 조직하여 치안확보에 나섰으며, 소련군의 만주 입성과 더불어 소련 경내에서 훈련과 소규모작전에 열중했던 동북항일연군은 중국공산당 동북위원회의 지시에 따라 중국공산당 조직을 재건하고 소련 점령군의 업무를 지원하였다. 연길·화룡 등지에서는 소련군의 진출과 더불어 한인 무장부대들이 조직되었다. 또한 농촌에서는 노동동맹·농민동맹·부녀동맹·독립동맹·공산주의동맹 등 다양한 단체들이 생겨나면서, 소련군을 환영하는 한편 수만명이 참가한 노천대회와 시위행진을 전개하기도 했다.[72]

한편 연변지역에 대한 중국국민당과 중국공산당의 관심도 커졌다. 국민당에서는 연변 4현의 중국인 지주, 토호, 자본가, 관료들을 중심으로 국민당 조직을 세워나갔다. 연길에서는 중국국민당 길림성당무판사처(吉林省黨務辦事處)와 국민당 연길현당부(延吉縣黨部) 등이 설치되었고, 각 도시에 중국인과 한인의 토호, 친일파, 지주를 중심으로 '치안유지회'를 조직하였다. 이들은 소련군의 승인아래 연길, 용정, 명월구, 노두구(老頭溝), 동성용(東盛湧), 위자구 등지에서 자위대를 조직하였다. 왕청, 나자구(羅子溝), 대흥구, 십리평(十里坪), 화룡탄광 등지에서는 국민당을 지지하는 수천명의 중국인 무장부대가 조직되었다.[73]

---

72 주보중, 「조선족은 중화민족의 어엿한 일원」, 『승리』(중국조선민족발자취총서5), 민족출판사, 1992, 706쪽.

73 姜東柱, 「從'八·一五'到十一月間的延邊工作」, 『中共延邊地委延邊專署重要文件彙編』1, 延邊朝鮮族自治州檔案館, 1986, 352쪽(장석홍, 앞의 논문, 115~116쪽에서 재인용). 해방 직후 연변 4현의 중국인 지주, 土豪, 자본가, 관료 등은 국민당을 조직하여 延吉에서 국민당 吉林省黨務辦事處와 국민당 延吉縣黨部 등을 설치했다. 그리고 각 주요 도시에 중국인 및 한인 가운데 토호, 친일파, 지주 등을 중심으로 치안유지회를 조직하였고, 소련군의 비호 아래 延吉, 龍井, 明月溝, 老頭溝, 東盛涌, 葦子溝 등지에서 자위대를 조직하였다. 그리고 왕청, 羅子溝, 大興溝, 十里坪, 和龍탄광 등지에 중국인을 중심으로 한 수천명의 무장부대를 조직하기도 했다. 국민당은 '만주국' 시기 일제가 만든 중국인과 한인 사이의 모순을 이용하여 그들이 활용하기 쉬운 무장대를 조직하여 왕청, 화룡 등지에서 민족간의 대립을 조장하였다. 한 때 이 지역 민중은 중국국민당의 영향력에 놓여 있었다(앞의 글, 같은 면).

중국공산당은 1945년 9월 연변에서 '민주대동맹'의 조직 형식으로 대중을 동원하기로 결정하고, 임시당위원회를 건립할 때 노동동맹, 농민동맹, 청년동맹, 부녀동맹 등 단체를 통합하여 '연변민주대동맹'을 조직하였다. 연변민주대동맹은 회원 이 무려 15만 여 명이었다고 하는데, 그 가운데 99%가 한인이었다. '연변민주대동맹'은 건군, 정권개조, 청산투쟁 발동, 토지개혁, 반국민당 투쟁 등의 결정적 활동을 이끌었으며, 해방 초기에 실제 정권의 역할을 수행하기도 했다.[74] 같은 해 10월 20일에는 중공당 동북위원회의 승인으로 중공당 연변위원회가 성립하여 연변지역 중국공산당의 업무를 맡았다. 그리고 이를 바탕으로 11월 7일 중국공산당 연변위원회가 해방 직후 처음으로 '고중한민중서(告中韓民衆書)'를 발표했다.[75]

또한 동북항일연군 중심의 중국공산당 동북위원회와 별도로 중국공산당 중앙(위원회) 동북국(東北局)을 건립하고, 길림성공작(吉林省工作, 사업)위원회 아래 연길·연변지방위원회의 설치를 결정하였다. 이에 따라 1945년 11월 12일에는 중국공산당 중앙 동북국, 중공당 길림성공작위원회는 옹문도(雍文濤) 등 32명 간부를 연변에 파견하였다. 그리고 팔로군 태항산 5지대의 문정일(文正一) 등 30명 조선족 간부도 연변에 도착했다. 이들이 연변에 도착한 후 중공당 길림성공위원회의 결정에 따라 기존의 중공당 연변위원회를 개편하여 '중공당 연변지방위원회'를 조직하였다. 이때 다시 옹문도가 서기로 임명되어 연길, 화룡, 훈춘, 왕청, 안도 5현을 관할하였다.[76]

중국공산당 연변지방위원회는 연길에서 여러민족 및 각계의 인민대표

---

74 「延邊朝鮮民族問題」(周保中同志在吉林省委群工會議上的報告), 『中共延邊吉東吉敦地委延邊專署重要文件彙編』 1, 연변조선족자치주당안관 편, 1986, 352쪽(장석홍, 2006, 116쪽에서 재인용).

75 상세한 내용은 「중한 민중에게 알리는 글」, 『연변당사 사건과 인물』, 김동화·김철수·리창역·오기송 편저, 연변인민출판사, 1988, 248~249쪽 참조.

76 중공연변주위조직부·중공연변주위당사연구실·연변조선족자자치주당안관, 『중국공산당 연변조선족자치주조직사』, 연변인민출판사, 1991, 144~146쪽.

대회를 개최하고, '간도임시정부'를 해산시키는 한편 관선정(본명 關俊彦) 등 12명을 위원으로 한 연변정무위원회를 결성하고 1945년 11월 20일「고중한동포서(告中韓同胞書)」를 발표하였다. 그 요지는'각 민족의 인민들이 단결하여 민주건설에 참가하여 승리의 성과를 공고히 하며, 농·공·상·청(靑)·부(婦) 등 각 혁명군중 단체를 조직하여 혁명의 역량을 강화하며, 신정부를 옹호하고 정부를 협조하여 민주정치를 추진하며 자유스럽고 행복한 새 연변의 건설을 위하여 분투하자'는 것이었다.[77]

이 무렵 조선의용군도 만주 진출을 위한 노력을 기울였다. 11월 4일에 심양에 도착한 무정은 "중국공산당 중앙의 지시에 따라 소수의 간부들을 조선에 보내고 대부분 장병들은 만주에 남겨 동북근거지 건설에 참가시키기로 결정하였다"고 말하였다.[78] 한편 박일우(朴一禹)는 조선의용군총부의 명령에 따라 전군을 잠시 3개 지대로 나누어 제5지대는 동만(연변)으로 나아가 6지대를 확대 편성하는 것을 책임지고, 문정일(文正一)이 거느린 제5지대 선견대(先遣隊)의 30여 명은 12월 8일에 연길에 도착하여 조선의용군 연변판사처를 설치하였다. 조선의용군 제5지대의 대부대는 정치위원 박일우(朴一禹), 지대장 이익성(李益星), 참모장 전우(全宇)가 지휘하고 있었는데, 길림·화전(樺甸)을 거쳐 연변에 진출하였다.[79] 특히 이들이 혹한으로 동상에 걸리는 등 큰 어려움에 처했을때, 연변군분구 사령원 강신태가 자동차에 군수물자를 싣고와 조선의용군 일행을 맞이하고 부상병들을 조양천(朝陽川)에 안치한 일은 매우 인상적인 일로 지금도 널리 인구에 회자되고 있다고 한

77 「延邊人民代表大會告中韓同胞書」, 『중국지역 한인귀환과 정책』 6, 국민대학교 한국학연구소 편, 역사공간, 2006, 7~8쪽.

78 리창역, 「조선의용군과 제5지대」, 『해방초기의 연변』, 정협 연변조선족자치주 문자자료위원회 편, 심양 : 료녕민족출판사, 2000, 32쪽.

79 위와 같음.

다.[80]

조선의용군 제5지대의 대부대는 연변에 도착한 후 농민 등 민중을 괴롭히는 마적 등 토착 집단 토비 등의 숙청에 진력하였다. 조선의용군 제5지대는 연변 경비련단 1연대와 합쳐 15연대와 16연대로 편성하였다. 15연대는 조선의용군의 전우(全宇)가 연대장직을 맡고 16연대는 연변경비련단의 박낙권(朴洛權)이 연대장직을 맡았으며, 전투경험이 풍부한 조선의용군 청년지휘원들을 각 전투연대에 배치하여 그들이 작전 중에서 군사지휘 능력을 발휘할 수 있도록 하였다.[81]

이처럼 해방 직후 중국공산당 세력이 우세한 가운데, 1946년에 이르러 연변지역은 중국공산당 세력이 완전히 장악하기에 이르렀다. 이때 전원전서(專員專署) 부전원(副專員) 동곤일(董昆一)은 신년사를 통해 연변지역 한인에 대한 입장을 다음과 같이 발표하였다. 즉 "연변건설을 위해 중조민족의 단결을 공고히 해야 하며, 연변의 한인은 중국공산당 정부의 법령을 준수해야 하고, 중국국적을 원하는 사람은 입적하여 중화민국의 국민이 될 수 있으며, 조선인은 '중화민족' 중 하나의 소수민족이 될 수 있다"는 것이었다. 또 "민족평등의 원칙에 따라 한인(조선인)의 정치·경제·문화의 해방과 반전(反戰) 권력을 보장하고, 민족의 언어문자, 풍속습관, 종교신앙을 존중한다"고 밝혔다.[82]

---

80 위의 책, 32~33쪽.

81 위의 책, 33쪽.

82 董昆一(專員專署副專員), 「新年獻辭」, 『中共延邊吉東吉敦地委延邊專署重要文件彙編』 1, 연변조선족자치주당안관 편, 1986, 8쪽; 장석흥, 「해방후 연변지역 한인의 귀환과 현지정착」, 『연변조선족 사회의 과거와 현재』, 118쪽에서 재인용.

7. 주보중의 '연변 조선민족보고'와 한인들의 정착

주보중은 1946년 12월 중국공산당 길림성위원회에서 열린 군중공작회의(群工會議)에서 '연변조선민족문제'(초안)라는 장편의 보고를 발표하였다. 이 보고는 사상·정치·조직·사업(工作) 영도를 위해 민족사업(工作)을 더욱 강화하고 중공당의 민족정책과 민족공작 방침을 정확하게 집행하려는 목적으로 작성된 것이었다. 이 보고는 '문제의 제기'와 '결속어' 외에 7개 부문(方面)으로 구성된 논문이었는데 대략 3만자에 달했다.[83]

특히 주보중은 이 보고에서 중국공산당 동북조직이 1928년 이후 중국동북, 특히 연변의 조선거민을 동북경내의 소수민족으로 파악하고 중국인과 동등한 일체의 권리, 즉 자치권과 분립권을 승인했다고 주장하였다. 주보중 자신이 중국 운남성(雲南省)의 소수민족 출신이었고 거의 18년여 동안 중국동북에서 항일투쟁에 헌신했기 때문에 한민족에 대한 이해와 동정, 그리고 자치권 부여를 주장한 것으로 보인다.

한편 중국공산당 당국은 조선(한)민족이 조국이 있고, 혁명전통이 있는 등 나름대로 특수한 민족전통을 지니고 있으며, 연변지역에서 오랜 혁명투쟁의 역사를 주도하고 있음을 인정하였다. 따라서 연변지역의 다수 조선인들이 원래의 조국, 즉 '조선'이 있다는 사실을 인정해야 한다고 보았다.[84] 이후 중국공산당 당국은 해방후 만주지역 한인에게 이중국적을 부여하는 동시에 호적의 유무를 기준으로 하여 '중국 공민'과 '조선 교민'으로 구분하는 정책을 취하였다.[85] 당시 중국공산당의 한인에 대한 이중국적 정책과 토지

83 「周保中'延邊朝鮮民族問題'的報告」, 『延邊歷史事件黨史人物錄』, 中共延邊州委 黨史工作委員會·黨史研究所 編, 1988, 296~297쪽.

84 「關于民族政策中的幾個問題(草案)」, 『中共延邊吉東吉敦地委延邊專署重要文件彙編』 1, 연변조선족자치주당안관 편, 1986, 392쪽; 장석흥, 앞의 논문, 130쪽에서 재인용.

85 延邊地委, 「對延邊朝鮮民族人民的方針政策」(1948.8.15), 『중국지역 한인귀환과 정책』 6, 국민대학교 한국학연구소 편, 역사공간, 2006, 460~468쪽.

정책은 한인들이 현지 정착을 선택하는데 유리한 조건으로 작용하였다. 연변 인구의 70% 이상이 한인 농민이었던 상황에서 한인의 토지문제 역시 중국공산당 연변지구(延邊地委)에서 시급히 해결해야 할 중요과제였다. 따라서 당시 중국공산당 동북행정위원회는 연변지역을 '소수민족' 지역으로 간주하고, 길림성 전 경작지의 거의 3분의 1에 해당하는 공지(公地)를 바탕으로 토지개혁을 단행하였다.

이러한 배경에서 중국공산당의 영도를 받는 조선의용군과 동북항일연군 계열이 중국인 대중은 물론 한인 대중에게도 많은 지지를 받을 수 있었고, 결국 중국 동북지방에서 중국공산당 세력이 중국국민당 세력을 물리칠 수 있었다고 볼 수 있다.

특히 이 무렵 길림성 주석(主席)을 지낸 주보중은 앞의 '연변조선민족문제' 보고서 제6부분에서 연변 '조선거민'의 토지관계를 언급하였는데,[86] "오직 토지문제를 올바르게 해결해야만 민족문제의 근본적 해결을 기대할 수 있다"고 지적하며, 이 문제의 해결에 큰 관심을 기울였다.[87] 주보중과 중국공산당의 위와 같은 의견을 토대로 오늘날 연변 조선족의 생활안정과 일정한 자치가 허용될 수 있었다.

8. '동북항일연군 연변분견대'와 조선의용군 제5지대의 활동

1) 동북항일연군 연변분견대(延邊分遣隊)의 성립과 활동

1945년 8월 8일 소련이 일본에 선전포고를 하고 소련군이 만주로 진격

86 周保中, 「延邊朝鮮民族問題」(1946.12), 『延邊歷史事件黨史人物錄』, 297쪽.

87 주보중, 「연변조선민족문제」(1946.12), 『中共延邊吉東吉敦地委延邊專署重要文件彙編』 제1편, 연변조선족자치주당안관 편, 1986(내부자료), 328쪽; 김춘선, 「광복후 중국 동북지역 한인들의 정착과 국내귀환」, 『한국근현대사연구』 28집, 214쪽에서 재인용

할 때 항일연군의 상당수는 소련군에 배속되어 함께 만주지방으로 진군하였다.

1945년 8월 15일 일본이 무조건 항복한 뒤인 9월 5일, '중국공산당 동북위원회' 서기 주보중은 동북항일연군 교도려의 장수전·왕효명·강신태 등을 하얼빈·길림·연길 등지로 파견하였다. 그리고 11개 지구공작위원회를 핵심으로 '분견대'를 구성하고 이들을 만주 각지에 보내 '해방구'의 여러 당면사업을 수행하게 하였다. 이 해 9월 8일 주보중은 장춘·심양 등지에서 산적한 문제를 해결할 간부들을 직접 거느리고 비행기로 장춘에 도착하였다. 또한 강신태가 거느린 '동북항일연군 연변분견대'는 9월 18일에 연길에 도착하였다.[88]

소련군과 함께 온 연변분견대 구성원들은 대부분이 한인(조선인)으로 강신태·최시영(崔時英)·김만익(金萬益)·임춘추(林春秋)·유진봉·조희림·유장전·유희문·김창봉(金昌奉)·박낙권·최명석(崔名錫)·장정숙(張靜淑, 여)·김옥순(金玉順, 여)·석동수(石東洙)·강위룡(姜渭龍)·김명주(金明珠)·박춘일(朴春日)·오죽훈(吳竹訓)·김용근(金龍根)·홍태학(洪泰鶴)·여영준(呂英俊)·여연생(呂連生)·오양본(吳良本)·상유선(常維宣)·단포천(單布天)·맹소길(孟昭吉)·염하동·임철(任哲)·손장손(孫長祥) 등이었다. 한편 돈화분견대는 유건평(劉建平)·구회괴·이문장(李文章)·박영선(朴英善, 여)·심봉산(沈鳳山)·육가평(陸寶平)·유복태(劉福太)·주복창(朱福昌)·사옥곤(史玉坤) 등이었다.[89] 이 두 분견대는 소련군에 배속되어 동만(연변) 각지에 주둔하고 있는 동북항일연군 선견대와 함께 대중을 동원하고 민중의 무장을 조직하며, 일본제국주의와 괴뢰 '만주국'의 잔당들을 소탕하는 한편 중국국민당 세력 및 토비·마적 등을 타격함으로써 해방 직

---

88 「동북항일련군 연변분견대」, 『연변당사사건과 인물』, 246~247쪽.

89 위의 책, 247쪽

후 연변의 안정화 사업을 주도하였다.

이러한 일련의 작업을 바탕으로 강신태(당시 소련군 최대위로 불렸음)는 주보중 등이 중국 동북지방(만주)에 진출하여 건립한 '중국공산당 길합위원회(吉哈委員會)'의 지시에 따라 10월 20일에 '중국공산당 연변위원회'를 구성하였다. 이 위원회의 서기는 강신태가 맡고 군사부장을 겸하였으며, 조직위원에 강동주(姜東柱), 선전위원에 지희겸(池喜謙, 화요파 조선공산당 만주총국 출신), 위원에 전윤필(全允弼)·박근식(朴根植) 등이 선임되었다. 중공당 연변위원회는 주요 간부를 하룡·왕청·훈춘 등 각현에 파견하여 건당, 건군사업을 전개하였다. 한편 이 조직은 1945년 11월 15일에 '중국공산당 중앙위원회 동북국'에서 파견한 중국인 옹문도(漢族) 등 간부단이 와서 '중국공산당 연변지방위원회'를 설립하면서 '중국공산당 연변위원회'는 해소되었다.[90] 이처럼 해방 직후 연변지역은 '동북항일연군 연변분견대'에 의해 일찍이 중국공산당 지부와 군대, 행정조직이 세워진 사실을 알 수 있다.

그러나 동북항일연군 출신 인사들이 모두 군사·정치계열로만 진출한 것은 아니었다. 예를 들면 1945년 9월 항일연군 연변분견대의 일원으로 연길에 진주했던 강위룡(1914년 생)은 어떤 계기에서였는지는 모르지만, 1948년 9월에는 용정시립 인민중학교 교장으로 근무하였다.[91] 물론 그는 후일 북한정권에 참여하여 1974년 11월 북한인민군 소장으로 활동하는 등 군사분야로 진출하여 두각을 나타내기도 했다.[92]

중국공산당 중앙위원회 '동북국'이 8·15해방 3주년을 맞이하여 1948년 8월 5일 발표한 '8·15기념에 관한 통지'를 보면 중국공산당 중앙의 '만주'

90 위의 책, 247~248쪽.

91 『연변일보』, 1948년 9월 11일자(2면).

92 강만길·성대경 편, 『사회주의운동인명사전』, 창작과비평사, 1996, 15쪽.

해방전쟁 및 동북항일연군에 대한 입장을 어느 정도 이해할 수 있다. 그 주요내용을 보면 다음과 같다.

> "중국공산당이 동북인민을 영도하여 14년 동안의 항전을 견지하였으며, 영용한 쏘련 홍군이 동북에 출병하여 동북에 있어서의 일본 파시스트의 통치를 철저하게 짓부수었으며, 중국공산당이 동북인민해방군과 동북인민을 영도하여 견결한 해방전쟁으로 국민당 반동파의 진공을 분쇄하고 국민당 반동파에 대한 승리적 진공으로 들어갔기 때문에 오늘의 동북은 완전히 해방된 전야에 처하게 되었다. (중략) 쏘련 홍군은……일본파시스트의 노예로 되었던 동북인민의 해방을 유력하게 방조하였으며, 동북이 해방된 뒤 홍군은 조약에 좇아 기한대로 동북에서 철퇴하였다.
>
> 일본파시스트가 동북을 통치할 때 우리 당은 일찍 동북인민을 영도하여 각종 항일투쟁을 진행하였으며, <u>항일련군을 조직하여 무장투쟁을 견지하였다</u>. 일본이 투항한 뒤 국민당 반동파와 그의 상전 미제국주의가 동북에 있어서 제국주의 봉건세력과 관료자본주의 통치를 회복시키려고 시도하자 중국공산당은 광대한 인민을 영도하여 해방전쟁, 토지개혁운동과 생산운동을 진행하였으며, 국민당 반동파의 진공을 쳐부수었으며, 봉건과 반봉건의 토지제도를 소멸하였으며, "[93](밑줄은 필자)

물론 이런 치사는 어떤 면에서는 형식적인 언설이라고 치부할 수도 있을 것이다. 그러나 1930년대 후반에서 40년대 초반까지 만주지역에서 중국공산당이 영도한 '동북항일연군'이 크게 활약했고, 해방 직후 만주지역의 정세에도 상당한 영향력을 행사한 것은 사실이었기 때문에 그 의미를 과소평가할 이유는 없다고 보아야 할 것이다.

한편 주보중은 1948년 3월 31일 길림성정부 주석으로 재직시 '연변 전서와 연변 각성립 학교에 명령함'이란 '길림성정부령'을 내려 성립 '민주학원

---

93 『연변일보』 1948년 8월 12일자 보도기사.

교육계' 등의 교육기관을 '연변전서' 소속으로 변경하고 사범학교와 중학교 등으로 교명을 변경하는 조치를 취했다.[94]

2) 조선의용군 제5지대의 성립과 활동

중국공산당 동북위원회에서 파견하여 9월 18일 연길에 도착한 '동북항일연군 연변분견대'는 연변 각지에서 자발적으로 조직된 별동대, 자위대, 보안대 등 여러 무장조직을 수용하여 10월에는 산하에 경비 1·2·3단을 편성하였다. 이들 단위부대의 단장으로는 박낙권, 최명석, 박근식 등이 임명되었는데, 병력이 7,000여 명에 달했다. 돈화에는 보안총대(保安總隊)가 건립되었는데, 총대장은 유건평이었고 병력은 4,000여 명에 달했다. 물론 병력의 대부분이 한인이었다.[95]

1945년 11월 15일 중국공산당 중앙의 동북국에서 연변에 파견된 옹문도 등 간부단은 중국공산당 조직의 건설과 공산당 정권을 건설하는 한편, 한인 강신태 등과 함께 건군공작을 진행하였다. 이들은 '중국공산당 길림성 사업위원회'의 비준을 받고 '연길(연변) 군분구'를 설립했는데, 사령관은 강신태, 정치위원은 옹문도가 맡았다.

한편 1945년 8월 15일 일본이 항복한 뒤 조선의용군은 만주지방으로 진출하였다. 이들은 11월 4일에야 요녕성의 성도 심양에 도착하였다. 조선독립동맹과 조선의용군 주요간부들은 심양에서 회의를 열고 변화된 정세에 대처할 방안을 강구하였다.[96] 당시 북한에 진주한 소련군은 조선의용군의 단체입국을 불허하였다. 때문에 조선의용군은 북한으로 진출할 수 없

---

94 『연변일보』 1948년 4월 4일자.

95 리창역, 「강신태의 군대생애」, 『해방 초기의 연변』, 294~295쪽.

96 「朝鮮義勇軍五支隊到延邊」, 『延邊歷史事件黨史人物錄』(내부자료), 中共延邊州委黨史工作委員會·黨史研究所 編, 1988, 253쪽.

었다. 이에 따라 조선의용군은 임기응변으로 부대를 1·3·5의 3개 지대로 편성하여 한인들이 밀집된 동·남·북만 지방으로 가기로 하였다. 이들은 중국공산당 중앙위원회 동북국의 지도하에 먼저 중국공산당의 '동북근거지'를 건설하는 작업에 참가하기로 결정한 것이다.[97]

이 해 12월 8일 밤 문정일이 조선의용군 선견대 30여 명을 거느리고 연길에 도착하였다. 이 때 연변행정독찰전원공서(延邊行政督察專員公署) 전원(專員) 관선정과 연변교육계의 박대하(朴載廈)가 이들을 영접하였다.[98] 이후 연길에 '조선의용군 연변판사처'가 설립되었고, 문정일이 주임을 맡았다. 1946년 초 박일우·이익성이 조선의용군 제5지대 400여 명을 거느리고 연길에 도착하여 동북항일연군이 주도한 연길경비단과 함께 '연변경비 1려'를 편성하였다.[99] 조선의용군이 소수였으므로 주도권을 장악할 수 없었다. 이들은 토착세력인 '토비'집단과 국민당 세력의 토벌에 주력하였다. 조선의용군 5지대는 1946년 1월 말 연길현 평강(平崗) 삼도안(三道彎)의 토착세력인 토비 일당을 토벌하여 큰 성과를 거두었다.[100]

특히 일제 패망 직후 중국국민당 군대가 만주에 대대적으로 진입할 때에 연변에서도 국민당 계열의 여러 세력이 준동하여 자못 혼란스러운 정세가 조성되었다. 이에 동북항일연군 계열의 연변 경비부대와 조선의용군 제5지대를 합하여 편성한 '연변경비 1려'는 '중공당 길림성사업위원회'의 지시에 따라 토비와 국민당 계열의 무장세력을 숙청하는 투쟁을 전개하였다. 1946년 2월에 중공당 '길료성위원회(吉遼省委員會) 길동분성위원회(吉東分

97 「조선의용군 제5지대 연길에 도착」, 『연변당사 사건과 인물』, 253쪽.

98 일부 기록에는 문정일이 연변에 갈 때 關選庭 등이 이 대열에 합류하여 함께 간 것으로 나온다. 專員公署는수립되었지만, 專員은 후일 연변에 부임하는데, 그가 문정일의 조선의용군 대오와 함께 연변에 갔다고 볼 수 있다고 한다.

99 위의 책, 253~254쪽.

100 염인호, 앞의 학위논문, 252쪽.

省委員會)'가 건립되고, 연변분군구는 길동분군구로 개편되었다. 이 때 강신태가 사령관이 되고 당천제(唐天際, 漢族)가 정치위원이 되어 2개 경비려와 7개 현 보안단 및 1개 포병영을 편성하였다. 경비 1려 여장은 강신태, 정치위원은 당천제가 겸하였고, 2려 여장은 등극명(鄧克明, 한족), 정치위원은 원극복(袁克服, 한족)이 맡았다. 2개 려에는 각각 3개 단을 두었고, 총 13,000여 명의 많은 병력이 있었다. 이밖에 7개 현 보안단에 6,300여 명의 병력이 편성되어 있었다.[101]

이처럼 편성된 길동(吉東)경비부대는 토비·토호 등의 숙청업무를 담당한 외에 중국공산당의 제1차 장춘 '해방전투'와 신참(新站), 납법(拉法)전투에도 참가하여 큰 공을 세웠다. 특히 동북항일연군 출신의 박낙권(朴洛權)이 거느린 부대가 장춘 해방전투에서 큰 활약을 한 것으로 유명하다. 뒤에 중국공산당군의 정규 야전군에 편입되어 만주와 중국 전체의 국공내전에서 크게 기여하였다.[102] 이처럼 강신태 등 동북항일연군 출신 인사들이 연변지역의 주도권을 장악하고 연변지역의 공산화와 정권 수립, 군대수립 과정에서 큰 역할을 수행한 사실을 알 수 있다. 그러나 후일 강신태·김광협·최명석 등 동북항일연군 출신의 주요 인사들과 박일우 등 조선의용군의 대부분은 북한으로 나가고 문정일·김철 등이 남아 연변 한인들의 역량을 강화해 나갔다.

9. 조선의용군과 동북항일연군의 상호인식

조선의용군이나 동북항일연군의 양자에 대한 인식을 구체적으로 알려주는 직접적 자료를 찾기는 어려운 실정이다. 다만 간접적 관련 자료를 통해

101 「建立人民武裝」, 『延邊歷史事件黨史人物錄』, 249쪽.
102 리창역, 「조선의용군과 제5지대」, 『해방초기의 연변』, 34쪽.

일부의 면모를 파악할 수 있다.

이들의 출신지역이나 연고지를 보면동북항일연군 계열 한인 들은 대부분 조선 북부지방이나, 연변·만주 출신 인사들이었던 반면, 조선의용군의 주요 인사들은 상대적으로 평안도·함경도·경상도 등 국내출신 인사들이 많았다.[103] 따라서 동북항일연군 계열 인사들은 고학력 인사들이 많았던 조선의용군 간부들에 대해 상당한 이질감을 가질 수 있었을 것으로 보인다.

황포군관학교 출신으로 동북항일연군 교도려를 이끌었던 주보중은 산하 대원들의 학력 및 학습수준이 매우 낮았던 사실을 후일 다음과 같이 술회하였다.

> "1942년 가을에 A, B 두 개 야영이 조직되어서부터 동북당위원회는 항일연군 골간부대 인원들의 정돈훈련과 학습을 영도하면서 가능하게 도래될 새로운 형세에 적응시키기 위하여 간부들의 당성(黨性)과 정치군사 소양을 높이기에 힘썼다. 그러나 장기간의 엄혹한 투쟁 가운데서 학생출신과 다소 문화가 있는 당원간부들이 거지반 희생되었기 때문에 A, B 야영학습에 참가한 사람들의 80% 이상은 글을 모르는 노동자, 농민 출신들이었다. 그들은 장기적인 유격투쟁 가운데서 비록 정치상, 문화상에서 학습을 하였지만, 성과가 그리 크지 못했다. 3년 남짓한 긴장하고도 간고한 야영학습에서 정치지식과 문화정도가 상당히 제고되기는 하였으나, 대다수 사람들의 수준은 여전히 매우 낮았다."[104]

그런데 이러한 동북항일연군 잔존 대원들의 실정과는 반대로 해방 이전 시기 조선의용대와 조선의용군 간부들은 물론 사병 대부분도 당시로서는 학력 및 교양·문화수준이 비교적 높은 지식분자들이 많았다.[105] 따라서 해

103 이들의 구체적 인적 사항은 강만길·성대경 편, 『한국 사회주의운동 인명사전』, 창작과비평사, 1996 참조

104 주보중, 「동북의 항일유격전쟁과 항일련군(초고)」, 『주보중문선』, 한준광·권오근·남대명 편역, 연변인민출판사, 1987, 175쪽.

105 조선의용대원들의 학력과 경력 등 인적 사항에 대해서는 장세윤, 「조선의용대의 조직편성과 구성

방 직후 중국 관내에서 중국공산당 중앙 및 팔로군, 신사군 등에서 활동하던 인사들이 중국 동북지방으로 진출하면서 동북항일연군 계열 인사들을 얕보는 경향이 있었던 것도 사실이다.[106]

그러나 1940년대 후반기에 중국 동북지방은 물론 중국 전역에 걸쳐서 중국국민당과 치열한 내전을 치르고 있던 중국공산당의 입장에서는 지역이나 민족, 출신성분이나 사회경력 등의 차이에서 기인하는 파벌싸움이나 갈등을 노골화할 수는 없었다. 이러한 과정을 거치며 중국동북의 한인사회에서 조선의용군과 동북항일연군 계열 인사들은 중국공산당 중앙의 방침에 따라 긴밀한 협조관계를 유지하며 그들 나름대로의 협력과 보이지 않는 경쟁을 이끌어가며 세력을 확대해 나갈 수 있었다.

연변지역에서도 조선의용군과 동북항일연군 계열의 통합시 별다른 잡음이나 갈등은 없었던 것으로 파악된다. 조선의용군 대원으로 연변에 진출했던 천수산은 회고록을 남겼지만,[107] 양 조직의 통합시 갈등이나 대립이 있었다는 내용은 전혀 서술하고 있지 않다. 이로 미루어 볼 때 양 조직의 구성원들은 개인적으로는 어떤 생각을 하고 있었는 지 알 수 없지만, 적어도 외면적으로는 중국공산당 중앙과 동북국의 방침에 충실히 순응하고 있었던 것으로 파악된다.

원」, 『한국근현대사연구』 11, 1999, 38~79쪽 참조.

106 연변에서 동북항일연군 계열에 합세해 대중 정치단체와 군사조직 건립에 참가한 간부들 가운데는 과거 민족운동에서 이탈한 사람들이 많았기 때문에 관내에서 온 팔로군 출신 인사들에게 불신을 당하는 경우가 있었다고 한다.또 팔로군측은 항일연군 계열이 과거 좌경노선으로 유명했던 王明(본명 陳紹禹) 등 코민테른계열의 지도를 받았던 부대이며, 일제 패망 이후에도 소련의 입장을 반영한다고 간주하기도 하였다. 더구나 이들은 당과 군대 안에서 항일연군 계열의 위상을 점차 깎아내렸다고 한다(염인호, 앞의 학위논문, 210~211쪽). 그러나 적어도 길림성이나 연변지역에서는 그럴 상황이 아니었다. 동북항일연군 교도려를 영도했던 주보중이 1949년 8월까지 중국공산당(동북국) 및 군에서 크게 활약했고, 길림성 주석을 맡는 등 중국동북지역의 국공내전에도 크게 기여했기 때문이다.

107 천수산, 「가슴벅찬 그 시절 - 최동광 회억록」, 『해방 초기의 연변』, 262~281쪽.

10. 1940년대 후반 조선의용군의 확대와 국공내전 참전, 북한 입국

1946년초 중국공산당은 국민당군에 비해 열세에 있던 군사력 확보를 위해서 만주지방에서 한인(조선인) 부대의 창설과 확대에 주력하게 되었다. 조선의용군 제1지대는 심양에서 건립되었다. 조선의용군 제1지대는 1946년 2월 통화 '2·3폭동' 진압의 전공을 세웠다. 이후 조선의용군 제1지대는 중국공산당의 요구에 따라서 '이홍광지대'로 부대명칭을 변경하였다. 1946년 12월 초 이홍광지대는 독립4사로 개칭되었다. 이 시기부터 임강전투·사평해방전투(1947년 말~1948년 3월)·요심전역(遼瀋戰役, 1948년 가을)에 참전하였다. 심양 해방 후인 11월 독립4사는 중국인민해방군 제166사로 재편성되었다.

조선의용군 제3지대는 주덕해(朱德海)·이덕산·김연·이근산 등 19명이 중심이 되어서 심양에서 결성되었으며, 1945년 11월 김택명(李相朝)의 하얼빈 보안총대 조선독립대대와 합류하였다. 1945년 11월부터 이듬해2월까지 연변에서 토비 소탕을 전개하였다. 이 시기 조선의용군 제3지대에는 국민당계의 토비들에게 박해를 받던 다수의 한인 청년들이 입대하였다. 조선의용군 제3지대는 남만주의 제1지대와 같은 사단급의 대병력이 되지는 못했다. 1948년 동북인민해방군 독립11사로 재편되었으며, 독립11사 90% 가량의 병력이 한인이었다. 요심전역 참전과 장춘 점령 이후 중국인민해방군 제164사로 개편되었고, 조선의용군 제3지대는 491단으로 편제되었다.

한편 1949년 7월 조선의용군 제1지대의 개편부대인 중국인민해방군 166사단은 북한에 들어간 후에 조선인민군 제6사단(사단장 방호산)으로 개편되었다. 중국인민해방군 제164사단은 장춘시 위수(衛戍)임무를 마치고 이덕산의 지휘하에 입북(入北)하여 조선인민군 제5사단(사단장 金昌德)으로 재편성되었다. 또 조선의용군 제5지대는 박일우(연변 화룡현 출신) 계열로서 조선혁명군정학교의 간부와 학생들이 중심이 되어 태항산에서 조직되었다. 이 부대는 1945년 11월 심양에서 연변지역으로 이동하였으나, 독립부대로 발전하지 못하였다. 그러나 조선의용군 제5지대는 연변지역에서 토비의 토벌에 직접 참가하였다.

이후 제5지대는 한인이 대다수를 차지하였던 독립6사단으로 편성되었고, 1948년 다시 중공군 156사단으로 재편성되었다. 156사단의 부사단장 전우(全宇)가 지휘하는 4,500여 명의 한인 간부와 병사들은 중국공산당 중앙군사위원회의 지시에 의해 정주(鄭州)로 집결하였으며, 김광협(항일연군 출신)은 이들을 중심으로 1950년 3월 중국인민해방군 독립15사단(사단장 전우)을 편성하였다. 이 부대는 후일 북한에 입국한 뒤에 조선인민군 제7사단으로 개편되었다(후에 12사단으로 편성).

1949년 7월부터 1950년 초까지 조선의용군을 토대로 한 대규모 중국인민해방군 한인부대 병력의 북한이동이 이루어졌다. 중국공산당은 한인 독립11사단의 창설을 결정하고 독립 4사단과 함께 북한으로 귀환시키려는 사전 계획을 수립한 것으로 추정되고 있다.

한편 중국공산당 중앙위원회 산하 동북국은 송강군구(松江軍區) 제8연대 정치위원 주덕해를 동북행정위원회 민정부(民政部)의 민족사무총장에 임명하였다. 중국의 국공내전이 종반기에 접어들면서 중국공산당 동북국은 만주의 소수민족 문제를 안정적으로 해결해야 할 당위성이 제기되었다. 이에 따라 1948년 12월 길림시에서 연변 및 중국 동북지역의 한인인 문제를 토의하는 '민족사업좌담회'가 열렸다. 이 좌담회에서 항일연군 출신의 임춘추 등은 연변을 북한에 귀속시켜야 한다는 주장을 했고, 임민호(林民鎬) 등은 소련의 자치공화국과 같은 형태를 취해야 한다고 했다. 반면에 주덕해는 지역자치안을 주장했다. 결국 이 문제는 주덕해의 자치안으로 귀결되었다.[108] 이 사실은 무엇을 시사하는 것일까? 동북항일연군, 즉 항일빨치산 출신의 임춘추는 상대적으로 김일성 등과 가까웠기 때문에 그런 주장을 했다고 볼 수도 있겠지만, 그의 연변지역에 대한 의식·무의식적 주장을 반영한 것이라고 볼 수도 있을 것이다.

11. 조선의용군·동북항일연군의 위상과 영향

1940년대 중국 관내 및 만주지방에서 활동한 조선의용군과 1930년대 후반에서 1940년대 전반기까지 만주·연해주에서 활동한 동북항일연군을 비교해볼 때 공통점과 차이점이 있다고 할 수 있다. 양자는 모두 중국공산당 산하조직이었지만, 중앙과 만주 지부조직 산하, 화북지역과 만주지역이라는 활동무대의 차이점이 있었다. 한편 조선의용군의 '동북노선' 활동방침은 중국동북(만주)로 진출한 뒤 동북항일연군 계열과 협조하며 양자의 연대를 적극 추진한다는 것이었다. 이러한 사실은 이념이 달랐던 임시정부와 독립동맹조차 연대를 모색하고 있던 점을 고려하면 무리한 것이 아니다.

조선의용군의 '동북노선'에 바탕한 '동북기지론'과 김일성 등 조국에 귀환한 동북항일연군 계열 인사들이 후일 발전시킨 '(북한)민주기지론, 또는 '조선혁명 근거지론'은 주목되나, 이 글에서 고찰하지 못했다.[109] 물론 이는 그들이 처한 주·객관적 상황과 정세인식의 차이에서 비롯된 것으로 볼 수 있겠지만, 이러한 인식과 전략·전술의 차이 등은 해방 직후 만주지역에서 이

---

108 강창록·김양순·이근전·일천, 『주덕해』, 실천문학사, 1992, 160쪽. 주덕해에 대한 중국 측 자료의 개략적 소개는 中共延邊州委 黨史研究所 編, 『延邊歷史事件 黨史人物錄』(내부자료), 1988, 340~341쪽 참조.

109 염인호, 「해방전후 독립동맹 북만특위의 활동과 동북기지론」, 『국사관논총』 77집, 1997, 266쪽 및 김광운, 『북한 정치사 연구』 1, 선인, 2003, 109쪽 참조.

들이 보인 행태에서 비롯된 것으로 이해할 수도 있다.

동북항일연군에서 활동하던 한인들은 연해주로 도피한 뒤 1942년 8월 '소련 적군 88저격여단'으로 개편되어 소련군 계급을 수여받는 등 소련군 편제로 개편되었다. 특히 여기에 소속된 150~170여 명 내외의 한인들은 과반수가 북한으로 귀환하고 상당수가 중국 동북지방에 진출하여 작지 않은 영향력을 행사하였다. 주목되는 점은 주보중 등 교도려의 구성원들이 중국공산당 중앙조직과 장기간 격리되어 있었지만, 당의 규율을 준수하며 중앙의 권위를 존중하고 꾸준히 연계를 유지하고 있었다는 사실이다. 이런 배경에서 주보중·최용건 등이 중공당의 독자성을 유지하며 1945년 8월 초 소련군과 함께 만주로 진출하여 '중국공산당 동북위원회'의 책임자(서기)로 널리 활동했다는 사실이 추후 정국의 향방에 큰 영향을 미쳤다. 따라서 동북항일연군 계열 한인들은 조선의용군 주도세력보다 학력도 떨어지고 중앙과의 연계가 미약한 점 등 한계가 있었지만, 만주지역에서 상당한 역할을 수행할 수 있었다. 특히 강신태 등 "동북항일연군 분견대" 소속 한인들은 이러한 배경에서 일찍부터 연변지방을 장악할 수 있었다.

반면 조선의용군은 1945년 11월 초에야 심양에 도착하였다. 그러나 이들은 중국공산당 동북국의 영도로 1945년 말에서 이듬해 초에 걸쳐 만주 각지에서 점차 세력을 확장할 수 있었다. 그 과정에는 중국공산당 중앙의 강력한 후원과 중국공산군(팔로군)의 만주진출 및 영향력 확대라는 배경이 크게 작용하였다.

해방 직후 연변지역은 일찍이 강신태 등 동북항일연군(교도려) 소속의 한인 간부들의 주도로 중국공산당 지부조직과 지방정권, 지방군대의 조직이 이루어졌다. 특히 이들은 해방 직후 중국공산당 동북국 등 중앙과 만주 지부조직의 지원으로 조선의용군이 만주로 진주하기 이전에 다수의 한인들을 흡수하고 대규모의 병력을 조직하여 자위조직을 편제하는 등 연변지역의 정권장악에 한발 앞서 있었다. 또 중국공산당 중앙은 1945년 후반기부터 동북항일연군과 조선의용군의 통합과 협력을 지시하였기 때문에 통합과정에서 일부 갈등요인이 없지 않았지만, 외면적으로 큰 충돌은 없었던 것으로 파악된다. 하지만 조선의용군은 연변지역 진출이 늦었고 상대적으로 소수집단이었으므로, 크게 영향력을 행사했던 남만과 북만지역과 달리 연변지역에서는 동북항일연군계 집단과 노골적으로 대립할 수 없었다.

이처럼 해방 직후 연변지역은 동북항일연군 계열 인사들이 장악하였지만, 만주와 중국 관내지역의 국공내전 과정에서 조선의용군은 중국공산당 측에 적극 가담하여 크게 활약하였다. 이는 동북항일연군 계열 인사들이 주로 중국공산당 만주 지부조직 산하에 편제되어 만주에서 활동한 반면, 조선의용군은 독자적 단위조직을 유지하면서 중공당 중앙의 지도부와 밀접한 관련을 맺고 화북(華北) 등 관내지방에서 활동한 차이점이 크게 작용한 것으로 볼 수 있다. 더욱이 해방 직후 만주로 진출한 동북항일연군 출신 인사들은 현역 소련군이란 신분을 갖고 있었다. 이는 해방 직후에는 유리한 점으로 작용했지만, 중·장기적으로는 오히려 약점이 될 수 있는 것이었다. 이러한 관점에서 동북항일연군과 조선의용군 출신의 의식과 행태의 차이점 등을 파악할 수 있다.

1940년대 후반 조선의용대·조선의용군에서 나아가 중국의 국공내전에 즈음한 시기에 조선의용군의 확대 개편과 연변지역 진출, 국공내전 참전, 그리고 조선의용군 계열 인사들의 북한 입국과 6·25전쟁(한국전쟁) 참전은 우리의 독립운동, 민족해방운동이 중국현대사와 한국현대사에 얼마나 큰 영향을 끼쳤는지를 새삼 실감케 한다.

참고문헌

1. 자료

1) 문건류

국회도서관 소장 日本外務省, 陸·海軍省文書 製冊本 :「昭和8年 滿洲に於ける不逞鮮人の動靜」, 『外務省警察史 在滿大使館 第一~第三』(제2270권) ; 「昭和5年吉林地方朝鮮人事情ニ關 スル件」, 위의 책, 제2299-2300권.

「東北抗日鬪爭的形勢與各抗日部隊的發展及其組織概況」,『東北地區革命歷史文件彙集』甲44, 中央·遼寧省·吉林省·黑龍江省檔案館 編(內部資料), 1980.

「不逞鮮人團體調查表」(大正15年1月, 通化縣檔案館 소장)

「鮮匪參議府狀況」(通化縣檔案館 소장)

「昭和6年5月末調 國民府ノ狀況」,「昭和6年6月18日 朝保秘 第487號 朝鮮總督府 警務局, 國民 府ノ狀況ニ關スル件」, (日本 山口縣文書館 소장 林家史料)

「新派秘 第342號 昭和12年6月19日 在新京服部昇治 朝鮮總督府 警務局長展, 朝鮮革命軍ノ狀 況ニ關スル件」(日本 山口縣文書館 소장 林家史料)

일본군 安川追擊隊, 「鳳梧洞附近戰鬪詳報」(1920.6)

조선총독부 경무국, 「國外朝鮮人不穩團體分布圖」(1934.12)

「朝鮮總督府 警務局 昭和4年年11月26日 國民府 第1回 中央議會ノ顚末ニ關スル件」

2) 신문 · 잡지류

「독립군 승첩」, 『獨立新聞』85호(1920.6.22).

「北墾島에 在한 我 독립군의 전투정보」, 『獨立新聞』 88호(1920.12.25).

「故東吾安泰國先生追悼式(안창호선생이 추도사를 述하여)」,『獨立新聞』(1921.4.21.).

(李圭彩),「韓國獨立軍與中國義勇軍抗日記實」,『革命公論』 1卷4期, 南京: 革命公論社, 1934.

「中國九一八事變後朝鮮革命黨在東地工作經過狀況」, 『震光』 6호, 독립기념관 한국독립운동사 자료총서 제2집, 1988.

廣瀨進, 「間島及東邊道地方に於ける鮮農の特殊性」, 『滿鐵調査月報』, 1936년 9월호.

滿鐵 鐵路總局, 「朝鮮獨立革命黨とは何か」, 『滿鐵調査月報』, 1934년 3월호.

3) 일제 관헌자료

경상북도 경찰부, 『高等警察要史』, 1934(여강출판사 1986년 영인).

류시중·박병원·김희곤 역주, 『국역 고등경찰요사』, 선인, 2010.

高等法院檢事局思想部, 『思想彙報』 10號, 1937.

김연옥 옮김, 『조선군사령부 間島出兵史』, 경인문화사, 2019.

內務省 警保局 保安課, 『特高外事月報』 1937년 8·9월호(고려서림, 1991 영인).

滿洲國軍政部 顧問部, 『滿洲共産匪の硏究』 第1輯, 新京 : 1937(東京: 極東硏究所 出 版會 1969 영인)

「滿洲こ於ける中國共産黨と共産匪」, 『思想情勢 視察報告集』 4, 京都 : 東洋文化社, 1973.

三江省公署警務廳 特務科, 『滿洲及支那に於ける地下秘密團體に就いて』, 哈爾濱, 1936.

日本外務省東亞局, 『昭和11年度 執務報告(極秘資料)』, 1936.

조선총독부 경무국, 『光州抗日學生事件資料』, 名古屋 : 風媒社, 1979.

조선총독부 경무국, 『朝鮮の治安狀況』(1927·1930년판), 不二出版, 1934.

조선총독부 경무국, 『國外ニ於ケル容疑朝鮮人名簿』, 京城, 1934.

조선총독부 경무국, 『最近に於ける朝鮮治安狀況』(1933·1938년판), 여강출판사 영인

조선총독부 경무국, 『在滿鮮人ト支那官憲』, 京城 : 1930.

4) 자료집

국민대학교 한국학연구소 편, 『중국지역 한인 귀환과 정책 3: 동북지역』, 역사공간, 2004.

권태억 외 편, 『자료모음 근현대 한국탐사』, 역사비평사, 1994.

국가보훈처, 『대한민국임시정부와 한국광복군』(해외 한국독립운동 사료 18), 1996.

국사편찬위원회 편, 『한국독립운동사』 4·5, 탐구당, 1967·1968.

김준엽·김창순 편, 『한국공산주의운동사』 자료편 1, 고려대학교 출판부, 1979

대한민국 국회도서관 편, 『한국민족운동사료(중국편)』, 1976.

독립운동사편찬위원회 편,『독립운동사 자료집』5·10집, 1976(고려서림 번각, 1984).

안동독립운동기념관 편, 『국역 석주유고』 상·하, 경인문화사, 2008.
이상룡, 『石洲遺稿』, 고려대학교 출판부, 1973.
이종범· 최원규 편, 『자료 한국근현대사입문』, 혜안, 1995.
이창주 편, 『조선공산당사(비록)』, 명지대출판부, 1996.
추헌수 편, 『자료 한국독립운동』 1~4, 연세대학교 출판부, 1971~1975.
姜德相·梶村秀樹 編, 『現代史資料』 25~30(朝鮮1~6), 東京: みすず書房, 1967~1976.
高屋定國·辻野功 譯(コミンテルン編), 『極東勤勞者大會(議事錄 全文) - 日本共産黨成立の原 點』, 東京: 合同出版, 1970.
金正明 編, 『朝鮮獨立運動』 2·3·5권, 東京: 原書房, 1967·1968.
金正柱 編, 『朝鮮統治史料』 2·6·10권, 東京: 韓國史料硏究所, 1970.
社會問題資料硏究會 編, 『思想情勢視察報告集』 2·3·5, 京都 : 東洋文化社, 1976·1977.
日本國際問題硏究所 中國部會 編, 『中國共産黨史資料集』 6, 東京 : 勁草書房, 1973.
日本外務省 編, 『日本外交年表幷主要文書(上)』, 原書房, 1965.
村田陽一 編譯, 『コミンテルン資料集』 2 · 4, 東京: 大月書店, 1979·1981.
吉林省公安廳公安史硏究室·東北淪陷十四年史吉林編寫組 編譯, 『滿洲國警察史』, 長春,1990(내부자료).
楊昭全等 編, 『關內地區朝鮮人反日獨立運動資料彙編』下, 瀋陽: 遼寧民族出版社, 1987.
楊昭全·李鐵環 編, 『東北地區朝鮮人革命鬪爭資料彙編』, 遼寧民族出版社, 1992.
周保中, 『東北抗日遊擊日記』, 北京: 人民出版社, 1991.
中共延邊州委 黨史工作委員會·黨史硏究所 編, 『延邊歷史事件黨史人物錄』(내부자료), 1988.

2. 단행본(저서)

1) 국내

강만길, 『고쳐쓴 한국현대사』, 창작과비평사, 1994.
강만길·성대경 엮음, 『한국사회주의운동 인명사전』, 창작과비평사, 1996.

광주학생독립운동동지회 편, 『광주학생독립운동사』, 광주: 전일실업(주) 출판국, 1996.
김도형, 『민족과 지역 - 근대 개혁기의 대구·경북』, 지식산업사, 2017.
김동화, 『중국 조선족 독립운동사』, 느티나무, 1991.
김성민, 『1929년 광주학생운동』, 역사공간, 2013.
김성호, 『1930년대 연변 민생단사건 연구』, 백산문화사, 1999.
김승학, 『한국독립사』, 독립문화사, 1966.
김영범, 『한국 근대민족운동과 의열단』, 창작과비평사, 1997.
김운태, 『개정판 일본제국주의의 한국통치』, 박영사, 1998.
김주용, 『한국독립운동과 만주 - 이주·저항·정착의 점이지대』, 경인문화사, 2018.
김준엽·김창순, 『한국공산주의운동사』 3·4·5, 청계연구소, 1986.
김중생, 『조선의용군의 밀입북과 6·25전쟁』, 명지출판사, 2000.
김춘선, 『북간도 한인사회의 형성과 민족운동』, 고려대학교 민족문화연구원, 2016.
김희곤, 『대한민국임시정부 연구』, 지식산업사, 2004.
김희곤, 『안동 사람들의 항일투쟁』, 지식산업사, 2007.
독립기념관 편, 『독립기념관 전시품 도록』, 독립기념관, 1995.
독립운동사편찬위원회, 『독립운동사』 3·5, 고려서림 번각, 1980·1983.
박경식,『일본제국주의의 조선 지배』, 청아출판사, 1986.
박영석, 『만보산사건 연구』, 아세아문화사, 1978.
박영석, 『만주·노령지역의 독립운동』, 독립기념관 한국독립운동사연구소, 1989.
박영석, 『일제하 독립운동사연구』, 일조각, 1984.
박영석, 『재만한인 독립운동사연구』, 일조각, 1988.
박환, 『만주 한인민족운동사연구』, 일조각, 1991.
박환, 『만주지역 한인민족운동의 재발견』, 국학자료원, 2014.
반병률, 『성재 이동휘 일대기』, 범우사, 1998.
반병율, 『홍범도 - 자서전 홍범도 일지와 항일무장투쟁』, 한울, 2014.
서민교, 『1910년대 일제의 무단통치』, 독립기념관, 2009.
성대경 편, 『한국현대사와 사회주의』, 역사비평사, 2000.
신용하, 『일제 식민지 정책과 식민지 근대화론 비판』, 문학과학사, 2006.

신용하, 『개정증보판 한국근대 민족운동사연구』, 일조각, 2017.
신용하, 『한국민족 독립운동사연구』, 을유문화사, 1985.
신주백, 『만주지역 한인의 민족운동사(1920~45)』, 아세아문화사, 1999.
와다 하루끼(和田春樹, 이종석 옮김), 『김일성과 만주 항일전쟁』, 창작과비평사, 1992.
역사문제연구소 민중사반, 『민중사를 다시 말한다』, 역사비평사, 2013.
염인호, 『조선의용군의 독립운동』, 나남출판, 2001.
윤대원, 『상해시기 대한민국임시정부 연구』, 서울대학교 출판부, 2006.
윤병석, 『국외 한인사회와 민족운동』, 일조각, 1990.
윤병석, 『독립군사 - 봉오동·청산리의 독립전쟁』, 지식산업사, 1990.
이종석, 『북한-중국관계, 1945~2000』, 중심, 2000.
이훈구, 『만주와 조선인』, 평양: 숭실전문학교 경제학연구실, 1932.
임경석, 『한국 사회주의의 기원』, 역사비평사, 2003.
정협 연변조선족자치주 문사자료위원회 편, 『해방 초기의 연변』(연변문사자료 9집), 심양 : 료녕민족출판사, 2000.
장세윤, 『홍범도 - 생애와 독립전쟁』, 독립기념관, 1997.
장세윤, 『봉오동·청산리 전투의 영웅 - 홍범도』, 역사공간, 2006.
장세윤, 『중국 동북지역 민족운동과 한국현대사』, 명지사, 2005.
장세윤, 『1930년대 만주지역 항일무장투쟁』, 독립기념관, 2009.
장세윤, 『남만주 최후의 독립군 사령관 양세봉』, 역사공간, 2016.
조동걸, 『한국민족주의의 성립과 독립운동사 연구』, 지식산업사, 1989.
채근식, 『무장독립운동비사』(영인), 대한민국 공보처, 1949, 민족문화사, 1985.
채영국, 『한민족의 만주독립운동과 정의부 』, 국학자료원, 2000.
한상도, 『한국독립운동과 국제환경』, 한울, 2000.
한규무, 『광주학생운동』, 독립기념관, 2009.
한영우, 『미래를 여는 우리 근현대사』, 경세원, 2016.
현규환, 『한국유이민사』 상, 어문각, 1967.
황민호, 『재만 한인사회와 민족운동』, 국학자료원, 1998.

2) 중국 · 대만

김동화 외, 『연변당사 사건과 인물』, 연길 : 연변인민출판사, 1998.

김양 주편, 『항일투쟁 반세기』, 심양 : 료녕민족출판사, 2001.
김창국, 『남만인민항일투쟁사』, 연변인민출판사, 1986.
김철수, 『연변 항일 사적지 연구』, 연변인민출판사, 2002.
박창욱 주편, 『조선족혁명렬사전』 1~3집, 료녕민족출판사, 1983·1986·1992.
서명훈, 『할빈시 조선민족 백년사화』, 북경 : 민족출판사, 2009.
양소전 등 편(김춘선 등 역), 『중국 조선족혁명투쟁사』, 연변인민출판사, 2009.
조선족략사편찬조, 『조선족약사』, 연변인민출판사, 1986(백산서당, 1989년 재간).
중국조선민족발자취총서 편집위원회 편, 『개척』(중국조선민족발자취총서1), 민족출판사, 1999.
중국조선민족발자취총서 편집위원회, 『결전』(총서4), 민족출판사, 1991.
중국조선민족발자취총서편집위원회, 『승리』(총서5), 민족출판사, 1992.
최성춘, 『연변인민 항일투쟁사』, 연변인민출판사, 1999.
한준광·권오근·남대명 편역, 『주보중문선』, 연변인민출판사, 1987.
황룡국 주편, 『조선족혁명투쟁사』, 료녕민족출판사, 1988.
郭廷以 編, 『中華民國史事日誌』 第1·3冊, 臺北, 中央研究院 近代史研究所, 1979·1984.
《東北抗日聯軍鬪爭史》編寫組, 『東北抗日聯軍鬪爭史』, 北京: 人民出版社, 1991.
石源華·蔣建忠 編,『韓國獨立運動與中國關係編年史』上·下, 北京 : 社會科學文獻出版社, 2012.
新賓滿族自治縣民委朝鮮族志編纂組 編, 『新賓朝鮮族志』, 瀋陽: 遼寧民族出版社, 1994.
新賓滿族自治縣朝鮮族經濟文化交流協會 新賓滿族自治縣史志辦公室 編, 『新賓朝鮮族抗日鬪爭 史略』, 新賓: 1995(내부자료).
王魁喜·常城·李鴻文·朱建華, 『近代東北人民革命鬪爭史』, 長春: 吉林人民出版社, 1984 ; 편집부 역, 『동북인민혁명투쟁사』, 참한, 1989.
曹文奇, 『同仇敵愾 - 遼東·吉南地區朝鮮族抗日鬪爭史』, 撫順市社會科學院 新賓滿族研究所,1998.
曹文奇, 『鴨綠江邊的抗日名將梁世鳳』, 瀋陽: 遼寧人民出版社, 1990.
曹文奇, 『風雨同舟-戰遼東: 朝鮮民族與兄弟民族聯合抗戰紀實』, 遼寧民族出版社, 2012.
陳瑞雲·張留學·宋世章, 『楊靖宇將軍傳』, 鄭州 : 河南人民出版社, 1985.

3) 일본

姜在彦,『滿洲の朝鮮人ハ·ルチサン 1930年代の東滿·南滿を中心として』, 青木書店, 1993.

貴志俊彦·松重充浩·松村史紀 編,『20世紀滿洲歷史事典』, 東京: 吉川弘文館, 2012.

金靜美,『中國東北部における抗日朝鮮·中國民衆史硏究序說』, 東京: 現代企劃室, 1992.

森岐實,『東邊道』, 東京: 春秋社, 1941.

小林英夫·淺田喬二 編,『日本帝國主義の滿洲支配』, 東京: 時潮社, 1986.

外務省外交史料館·日本外交史辭典編纂委員會 編,『新版 日本外交史辭典』, 東京: 山川出版社, 1992.

佐佐木春隆,『朝鮮戰爭前史としての韓國獨立運動の硏究』 2, 東京: 國書刊行會, 1985.

淺田喬二,『日本帝國主義下の民族革命運動』, 東京: 未來社, 1973.

淺田喬二,『增補 日本帝國主義と舊植民土地地主制』, 東京: 龍溪書舍, 1989.

戶田郁子,『中國朝鮮族を生きる - 旧滿洲の記憶』, 岩波書店, 2011.

3. 논문

강재언,「남만한인의 항일무장투쟁 - 동북인민혁명군 제1군을 중심으로」,『박영석 교수화갑기념 한민족독립운동사논총』, 탐구당, 1993.

권혁수,「1920~30년대의 동북지방 조선족 농민의 경제상황에 관하여」,『明知史論』 5, 명지사학회, 1993.

권혁수,「일본제국주의하 재만한인의 법적 지위에 관한 제문제」,『한국민족운동사연구』 11, 한국민족운동사연구회, 1995.

김기승,「대한독립선언서의 사상적 구조」,『한국민족운동사연구』22, 1999.

김기훈,「관동군의 入滿 조선인 '방임'정책형성과정」,『육사논문집』 46(인문사회과학), 육군사관학교, 1994.

김기훈,「'만주국'시기 일제의 對滿 조선인 농업이민정책사 연구」,『학예지』 39, 육군사관학교 박물관, 1993.

Kim Ki-hoon, Japanese Policy For Korean Rural Immigration To Manchukuo 1932-45, Hawaii대학교 박사학위논문, 1992.

김병기, 「참의부 연구」, 단국대학교 박사학위논문, 2005.
김성민, 「광주학생운동 연구」, 국민대학교 박사학위논문, 2007.
김연옥, 「1920년 간도참변 실태와 특징 - 일본군이 작성한 사상자 보고서 분석을 중심으로」, 『일본연구』 87호, 한국외국어대학교 일본연구소, 2021.
김연옥, 「일본군의'간도출병'전략과 실태 :《間島出兵史》자료를 중심으로」, 『일본역사연 구』 50집, 일본사학회, 2019.
김주용, 「중국 장백지역 독립운동 단체의 활동과 성격」,『사학연구』 92호, 한국사학회, 2008.
김주용, 「홍범도의 항일무장투쟁과 역사적 의의」, 『한국학연구』 31, 인하대학교 한국학연구 소, 2014.
김춘선, 「경신참변 연구 - 한인사회와 관련지어」, 『한국사연구』 111호, 한국사연구회, 2000.
김춘선, 「광복후 중국 동북지역 한인들의 정착과 국내귀환」, 『한국근현대사연구』 28, 한국근현대사학회, 2004.
김희곤, 「3·1운동과 대한민국임시정부의 세계사적 의의」, 『3·1운동과 1919년 의세계사적 의의』, 동북아역사재단, 2010.
박걸순, 「대한통의부 연구」, 『한국독립운동사연구』 4집, 독립기념관 한국독립운동사연구 소, 1990.
박민영, 「독립군의 편성과 독립전쟁」, 『신편 한국사』 48, 국사편찬위원회, 2002.
박영석, 「중국 동북지역(만주)의 항일민족독립운동」, 『한국독립운동사연구』 7집, 1993.
박정수, 「《東北朝鮮人民報》를 통해서 본 중국동북 조선인사회 연구 - 국공내전, 6·25전쟁시기를 중심으로』, 한림대학교 박사학위논문, 2018.
박찬승, 「공화, 신국가 건설의 등불」,『한국의 근현대, 개념으로 읽다』, 이경구·박찬승 외,푸른역사, 2016.
반병률, 「'홍범도 일기' 판본 검토와 쟁점」, 『한국독립운동사연구』 31집, 2008.
반병률, 「홍범도 장군의 항일무장투쟁과 고려인 사회」, 『한국근현대사연구』 67, 2013.
손춘일, 「광복 후 중국동북지역에서의 조선의용군의 개편과 변천과정」, 『정신문화연구』 28-4, 한국정신문화연구원, 2005.

신용하, 「독립군의 청산리독립전쟁의 연구」, 『한국민족 독립운동사연구』, 을유문화사, 1985.
신용하, 「신민회의 창건과 그 국권회복운동」, 『한국민족 독립운동사연구』, 을유문화사, 1985.
신운용, 「'대한독립선언서'의 발표시기와 서명자에 대한 분석」, 『국학연구』 22. 국학연구소, 2018.
신주백, 「봉오동전투, 청산리전투 다시 보기」, 『역사비평』 127, 역사비평사, 2019.
신주백, 「석고화한 기억의 재구성과 봉오동전투의 배경」, 『만주연구』 26집, 만주학회, 2018.
신효승, 「'보고'에서 '석고화'한 기억으로-청산리 전역 보고의 정치학」, 『역사비평』 124, 2018.
신효승, 「대한제국 육군과 김좌진 장군의 군사적 경험 형성과정」, 『학예지』 25집, 육사 육군박물관, 2018.
신효승, 「20세기 초 국제정세 변동과 한인 무장독립운동」, 연세대학교 박사학위논문, 2018.
신효승, 「1차 세계대전 이후 일본의 군사 전략 변화와 간도침략」, 『만주연구』 26집, 2018.
윤대원, 「참의부의 '法名'개정과 상해 임시정부」, 『한국독립운동사연구』 44집, 2013.
염인호, 「중국내전기 만주지방 조선의용군 부대의 활동(1945.8-1946.8): 목단강 지구의 초기조선인 부대 활동을 중심으로」, 『역사연구』 86, 2003.
염인호, 「해방 후 중국 동북지방 조선인 부대의 활동과 북한입국」, 『한국전쟁사의 새로운연구』 2, 국방부 군사편찬연구소, 2002.
오세창, 「재만한인의 사회적 실태」, 『백산학보』 9, 백산학회, 1970.
오세호, 「중앙아시아 고려인사회의 정체성과 홍범도 인식(1937~1964)」, 『한국독립운동사연구』 55집, 2016.
유필규, 「만주국시기 한인의 강제이주와 집단부락 연구」, 국민대학교 박사학위논문, 2015.
윤병석, 「북간도 용정 3·13운동과 '조선독립선언서 포고문'」, 『史學志』 31집, 단국사학회, 1998. 12.
윤상원, 「러시아지역 한인의 항일무장투쟁 연구(1918-1922)」, 고려대학교 박사학위논문, 2010.
윤상원, 「자유시사변과 홍범도」, 『역사연구』 10, 역사학연구소, 2002.
윤휘탁, 「일제하 '만주국'의 치안숙정공작 연구 - 만주항일무장투쟁의 내적 구조와 관련하여」, 서강대학교 박사학위 논문, 1995.
이동언, 「일송 김동삼연구 - 국내와 망명 초기의 활동을 중심으로 」, 『한국독립운동사연구』 7집, 1993.
이명화, 「1920년대 만주 지방에서의 민족교육운동」, 『한국독립운동사연구』 2집, 1988.
이명화, 「중국에서의 안창호의 독립운동 연구(1919-1932)」, 홍익대학교 박사학위논문, 2000.
이상훈, 「<봉오동부근전투상보>를 통해 본 봉오동전투」, 『한국독립운동사연구』 72집, 2020.
이숙화, 「대종교의 민족운동 연구」, 한국외국어대학교 박사학위논문, 2017.
이숙화, 「대한독립선언서 쟁점의 再論과 대종교와의 관련성」, 『단군학연구』 41, 단군학회, 2019.
임성모, 「만주국협화회의 총력전체제 구상 연구 - '국민운동'노선의 모색과 그 성격」, 연세대학교 박사학위논문, 1998.
임영서, 「1910~20년대 간도한인에 대한 중국의 정책과 민회」, 『한국학보』 73호, 일지사,1993.
장석흥,「해방 후 연변지역 한인의 귀환과 정착」, 『연변 조선족 사회의 과거와 현재』, 고 구려연구재단, 2006.
조동걸, 「광주학생운동의 성격과 역사적 의의」, 『광주학생운동연구』, 한국역사연구회·전남사학회 공편, 아세아문화사, 2000.
조동걸, 「임시정부 수립을 위한 1917년의 '대동단결선언'」, 『한국학론총』 9, 국민대학교한국학연구소, 1987.
조필군, 「청산리전역의 군사사학적 재조명」, 『한국독립운동사연구』 38집, 2011.
조필군, 「항일무장독립전쟁의 군사사학적 연구 : 청산리전역을 중심으로」, 충남대학교 박사 학위논문. 2011.
채영국, 「3·1운동 이후 서간도지역 독립군단 연구 - 대한독립단·대한독립군비단· 광복군총영을 중심으로」, 『윤병석교수 화갑기념논총』, 지식산업사, 1990.

채영국, 「1920년대 중반 남만지역 독립군단의 정비와 활동」, 『한국독립운동사연구』 8집, 1994.
홍종필, 「'在滿'조선인 이민의 분포상황과 생업 - 1910~30년을 중심으로」, 『백산학보』 41, 1993.
황민호, 「1930년대 재만 조선혁명군의 항일무장투쟁과 한·중 연합작전의 동향 - 국 내 언론의 보도내용과 경향을 중심으로」, 『한국민족운동사연구』 87, 2016.
황민호, 「청산리전투에 관한 연구 성과와 과제」, 『한국민족운동사연구』 105, 2020.
姜在彦, 「在滿朝鮮人の抗日武裝闘爭 - 南滿における東北人民革命軍第1軍ぉ中心に」, 『朝鮮民族運動史研究』 5,1988.
東京歷史科學研究會史部會報告者集團, 「1930年代東アジアにおける統一戰線の形成」, 『歷史評論』 257號, 1971.12.
梶村秀樹, 「1930年代滿洲における抗日闘爭にたいする日本帝國主義の諸策動」,『日本史研究』 94號, 日本史研究會, 1967.
小林英夫, 「日本の'滿洲'支配と抗日運動」, 『講座中國近現代史』 6, 東京: 東京大學出版會, 1978.
水野直樹, 「コミンテルン第七回大會と在滿朝鮮人の抗日闘爭」, 『歷史評論』 423號, 1985.7.
申奎燮, 「日本の間島政策と朝鮮人社會 - 1920年代前半までの懷柔政策を中心として」, 『朝鮮史研究會論文集』 31, 朝鮮史研究會, 1993.
原暉之,「日本の極東ロシア軍事干涉の諸問題」,『歷史學研究』 478號, 歷史學研究會, 東京: 青木書店, 1980.
佐佐充昭,「青山里戰闘において大倧教が果たした役割-ロシア革命派からの武器入手を中心に」, 『朝鮮學報』 242집, 奈良: 天理大學, 2017.
淺田喬二, 「滿洲における土地商租權問題」, 『日本帝國主義下の滿洲』, 滿洲史研究會 編, 東京:御茶の水書房, 1972.
洪鍾佖, 「'滿洲'(中國東北地方)における朝鮮人農業移民の史的研究 1910~1930年を中心としそ」, 京都大大學院 박사학위논문, 1987.
趙中孚, 「清代東三省北部的開發與漢化」,『中央研究院 近代史研究所集刊(下冊)』 第15期, 臺北:中央研究院 近代史研究所, 1986.

본서 관련 저자 논저목록

「광주학생독립운동의 중국 동북(만주)지역 확산과 한인 학생·민족운동 세력의 호응」, 『한국근현대사연구』 94집, 한국근현대사학회, 2020.

「2016~2019년 국외 독립운동사 연구의 동향과 과제」, 『한국독립운동사연구』 74집, 독립기념관 한국독립운동사연구소, 2021.

「대한독립군 사령관 홍범도의 독립전쟁」, 『학예지』 25집, 육군사관학교 육군박물관, 2018.

「만주지역 독립운동에 관한 새로운 자료의 검토-참의부 관련 중국 당안관 문서 소개」, 『백범과 민족운동사연구』 6집, 백범학술원, 2008.

「만보산사건 전후 시기 인천 시민과 화교의 동향」, 『인천학연구』 2-1호, 인천대학교 인천학연구원, 2003.

「만보산사건 직후 재만한인의 동향과 한중관계의 한 단면」, 『만보산사건 80주년기념 학술회의 자료집』 한국사연구회·고려대학교 아세아문제연구소, 2011. 6.

「백강 조경한의 생애와 만주지역 독립운동」, 『남도문화연구』 14, 순천대학교 남도문화연구소, 2008.

「신흥교우단의 기관지 《신흥교우보》」, 『한국독립운동사연구』 36집, 2010.

「일본의 '9·18사변' 도발과 중국 동북(만주)지역에서의 한·중 공동항전」, 『한국독립운동의 세계사적 성격』, 단국대학교 출판부, 2017.

「일본의 한국 식민지 통치와 그 성격」, 『한일 역사쟁점 - 일제 식민지배와 극복』, 동북아역사재단 한일역사문제연구소 편, 동북아역사재단, 2019.

「在滿 조선혁명당의 민족해방운동 연구」, 성균관대학교 박사학위논문, 1997.

「재만 조선혁명당의 조직과 민족해방운동」, 『史林』 제18호, 수선사학회, 2002.

「전북출신 독립운동가 高平의 생애와 독립운동」, 『전북학연구』 1집, 전북연구원 전북학연구센터, 2019.

「조선의용대의 조직편성과 구성원」, 『한국근현대사연구』 11집, 한국근현대사학회, 1999.

「조선혁명군정부 외교부장 김두칠 1주기 제문」, 『한국근현대사연구』 76집, 2016.

「중국 동북지역 독립군의 형성과 유형」, 『광복 70주년 기념 독립운동사 국제학술회의 자료집』, 독립기념관 한국독립운동사연구소·연변대학 공동주최(연길), 2015. 8.

「1910년대 독립군 기지 건설과 신흥무관학교 - 안동 유림의 남만주 이주와 이상룡·김동삼의 활동을 중심으로」, 『만주연구』 24집, 만주학회, 2017.
「1910~1920년대 초 만주 지역 독립운동 세력의 공화주의·공화제 수용 양상」, 『3·1운동과 대한민국임시정부의 재조명』 1, 동북아역사재단, 2019.
「1930년대 초 간도(중국연변)지방에서의 한인 대중봉기」, 『동북아질서의 형성과 변동』, 한국정치외교사학회, 1994.
「해방 전후시기 만주지역 조선의용군과 동북항일연군의 동향」, 『한국근현대사연구』 42집, 2007.
「홍범도일지 재검토를 통해 본 봉오동·청산리전투」, 『봉오동·청산리전투 전승100주년의 의의와 역사인식』 홍범도장군 순국76주기 학술회의 자료집, 홍범도장군기념사업회, 2019. 10.
Chang, Se-yun, "The Characteristics and Significance of the Korean Independence Movement", *Yearbook of the Institute of East-Central Europe*, Lublin : Institute of East-Central Europe(Poland), 2018.

찾아보기

ㄱ

ㄴ

ㄷ

ㄹ

ㅁ

ㅂ

ㅅ

ㅇ

ㅈ

저자소개

장세윤(張世胤)

성균관대학교 사학과 및 같은 학교 대학원 졸업(문학박사)
독립기념관(한국독립운동사연구소) 연구원, 성균관대학교 연구교수
고구려연구재단 연구위원, 동북아역사재단 수석연구위원 · 한일관계연구소장 · 교수실장
수선사학회장
국민대 · 배재대 · 상명대 · 성균관대 · 순천향대 · 한국예술종합학교 · 홍익대학교 강사 역임
현재 성균관대학교 동아시아역사연구소 수석연구원(동북아역사재단 명예연구위원), 한국근현대사학회 편집위원

주요 저서

『중국동북지역 민족운동과 한국현대사』(명지사, 2005), 『봉오동·청산리전투의 영웅 – 홍범도』(역사공간, 2006), 『1930년대 만주지역 항일무장투쟁』(독립기념관, 2009), 『남만주 최후의 독립군 사령관 양세봉』(역사공간, 2016), 『關東大震災と朝鮮人虐殺』(東京, 論創社, 2015, 공저), One Hundred Years after Japan's Forced Annexation of Korea: History and Tasks(Frankfurt, PeterLang, 2015, 공저), France-Corée 130 ans de relations 1886 – 2016(Paris, L'Harmattan, 2016, 공저), 『3·1운동과 대한민국임시정부의 재조명』 2(동북아역사재단, 2020, 공저) 등 다수